你一定爱读的中国战争史

唐朝

午梦千山 著

民主与建设出版社

·北京·

图书在版编目（CIP）数据

你一定爱读的中国战争史 . 唐朝 / 午梦千山著 . ——
北京 : 民主与建设出版社 , 2022.9
ISBN 978-7-5139-3915-7

Ⅰ . ①你… Ⅱ . ①午… Ⅲ . ①战争史 – 中国 – 唐代 –
通俗读物 Ⅳ . ① E291-49

中国版本图书馆 CIP 数据核字 (2022) 第 138293 号

你一定爱读的中国战争史：唐朝

NI YIDING AI DU DE ZHONGGUO ZHANZHENGSHI TANGCHAO

著　　者	午梦千山	
责任编辑	彭　现	
封面设计	周　杰	
出版发行	民主与建设出版社有限责任公司	
电　　话	（010）59417747　59419778	
社　　址	北京市海淀区西三环中路 10 号望海楼 E 座 7 层	
邮　　编	100142	
印　　刷	重庆长虹印务有限公司	
版　　次	2022 年 9 月第 1 版	
印　　次	2022 年 9 月第 1 次印刷	
开　　本	787 毫米 ×1092 毫米　1/16	
印　　张	39.5	
字　　数	460 千字	
书　　号	ISBN 978-7-5139-3915-7	
定　　价	179.80 元	

注：如有印、装质量问题，请与出版社联系。

目录

目录

目 录

第一章

统一之路

开国之战：进取关中之战

太原起兵

公元 617 年五月十四日，一个看似与往日并无什么不同的夜晚，寻常又宁静，但有一个人无心睡眠、思绪万千。这个人就是时任太原留守的唐国公李渊，他刚刚做下一个决定，一个影响整个家族未来命运的决定——起兵反隋。

李渊是当朝皇帝杨广（隋炀帝）的表亲，皇亲国戚，这等尊荣，竟被逼至造反，也是无可奈何——真要是能过得下去，谁愿意赌上身家性命，跟整个朝廷为敌呢？搞不好就要赔上全家人性命的！他家的二儿子李世民，还有好友刘文静、刘弘基等人倒是整天鼓动他反隋，但李渊身为唐国公，当然得为整个家族考虑，哪里敢轻易赌这运气。

他倒是想再观望观望，可惜形势由不得他暂缓——下级单位马邑的校尉刘武周杀了太守王仁恭，抢先造反了，还顺带把隋炀帝的汾阳宫给占了。这可不得了，隋炀帝一气之下，打算把李渊和王威、高君雅两个副留守下狱治罪，但后来觉得北边还需要这三个人，又改为戴罪立功。隋炀帝当然料想不到，这反而成了压垮李渊的最后一根稻草。帝王无情，之前左屯卫大将军吐万绪一生多少功业，最后稍因平叛不力就被隋炀帝削职为民，诸多先例犹在眼前。惊惧之下，李渊只得暗中命李世民等人开始着手起义的准备工作。

就在五月十四日这天夜里，一个小人物的出现彻底使李渊下定了起兵的决心。这个小人物名叫刘世龙，只是晋阳城内一个普普通通的小乡长，无甚特殊，只是平日里没事喜欢到处瞎转悠。五月十四日这天，他在晋祠溜达，发现了一个奇怪的现象：晋祠附近居然多出了很多平日里没见过的人马！一打听，才知道原来是太原两位副留守王威、高君雅进行了这番布置，这两人是隋炀帝的亲信，察觉李渊一直在招兵买马，恐怕会有什么动作，于是想趁李渊到晋祠祈雨的机会抢先把他除掉。得知王威、高君雅想谋害李渊，刘世龙赶紧报告给了李渊。李渊心里哀叹一声，终于决定举事。

五月十五日，这是对未来大唐王朝至关重要的一天。

一大早，众人刚来到晋阳宫城的办公厅开始办公，刘文静就带着开阳府的司马刘政会匆匆赶了进来。刘政会手拿一份状纸，大声宣称要告发有人谋反。李渊心领神会，示意这是要紧的事，吩咐副留守高君雅前去接状纸，然而刘政会避开高君雅的手，说："我要告的正是王威、高君雅副留守，按照《大业律》的规定，两人应当避嫌。"

王威、高君雅两人一听，顿时傻眼。李渊故作震惊，立即起身前去接过状纸，一眼扫完，立马高声宣布："太原副留守王威、高君雅两人勾结突厥谋反，准备把太原城献给突厥，赶紧来人，把二人拿下！"

王威、高君雅还来不及反应，就迅速被早已埋伏在门口的李世民、长孙顺德带人拿下。两人被抓后，倒是没有慌张：你说我们勾结突厥，那突厥人在哪儿？就凭你一句话，就能把我们定罪？但意想不到的是，没过两天，突厥人竟然真的南下进攻太原了，并一度攻入了太原的外城。这下两人是跳进黄河也洗不清了。于是，李渊以王威、高君雅勾结突厥为借口，将二人除去，并乘机将太原纳入自己的掌握之下。

虽然解决了身边的两个皇帝耳目，但李渊的前景并不乐观。突厥人是来了，还帮自己坐实了王威、高君雅的罪状，但他们一直在城外不走怎么办，自己苦心经营的起兵计划才刚刚开始，莫非就要夭折了？对于突厥，李渊一开始也想好好打一场，还派了手下猛将王康达带着一千多人出战，但结局并不理想，全军覆没，连王康达也没能幸免。

硬打不赢，就只能靠计谋解围。苦思之下，李渊想起史书上董卓用过的一个疑兵之计，抱着姑且一试的心态照搬了过来。晚上，他把城内的军队偷偷送出城去；第二天一大早，军队再旌旗招展、锣鼓齐鸣地入城。招数看着简单，但还真管用。突厥人以为李渊的援兵来了，一下子就慌了神，他们本来只打算趁着太原没有防备捞上一把，既然援兵都来了，也就没多少指望了，于是在城外抢掠了一番，就此扬长而去。

看着突厥人北去，李渊终于长出了一口气，继而加紧开始了下一步计划。

一方面，他派刘文静出使东突厥向始毕可汗请求支援。对于支援的规模，李渊做了要求："马可以多要，但突厥兵越少越好。"李渊是有自己小算盘的，借兵只是想暂时稳住刘武周、梁师都等人，以便这些人现在不来添乱，并不是真心想投靠突厥。况且，突厥兵一多还会吓倒沿途百姓，对自己的义兵形象大大不利。

另一方面，他公开打出了"当今天子无德导致民怨丛生，唐国公李渊为大隋社稷考虑，决定大举义兵拥立代王杨侑为帝"的旗号，同时传檄下属各郡县共同举事。

然而事情并不太顺利，一个刺头跳了出来——西河郡不但不肯听命，反而准备武装对抗李渊。李渊赶紧派长子李建成、次子李世民带人前去平定。这是太原起兵后的第一仗，李建成、李世民相当重视，两人亲自带兵迎战。然而到了西河郡，兄弟俩哭笑不得地发现，西河郡郡守高德儒也就是嘴上强硬，其实手上毫无准备。

高德儒此人，并没有什么才能，能做上郡守都是靠拍马屁拍来的。大业十一年，高德儒担任隋炀帝亲卫，他在洛阳西苑第一次看到孔雀，惊为天物，满心欢喜地跑去报告隋炀帝，说自己看到了鸾鸟，这是大隋的祥瑞之兆。隋炀帝闻言大喜，任命高德儒做了西河郡守。遗憾的是，高德儒除了嘴上功夫之外，别的什么也不会，在西河郡几年碌碌无为，手下早已怨声载道。看到唐国公义兵前来，守城的士兵自发开门迎接李建成兄弟入城，只有高德儒一个人试图抵抗，不过很快就被李世民生擒斩首。

义军到了西河郡后，由于纪律严明、秋毫不犯，很快就赢得了广泛民心。李渊得到消息后大喜，激动地对身边人感叹道："像这样用兵，就是横行天下也可以了！"

眼看后方已经平定，李渊便开始执行出兵入关中的计划，第一步便是开仓赈济贫民。一时间，前来投军的青壮年多达数万人，晋阳宫监裴寂也打开晋阳宫库藏，拿出米九万斛、彩帛五万匹、甲四十万领以供军资。

六月十日，李渊自立为大将军，同时将义军分为三军，以李建成、李世民兄弟为左右大都督统率左右两军，李元吉为镇北将军留守太原。七月四日，李渊正式南下，随他一起的还有义军三万人。

望着身后长长的队伍，李渊很是感慨，他以前从未想过自己会有这么一天，但既然下定了决心，就只能一鼓作气向前了。未来掌握在自己手上，再也不用看隋炀帝的脸色了。

霍邑之战

隋炀帝这几年干了许多混账事，有赖于此，李渊一行人南下畅通无阻，很快就通过雀鼠谷到达贾胡堡。直到这时，李渊举事的第一个真正考验来了。

留守长安的代王杨侑得知李渊在太原起兵，赶紧做出了如下部署：派虎牙郎将宋老生率领精兵三万，驻扎在霍邑，正面阻挡李渊南下；同时派左武侯大将军屈突通，驻扎在河东，协同抵御李渊大军。

此时李渊正焦头烂额，倒不是因为宋老生、屈突通两支人马，而是因为天气恶劣。自从他到达贾胡堡后，大雨就一直没停过，后方太原的补给难以送达，以致军中缺粮了。除此之外，出使东突厥的刘文静迟迟没有返回，军中开始谣传刘文静与突厥人商谈失败，始毕可汗已经联合刘武周一起南下进攻太原了，一时间人心惶惶。

面对这种情况，李渊紧急召开军事会议进行商讨。会上，大将军长史裴寂提出，义军应当立即撤兵北返，先保住太原，再徐图后举。他的理由很充分，主要有以下四点：

第一，宋老生、屈突通都是隋军的著名猛将，手下又都是隋军精锐，他们坐镇驻守险要，义军一时间不可能攻下；

第二，刘文静迟迟未归，只怕情况有变，东突厥一向贪得无厌，刘武周又是突厥走狗，眼看太原空虚，很可能以利益诱惑东突厥一起出兵攻打太原；

第三，横行中原的霸主李密虽然来函提出双方联合行动，一起对付隋军，但众所周知，李密当年给杨玄感做的谋划中就有攻打关中一项，如果义军此时向关中进军，很可能会和李密起冲突，以义军当前的实力，根本不可能抵挡纵横中原的瓦岗军；

第四，军中粮草短缺，人心惶惶，义军的家属又都在太原，更致军心不稳，只有先回军保住根本之地，才有可能筹划今后的义举。

裴寂的发言很快就得到了诸将的热烈响应，大家纷纷赞成撤军北返。这时，李建成、李世民兄弟却提出了不同看法。针对裴寂的四点理由，李世民进行了逐条批驳：

第一，宋老生虽然是隋军猛将，但有勇无谋，这种人就算手下再精锐，也一战可擒；

第二，刘武周和东突厥表面上看是一体，实际上双方只是互相利用的关系，私底下互相猜忌，东突厥怕刘武周攻下太原后势大难制，刘武周则怕东突厥乘自己攻打太原的时候偷了老巢马邑，而东突厥的另一盟友——梁师也对马邑虎视眈眈，这种情况下，刘武周肯定不敢贸然南下；

第三，李密虽然一直有进军关中的想法，但根本走不开，瓦岗军是靠洛口仓的粮食聚集起来的，一旦远离，很可能会溃散，李密根本不敢冒这个险，他最多只能攻下洛阳，但洛阳聚集着隋军精锐，不可能在短时间内被李密拿下，而拿下洛阳之前，李密将无暇顾及关中；

第四，太原的补给虽然断了，但现在遍地都是稻谷，何愁没粮？何况"义军"就应该奋勇向前、拯救百姓于水火，只有南下入主长安、号令天下才是唯一的机会，如果在这等小挫折面前撤军，只怕会人心涣散，何况我们已经举事，再回太原，只会被天下人当作反贼，坐困一城之地，面对四面八方的隋军，怎么能够保全自己呢？

两方观点各不相让，不过在两种方案面前，李渊还是选择了较为稳妥的撤军方案，于是催促左右两军尽快出发。

然而李世民左思右想，还是觉得撤军回太原是一条十死无生之路，咬了咬牙，于当夜又去向父亲陈述自己的观点，不料时辰已晚，李渊早已睡下，李世民无法进入营帐。夜空下，李世民想着茫茫前程，一时悲从中来，情难自禁，竟在营帐前放声大哭。李渊被哭声惊醒，十分惊讶，因为二儿子一贯坚强，何时见他哭得这么伤心过？他赶紧叫人将李世民带入帐内，细问缘由。

李世民说道："现如今，我们举义兵是大义所在，如果奋勇前进就会无往不胜，但后退的话就不免泄了锐气，义军自然离散，到那时，部众溃散在前，隋军追击在后，我们家族离灭亡的日子也不远了。一想到这里，我怎么能不悲伤呢？"

李渊听完他的话，细想之后，也渐渐醒悟过来：自己此时哪里还有退路，要么成功，要么失败，无论如何都只能向前一搏。但此时军队已经出发了，后悔只怕来不及了。李世民听后赶紧说："我的右军还没有出发，大哥的左军虽然出发了，但还没有走远，我和大哥去追回来就是。"眼见儿子们早已有了主意，李渊很是高兴："我们全家的成败都在你们兄弟手上了，我不多说什么，随你们的想法干吧。"李世民赶紧出帐，叫上李建成一起连夜追回了左军。

说来也巧，就在李建成兄弟追回左军后不久，营帐外就来了一个白衣老人请求拜见唐国公。李渊有意笼络民心，之前在西河郡就封赏了一堆七十岁以上的老人做散官，他本以为这位老人也想求个一官半职，但老人对他只说了一句话就转身离去，让他震惊不已："我其实是霍山山神，听说唐国公义军在此，特来相告：到了八月，大雨就会停歇，到时候从霍邑东南进攻，一定能获胜。"

这下可把李渊惊呆了。他对霍山山神的传说可不陌生，春秋时期，晋国的赵氏面对强大的智氏难以支撑时，霍山山神就曾送给赵氏当家人赵无恤的家臣一个竹简，里面写道："霍山山神奉天帝之命，将在三月十五日那天帮赵无恤消灭智氏。"其后果然如此。为此，赵无恤曾在霍山建造祠堂祭祀霍山山神。李渊回过神来，大喜：既然有神命在此，那留下才是正确的了！于是赶紧让人四下散播这个消息，军中这才安定下来。

到了八月，大雨果然停了，先前返回太原运粮的沈叔安等人也押送着粮草赶到了军中。有了粮食，一切不慌。李渊下令诸军将盔甲、军械暴晒两日，然后就开始向霍邑进发。至于进军路线，也不用多考虑——霍山山神不都已经明说了吗，从东南面进攻霍邑。义军沿着东南山脚的小道进发，一路果然一个敌人都没遇到。士兵们一下子沸腾了：霍山山神果然是来帮我们的！宋老生在天神面前算得了什么！这么一想，义军士气瞬间提升了一大截。

虽说有天神庇佑，但战前的准备工作还是不能放松。在战前的军事会议上，李渊抛出问题："宋老生虽然有勇无谋，但他毕竟率领精锐驻守在要塞，要是他躲在里面不出来怎么办？"

李建成冷笑道："想不想出战，岂能由得他。我了解宋老生，他就是一有勇无谋的莽夫，只要我们派少数人在城下挑战，他肯定会出战的。"

李世民接着说："就算他不出来又如何？到时我们四处散播谣言，说他想谋反，这才躲着不出战。宋老生肯定害怕杨广知道消息，哪里还能不出战？"

李渊听完两个儿子的意见，点头吩咐："我们在贾胡堡那么久了，宋老生连一点儿动静都没有，我就知道这人没什么本事，你们放手去干吧。"

计议已定，李渊率领数百骑兵率先赶到霍邑东面几里的地方，等待后续步兵支援。与此同时，李建成、李世民兄弟俩率几十个骑兵到城下挑战。此时宋老生正好在城头上，眼见李家兄弟只带了几十个人到城下，作为一名经验丰富的老将，他的第一反应也是诱敌之计。对于这等计谋，他无意搭理。

没想到，李建成兄弟见城内没反应，不但不走，反而在城下开始辱骂起他来。宋老生被骂得动了气，见这群义军连攻城器械都没有，正面作战肯定不敌城内精锐部队，便点齐手下三万精兵直接出城了。作为百战之将，宋老生也留了个心眼，他把部队分成两部分，分别从东门、南门出城列阵，以便互相支援。

就在宋老生忙着在东、南两面摆阵时，李渊这边后续的步兵大军终于赶到了。李渊看了看天色，正是饭点，犹豫要不要让士兵先把饭吃了再说。**这时**李世民劝他，说宋老生好不容易出来了，机不可失，应该立即进攻。李渊听取了他的建议，也分别在东、南两面列阵，自己和李建成在东面领兵，李世民在南面。

宋老生亲自带人从东面率先发起了进攻。为了防止宋老生撤回城内，李渊一开战就佯装败退，逐渐把宋老生引得远离城池。宋老生越打越顺手，渐渐失了警惕，将自己南面的人马也拉到了东面，准备合力一举擒获李渊。打着打着，宋老生忽然心头一跳：南面好像也有一部分李渊军，怎么没动静？

他还来不及多想，就发现隋军后方遭到了李世民等从南面发起的冲击。李世民一马当先突入隋军阵中，双手持刀左右开弓，所到之处人仰马翻，一时无人能挡，很快他手上的两把刀都砍出了缺口。主将勇猛，士卒自然个个争先，一番冲击之下，隋军渐渐开始溃散，李渊和李建成也乘机开始反击。

为制造恐慌，李渊命人在阵前大喊："宋老生已经被活捉了！"宋老生一听，急得想要站出来大喊一声"我还在此"，但话到嘴边，忽然想起传说唐国公有七十二箭连中的本领，怕自己一冒头就会被当成靶子，便又把话咽了下去。然而就这片刻的犹豫，已经腹背受敌的隋军士兵听说主帅被擒，立即崩溃了，各自拼命往城内逃去。宋老生无奈，只好跟随大流逃往城内。

一阵丢盔弃甲的狂奔过后，出城的隋军大部分都逃回了城内，幸存者们蜂拥着赶紧把城门关上了。这下坏了，宋老生还没进城呢。他只能下马翻过城门前的壕沟，偷偷来到城下，然后叫城上的士兵放下绳索，自己抓着绳子往上爬。宋老生一路逃得专注，也没注意左右，哪里知晓义军都头卢君谔也跟着他来到了城下。卢君谔见宋老生开始爬墙，也不犹豫，跳起来一刀将宋老生斩杀了。

此时天色已黑，但义军斗志不减，李渊乘机命令义军攻城。霍邑城内早已乱成一团，难以组织起有效的抵抗，义军在没有攻城器械的情况下强行登城攻占了霍邑。

霍邑之战的胜利极大地鼓舞了新生义军的士气。进入霍邑后，李渊开始论功行赏。手下有人提出意见，认为从军之人中有奴仆出生的，不可以与一般战士同等封赏。李渊却道："在交战时，刀枪箭矢哪会分什么高低贵贱，到了论功行赏时，自然也不应该按高低贵贱进行区别对待，要平等封赏。"这句话传开后，一时间霍邑周围的青壮年纷纷来投。

夺取关中

攻占霍邑以后，李渊一路南下，势如破竹。等李渊到达龙门时，刘文静终于赶了回来，与他同行的还有始毕可汗派来助阵的突厥人马。看着到来的突厥援军，李渊非常满意，突厥兵丁只有五百人，马匹却有整整两千匹，刘文静十分出色地完成了任务。

到达黄河岸边后，李渊十分感慨：终于又要回关中了。此时拦在他面前的，只剩下占据河东城的屈突通了。

对于下一步的行动路线，义军将领中再次产生了分歧：新投奔李渊的薛大鼎建议不要攻打河东，直接从龙门渡河攻占永丰仓；其余诸将则认为这样太过冒险，还是先攻打河东比较保险。

河东户曹任瑰提出了自己的看法："隋朝在关中早已不得人心，如今关中豪杰都在翘首盼望义军到来，这时候如果派人过河招降，他们肯定很快就会投降，到那时唐国公再率大军渡河攻占永丰仓，这样虽然还没得到长安，但你在关中已经稳固了。"李渊听从了任瑰的建议，并派他渡河招抚关中豪杰。

很快，关中盗匪中势力最强的孙华就亲自渡河前来拜会李渊，李渊大喜过望，当场任命他为左光禄大夫、武乡县公，领冯翊太守，连他手下之人也一并封赏。随后，李渊让孙华先行渡河回去，同时派左右统军王长谐、刘弘基、陈演寿、史大奈等人率步骑兵六千人从梁山渡河，在河西扎营等待大军到来。同时，李渊给了王长谐一条计策："屈突通有几万精兵，却一直不敢主动出击，足见隋军军心已乱。但屈突通又怕被杨广怪罪，看到你们渡河，将不得不出战。如果他亲自带人攻击你们，我这边就进攻河东城；如果他不进攻你们，你们就拆毁黄河桥，到时，他坐困河东城内，只有死路一条。"

不出李渊所料，屈突通果然出战了，不过并不是亲自出战，只是派部将桑显和率领数千骁果军夜袭河西大营。但李渊没想到，王长谐等人太不经打了，居然被桑显和打得大败而逃。关键时刻，孙华带人出现了，他与史大奈一起率轻骑绕道偷袭桑显和后方，一战之下，桑显和大败，独自逃回了河东城内。为了阻断义军追击，桑显和主动把黄河桥拆毁了。李渊乘机率大军将河东城团团围困起来。

屈突通出师不利，但他毕竟是隋军中的百战名将，并不好对付。在他的组织下，隋军多次打退了义军的攻城作战。时间越拖越久，李渊意识到，想要快速攻下河东城是根本不可能的。

李渊回想起此前薛大鼎的建议，准备放弃河东城，全力进军关中，然而这一想法遭到裴寂等人的强烈反对，后者表示："眼下屈突通还有几万军队，如果舍弃河东城进军关中的话，万一长安一时间攻不下来，后路又会被屈突通所断，腹背受敌之下，大军必败。不如先攻河东城，一旦河东被攻下，长安自然不战而溃。"

李世民当即反对："你们这么说不对，兵贵神速，眼下正应该快速进军，趁长安还来不及反应，将之一举攻下。如果屯兵在河东城下，长安将会有充分的时间调集关中各路隋军，到那时再想攻下长安，那就艰难了。何况现在关中各路义军群龙无首，我们更应该早点入关招抚他们，如果别人招抚了这些人，我们就后悔莫及了。至于屈突通，只能自守而已，不值一提。"

面对这两种意见，李渊表示，各有各的好处，也各有各的缺点，不如两手同时抓。在这种思路的指导下，李渊留下诸将继续围攻河东城，自己则率领李建成、李世民兄弟一起入关。

李渊入关后，所到之处无不望风而降。很快，华阴令李孝常也献出了永丰仓，一举解决了义军的粮食问题。大好形势下，李渊让李建成、刘文静、王长谐等人驻守永丰仓，同时占据潼关，以防备东都隋军的增援，并派李世民率领刘弘基等人攻略渭北各地。

就在这时，义军再次获得强援——李渊的长女李氏率领数万义军前来会合。李氏这数万人马从何处而来？这就不得不从晋阳起兵说起了。

晋阳起兵前夕，李渊一方面为起义做着最后的准备工作，一方面派人召集还在河东的李建成、李元吉兄弟，以及还在长安的女婿柴绍齐聚太原，共图大事。然而，柴绍接到书信后却犹豫了，对妻子李氏说道："你父亲马上要起兵了，我们如果一起走的话目标太大，但留你一个人在长安，我又不放心，这该如何是好？"李氏却毫不担心，她对柴绍说："你就安心先去太原，我一个女人很容易躲藏，会有办法的。"柴绍心中惴惴，但也只能独自赶赴太原。

李氏也是个奇女子，丈夫出发后，她不但没有如自己说的那样躲藏起来，反而独自回到了家中的武功别墅，然后散尽家财招揽部众。当时，李渊的堂弟李神通因获罪一直流亡在外，见李渊起兵，他也与长安大侠史万宝举兵响应。李氏得知附近的起义军以西域商人何潘仁所部实力最为雄厚，手下有数万人马，同时还劫持了隋朝的尚书右丞李纲做长史，便立即派人前去游说何潘仁，让他与自己一起去李神通处共谋大事。何潘仁早就听说过唐国公李渊的名号，眼见李渊即将入关，心中对关中形势有了计较，二话不说就归附了李氏。之后，李氏又派人成功游说了李仲文、丘师利等人。

发觉李氏手下人马越来越多，长安也屡次派兵来攻，可惜都被李氏打败。李氏还乘机率军攻下了武功、始平等地，一时间其部众多达七万人。李渊的另一个女婿段纶得到李氏消息后，也从蓝田起兵，率领一万多人前来迎接李渊。不久之后，李渊到达冯翊郡，派李氏、何潘仁等部北上与李世民在渭北会师，一起进攻扶风郡。

李渊在关中全面开花的时候，隋军的援兵也终于来了。不过这些援兵并不是来自东都，因为东都洛阳此时正与李密厮杀得天昏地暗，哪有余暇顾及关中，来的只是屈突通所部。

屈突通原本坐守河东不动摇，哪知李渊率主力入关，他深感不妙，意识到自己不能偏安一隅，便命鹰扬郎将尧君素代理河东通守带兵守卫蒲坂，自己则率精兵数万南下救援长安。不过，隋军援兵的到来早在李渊的意料之中，屈突通很快就被刘文静阻挡。眼见前进无望，屈突通打算与潼关守将刘纲会合。不承想刘纲实在不争气，早已被王长谐斩杀，王长谐还乘机占据了潼关的北城。屈突通只得进入南城，与刘文静等人对峙。转眼间就过了一个多月，眼看长安一天比一天危险，他再也忍不住了，派桑显和夜袭刘文静大营。

此时刘文静又在做什么呢？一个多月的轻松对峙竟彻底麻痹了刘文静，他丝毫没有意识到隋军还能够反击，加上李建成已经抽调精锐前往攻打长安，他被桑显和的夜袭打得措手不及。混战中，义军几座营寨都被攻破，到天快亮时，刘文静手底下只剩一座营垒了。更不幸的是，他还中箭受伤了，义军士气大挫。眼看全军即将崩溃，刘文静却无可奈何。

就在这关键时刻，他竟绝处逢生——给他制造机会的不是别人，正是此时的对手桑显和。

眼看就能一鼓作气攻破义军，桑显和紧绷的神经渐渐松了下来。经过一夜激战，他手下的士兵已经非常疲惫了。桑显和寻思：反正只剩下一座营垒，攻破刘文静大营是早晚的事，不如让士兵先吃了早饭，恢复恢复体力，再一举拿下义军。

桑显和这么一心软，事情就有了变故。就在他带着人马埋锅造饭的时候，刘文静立即组织起了反击。刘文静派人偷偷潜入之前被攻陷的营垒，杀死守卫的隋军，迅速夺回阵地；同时派出一支轻骑兵绕到隋军背后发起攻击，将正在吃饭的隋军打个措手不及，后者顿时慌乱起来。刘文静乘机率全军从各个营垒出击，隋军大败，数万人马或死或降，桑显和只身逃回大营。从此之后，屈突通再也无力主动发起进攻了。

解决屈突通的同时，李渊也对长安发起了最后的进攻。这年九月底，李世民率领十三万人进驻阿城，李建成也奉命率军从永丰仓赶到新丰，准备进攻长安。十月四日，李渊率大军到达长安春明门外，各路人马全部集结，共计二十余万人。十月二十七日，李渊正式下令进攻长安城。

而此时的长安城早是一片凄风苦雨。老迈的京兆内史卫文升很快就病倒了，他是长安城内的主心骨，昔日曾率关中大军讨平杨玄感之乱，长安军民都把希望寄托在他身上。他倒下后，守城的担子就落在了左翊卫大将军阴世师和京兆郡丞骨仪的肩上。这两人的威望远不如卫文升，能力也不可同日而语，面对李渊的进攻，两人几乎一筹莫展，长安之战的结果可以说是没有一点儿悬念。十一月九日，在李建成所部的猛攻之下，长安陷落。遗憾的是，在进攻长安的战斗中，迎接李渊入关的大功臣孙华不幸中箭身亡，未能看到长安被攻克的一天。

进入长安后，李渊下令封存政府府库，收取隋朝的档案图籍，严禁士兵烧杀抢掠，同时与百姓约法十二条，将之前隋朝的苛政全部废除。

入主长安后，李渊很快就拥立代王杨侑为帝，改元义宁，是为隋恭帝，同时尊奉远在江都的隋炀帝为太上皇。李渊也被隋恭帝赐给黄钺、持节，委以大都督内外诸军事、尚书令、大丞相，爵位也从唐国公升为唐王。消息一出，榆林、灵武诸郡纷纷来降。

屈突通听闻长安失陷后，果断命部将桑显和率军坚守潼关，自己则前往东都求援。桑显和答应得倒是爽快，但等到屈突通一走，就立马就开城向刘文静投降了。屈突通半路得知噩耗，在部众离散的情况下，只得前往长安向李渊投降，此后，关中再无隋军能对新生的义军构成威胁。

荡平关中：浅水原之战

初败浅水原

攻占长安以后，李渊迫不及待地拥立杨广的孙子代王杨侑做了皇帝，改年号为义宁，并遥尊杨广为太上皇，自己以丞相、唐王的身份辅政。当然，李渊擅自尊杨广为太上皇的事，远在江都的杨广是不知道的。实际上，李渊在关中仅占据了长安附近的数州，周围各方势力都没把他当回事，旧隋的残余势力吕子臧、尧君素等人也依然效忠远在江都的杨广。铲平关中大大小小的势力，便是当前摆在李渊面前的头等大事。

不待李渊有所行动，砸场子的率先找上门了。义宁元年（大业十三年）十二月，占据陇右的西秦霸王薛举派儿子薛仁杲（gǎo）进犯扶风郡。这位西秦霸王到底是何方神圣？这还是隋炀帝征伐高句丽造成的烂摊子。当时大批隋军损耗在辽东，以致各地缺乏士卒、盗贼肆虐，陇右地区也一样。无奈之下，金城县令郝瑗只能临时征召了数千兵卒，交给金城府校尉薛举前往讨伐周边盗贼。郝县令没想到，这个薛举另有想法，拿到兵马后直接在誓师大会上就把他绑了，然后自称西秦霸王，改年号为秦兴，正式起兵反隋。郝瑗秉承"好汉不吃眼前亏"的原则，也赶紧向薛举投降，并升任卫尉一职。薛举和儿子薛仁杲能征善战，很快就占据了陇右全境。

薛举这次进犯扶风郡，还是李渊惹出的事。薛举占据陇右后，郝瑗便劝薛举联合梁师都以及北面启民可汗的儿子莫贺咄设，一起进攻长安。没承想，三人还没开始行动，就被李渊察觉了动向。李渊为了防止三人捣乱，便派人以大批财宝贿赂莫贺咄设。这位莫贺咄设就是日后的颉利可汗，贪财是出了名的。在李渊的金钱攻势下，他不但停止了行动，还指示依附突厥的五原通守张长逊归降了李渊。说起来，张长逊当初归附突厥只是无奈之举，离突厥太近，不归附就得挨打，现在归降了唐王李渊，还转正成为五原太守，张长逊自然得为李渊考虑。张长逊深知薛举的阴谋，他写了道假诏告诉莫贺咄设：

"唐王已经知道了你伙同薛举、梁师都准备进攻长安的事，你拿了那么多钱，这么办事太不地道，还指望以后唐王再给你送钱吗？"莫贺咄设见计划已经泄露，不好再趁火打劫，于是拒绝了薛举和梁师都的提议。

突厥人消停了，李渊也进长安了，薛举就更生气了。他十分不甘心，起初打算自己带人把李渊从长安赶出去。但后来仔细一想，李渊不过是一个只会行贿的投机主义者，自己亲自上阵，岂不是太抬举他了，便改让儿子薛仁杲去，照样能擒下这姓李的。

这时的扶风郡实际上只有一部分掌握在李渊手上，其余部分则握在唐弼手里。唐弼此人，算得上是薛举、李渊诸人的老前辈了，早在大业十年就起兵于扶风，还拥立李弘芝做天子，并自封为唐王。但唐弼并没有多大胆识，眼看西秦大军压境，从没经历过这等阵势的他赶紧杀掉李弘芝，然后遣使向薛举投降。唐弼以为这样就可以求得自保，不承想薛仁杲却不这么看：你投降了，我还有什么功劳？薛仁杲趁着唐弼不防备，将他打了个大败。唐弼无奈，只得转而向李渊任命的扶风太守窦琎投降，不想随后竟被窦琎斩杀。

薛仁杲率兵攻入了扶风郡，窦琎完全抵挡不住，只得死守在城内，并向长安告急。无奈之下，李渊只好再次派出李世民。薛仁杲虽然勇猛过人，但论智谋则远不如李世民，被打得大败，带着人马狼狈逃回陇右。

义宁二年(618年)五月，江都政变，杨广的死讯传来，李渊终于放下了心。五月二十日，李渊正式在太极殿即位，定国号为唐，年号为武德，同时大封太原起兵时的诸多功臣。

就在大唐初立的一派喜气中，薛举再次找上门了。有鉴于前一次的失利，薛举对这次出征很是重视，亲自带着陇右精锐直奔泾州而来。六月十日，刚刚升任尚书令的秦王李世民率领八个总管再次西征，关中两大势力的正面碰撞再次到来。

见薛举兵盛，李世民决定以防守为主，先不与其交锋。他在高墌城深沟高垒以待西秦兵疲，双方对峙于岐州、豳（bīn）州一线。不料厄运降临，一直以来战无不胜的秦王李世民竟得了疟疾。无奈之下，他只得将指挥权交给好友纳言刘文静、司马殷开山，同时叮嘱二人："薛举虽然来势汹汹，但没有带多少粮食，你们只管坚守不出，不论他怎么叫阵都不要出击，等我病好了再收拾他。"

不承想，殷开山有自己的想法，他对刘文静说："秦王这是担心我俩没本事退敌啊。现在秦王病了，西秦必然轻视我们，应该趁此时显示一下武力震慑敌人，也好显显我二人的本事。"刘文静同样也有不甘，他对自己的待遇低于裴寂有些不满，加上此前在桑显和面前吃了大亏，心里早就憋着一把火，经殷开山这么一撺掇，马上就同意了出兵。

二人意气风发地率大军出了高墌城，在城西南的浅水原上列阵，很快，西秦大军也来到了浅水原。一看西秦的兵马，刘、殷二人便乐了：西秦就这么点儿人，也敢来跟我们叫阵，我们光靠人数都能压死对方。于是二人放松警惕，不再做防备，只等大军列阵完毕，一个冲锋就生擒薛举。就在二人得意扬扬之际，薛举却偷偷派薛仁杲率精兵绕到了唐军的后方。

终于，唐军列阵完毕。刘文静、殷开山二人毫不犹豫就下令全军出击。面对唐军的进攻，西秦军队不断后退，殷开山喜道："果然，在我泱泱唐军面前，这些西秦贼兵算得了什么？"正当这时，身后忽然传来一阵呼喊声——薛仁杲率伏兵杀出。唐军这时只顾着前方，根本没防备后方，而从后方杀来的还是西秦军的薛仁杲、宗罗睺两位猛将，哪里抵挡得住。薛、宗二人一路拼杀，很快就冲到了刘文静、殷开山两人眼前。刘、殷大惊，赶紧打马夺路而逃。

主帅一走，腹背受敌的唐军哪里还能坚持，纷纷溃散，只苦了前方浴血奋战的八位总管，他们还不知道后方的刘文静、殷开山已经跑了，等遭到薛氏父子前后夹击时，他们已经无路可退。一战下来，唐军阵亡十之六七，刘弘基、慕容罗睺、李安远等总管也被俘。薛举还算仁慈，看到刘弘基等人誓死不降，也不为难他们，只关起来了事。

第一次浅水原之战随着唐军的惨败而结束。随后，薛举率军进攻唐军西线的要塞高墌城，这时哪怕是李世民也无力再抵挡西秦大军，只得狼狈带着残兵返回长安。为了彰显自己的胜利，薛举将唐军阵亡将士的尸体堆砌筑成高台，以此羞辱新生的李唐王朝。

西秦的危局

唐军兵败，李渊气愤至极，将逃回来的刘文静、殷开山贬为平民。此时唯一的好消息，就是割据榆林的郭子和派使者前来归降。

要说这郭子和，也算是一位义士，他早年做过隋朝的左翊卫，但因为犯罪被流放到榆林郡。当时榆林郡正遇上大饥荒，百姓饿死无数，但郡丞王才觉得粮仓是国家的，没有皇帝的命令，不能擅自开仓救济百姓。但此时隋炀帝已经去了江都，哪儿有工夫管小小榆林郡的死活。郭子和再三请命不成，便带了十八个敢死的兄弟一起冲入雁门，将王才绑了起来，在众多百姓面前历数他的罪行，然后将他处死，随即开仓赈济百姓。

郡丞已死，大隋的粮食也用了，郭子和索性一条路走到黑，自称永乐王，改年号为正平，正式起兵反隋。郭子和心知自己兵弱，又怕突厥或梁师都来犯，只得给两家各送一个儿子做人质，以换取两家的支持。其后，始毕可汗大肆封赏归附自己的汉人，刘武周和梁师都高兴地接受了可汗封号，只有郭子和不肯，再三推辞之下，才勉强接受了一个"屋利设"的突厥官职。

到了武德元年，眼见新生的大唐王朝已经在关中站稳了脚跟，而且和突厥关系也不错，郭子和便不再犹豫，赶紧遣使向李渊请求归降。此时正值唐军兵败之际，李渊看郭子和前来归降，大为感动，忙派使者封郭子和为灵州总管、金河郡公。

浅水原之战大获全胜后，薛举也没有闲着，在稍微休整过后，又派薛仁杲乘胜进攻宁州。谁知薛仁杲不争气，被唐宁州刺史胡演给击退了。薛举大怒，准备亲率大军进攻宁州，但他的老上司（新下属）郝瑗劝说道："陛下千万不要去进攻宁州，我们刚刚在浅水原击溃了唐军主力，此时关中震动，唐军短时间内必然难以再次集结兵力与我们交锋，我们应该乘机直捣黄龙，攻下长安，等长安一攻下来，关中其他州县必定望风而降，我们又何必在小小的宁州浪费工夫呢？"薛举一听，有道理，于是集结大军准备向东直取长安。也是天不佑西秦，薛举准备动身之际，忽然患了重病，没多久就病死了。薛举死后，太子薛仁杲即位为皇帝，并追谥薛举为武帝。

西秦新帝薛仁杲，在西秦军中颇有威名，力大无穷又擅长骑射，作战时勇猛过人，军事能力不在父亲薛举之下，率军征战四方，少有败绩。但他有个致命的缺陷——不得人心。薛仁杲为人残暴，一有不顺就拿身边人出气；看到喜欢的美女就直接杀光对方全家，然后抢美女回家；如果是俘虏，那就更惨了，只要不投降，等待他的将是极端的刑罚。比如南朝著名文学家庾信的儿子庾立，他就不幸遭到了这样的残酷对待。

庾立本是隋朝官员，西秦扫荡陇右时，薛仁杲将之俘虏。本着对隋朝的忠诚，庾立誓死不降。薛仁杲冷笑，将庾立架到火堆上烤，这还不算，他还用刀将庾立身上的肉一点点儿割下来交给部下食用。这事一传出去，不管是士人还是百姓，见到薛仁杲的大军纷纷躲避，西秦其他将领也是心头发寒，生怕自己哪天也会有同等遭遇。西秦武帝在世时就曾叹息地对儿子说："你虽然作战勇猛、谋略出众，纵横天下没有问题，但是你过于残暴，弄得天怒人怨，再这么下去，我们薛家早晚会败在你手里。"可惜这番告诫，薛仁杲一个字都没听进去。

除此之外，薛仁杲还有个贪财的毛病。要问财从哪里来，薛仁杲的答案简单粗暴——抢。不管你是顺民还是逆民，只要有钱就活该倒霉。每每攻陷一地，薛仁杲做的第一件事不是犒赏将士，更不是抚慰百姓，而是将城里的富人全部绑起来，一起拉到广场上要钱。那些肯交出钱财的人还好，对于"不识相"的，薛仁杲便将人倒挂起来，然后往鼻子里灌醋。富人们不敢违抗，只得纷纷掏钱免受责罚。就这样，薛仁杲的腰包鼓起来了，但他也失去了各地的人心。等到薛仁杲即位时，陇右百姓纷纷逃往外地，再加上薛仁杲和西秦众将之间多有猜忌，一时间，西秦国内动荡不安。作为西秦的谋略大师郝瑗无力挽回，悲伤不已，很快就病死了。郝瑗一死，西秦就更加衰弱了。

就在薛仁杲还沉浸在做皇帝的喜悦中时，这边厢李渊开始了行动。鉴于西秦兵锋强盛，唐军新败不久，李渊心里也没多少底，他将目光瞄准了西秦的死敌——割据河西的李轨，意图联合李轨一起对付西秦。

说起李轨，他的发迹还多亏了薛举。李轨是武威本地人，聪明好学，他家里比较富有，时常拿出钱粮救济贫民，所以在当地威望很高。大业年间，乘着三征高句丽的东风，李轨也当上了鹰扬府司马。后来薛举在金城起兵反隋，金城距武威不远，李轨赶紧召集武威郡的大户曹珍、安修仁、关谨、梁硕等人商量办法。

李轨对众人说："我很了解薛举这人，为人残暴不堪，他既然造反了，肯定会攻打周边的郡县，武威自然首当其冲。我们郡里这些官员大多软弱无能，怎么抵挡得了薛举？我认为，我们应该同心协力、共谋大事，先一起占领河西，然后再根据天下形势行动，这样总比坐看妻儿被别人掳掠强。"众人都深以为然。

但俗话说"蛇无头不行"，既然要举事，总得推出一个首领来统率大家，但几人分量差不多，谁也不敢做这出头鸟。就在这时，曹珍提议道："我以前听过一个谶语，说是'李氏当王'，我们中间正好李轨姓李，这就是天意啊。依我看，我们不如就顺应天意，推举李轨做首领吧。"众人首肯，于是推举李轨做了首领。随后，李轨带人夜袭姑臧城，斩杀隋朝将官，然后自称河西大凉王，改元安乐。接着，他又挫败了薛举的进攻，一时间声名大噪。

李渊是个行动派，看中了李轨的实力，便立马派人出使河西，还亲自给李轨写了封信，在信中亲切地称呼李轨为堂弟。没想到大名鼎鼎的唐王李渊这么给面子，李轨受宠若惊，赶紧派弟弟李懋前往长安进贡。李渊立刻任命李懋为大将军，同时封李轨为凉州总管、凉王。就这样，李轨也加入了进来。

武德元年八月十七日，秦王李世民奉命再次出征陇右，关中两大势力的第二次碰撞就此开始。

再战浅水原

鉴于唐军新败不久，李世民这一次集结大军的速度慢了不少，迟迟未能展开行动。不过李世民没行动，并不代表关中各路唐军也都坐等看戏。大唐秦州总管窦轨抢先出兵进攻薛仁杲。不出李世民所料，西秦大军士气正盛，窦轨所部根本抵挡不住。一战之下，窦轨大败，只得带领残兵投奔李世民。

秦州总管窦轨倒是跑了，但泾州的百姓就遭殃了。薛仁杲围在泾州外，此时泾州城的守将是刚刚抵达的骠骑将军刘感。刘感对城内大致情况做了一番了解后，面露苦涩：这泾州城内别说没多少兵，就连粮食也没几颗。但事已至此，只能咬牙坚守。很快，城内的粮食吃完了，刘感只得把自己的坐骑杀了，尽着给士兵们吃，自己只用煮马肉的汤和着木屑下肚。就算是这样，泾州也快撑不住了，几次都差点儿被薛仁杲攻陷。

就在这样的危急时刻，救兵终于来了——长平王李叔良亲自率领大军救援泾州。薛仁杲见状，自称西秦军中也没粮食了，带着大军撤围而去。与此同时，他偷偷派人冒充高墌城的百姓告诉李叔良："薛仁杲大军已经南撤，高墌城内已无贼兵，请大王速速派人前往接管，晚了的话，只怕薛仁杲再带人回来，那时想夺回高墌城就难了。"李叔良信以为真，当即派刚从泾州出来的刘感带人前去接管高墌城。

刘感一路急赶，到了高墌城下，迎接他的却是一道紧闭的城门。刘感以为是高墌人防备薛仁杲，于是派人到城下敲门自报身份，说唐军来了，并非贼兵。哪知城里人还是不肯开门，还对城下喊话："城内现在都是老弱妇孺，实在是打不开城门，反正城里已经没有贼兵了，你们就从城墙翻进来吧。"

翻城墙进门？这是什么折腾人的法子。刘感气笑了，不再多言，当即派人点火烧城门。哪承想，火才刚点起来，城头上的人就倒了水下来，将火苗彻底浇熄。一看这态度，刘感察觉不妙：城里人肯定是诈降，他们不过是在拖延时间，薛仁杲大军还没到，得趁现在赶紧走。于是他让步兵先退，自己率精兵殿后。可惜的是，刘感虽然布置得当，但已经来不及了，就在他下令后不久，城头就点起了三座烽火台。滚滚烽烟中，薛仁杲大军从南面蜂拥而来，退却中的唐军哪里抵挡得住，最终全军覆没，刘感也被薛仁杲生擒。随后，薛仁杲再次包围了泾州。

薛仁杲正苦恼如何才能打下泾州城，发现刚俘虏的唐军主将刘感就是之前泾州的守将，于是计上心头。他派人把刘感请到了自己帐中，对刘感说道："你现在已经是我的俘虏了，我要杀你易如反掌，现在你去城下喊一声，告诉城内的人，唐军援兵已经被我击败了，让他们早点投降。只要你去喊一下，我就放你一条生路。一句话换一条命，挺划算吧？"刘感点了点头："确实划算，我答应了。"说完就走出营帐直奔泾州城墙而去。薛仁杲心中得意：一个大将，这么容易就投降了，唐军不过如此。

然而刘感来到泾州城下后，喊出的话语并未如他所愿："反贼现在军中粮食已尽，快要饿死了。秦王正带着几十万大军从四面八方前来救援泾州，你们只管好好守着城池，不要管我！"

薛仁杲又惊又怒，就地将刘感绑了起来，并将他膝下部分埋进土里，又把他当作箭靶来射。刘感身上的箭越中越多，他的声音却越来越大，一直到死也没有停止。看到刘感惨死，泾州城内士兵莫不落泪，守住城池的决心也更坚定了。

刘感没有说错，秦王李世民真的来了，他以一个出其不意的进攻，迅速夺回了高墌城。薛仁杲生怕退路被断，只得从泾州撤兵前往高墌城与李世民对峙。他有意速战速决，却发现李世民进入高墌城后再次深沟高垒坚守不出。

就这样过了几天，李世民手下的庞玉等人也有些按捺不住，纷纷要求出战，以报上次浅水原之败的大仇。庞玉说："现在薛举刚死，薛仁杲又不得人心，我们正好进攻一举拿下陇右，时间如果拖延过长，等薛仁杲返回陇右完全控制了局面，我们再想进攻就难了。"

李世民却不同意："你只看到了薛仁杲那边的困局，却没有看到我们这边的情况。浅水原之败后，唐军精锐死伤惨重，现在士气正衰，而西秦经过上次大胜后士气正旺，此时出战，胜负还很难说。至于你的担心，其实是没必要的。上次大胜后，薛仁杲正骄横得厉害，此时心里只怕还想着什么时候攻下长安呢，怎么可能返回陇右？我们现在需要做的就是养精蓄锐，等待敌人士气衰竭后再一举破敌。我们此次是败不起的。"看到众将还想争辩，李世民干脆下了一道命令："要出战者，力斩不饶。"

就这么僵持了很久，西秦军断粮了，但薛仁杲依然想留在关中劫掠，迟迟不肯退兵回陇右，一时间闹得西秦将士上下离心。很快，西秦的内史令翟长孙就率领所部投降了李世民。这位翟长孙后来深受李世民重用，日后更成为玄甲军的四位统领之一（另三位是秦叔宝、尉迟敬德、程知节）。有了翟长孙带头，西秦诸将纷纷效法，就连薛仁杲的妹夫也带人投降了大唐。

决战的时机终于到了。

鉴于西秦那边还有宗罗睺等猛将，李世民使了个小计谋：他先派行军总管梁实率所部在浅水原扎营。看到唐军只派了这么一点儿人马出战，薛仁杲赶紧让猛将宗罗睺带精兵前往进攻。梁实早已经得到李世民的指示，在营中坚守不出。几天过后，唐军人马疲惫不堪，但梁实依然坚守不退。宗罗睺将唐军的疲惫看在眼里，不愿错过机会，顾不得休整部下，又不分白天黑夜地发起攻击。

此时，李世民又派出右武侯大将军庞玉进入浅水原。一见又有小股唐军部队送上门来，宗罗睺乐得笑纳，于是又分兵攻打庞玉。很快，庞玉也要抵挡不住了。

宗罗睺大喜，以为胜利就在眼前，不料此时身后马蹄声大作，竟是秦王李世民率领主力大军忽然从浅水原北面杀来。惊惧之下，宗罗睺赶紧回身与李世民开战，但他手下的陇右精兵与梁实、庞玉交战许久，早已疲惫不堪，没有余力再抵挡李世民的主力军。李世民亲率数位猛将在西秦军中来回冲杀，一连砍坏了数把战刀，依然奋战不休。主帅勇猛，士兵自是气势如虹，庞玉、梁实这时也带人从营中杀出。内外夹击之下，宗罗睺抵挡不住，狼狈向西逃去。一时间，西秦大军死伤枕藉。

见宗罗睺溃退，李世民马鞭一挥，正要点起两千骑兵向西追去，他的舅舅秦州总管窦轨赶紧拉住他的战马，苦苦劝道："宗罗睺虽然败了，但薛仁杲还率大军在前面占据着城池。这时候还是不要轻举妄动，应该先整军休整，看看薛仁杲有什么动作，我们再进行下一步。"

李世民摇摇头："舅舅这话错了。你说的这些，我之前其实也考虑了很久，薛仁杲虽然占据着城池，但士气低落，他所能依仗的只是宗罗睺手下的精兵，眼下宗罗睺已经溃散，一时肯定来不及汇集。我们应该乘胜进攻，薛仁杲一定来不及抵挡。如果时间一久，宗罗睺整军与薛仁杲合兵一处，我们想取胜就难了。现在机不可失，舅舅你就不要再说了。"于是，他不再理会窦轨，亲自率领两千轻骑直奔折墌城而去。

荡平陇右河西

不出李世民所料，突然出现在折墌城下的唐军把薛仁杲吓得不轻。这几天来，他收到的都是宗罗睺不断传来的好消息，哪承想李世民忽然来到自己眼前，宗罗睺估计凶多吉少。无奈之下，薛仁杲只得硬着头皮带人出城列阵，李世民也依河列阵与西秦大军对峙。

考虑到宗罗睺不在，自己身为皇帝不宜亲自出战，薛仁杲思来想去，决定派猛将浑幹做先锋前去挑战。浑幹也不推辞，一口就答应了下来。薛仁杲心中宽慰，手下有如此忠心之人，颇有些感慨。看着浑幹率领所部冲向唐军，薛仁杲下令部下做好接应的准备。就在西秦大军的注目下，浑幹一路奔驰，直直冲到李世民的面前，然后，下马请降。

唐军那边传出雷动欢声，西秦这边则立即炸开了锅。紧接着，好几个西秦将领也步了浑干的后尘。

这仗还怎么打？薛仁杲呆愣在原地，再也没有信心，赶紧把剩余人马一起带进城内，不敢出战了。等到晚上，不放心外甥的窦轨带着唐军后续步兵赶到，李世民乘机指挥大军将折墌城重重围困起来。

薛仁杲虽然关闭了城门，但关不住部下向着大唐的心。到了下半夜，守城的士兵纷纷从城墙上放下绳子出城投降唐军，薛仁杲完全无法遏制颓势。就这么又过了几天，还是没有宗罗睺的消息，薛仁杲终于支撑不住了，带着数百西秦官员出城投降。李世民历数了薛仁杲的罪行，将他与手下几个臭名昭著的将领一起斩杀，其余人等则皆放过不问。随后，唐军占领折墌城，并得到了薛仁杲留下的一万多名精兵和五万名男女。这时宗罗睺才匆匆赶到，但为时已晚，无奈之下，也只得到李世民营门前请降，此后唐军尽得陇右之地。

击破薛仁杲后，唐军众将简直不敢置信，他们对其中的某些环节感到不解，便询问李世民："浅水原之战的胜利我们都明白，但一直想不通为什么秦王您舍弃了步兵主力，只带了几千轻骑，又没有攻城器械，在这样的情况下，您怎么敢进攻薛仁杲亲率重兵驻扎的折墌城？我们都以为肯定不可能成功，然而最终却出人意料地很快取胜，其中有什么奥秘呢？"

李世民笑着解释道："宗罗睺部下都是陇右的精兵猛将，浅水原之战我们虽然出其不意击败了他们，但实际上杀伤对方精锐并不多。如果此时按兵不动，宗罗睺等人必定会返回折墌城与薛仁杲会合，到时就很难取胜了；但如果我们迅速追击的话，宗罗睺等人肯定会继续向西逃窜，折墌城的薛仁杲失去了这部分精兵，自然就虚弱了，加上我军来得又快，薛仁杲根本来不及做准备，被吓破了胆，哪里还能组织起有效的抵抗。这就是我们能快速取胜的原因。"

西秦灭亡后，关中仅剩下割据河西的李轨势力。李轨本打算接受唐廷的册封就此归唐，他对手下人说："现在的大唐天子李渊自称是我堂兄，他已经做了皇帝，一姓之人不应该争天下，我想就此接受大唐的册封。"但他的手下人却不同意，曹珍劝道："现在隋朝刚亡，天下称王、称帝的人不计其数。唐朝在关中称帝，我们在河西称帝，各不相犯，你又何必非要自贬身份呢？"李轨被说服了，于是派尚书左丞邓晓前往长安，依然自称"皇从弟大凉皇帝臣轨"，而不肯接受凉州总管、凉王的官爵。李渊气恼李轨过于反复，扣押了邓晓，并着手准备进攻河西。偏偏这时刘武周突然发起进攻，并一度席卷太原，李渊一时也抽不出手来组织兵马进攻河西。

然而，事情又因为一个小人物而出现了转机，这个人就是安兴贵。安兴贵本是西域安国人，在隋朝时随着家族迁移到了武威，安姓成为当时武威的大族，当初拥立李轨的安修仁正是他的亲弟弟。眼见唐朝和河西交恶，安兴贵敏锐地察觉到了机会。他向李渊递上一道奏疏，说自己的弟弟安修仁正在李轨手下担任官职，自己家族在武威又颇有势力，希望李渊能派自己前往河西游说李轨。本着姑且一试的心态，李渊答应了安兴贵的请求。

到达武威后，凭借家族关系，安兴贵很快就被李轨任命为左右卫大将军。安兴贵乘机劝说李轨："凉州这边土地贫瘠，百姓又贫苦，哪里是大唐的对手？大唐现在刚灭了西秦，下一步自然是我们凉州。陛下您本和大唐皇帝以堂兄弟相称，何不就此带河西归顺大唐？如此一来，汉代窦融归降光武帝的功劳又可以重现于世了。"

李轨皱眉反驳道："我河西有山河之险，而大唐此时在并州被刘武周打得节节败退、自顾不暇，我怕他做什么？你是从长安来的，不会是李渊派来的卧底吧？"

安兴贵大惊，赶紧解释道："陛下应该听说过西楚霸王项羽的一句话：'富贵不归乡，如锦衣夜行。'我出身武威，自然想要回归故土，何况我全家上下这么多人都在陛下朝中做官，我怎么可能背叛陛下呢？"李轨一想是这个道理，就不再追问了。

安兴贵回到家后一阵后怕，知道李轨不可能被劝服，于是与弟弟安修仁凭借家族的声望，联合周围的胡人部落一起进攻李轨。猝不及防之下，李轨大败，只得逃回城内据守。安兴贵此时又拿出李渊的诏书，宣称："大唐皇帝派我来诛灭逆贼李轨，与我一起剿灭逆贼的同富贵，帮助逆贼的诛灭三族！"

之前李轨因修筑玉女台一事闹得河西天怒人怨，现在城内人一听安兴贵这么说，再无心思为李轨卖命，纷纷出城投奔安兴贵。李轨只好开城投降，随后被斩杀于长安。安兴贵兄弟也因此受到了封赏：安兴贵被封为右武侯大将军、上柱国、凉国公，安修仁则被封为左武侯大将军、申国公。

平定李轨后，唐军在关内再无其他对手，关中的稳定为以后统一全国打下了基础，而李渊的目光也开始移往关外。

收复太原：唐灭刘武周之战

刘武周南下

短短半年就扫平陇右、除去心腹大患，李渊意气风发，准备一鼓作气出兵荡平李轨，一声惊雷忽然落到头顶：突厥人南侵了。准确地说，是突厥的归附者刘武周带着突厥骑兵南下了。这个早在进军关中时就让义军惶惶不安的消息终于成了事实。

这次突厥入侵的领路人刘武周是个什么来头？刘武周本是马邑人，早年曾跟随杨义臣参加二征高句丽的行动，之后回到马邑在鹰扬府做校尉。当时的马邑太守正是东征高句丽后镀金归来的王仁恭。本着战友情谊，加上刘武周又骁勇善射，王仁恭很重用他，直接让他统率亲兵护卫自己。然而王仁恭不曾料到，刘武周非但不感激知遇之恩，反而借机和他的小妾私通。但事后，刘武周又害怕被王仁恭知道了，便生了歹心。

当时，隋炀帝已经南下江都，天下大乱在即，刘武周索性在马邑放话，说现在郡内到处都有人被饿死，全是因为王太守不肯放粮赈灾之故。马邑人因此开始憎恨王仁恭。刘武周乘机和同党张万岁带了十几个死党冲进太守府，杀了王仁恭，然后开仓放粮。一时间，马邑豪杰纷纷归附。刘武周借着这股东风，又夺下隋炀帝的汾阳宫，并将其中财宝献给了东突厥的始毕可汗，以求得到突厥人的庇护。始毕可汗得到好处，自然是有求必应，转头就派人封刘武周为定杨可汗，并赐了一面狼头纛（dào）给他号令部下。

其实，早在武德二年二月，刘武周就有了联合突厥入侵太原的心思，只是运气不太好，赶上始毕可汗去世，处罗可汗刚刚上位，一时间顾不上南下，再加上李渊又派人送钱财给始毕可汗办丧事，南侵的事便暂停了。

按说刘武周和突厥人的心思早已经昭然若揭，唐朝应该在并州方面做好防御准备才对，但很遗憾，真的什么准备都没有。自从太原起兵以后，留守太原的一直都是李元吉。李元吉是李渊的第四子，留守时才十四岁，到武德二年，已经升任并州总管，晋爵齐王。但李元吉要说能力，比起两个哥哥（李渊第三子李玄霸此时已死），差得不是一星半点儿。

离开了父兄的管束，李元吉在太原骄奢淫逸、无恶不作，闹得太原鸡犬不宁。李渊知道李元吉还小，便特意派女婿殿中监窦诞和右卫将军宇文歆去太原辅佐他。不料窦诞和李元吉其实是一丘之貉，非但不劝阻李元吉，反而与李元吉一起横行四野，今天去庄稼地里游猎，明天到街上以箭射人。对这两个祖宗，宇文歆实在是没有办法，也劝不住，只好上书李渊说明情况，希望他能管管儿子和女婿。李渊倒也没犹豫，当即就下令免除了李元吉的官职，让他回长安安心做亲王。在外潇洒惯了的李元吉哪里肯去长安，便想出了个办法，第二天就派一群"热心群众"上京为齐王鸣冤，极言齐王在太原如何施行仁政、并州百姓如何思念齐王，希望齐王能够留任并州。李渊一向精明，然而却在这件事上犯了糊涂，真以为儿子在并州深受百姓爱戴，于是重新任命李元吉为并州总管。

李元吉蒙混过关，很是得意，然而很快，他就会承受真正的人生考验。四月，刘武周带着突厥人马进入黄蛇岭，准备南下太原，李元吉傻了眼。他虽然时常跟手下一起玩战争游戏，但从未上过战场，在并州这两年都忙着寻欢作乐，哪有工夫做什么防御工作？如今强敌忽至，他只能硬着头皮让车骑将军张达率兵进攻刘武周。

张达本有一腔为国破敌的热血，但他集合齐王给的兵马后，吓坏了——就一千多人，拿着这点儿人去打刘武周的几万人，这不是肉包子打狗——有去无回吗？张达再去找李元吉，希望他能多派给自己一些兵马。李元吉哪里肯，他还指望大军留在城内保护自己安全呢，要是都派出去了，自己怎么办？怕张达再来烦扰，李元吉命张达立即带人出征，若再在城内多留一刻，就按军法处置。

张达只得带着一千人前往黄蛇岭，结果毫无意外，全军覆没，张达仅以身免。因为怕回太原受罚，又加上痛恨李元吉，张达索性就投降了刘武周，并作为向导带着刘武周攻陷了榆次。随后，刘武周率军快速推进，很快就到了太原城下。

李元吉平日里逞勇斗狠，但到了关键时刻，怎么也不敢开城迎战，只是一味死守城池，同时派人前往长安求援。看到儿子的求救信后，李渊赶紧派左武卫大将军姜宝谊、行军总管李仲文率兵北上救援太原。

眼看太原一时难以攻克，刘武周也不强取，转头北上攻下了平遥（今山西省平遥县），准备劫掠一番就回家。这时手下一人大喊："陛下万万不可撤兵！此时应该趁着胜利一鼓作气攻下太原，这样我们才有争霸天下的资本！"

说话之人乃是刘武周的妹夫宋金刚。宋金刚原是一方义军首领，在河北时支援魏刀儿对抗窦建德，但被打得大败，只能带着残部向西投奔刘武周。刘武周此前就听说宋金刚擅长用兵，于是直接封他为宋王，专门负责攻伐之事，同时还把自己的财宝也分给他一半。宋金刚深感其知遇之恩，转头就把老婆休了，娶了刘武周的妹妹。有了这层关系后，两人就更难分彼此了。

此时刘武周听了宋金刚的一席话，也开始心动：自己刚胜了大唐，难道就这么缩回老家了吗？实在太不像话了，哪算敢争天下的人！于是气血上涌，立马任命宋金刚为西南道大行台，率兵三万前往进攻太原。

宋金刚没有直接对太原发动进攻，而是准备先铲掉太原外围的唐军据点，太原则留给刘武周负责。宋金刚南下遇到的第一个硬点子便是介州（治所在今山西省介休市）。介州城打从战国时期起就是著名要塞，这里发生过的大战不计其数，城防异常坚固。宋金刚一连攻打了好几天都没能攻下，一时有些沮丧：连一个小小的介州都攻不下，如何攻取天下著名的坚城太原呢？

就在这时，侍卫来报，门口有一个叫道澄的僧人来访。宋金刚本着消遣的心思让人带了进来，不想却得到了一个惊喜。原来，道澄现在就住在介州城里，见宋金刚来攻，生怕城破后自己的小庙受到劫掠，于是提出利益交换——他帮助宋金刚入城，宋金刚则保他平安。宋金刚乐得答应。当天夜里，道澄偷偷爬上城墙，将寺里的几条佛幡从城头放下，宋金刚则立即带人顺着佛幡爬上了城墙。介州守军猝不及防，只得四散逃命。至此，宋金刚终于拿下了介州城。

就在宋金刚进入介州城时，大唐援兵李仲文、姜宝谊也到了雀鼠谷南面。此时在雀鼠谷北面驻扎的正是刘武周手下黄子英的部队。这个黄子英颇有计谋，他一面在雀鼠谷设伏，一面派小股部队不断南下骚扰唐军。李仲文和姜宝谊不堪其扰，只得派人迎战，不料发现敌军一触即溃，接着又遇到几股敌兵，也都不堪一击。姜宝谊和李仲文尝了几次甜头，暗喜，这可是送上门来的功劳，两人立刻带领全军冲入雀鼠谷。

此时雀鼠谷内分外安静，甚至连飞鸟都难见一只。然而李仲文、姜宝谊两人被一时胜利冲昏了头脑，都没有注意到周围的异常，直到一阵鼓声打破了寂静。雀鼠谷内忽然旌旗涌动，一大片穿着盔甲的士兵从周围的树林里、草丛中冒出，当先一将正是黄子英。唐军惊慌不已，很快溃败，两个主帅都做了俘虏。不过李仲文和姜宝谊到底是练过的，逃命很有些本领，在被押解去介州的路上找机会跑掉了。

兵败度索原

李、姜二人一口气逃回长安面见李渊，很是羞愧，不过李渊并没有责罚他们，反而抚慰了一番，然后再次拿出兵马让两人北上攻打宋金刚。但李渊心里明白，指望这二人击退宋金刚不切实际，于是在第二天上朝时提出，要另选良将北上，他刚说出想法，殿上就有一人站出来慷慨陈词，表示要为国尽忠，击破叛贼，以报答陛下的知遇之恩。李渊一看，正是自己的老友尚书右仆射裴寂。李渊十分感慨："满朝大臣，果然还是裴寂最靠得住，国家有难，他第一个挺身而出。"当即任命裴寂为晋州道行军总管，率大军北上讨伐刘武周，将并州的唐军统一归他节制。

然而这里有一个疑点：裴寂只是一个文官，从未有过带兵打仗的经历，他为什么要主动请战呢？或许，这还得从刘文静说起。

裴寂和刘文静在太原起兵前是好友，共同谋划了太原起兵。但唐朝建立后，李渊因为与裴寂关系更密切，所以给裴寂的待遇在刘文静之上。刘文静心有不甘，觉得大家功劳差不多，裴寂的能力还不如自己，凭什么要高自己一头？于是从这之后，两人在朝堂上便像两只斗鸡，一人支持的，另一人必定反对，直到唐军第一次浅水原之败，他俩才安静下来——刘文静战败被免职，两人想吵也没机会了。

刘文静回到家后，无所事事，整天和弟弟刘文起喝酒唱衰、辱骂朝廷。其实两人关起门来发泄怨气也没什么，偏偏他家里有一个小妾不受宠，这个小妾便让自己哥哥诬告刘文静谋反。李渊派裴寂审理此案，裴寂落井下石，最终刘文静被处死。

刘文静死后，长安的大街小巷开始盛传：裴寂是因为自己没本事又妒忌刘文静，才害死他的。裴寂听到这些后，心里憋了口气，想向天下人证明他裴寂也是有本事的，正好此时并州兵败，皇上急于选将讨伐刘武周，于是就有了裴寂请命的一幕。

第一次领兵出征，裴寂也没有经验，但他还是抓紧时间日夜研读兵书，希望能从古人的智慧中找到击破叛军的办法。很快，裴寂就带着大军来到了介州，姜宝谊和李仲文听到消息后，也赶紧率军前来会合，希望能借裴总管的本事打败宋金刚。

裴寂此前日夜苦读兵书，倒也没有白费工夫。他在介州城外转了一圈后，找到了一处扎营的好地方。按兵书上所说：驻军要选择比较干燥的高地，避开潮湿的地方，并且这地方最好向阳、不阴暗。如此一看，度索原（位于今山西省介休市东南介山下）正好满足这些条件。自以为深得兵法之妙的裴寂赶紧带人到度索原安营扎寨。

裴寂的想法没错，但他忽略了一点——度索原上没有水源，必须到旁边山涧取水。他没有看到的，宋金刚却看到了，于是乘夜偷偷派人占据了山涧。得知水源被断后，裴寂赶紧派人前去攻打宋金刚，企图夺回水源，但数次进攻都失败了。一天下来，唐军又渴又累。无奈之下，裴寂只好另选营地，并与诸将约定，第二天黎明时分准时搬营。可裴寂的运气实在不好，他选定的搬营时间恰好与宋金刚准备进攻的时间吻合。第二天黎明，唐军正收拾家当呢，宋金刚就忽率大军杀至，唐军完全没有防备，哪里抵挡得住，一经接战就四下逃散。

裴寂见大势不妙，赶紧跨上坐骑，一日一夜狂奔数百里，最后逃进了晋州城（今山西临汾市）。姜宝谊的运气更不好，他来不及逃走，再次被生擒。怕他再次逃脱，宋金刚这回没有留他性命。李仲文则率领残部逃去了西河，与浩州刺史刘赡一起抵御宋金刚。一时间，晋州以北就只有西河还在大唐手上。

度索原之战后，宋金刚乘胜紧逼太原。李元吉知道这次躲不掉了，于是找来司马刘德威，对他说："现在关中来的援兵都败了，我们短时间内不可能有任何援兵，如果坐困孤城，就是坐以待毙。不如这样，我明天率城内精锐出战，你带老弱守城，如果能一战胜了最好，没胜的话，再退回来大家一起坚守。"刘德威一想对自己没什么坏处，于是就答应了。

第二天一早，李元吉集结人马准备出发，刘德威也找了一批百姓为出征的勇士送行。刘德威望着出征的人马，渐渐觉出一丝古怪：怎么驸马窦诞也在其中？没听说过他能打仗啊。再一看，出征队伍里居然还有女人——这不都是李元吉的妻妾吗？不待刘德威细想，李元吉已经打马向南，带着大队人马出了城——然后一路逃回了长安。

滚滚烟尘中，刘德威久久伫立，他回头看了看城内的老弱病残，长叹一声，带着剩下的人回城。当天夜里，太原当地的豪强薛深就带人打开了城门，投降了宋金刚，刘德威还来不及组织抵抗就被俘了。后来刘武周派刘德威去西河劝降刘赡、李仲文两人，刘德威抓住机会逃回了长安。

太原失陷，后果非常严重——宋金刚乘胜攻陷了晋州，俘虏了右骁卫大将军刘弘基（后来侥幸逃回）。再之后，宋金刚又攻占龙门，直逼绛州（治所在今山西省新绛县）。眨眼间，宋金刚就冲到了黄河边上，只要渡过黄河，就能直逼关中。

李世民北上

裴寂率军在河东一线组织防御，但他没什么指挥才能，加上性格怯懦，根本指挥不动手下将领。不止如此，他又干了一件蠢事。

当时，宋金刚攻陷了浍州（治所在今山西省翼城县），本着"坚决不留给敌人一颗粮食、一枚铜钱"的原则，裴寂派人逼迫虞州（治所在今山西省运城市东北十里安邑）、泰州（治所在今山西省万荣县）两地的居民全部进入城堡，然后坚壁清野，将居民的房屋、财货统统焚毁，一时间闹得天怒人怨。

很快，夏县（今山西省夏县）的平民吕崇茂起兵反唐，自称魏王，周围的百姓纷纷前往投奔。裴寂派人前去攻打吕崇茂，却被打败了。随后，吕崇茂与刘武周、王行本相互呼应，声势浩大，一时关中震骇。

这里出现的王行本又是何许人也？他原是尧君素的部下，当年尧君素留守河东后，一直没有投降大唐，李渊多次派兵围攻，但都没有成功。后来尧君素被部下薛综、李楚客杀死，而薛综、李楚客又被王行本杀死，后者再次在蒲坂举起了抗击唐朝的大旗。

吕崇茂、刘武周、王行本三人联合后，河东几无唐军的生存空间。无奈之下，李渊只得派永安王李孝基、工部尚书独孤怀恩、陕州总管于筠、内史侍郎唐俭等人率军前去讨伐吕崇茂，但局面丝毫没有得到缓解。

此时，唐廷内部也为眼下的局势展开了激烈的争论。

李渊开口道："现在王、吕、刘三人相互勾连，我们北伐的大军又屡战屡败，只怕一时很难与他们抗衡；西面的陇右、河西也才刚刚平定，很难再抽出大军北上救援。因此，不如放弃并州，把李孝基等各部撤回来全力固守关中，等以后关中稳固了，我们再收复并州等地。"他的话音一落，大多数大臣都表示了赞同。

然而秦王李世民直言道："父皇的话我不赞同。晋阳是我大唐王朝的龙兴之地，是国家的根本所在，我们怎么能够轻言放弃？况且河东地区物产丰饶、百姓富庶，就连关中也时常依靠河东地区的供给，如果放弃了河东地区，我们还拿什么争雄天下？我不用太多人马，只要给我三万精兵，必可以一举荡平刘武周，收复汾、晋地区。"

其实李渊也不想放弃河东地区，只是在试探大臣们的想法罢了，见儿子这么有勇气，他很高兴。既然李世民表了态，李渊就征发关中的军队交给李世民统领，让他北上讨伐刘武周等人。

武德二年十一月十四日，李世民趁着黄河结冰的机会，率大军从龙门踏冰渡河，宋金刚还没来得及反应，他就一举占据了柏壁（今山西省新绛县西南二十里柏壁村），与宋对峙。

当时河东地区先后遭遇宋金刚、吕崇茂、王行本等各路人马的抢掠，再加上裴寂的错误政策，已是盗贼横行，老百姓全都逃进城堡躲了起来。河东地区的粮仓早已毁损，从关中运粮又一时难以送达，唐军面临即将断粮的危险，诸将忧心不已。李世民也知道事情要紧，于是派人四处传播"秦王李世民奉皇命亲率大军来收复河东"的消息。附近的百姓早就听说过秦王的仁爱之名，纷纷携带粮食前来归附。得益于此，唐军的粮食很快就充足了。李世民心中大定，开始在柏壁坚守，也不出兵与宋金刚交锋，只是不断派出小股部队劫掠对方的运粮队。很快，宋金刚军中的粮食越来越少，士气也越来越低。

李渊之前派到河东的李孝基等人也很争气，在夏县打得吕崇茂抬不起头。见对方兵弱，于筠立即劝李孝基加紧进攻，一鼓作气拿下夏县，但独孤怀恩不同意。独孤怀恩是工部尚书，首先考虑的自然是器械，他认为唐军应该等造好了攻城器械再进攻，以减少无谓的伤亡。李孝基同意了他的观点，就此错过战机。

吕崇茂见唐军暂时消停了，赶紧派人向宋金刚求援。宋金刚派出精兵前去增援，领兵将领正是猛将尉迟敬德。尉迟敬德，本名尉迟恭，字敬德，以字行世。他年轻时曾以打铁为生，后来到高阳从军，官至朝散大夫。在隋军镇压起义军的过程中，很多将领被隋炀帝处死，尉迟敬德就辞官回了乡。刘武周起兵后，又把尉迟敬德请出来为自己效力。

尉迟敬德接到命令后，与另一位猛将寻相一起昼夜兼程赶到夏县，趁唐军疏于防备立刻发起进攻，吕崇茂也从城内呼应杀出。唐军腹背受敌，死伤无数，主将李孝基、独孤怀恩、于筠、唐俭以及行军总管刘世让，一个都没有跑掉，全部做了尉迟敬德的俘虏。

尉迟敬德和寻相获胜以后，两人高高兴兴地带着俘虏、物资一起返回浍州，没想到在美良川（今山西省闻喜县南）遇到了唐军的伏击。伏兵的将领正是名将秦叔宝。

秦叔宝，本名秦琼，字叔宝，也是以字行世。论资历，秦叔宝比尉迟敬德老多了。他早年在隋朝大将来护儿手下参军，后又跟着招讨大使张须陀四处镇压起义军，张须陀死后又跟随裴仁基一起投降了李密。在李密与宇文化及生死对决的童山之战中，关键时刻正是秦叔宝独自从骁果军手里将李密救了出来；在李密兵败的北邙山之战中，秦叔宝、程咬金、裴行俨等人都是战至最后一刻才被隋军俘虏，其后虽然不得不归降王世充，但秦叔宝反感王世充的为人，与程咬金一起在九曲一战中投入了李世民麾下。

此番伏击正是秦叔宝归降大唐后的第一战，当然得好好表现一下了。他与殷开山出其不意攻入叛军阵中，尉迟敬德猝不及防，手下阵亡两千多人，不得不仓皇逃命。

尉迟敬德逃回浍州后不久，蒲坂的王行本也派人向宋金刚求援，宋金刚再次派尉迟敬德、寻相二人率精骑前往救援。这一次，尉迟敬德败得更惨，他和寻相走到安邑就被李世民亲自带领的三千步骑截击。一战之下，尉迟敬德、寻相仅以身免，其他人或死或俘。

介州城克敌

李世民两次击破叛军，之后率军回到柏壁，坚守不出。之前苦苦忍耐的众将这次再也忍不住了，纷纷向李世民请战："我们前后两次大胜叛军，现在正应该乘胜一鼓作气击破宋金刚，再困守柏壁，只怕河东都没有我们的立足之地了。"

李世民不同意，他分析道："目前的形势是这样的：宋金刚孤军深入，手底下聚集了刘武周手底下所有的精兵猛将。刘武周能够坐镇太原，全靠有宋金刚作为屏障，而不是指望宋金刚的后继援兵。而宋金刚呢，虽然进军很快，从太原一路杀到了黄河岸边，但他后面的补给早已断了，现在完全依靠四处劫掠来补充军需，这种军队喜欢速战速决，而惧怕长期对峙。我们现在坚守柏壁，养精蓄锐，既可以挫败敌军的锐气，又可以派小股人马不断骚扰汾州、隰（xí）州，断绝他的补给。他们粮尽退兵之日，才是我军取胜之时，现在速战速决不可行。"闻言，很多参加过平定薛仁杲战斗的将领都想起了浅水原之战，当时李世民也是同样的考虑，于是他们渐渐安定下来。

时间在这场对峙中飞速逝去，很快就到了武德三年。这一年年初，战局开始向唐军这边倾斜了。刚过完新年，唐将秦武通就攻克了蒲坂，斩杀了王行本；唐将桑显和则在攻打吕崇茂时占了上风，吕崇茂不得不再次向宋金刚求援，于是他再一次得到了尉迟敬德的救援。此时李渊暗中向吕崇茂许诺，只要他杀了尉迟敬德投降，就封他为夏州刺史。吕崇茂十分心动，不过他还没来得及动手就被尉迟敬德察觉了。随后，尉迟敬德杀死吕崇茂，带人撤回浍州。至此，刘武周的两路援手全部灭亡。

至于刘武周自己亲率的这一路，进展也不顺，先是在潞州被唐将王行敏打了个大败，随后又在浩州被李仲文数次击败，兵力渐渐转弱。

四月十四日，宋金刚军中终于断粮了。宋金刚十分果断，下令北撤。为了防止唐军追击，他还特意把猛将寻相所部放在了军队最后面。看到宋金刚北撤，李世民也没有犹豫，果断出兵追击，到吕州时追上了寻相。

寻相所部虽然是精锐，但已经好几天没怎么吃饭了，哪里能好好作战，很快大败而逃。李世民乘胜追击，一夜之间前进两百里，接连与叛军交战了几十次，终于彻底击溃了寻相所部。李世民依然没有停止的意思，继续带人追击叛军。

等到了高壁岭时，此前逃回的行军总管刘弘基终于忍不住了，他觉得此时已是孤军深入，后方军需又跟不上，再前进下去肯定会吃败仗，秦王万一有个三长两短，自己怎么向皇上交代？想到这儿，他赶紧一把拉住李世民的马缰："秦王您击破叛军，一直追击到了这里，功劳已经够大了，您许久没有休息了，这么不断深入，对您的身体也不好。更何况连日行军，将士们早已饥饿疲惫，我们应该在此扎营休息，等兵马粮草到了之后再追击。"

李世民驳回了他的意见："宋金刚之所以撤军北逃，是因为粮食断绝无计可施，目下他的军队因断粮而军心涣散、难以作战，我们应该抓住机会将他一举击垮，机会难得。如果放弃这次机会，在此停留不前，让他补充了粮食又做好了防备，我们再想击败他就难了。至于我，本来就应竭尽全力报效国家，眼下太原尚未克复，我哪里能因顾念自己的身体而停留不前呢？"于是不再理会刘弘基，继续向前追击。看到秦王如此不辞辛劳，其余将士也不敢再提饥饿和需要休息的事了。

很快，李世民的坚持就收到了回报。宋金刚连跑了这么多天，根本没料到李世民这么穷追不舍，渐渐放慢了脚步，最终在雀鼠谷被追上。宋金刚顾不得整军作战，又拼命向北方逃窜，留下一路的尸体。一天之内，双方交战了八次之多，唐军屡战屡胜，斩杀、俘敌几万人。宋金刚则拼死杀出一条血路，带人逃进了介州城。

当天夜里，李世民率领唐军在雀鼠谷的西原扎营。此时，李世民已两天没有吃过东西，三天没有脱过盔甲了。因为没有携带多少粮草，众人找来找去，只找到一头黄羊，李世民就与唐军将士一起煮了这头羊吃。

唐军也要断粮了，众人还不知道宋金刚逃去了哪里，唐军中也充斥着各种各样的担心。幸好第二天，此前被宋金刚俘虏的陕州总管于筠趁乱逃了回来，还带回了宋金刚已逃往介州的消息。

胜利就在眼前，李世民当然不愿意错过，当即又带领唐军追到了介州城下。此时宋金刚才进城不久，一看李世民居然又追上来了，顿感头大如斗。他意识到此番若不击垮李世民，自己肯定跑不掉，于是立刻带着残余的两万人出城，大军背靠城墙列阵。

大约是看透了宋金刚拼死一搏的决心，李世民派出了行军总管李勣（jì）出战。宋金刚放手一搏，李勣抵挡不住，被打得步步后退。宋金刚心中渐渐浮起希望，抱着打垮李勣就能回城吃饭的念想，率领全军奋力向李勣所部冲击而去。

宋金刚显然没注意到，在李勣败退的同时，李世民已偷偷带着精骑绕到了他的后方。李世民确定他无暇后顾，于是果断杀入宋军阵中。宋军本以为己方要打赢了，哪知身后还有唐军人马，再一看，领头的竟是秦王李世民！

秦王神勇，手下的将士更是气势如虹，李勣也乘机发起了反击。宋金刚再也抵挡不住，他连介州都顾不得回，打马就向北逃窜。此战，唐军光斩杀的敌军就有三千，宋金刚的主力基本被击溃。随后，李世民继续追击宋金刚北逃的残部，一直到了张难堡（今山西省平遥县西南）才停下来。

张难堡是唐军北面为数不多的、没有失陷的堡垒之一。看到堡前的唐军军旗时，守卫将领都不敢相信自己的眼睛——援军真的来了吗？直到李世民亲自到堡前脱去头盔向他们示意，众人才确认了这个好消息，张难堡内顿时欢声雷动，不少人都喜极而泣。

秦王和唐军众将士为了追击宋金刚，已经好几天没怎么吃饭了，也就是到了这里，他们才终于稍稍慰劳了一下空虚的肠胃，和守军共享了些许浊酒和一顿粗米饭。

与此同时，尉迟敬德和寻相二人乘机带着残部八千人逃进了介州城。但此时军中人人厌战，早已没了士气，难以守住介州。随后，李世民派来任城王李道宗和宇文士及劝降，两人便不再犹豫，当即带领部下献城归服。大唐新添一员猛将尉迟敬德，李世民非常高兴，任命他为右一府统军，仍然统领八千旧部。

身在太原的刘武周听说宋金刚已经战败、下落不明，异常惊恐——连他一直仰赖的宋金刚都败了，如今自己手底下只剩这点儿老弱病残，哪里经得起李世民的打击？于是他赶紧放弃太原，连老家马邑都不敢回，直接跑去了突厥。其实此时宋金刚已经回到了马邑，他并不气馁，还准备整军再战，但手下众人得知刘武周跑了，都不愿意再战。无奈之下，他也只好追随刘武周去了突厥。

李世民到达太原时，刘、宋已去，太原留守将领也没抵抗，直接开城投降。随后，此前被刘武周占据的各州县纷纷归降大唐。

其后不久，想逃回中原的宋金刚、刘武周先后被突厥杀死。

此时，北面虽然还有苑君璋、梁师都等残余势力，但对并州已无法构成威胁。稳定了河东龙兴之地后，新生的大唐王朝终于能放手进军中原了。

威震关东：唐灭郑夏之战

唐军东进

武德三年七月初一，大唐皇帝李渊站在长安城头，目送着一队队装备精良的军队缓缓向东行进，不禁感慨万千：三年前，自己还整天为了生死难测的日子提心吊胆；一转眼，新生的帝国已经占据了旧隋的都城大兴城（即长安），且发展得如此壮大了。眼下，将士们还要去夺下隋朝的东都——中原的重镇洛阳城。

对于洛阳，李渊其实早就有想法。在刚入主长安时，他就曾派出自己的长子李建成、次子李世民出关寻机夺取。只是当时洛阳城被隋军牢牢把控，城外又有虎视眈眈的李密军，两者都不好对付。去年，李密已被唐将盛彦师斩杀于熊耳山；如今，洛阳也不再隶属于旧隋，取而代之的是王世充的郑国。

对于昔日同僚王世充，李渊其实是非常看不起的。王世充本是西域一个姓支胡人的儿子，但因母亲改嫁到霸城王氏，这才改姓了王。王世充能混到今天这一步，固然有在平定四方民变的过程中立了些功劳的因素，但更主要的是，王世充这人极为擅长作秀。

大业十一年（615 年），隋炀帝被困雁门，不得不召集天下兵马前去勤王，时任江都丞的王世充带着人去了，但路途太远，等他到达时突厥人早已撤了，一次正经的战斗都没遇到过。换成一般人，这一趟便算白跑了，但王世充可不一样，他早有准备。从江都出发后，一路上他不洗脸、不洗头、不洗澡，每天痛哭流涕，睡觉不脱衣服，就那么在稻草上睡。最后到雁门时，王世充已经不成人样了，浑身恶臭不堪。对王世充的反常行为，隋炀帝却理解为：这个人对自己太忠心了，一路上忧心自己，连洗个脸的工夫都没有。就这样，王世充被升为江都通守。

其后，随着李密围攻洛阳日益急迫，王世充也带着江淮精锐前往洛阳救援。王世充面对李密时屡战屡败，但他运气好，正赶上江都归来的宇文化及与李密大打出手，李密虽然最终获胜，但也已是强弩之末，在北邙山一战败在了王世充手上。此战过后，王世充不但乘胜控制了洛阳城，还从李密手中得到了大批土地和兵将，之后更是废掉隋恭帝杨侗，自己称帝，改元开明，国号为郑。

然而王世充就算当了皇帝，仍然改不了多说少做的个人特色，闹得手下将领纷纷不满，秦叔宝、程咬金（投唐后改名程知节）、李君羡、田留安、罗士信等人先后都跳槽去了长安。

王世充称帝后，一直在东面不停袭扰大唐的东部国境。李渊早就想收拾他了，只因此前唐军主力一直在北面与刘武周交锋，难以腾出手来。此时，东征的时机成熟，刘武周已被扫平，纵横江淮的杜伏威也于六月到长安请降，他的江淮劲旅随时都可以北上支援东征的唐军。

更有意思的是，就在李渊把讨伐王世充一事提上日程时，开战的理由也自己送上门来了。去年，迦楼罗王朱粲因为人残暴，被部下杨士林赶跑。新当家的杨士林立刻派人到长安拜了李渊的码头，摇身一变，成了大唐的显州行台尚书令，并受爵楚公。但杨士林受了大唐的封爵后并不老实，他一面敷衍着李渊，一面又与王世充、萧铣眉来眼去。李渊忍无可忍，派庐江王李瑗与安抚使李弘敏前去讨伐。不过杨士林气数太短，两人还没有赶到，他就被手下长史田瓒杀了。随后田瓒降于王世充，做了郑国的显州总管。李渊冷笑一声，乘势对王世充宣战。

听说唐军东征后，王世充立即将手下各州县的精兵猛将全部调集到洛阳，然后在洛阳设置四镇将军，分别派人守卫洛阳四城。守卫这四城的不是别人，全是王世充的亲戚：齐王王世恽负责洛阳南城、鲁王王道徇守曜仪城、太子王玄应守洛阳东城、汉王王玄恕守含嘉城。另外一些关键处，守将同样与他沾亲带故：楚王王世伟守卫洛阳皇城、侄子魏王王弘烈镇守襄阳、荆王王行本镇守虎牢、宋王王泰镇守怀州。至于他自己，则以左辅大将军杨公卿统率的左龙骧二十八府骑兵、右游击大将军郭善才统率的内军二十八府步兵、左游击大将军跋野纲统率的外军二十八府步兵作为机动部队（共计三万人），随时准备抵挡唐军从各处而来的攻击。

唐军这次东征，主帅乃是刚从并州归来的李世民。七月二十一日，李世民到达新安（今河南省新安县），探察出了王世充的应对之法，一看这副防守架势，李世民很快就找出其中弱点：

王世充将精锐集中到洛阳，导致各州县兵力空虚，与洛阳之间的联系很容易被切断；同时，洛阳作为大城市，人口众多，原本就有易缺粮的硬伤。平日里粮食都是从洛口和回洛两大粮仓运回来，现在王世充还往洛阳城不断增兵，粮食供应越发捉襟见肘。只要切断了洛阳的粮食供应，到时洛阳就会不战自溃。

有鉴于此，李世民做出了自己的部署：他派怀州总管黄君汉在河阳集结兵力，准备寻机渡过孟津（位于今河南省孟津县）攻取回洛仓；以行军总管史万宝为一路，从宜阳进攻伊阙，切断洛阳与南面各州的联系；以大理寺卿刘德威为一路，从并州经太行山东出攻取河内，切断洛阳与黄河北面各州的联系；同时派上谷公王君廓带人马驻守洛口附近，防止洛口仓向洛阳运粮；自己则亲率大军向东迎战王世充主力。

洛阳之战就此拉开序幕。

李世民首先派前锋罗士信率所部进攻洛阳西面的慈涧城（今河南省新安县东南磁涧镇），王世充得知消息后，赶紧带着三万精兵前来救援。而接下来发生的惊险一幕，差点儿改变历史的走势。

李世民一向喜欢以轻骑亲自去侦察敌情，之前在讨伐刘武周时，就曾因独自外出险些被擒。这次，他再次遇险。七月二十八日，李世民带领少数轻骑前往王世充的军营附近查探敌情。王世充不知道从哪里知道了这个消息，立即带人马出门找李世民的晦气。而尚未察觉危机的李世民在回程路上与王世充撞了个正着。虽然手下人数远远少于王世充，但李世民丝毫不惧。他仗着骑射水平高超，亲自带人在郑军阵中左右骑射，一时间，所到之处人仰马翻。结果到最后，王世充不但没有擒下李世民，反倒还损失了一员大将。而李世民一行回到军营时，也是个个灰头土脸、一身泥污。守营门的士兵还以为这是一群从其他地方来的难民，要把他们全部关在门外。直到李世民脱下头盔，守门士兵才意识到，这哪是什么难民，分明就是自家主帅秦王。

虽然一度遇险，但李世民也乘机探清了郑军的虚实，第二天他就带着五万步骑兵前往慈涧。李世民已经准备好迎接一场恶战，没想到罗士信轻易就攻占了慈涧。一细问，才发现原来王世充早就带人跑了。王世充自己心里很清楚，自己带着大军以多欺少，这样都能被李世民打得大败而归，若等李世民举大军来攻，自己哪里抵得住，不如早点儿带着人马回洛阳，靠着城高墙厚，也许能拖垮唐军。

洛阳保卫战

王世充带着三万人马缩回了洛阳城，与此同时，唐军的各路人马纷纷开始行动了。很快，史万宝就按计划攻占了伊阙龙门，刘德威率军包围了河内郡，黄君汉渡过黄河进攻回洛仓，王君廓也切断了洛口仓到洛阳的运粮线路。李世民乘机率大军进驻洛阳城郊，在城北的邙山下列阵。一时间，附近州县的郑国官吏纷纷献城投降。

八月十四日，黄君汉派部将从水路偷袭，一举攻下了回洛仓，生擒守将。为了防止郑军救援，黄君汉下令拆毁了河阳南桥。这一下，黄河北面的郑国堡垒、聚落又投降了二十多个。而王世充虽然派了王玄应、杨公卿等人前去夺还回洛仓，但没有成功，王玄应只好在回洛西面修筑月城防守。

眼见缩着也不是办法，王世充只好再次出城，大军在洛阳附近的青城宫（今河南省洛阳市西北）列阵。李世民早就等着王世充出战了，一发觉对方有动静，也赶紧带着军队在河对岸列阵。

两边还没来得及交火，王世充就上演了一幕笑话。他远远看到李世民在对岸骑马来回巡视，连忙隔着河大喊起来："秦王请停下，快快听我一言——

我和你父亲李渊，以前同朝为官，颇有几分交情，隋朝现在灭亡了，我们也都抓住机会，各自占了一块儿地盘。现在你们唐国在关中称帝，我郑国也在河南称雄。我王世充自问称帝以来，没有对唐国的关中有过什么想法，也没有向西侵犯过唐国半分土地。你们在关中待得好好的，忽然间为了个田瓒便兴师动众大举东来。田瓒又不是我叫他投降的，犯得着怪到我头上吗？你就这么带着大军东来进犯我郑国，也不怕天下人耻笑吗？"

李世民没兴趣跟他打机锋，直接派了宇文士及前去答复。宇文士及到底是做过隋炀帝驸马的人，外交辞令一套一套的："我们皇帝的名声天下都知道，现在普天之下，百姓无不渴望获得皇帝陛下的声威教化，也就你王世充自己在洛阳称孤道寡，阻止河南的百姓沾沐君恩，我们不讨伐你，还讨伐谁？"

王世充回道："我其实也是很爱护百姓的，经常在洛阳城内四处找寻有才能的人加以重用。既然我们两国都是以百姓为先，不如就此罢兵言和，免得百姓无谓伤亡。"

宇文士及冷笑道："陛下的命令是让我们来攻打洛阳，可没有让我们过来谈和，为人臣者，怎么能擅自做主。"

王世充一看谈不拢，心里不禁一阵茫然，一时间也没心思打下去了，就这么一直拖到天黑，然后与唐军分别收兵回营。

就在王世充整天躲在城内调整心态的时候，又一个霹雳降到了他的头顶。这次惹事的还是此前招惹来唐军的田瓒——他转身又降于李渊了。说来也是误会，田瓒此前并不知道李渊已经派人前来攻打杨士林了，还以为自己杀了后者会遭到唐廷惩处，只好投降王世充以寻求庇护。他后来才得知，原来李渊一样想要杨士林的命。田瓒寻思，既然此前只是误会，王世充又这么不禁打，还不如向李渊投降。他这一投降，还带着自己做显州总管管辖的二十五个州一起降了。这样一来，郑国南方的重镇襄阳一下子就被孤立在了南面，洛阳此时能对外联系的通道越来越少了。

而唐军这边则是捷报频传：史万宝一路一直打到了甘泉宫；王君廓也从

回洛突袭，夺下了洛阳东面的险隘——辕辕（huán yuán）关。辕辕关是连接洛阳与东面陈、许等地的重要通道，王世充哪肯轻易放弃，他急忙派大将魏隐带人前去夺回。可惜魏隐等人实在不争气，被王君廓一个佯败就引进了埋伏圈，一战下来，几乎全军覆没。辕辕关一丢，王世充任命的尉州刺史时德睿也坐不住了，眼看着已经与洛阳断绝了联系，他索性带着手下的夏、陈、随、许、颍、尉七州向唐军投降了。有了时德睿的先例，河南其余各郡县也纷纷派人向李世民投降。

就在唐军节节胜利之时，李世民军中却出现了一场不小的兵变。他手下有一部分人是刘武周、宋金刚留在并州的余部，这些人降于李世民不过只是权宜之计。眼看唐军与王世充开战，这些人不愿为大唐帝国牺牲，纷纷逃走，就连猛将寻相也一溜烟跑回了并州，只剩下尉迟敬德还没有走。但由于此前唐军很多将领都在尉迟敬德手上吃过亏，遇此变故，乘机以尉迟敬德有异心为由，将他囚禁在军中，接着又推举尚书殷开山和行台左仆射屈突通两人前去告诉李世民这件事。

殷开山、屈突通两人对李世民说："从我们东征以来，刘武周的旧部陆续逃走，就尉迟敬德一个人还不肯走，肯定是有什么阴谋。尉迟敬德这人骁勇绝伦，我们现在已经囚禁了他，就算放他出来，以后肯定也会有怨恨之心，留着只怕后患无穷，不如乘此机会把他杀了算了。"

李世民此时才知道这件事，他制止道："你们说得不对，尉迟敬德如果要叛逃，早就跟着寻相一起走了。他如果有什么阴谋，有寻相等人一起策划，岂不是更容易成功？怎么可能像现在这样独自留下来。我敢断言，他并没有二心。"说完就下令放了尉迟敬德。

接着，李世民又把尉迟敬德叫进了自己卧室，给他一箱金子，说："我们男子汉大丈夫，讲究的是意气相投，合则留，不合则去，其他将领对你有所怀疑才囚禁你，希望你不要介意。你须知道，我并没有因为他们的猜疑就对你做些什么。我们也算共事过一段时间了，如果你想走，这些金子姑且就算我送给你的路费。"尉迟敬德听后大为感动，他不善言辞，但在心里暗暗发誓，定要报答秦王的赏识。很快，尉迟敬德的机会来了。

九月二十一日，李世民再次轻骑探查敌情，这一次，他登上了宣武陵。宣武陵就是北魏宣武帝元恪的景陵，也是洛阳北面的制高点。李世民到宣武陵后不久，又被王世充发现了。王世充再次带一万人马将李世民团团围住。

混乱中，王世充麾下一员猛将忽然挺枪跃马，直奔李世民而去，来人正是天下闻名的猛将单雄信。单雄信号称"飞将"，此时纵马如飞，眼看就要将李世民刺杀在马下了，却惊见一员唐将忽地从斜对面冲过来，对方武艺惊人，自己一时失察，竟被刺落马下。而这位及时出现的骁勇唐将正是尉迟敬德，他一直在等待机会报答李世民，只见他随身护卫着李世民在郑军中来回冲杀，所向披靡，如入无人之境。

就在这时，一直没等到李世民回营的屈突通也率领大军前来接应。两面夹击之下，王世充大败而逃。而王世充手下的大将军陈智略还没来得及逃跑就被唐军生擒，与他一起被俘的还有六千多名江淮精锐士兵。此后，李世民对尉迟敬德恩宠更隆，尉迟敬德也就此正式成为唐军大将中的一员。

当时，洛阳能对外联系的通道几近断绝，只剩东面由郑国太子王玄应亲自镇守的虎牢关（今河南省荥阳市西北汜水镇）了。很快，这最后一条通道也出事了。

事情是由管州总管郭庆引起的。郭庆本姓杨，是旧隋的皇室宗亲，虽然娶了王世充的侄女，但早就对王世充不满，此时见唐军东来，立即就投降于李世民了。管州（治所在今郑州市管城区）是郑国在虎牢关外的重要据点，一旦失陷，等于使洛阳彻底与东面各州断绝联系，王玄应当然不答应。于是，他召集东线的各路郑军一起进攻管州。

不料，荥州刺史魏陆早已被李勣拉拢，魏陆乘机抓住王玄应派来征兵的大将军张志，然后投唐。紧接着，阳城县令王雄也向唐军投降，被李世民任命为嵩州刺史。从此以后，唐军在嵩山以南的道路完全被打通。随后，魏陆又逼张志伪造王玄应书信，命令郑军东线各路人马停止前进，由张慈宝带领进驻汴州（今河南省开封市）。而汴州刺史王要汉早已经秘密归降于唐军，见张慈宝来送人头，哪还有什么客气的，带着张慈宝首级公开投了唐。

王玄应见各个手下都开始反叛，惊慌之下，只得逃回洛阳。随着王玄应逃走，洛阳东面的许州、亳州等十一州也纷纷请降，洛阳从此沦为一座孤城。

洛阳的困局

随着不断传来的败报，王世充终于崩溃了，他想了整整一天一夜，也没有想出解决眼前困局的办法，无奈之下，他只好派侄子代王王琬和大臣长孙安世一起去向邻居夏王窦建德求援。

窦建德这人，经历也是颇为传奇。他本是地道的农民，为人极重情义，在家乡深得人心，甚至做过里长。大业七年，隋炀帝一征高句丽时，窦建德本被郡里推举为二百人长，就要前往从军。但他的家乡当时涌现了一支以高士达为首的起义军，而且巧合的是，高士达每次去漳南抢劫，恰好都避开了窦建德家所在的街道。一来二去，郡里开始怀疑窦建德与高士达有所勾结，无奈之下，窦建德只好真的带人投奔了高士达。高士达战死后，窦建德逐渐在河北发展壮大起来，并于武德元年在乐寿称帝，建国号为夏，改元五凤。此后，窦建德先后击破宇文化及、徐圆朗等势力，就连唐军中的名将李勣也被他打得大败，虎牢关以东的唐地尽为夏所有。

窦建德和王世充曾一度交好，但他不满王世充废杨侗自立，再加上双方在争夺黎阳（今河南省鹤壁市浚县黎阳镇）时曾大打出手，以致后来断交。现在看到王世充势穷之下派人前来求救，窦建德本不打算理会，但中书侍郎刘彬进言道："陛下应该听说过'唇亡齿寒'，隋亡后天下大乱，北方的形势现在已渐渐明朗。唐占据关中地区，郑占据河南，我们夏占据河北，三方本来互不干扰，但现今大唐率先出兵攻打郑国，双方交战以来，郑军不断败退。眼下郑的国土越来越小，唐的国土却越来越大，这样下去郑必然撑不了多久就会被唐吞并，到那时唐再挟胜前来攻打我们，我们怎么抵挡得住呢？眼下，郑、夏是绑在一起的，谁离了对方都难以单独对抗唐。不如暂时放下与郑国的旧怨，发兵相助。我们从外袭击，郑军从内反攻，唐军必定抵挡不住。等唐军撤退后，我们再看看形势，如果郑国已经不堪一击，那我们就乘机吞并，那时我们就是挟两国的兵力攻打一国了，而唐军败后一时间肯定难以恢复，我们就可以乘机灭唐夺取天下。"窦建德一听，很是意动，于是马上派人去见王世充，表示会派援兵相助，让王世充一定要撑到援军赶来。

实际上，窦建德并不打算立即出兵，他想让王世充和李世民再争斗一段时间，等郑军奄奄一息、唐军也疲惫不堪时再出兵，那么就可以在击退唐军的同时乘机吞并掉郑国。基于这种打算，窦建德只派了礼部侍郎李大师去见李世民，要求唐军退兵。李世民当然对此毫不理会。

当然，李世民也没闲着，他为两人准备了一个秘密武器，即中国历史上赫赫有名的玄甲骑兵。围困洛阳城时，为了充分发挥骑兵在平原地区野战的优势，李世民从唐军中挑选出了一千多名精锐的骑兵，并将这些人分为左右两队，分别交给秦叔宝、程知节、尉迟敬德、翟长孙四人统领。这些骑兵因个个身穿黑衣黑甲，因而得名。作战时，李世民自己也身穿黑衣黑甲，带着玄甲骑兵作为前锋突入敌阵，所到之处无坚不摧。

很快，玄甲军就迎来了组建后的第一次大战。当时，行台仆射屈突通和赞皇公窦轨正带着少数人马前往各营巡查，两人出门不久，遇上王世充前来偷袭。屈突通和窦轨两人抵挡不住，被郑军重重围困。眼看就要成郑军俘虏之际，李世民率领玄甲军赶到，直接冲入了郑军的包围圈。在玄甲军的强大攻势下，王世充大败而逃，六千多名郑军阵亡，连他的骑将都做了俘虏。

时间很快就到了武德四年，这一年年初，在得到李渊的批准后，李世民开始率领各路唐军逐步紧逼，准备将洛阳城围困起来。一看唐军有包围洛阳的迹象，王世充明知不敌，也不得不硬着头皮率兵出城，以图打退唐军。原因无他，还是因为洛阳缺粮。自开战以来，洛阳粮食早已供不应求，如果再被围城，就只能在城中等着被饿死了。

其实洛阳城会这么快缺粮，也是拜王世充太多疑所致。看着部下一个个都往大唐跳槽，他便开始在洛阳城推行连坐制度：家里有一个人敢逃出城，全家都要被杀；每五户人家互保，有一户逃走了，其余四户全都要死。不但如此，他还直接将宫城开辟成为一个大型监狱，如果谁受他猜忌，那么恭喜，他全家老小将能免费入住大型豪华监狱；如果哪位将领领兵外出，他的亲属也会被邀请到宫城居住。这样一来，宫城里的人越来越多，统共不下一万人。但随着粮食渐渐供应不上，宫城每天都得饿死好几十人。除此之外，王世充还拼命把各州县精兵集中到洛阳，闹得洛阳的粮食价格飞涨。城里饿死的人越来越多，甚至连尚书郎卢君业、郭子高都饿死了。然而，尽管城内已到了这步田地，王世充仍然不允许城里人外出觅食，就连每天出城去砍柴都得先登记，而且获准出城的人很少。

二月十三日，李世民正式移驻青城宫。还不等唐军营垒建立起来，王世充就迫不及待带着两万人马从洛阳的方诸门杀出，依靠以前马坊留下的墙垣沟堑，沿河水直逼唐军。唐军众将闻讯后有些慌乱，这边才刚刚搬家过来，营垒没有建，饭也没顾得上吃，这仗怎么打？

李世民轻笑，其实王世充此番动作已在他意料之中。他不慌不忙，先派精骑在北邙山下列阵，其余人则抓紧时间吃完早饭；而后自己再次登上宣武陵查看敌情。很快，唐军准备完毕。

李世民召集众将说道："你们不要看郑军来势汹汹，我刚才已经观察过了，他们完全是在城内已经撑不下去的情况下才出来拼命的，企图能侥幸一战将我们打退。只要我们今天能打败他们，我断言他们就再也不敢出战了。我们来此已经半年了，要击溃王世充，就在今日。"

接着，他令屈突通率领五千步兵渡河迎战王世充，同时叮嘱道："你一与郑军开始接战就点燃烟火，我自会带人前来相助。"

洛阳之战中最精彩的青城宫大战就此拉开序幕。

屈突通渡河后不久就燃放起烟火，李世民知道是时候了，于是亲率骑兵身先士卒冲入敌阵，与屈突通一起向郑军发起进攻。为了摸清王世充的兵力分布情况，李世民亲率数十名玄甲军，率先冲入郑军阵中。几十人冲杀异常凶猛，所到之处无人能挡，竟然很快就冲出了敌方军阵，来到了郑军后方。

这时，李世民已经与其余人走散，身边只剩下丘行恭一个人。郑军骑兵追了上来，还没冲近就开始冲他放箭。很快，李世民的坐骑中箭倒毙，他自己连带着落下马来。前面的丘行恭吓出一身冷汗，赶紧回头向追兵连连放箭，当先几人应声倒地。见丘行恭箭术了得，其余追兵心生畏惧，一时间不敢再靠近。乘此机会，丘行恭上前将自己的战马让给了李世民，然后在马前步战开路。他一边持刀前行一边大喝，接连斩杀了数名郑军士兵，这才和李世民回到唐军大部队。

就在李世民遇险的时候，唐军猛将骠骑将军段志玄也有险况。他因为在郑军阵中冲杀太过猛烈，一时大意，战马失了前蹄，不幸坠马被郑军生擒。两名郑军骑兵以为段志玄晕过去了，挟着他并抓住他的发髻，准备带回去向王世充请赏。就在这两名骑兵准备过河时，一直装睡的段志玄忽然一跃而起，将两人都踢下马去，自己打马狂奔逃回唐营。此时，郑军其他人才反应过来刚发生了什么，但根本不敢上前追击。

这一战，王世充表现得异常顽强，郑军先后被冲散了好几次，又都再次聚集起来向唐军发起进攻。双方从早上太阳升起一直战至中午，王世充终于抵挡不住，狼狈退兵回城。李世民乘胜发起追击，一直追到城下。经此一战，郑军战死和被俘的有七千多人，唐军也乘机修筑营垒、战壕，将洛阳团团围困起来。

第二天，王世充本来打算再次出城以图击退唐军，不料被一起意外事件阻止。事情的起因是这样的：唐军有个骠骑将军叫王怀文，他带人侦察敌情时，不幸被王世充俘虏。本着两人几百年前是一家人的想法，王世充不但没杀王怀文，反而想劝他投降，王怀文毫不理会。王世充为了表示信任，特意将王怀文带在了身边。就在王世充率领大军出右掖门，准备依靠洛水列阵时，王怀文忽然举起长矛向他刺过去。接下来，王怀文傻眼了：长矛刺到王世充身上，对方不仅一点儿事也没有，反而把长矛震断了。

这王世充莫非练了什么神功，可以刀枪不入？当然不是，王世充没练过任何武功，只不过出于小心谨慎，偷偷在衣服底下又穿了一件精细的护甲，其他人都没看出来。这一幕发生得太过突然，周围的人一时都没有反应过来，王怀文赶紧掉转马头向唐军大营奔去，但很快就被郑军骑兵追上杀死。

这事发生后，王世充也没心思打仗了，他另起了一个安定人心的主意。王世充当即撤军回城，之后偷偷脱掉护甲，然后当众脱了上衣，向众人展示自己毫发无损，还得意扬扬地自吹自擂："你们看王怀文用长矛刺我，我身上一点儿伤势都没有，这是天意啊，说明老天爷是站在我这边的，我才是真的天子，你们要相信，最后的胜利一定是属于我们郑国的。"可惜，王世充早已失了人心，这一通声情并茂的表演，只换来寥寥掌声。

唐军包围洛阳后，当即夜以继日地展开进攻，但城中的防守十分严密，城墙上有巧匠崔弘丹为守城而制造的几十台八弩箭机和飞石大炮。八弩箭机，顾名思义，是由八张弩一起组成的。箭杆跟车辐一样，箭镞大如巨斧，射程在五百步外，每次射出都能削死一片唐军。飞石大炮就更可怕了，它可以将五十斤重的石头射到两百步外，不管是人还是攻城器械，碰上它都得立刻粉碎。就这样一连攻打了十多天，唐军伤亡惨重，洛阳城仍是岿然不动。

唐军已经出征大半年，又经过这段时间的强攻，早已疲惫不堪，军中将士都期望早日返回关中。有鉴于此，以行军总管刘弘基为首的将领纷纷请求李世民暂时班师回朝，等军队休整一段时间后再来攻取洛阳。李世民却不同意："想集结大军发动一次大型战争是很困难的事，现在我们大举东来，应该抓住机会击垮王世充，如此才是一劳永逸的做法。如果现在回关中，下一次还不知道什么时候才能做好准备再次出关。况且，现在洛阳以东的各州县都已望风而降，洛阳不过是一座孤城，王世充肯定坚持不了多久。成功的希望就在眼前，我们这时候班师回朝，就是前功尽弃了。在洛阳城破前，我都不会撤军，再有提班师回朝者，一律格杀勿论。"见他如此坚定，众将也就再不敢提班师的事。

当然，表面上没人劝，私底下未必就没有做小动作的，有人就偷偷写信告诉了远在长安的李渊。李渊并不了解洛阳前线的状况，但看军中这么多人要求班师，就下了道密敕，让李世民暂且退兵。李世民依然不同意，他上表阐述洛阳目前的情况，认为很快就能攻克，当前绝不可以退兵。为了彻底打消李渊的顾虑，李世民特意派封德彝回长安，当面向李渊陈述前线的状况。

封德彝向李渊转述："眼下王世充看似还有不少地盘，但洛阳早已被隔绝，王世充实际能号令的只有洛阳一座孤城，他此前已经被击败过很多次，现在连城都不敢出，已是智尽力穷，唐军攻克洛阳是早晚的事。眼下，王世充在各地的部属因为无法与洛阳取得联系而日夜惊慌，他们在慌乱之下，很快就会投降，如果我们撤军，王世充必然会再度与各地部属联合起来，到那时他军势复振，要想再消灭他就难上加难了。"李渊了解情况后，也不再坚持要他撤兵了。

为了尽快结束洛阳之战，李世民多次写信劝王世充投降，但都石沉大海，王世充根本不做任何回应。然而即便王世充还能坚持，他留在各地的部属可就不一定了。很快，郑州司兵沈悦就派人向左武侯大将军李勣请降。得到消息后，李世民连夜派左卫将军王君廓攻击虎牢。唐军一来，沈悦立即打开了城门，著名险关虎牢就此陷落，王世充的侄子王行本和长史戴胄都做了俘虏。

窦建德出兵

几乎就在虎牢关失陷的同时，窦建德开始了行动。这几个月，他一面把军队集结到乐寿（今河北省献县西南），一面则始终关注着洛阳大战的走势，之前之所以迟迟不肯出兵，只是为了坐待唐郑双方两败俱伤，他才好出来收拾残局。眼下，王世充困守洛阳奄奄一息，城外的唐军也士气低下、疲惫不堪，窦建德意识到，自己出兵的时机到了。

二月末，窦建德率夏军迅速南下，当天就攻占了周桥（今山东省曹县东北），并俘虏了一直盘踞在此的孟海公。三月，他留部将范愿守卫曹州（治所在今山东省曹县），自己亲率夏军主力以及徐圆朗、孟海公两位部众南下，很快就到了滑州（今河南省滑县），守卫滑州的郑行台仆射韩洪立刻开城将他们迎入。

窦建德南下后，李世民立即意识到了对方救援洛阳的意图，随之调整了进攻洛阳的方针。唐军不再强攻，只在城外挖掘战壕、修筑营垒，以防城内的王世充突围。王世充虽然明白李世民试图活活困死自己，却也无可奈何，洛阳已经没有反击的力气了。

自从唐军开始进攻洛阳以后，洛阳城中的粮食越来越少，一匹绢只能换三升粟，一匹布只能换一升盐。百姓无力买粮，只得吃草根、树叶，很快连草根、树叶都没有了，只能食用一些细碎的泥土。结果，很多人因为吃土得了病，身肿脚虚，躺在街上等死。隋末时，皇泰主杨侗曾将三万户百姓迁进宫城内居住，现在连三千户都没有了，尸体满城都是。此时，不但普通百姓的日子不好过，郑国官员们的日子也很难熬，就算是公卿也难以得到一点儿糠麸供应。尚书郎以下的官员只能靠往城墙上搬运东西换一点儿食物，但这些人大多是读书人，哪干得了多少体力活，最后饿死的还是非常多。王世充日日眺望着东方，指望窦建德从北方脚踏五彩祥云来拯救自己。

窦建德其实一刻也没有停休过，此时他已经攻下了管州，紧接着又水陆并进，一路用船载着大批粮草补给，沿黄河西进，短时间内接连攻陷了荥阳、阳翟等地。王世充的弟弟徐州行台王世辩也派部将郭士衡率军前来会合，双方总共有十多万人，对外号称三十万。不久，窦建德就到达虎牢关外，驻军于成皋的东原，同时派人前往洛阳与王世充互通消息。

消息传来后，唐军营中就炸开了锅。以刘弘基为首的将领再次提出了班师回朝的请求，请李世民先撤军回关中，暂时避开风头正盛的窦建德。

　　这次还没等到李世民发话，宋州刺史郭孝恪抢先反对道："王世充在洛阳已经智穷力竭，短时间内就得投降。现在窦建德从河北赶来助阵，我们正好乘胜把窦建德一块儿拿下，免得还要去河北收拾他。老天爷都帮助我们一起灭掉二贼，我们怎么能现在撤退呢？窦建德虽然来势汹汹，但他来得太晚，虎牢关已经落在了我们的手上，我们只要扼守虎牢关，他就难以前进。等到王世充投降，我们再伺机而动，必定可以击败他。"

　　记室薛收也赶紧补充道："王世充坐拥东都洛阳，府库充实，他麾下的军队也都是来自江淮的精锐，现在他之所以战也战不得、守城也守不了，主要原因在于缺粮。如今窦建德亲率大军而来，如果我们撤退的话，窦建德必定率领河北精锐与王世充连成一片，到时，河北的粮草将源源不断运入洛阳，我们再想获胜就不知道要等到什么时候了。我建议，兵分两路，一部分坚守洛阳，只需深沟高垒围城即可，就算王世充出城挑战，也不必理会；而秦王则亲率精锐部队占据成皋，养精蓄锐，以逸待劳，等消磨掉窦建德的锐气后再出击，定能一举克敌。击败了窦建德，王世充没了外援，自然只能投降。最多两个月，我们就能生擒王世充和窦建德两人。"

　　但萧瑀、屈突通、封德彝三人再次表示反对，他们说道："现在王世充占据着洛阳坚守待援，我们却早已经师老兵疲，短时间内不可能攻下洛阳，窦建德又率领精锐来援，我们腹背受敌，这样打下去肯定要吃败仗。也不说非得班师回朝，我们至少应先退到新安，再看形势择机而战。"

　　谁也说服不了谁，最终众人只能再次把目光投向李世民，等待他的决断。李世民略一思考就一锤定音："王世充军队现在士气低落，又没有粮食，早已上下离心，我们根本不需要进攻，只需要围城就能坐观他灭亡；窦建德虽然来势汹汹，但因最近刚灭了孟海公，将骄卒惰。而成皋一带易守难攻，当年汉高祖刘邦就是在这里阻挡了项羽两年，我们只要占据虎牢，就等于扼住了他的咽喉。连项羽在那里都一筹莫展、进退两难，他窦建德又能有什么作为呢？如果窦建德冒险来攻，我们正好寻机消灭他；如果他迟疑不进，那边王世充可就等不及了。等王世充一败，我们再乘胜进攻窦建德，他哪还能抵挡得住？东边的州县都刚归附不久，我们如果不能早做决断，等窦建德攻下了虎牢，这些州县肯定一个都守不住。那时他再到洛阳与王世充连成一气，我们就没有机会击破他们了。我已经决定，就按薛收说的办。"

屈突通试图再做最后的努力，建议至少先从洛阳解围，再集中精锐去虎牢关对付窦建德，李世民还是不同意。李世民留下屈突通和副帅李元吉围困洛阳，自己带着三千五百名精锐骑兵沿着北邙山直奔虎牢关而去。决定中原格局的虎牢关之战即将爆发。

决战虎牢关

到虎牢的第二天，李世民再次亲身侦察敌情。有鉴于此前在洛阳遇险，他这次带了五百名精锐骑兵一起前往探查窦建德大营。半路上，他将五百名骑兵分别拨给李勣、秦叔宝、程知节三人，让他们带领人马在路边埋伏，而自己仅带着尉迟敬德等四人继续向前。人数虽少，但李世民心里一点儿都不担心，他还对一旁的尉迟敬德表达了自己的信心："我拿着弓箭在前，你提槊跟随，就算对方有百万之众也困不住我们。等会儿如果贼军看到我，他们不追也就算了，要是敢追上来，就让他们好看！"

不一会儿，五人来到了窦建德军营前三里左右的地方，正好遇上夏军小股骑兵。但对方看他们只有五个人，料想多半只是唐军的斥候，也懒得理会。见这队夏军骑兵准备离开，李世民忽然大喊道："我就是秦王李世民！"接着抬臂放箭，把这队骑兵的小队长射死了。剩下的几名骑兵连忙逃回大营报信，夏军大惊，再一看，李世民身边只有四个人，众将怎么肯放过立大功的机会，立即就有五六千名骑兵出营追击。

李世民看到敌军追来，不疾不徐地让其他三人先走，自己和尉迟敬德则慢慢走着殿后。每当夏军接近之时，李世民就放箭射杀当先的人；如果对方冲得极近，尉迟敬德便持槊上前搏杀；如果敌人不敢再追，两人又故意后退引诱。就这么反复几次，李世民射杀了好几人，尉迟敬德则击杀了十多个人。最后，夏军终于进了唐军的埋伏圈。在秦叔宝、李勣、程知节的攻击下，夏军大败而逃。此战，夏军被杀三百余人，一员猛将被俘，狠狠地扇了窦建德一耳光。

窦建德以前攻占黎阳的时候，曾经俘虏过大唐的淮安王李神通和李渊的妹妹同安公主，但他并没有为难这两人，很快就派人将之送回了长安。念及这份情谊，李世民主动给窦建德写了封信，劝他退兵，不要再理会王世充。但窦建德没有理会。

就这样，窦建德在虎牢关与李世民相持了一个多月，几次交战均告失利。窦建德手下的将士开始思归，想要回河北休息。就在这时，负责袭扰窦建德后方的王君廓击破了夏军运粮队，还俘虏了对方一员大将。窦建德越发焦躁，召集部下就未来的动向召开了一次军事会议。

会上，祭酒凌敬陈述道："我们被李世民阻挡在虎牢关前已有一个多月了，迟迟无法前进一步。我建议，不如先从虎牢关撤退，大王你亲率大军渡过黄河，攻取怀州、河阳，再派重兵把守这两地，然后越过太行山进入上党地区，再从上党南下，经晋、汾二州，一直到蒲坂孟津。这样做有三个好处：首先，这一线唐军守备空虚，我们可以轻而易举打下，保证万全；其次，占领大片国土能增强我国国力；最后，如果我们能攻下并州，到时候关中震骇，李渊自然会让李世民撤兵，洛阳之围就解了，也算帮了王世充。"

窦建德本打算采纳凌敬的建议，但夏军众将早已被王世充让王琬和长孙安世贿赂了，全部站出来反对说："凌敬只是一介书生，哪里懂什么军事指挥，大王不要听他胡说八道。"

一看众将这么齐心，窦建德不明就里，只好歉然地对凌敬道："你的计策挺好，但现在我军上下一心、求战心切，这是老天爷要让我灭掉唐军，在此决战。有上苍庇佑，我军必胜无疑。相比起来，你的计策需要耗费的时间太长，不确定因素也太多，我实在没法听从。"

凌敬气得发抖，本来还想据理力争，但无奈窦建德根本不听，直接让人将其拉了出去。这次决定夏国未来命运的军事会议就这么草草地结束了，窦建德的命运也就此注定。如果他听取了凌敬的计策，历史也许将改写，可惜，历史没有如果。

实际上，当时也有其他人赞同凌敬的观点，那就是窦建德的妻子曹皇后。军事会议结束后，曹皇后向窦建德说出了自己的看法："我觉得凌祭酒的计策才是对的。如果大王你从滏口越过太行山，先夺取唐军防备虚弱的河东地区，再威逼蒲坂，然后联络突厥人让他们从西面包抄关中，李渊肯定不敢冒险让大军继续攻打洛阳，李世民必定回军关中。那时，哪还用得着担心为王世充解围？像现在这样长期被阻挡在虎牢关前，师老兵疲，什么时候才是个头？"

只可惜窦建德这时已经铁了心要去救王世充，对曹皇后的良言只冷冷回了句："打仗的事不是你们女人该掺和的。王世充遇到了危险来找我求救，是信任我，我现在要是不顾他去打河东，不就会因为惧怕敌人而丧失他的信任吗？我不能辜负他的信任。"

其实窦建德也不算蠢，他滞留虎牢关前并没打算坐以待毙，而是想寻找战机一举击溃李世民。至于如何寻找这个战机，他有自己的想法：他发现只有黄河北面的水草丰美，如果唐军粮草用尽，无力喂马，肯定会把马匹驱到黄河北面来喂养，届时就是袭击虎牢关的最佳时机。于是，他整天都在暗中观察，看唐军是不是把马匹放出来了。他这个想法本身没有多大问题，偏偏不巧，这个计划被唐军安插在夏营中的卧底知道了。

接到卧底消息后，李世民第二天就渡过黄河探查敌情，还故意留了一千多匹马在河边放牧，到晚上才回虎牢。观察到这一情况后，窦建德欣喜若狂，觉得自己一直等待的机会终于来了。

第二天一大早，窦建德带着大队人马从板渚前进到牛口列阵。夏军阵势北靠黄河，西靠汜水，南面一直到达鹊山，绵延了二十多里地。夏军战鼓齐鸣，一时间唐军众将惊惧不已。为了打消众将的畏敌心理，李世民带着众将登上虎牢关前一个比较高的土丘，然后指着夏军军阵对众将说道："你们仔细看看，这帮贼人从山东起兵后，一直没遇到过什么强敌，所以今天在阵前快打仗了还鼓噪喧哗不已，毫无纪律可言。我们现在按兵不动，贼人的士气就会慢慢衰竭，等时间一久，他们觉得饿了，自然就要退走，我们再乘机出击，大获全胜还不是轻而易举？我敢和你们打赌，过了今天中午，我们必定可以击破贼军。"听了这番话后，唐军诸将才渐渐安下心来。

也许是为了增加点儿余兴，窦建德还派了三百名骑兵渡过汜水到达唐军营前一里开外的地方，然后派使者对李世民说："这些都是我夏军中的勇士，希望秦王能派几百个勇士陪他们玩玩。"李世民想了想，派王君廓带着二百名长槊兵出去迎战。双方在两军阵前来来回回交手了半天，始终没有分出胜负，只好各自收兵。

就在这时，王世充的侄子王琬骑着马来到阵前慰劳出战的将士。王琬的马是以前隋炀帝的御马，李世民是识马的行家，一眼就知道马的好坏，不禁脱口感叹了一句："他骑的可真是一匹好马！"言者无意，听者有心，尉迟敬德听出他喜欢，立刻就向李世民请命："大王，请让我去阵前替你夺得这匹良马。"李世民赶紧阻止道："敌军人多势众，你去太危险了，我怎么能因为一匹马而让一位猛将置身险地呢？"

尉迟敬德也不多说，带着高甑生和梁建方就打马直冲王琬而去。而王琬什么都还没反应过来呢，三两下就被尉迟敬德三人连人带马擒住。夏军先后冲上去十多个人试图救援，都被尉迟敬德等人杀了，其他人不敢再追，尉迟敬德三人便顺利将马带了回来。

尉迟敬德回来后，李世民估摸时间也差不多了，命人将在黄河北边放牧的战马拉了回来，以备稍后的决战。

时间渐渐拖到了正午，夏军从早上出来已经大半天了，现在到了饭点也没法做饭，士兵们又累又饿，也不再维持什么阵形，纷纷坐在地上抢水喝。见状，李世民赶紧叫来宇文士及，让他带着三百名骑兵从夏军军阵西面出发，一路向南奔驰一圈，并告诉他："一会儿如果贼兵阵式没有松动，你就直接带人回来；如果敌人阵式松动，你就直接带人向东冲锋。"宇文士及依言行事，夏军果然骚乱起来，阵式乱开。李世民抓住时机，立马带着数千轻骑当先渡过汜水攻入夏军阵中，唐军其余各路人马都跟在他后面冲入。

这个节骨眼上，窦建德正在干什么呢？说来也是好笑，或许是因为轻视唐军，窦建德竟然在阵前开早会。唐军突然发起进攻时，夏国群臣才刚刚在大营中觐见完毕。面对忽然出现的唐军，夏国群臣一团慌乱，本着皇帝身边最安全的想法，纷纷拥到了窦建德身边。窦建德本来打算派人召集夏军骑兵，但被这帮大臣一挤，传令的士兵都给挤得迈不出脚，他只好先让大臣们散开。就这么一耽搁，窦建德的命令还没来得及传出去，唐军就已经打到了面前。无奈之下，他只好带着部分人马撤到东边的高地上组织防守。唐军将领窦抗本想乘机去捡个便宜，但被窦建德拼死击退。

窦建德还来不及组织起新的指挥系统，唐军各部就已经冲入夏军阵中，将夏军阵式冲得七零八落，再也无法组织起有效抵抗。

李世民的堂弟淮阳王李道玄在此次大战中异常勇猛，他带人在夏军阵中几进几出、左右驰射，杀得夏军人仰马翻、应弦而倒，他盔甲上插的箭矢也多得像刺猬毛一样。尽管这样，李道玄依然奋战不休，一直到他的坐骑战死。李世民看到后，连忙把自己备用的副马交给李道玄使用，并让他跟自己一起作战。

实际上，李世民已经打算好要去干一件大事——他带着史大奈、程知节、秦叔宝、宇文歆等猛将卷着军旗从夏军阵前突入，一直冲到夏军阵后，然后把军旗迎风展开。夏军见后方已插上唐军军旗，以为遭到了前后夹击，于是赶紧四散而逃。窦建德再也阻拦不住，只好跟着败兵一起逃亡。李世民率轻骑追击夏军溃兵一直到三十里外，斩杀敌军三千多人。

车骑将军白士让、杨武威两人追击夏军溃兵经过牛口渚，发现有一个人藏匿于此，正鬼鬼祟祟试图骑马逃走。杨武威立马上前，将这个人打落马下，白士让则提起长槊就要刺死对方。那人一见这阵势，立马大喊起来："不要杀我！我是夏王窦建德，擒了我回去是大功一件！"白、杨二人相视一眼，这才收手，确认这人确实是窦建德，因为在混战中受了伤，没法骑马狂奔逃命，只好躲在牛口渚找机会再逃，但到底还是没能蒙混过去。

窦建德很快就被押送到了李世民帐中。李世民笑着问他："我讨伐王世充关你什么事，你非要主动侵犯我国疆土？"窦建德苦笑着自嘲道："我自己送上门，是不想劳烦你们大老远去找我。"

此时，王世充还在洛阳城苦等窦建德的救兵。然而让他失望了，他等到的不是夏国大军，而是坐在囚车里的窦建德、王琬、长孙安世、郭士衡等人。李世民将这些人押送到洛阳城下，王世充和窦建德不禁相对而泣，互诉自身的遭遇。知道外援指望不上后，王世充连夜召集众将，想要突围前往襄阳，但没有一个人愿意跟随。无奈之下，他只好带着儿子、大臣到李世民军营前投降。至此，洛阳终于被大唐帝国拿了下来。

窦建德的妻子曹皇后此时已经逃了出来，回到了夏国都城洺州。忧心了几天后，曹皇后终于得到了窦建德被擒的消息，她连忙召集一起逃回的诸将和大臣商讨对策。以高雅贤为首的将领们首先提出了自己的看法："眼下夏王被擒，我建议先立夏王的养子为帝，以安定人心。虎牢关之战，我军虽然惨败，但我们在河北的本土并没有遭受什么损伤，我们只要休整一段时间就可以再和唐军决一胜负，若是再败，大不了再回去做强盗。"

曹皇后听后满心不是滋味。窦建德还在唐军手里，她自然是不愿意开战，但她无法把自己的想法强加给所有人。眼下武将们已经表态了，她只能把目光投向一旁的文官们。所幸尚书左仆射齐善行站在她这一边，他厉声斥责高雅贤等人："我们早先起兵是因为隋末以来隋炀帝暴政，民不聊生，大家那时逃到山野中聚为盗贼，只是为了求一条活路，哪是想做强盗劫掠百姓。幸好夏王英明神武，才能够一举平定河北，让河北人心归附，百姓安居乐业。然而，有天纵之才的夏王率领几十万精兵猛将，仍然敌不过唐军，他自己也被生擒，这不是表明大唐才是天命所在吗？我们再举兵，还能够战胜天意吗？更何况，我们现在兵败成这样，肯定是守不住的，逃出去做盗贼只怕也跑不掉。我们现在本来就没有获胜的机会，何必再去残害百姓呢？依我看，不如就此归降大唐，既能够保全夏王，也能够避免河北的百姓再牺牲。至于剩下的军队，不如就此解散，为了防止他们去抢掠百姓的财物，我建议把府库里的财物都拿出来，分给士兵让他们回乡。"

曹皇后同意齐善行的观点，第二天她就派人从府库中取出了几十万段绢帛，全部堆放到万春宫东面的大街上，然后分发给士兵，让他们回乡。

分了三天后，大多数士兵都遣散了。为了防止这些士兵离开时抢掠百姓，曹皇后还特意派人在洺州城里巡查，拿到绢帛的士兵必须立刻离城，有敢进百姓家抢劫的一律斩首。就这样，河北安定了下来。随后，曹皇后带着一些文武大臣，携传国八玺以及之前从宇文化及手上得到的旧隋珍宝到长安请降。至此，唐与郑、夏两大政权的交锋就此结束。

但令人遗憾的是，即便曹皇后等人主动投降了，李渊还是杀了窦建德。而这件事为日后河北的战乱埋下了祸根。

舟行长江：唐平南方群雄之战

两湖的乱局

武德三年（620 年）十一月，正密切关注中原大战形势的李渊忽然接到一封书信，写信的人是梁国大司马晋王董景珍，他请求献出长沙城以归降唐朝。

这个梁国又是从哪儿来的呢？梁国的建立者名叫萧铣，是后梁皇帝萧詧（chá）的曾孙。大业年间，他靠着隋炀帝萧皇后亲戚的身份，做了罗川县的县令。江都政变后，岳州（今湖南省岳阳市）的旧隋将领董景珍、雷世猛等人也谋划着起兵造反。众人本想推举董景珍为主，但董景珍自认出身寒微，就算称王称帝也没有什么号召力，得找一个身份高贵、能让百姓信服的人来领衔。一来二去，就找到了旧梁皇室后人萧铣。

在击败楚帝林士弘后，萧铣的梁国已经占据了湖南、湖北、江西等大片土地，手下有四十万大军。此时，萧铣着重考虑的不是怎样进一步扩张国土，而是如何收拾自己封的异姓王们。原因无他，这些人以开国功臣自居，从而骄横无度、草菅人命，丝毫没有把皇帝萧铣放在眼里。令萧铣苦恼的是，诸王个个手握重兵，哪里是他能够轻易对付的。苦思冥想下，他琢磨出了一个办法，下旨宣称现在国家太平安定，此前隋末的动乱让百姓纷纷逃亡，大批土地没有人耕种，于是要求将军队全部裁撤下乡去种田务农。这无疑是一记狠招，梁军原本就是由隋末动乱无依的农民组成的，此时全部解散回乡务农，诸王就再难控制他们了。

但这个计谋被一个人看穿了，那就是董景珍的弟弟。此人此时正在萧铣手下做禁军将领，他认为萧铣表面上是削兵兴农，实际上是想对付手握重兵的各位王爷。本着先下手为强的原则，此人打算联络其他禁军将领一起造反。但是很不巧，他还没来得及动手，就被发觉动静的萧铣果断杀了。为了安抚董景珍，萧铣派人给他送了一封诏书，表示造反之事只是他弟弟一个人的错，与他本人无关，同时让他安心回江陵（今湖北省荆州市）。但董景珍哪敢回去见萧铣啊，索性一不做二不休，带着长沙投降了李渊。

此时，唐军主力还在关外与王世充浴血苦战，但李渊早就想谋取萧铣，不忍错过这个机会，得到消息后立刻下令峡州刺史许绍出兵接应。与此同时，为了防止占据江都的李子通出兵救援，他又命已经降唐的杜伏威派江淮军进攻李子通，这也方便杜伏威在稳定后方后与李世民在洛阳会师。

李子通其人，本是以打鱼为生，在大业末年天下大乱时北上投奔了长白山的左才相，后来又南下跟随过杜伏威一段时间。江都政变后，李子通攻下了江都，势力大为膨胀，周边的旧隋郡县和江南百姓纷纷归附于他。李子通也乘机称帝，建国号为吴，改元明政。此时，他刚击败割据江南的沈法兴，占据了京口、丹阳等地，势头正盛。

杜伏威将进攻李子通的重任交给了自己的好兄弟——行台左仆射辅公祏(shí)。辅公祏接到消息后，立刻带着杜伏威的两个义子王雄诞、阚稜一起南下。江淮军是纵横江淮一带的劲旅，很快就渡过长江攻下了丹阳（今江苏省丹阳市），并驻军溧水（今江苏省南京市溧水区）。而李子通得到江淮军南下的消息后，也很快率领数万大军到达溧水，大战一触即发。

此时，辅公祏手下只有数千人，远远比不上人多势众的吴军。苦思冥想后，他使出一个狠招：首先派一千名精兵手持长刀做先锋，在最前面抵挡李子通；然后派一千人跟随最开始的一千人，不过这一千人不是去增援的，而是监视前面一千人的，前面的人如果敢退一步，后面的人就立刻将其杀死；他自己则率领其余人马在这两千人后方列阵。

不出辅公祏所料，李子通仗着人多势众，果然率先发起了进攻。但他没想到，辅公祏派来的一千精兵面对数倍于己的敌人，死都不退一步。当然，不是这些人不想退，而是往前是死，往后也是死，与其退后窝囊地死，不如向前战死，还能博个好名声。就在这一千精兵的死战之下，李子通打了半天也没能前进一步，攻势渐渐松懈下来。发觉吴军已经疲惫，辅公祏果断分兵从左右两侧包抄李子通。由于疏于对两翼的防备，李子通很快就被打得大败，狼狈撤军而逃。

辅公祏立刻就带人前去追击，但他显然低估了吴军的战斗力。很快，在李子通的拼死反击下，辅公祏反被打败，只得逃回大营，再也不敢出战。

见辅公祏不再作为，副将王雄诞劝道："李子通虽然赢了，但他仗着人多，以为能一鼓作气打败我们，连营垒都没有建。眼下他又刚胜了一局，现在肯定志得意满，会因看不起我们而继续进攻。我们今晚偷偷出营袭击，他必定没做防备，这时我们就可以打败他。"但辅公祏早已被吓破了胆，哪里肯听王雄诞的话。王雄诞一咬牙，带着自己手下的区区几百人前去夜袭。

事实果然如王雄诞所料，李子通以为很快就能击败辅公祏，所以既没有建营垒，也没有派人放哨，等察觉被偷袭时，为时已晚，很多吴军还没来得及反抗就被斩杀。王雄诞又借助风势放起大火，将李子通停在长江上的舰船烧毁，吴军大败。在一片混乱中，李子通带着数千人马狼狈逃走，他连江都都不敢回，直接逃去了京口。其余吴军或死或降。很快，长江以西的土地全部被江淮军占据，李子通再也无法通过长江与萧铣取得联系。

但与此同时，负责接应董景珍的许绍就没那么顺利了，他仅打下荆门镇（今湖北省荆门市境内），董景珍就完蛋了。

不是董景珍不争气，实在是萧铣太损了。他没有自己前去对付董景珍，而是派出了董景珍曾经的好搭档——齐王张绣，他许诺，如果张绣能够平定董景珍，就封他为尚书令。张绣见权眼开，不顾多年的战友之情，二话不说就带兵包围了长沙。他对董景珍知根知底，很快就把董景珍打得只能龟缩在长沙城内。

无奈之下，董景珍站在城头向张绣喊话："张兄弟，先别打了。你没听过'前年醢彭越，往年杀韩信'这句老话吗？说的就是汉高祖刘邦以前诛杀功臣的事，我们现在情况和他们差不多。萧铣摆明了是要把我们几个异姓王一个个灭掉，你何必要帮萧铣来打我呢？不如我们一起出兵灭了萧铣。"

但张绣此时眼中只有尚书令的官帽，完全听不进他的话，依然一刻不停地进攻。董景珍很快就撑不住了，突围逃出长沙，半路上被部下杀死。

董景珍一死，许绍的行动就没有任何意义了，李渊便下令许绍停下来。眼看就要功亏一篑时，有个人忽然向坐镇夔州的李唐宗室赵郡王李孝恭上书，献出平定萧铣的十条策略。这个人就是日后威震天下的名将——李靖。

李靖本名李药师，雍州三原人，他祖上曾在北周、隋朝做过大官，他的舅舅更是曾经灭陈的隋朝名将韩擒虎。早在李靖年轻时，韩擒虎就曾感叹过，说天下可以和自己谈论兵法的只有李靖。然而令人不解的是，李靖的仕途并不顺利，一直到大业末年才做到马邑郡丞。

　　李渊到太原后，李靖颇为关注他。通过长时间的观察，李靖发现李渊竟私下收留了刘弘基、长孙顺德等逃犯，觉出李渊有造反的苗头，于是他混在囚徒中前往江都，准备报告给杨广。但李靖才到长安，就赶上了李密和东都隋军的中原大混战，关中与江都之间的交通完全断绝，他只好留在长安。

　　李渊攻克长安后，很快抓住了李靖。一打听，发现这人竟是想去江都打小报告，于是立马就让人将其拖出去斩了。要是一般人，走到这一步就认命了，但李靖到底不一般，否则也难有日后的丰功伟绩。情急之下，李靖对着李渊大喊起来："大人三思！你举兵起义是要为天下人除暴安良，现在你大事都还没成，怎么能因为私怨而杀害壮士呢？"这一番话倒是点醒了一旁的李世民，李世民赶紧向李渊求情，救下了李靖。

　　李渊此后倒是没有忘记李靖，把他派到南方，让他攻打萧铣。但那时的萧铣兵强马壮，李靖等了两个月都没找到机会。借着这个由头，李渊让峡州都督许绍以贻误军机为名，要斩杀李靖。但许绍爱惜李靖的才能，再三向李渊求情，终于将其救下。

　　是金子总会发光的。开州的少数民族首领冉肇则突然带兵进攻夔州，赵郡王李孝恭出战不利，被打得大败。关键时刻，李靖独自带领八百人斩杀了冉肇则，平定了叛乱。事后，李渊还特意给李靖下了一道手诏，表示既往不咎，以前的恩怨就此一笔勾销。

　　董景珍被杀后，所有人都以为进攻萧铣的大好时机已经过去，但李靖却敏锐地发现梁国更乱了，平定萧铣的机会仍然还在。原来，在平定董景珍后，张绣虽然顺利拿到了梦寐以求的尚书令一职，但他为人飞扬跋扈，仗着自己是大功臣，处处瞧不起萧铣，很快就被萧铣借机杀了。从此以后，萧铣手下诸将人人离心，很多人都开始叛逃，梁国的国力越来越弱。面对这种情况，李靖果断向李孝恭上书平萧铣十策，李孝恭随即转达到了朝廷。一番讨论后，李渊同意了李靖的主张。

平灭萧铣

武德四年（621年）二月，李渊正式任命李孝恭为夔州总管，让他在夔州大造军舰，同时训练水军，准备东下进攻萧铣。由于李孝恭并不擅长打仗，李渊又特意任命李靖为行军总管，并兼任李孝恭的长史，全权负责军事行动。李靖上任后的第一件事，就是劝李孝恭把巴蜀地区各少数民族首领的儿子和侄子全部召到身边任命为官，实际上就是把这些人当人质，防止大军东下后这些少数民族作乱，以达到稳定后方的目的。

这年九月，唐军正式出兵。李渊命李孝恭、李靖率领十二个总管从夔州出发，沿长江东下；庐江王李瑗从襄州出兵；黔州刺史田世康从辰州出兵；黄州总管周法明从夏口出兵，四路大军合击萧铣。

李孝恭出兵时，赶上长江水涨，众将都认为三峡地形复杂，原本就难以前行，现在涨水就更不好行船，希望能等水退了再出发。这时李靖驳斥众将道："你们精通兵法，应该知道'兵贵神速'的道理。眼下我们已经集结兵力，准备进攻了，萧铣还不知道消息，此时趁着涨水顺流东下，在萧铣反应过来之前我们就能到江陵。攻打没有防备的江陵城，一战就可以生擒萧铣。这种机会万万不能错过。如果等水退了，萧铣也已经得到我们要进军的消息了，要是他派人堵住三峡口，我们再想进攻就难了。"

经过一番考虑，李孝恭同意了李靖的意见，大军立即出发东下。

面对铺天盖地而来的唐军，大梁皇帝萧铣在干什么呢？此时，他正秉承着之前"裁军兴农"的指导思想，把大军全部分散在各地种田，这时节正好长江涨水，他笃定唐军不会在这时进攻，所以根本没有防备。

尽管如此，李孝恭依然不敢大意，他率领数万唐军乘两千多艘战船沿江而下，没有选择直接攻打夷陵（今湖北省宜昌市东南），而是先越过西陵，攻打江陵西面的门户荆门山（今湖北省宜都市西面）和宜都（今湖北省宜都市），以断绝梁军向西增援的道路。荆门和宜都的守军显然也毫无防备，很快就被攻陷。之后李孝恭再率军回师攻打夷陵，很快就取得了胜利。

萧铣如梦方醒，忙派文士弘率领数万精兵驻守清江（位于今清江入长江口附近）。李孝恭急于击破梁军，立刻整军准备出击，李靖赶紧一把拉住他："现在敌方的主将文士弘是梁军中少有的骁将，手下多是荆楚彪悍之士。他们见荆门丢了，显然会拼命，我们正面与他们交锋，肯定会吃大亏。但他们这种玩命的打法不会持久，时间一长就会丧失搏命之心。我建议，先把我军船只移到南岸停泊，观察一天再说。他们看我们不愿意速战速决，肯定会分兵，一部分留下来防备我们，另一部分回去守城，防止城内有人作乱。等他们分兵后我们再进攻，就很容易取胜了。"

但李孝恭觉得胜利就在眼前，不想浪费时间，无论李靖如何苦劝，他都坚持要出击。李孝恭不愿听李靖多说，干脆让李靖守卫大营，自己亲率精兵出战。

结果不出李靖所料，李孝恭被打得大败，连岸边放置的粮食、物资都来不及收回就狼狈带人逃到了南岸。梁军见之大喜：此战不但打败了唐军，还白得了这么多物资！于是一个个赶紧上前哄抢，都顾不得什么队形了。李靖一看，赶紧找到李孝恭请求再次派兵出击。可惜李孝恭刚吃了败仗，哪还敢再出战。无奈之下，李靖便带着之前留守的部队出战。

此时的梁军只顾着哄抢战利品，怎么也没料到刚被击退的唐军还敢出击，转眼就被打得大败，不光把刚才赚的都吐了出来，还亏了个底朝天，光被俘的舰船都有四百多艘，被杀死和落水淹死的人数以万计。

李孝恭算是见识到了李靖的本事，赞叹之下，干脆派他带着五千人作为先锋快速东下，自己率大军在后接应。

李靖不负所望，很快又在百里洲（今湖北省枝江市百里洲镇）再次击败文士弘。文士弘率残兵躲进北江，再不敢出战。萧铣任命的江州总管盖彦举一看萧铣大势已去，很没义气地带着自己下辖的五州投降了唐军。

盖彦举投降后，夷陵到江陵之间就再也没有什么能阻挡唐军的城池了，唐军顺流就能到达江陵城外。萧铣这下可傻了眼。文士弘战败时，他派人奔赴各地召集军队前来救援，但他的军队大多在长江以南、五岭以外的地方，仓促之间哪里来得及集结。唐军到达江陵城下时，城内只有几千名宿卫，这点儿人马守城，显然不够用。无奈之下，萧铣硬着头皮派出了猛将杨君茂和郑文秀，两人带着仅有的几千人出城迎击唐军。

李靖一下子乐了，放马率兵出击。这时李孝恭的大军也到了，两人合兵一处，打得梁军大败，俘虏了四千人。唐军又乘胜进攻江陵城，很快占领了江陵的外城和水城，城外的数千艘战船也全部成了唐军的战利品。

对这些战利品，李靖建议李孝恭全部解开缆绳，放它们顺流而去。其余将领一听，立马就不乐意了，嚷嚷道："这些船是我们击败梁军得来的，应该由我们自己使用，怎么能全部扔到长江里去？这不是让下游的梁军白白捡回去吗？"

李靖再次驳斥众将："你们这想法大错特错。萧铣的国土向南一直到五岭之外，向东直达洞庭湖一带，虽然我们几次击败了梁军，但萧铣在各地的军队依然十分庞大。眼下我们是孤军深入，其他三路人马都很难在短期内赶来聚集。若我们很快攻下了江陵还好，要是一时半会儿攻不下来，那时梁军又从四面八方赶来增援，陷入腹背受敌之境的就是我们了。那时想活命都不容易，拿着一堆战船有什么用，照样得还给梁军。但是若将这些船全部丢弃，让它们顺江而下，下游的梁军看到了就会迷惑。他们必然以为江陵已经陷落，一时半会儿不敢轻易前进。就算他们派人前来刺探消息，等知道确切消息时，也已过了十天半个月，到那时候再来救援，江陵早就被我们拿下了。"

众将半信半疑，照李靖说的办了。

其实这时候，确实已经有不少梁军已经在赶来支援的路上了，但他们看到顺江而下的战船，纷纷慌了神，不知道江陵出了什么事，便如李靖所料，停了下来，打算先探探消息。最快前来增援的交州总管丘和、长史高士廉、司马杜之松等人甚至已经快到江陵了，但看到这阵势，以为萧铣彻底败了，三人便直接去了李孝恭营前投降。

在唐军的重重围困下，萧铣料想自己可能等不到援兵了，他身边的中书侍郎岑文本也知道再守无益，便劝他投降。萧铣长叹一声，对大臣们说："现在看来，江陵很难守住了，天不保佑我大梁国祚啊！再坚持下去也没什么希望了。假如我们抵抗到底，城破后，唐军必然要抢掠百姓，我怎么忍心因为我一个人的缘故，害百姓跟着遭难呢？我已经决定投降了。"

第二天，萧铣最后一次祭祀了太庙，然后开城投降。他还请求李孝恭，希望能以自己的死，换取江陵城百姓的安全。然而，随着李孝恭率军进入江陵城，苦战多时的唐军将士心浮气躁，多有想乘机在城里好好抢掠一番的。

这时，岑文本站了出来，他对李孝恭说道："隋末以来，江南地区的百姓一直在隋炀帝暴政下受苦，之后天下大乱，又被群雄轮番抢掠，现在剩下来的人，都是在战火之下侥幸逃生的。他们日夜盼望有明君王师拯救他们，所以皇帝萧铣和百姓才愿意放下兵器主动投降。假如现在唐军入城大肆抢掠，必定让百姓大失所望，只怕以后长江以南的百姓都不敢归附了。"

李孝恭深以为然，于是下令禁止唐军抢掠。但唐军众将还是不甘心，就对李孝恭说："我们是不该抢掠平民百姓，但那些之前和我们拼杀战死的梁军将领们，他们竟敢抗拒王师，都是有大罪的，我们应该把他们的家产全部抄没，以犒赏士兵。"

不过这次却是李靖不同意了："所谓王者之师，应该先以道义来开路才对。那些战死的梁将都是为自己的君主力战至死，他们都是忠臣，我们怎么可以把他们当作叛逆一样抄没家产呢？"

一看此次立功最大的李靖都这么说，其余将领便不好再争辩了。而唐军秋毫不犯的事迹就此传开，往南的州县纷纷望风而降。

萧铣投降好几天后，十多万梁军援兵终于赶到，但为时已晚。他们听到君主投降的消息，不得不放下武器，也投降于唐军，梁国就此平定。

李子通、林士弘的覆灭

就在萧铣败亡时，杜伏威这头也没有闲着，他再次派出王雄诞前去讨伐李子通。李子通上一次从王雄诞手下狼狈逃走，之后带着残部两万余人逃到了太湖。有道是一物降一物，李子通虽然打不过江淮军，但对付太湖附近的沈法兴还是绰绰有余的，沈法兴大败，被迫逃出城。

当时吴郡有个起义军首领名叫闻人遂安，想联合沈法兴一起对抗李子通，于是派了一个叫叶孝辩的部将去迎接沈法兴。但沈法兴跟着叶孝辩走到半路，后悔了，他生怕其中有诈，想杀死叶孝辩后独自逃到会稽去。可惜他的心思被叶孝辩发觉了，双方当即起了冲突。沈法兴是想打打不赢，想逃逃不掉，最后只能投水自杀。

沈法兴这一死，可就便宜了李子通，其原有的州县部属纷纷归附了后者。李子通很快迁都余杭（今浙江省杭州市），所辖领土北到太湖、南到五岭、东到会稽、西到宣城，比之前吴国的面积更大。

不过，国土再大，李子通的吴军也没什么长进，照样经不起江淮劲旅的打击。王雄诞很快就出其不意地攻占了苏州城，李子通不得不率领精兵退守独松岭（今浙江省杭州市西北）。李子通防守严密，独松岭又易守难攻，王雄诞到达后也不强行进攻，他派副将陈当世带着一千多人登上附近的高山，然后在山上挂满军旗，晚上又将火把绑在各处的树上，一眼望去，漫山遍野都是火把。李子通本就有些惧怕江淮军，一看满山的火把和旗帜，还以为江淮军来了几万人。当初几千江淮军都打不过，现在来了几万人，要怎么打？他越想越绝望，于是赶紧从独松岭上撤走，逃回余杭。王雄诞见状，继续追击，在余杭城外大破李子通。李子通被迫投降，吴越地区就此平定。

且说萧铣败亡之后，除了李渊之外，还有一个人非常高兴，那就是号称楚帝的林士弘。林士弘算得上萧铣的老前辈，他早在大业十二年（616 年）就跟随同乡操师乞一起起兵反隋。操师乞死后，林士弘自己做了统帅，率军在彭蠡湖击败了隋将刘子翊，之后实力大涨，军队一度扩大到十多万人，占据了北到九江、南到番禺的大片土地。林士弘也乘机称帝，建国号为楚，改元太平，用同党王戎做司空。萧铣发家以后，林士弘在其打击下势力日渐萎缩。等到萧铣败亡后，梁军不少人马被林士弘吸纳，他这才再次恢复实力。

后来，岭南的俚族首领杨世略带着林士弘的循、潮二州投降了唐军；林士弘的老部下张善安也带着豫、章等郡投降了李渊，并被任命为洪州总管。林士弘愤怒不已，派弟弟鄱阳王林药师率领两万人进攻循州，却被杨世略大败。林士弘此时手里已无兵无将，听到败报后吓得躲进了安城附近的山洞里。他这一走，连最后为他坚守南昌的司空王戎也不得不选择向大唐投降，并被任命为南昌刺史。

不过，王戎并没有死心，他偷偷派人把林士弘接到南昌城里，准备召集旧部再次起兵，不料这事被洪州总管张善安知道了。张善安率大军前来围攻，林士弘崩溃了，很快一病不起，命归西天。他死后不久，王戎也被张善安生擒，林士弘的势力就此消亡。

最后的战争

至林士弘败亡，南方起义军如今只剩下了昔日的江淮军。江淮军的首领杜伏威也是隋末农民起义大潮中一位响当当的人物，论起落草为寇的时间，他甚至早于那位在长白山头高唱《无向辽东浪死歌》的知世郎王薄。杜伏威自小家贫，经常靠辅公祏送羊救济。但辅公祏送的羊并不是自己家的，而是他从姑姑家偷来的。东窗事发后，两人赶忙投奔左君行，后来因不受左君行重用，两人又带着人马前往江淮地区创业，这一次倒是去对了地方。在这里，杜伏威凭借勇猛很快就占据了大片地盘，他自称总管，率军在江淮一带纵横无敌。令人意外的是，他本人并没有称帝割据的野心，于武德二年（619 年）归降了李渊，其后在平郑、灭吴的多次大战中为大唐立下了汗马功劳。

武德五年（622 年），李世民平定徐圆朗后，杜伏威因为惧怕李渊的猜忌，于是主动请求入朝。到长安后，他很快被李渊任命为太子太保兼行台尚书令，同时受爵为吴王，深受李渊的宠信，地位甚至一度超过了齐王李元吉。与他一起入京的阚稜也被封为左领军将军。

其实杜伏威来到长安后，心里一直有个隐忧——他怕老朋友辅公祏乘机作乱。那样的话，自己在长安的处境就艰难了。他和辅公祏曾经是最好的兄弟，对方年长一些，他一直将其当兄长看待。他军中的人都称辅公祏为伯父，对两人的态度是一样的恭敬。但后来，杜伏威慢慢对辅公祏起了猜忌，生怕对方夺取了自己的权位。为此，杜伏威将自己的两个养子王雄诞和阚稜任命为左右将军执掌兵权，以此来架空辅公祏。辅公祏当然知道杜伏威的算盘，但他自知斗不过杜伏威，所以假装和一个叫左游仙的道士一起寻仙求道，表现出一副不理世事的样子。

杜伏威去长安前，表面上让辅公祏留守丹阳，实际上却安排王雄诞执掌全部兵权。他还特意交代了王雄诞一番："我这次去长安，如果没有出什么事，你千万要防着辅公祏，不要让他找机会叛乱。"

王雄诞虽然打仗厉害，但论心机和手段却远远不及辅公祏。杜伏威走后，左游仙就劝辅公祏谋反，两人一合计，想出了个夺取兵权的办法。

一天，辅公祏一脸神秘地找到王雄诞，偷偷告诉他："吴王从长安写信给我了，他怀疑你掌控着兵权可能会谋反，让我监视你。我是看平日里咱们这么熟，觉得你不可能谋反才偷偷告诉你的，你可千万不要让吴王知道。"

就这么一番假话，天真的王雄诞却相信了，他一直十分尊敬义父，不想竟遭到对方的怀疑，十分沮丧。于是王雄诞开始称病，不再去处理军务，而辅公祏则乘机把兵权拿在了手中。等到辅公祏完全掌控了江淮军后，他才派心腹去告诉王雄诞自己的计划，并劝对方与自己一起造反。

王雄诞这时才如梦方醒，知道自己上了当，悲愤交加道："这天下才刚刚平定，千万不要造反，如今百姓都想着安定，哪会有人愿意跟着一起闹事？更何况，吴王此时还在长安，我们要是造反了，他怎么办？再者，大唐军队所向无敌，不论是薛举、刘武周，还是王世充、窦建德，谁是大唐的对手？跟大唐作对就等于自取灭亡。我王雄诞上了当，眼下只有一死来报答吴王了，就算我跟你一起造反，也不过多活百来天而已，还白白背一个反贼的骂名。"

辅公祏接到回报，知道王雄诞不可能向自己投降，怕他误事，于是派人将他勒死。然而辅公祏失算了——王雄诞一向体恤士卒，在江淮军中很得人心，他这一死，江淮军人心当即开始涣散。

王雄诞死后，辅公祏对外宣称，自己收到了杜伏威从长安寄来的书信，信中说，由于他现在无法离开长安，要自己替他起兵反唐。就这样，辅公祏在丹阳起兵，建国号为宋，同时大封百官，道士左游仙被任命为兵部尚书、东南道大使兼越州总管。这时，西边的洪州总管张善安也来凑热闹，起兵响应辅公祏，并被任命为西南道大行台。

辅公祏起兵的消息传来后，李渊异常愤怒，并很快就做出了军事部署：

——襄州道行台仆射赵郡王李孝恭，率水军从江州南下；

——岭南道大使李靖，率广州、交州、泉州等地的军队一起直奔宣州（今安徽省宣城市）；

——怀州总管黄君汉，从谯州、亳州出兵；

——齐州总管李勣，率军沿着淮水、泗水南下。

这四路大军是讨伐辅公祏的主力军，此外还有周边各路唐军，也已纷纷与叛军开始交锋。

此次讨伐辅公祏的誓师大会上，出了一个不大不小的岔子。主帅李孝恭让手下取来水，原本准备以水代酒，为出征践行。但不知何故，众人端起杯准备喝下水时，忽然发现水变成了血，在座的人都被吓坏了，个个面色如土，下意识地把不解的目光投向主帅。

面对这样的变故，李孝恭神色自若，他不屑地对众人说道："你们这都没看明白？这正是老天爷让辅公祏灭亡的征兆！"说完一仰头饮尽杯中血，眼皮都不带眨一下。众人见识到主帅的魄力，一时欢声雷动，唐军士气大振。

而辅公祏这边，他趁着唐军主力还未到达，派部将徐绍宗、陈正通分别进攻海州（治所在今江苏省连云港市）、寿阳（治所在今安徽省寿县），企图打开外围，但这两路都被守将击退。

张善安在夏口抵挡黄州总管周法明，他这一路倒是大有斩获。张善安原本不是周法明的对手，但他意外发现周法明的一个小癖好：坐在战船外喝酒。于是他偷偷派了几个刺客，化装成渔民前往敌军驻扎的荆口，趁着周法明坐在船舷喝酒没防备，一跃而起将其刺杀。不过张善安也没能坚持更久，很快就被其他唐军击退，被迫退回洪州（治所在今江西省南昌市）。

当时，奉命进攻洪州的是安抚使李大亮。李大亮到达后，隔着河向张善安喊话，陈述利害，劝其早日投降免祸。张善安赶紧为自己开脱道："我没有谋反的意思，只是士兵们逼着我一起造反，我不得不从。我现在想投降，但又怕朝廷不赦免我。"

李大亮面露喜色："张总管既然想投降，那我们就是一家人了。"之后，李大亮独自一人过河前往张善安的大营，并拉着手和他亲切交谈，以示自己没有猜疑之心。

张善安相信了，第二天带着几十个骑兵前往洪州城外的唐军大营。李大亮让张善安把手下留在营外，自己随他进营。张善安照办了，没想到一进唐军大营却被绑了个结实，而他带来的骑兵见势不妙，仓皇逃了回去。

张善安的部下得到消息后，愤怒地拿着武器上门报仇。李大亮派人转告叛军："不是我要留张总管，而是他自己非要留下，他是这么跟我说的：'我想投降，但怕士兵们不同意，现在回去的话，怕他们有不同意见，那时候就没法投降了。'他自己决定留下来不走的，要怪就怪你们张总管，怪我做什么？"

张善安的部下一听，原来张总管竟把我们卖了，我们还追随他干什么？于是纷纷溃散而去。李大亮乘机派人追击，一下子俘虏了很多叛军。至于张善安本人，也没得善终，被押往长安，又很快被问斩。

张善安这路被灭后，辅公祏全线进入防御阶段。他派部将冯慧亮、陈当世率领水军三万人驻扎在博望山（今安徽省马鞍山市当涂县西南）；陈正通、徐绍宗率领三万步骑兵驻扎在青林山（今安徽省马鞍山市当涂县东南），两军呈掎角之势，以抵抗唐军的进攻。然后，他又在梁山一带的水面拉起铁链，封锁水路交通，并在岸边修筑起长达十多里的月城以加强防御；同时在长江以西修筑堡垒工事，阻挡唐军的陆上进攻。

很快，唐军主力到了。李孝恭、李靖二人率领水军到达舒州，李勣率领一万步兵一举攻下了寿阳城。一开始，冯慧亮等人按照辅公祏的计划全力防守，但一时不察，粮道竟被李孝恭派出的小分队断掉了。无奈之下，冯慧亮只好主动发起进攻，没想到这次轮到李孝恭坚守不出。

为了确定下一步的行动计划，李孝恭正召集众将召开军事会议。

唐军诸将道："冯慧亮等人虽然缺粮，但是拥有很强的军队，而且他们占据着水陆两路的险要地带，贸然进攻只会徒增伤亡。我们不如绕过他们进攻丹阳，只要丹阳攻下了，冯慧亮等人自然土崩瓦解。"

李孝恭也这么想，然而李靖表示了反对："辅公祏在这里派了水、陆两支精锐部队，但同样也有很多军队驻守在丹阳。现在我们连博望山都攻不下，到时敌军拼死坚守石头城，我们一时半会儿又怎么可能攻得下来？如若到时冯慧亮等人再从我们后面发起进攻，我们还怎么保全自己？冯慧亮、陈正通都是江淮军中身经百战的老将，他们之所以一直不出战，不过是因为辅公祏定下的计策是以防守为主，想以此拖垮我们。但眼下，冯慧亮等人已经开始缺粮，只要我们假意进攻，然后佯装败退，一定可以引诱他们出来。"

最后，李孝恭听从了李靖的建议，派老弱残兵先去进攻冯慧亮等人的营垒，自己率精兵在后支援。一如预料，攻打营垒的部队很快就败了，冯慧亮等人果然率军前来追击。这时终于轮到唐军主力上场了。

两军刚一接触，唐军这边忽然站出来一个人——此前随杜伏威前往长安的阚棱。阚棱站在阵前脱下头盔，对叛军大声骂道："你们这么快就不认识我了吗？怎么敢来和我交战？"阚棱曾做过江淮军的右将军，叛军中有很多人都曾是他的部下，这些人见到阚稜，一下子没了斗志，纷纷投降，叛军崩溃。

李孝恭等人乘胜追击了一百多里，叛军在博望山、青林山两路的营地全部溃散，冯慧亮、陈正通两人率残部狼狈逃往丹阳。此战，叛军被唐军斩杀和淹死的有一万多人。

就在冯慧亮等人即将到达丹阳时，李靖出其不意地先一步赶到了。看着忽然出现在眼前的唐军，辅公祏一下子慌了神，也顾不得守城了，带着几万人又离开丹阳，准备前往会稽投奔左游仙。叛军士兵当即对辅公祏大失所望，纷纷逃散，跟着他的人越来越少。

屋漏偏逢连夜雨，逃亡路上，辅公祏又被李勣追上了，一番缠斗下来，又损失了不少人马。待他好不容易赶到句容时，身边只剩下五百人。当晚，辅公祏带人驻扎在常州，部将吴骚等人早已不满，悄悄商量要拿他向唐军投降。辅公祏先一步得到消息，于是丢下妻儿，只带着几十名心腹就逃了。

大概是平日里名声太臭，辅公祏走到武康时，忽然被一群农民攻击。一番打斗下来，其心腹西门君仪战死，他本人则被农民生擒并押送到丹阳，随即在丹阳问斩。作为南方最后的割据势力，辅公祏一死，南方彻底被大唐平定，大唐帝国终于迎来了南方的统一。

两战河北：唐灭刘黑闼之战

河北烽烟再起

武德四年（621 年）八月，正沉浸在统一南方喜悦中的大唐帝国上空忽然传来了一道晴天霹雳：河北人造反了。

要说河北人造反的原因，还是得从窦建德被处死说起。

窦建德在河北大得人心，李渊生怕他以后逃回河北会威胁到自己的统治，所以哪怕窦建德的妻子曹皇后主动献地投降，最终也没能免其一死。

窦建德死后，河北有大批之前被曹皇后遣散回家的兵将，他们中很多人当惯了兵，回到家去做回平民，反而一时适应不了，还经常触犯法律。唐朝地方官依法将这些人关进了监狱，却引起了窦建德很多旧部的恐慌，在他们看来，这些人是被唐廷恶意针对才下狱的。

当时，洺州有窦建德的两个旧部——高雅贤和王小胡，这两人被遣散回乡后，没多久就把遣散费花了个一干二净，最后只得去富户家中偷点儿东西谋取活路。但这两人运气不好，偷东西时被发现了，便逃往贝州（治所在今河北省邢台市清河县东高庄一带）。

两人到达贝州后，遇到了同样唉声叹气的范愿、董康买、曹湛等人，一问才知道，原来李渊下了道圣旨，要求窦建德昔日旧将必须在限期内到长安报到。几人聚在一起商量："以前王世充在洛阳开城投降后，一起投降的郑国大臣段达、单雄信等人都没有得到赦免，全部被杀死在洛阳闹市。现在李渊召我们去长安，肯定不安好心，我等必然凶多吉少。我们参加起义军多年，身经百战，能活到现在早就赚了，反正都是一死，与其苟且偷生，不如拼上一把为夏王报仇。当年夏王生擒了大唐的淮南王李神通和同安公主，不但没杀他们，还礼送他们出境，但夏王在虎牢关被擒后就被李渊杀了。大唐不仁不义，我们历来深受夏王厚待，要是不为他报仇，哪还有脸活在世上？"

一番合计，几人定下了再次起兵的计划。但俗话说"蛇无头不行"，要起义，肯定得找个人出来带头。几人决定占卜看看由谁带头比较吉利，结果占来占去，卦象显示要姓刘的带头。说来也巧，附近的漳南（今河北省衡水市故城县东北）就有一个窦建德的旧将姓刘，叫刘雅。几人兴冲冲找上去，却发现刘雅已经习惯了回乡为民的生活，不愿再起兵。他们十分生气：这刘雅也是深受过夏王大恩的，居然不想着为夏王报仇，反而想做个大唐的顺民！他们怕刘雅把几人谋反的事泄露出去，索性一不做二不休，把刘雅杀了。

之后众人再次陷入苦恼：上哪儿再去找个姓刘的人？王小胡忽然一拍脑瓜："漳南可不是只有一个姓刘的，以前的汉东公刘黑闼，不也是漳南人吗？"

不怪众人没立即想到刘黑闼，这个人虽然从小就和窦建德是好朋友，但窦建德起义前，他因犯罪逃亡他乡，参加了郝孝德的起义军，后来与郝一起投奔李密，却又赶上了北邙山之败，只能被迫投降王世充。要说刘黑闼最后怎么转投到窦建德帐下的，还有一段波折的经历。

窦建德在攻占了唐军控制的黎阳后，俘虏了李勣的父亲李盖。李勣原本已经逃出黎阳，但他是个孝子，听说父亲被抓，只好到窦建德营前投降。但李勣表面上投了，心里实则并未归顺，时刻想着如何带父亲逃回大唐。

为了获取窦建德的信任，李勣主动提出率军去攻打王世充。很快他就在获嘉城击败了郑军，随后又突袭新乡，俘虏了一员郑军将领，正是刘黑闼。刘黑闼被李勣献俘给窦建德后，立刻被封为汉东公，从此加入了夏军阵营，而李勣也终于得以脱身返回了大唐阵营。但他若知道刘黑闼将来能闹出多大动静，只怕会悔青肠子。

王小胡这一说，众人才终于想起了这位汉东公。范愿点头道："汉东公刘黑闼虽然加入夏军不久，但很有谋略，为人果敢，而且宽容，很多士兵都非常佩服他，认为他相当神勇；再者，刘黑闼本就是夏王的好友，打算收集夏王旧部一起报仇。只怕非要这人才行。"于是众人忐忑前往刘黑闼家中。

刘黑闼此时在干什么呢？他也在家种田，但是和刘雅不同，他早就不满这种生活，时常想念以前金戈铁马的日子。范愿等人到达时，他正蹲在地里种菜，一听几人的来意，二话不说回家直接把耕牛宰了。当时，杀死耕牛是犯法的，刘黑闼以这种行动来表示自己起兵的决心。

当天夜里，几个人一边吃牛肉一边商讨起兵计划。第二天一早，刘黑闼等人就聚集了一百多号人，当天就攻下了漳南。

得知刘黑闼起兵，李渊起初并不以为意，窦建德当年率领十多万大军都败了，现在一个刘黑闼带领百来号人，能掀起什么大浪？于是他只派淮南王李神通作为山东道行台右仆射，指挥周围的地方军前往平叛。

事实证明，李渊小看了刘黑闼的能耐，并将为此付出代价。鄃县（治所在今山东省夏津县）一战，唐军被刘黑闼打得大败，贝州刺史戴元详、魏州刺史权威当场战死。这一战后，窦建德昔日的旧部也陆续前往投靠刘黑闼，后者很快就汇集了两千多人，然后在漳南设坛，祭奠窦建德。随后，刘黑闼自称为大将军，从此正式起兵。

这时李渊才意识到，刘黑闼势力远不是地方上几个人能对付的。但他终归还是不够重视，只把镇压失败的原因归结为地方军战斗力不强。有鉴于此，他改派定州总管李玄通和右武卫大将军秦武通，命二人率关中步骑兵三千人前往平叛，同时让幽州总管罗艺带兵南下，夹击刘黑闼。

此时，前起义军首领徐圆朗的心思又活泛起来。徐圆朗曾臣服于窦建德，虎牢关之战后又投降了李渊，被李渊封为兖州总管、鲁郡公。随着刘黑闼势力迅速扩大，徐圆朗也动了谋反的心思，于是他绑了正在任城的唐将盛彦师，然后起兵响应刘黑闼。听说盛彦师的弟弟正在守卫虞城，于是徐圆朗就想让盛彦师写信劝降弟弟，但盛彦师坚决不从。因敬佩盛彦师的胆色，徐圆朗也没有为难他。不久之后盛彦师逃回了长安。

九月，李神通带着前来增援的秦武通等人，又拉上北面的罗艺，同时召集邢、洺、相、魏、恒、赵等州的士兵总计五万余人，一起前往讨伐刘黑闼。很快，双方在饶阳城（今河北省衡水市饶阳县）南面遇上了。两边人数差距非常大，李神通这边兵多将广，摆开的阵势一直绵延了十多里。而刘黑闼这边的人则少得可怜，稀疏站着，还因为害怕士兵们逃走，只得背靠堤坝列阵。

仗着人数上的巨大优势，李神通立即发起了进攻。老天爷也来掺和，又是刮大风，又是下大雪。唐军是顺风作战，而刘黑闼既要面对唐军的进攻，又要面对风雪的肆虐，很快被打得节节败退，只因背靠堤坝无法逃走，这才勉强支撑。

关键时刻，风雪的方向却忽然变了，开始疯狂吹向进攻中的唐军。遇此意外，唐军顿时大乱，刘黑闼乘机带人顺风追击，打得李神通大败而逃。一战下来，唐军损失的兵马、物资就超过了三分之二。

当时，被李神通安排在侧翼的罗艺已经击败了高雅贤所部，一连追了好几里路。然而后方传来李子通战败的消息，罗艺无奈，只好带人撤往藁（gǎo）城。但没想到刘黑闼竟在这时追来，罗艺仓促应战，而后大败，手下两位猛将薛万均、薛万彻都被俘，之后又被刘黑闼割掉头发赶了回去，以示羞辱。战败后，罗艺只能死守幽州，再无力进攻刘黑闼。从此之后，刘黑闼军威大振。

饶阳之战后，刘黑闼又乘胜攻克了定州（今河北省保定市），俘虏了李渊派出的定州总管李玄通。因为爱惜李玄通的才能，刘黑闼希望将其收归己用，但后者誓死不从，只好先关押起来。李玄通未免受辱，最后选择了自杀。

之后，刘黑闼又攻陷了冀州（治所在今河北省邢台市），斩杀了冀州刺史，之后在冀州向燕赵地区传书，号召人们为夏王窦建德报仇。窦建德其余旧部纷纷响应，陆续杀死李渊安排的地方官吏。

很快，刘黑闼聚集起了数万人马，开始南下进攻宗城（今河北省邢台市广宗县）。当时守卫宗城的是黎州总管李勣，他见刘黑闼来势汹汹，自己手上又没多少兵马，考虑到宗城狭小难以防御，便放弃宗城，准备退守洺州（治所在今河北省邯郸市永年区南）。但刘黑闼来得太快了，李勣还没有走到洺州就被刘黑闼追上了。一战之下，唐军五千人全军覆没，李勣仅以身免。

李勣败逃后，洺州城内的豪强就开城投降了刘黑闼。当天，刘黑闼在洺州城东南再次筑坛拜祭窦建德，然后率军进入了夏国昔日的都城。在这之后，刘黑闼又攻克了相州（治所在今河南省安阳市南）、黎州（即黎阳）、卫州（治所在今河南省卫辉市）。起兵仅半年，刘黑闼就恢复了窦建德时代夏国的全境。

为了壮大势力，刘黑闼又派人向东突厥寻求帮助。当时东突厥的领导人已经换成了爱惹事的颉利可汗，刘黑闼自己找上门来，颉利可汗喜不自胜，连忙派出俟斤宋邪那，带着突厥骑兵前去支援刘黑闼。一时间，刘黑闼纵横河北无敌。唐军屡战屡败，竟至无法在河北立足。之前从关中前往增援的秦武通、洺州刺史陈君宾、永宁县令程名振等人狼狈从河北逃回关中。

李渊痛定思痛，承认了刘黑闼的强大，然后打出了大唐的战神王牌。

血战洺州城

武德四年十二月，李渊正式下令，秦王李世民与齐王李元吉一起，率军前往讨伐刘黑闼。刘黑闼终于要面临真正的挑战了。

唐军大举东出之时，刘黑闼还正忙着建国称王。武德五年（622 年）正月，他自称汉东王，改元为天造，定都洺州，同时任命范愿为左仆射、董康买为兵部尚书、高雅贤为右领军将军、王琮为中书令、刘斌为中书侍郎，此外将窦建德时代的文武官员全部官复原职，行政制度也完全按照旧例执行。

刘黑闼称王后不久，李世民大军赶到了获嘉县（今河南省新乡市获嘉县），距离相州只有一步之遥。或许是还留存有虎牢关之战的阴影，刚称王的刘黑闼没敢乘势与李世民交手，他果断放弃了相州城，全线回撤到洺州。李世民乘机进军到洺州附近的肥乡（今河北省邯郸市肥乡区），大军在洺水边上列阵与刘黑闼对峙。紧接着，已经恢复元气的罗艺也带着所部数万人南下，准备与李世民一起围攻刘黑闼。

罗艺南下的消息很快也传到刘黑闼的耳朵里。一番考虑后，刘黑闼决定抢在对方两军会合之前，先击垮较弱的罗艺，然后再全力对付李世民，否则待两军合围，汉东军将再难获胜。计议拟定后，刘黑闼留下范愿，让他带着一万人守卫洺州抵挡李世民，自己则亲率主力进攻罗艺。刘黑闼计划得很好，洺州城高墙厚，怎么也能支撑一段时间，足够自己带领主力军队击溃罗艺了。但事情的转折就在于，他高估了范愿。

刘黑闼出发后，永宁县令程名振乘着夜色，偷偷带了六十面大鼓潜伏到洺州城往西二里左右的河堤上，然后于半夜时猛敲，震得洺州城地动山摇。范愿在睡梦中被鼓声惊醒，以为唐军从四面八方前来进攻了，顿时被吓得魂不附体，来不及查探清楚情况就匆忙派人送信给刘黑闼，说洺州城守不住了。

刘黑闼这时才刚刚走到沙河（今河北省沙河市），接到范愿的消息后，惊得目瞪口呆。他没想到李世民这么厉害，范愿在洺州居然一天都守不住。无奈之下，他只得派弟弟刘十善和行台张君立带着一万人前去进攻罗艺，自己带主力部队撤回洺州。

刘黑闼回去一看，顿时气得差点儿吐血——洺州城附近连唐军的影子都没一个，这就叫失守？他还来不及责罚范愿，又接到了败报。罗艺之前虽然在刘黑闼手下吃了大亏，但他终究不是软柿子。徐河一战，刘十善、张君立两人连一个回合都没走下来就被罗艺打得大败而逃，一下子就损失了八千人。

接连的惨败让很多人对汉东政权的前景感到悲观，洺水县（今河北省邯郸市曲周县东南）的李去惑就是其中一位。他思来想去，还是觉得唐军胜利的机会更大，于是偷袭并占领了洺水县城，然后向李世民投降了。李世民大喜，赶紧派王君廓带着一千五百人进入洺水城与李去惑一起守城。

刘黑闼这边接到消息，一时间惊骇莫名。洺水城虽然只是一座小城，但地理位置极其重要，它位于洺州城东面，同时靠近洺水。要知道，此时唐军尚在洺水南岸，就是因为一时间根本无法渡河攻下洺州。此时洺水城投降，无疑是给了唐军一座渡河进攻的桥头堡。唐军不但能快速向西进攻洺州，还可以断绝洺州与东面的贝州、冀州的联系，这意味着刘黑闼将再难得到贝州方向的支援，一旦战败，连老家都回不了。

刘黑闼心急如焚，立刻带着兵马东出，企图夺回洺水城。但李世民棋高一着，料到刘黑闼会来进攻，早已派大将秦叔宝埋伏在了路上。刘黑闼猝不及防，大败而逃。

汉东军接连战败，李世民乘机攻下了邢州；而北面的罗艺在徐河一战之后也快速南下，一路上连续攻陷定州、滦州、赵州等地，很快就和李世民在洺州附近会师。

此时，摆在刘黑闼面前的只有撤退一途。为了保证东撤顺利进行，他再次亲率大军围攻洺水城。洺水本就只是一座小城，能依仗的无非是四面环水的优势。汉东军仗着人多势众，从四面八方发起进攻，刘黑闼又在洺水东北面修了两条甬道用于运送兵力、物资。如此一来，洺水城很快就支撑不住了。李世民连续几次想渡河救援洺水城，但都被击退。无奈之下，他只得就如何救援一事紧急召开军事会议。

出人意料的是，这次唐军将领一边倒地认为应该放弃洺水城，他们推举名将李勣作为代表，分析说："洺水城孤立在洺水北岸，在大军一时半会儿无法渡河的情况下，无论如何都不可能坚持。与其在洺水城白白损兵折将，还不如找机会全军渡河，与刘黑闼决战。"说到最后，李勣又补充了一句，"等刘黑闼的甬道修到洺水城下，洺水城定然失守无疑。"

李世民当然不赞同放弃，他深知洺水城的重要性，一旦洺水城重新落到刘黑闼手上，谁敢保证他会乖乖待在洺州城等着唐军来攻？要是他往东逃回贝州，再想歼灭他就难上加难了。

就在李世民皱着眉酝酿如何开口时，有个人主动站了出来，表示愿意进洺水城接替王君廓守城，以争取唐军渡河的时间。李世民抬眼一看，原来是行军总管郯国公罗士信。

罗士信从军早，大业九年（613年）起就跟随隋朝名将张须陀一起镇压各地的起义军。当时他才十四岁，原本是无法参军的，张须陀听到他的来意后调侃道："你这么小，只怕连穿盔甲的力气都没有，拿什么去打仗？"罗士信闻言大怒，立刻去穿了两副铠甲，再往身上挂了两壶箭，然后飞身上马，在校场中纵横驰骋、左右顾盼。张须陀一看，竟真是个好苗子，这才把他收入军中。此后，罗士信就一直跟着张须陀东征西讨，很快连隋炀帝都知道了他的名字，还曾特意让画师绘制张须陀与罗士信两人的画像传到宫中。归降大唐后，罗士信也是屡立战功，在王世充突袭九曲时还差点儿阵斩王玄应。平定洛阳后，他已经官至绛州总管。罗士信骁勇善战，曾与秦叔宝一起带着一千多人追杀卢明月数万人。北邙山之战中，他也是奋战到最后一刻，只因突围时身中数箭落马，这才被王世充俘虏。

此时，见众将都有退缩之意，罗士信再次站出来，主动承担守卫洺水城的重任。李世民暂时没想到其他好办法，就同意了他的建议。

第二天，李世民带人登上了南岸的高地，命人打出旗语，让王君廓率军突围，与罗士信换防。王君廓接到命令后，很快就组织余部突围，李世民则率军渡河进攻汉东军以策应。经过一番激战，王君廓带人逃了出来，罗士信也在混战时了两百人进入洛水城。

罗士信进城时，以为只需再在洛水城坚守两三天，李世民就可以率大军渡河，迅速击败刘黑闼。但人算不如天算，纵使李世民用兵如神，也敌不过天有不测风云。罗士信进入洛水城后，天上飘起了大雪，由于大雪阻道，唐军一时根本无法渡河增援。刘黑闼抓住机会，日夜不停地攻打，罗士信坚守八天后终于守不住了。洛水城陷落后，罗士信被刘黑闼所俘。刘黑闼早就听过罗士信勇猛之名，很想收归己用，但罗士信坚决不降，最终被刘黑闼杀死。

罗士信死后仅仅四天，雪停了，李世民迅速渡过洛水再次攻下洛水城。他留下部分唐军在北岸驻守，自己与罗艺一起回到南岸驻扎。此后的日子里，刘黑闼不断前来挑战，但李世民始终坚守不出。李世民没出战，并不意味着他什么都不做，事实上，他偷偷派人绕道，从后方袭击了刘黑闼的运粮队，导致后者军中的粮食很快就供应不上了。

为了激励士气，刘黑闼开始大封部下，最早与刘黑闼起兵的高雅贤被封为左仆射。当天夜里，汉东军举行了宴会为高雅贤庆贺，为防止唐军偷袭，戒备格外严密。说来也巧，唐军真的来夜袭了，这下双方将士大眼瞪小眼，偷袭变成了明袭。李勣不敌，只得带人逃走。汉东军也收兵回营，不再追击。

然而就在这时，汉东军中忽然飞快冲出一道人影，骑马向着败退的唐军急急追去。汉东军仔细一看，立刻就傻了眼——追出去的人竟是今晚的主角高雅贤！高雅贤可不是勇猛过人之辈，他也不是热血沸腾要追击唐军立功，单纯就是宴会上喝高了，昏头昏脑就追了出去！一个醉汉哪能上战场，上去没两下就被李勣的部将潘毛打落马下。等汉东军其他人赶到时，高雅贤已经没救了，还没送回大营就气绝身亡。

两军就这么对峙了六十多天后，刘黑闼终于撑不住了。他的后方粮草补给已经全部被程名振破坏，现在军中粮食所剩无几。无法，他只得带人夜袭李勣。李世民闻讯赶紧带人增援，不料刘黑闼早有埋伏，反被对方重重包围起来，幸好尉迟敬德拼死相救，这才得以安全脱身。

经此一战，李世民确定刘黑闼几经断粮了，定会急于求战。于是，他派人到洺水上游筑堤拦截河水，以备所需。不出所料，刘黑闼果然亲率两万步骑兵渡河到南岸与唐军决战，李世民暗自哼笑，然后亲自领兵杀出。两军从中午一直打到黄昏，汉东军几次被击溃，但依然拼死抵抗。

就在这时，王小胡看明局势，赶紧找到刘黑闼说："打到现在，我看我们的军队已经抵挡不住，这么下去肯定会败。留得青山在，不怕没柴烧，我们不如先撤，然后再徐图未来。"刘黑闼点点头，和王小胡偷偷从后方逃走了。

可怜汉东军其他人不知道主将已经跑了，还在与唐军拼死作战。这时，上游的唐军决堤放水，汹涌的水流一下子涌入了战场，汉东军就此大败，一万多人被杀，几千人被淹死。洺水之战后，唐军势如破竹，很快就收复了河北各地，刘黑闼不得不和范愿等人带着两百多人逃入突厥避难。

刘黑闼一败，徐圆朗就慌了。这时一个叫刘复礼的人提议道："我看将军面相，如果自立为王，恐怕没什么作为。我正好认识一个叫刘世彻的人，他在山东很有名望，我观察过他的面相，那才是能做帝王的人，将军不如拥立刘世彻为主。"

徐圆朗信了他的话，派他前去迎接刘世彻。但这时又有人对徐圆朗说："将军，你上刘复礼的当了。如果刘世彻掌控了你的人马，哪还有你存活的余地？没看到昔日翟让和李密的例子吗？"一席话说得徐圆朗心中警铃大作。

此时，刘世彻已经带领几千人来到城外。徐圆朗赶紧召他入城，却乘机兼并了他的人马，只任命他为司马，派他进攻谯、杞二州。刘复礼倒是没有吹牛，刘世彻的名望很高，所到之处纷纷投降。徐圆朗猜忌起刘世彻，赶紧把他杀了。这样一来，徐圆朗人心尽失。

李世民乘机南下，一举攻占了十多个城池。但李世民认为区区徐圆朗已不足为惧，于是留下李神通、任瑰、李勣三人继续攻打，自己班师回朝了。

刘黑闼的余晖

李世民刚走，刘黑闼就再次回到了河北，他的旧部曹湛、董康买等人也在鲜虞起兵响应刘黑闼。眼看河北战火复燃，李渊再次派兵前往讨伐，这次他没有派李世民，而是派了年轻勇武的淮阳王李道玄作为河北道行军总管去平叛。怕李道玄难以控制局面，他又让久经沙场的老将史万宝为副，辅佐李道玄。李渊很看好这一老一少搭档，却不料就此把李道玄送入了火坑。

刘黑闼重入河北后，很快就攻下瀛洲，斩杀了瀛洲刺史；刘十善也把贝州刺史打得全军覆没。随后，刘黑闼在下博（今河北省深州市东南下博乡）与李道玄相遇。

当时，李道玄手上有三万人，看到刘黑闼军势盛，就与史万宝定下策略："眼下叛军势盛，强攻肯定难以获胜。不如我带少量精锐骑兵上前与他交战，先冲乱敌军阵势，然后你率大军前来增援，两相夹击，肯定可以大破叛军。"史万宝答应了。

然而，李道玄率轻骑冲入敌阵往返冲杀后，史万宝却迟迟不肯上前支援，还对手下说道："我是奉了皇帝命令的，他说淮阳王年轻不懂事，军事指挥全交给我。淮阳王果然冒冒失失独自出击。如果我们这时上前增援，肯定会一起完蛋，不如就将淮阳王作为诱饵，等他失败了，叛军以为唐军就这点能耐，肯定轻视我们，于是争相前来进攻。到那时，我们再坚守以待，定能打败他们。"就这样，史万宝坐视李道玄战死在了叛军阵中。

刘黑闼乘胜进攻，此时唐军因主帅阵亡，早就士气全无，史万宝哪还能做到坚守？一战之下，唐军全军溃散，史万宝只得收拢残兵狼狈逃回了长安。

李道玄一败，河北各地再次纷纷起兵响应刘黑闼。很快，刘黑闼再次收复了以前的全部土地，河北各路唐军一时都惧怕不已，不敢作战。唐州总管庐江王李瑗和沧州刺史程大买都弃城而逃，尚留在河北的齐王李元吉也不敢进军。无奈之下，李渊准备再次起用李世民东征平叛。

就在这时，太子李建成竟主动站了出来，表示愿意前往河北讨伐刘黑闼。

原来自从大唐入主长安之后，李建成就多在朝中辅政，很少带兵打仗。随着全国慢慢统一，李建成的军功远不如弟弟李世民。

有鉴于此，太子洗马魏徵就劝说李建成："现在大唐已经基本统一了天下，秦王李世民立功尤其显著。现在他功盖天下，手下的谋臣武将极多。殿下与秦王相比，除了因年长被立为太子外，再也没有什么功劳能镇服天下。现在刘黑闼虽然再次起兵，但上次被击败后，手下人马已经不到一万了，而且还缺乏粮食等物资。如果这时我们带领大军进攻，一定能很快击破。这是上天送给殿下的功劳啊！殿下可就此向皇上请命攻打刘黑闼以获取名望，然后再广泛结交山东豪杰，这样才能够保全殿下的位置。"

李建成听了魏徵这番话，终于下定决心主动请缨东征刘黑闼。李渊一看太子主动请命，非常高兴，当即任命他为主帅讨伐刘黑闼，陕东道大行台、山东道行军元帅以及河南、河北各州都受其节制。

这边唐军指挥层做出重大调整，那边刘黑闼却迟迟没有南下扩大地盘，倒不是他本人不愿意，而是没有办法。虽然河北各州县几乎都已经叛唐降了刘黑闼，但依然有坚守者，那就是魏州总管田留安。由于魏州迟迟不降，以刘黑闼的兵力，根本不敢绕过魏州南下，于是只好先进攻魏州。没想到，他非但没有攻下魏州，还被田留安多次击败。

另一边，看到李建成前来，李元吉终于鼓起勇气率军前去与大哥会合，两人很快就进军到了昌乐。眼见唐军主力都到了，刘黑闼依然没有打下魏州，只好移军到昌乐与唐军对峙。之后双方都只象征性列了两次阵，并没有开打。

此时，魏徵再次向李建成献计："刘黑闼之所以能屡次死灰复燃，就在于以前每次击败他后，跟随过他的将领、士兵全部被处以死刑，妻儿也全部被俘，这些人惧怕之下，不得不跟随他反复起兵。虽然此前齐王携带了诏书说要赦免刘黑闼党羽的罪过，但他们都不相信。我建议，把我们囚禁和俘虏的人全部放了，同时告诉他们大唐的政策，让他们回去四下宣传。等所有人都知道党羽不会被问罪后，我们就能坐看刘黑闼的势力土崩瓦解了。"

李建成深以为然，就按魏徵说的做了。就这样对峙了一段时间，刘黑闼军中粮食吃完了，士兵们又听说大唐不处死跟从刘黑闼的党羽，纷纷逃亡，甚至有些人还是绑了将领向唐军投降的。

无奈之下，刘黑闼只得再次出逃。因为怕身后的魏州出兵与李建成夹击，他连夜就跑了。但他的运气欠佳，逃到馆陶时才发现此前被毁坏的永济桥还没有修好，他又没有船，根本无法渡河。

很快，李建成和李元吉大军来到了馆陶，刘黑闼只好让王小胡背水列阵抵挡唐军，自己亲自带人架桥。等桥一修好，他也不招呼王小胡等人，自己就带人过河逃命而去。汉东军一看首领都跑了，更不愿意再作战了，很快就纷纷放下武器向唐军投降。

紧接着，李建成派人渡河追击刘黑闼。但唐军只来得及让一千多人渡过河水，临时抢修的豆腐渣工程就塌了。桥没了，唐军又没有船，剩余主力无法过河追击，这才让刘黑闼带着几百个骑兵顺利逃脱。

已经过河的刘弘基仍不肯放弃，带着这一千多名骑兵继续不停地追击刘黑闼。刘黑闼被追得连吃饭、睡觉的时间都没有，部下也纷纷逃亡。等他跑了足足十一天，从馆陶跑到饶阳，此时手下已经只剩一百多号人了。

汉东的饶阳刺史诸葛德威在城头上看到他，立刻带人出城迎接，并邀请他进城休息。此时的刘黑闼早已是惊弓之鸟，想的只是逃到突厥以图再举，根本不愿意进城。诸葛德威见状，赶紧施展出一哭二闹的演技，反复请求他进城，好让自己报答他的知遇之恩。刘黑闼这时候其实又累又饿，想着吃饱了才有力气逃跑，于是就答应了诸葛德威的邀请。

诸葛德威把人请到城旁边的市场休息，然后让人奉上食物。刘黑闼等人立即埋头狼吞虎咽，根本没有留意到诸葛德威的人已经偷偷围了上来。结果，一顿饭都没吃完，刘黑闼等人就被诸葛德威缴械生擒。之后，诸葛德威将其送到李建成处作为投名状投降。几日后，刘黑闼与弟弟刘十善一起被斩于洺州城。

刘黑闼对于自己的结局并不意外，只是在赴死前叹息道："我本来只想在家中种菜，都怪高雅贤那帮人，害我落得如此下场。"

刘黑闼死后，徐圆朗也没有坚持多久，很快就被唐军打得弃城而逃，在逃跑路上即被乡下的百姓杀死。此时，北方虽然还有梁师都、苑君璋等人，但都对新生的大唐帝国构不成威胁，大唐基本统一天下了。

第二章

扫荡四夷

奇袭定襄：唐灭东突厥之战

恩怨由来

贞观三年（629 年）八月，唐太宗李世民忽然接到代州都督张公谨的一封奏疏——请求朝廷发兵讨伐东突厥。奏疏上列举了六点讨伐东突厥的理由：

其一，颉利可汗荒淫残暴、杀害忠良、宠信奸佞小人，导致现在东突厥内部上下离心；

其二，以前臣服于东突厥的薛延陀等部落已经开始反叛，如今与东突厥交战不休；

其三，突利可汗、阿史那社尔、欲谷设等人在突厥手握重兵，现在却因得罪了颉利可汗而没有容身之地；

其四，塞北刚刚经历过霜冻、干旱等天灾，粮食匮乏；

其五，颉利可汗现在疏远自己族人，重用外族胡人，而这些胡人都反复无常，只要大唐的军队一到，必然会内部混乱；

其六，隋末大乱以来，很多汉人都出塞避难，听说他们现在都聚集武装、占据险要地带，只要朝廷大军能够出塞，他们必定群起而响应。

李世民早就想出兵攻打东突厥了，但没有想到这一天来得这么快。也好，是该把新仇旧怨清算清算了。

要说起大唐帝国和东突厥的恩怨，那就长了。突厥本来只是给柔然锻造打铁的小部落，长期受柔然的压迫。北魏末年时，突厥人强大了起来，他们在可汗阿史那土门的带领下击败柔然，建立起了强大的突厥汗国。当时中国正值南北朝末期，北方处于北齐、北周对峙中。为了击垮对手，他们都选择与北方突厥联合，为此不得不每年向突厥进贡，这也是突厥历史上最为强大的时期。当时的突厥可汗曾这样嘲笑北齐、北周："我在南方的两个儿子非常孝顺，时常拿东西孝敬我，我哪还需要担心没钱用。"与此同时，突厥开始不断向外扩张，至鼎盛时期，领土东到辽水、西至西海、南达大漠、北抵北海，一个强大的汗国就此建立。

然而好景不长。隋朝建立后，中国再次统一，但北方的突厥却因达头可汗和沙钵略可汗争位而分裂成了两部分，双方交战不断。沙钵略可汗在屡屡受挫的情况下，被迫向隋朝求和。他死后，弟弟继任为莫何可汗，又不久战死。随后，沙钵略可汗的儿子都蓝可汗即位。

都蓝可汗的妻子大义公主原是北周宗室赵王宇文招的女儿，故而一直撺掇都蓝可汗进攻隋朝，使其渐渐与隋朝有了矛盾。为了分化突厥，隋文帝将宗室女义成公主嫁给了都蓝可汗的弟弟突利可汗，并特意给予突利可汗更加厚重的赏赐。都蓝可汗一怒之下与隋朝绝交，转而联合西边的达头可汗一起进攻突利可汗。但突利可汗得到了隋军的帮助，击败了都蓝可汗和达头可汗。

此后，突厥部众纷纷归附突利可汗，西突厥一时衰落下去，东突厥强大起来，突利可汗也被隋文帝封为启民可汗。启民可汗感念恩德，所以一生忠于隋朝，但他死后，即位的儿子始毕可汗不这么想。大业十一年（615年），隋炀帝北巡时，被始毕可汗出兵围困在雁门，幸而靠着义成公主和陆续赶来的援兵才得以解围。

隋朝末年，天下大乱，东突厥本着分一杯羹的想法，先后立刘武周、梁师都等人为可汗，支持他们南下。其他像薛举、窦建德、王世充等人也纷纷向突厥称臣。唐高祖李渊在太原起兵时，也曾向东突厥称臣以换取支持，可以说，李唐建立初期和东突厥的关系还算比较好。

然而，李唐在占据关中、吞并薛举后，大有席卷天下之势。东突厥自然不愿意看到中原再次出现一个强大的王朝，于是开始支持刘武周等人南侵，始毕可汗原本打算率大军与刘武周联合行动，但因他突然病逝而不得不中止。李唐吞并刘武周后，继任的处罗可汗也考虑联合王世充等人一起攻打新生的大唐帝国，同时不断出兵袭扰大唐边境。后来，他还打算立隋炀帝的孙子杨政道为帝，计划联合窦建德等人打下并州作为杨政道的地盘。

当时，大唐正处于与王世充交战的关键时刻，如果处罗可汗的计划得以施行，李渊肯定抵挡不住。然而处罗可汗也忽然病逝，他的计划无疾而终。处罗可汗死后，原本应由他儿子奥射设即位，并按照收继婚习俗继娶他妻子义成公主，但义成公主嫌弃奥射设长得太丑，不愿意嫁给奥射设，而是相中了处罗可汗的弟弟莫贺咄设。这个莫贺咄设便是后来的颉利可汗。

颉利可汗在即位之前就曾想要联合薛举一起进攻李渊，但在李渊的贿赂下放弃；成为东突厥可汗后，在义成公主的煽动下，他频繁南侵，李渊不得不屡屡用钱财换取平安。然而颉利可汗为人贪婪，拿了好处后依然入侵不断，李唐无可奈何，只能做一些地方性的小规模反击。唐帝国将北面的残余势力苑君璋和梁师都打击得众叛亲离，但慑于东突厥的压力，唐军迟迟不敢彻底收拾掉这两人。

为了应对东突厥入侵，李渊绞尽脑汁，不断与朝臣商讨对策。武德七年（624年），有人向李渊献了一条颇为让人目瞪口呆的计策："突厥之所以屡屡南侵袭扰关中地区，无非是因为他们觉得中原的人口和财富都集中在长安。只要我们把长安烧了，然后迁都去别的地方，突厥人一看没有财宝可抢了，自然也就消停了。"

此时，苦于东突厥连年入侵的李渊居然认为这人说得有道理，于是接受了这个莫名其妙的建议，然后派中书侍郎宇文士及翻过终南山，去樊州、邓州一带寻找适合做都城的地方。准备迁都的消息一出，朝中大臣们反应各异。

李建成、李元吉和裴寂等人表示支持皇帝的迁都计划；而其他如萧瑀、陈叔陵等人，虽然觉得这个计划不合理，但没有胆量站出来劝阻。

关键时刻，站出来的还是李世民。他得到消息后，立刻入宫求见，向皇帝当面陈述自己的意见："外族造成的祸害自古就有，不是我朝独有，但从来没有听说过因为戎狄之患就要迁都避祸的。更何况陛下您英明神武，短短几年就统一了天下，创建了一个新的王朝。现在您坐拥天下，手上有百万精锐，怎么能因为胡人入侵就迁都避难呢？这简直是贻笑大方、让大唐百姓蒙羞的举动。西汉时，霍去病尚且只是一个普通将领，都能以'匈奴未灭，何以家为'为誓言，要击破匈奴。我是朝廷的藩王，难道还不如一个霍去病吗？只要陛下给我几年时间，我一定把颉利可汗生擒到陛下的面前；如果没成功，那时再说迁都的事也不迟。"

李渊听了李世民的一番话后也是热血澎湃，开始觉得此前迁都的想法实在太荒谬，从此不再提了。

五陇阪与渭水的交锋

迁都风波过去后不久，颉利可汗的御用带路人苑君璋就再次带着突厥人来了。这一次，东突厥来势汹汹，两大巨头——颉利可汗和突利可汗（此为小可汗，始毕可汗之子，颉利可汗的侄子，并非启民可汗）都是倾国而来，远非此前的小打小闹可比。鉴于入侵规模空前，李渊只得再次派出李世民，命他和李元吉一起领兵去抵挡东突厥。

此时，关中地区降雨不休，唐军的粮食补给十分匮乏。军队虽然勉强聚集了起来，但因冒雨长途跋涉而疲惫不堪。而且，经过之前一系列全国统一战争后，唐军士兵厌战情绪浓厚，他们毁损的军械兵器大多没来得及补充，这样的军队也能打赢突厥吗？多数朝臣心里都不肯相信，他们纷纷上书李渊，希望能再次动用国库让突厥人退兵。

然而不管朝臣怎么看，李世民已经毅然带兵出征了。很快，他和东突厥在豳州附近相遇。颉利可汗和突利可汗随即带着一万多名骑兵在豳州西面的五陇阪（今陕西省凤翔西）列阵。猝然相遇，唐军将士都非常害怕。为了鼓舞士气，李世民对副帅李元吉提出了自己的想法："现在突厥人列阵进逼，我军士兵士气不振，但我军怎么能向对方表现出畏缩不前的样子？那样的话，突厥人会更加猖獗，而我军士气会更加低落。我认为，现在应该出城与他们大干一场，你能跟我一起出战吗？"一贯自诩勇猛过人的李元吉此时却胆怯了："突厥人现在阵势这么强大，我们应该专心守城才对，怎么能够轻易出击呢？要是出击失败了，有突厥骑兵在，只怕我们想跑都跑不回来。"

李世民气苦，自家弟弟这副熊样，看来是指望不上了。

李世民无奈地让李元吉留下守城，然后独自带了一百名玄甲骑兵冲到了突厥阵前。当然，他并不是去交战的，而是打算利用东突厥的一个弱点打开局面。他让人向颉利可汗传话："敢问可汗，你和我国有过姻亲之盟，为什么现在又要违反合约入侵我国土地？我是大唐秦王李世民，如果可汗自认为是突厥勇士，就出来跟我单挑，也不劳烦双方士兵为我们两人的事付出伤亡了；要是可汗不敢，也无所谓，可以带着大军一起上，我反正就以这一百名骑兵来抵挡你。"

颉利可汗听到传话后也是一呆，他当然不可能出去和秦王单打独斗，但以一万多人对付一百人，面子上也说不过去。他深知李世民用兵之能，但想以一百人抵挡这么多人，未免太开玩笑了。琢磨了好半天，他还是没想明白李世民到底是什么意思，只好假装没听到。

颉利可汗这边不吭声，李世民立刻策马前进几步，跑到了突利可汗军前，派人对突利可汗喊话："以往你和我订过盟约，约定在对方危难时就发兵相助。然而，你现在却带着人马来攻打我，以前的盟约你忘了吗？"

其实突利可汗和李世民之间并没有什么盟约，但他不服颉利可汗即位，两人早已貌合神离。鉴于颉利可汗比他强大得多，他打算找一个强大的盟友来对抗颉利可汗，而大唐帝国就是最好的选择。所以此刻李世民这么说，突利可汗便没有答话，算是默认。

但这话传到颉利可汗耳朵里，效果可就不一样了。对这个侄子，他也是早有顾忌。突利可汗掌控着东突厥东部的大批部落，是国内实实在在的第二号人物。要不是突利可汗在突厥很得人心，颉利可汗早就想收拾他了。现在竟听说他背着自己偷偷与李世民结盟，不用问也知道是准备对付谁的。

这时，李世民再次动了，策马又向前走了几步，准备自己带人渡过一条河沟来到颉利可汗面前。颉利可汗一下子心慌起来——他早就知道李世民不可能只带一百个人出战，显然有别的阴谋，指不定就是与突利可汗合谋陷害自己呢。想到这儿，颉利可汗赶紧策马出来，隔着河沟大喊："秦王不用亲自过来了，我这次来只是想和大唐重申一下盟约而已，没有别的意思！"

于是李世民不再上前，但颉利可汗怕他还有什么后手，于是赶紧带人往后退了。当天夜里，李世民派人偷偷进入突利可汗营帐陈述利害。突利可汗立刻就和李世民结成盟约。

之后几天，雨越下越大，面对连绵不绝的大雨，唐军众将愁眉不展。为了激励人心，李世民召集起众将对他们说："你们不要看现在经常下雨，其实下雨对我们有利。原因很简单，突厥人依仗的不过是手上的弓箭，雨下得久了，弓筋弦必然会松弛，胶性失黏，那还怎么使用？他们此时就和折了翅膀的鸟一样，根本无可畏惧；而我们所用的兵器是刀槊，根本不受大雨影响，依然会很锋利。现在，我们住在房屋里，吃着熟食，以逸待劳，到这种地步，不抓住机会击破敌人，还等什么呢？"众将听后顿时精神大振。

李世民见众将的士气已经重新鼓起，当即挑选精锐，准备于当夜出动，冒着大雨进攻突厥。

此时突厥人在干什么呢？其实，东突厥早就知道了李世民要出击的消息，但迟迟没有出兵迎敌，原因无他，内部意见不统一。颉利可汗这边想要出兵，突利可汗那边却坚决反对，双方争执不下，而颉利可汗开始惧怕突利可汗会乘机与唐军一起对付自己，便派突利可汗和堂叔阿史那思摩一起去唐军营中向李世民求和，并重申盟约；与此同时，突利可汗也乘机与李世民结为兄弟，以巩固之前的盟约。

就这样，一场危机被李世民化解于无形。

遗憾的是，这次盟约并没有让和平维持多久。不到一年，东突厥就再次袭扰大唐边境各州县。为了应对东突厥的入侵，李渊甚至把坐镇南方的名将李靖都调到了北方前线。

贞观元年，李世民刚登基半个月，颉利可汗和突利可汗再次聚集了十多万人马，在梁师都的带领下悍然南侵，一路杀到了武功附近。此时大唐帝国才经历玄武门之变，各地还有很多李建成、李元吉的余党，长安城内也才刚刚稳定下来，实在不宜与突厥军队发动大战。虽然泾州道行军总管尉迟敬德在泾阳（今陕西省咸阳市泾阳县）击破突厥一部，但仍没能阻止东突厥主力南下。短短几天，颉利可汗就率人马到达了渭水便桥北面。

颉利可汗看准了长安城内前不久刚发生政变，刚刚登基的李世民再英武，眼下也不可能整军出战。于是，他派亲信执失思力去长安求见李世民，同时观察长安城内的形势。

执失思力很是狂妄自大，见到李世民后傲慢地说："我们突厥的颉利可汗和突利可汗亲率百万大军前来拜见唐皇，识相就早点儿投降。"

李世民久经沙场，又怎么会被他三言两语吓倒，闻言冷笑一声："当初我和你们可汗当面讲和并签订了盟约，现在盟约未过，我朝送给你们突厥的金银财宝也没少过，我从来没有对不起你们的地方！你们可汗自行撕毁盟约、入侵大唐领土，难道还有理吗？你们虽然是戎狄之人，但总归是长着人心的吧，这么忘恩负义，说得过去吗？你作为使者，无理取闹还敢自夸兵强马壮，我今天就先杀了你祭旗！"

执失思力这下可傻眼了，没想到李世民这般强硬。很快，在一众朝臣的惊异视线中，刚才还得意扬扬的突厥使者脸色一变，立刻跪地求饶。

朝臣们也是胆战心惊，若杀掉突厥使者，两方将再无转圜余地。于是，萧瑀和封德彝两人赶快站出来求情："有道是'两国交兵，不斩来使'，突厥使者虽然狂妄，但罪不至死，陛下逐他回去就是了。"

李世民怒气未消："如果我现在放他回去，突厥人肯定以为我们害怕他们，那时候他们的气焰会更加嚣张！"

话虽如此，李世民也不是真想杀掉执失思力，只是在言语上表现出强硬的姿态，有人求情，他正好借坡下驴，让人把执失思力囚禁起来了事。

执失思力被带下去后，朝堂上针对如何应付突厥大军展开了激烈的争论。有人建议按常例出钱让突厥退兵；也有人建议出兵与突厥大军决一死战。然而对这些意见，李世民一个都没有采纳，因为他另有打算。这一次，他还将做出惊世骇俗之举。

李世民命唐军各将集结部队，他自己则出城亲自会一会颉利可汗。虽然诸多大臣反对，但他毫不理会。他与高士廉、房玄龄等六人骑马出了玄武门，来到渭水边，隔河唤请颉利可汗到阵前答话。

颉利可汗来到阵前，再次大吃一惊：上一次，李世民至少还带了一百人，这一次居然只带了六个人，不知道他葫芦里卖的什么药。颉利可汗十分疑惑，又发现执失思力没有回来，不知道此时城中是个什么情况。

就在这时，唐军各将相继率部队赶来，旌旗招展、场面盛大。颉利可汗的脸色一下就变了，他怎么也没想到，唐军居然真的敢出战。其实他这回南下，只是想趁火打劫，并没有做好真正开战的准备，不由得踌躇起来。

李世民却十分淡定，一边指挥唐军在各处布阵，一边准备打马上前独自与颉利可汗交谈，吓得一旁的萧瑀赶紧拉住其坐骑："大军已经赶到，陛下万不可亲身涉险。"

李世民笑道："其实我已经考虑得很周全了，只是你还不知道罢了。突厥人之所以敢悍然入侵，无非是因为知道大唐发生了大变故，我又刚刚即位，颉利可汗认为我不可能率军抵挡他们。假如我军关闭城门死守长安，突厥人肯定以为我们害怕他们，那时必然会四处烧杀抢掠，我们想要再抵挡就难了。因此，我才要独自前去会会他，一边装出不把他们放在眼里的样子，一边向他们展示唐军的阵容，让他们知道唐军仍然可以出战。我的行动应该完全在颉利可汗的意料之外。他们现在已进退失据，眼下又是孤军深入，如果开战，我们肯定能战胜他们；如果讲和，之前的盟约也能得到巩固。要制服突厥，就看今天了，你先看着吧。"萧瑀只好退下。

果然不出李世民所料，他到阵前大声斥责突厥背盟，颉利可汗一言不发。他刚一说完，颉利可汗就派了使者过来讲和。两天后，李世民与颉利可汗在渭水便桥上杀白马正式结盟。随后，突厥退兵而去。

唐与突厥的走势

对于白马之盟，李世民是感到耻辱的，只因为自己当时刚即位，国家还不稳定，无法与突厥全面开战，这才出此下策。

之后，他亲自在显德殿庭院教授士兵们练习射箭，并告诉他们："戎狄入侵这种事自古就有，并不可怕。可怕的是君主骄奢淫逸、不修武备，等到戎狄来犯时完全无法抵挡。我现在不让你们去挖什么水池、修什么宫殿，你们只需要专心练习箭术，平日无事时，我就是你们的老师；突厥人入侵时，我就是你们的统帅。只有我们强大起来，中原的百姓才能过上安定的日子。"

听说李世民亲自教授卫士练习射箭，大臣们一个个都很不赞成——刀剑无眼，万一皇上被人乘机刺杀怎么办？但李世民说："真正的君王应该视四海如同一家，大唐国境之内都是我的臣民，我对每一个人都是推心置腹、坦诚相待，怎么能猜疑身边的卫士呢？"他不但教授射箭，还亲自组织测试考评，成绩好的卫士奖励弓、刀、布帛之类的物品。不到几年，这些人全部都成了精锐。

这边李世民奋发图强，那边东突厥上层却是混乱庸贪。突厥人民风淳朴，原本政令简略，后来因长期和中原政权打交道受了影响，颉利可汗开始向往汉人的制度。恰好这时有个叫赵德言的人去了突厥，他能言善辩，一番陈述让颉利可汗颇为心动，于是被委以改革突厥制度的重任。只可惜，赵德言并不是真正的管理人才，弄出的政令也不过是一些繁文缛节，丝毫不符合突厥的国情。一番改革过后，突厥的旧风俗改了，但新政令却没立起来，突厥人无所适从。

此外，不光汉人，颉利可汗也任用了外族胡人。然而这些胡人贪得无厌，经常向归附突厥的各部落索要钱财，导致这些部落纷纷离心。在这样紧张的背景下，北方又赶上了百年不遇的大雪，牲畜冻死无数，突厥百姓饥寒交迫。无奈之下，颉利可汗只好向各部落征收重税。于是，很快就有人举兵反了。

最先反叛的是被欺压得忍无可忍的回纥人。颉利可汗闻讯后连忙让侄子欲谷设率领十万骑兵前去讨伐，结果在马鬣山（今蒙古国西南）被回纥首领菩萨打得大败。菩萨一直追到了天山，欲谷设几乎全军覆没。接着，薛延陀、拔野古等部落也相继反叛，并击败了颉利可汗派来镇压的四个将领。

然而此时颉利可汗最畏惧的却并不是这些部落的叛举，而是唐朝可能乘机来攻。他带着大军到朔州边境防备唐军出击。刚从突厥回来的鸿胪寺卿郑元璹（shú）确实建议过李世民乘机进攻，但李世民认为突厥内部还算稳定，颉利可汗依然兵强马壮，现在并非好时机，就找理由拒绝了这个建议。

就在这时，东面归附突厥的契丹、奚等部落纷纷降唐，引发了一系列意想不到的后果。这些部落原本属于突利可汗管辖，于是颉利可汗以此为借口向突利可汗问罪，趁机要求后者去镇压回纥等部落。突利可汗勉强出征，最终大败而回，这下又让颉利可汗抓到了把柄，被他关押起来殴打一顿。突利可汗越想越气不过，索性向唐朝上书请求归降。颉利可汗听说后暴跳如雷，直接带着军队找上突利可汗，一时间双方大战不休。

如此乱象让老将苑君璋对前途丧失了信心，赶紧带着人马投降了唐朝。为了表示自己既往不咎，并向其他叛将示意开恩，李世民将苑君璋任命为隰州都督，受封芮国公。苑君璋投降后，北方势力就只剩下死硬派梁师都了。

贞观二年（628 年），趁突厥人内斗无暇南顾之机，李世民派右卫大将军柴绍、殿中少监薛万均率兵击破梁师都，一举收复朔方（治所在今陕西省靖边县北白城子）。至此，大唐帝国终于正式完成了全国的统一。

为了削弱突厥，李世民很快又在北面为其树立了一个强大的对手。当时，占据郁督军山（今蒙古国杭爱山）的薛延陀部落成了众多反叛部落的核心，薛延陀首领乙失夷男被推举为可汗，但乙失夷男知道自己不是颉利可汗的对手，哪敢接受可汗称号。李世民知道这一情况后，立刻派游击将军乔师望带着册书从小路赶到郁督军山，封乙失夷男为真珠毗伽可汗，并赐给鼓和大纛。乙失夷男大喜过望，立刻接受了称号，并派人前往长安进贡。颉利可汗这时真是吓到了，赶紧派使者前往长安向李世民称臣，并表示想娶唐朝的公主联姻修好。

直到这一刻，张公谨的奏疏上报，提出了本章开篇的那六点讨伐依据，李世民终于下定了决心。随后，他斥责颉利可汗既想要和亲，却又派人去救援梁师都；并以此为由，任命兵部尚书李靖为行军总管、张公谨为副总管，率兵讨伐东突厥。

唐军横扫漠北

贞观三年（629 年）十一月，李世民以并州都督李勣为通漠道行军总管、兵部尚书李靖为定襄道行军总管、华州刺史柴绍为金河道行军总管、营州都督薛万淑为畅武道行军总管、任城王李道宗为大同道行军总管、幽州都督卫孝节为恒安道行军总管，六路大军总共十多万人正式出兵，都受李靖的节制。

大军出塞以后，果然如张公谨所料，之前逃亡塞外的汉人纷纷归附。一时间，从塞外归附中原的人有一百二十多万。为了不受牵连，突利可汗也赶紧到长安朝拜李世民，以示归降。

任城王李道宗出兵后不久就在灵州（治所在今宁夏回族自治区灵武市）首先与突厥军队相遇。李道宗一战得胜，为北伐赢得了开门红。

为了能以尽可能小的代价快速击败突厥，李靖也施行了一个大胆的计划：他率领三千精锐骑兵从马邑出发，以急行军的速度，出其不意攻下了定襄（今内蒙古自治区呼和浩特市县北土城子古城）南面的恶阳岭（今内蒙古自治区呼和浩特市和林格尔县）。稍微休整后，当天夜里，李靖带着三千骑兵偷偷出发了，他的目标是颉利可汗牙帐所在的定襄。

此时，颉利可汗尚无任何防备，他以为唐朝的六路大军还在千里之外，眼下暂且安全，于是照样饮酒作乐。突厥军队突然遭到唐军进攻，顿时乱作一团。很快，颉利可汗从睡梦中惊醒，慌乱之间竟以为唐军主力来了，大惊失色地对身边人说："唐朝如果没有派出倾国之兵，李靖怎可能敢孤军深入？"周围人一听，也不禁四下张望、草木皆兵起来。

这么一来，颉利可汗不但没有让突厥军队组织起有效的防御，反而使得场面更加混乱了，周围人都只想着如何逃命。颉利可汗并不比他们慢，带头逃到了铁山（今内蒙古自治区河套平原北阴山北麓），其他人也全都落荒而逃，李靖大获全胜。

定襄一战，唐军还有意外收获——颉利可汗的亲信康苏密投降时，献上了隋炀帝的皇后萧氏及其孙子杨政道，两人流落突厥十余年后终于回归中土。

之后，李勣带着大军从云中（今山西省大同市）出发，在白道（今内蒙古自治区呼和浩特市西北）击败了突厥。李靖随即率兵到达白道与李勣会合。

此时，颉利可汗手上虽然还有数万兵马，但在唐军的连续打击下，他早已成了惊弓之鸟，摆在他面前的就只剩下一条路——率兵横跨大漠回到漠北，休养生息重整旗鼓。但眼下正值冬天，水草匮乏，要想穿越大漠非常困难，何况附近的唐军也不会轻易让他逃走。

无奈之下，颉利可汗只好再次派执失思力前往长安向李世民谢罪，并请求让突厥举国内附，自己入朝请罪。李世民想了下，同意了，并派鸿胪寺卿唐俭和将军安修仁作为使者，持节前去安抚颉利可汗，同时让李靖带领唐军前去迎接颉利可汗入朝。

颉利可汗安心了。他无非是走投无路，借求和拖延时间，打算等到来年草青马肥时就逃回漠北，那时唐军想要追击他可就难了。他以为李世民已经中计，于是每天在帐中宴请唐俭等人，也不做防备，只等着来年逃回漠北。

与此同时，大唐远征军中正为此展开争论。李靖和李勣认为："颉利可汗虽然此前被击败，但手下的兵马还非常强大，他此时投降肯定是假的，无非是想拖延时间。如果现在不进攻，让他找机会逃到碛口以北就难对付了。到那时，他可以联合九姓铁勒人马恢复元气，再加上大漠的阻隔，我们想越过大漠讨伐他，一时半会儿是做不到的。现在朝廷的使者刚到颉利可汗军中，他定然以为朝廷已经答应求和就不会再进军，然后疏于防备。我们只要挑选出一万精骑带上二十多天的干粮快速进军，一战即可生擒颉利可汗。"

张公谨则反对道："皇上已经答应突厥请降了，朝廷使者也还在颉利可汗营中，我们怎么能违抗皇上的意思进攻呢？使者可怎么办？"

远征军主帅李靖略一思索，一锤定音道："当年楚汉相争时，齐王田广已被刘邦的使者说服投降，韩信却借着田广疏于防备渡河偷袭，一战而击溃了强大的齐国。现在的形势与那时差不多，击破突厥的机会就在眼前。至于唐俭这样的人，为国牺牲了又有什么可惜的呢？"

他说完就带着人马乘夜出发了，李勣紧随其后。很快，两人兵分两路，李勣另有目的地。

李靖带着人马到达阴山（位于今内蒙古自治区中部地区）时，遇到了突厥一千多营帐的斥候部队。突厥人果然毫无防备，稍微抵抗了几下就投降了。怕他们泄露行踪，李靖就带着这些人继续前进。与此同时，李靖派出苏定方作为先锋带着两百名骑兵在前，向突厥大营摸去。

当天夜里，正好天降大雾，唐军一路上都没被突厥士兵发现。等到对方察觉时，苏定方的人马距离突厥大营已经只有七里左右。既然已经被发现，苏定方便不再遮掩，带着两百名骑兵直接向突厥军队发起了冲锋。唐军杀到眼前时，突厥士兵连马都来不及上，慌乱之下四处逃窜。

李靖很快也带着主力赶到，与苏定方合力发起猛攻。此时突厥军队哪里来得及组织起有效抵抗，而颉利可汗再次抛下其他人，自己骑着千里马当先逃命，突厥士兵随之溃散。在李靖大军的追击下，突厥士兵阵亡一万多人，被俘十余万人、牲畜几十万头。唐军还斩杀了一直煽动突厥入侵的义成公主，并俘虏了她的儿子叠罗施。

颉利可汗全力狂奔，一心只想穿过碛口（今内蒙古自治区二连浩特西南）逃回漠北去，此时他身后还有一同逃命的一万多名残兵。然而他快到碛口时，内心几近崩溃，因为他远远看到前方一支唐军正等着他，领兵者正是李勣。颉利可汗再次大败，在损失了几乎所有人马后，侥幸凭借千里马成功逃脱。之后，李勣从碛口南下，所到之处突厥部落纷纷投降，不久他就带着五万多名俘虏成功班师回朝。

此次远征突厥大胜，基本消灭了突厥主力，大唐帝国正式取代东突厥成为第一强国，四方少数民族首领纷纷到长安上书请求李世民做天可汗。此后，李世民给四方少数民族的诏书中均以天可汗自称。接着，李世民又封被俘的突厥夹毕特勒阿史那思摩为右武侯大将军。有了阿史那思摩的先例，一直观望的突厥俟斤阿史那思结也带着四万人投降了唐朝。

至于逃脱的颉利可汗，后来怎么样了呢？任城王李道宗发现了他的踪迹。原来颉利可汗躲到了灵州西北的苏尼失牙帐。苏尼失是启民可汗的舅父，始毕可汗即位后让他做了沙钵罗设，统领五万多户部落在灵州西北建立牙帐。颉利可汗众叛亲离时，只有苏尼失一直效忠于他。后来突利可汗投奔了大唐，颉利可汗就改让苏尼失做了小可汗。

李道宗得到颉利可汗的下落后，很快就率军进逼，要求苏尼失交出他来。苏尼失很为难，交出去，自己就是忘恩负义；但不交又打不过唐军。到最后，还是颉利可汗自己跑了，体贴地没让苏尼失再为难下去——他以为苏尼失也靠不住，就偷偷带了几个骑兵逃进了附近的山谷。

苏尼失发现后非常失望，继而下定了决心：既然颉利可汗不信任我，那我还犹豫什么？他立刻派人四处搜寻，很快抓回了颉利可汗。这时，大同道行军副总管张宝相带人到了军中，苏尼失便立刻交人并率部投降。一时间，漠南再无王庭。

颉利可汗被押到长安后，李世民在顺天门城楼上见了他。出乎颉利可汗的意料，李世民并没有为难他，只是列了他的几条罪状："你自己没什么功劳，全靠父兄留下的基业才称雄漠北。但你骄奢淫逸、自取灭亡，这是你的第一条罪状；你几次和我国结盟，又屡屡撕毁盟约入侵，不讲信义，这是第二条罪状；你自恃兵强马壮而四处挑起战火，为此赴死的人不计其数，这是第三条罪状；你多次入侵我大唐，抢掠钱财和百姓，这是第四条罪状；我本来已经准备饶恕你，几次派人让你入朝，但你一直拖延，这是第五条罪状。"

颉利可汗听完后汗如雨下，一时间惭愧得不敢抬头。就当他以为将要接受处罚时，李世民却话锋一转："你虽然有五条罪状，但总算在渭水订盟后，没有大规模入侵的举动，光靠这一点，我就免你一死。"

颉利可汗还能说什么，只能痛哭谢罪。之后，颉利可汗被任命为虢州刺史，但一年多后就郁郁而终。他的死去意味着曾经横行北方的东突厥汗国从此消亡，大唐帝国一跃成为东方第一军事强国。

苦战赤水：唐军击败吐谷浑之战

吐谷浑与隋唐的恩怨纠缠

一波刚平，一波又起。大唐帝国击垮北面的强敌东突厥汗国后，西边的吐谷（yù）浑汗国又开始不安分了。

吐谷浑汗国本为鲜卑族，是慕容鲜卑的一支。西晋时，慕容鲜卑首领慕容涉归死后，他的两个儿子不和，最终庶长子慕容吐谷浑率部落远走，在青海定居。他去世后，子孙们就以他的名字为国号建立了汗国。到南北朝时，吐谷浑渐渐强大起来，成为西面一股不可忽视的力量。为了笼络吐谷浑，隋文帝将宗室女光化公主嫁给其可汗慕容世伏，两国之间交往频繁。然而，慕容世伏去世、慕容伏允即位后，两国的关系就变了。

在慕容伏允看来，隋朝的赏赐不过是些蝇头小利，哪比得上自己伸手"拿"所能获取的，于是不顾在长安做人质的儿子慕容顺的死活，开始不断在边境各州抢掠。正值大业四年（608年），隋朝国力正处于顶峰，在位的隋炀帝哪里容得下慕容伏允这般猖獗，准备出兵讨伐。这时裴矩说，他有办法"以夷制夷"消灭吐谷浑，根本不需要出动隋军。

裴矩没有食言，很快就成功游说了吐谷浑西面的铁勒出兵。在铁勒人的突袭下，慕容伏允大败而逃，惶恐之下，他一路逃到了西平（治所在今青海省海东市乐都区）境内。他害怕受到隋炀帝的夹击，于是派使者前往长安向隋炀帝请降，并请求隋朝出兵支援。隋炀帝倒是没有为难慕容伏允，还立刻派亲信宇文述率大军从西平出发前往迎接他，同时让观德王杨雄率兵从浇河郡（治所在今青海省海南藏族自治州贵德县）出发作为策应。

事情本可以就这么顺利地结束了，但偏偏慕容伏允比较多疑，他见宇文述带的军队人多，难免想了些有的没的，越发害怕，根本不敢投降，还组织人马准备抵抗隋军前进。

这个发展显然是隋炀帝没有料到的：隋军都已经走到了，慕容伏允居然要反悔？这个慕容伏允实在太不像话了！盛怒之下，隋炀帝立刻下令宇文述就地出击，要好好教训慕容伏允一顿。吐谷浑军队还没从之前的惨败中恢复过来，哪能抵挡得住如狼似虎的隋军，很快就被打得节节败退。宇文述不久就攻下了吐谷浑重镇——曼头山（今青海省海南藏族自治州共和县西南）、赤水（今青海省兴海县境内）两座城，斩杀吐谷浑士兵三千多人，俘虏王公以下贵族二百人。除此之外，被俘的百姓也有四千多人。

慕容伏允见打不过隋军，于是加紧逃命，带着几十个随从翻山越岭溜到了党项。慕容伏允走后，吐谷浑也不再抵抗，很快，吐谷浑小首领仙头王就带着十多万男女前来投降。隋炀帝乘机在吐谷浑故地按隋制设置州县，并迁全国的罪犯前去戍守。为安抚吐谷浑人心，隋炀帝将慕容伏允的儿子慕容顺送回了国，并封他为王，统治吐谷浑旧地。

可惜好景不长，慕容伏允在党项风餐露宿了几年后，隋朝渐渐衰落了。趁着隋末天下大乱的机会，他又带着人马杀回了吐谷浑。吐谷浑的大臣们再次倒向慕容伏允，而慕容顺只得逃到江都。

慕容伏允复国时，正好赶上唐朝建立。最开始两国关系颇为友好，曾结盟对付割据河西的李轨。唐朝与西秦交战时，慕容伏允还曾应李渊所请，派兵进攻李轨，以防李轨东进与薛举联合；李渊也投桃报李，承诺要将当时已经回到长安的慕容顺送回吐谷浑。之后，慕容伏允屡次遣使上贡，请求送回慕容顺，李渊见他一直恭谨，也就真将人送了回去。

然而唐太宗李世民即位后，慕容伏允又开始打起了唐朝的主意。贞观六年（632 年）开始，他便频繁骚扰唐朝边境，李世民很是不满，派遣使者前往责备。慕容伏允很是滑头，看到形势不对便立刻向唐使请罪，并派洛阳公跟随唐使前往长安朝贡。李世民本以为这个人只要敲打一下就会安分，没想到，洛阳公都还没有返回，慕容伏允就又带着人去鄯州（即隋西平郡）抢掠了一把。

李世民深感自己受到了戏弄，于是再次派人前去责备，并且要求这次须由慕容伏允亲自去长安朝贡，别再派什么使者了。奸猾的慕容伏允哪会这么容易就范，他立即声称自己年老多病、无法长途跋涉，死活不肯前往长安朝贡。为了稳住李世民，慕容伏允还替自己的儿子慕容尊王向唐朝求亲，希望能尚唐朝的公主，以保两国和平共处。

唐太宗不愿意轻易动刀动兵，看到吐谷浑有心求亲就同意了，但他提了个要求——慕容尊王必须亲自到长安迎亲。然而慕容尊王哪里敢去，这些年吐谷浑屡次进犯唐边境各州，此时他若是去了长安，免不了会被扣押下来做人质。同时他对父亲的德行也有很清醒的认知：慕容伏允断不会停止去大唐边境抢掠，并且也不会管自己的死活。于是，慕容尊王也同样称病，表示没法去长安迎亲。

如此一来，李世民就把两国联姻的事情中止了。然而慕容伏允十分愤怒，他不怪自己儿子不敢去，却怪李世民不守信用。他不仅把此前出使吐谷浑的唐朝使者扣押了下来，还出兵入侵兰州（今甘肃省兰州市）和廓州（即隋浇河郡）。李世民派人前去与之交涉，但慕容伏允铁了心要绝交，毫不理会。

唐军第一次出击吐谷浑

李世民一连派了十多次使者，慕容伏允还是我行我素。当时慕容伏允已经老了，政事全部交给亲信天柱王管理。在天柱王的煽动下，慕容伏允以为唐军根本不敢攻打自己，于是放心大胆地继续在边境抢掠。

就在这时，李世民接到了一封奏疏，上奏人是时任鄯州刺史李玄运，他请求唐朝派兵攻打吐谷浑——目的倒不是报复吐谷浑入侵，而是抢马。

原来，吐谷浑有一种千里马叫作"青海骢"。这种马是吐谷浑人得到波斯马后，到青海湖附近放牧所生下的小马，可以日行千里，堪称吐谷浑国宝。李玄运就是对这种马动了念头。他上书进言："经我长期调查，吐谷浑把青海骢全部扔在青海湖附近放牧，而且防备非常松懈，只要派一队轻骑快速出击到达青海湖畔，必定可以得到青海骢。"李世民非常心动，立刻表示了赞同。关于此次主帅的人选，他相中了段志玄。

段志玄可谓唐朝老臣，太原起兵时就在李世民身边，其后随李世民南征北战，立下了无数汗马功劳。李世民与李建成相争时，段志玄拒绝了李建成的威逼利诱，毅然地站在了李世民一边；玄武门之变中，他与尉迟敬德等人一起斩杀了李建成、李元吉，为李世民登基铺平了道路。

据说，李世民曾半夜派使者前往军营，令人意外的是，段志玄死活不开门，他认为天黑看不清使者手中的诏书，无法辨别真伪，故而拒绝了使者进营的请求。李世民对此大为赞赏，把他与曾经在细柳严阵以待汉文帝的周亚夫相提并论。

贞观八年（634 年），李世民正式派兵出征吐谷浑。他以左骁卫大将军段志玄为西海道行军总管、左骁卫将军樊兴为赤水道行军总管，率领边境州县的守军以及征调来的契苾、党项等部落骑兵，一起讨伐吐谷浑。事情果然如李玄运所料，由于一直以来大唐只派遣使者前去责备，慕容伏允便产生了错觉，以为唐朝不敢对自己用兵，不曾做任何防备。段志玄等人出征后不久就发起突袭，将吐谷浑军队打得大败，并乘胜追击了八百里，进军到了距青海湖三十里左右的地方，距离夺得青海骢只有一步之遥。然而就在这时，远征军主帅段志玄却忽然做出了一个出人意料的决定：停止进军。

一贯谨慎的段志玄对属下说："吐谷浑败得太快了，而且一路上没发起什么强力的抵抗，前面很可能有埋伏，我们再贸然往前，便会遭受吐谷浑大军的围攻。保险起见，我们还是先停下来，派人先去前面打探打探再说。"

闻言，左骁卫将军梁洛仁立即高声附和。梁洛仁是梁师都的堂弟，贞观二年（628年）柴绍等人进攻朔方时，他杀死堂兄归降了唐朝。由于是降将，梁洛仁在唐军中一直谨小慎微。此刻主帅段志玄表示不愿继续进军，他自然不敢反驳，否则一旦出现差池，他哪里担待得起？

然而另一位将领李君羡却敢说敢言："我们此次前来，本就是为了替皇上获取青海骢，眼下青海骢就在离这儿三十里外的青海湖，我们做臣子的怎么能因为害怕前面有危险就不前进呢？更何况，我看吐谷浑军败退时人人惊骇，他们应该没有料到我们会进攻，前面不太可能有埋伏。"

不过，段志玄和梁洛仁都执意不愿进军，李君羡劝说不过。无奈之下，他只好带着本部的精骑另走一路，然而还是晚了。就在唐军停顿的这段时间，吐谷浑人早已将青海湖边的马全部赶走了，李君羡到达青海湖时，连一个人、一匹马都没看到。他不死心，又继续带着人沿着青海湖向南追击，一直追到悬水镇才追上吐谷浑军队。一战之下，李君羡大获全胜。虽然没有获得青海骢，但得到了两万多头牛和羊，而这竟然是唐军此次远征最大的收获。

段志玄班师后，慕容伏允并未收紧尾巴，反而再次出兵劫掠凉州，以示报复。这让李世民意识到，必须进行一次大的军事行动，彻底消灭慕容伏允。至于主帅人选，李世民对段志玄已经失望了。段志玄虽然勇武，却没有指挥大兵团作战的胆魄。这次远征必须另找一个合适的人，以保一举成功。

其实，李世民心中早有人选，那就是曾经平定东突厥汗国的名将李靖。但此时李靖的年龄已经非常大了，当年年初已经称病辞官归家，一直在休养，现在也只挂了个特进的头衔，李世民拿捏不准李靖还能不能挂帅出征。他有意试探口风，便在提到吐谷浑时故意对身旁亲信叹息道："吐谷浑这样猖獗，可惜难以找到良将制服，如果还能有李靖这样的人作为军队主帅，吐谷浑又算得了什么？"

这话很快就传到了李靖的耳朵里。李靖不傻，当然明白其中的意思。他虽然年老体衰，但雄心不减当年。不久之后，李靖请房玄龄转告天子一句话："李靖虽然已经年老，但还是可以再指挥军队远征。"李世民听到后大喜，立刻就以李靖为主帅，着手准备远征吐谷浑。

唐军二征吐谷浑

这年十二月，唐军正式出兵远征吐谷浑。为了一战平定吐谷浑，李世民安排了极为强大的阵容：

——特进李靖为主帅，兼西海道行军大总管；

——兵部尚书侯君集为副帅，兼积石道行军总管；

——任城王道宗为副帅，兼鄯州道行军总管；

——凉州都督李大亮为且末道行军总管；

——岷州都督李道彦为赤水道行军总管；

——利州刺史高甑生为盐泽道行军总管。

六路大军一起出动，直击吐谷浑。与此同时，李世民还征调突厥、契苾两个部落的骑兵随大军一同出征。

这次出征，李靖也找了之前协助过唐军的党项人，并重金聘请他们作为向导。为此，党项族首领拓跋赤辞还特意来到唐军营中约定："以前隋军将领不讲信用，总是一边利用我们，一边劫掠我们，但唐军没有这么做过。假如你们各路兵马都没有伤害党项人的意思，我不但可以给你们做向导，还可以给你们提供粮草补给；但如果你们也像隋军一样，就不要怪我们占据险要，与你们为敌。"唐军众将并无意见，和他订立了盟约。如无意外，唐军和党项人将顺利完成一次合作。

但意外还是发生了。前面几路唐军都遵守约定，顺利通过了党项人领地，但赤水道行军总管李道彦捅了娄子。他率军到达阔水以后，惊讶地发现党项遍地是牛羊，且没有一丝一毫的防备。李道彦一时贪心，决定趁机打劫一番，于是偷袭了党项人，一下子占了好几千头牛羊。

然而李道彦没料到自己的所作所为会带来什么样的后果：他这一番破坏信用的行为不但惹恼了党项人，还连带把附近的其他羌人部落也给激怒了。他们占据要道扼守野狐峡，让李道彦迟迟无法前进。接着，拓跋赤辞回敬了他一场突袭。在诸羌的打击下，李道彦所部死伤数万，不得不退回松州。不仅如此，跟在他后面进军的樊兴所部也受了牵连，无法再向前一步。之后，附近吐谷浑人纷纷反叛，重新归附吐谷浑，而洮州羌人则杀死了洮州刺史，一时形势大乱，直到盐泽道行军总管高甑生击败了反叛的羌人部队，才稳住局面。

贞观九年（635年）三月，除李道彦、樊兴两兵团外，唐军各部到达鄯州，准备下一步行动。此次远征，唐军远离国门来到青藏高原上，后勤补给十分困难，因此侯君集一开始就向李靖提出了自己的方案："现在我们大军已经齐集鄯州，但吐谷浑那边应该还没有得到消息。不如我们挑选精锐，长驱直入直取敌方要害，吐谷浑人没有防备，肯定会大败，我们也可以免除长期作战带来的补给困难。倘若一击不胜，慕容伏允肯定又会逃得很远，等他们躲到深山荒漠中，我们想要击败他们就难了。"

李靖认为有理，就为唐军制订了"轻骑快速前进，出其不意直取伏俟城"的计划。而执行计划的人选，则落到了一贯勇往直前的宗室名将李道宗身上。后者果然不负众望，一举击败吐谷浑军队，拿下了库山（今青海省天峻县南库库诺尔岭），再次为西征唐军拿下开门红；其余各路唐军也都按计划快速突进，在没有遇到多大抵抗的情况下，到达了吐谷浑的王城伏俟城（今青海省海南藏族自治州共和县）。

唐军在伏俟城并没有遇到想象中的强大阻力。确切地说，城里一个人都没有，吐谷浑人全撤了。原来库山战败后，慕容伏允惊慌失措，便依照天柱王之计，带领吐谷浑全部人马跨过沙漠地带，躲进了库山以西的大非川（今青海省海南藏族自治州共和县西南切吉旷原），此处距离伏俟城有几千里远。同时，他还将沿途的草地全部烧毁，妄图在茫茫大漠里拖垮唐军。

唐军的作战计划被彻底打乱，所有人都犯了难，下一步究竟该如何行动？此时一场围绕着"到底是继续前进，还是就此后退"议题的军事会议悄然进行中。会上，绝大多数将领都主张撤兵，相应理由也很充分："我们这次的计划是要打敌人一个措手不及，但眼下对方已经有所防备，把人马全部退到了几千里外。我们追过去，沿途已没有水、草，马没有食物难以远行，这时我军万不可孤军深入，否则在前方必定大败；况且，后面的羌人也不安分，后路粮道也难以保障，不如就此退兵。"

侯君集很是不满，大声驳斥了众将的意见："这话太过片面了，你们都只看到我军的困难，却没有发觉吐谷浑内部也有很深的矛盾。我了解过，以前段志玄出征吐谷浑时，他前脚刚撤军回到鄯州，吐谷浑的军队后脚就到达了城下，这是因为吐谷浑当时虽然战败，但人心还能够凝聚，所以都能为慕容伏允所用。但库山一战后，吐谷浑军队就鼠逃鸟散，一路上连个放哨的士兵都没有，足见吐谷浑早已上下离心。慕容伏允也知道这种情况，所以他才会主动选择躲避。在这种情况下，只要我们能继续向前追击，必定能轻松打败吐谷浑；如果现在不抓住机会，等吐谷浑重新聚拢人心、再次入寇时，就该我们后悔了。"

侯君集话音刚落，副帅李道宗又说："就因为去年段志玄远征时没能击溃吐谷浑，结果他刚回去，吐谷浑就再次入寇，所以天子才派我们率大军前来征讨。眼下，我们连吐谷浑主力都没有遇到就想回去，岂不愧对天子的信任？我认为，我们轻骑前进，在前方肯定能追到逃散的吐谷浑部众。只要击破他们，粮食问题自然能得到解决。"

李靖本就不是肯轻易后退的人，既然现在两个副帅都支持继续前进，他自然表示赞同。为了搜捕吐谷浑主力、寻找决战机会，他决定兵分两路继续前进：李靖、薛万均、李大亮率一路军沿北面前进；侯君集、李道宗率一路军沿南面前进。

赤水原之战与慕容伏允的末日

经过半个月的艰难行军，李靖的北路军终于遇到了吐谷浑军队。憋屈了半个月的唐军在猛将薛孤吴仁的带领下，在曼头山一举击溃吐谷浑军队，并斩杀了这支军队的主帅，成功获得大批牲畜，解决了北路军的粮食问题。唐军士气高昂，之后继续前进，很快又在牛心堆（今青海省西宁市湟中区东南）击溃了另一支吐谷浑军队。唐军不断高歌猛进，有些将领便开始飘然起来，觉得吐谷浑不过如此，把行军当成了旅游。但很快，他们就将遇到一次艰难的挑战。

牛心堆之战后不久，薛万均、薛万彻兄弟俩率领轻骑作为大军先锋进入赤水原一带，他们发现一支吐谷浑军队后，立刻率部下发起冲锋并将其击溃，敌军残部逃入赤水原。或许是接连的胜利让薛万均兄弟放松了警惕，两人未等后续大军到来，当即就带人追击败兵。然而他们很快会发现，在赤水原等待他们的并不是什么败兵，而是吐谷浑权臣天柱王率领的主力兵团。

薛万均、薛万彻兄弟俩进入赤水原后，起初并未发现可疑端倪，两人迫不及待地与吐谷浑军队展开了大战。很快，他们发现敌人越来越多，这时候想要撤退已经来不及了。当然，两人也不愧为当世猛将，在这种劣势情况下依然毫不气馁，毅然带着部下向敌军发起了攻势。但敌众我寡，眼看随着时间推移，战局对唐军越来越不利，唐军的人马越发削减，伤亡多达十之六七，薛氏兄弟也在激战中身中数枪，他们的战马中箭而亡，两人不得不下马步战。再这样下去，这支唐军会全部报销在赤水原。

关键时刻，唐军的援兵终于赶到，来人乃是左领军将军契苾何力率领的数百名契苾部骑兵。契苾何力的人马并不多，但他胆识过人，并不畏战，立刻带领所部冲入了重围。契苾何力是一员猛将，手下又是一支生力军，吐谷浑军队激战已久，一时间抵挡不住，纷纷后退。

吐谷浑军队发现契苾何力所部人数不多，原本打算重整旗鼓进行反击，然而这时，李靖带着唐军主力赶到了。经过一番激战，吐谷浑军队大败而逃。此战，唐军成功俘虏了慕容伏允的心腹——高昌王慕容孝隽。慕容孝隽在吐谷浑深得人心，而且颇有韬略，赤水原设伏歼灭唐军的计划就出自他之手。听说他被俘后，吐谷浑人肝胆俱裂，在唐军的打击下溃不成军。

赤水原之战后不久，李大亮又在蜀浑山击败吐谷浑军，俘虏吐谷浑王公二十多人；接着，执失思力又率领突厥骑兵在居茹川击破吐谷浑；薛万均、薛万彻兄弟也在赤海再次打败天柱王。一时间，唐军横扫吐谷浑北部，敌人主力基本被歼灭。李靖乘胜率领唐军主力进军，经过积石山河源，一直到达吐谷浑西面的且末。

北路军一路高歌猛进，而南路军此时还在艰难地行军，他们遭遇的困难远远大于北路军。南路军经过的地方大多是无人区，行进异常艰难。更惨的是，天公也不作美，盛夏季节却下起了大雪，冰雪阻道，南路军的行动更加艰苦。他们经过破逻真谷时，谷里连水都没有，靠着人吃冰、马吃雪才得以继续前进。

就这样，南路军在侯君集、李道宗两位唐军中生代名将的带领下，以坚强的意志艰难跋涉了两千多里，等他们翻过汉哭山时，终于到达了乌海（今青海省喀拉海）。在这里，他们遇到了寻找已久的吐谷浑军队，其首领是吐谷浑的王公梁屈葱。然而唐军行军已久，难免疲乏，与敌军交锋之后，一时间也难以胜出。李道宗审时度势，带着一千多名骑兵绕到了吐谷浑大军身后，出其不意地发起了袭击。吐谷浑军队腹背受敌，大败而逃，首领梁屈葱被俘。此战，南路军也缴获了大批牲畜，终于解决了补给问题。

乌海之战后，侯君集和李道宗继续带领南路军前进，一路经过星宿川（今青海省果洛藏族自治州玛多县境内），最后到达柏海（今青海省果洛藏族自治州西北部鄂陵湖）。在这里，他们与先已到达的李靖成功会师。

这时，两路唐军都提出了相同的疑惑：慕容伏允在哪里？

唐军在大非川搜寻良久，始终没有找到他，难道就此班师回朝？李靖的回答是"不"，他命令唐军继续四处出击，搜寻其下落。

不久之后，外出搜寻的契苾何力捕获了数个吐谷浑败兵，意外地从他们口中得知了慕容伏允的下落——他如今躲在突沦川（今新疆维吾尔自治区塔克拉玛干沙漠南缘），但由于最近吐谷浑接连兵败，正准备逃到于阗去避难。

得到这个消息后，契苾何力心下一紧，主张立刻进军突沦川，但同行的薛万均犹豫了。大概是之前赤水原之战给他留下了心理阴影，这位一贯刚勇的猛将居然投了反对票，认为应该先回大营集合主力，然后再一起去突沦川。

契苾何力反对说："吐谷浑是游牧民族，没有什么城池定居，总随着水、草四处迁移。现在好不容易知道他们都聚集在突沦川，正好一举将他们击破。要是我们先回大营，等聚集起大军，时机早就过了。等到吐谷浑人四散而逃了，我们还上哪儿去抓慕容伏允？"说完他便不顾薛万均反对，自己挑了一千多名精锐骑兵出发了。薛万均见状，只好硬着头皮跟着一同前往。

要到达突沦川，还需经过一片沙漠，两人出来时原本准备的水也不多，进入沙漠后就更没水了。在这种情况下，唐军再次发扬艰苦作战的作风，他们将马刺伤后饮用马血，这才通过沙漠，到了目的地。

慕容伏允怕是做梦也想不到，唐军竟会追到自己面前，他还幻想着到了于阗后要东山再起。其余吐谷浑人跟他一样，都认为可怕的沙漠会将唐军完全阻隔在外，所以也没做防备，直到被打了个措手不及。他们完全不敢相信自己的眼睛，惊慌之下四散而逃。唐军一路追击，阵斩吐谷浑几千人，俘虏牲畜二十多万头，甚至俘虏了慕容伏允的妻子、儿女。遗憾的是，慕容伏允溜滑无比，竟然再次逃掉了。

这位逃逸大师不仅在唐军眼皮子下顺利脱身了，还带走了一千多名士兵。然而，也许是慌不择路，他居然跑进了沙漠。盛夏时节，炎热的沙漠里找不到水源，他的手下很快逃散而去，最后只剩下十多个人。而这十多个人也坚持不下去了，于是杀了他向唐军投降。就这样，慕容伏允的一生终于落幕。

消息传回后，吐谷浑余部立刻拥立了新可汗，以表示对老可汗深恶痛绝。新王正是十多年前就被隋炀帝封过吐谷浑王的慕容顺。慕容顺被李渊送回后，日子一直不好过。他虽是慕容伏允的嫡长子，但同时也是仇人隋炀帝的外甥，又曾被隋炀帝立为吐谷浑可汗，加上长期在隋朝做人质，在吐谷浑缺乏人脉，慕容伏允就立了另外一个儿子做太子。慕容顺回国后，经常被以天柱王为首的权臣排挤，终日闷闷不乐。

吐谷浑主力被唐军击败后，吐谷浑人这才想起了慕容顺。他在长安做过人质，跟唐朝不陌生，自然成了可汗的不二人选。慕容顺坐上可汗位置后，第一件事就是要杀死天柱王。当时天柱王在吐谷浑已失人心，加上接连兵败，人们都觉得他是引来唐军讨伐的罪魁祸首。慕容顺便"顺应民心"杀了天柱王，然后派使者到李靖营中，举国向唐朝投降。

李世民得到李靖平定吐谷浑的消息后，并没有为难新可汗慕容顺。本着宽大为怀的原则，他同意吐谷浑复国，并封慕容顺为西平郡王、趉（jué）胡吕乌甘豆可汗。同时，考虑到慕容顺在吐谷浑根基不稳，民众难以心服，他又特意下旨，让李大亮率领数千名精锐暂驻吐谷浑，声援慕容顺。

不过，李大亮班师后不久，慕容顺就被部下杀死了。他的儿子燕王慕容诺曷钵即位，因其年幼而国内大乱，李世民又派兵帮助慕容诺曷钵平叛，并封他为河源郡王、乌地也拔勒豆可汗，并将女儿弘化公主嫁给了他。但慕容诺曷钵也和父亲一样，难以掌控大局，之后吐谷浑陷入了长期的内乱，还要靠唐军才得以平叛。此后，吐谷浑渐渐衰落了下去，被兴起的吐蕃所灭。

偏师奇功：唐军击败薛延陀之战

唐与薛延陀恩怨由来

大唐帝国怎么也没有想到，吐谷浑灭亡后，西边又来了一个更加强大的挑战者。贞观十三年（639 年）四月，李世民按照惯例前往九成宫避暑，然而一个阴谋也正悄悄靠近他。

四月十一日晚，李世民像往常一样批阅完奏章，然后上床就寝。可是他刚睡下不久，就听到宫门方向传来喊杀之声，且声音离自己越来越近。李世民久经沙场，什么情况没遇到过，一听这动静就明白是有人作乱，于是立刻起身穿上盔甲，出殿指挥侍卫们作战。最终，在牺牲了几十名侍卫后，折冲都尉孙武开等人终于将刺客击退。这些刺客见行事不成，立刻转身逃入马厩，抢了几十匹马向北逃去。李世民赶紧一边安排押下被俘的刺客，一边派唐军骑兵追击，最终在渭水北岸将刺客全部斩杀。

待李世民查明刺客身份后，不禁怔愣住了：这次行刺事件的主谋竟是他的结拜兄弟突利可汗的弟弟结社率及其儿子贺逻鹘。他怎么也没想到，自己厚待的突厥人居然想要杀死自己。

东突厥灭亡后，大漠南北还有许多残余部落，这些人一部分投降了薛延陀，一部分向西归附了西突厥，还有十万多户投降了唐朝，其中不乏像突利可汗、执失思力、苏尼失这样的突厥重臣。关于如何安置这十万多户人口，朝堂上也展开过激烈的辩论。

当时主流的观点是："北面的戎狄自古以来都是中原巨大的祸患，现在他们既然已经败亡了，不如把他们分散安置到河南、山东这些地区的州县，让他们学习中原文化，再教他们耕种、织布的技术，让他们慢慢转化成农民，以此一劳永逸消除北部的祸患。"

事实上，这种办法是行不通的。北边即使没有突厥，也会有新的游牧民族出现。此外，强制改变习俗，把突厥人变成农民，也足够激起他们的反抗。

用中书侍郎颜师古的话来说，即："戎狄自古以来就很不甘心臣服于中原王朝，要让他们变成农民，显然是不可能的。现在他们既然已经称臣归降，不如就把他们分开安置在河北地区，然后各自设立首领，让他们互不统属。如此一来，就可免除祸患。"

礼部侍郎李百药更进一步地说："突厥表面上是一个国家，但实际上内部组织松散。现在他们既已离散，不如乘机把各个部落的首领全部就地册封为可汗，到时彼此之间谁也不会臣服谁，我们也好控制。就算有人想再立突厥王族，顶多就阿史那一个部落造反，很容易平定。我们再在定襄设置都护府管辖这些部落，让他们听从我们调遣，这才是稳定边疆的长治久安之策。"

夏州都督窦静则认为："戎狄的本性与禽兽一样，我们不能用刑罚、律令约束他们，也不能用仁义、道德教化他们，而且他们留恋故土，将他们安置在中原一带，对我朝百害而无一利。一旦发生变乱，就能直接威胁中原腹心。不如趁他们衰败的时候，封给他们王侯爵位，再把公主嫁给他们，以此笼络人心，让他们心怀感恩，永远作为我朝的藩臣，为我朝守卫边疆。"

对于以上意见，熟知少数民族事务的温彦博一概不赞同，他的看法是："将他们迁移到河南、山东等地，肯定是不可行的，他们的风俗习惯就不是这样，强行迁移过去也不能生存。各位提的建议虽多，但操作起来太过复杂，也容易引起突厥人反感。我认为，不如就按汉朝的办法，将投降的突厥人全部安置在塞外，保留他们的部落，同时让他们按自己的风俗习惯生活。这样，不但他们能接受安置，还能让他们占据的空旷草原成为我朝北面的屏障。"

温彦博的办法一出，其他人都觉得无懈可击，只有魏徵言辞激烈地反对："突厥人世代侵略中原，他们是中原百姓的大敌。现在我们既然已经灭亡了突厥，没把这些人全部杀死，已经算仁至义尽了，怎么能让他们再靠近中原呢？就应该把他们全部驱逐回故土，千万不能留在大唐境内。戎狄向来难以约束，现在力量薄弱了才请求归附，等以后变强大了，又会背叛。别看突厥人现在才十万户，等过个几十年，他们就能翻好几倍，到那时必成中原的心腹大患。西晋时，匈奴、鲜卑等胡族就在中原与汉民混居，郭钦和江统两人劝晋武帝把胡人驱逐出塞外，晋武帝不听，结果如何？永嘉之乱一起，胡族为祸中原数百年。这是前代留下来的教训，我们不可不引以为鉴。"

温彦博反驳道："作为君王，对待万物都要有所包容。现在，突厥因困顿前来归附我朝，是觉得我朝仁义，怎能驱逐他们呢？如果我们现在帮了他们，教以如何生存生活，再用仁义道德感化，几年后他们就会全部变成唐朝的子民；我们再把他们各部落的首领全部召集到长安，让他们充当禁军军官以便控制，其部落自然不敢作乱，这又何来后患呢？你只说了晋武帝，却忘了汉光武帝——当年他把匈奴南单于安置在边境郡县，结果终东汉一朝，匈奴都未曾背叛。"

最终，李世民采纳了温彦博的建议，将颉利可汗和突利可汗的领土全部分置都督府以管辖突厥部众，同时将突厥贵族全部召到长安任官。结社率便是在那时入朝，被任命为中郎将，而他入职后的第一件事就是诬告哥哥突利可汗想要起兵作乱。事实上，这个结社率经常惹事，被哥哥训斥过几次，他便怀恨在心，想要报复。李世民查明真相以后，没有明着处罚结社率，但心里暗暗记下此人不可大用，所以没有升迁他，以致结社率把李世民也恨上了。

结社率偷偷联络了部落里几十个同样不安分的人，准备作乱报复李世民。这次李世民去九成宫，结社率无意中打听到晋王李治会在四更时分出宫，于是打算趁此时宫门打开，突入宫内，然后直闯皇帝御帐，将李世民斩杀。但计划赶不上变化，这天夜里刮起了大风，李治就没有出宫。结社率苦等不得，又不舍得放弃，便带人硬闯宫门，就有了本章开篇那惊险的一幕。

结社率行刺事件发生后，李世民开始反思自己之前的政策，他意识到，魏徵的话也有一定道理。于是，他决定将突厥人再次迁回漠南故地，并特意为他们挑选了一个新可汗——李思摩，也就是东突厥以前的夹毕特勤阿史那思摩，归降唐朝后被赐姓为李。李思摩因为模样长得像胡人，所以他在突厥一直受排挤，处罗可汗和颉利可汗时代，他一直没有机会带兵打仗。后来东突厥败亡，其他人都投降了，只有他还坚持跟随颉利可汗逃亡，最终在碛口被唐军生擒。李世民觉得他为人忠心，封他为右武侯大将军、化州都督、怀化郡王。这次，李世民打算恢复东突厥，便一眼相中了李思摩。

结社率叛乱后三个月，李世民正式封李思摩为乙弥泥孰侯利苾可汗，赐给鼓和大纛，同时诏令安置在黄河以南各州县的突厥人，全部渡过黄河回到旧地，让他们作为唐朝的屏障，保护边境免受其他少数民族入侵。令人意外的是，以李思摩为首的突厥人死活不肯走，到了长城边就再也不愿往前一步。这倒不是因为突厥人不想回归故土，实在是不敢回去，因为此时漠北出现了一个强大的汗国——薛延陀。

薛延陀本是铁勒的一支，自称薛姓，后来吞并了一个叫"延陀"的部落，就改叫"薛延陀"。隋朝时，薛延陀与铁勒各部一样，臣服于强大的西突厥；唐朝时，西突厥因叶护可汗被杀而内乱不止，薛延陀等部落又转向了东突厥。

当时的薛延陀首领名叫乙失夷男，因忍受不了颉利可汗的压榨而起兵自立，并多次击败前来平叛的突厥军队。后来为了牵制东突厥，李世民封乙失夷男为真珠毗伽可汗，相当于在东突厥北面给它树了一个大敌。此后，乙失夷男正式在郁督军山下建立牙帐，周围部落纷纷前来归附，薛延陀从此强大起来。后来乙失夷男派弟弟到长安朝贡时，李世民还特意赐给宝刀、宝鞭让他带回，并附上一封诏书："你部落里有犯了大罪的，就用宝刀杀了；如果只是小罪，就用宝鞭来鞭打。"有了唐朝做后盾，东突厥也不敢轻易招惹薛延陀。东突厥灭亡后，不少突厥部落都归降了薛延陀，乙失夷男乘机东征西讨击败突厥残余部落，占据了漠北的突厥故地。

李世民当然不愿意看到北面又冒出个强大的汗国。为防患于未然，他于贞观十一年（637年）派人册封乙失夷男的两个儿子为小可汗，试图从内部分化薛延陀。此次让李思摩出塞重建东突厥汗国，实际上也是为了制衡北面的薛延陀。但没想到，东突厥人今非昔比，早已没了纵横大漠南北的勇气，李思摩等人在意识到薛延陀的强大后，根本不敢继续向前。

李世民得知这一情况后，让人给乙失夷男送去一封诏书，上面对李思摩出塞的事做了说明："颉利可汗败亡后，突厥部落都来归附唐朝，当时看他们困顿，就收留了他们。中原的国家都是崇尚仁义的，根本不会贪图土地，我此前灭掉东突厥也是因为颉利可汗，并不打算占领这片土地，心里还一直想给他们再立一个新的可汗。之前我把突厥人安置在黄河以南放牧，是为了让他们恢复从前的人口。现在，他们已人丁兴旺。我早说过要给他们立一个新可汗，当然不能失信，所以这才让李思摩带着突厥人渡过黄河回到故土。"

李世民安抚乙失夷男道："你们薛延陀受封在前，突厥在后，你们为大，他们为小。"同时也不忘警告一句："薛延陀在大漠以北，突厥在大漠以南，你们在各自的地界活动就行了，谁敢越界挑衅，就不要怪我大唐出兵问罪！"

话都说到这份上了，乙失夷男不好反驳，只得接受诏令。如此，李思摩终于得以率部落回到漠南。之后，李世民又封左屯卫将军阿史那忠为左贤王，左武卫将军阿史那泥孰为右贤王，让他们两人辅佐李思摩。

乙失夷男当然不会甘心：李思摩的部落加起来才十万人，士兵顶多才四万，这就想称东突厥汗国，还独霸漠南？没多久，乙失夷男就借口东突厥人想要回到漠北，准备派部队南下进攻东突厥。因担心唐朝阻止，他还特意上书挑拨道："陛下让我们不要互相侵犯，我们当然尊崇，但突厥人反复无常、言而无信。他们强大时，每年入侵中原，为此而死的人数以千万计。陛下击败突厥后，对他们犹如对待自己儿子一样好，但他们又做了什么？结社率这等狼子野心的人竟然想要谋害陛下。现在陛下让他们留居漠南，他们却想要偷偷回到漠北。不需陛下出兵，我自请派兵为陛下除掉这帮言而无信之人。"

李世民一眼看穿了乙失夷男的想法，立刻派人警告他："对待擅自入侵的人，国家自有刑法处置。"

乙失夷男本来对唐朝颇为感激，此前高昌王麴（qū）文泰与唐朝为敌时曾想撺掇他入伙，他不仅拒绝了，甚至还主动向李世民请求，让自己派兵协助唐军进攻高昌。但此事之后，他对唐朝渐生不满。

诺真水大捷

贞观十五年（641 年），乙失夷男听闻李世民去了洛阳，准备在夏天举行泰山封禅仪式，便知道自己等待的机会来了。他召集各部落首领说："我早就看南面那个弱小的东突厥汗国不顺眼了，只是一直没有机会消灭他们。现在，大唐天子快要去泰山封禅了，那时候肯定各国代表都要到场。为了维持秩序，唐军定会把主力全部放在关东地区，边境必然空虚。到时候，我们乘机南下，要灭了李思摩还不容易吗？等唐朝反应过来，我们早已回到漠北，他们想跨过沙漠来攻打我们就难了。"各部落首领纷纷赞同。

不久之后，乙失夷男认为唐军已被调往关东了，便赶紧派儿子乙失大度召集同罗、仆骨、回纥等部落的人马共计二十万，越过大漠一直到达白道川，然后据守善阳岭（今内蒙古自治区和林格尔县西南），准备突袭突厥。

李思摩出塞时曾向李世民表示，自己要为天子做忠犬，"守吠国门"于外，同时也请求，如果打不过，自己可以撤到长城以内避难，李世民答应了。这时，一见薛延陀来势汹汹，李思摩也顾不上防守了，赶紧一边烧毁草地，一边带人南逃，很快逃入了长城，一直到朔州才停下来，然后赶紧派人飞马告诉李世民薛延陀南下的消息。

事实上，李世民正等着这个消息——唐军并没有如乙失夷男料想的那样东调，而是磨刀霍霍，早已准备好迎接薛延陀的进攻。李世民派出了强大的出击阵容，大军共分为五路：

——营州都督张俭率领营州骑兵，征调奚族、契丹人马，一起进攻薛延陀东部边境；

——兵部尚书李勣为朔州道行军总管，率领六万名步兵、一千二百名骑兵，驻扎羽方城；

——右卫大将军李大亮为灵州道行军总管，率领四万名步兵、五千名骑兵，驻扎灵武城；

——右屯卫大将军张士贵为庆州道行军总管，率领一万七千人，从云中出发，进攻薛延陀侧翼；

——凉州都督李袭誉为凉州道行军总管，率领凉州兵团进攻薛延陀西部边境。

大军出发前，李世民还特意做了战略规划："薛延陀依仗自身强大，跨过沙漠南下，漠北、漠南行程长达数千里，他们的马匹早已疲惫不堪。此外，用兵有个讲究：看到有利的局面就快速前进，看到不利的局面就快速撤退。但薛延陀两点都没有做到。李思摩毫无防备的时候，他们没有乘机突袭，将其全部歼灭，延误了进攻时机；李思摩带人退入长城后，他们明明再没有机会全歼敌军，却依然徘徊在长城外不肯撤退，这是自取灭亡。此前我和李思摩有过约定，他如果要撤退，无须多做抵抗，但一定要把沿途的草全部烧掉。现在，薛延陀这一路肯定什么吃的都找不到。我刚听李思摩的人前来报告，薛延陀的马将路上的树叶、树皮都要吃光了。你们不必快速决战，只要与李思摩呈犄角之势防御就行。待薛延陀要撤退时再行追击，一鼓作气击溃它。"

就在唐军全面部署的时候，乙失大度果然还在漠南溜达。大概是突厥人逃得太快让他无处下手，乙失大度十分不甘心。由于战马缺少食物，他将主力留下，自己带着三万骑兵南下进攻长城，想把李思摩拽出来，但李思摩早已跑到朔州躲了起来。无奈之下，乙失大度只好派人每天爬到长城上叫骂，想逼李思摩出战。但李思摩并不上钩，无论薛延陀怎么骂都不应战，只派人飞马向李勣求援。鉴于李思摩的紧急情况，李世民放弃了原本的主张，同意派距离最近的李勣兵团北上救援，同时派蒲州刺史薛万彻作为朔州道行军副总管，率领本部前往，与李勣合击薛延陀大军。

这一天，乙失大度的人正像往常一样叫骂，当面忽然出现一支大军，正是李勣率领的六万人马。乙失大度傻眼了：在长城外困守了这么多天，手下早已疲惫，本打算这几天就撤回去，不料唐军居然来了，这可是他父亲设想中没有的事。他可不敢贸然与唐军交锋，只能转身带领三万人马沿着赤柯泺往北狂奔而去。

乙失大度想走，李勣却不会放过他。李勣留下步兵主力，自己带着一千二百名骑兵以及从李思摩处借来的六千名突厥骑兵一起北上追击。为了节省时间，李勣还从白道川抄了近路。而薛延陀这边，由于马匹缺少食物跑不快，在青山（今内蒙古自治区大青山）就被唐军追上了。乙失大度且战且走，逃了几天后，终于来到了诺真水（今内蒙古自治区乌兰察布市境内）——薛延陀的主力军就驻扎在这里——这下不再跑了，他把薛延陀大军集结在一起，列阵长达十余里迎战唐军。

乙失大度并不惧怕唐军，因为他还有一个秘密武器。薛延陀虽然是游牧民族，但他们主要练习的并非骑兵作战，而是步兵作战。在长期与周围游牧民族的对抗中，薛延陀逐渐研究出了一种以步兵克制骑兵的战术，非常有效。

东突厥灭亡时，大将阿史那社尔手下还有十余万人，他不敢找唐朝的麻烦，就把亡国的怨气撒到首先起兵的薛延陀身上，发誓不灭薛延陀死不瞑目。于是，阿史那社尔带着六万精骑讨伐薛延陀。但谁也没想到，横行大漠的突厥骑兵居然被薛延陀步兵打得大败而逃。最后阿史那社尔只能选择归降唐朝。

乙失夷男准备与唐朝为敌前，特意将步兵战术又做了改进。平时军队以五人为一组，作战时则由一个熟悉战阵的人独自驱使五匹马，其他四人下马向前步战。如果打赢了，就由控制马的人将马交给这四人，一起追击败兵；如果败了，就一起骑马撤退。为了训练士兵，乙失夷男非常严格，五个人谁接应不上，不但本人会被处死，其全家也会被贬为奴隶，赏给有战功的人。如此一来，薛延陀士兵很快都熟悉了这套战法。

李勣的追兵赶来时，突厥骑兵杀在最前，但他们完全不是薛延陀的对手，很快仓皇撤退。乙失大度乘机向南追击，然后遇到了李勣的一千二百名骑兵。交战之初，薛延陀按照游牧民族的传统，以弓箭射击唐军。很快，唐军战马被射死了不少，李勣见状，命全军下马，让士兵手持长矟向薛延陀军冲去。当然，单纯以步兵对步兵，中原步兵还是要强很多的。薛延陀军人数虽多，却不是唐军的对手，被冲得溃不成军，靠着人数优势才没有第一时间败退。

相持间，后出发的薛万彻带着数千骑兵忽然从薛延陀军后方杀出，发起了致命一击：他的目标并非前方与唐军交战的薛延陀主力，而是薛延陀后方的战马。那些控马的士兵被杀得四处逃散，马匹也尽数被唐军驱散。薛延陀主力顿时军心不稳：诺真水到漠北要经过几千里的沙漠，没有马，光靠人的双腿，何时才能走回家？薛延陀军士气骤减，很快就被唐军击溃，三千多人阵亡，五万多人被俘。

乙失大度见势不妙，连忙逃走了。他带着人马进入沙漠，幸亏天降大雪才勉强走回漠北，此时剩下的军队还不到两万人。而满心期盼胜利消息的乙失夷男得到消息后，吓得变了脸色，他做梦都料想不到事情会出现这样的转折。他害怕唐军继续进攻，于是立刻派人到长安去向李世民求和，并表示要和突厥人联姻，双方和平共处。

李世民当然希望灭掉薛延陀，但他也知道时机并不成熟，于是没有深究乙失夷男的罪责，只是让使者转告："我让你们和突厥以大漠为界，互不侵犯，谁敢入侵对方，我就出兵打谁。你们自以为强大，越过沙漠进攻突厥，结果如何？李勣才带了几千名骑兵，你们就败得这么狼狈。你回去告诉你家可汗，做事前先想清楚利害得失，要做合适的事情。"

薛延陀的妥协

诺真水的大败并没有让乙失夷男消停多久，既然武力对抗行不通，他可以改走另一条路线，那就是偷偷引诱归附唐朝的部落投奔自己。第一个被他相中的就是同属铁勒的契苾部落。经过乙失夷男一番钱财攻势，契苾部的首领——贺兰州都督契苾沙门动摇了，他和母亲带着部落一起投奔了薛延陀。

这事原本也没多严重，但不凑巧，契苾沙门的哥哥左领军将军契苾何力正好回凉州省亲。他到凉州时，大队人马已经出发了，剩下的小部分人也即将动身。他们劝契苾何力也投靠薛延陀，但契苾何力坚决不从。于是这些人就绑了契苾何力一起去薛延陀。

乙失夷男想收服契苾何力这员猛将，于是亲自为他解开绳索。但契苾何力性子刚烈，刚一被松绑就立刻拔出佩刀，对着东面大喊："我堂堂大唐忠烈之士，怎么能受你们这些人侮辱，天地日月都可以见证我对大唐的忠心。"说着就用刀割下自己的左耳，表示誓死不从。乙失夷男顿时变了脸色。契苾何力拔刀时，他以为对方要行刺；契苾何力喊出心声后，他又觉得自己受到了轻视。乙失夷男大怒，准备将其处死，后来在妻子的再三劝阻下作罢。

乙失夷男平静下来后，没有再做冲动的决定。不久之后，为了稳定与唐朝的关系，他还派叔父出使长安，向李世民献上三千匹战马、三万八千张貂皮、一只玛瑙镜子，还请求联姻。

对于薛延陀的请求，李世民召集大臣问道："薛延陀远在漠北，鞭长莫及，现在要对付他们，只有两个办法：一是派大军远征漠北，一鼓作气消灭他们；二是同意与他们联姻，安抚他们。你们觉得这两个办法，哪个好？"

房玄龄首先答道："我国统一到现在不过数年，百姓还很困苦，远征漠北劳民伤财又胜负难料，我觉得还是和亲的好。"

李世民也认为和亲对百姓更有利，于是同意了薛延陀的请求，同时他也提出了自己的要求——将被囚禁在薛延陀的契苾何力释放回来。

不久之后，李世民正式派人回复乙失夷男，唐朝已经准备把新兴公主嫁到薛延陀，让他准备好聘礼，同时将契苾何力送回长安。

贞观十七年（643年），已经准备好聘礼的乙失夷男赶紧派侄子乙失突利可汗前往长安向李世民献上聘礼礼单。聘礼可谓相当丰厚，共计有马五万匹，牛、骆驼各一万头，羊十万只。李世民非常高兴，准备就此嫁出新兴公主。

然而这时却有一人站出来极力反对和亲，这人正是刚刚从薛延陀返回的契苾何力。契苾何力陈述道："薛延陀一直居心叵测，求和不过是暂时的权宜之举。把公主嫁过去，无疑助长了他们的气焰，让他们更加嚣张，我觉得不宜与他们和亲。"

李世民闻言也有些意动，但他还有些犹豫："我已经答应了与他们和亲，做天子的怎么能食言呢？"

契苾何力早已想好了对策："我们不用现在就回绝他们，只是先暂时缓缓。自古不都有迎亲的礼节吗？如果陛下让乙失夷男亲自来迎亲，他肯定不敢来，我们到时就可以用这个做理由拒绝他。乙失夷男性格暴戾，部下多有不服，如果不能与唐朝和亲，他还拿什么威慑部属。等过一两年他死了，薛延陀自然会陷入内乱，到那时，想灭了他们易如反掌。"

李世民一听有道理，就依计要求乙失夷男亲自到灵州迎亲。但出乎意料的是，乙失夷男竟然真的来了。其实乙失夷男出发去灵州前，确实有大臣劝他："此去万一被唐朝扣留了怎么办？还是不去的好。"乙失夷男却说："我早就听说大唐天子有圣德之相，我能去见他一面，死了也不算什么。更何况我被扣押了，漠北还有儿子主事，根本不必担心。我去意已决，你们都不用说了。"

乙失夷男何尝不知道此去的凶险，但他对契苾何力口中的危机早有察觉，所以此行不得不去，若不能求得唐朝公主，只怕薛延陀以后休想有好日子过。

然而此去灵州，往返要一万多里，途中又多有沙漠，缺少水、草，在这样的情况下，牲畜死了一大半，乙失夷男的聘礼交不上了。李世民心叫侥幸，忙不迭以此为借口，下诏回绝了薛延陀的求亲。

然而对于这次拒婚，唐朝各大臣却纷纷表示反对："陛下都答应了他们求亲，怎么能现在反悔？如果失信于薛延陀，恐怕边境又要生祸患了。"

然而李世民并不担心："你们了解古代，却不了解现在。汉初和亲是因为汉朝弱小、匈奴强大；现在却是我们强大、周边夷狄弱小，我军一千名步兵都能击败好几万名胡族骑兵。薛延陀卑躬屈膝前来求亲，只不过是因为他们的汗国刚建立没多久，根基不稳固，属下有很多杂姓部族，所以想凭借和大唐的姻亲关系震慑他们。同罗、仆骨、回纥等部落对薛延陀早有不满，如果一起进攻，马上就能灭掉薛延陀。之所以迟迟不攻，不过是因为真珠可汗是我立的，他们惧怕大唐干涉罢了。如果把公主嫁给薛延陀，薛延陀自恃大唐女婿的身份，周边各部落谁还敢攻打他们？薛延陀的狼子野心昭然若揭，等他们强大以后又会反叛，那时候就难收拾了。现在拒绝他们，等于告诉其他部落，唐朝已经抛弃薛延陀。很快，这些部落就会一起将薛延陀瓜分掉。不信你们等着看吧。"

薛延陀灭亡

恐怕所有人都没有想到，最早向薛延陀发起挑衅的，居然是之前被它打得狼狈而逃的李思摩。唐朝拒绝与薛延陀联姻的信号刚一放出来，李思摩就按捺不住了，报复性地派人到漠北抢掠薛延陀的牲畜。乙失夷男怎肯忍气吞声，立刻派乙失突利可汗带人反攻，一路打到了定襄。李世民见状，再次派李勣带兵救援李思摩，薛延陀只好收兵。但李世民还是不放过，又派人指责乙失夷男的不是，摆明了偏心突厥。

不久后，李世民远征高句丽，动身之前他还特意写了封信给乙失夷男："我和太子都要前去讨伐高句丽，你要想去寇边，就快点去吧。"乙失夷男大惊，赶紧表示自己真不敢有什么想法了。连番敲打，把乙失夷男吓出一身病来，哪怕高句丽再三前来贿赂他，他也不敢出兵帮忙。

没过多久，乙失夷男就在惊惧中病死了。果如契苾何力所料，他刚一死，薛延陀就发生了内乱。薛延陀当时分为东、西两个部分，东面由乙失夷男的庶长子曳莽统治，曳莽被唐朝封为突利可汗失可汗；西面由嫡子拔灼负责，拔灼被唐朝封为肆叶护可汗。两人本就不和，只不过父亲在世时，不敢明目张胆地阋墙。等乙失夷男一死，两人在牙帐奔丧时就发生了冲突。最终，曳莽被杀，拔灼自立为颉利可汗俱利薛沙多弥可汗。

多弥可汗一即位，立刻领兵南下，他以为李世民人在高句丽，唐朝没有防备，想乘机去黄河以南掠一笔横财。没想到李世民在出征前就派了右领军大将军执失思力带着突厥骑兵驻扎在夏州北面，一直防备着薛延陀，待薛延陀出兵南下，他又派左武侯中郎将田仁会前去与执失思力会合，共同抵挡薛延陀入侵。这一战，多弥可汗大意轻敌，中了执失思力诱敌深入之计，被打得大败而逃，唐军乘胜追击了六百多里。

然而多弥可汗记吃不记打，回去稍一休整就再次南下。李世民也不含糊，决定要狠狠教训对方一下。他派礼部尚书、江夏王李道宗率兵镇守朔州；右卫大将军、代州都督薛万彻和左骁卫大将军阿史那社尔镇守胜州；胜州都督宋君明、左武侯将军薛孤吴仁率军镇守灵州，几路人马与执失思力呈掎角之势，以防备薛延陀军队。多弥可汗才到塞下就发现唐军已做好了防备，赶紧撤了。唐军也因为刚结束东面的战事需要休整，就没有出兵追击。

第二年年初，李世民腾出手来，派出人马反击薛延陀。这一次领军之人还是当年不远万里前去册封真珠可汗的乔师望。如今乔师望已官至夏州都督，他与执失思力一起出兵北伐，很快将多弥可汗打得狼狈而逃，唐军俘虏的人都有两千多。

多弥可汗回到漠北没多久，薛延陀再次发生了动乱。多弥可汗素来性情急躁，又时常猜忌人，他弃用以前父亲任用的大臣，全部换成了自己的亲信，这使得部落里的人对他都有意见。多弥可汗并未对此反省，反而派人杀死对自己有意见的人来立威，最后人心尽失。他败退回漠北后，对他不满的人联合发起了内乱，而回纥、仆骨、同罗等部落早已虎视眈眈，此时乘虚而入，多弥可汗大败而逃。

至此，灭亡薛延陀的时机已经成熟。这一年六月，唐军正式发兵。唐朝派出了宗室名将江夏王李道宗，以及已经与薛延陀势不两立的阿史那社尔，两人共同担任瀚海安抚大使；右领卫大将军执失思力率领突厥兵；右骁卫大将军契何力率领凉州兵团，以及征召来的胡族骑兵；代州都督薛万彻率领代州兵团；营州都督张俭率领营州兵团。几路大军齐头并进，一起合击薛延陀。李世民更是亲自到灵州坐镇，为诸军助威。

唐军气势如虹，第一场胜利也来得迅速。当时，李世民派校尉宇文法去东部征召乌罗护和靺鞨（Mò hé）的骑兵一起从东面进攻薛延陀，这支混编兵团刚进发到薛延陀边境，就遇到了乙失阿波率领的薛延陀大军。宇文法立即指挥作战，大败乙失阿波，并乘胜从东面攻入薛延陀境内。这场开门红立即打乱了薛延陀的部署。很快，李道宗也带着兵马跨过了沙漠，在漠北大败薛延陀主力数万人。薛延陀军心不稳，夜间有士兵大呼："唐军来了！"多弥可汗信以为真，赶紧带着几千人前往投奔阿史德时健。多弥可汗一走，薛延陀属下各部落纷纷请降。不久，回纥进攻阿史德时健，杀死了多弥可汗。

此时残余的薛延陀部众还有七万多人，他们拥立乙失夷男的侄子咄摩支为伊特勿失可汗，希望唐朝放他们回到故地，不久之后又请求唐朝废掉他们可汗的称号，只请求居住在郁督军山。李世民本欲同意，但此前归附唐朝的铁勒九姓却不答应，他们害怕薛延陀再次壮大后报复。唐廷经过一番探讨，也觉得放虎归山太过危险，便派李勣带领铁勒九姓人马一起进攻薛延陀余部，咄摩支无奈，只得投降。咄摩支到了长安后，李世民也没有亏待他，直接封他为右武卫将军。

咄摩支走后，剩余还不愿意投降的薛延陀余部很快就被李勣打败，前后五千多人被杀，三万多男女被俘。此战过后，曾经在漠北横行一时的薛延陀汗国就此土崩瓦解，再也无力参与大漠角逐。

有志者事竟成：唐征服西域之战

高昌与唐朝的交恶

贞观十二年（638年），李世民接到了一封来自远方的奏疏，读完后不禁勃然大怒。这封奏疏是西面归附唐朝的焉耆（位于今塔里木盆地）国王龙突骑支送来的，主要内容是向李世民哭诉自己又挨打了，犯事者是焉耆在西域的邻居——高昌（位于今新疆维吾尔自治区吐鲁番市）。高昌不但自己动手，还联合了西突厥的两个部落——处月、处密，一口气攻破了焉耆五座城池，烧杀抢掠不说，还打包带走了一千五百多名男女。小国焉耆哪里承受得起这样的摧残，但又打不过高昌，只好向李世民求助。而李世民之所以大怒，是因为他同样忍耐一个人很久了——高昌国王麹文泰。

麹文泰在历史上不算很有名，但他有个结拜兄弟可谓家喻户晓，那就是玄奘法师唐三藏。《西游记》故事里，李世民与他结拜，并封他为御弟。然而历史上，真正与玄奘法师结拜的不是李世民，而是高昌国王麹文泰。当时玄奘路过高昌，被麹文泰强留讲经，不让他再向西行，玄奘坚决不从。无奈之下，麹文泰只好和玄奘结拜为兄弟，并约定取经归来后留在高昌三年。其后，麹文泰亲自写信给当时掌控西域的西突厥统叶护可汗，请求他关照沿途经过的玄奘，并亲自为玄奘挑选了随从一起上路，这才保得玄奘顺利到达天竺。

高昌与唐朝也曾有过一段蜜月期。武德二年，麹文泰的父亲病逝，麹文泰即位后，立刻派人向唐朝报丧。那时唐朝刚立国，见有人不远万里派使者前来，唐高祖李渊特别高兴，也派人前去吊唁，之后麹文泰一直向李唐朝贡。贞观四年（630 年），东突厥灭亡后，麹文泰更是带着妻子亲自前往长安朝贡，一行人受到了李世民的热情款待。麹文泰的妻子宇文氏本是北周宗室后裔，隋炀帝时期被封为华容公主嫁去高昌，这次前来，她提了个请求：希望唐朝能把自己的名字加到皇室族谱里。李世民爽快地答应了，不但下诏书赐姓李，还把她封为常乐公主。

然而贞观六年（632 年），两国关系一下子变了味儿，起因只是一件小事：焉耆要修一条路。

当时，西域与中原的商道共有三条：一条位于北面的伊吾（今新疆维吾尔自治区哈密市），另一条位于南面的鄯善（今新疆维吾尔自治区若羌县），还有一条位于中间的高昌。这三条商道向东汇于敦煌。高昌这条路虽然比伊吾的难走，但随着南面鄯善的衰亡，它渐渐变得拥塞，重要性也提高了。随着商业的发展，高昌越来越繁华富庶。

很快，隔壁的焉耆心痒痒了，也想要建立一条这样的路。经过查阅典籍，焉耆国王龙突骑支惊喜地发现，原来自家以前也有一条通往敦煌的碛道，只不过北魏以后渐渐荒芜，到隋朝时已经完全堵塞了。龙突骑支想要发家致富，于是立刻派人上书李世民，表示想修复以前的碛道，方便自己入朝进贡。这事儿既不需要唐朝出钱，也不需要唐朝出人，李世民自然不会反对。没想到，高昌无法容忍一个新的竞争者出现，麹文泰立刻派军队杀入焉耆抢掠了一番，严重阻滞了焉耆的修路工程。李世民对此事并不在意，却不知麹文泰已经连带着把唐朝也怨恨上了，开始倒向控制西域的西突厥。

东突厥败亡后，一些原本流落突厥的汉人逃到了高昌，麹文泰就将这些人全部收容起来。后来，李世民要求麹文泰将这些人遣送回唐朝，但麹文泰并不同意，认为这些人已经是高昌子民，怎么能白白送给唐朝呢？鉴于高昌与唐朝一直关系良好，李世民就没有再追究这件事。但麹文泰似乎打开了某道闸门，此后行事越来越肆意。

当时，控制北面商道的伊吾本来臣服于西突厥，但西突厥自统叶护可汗死后内乱不断，吐谷浑被唐朝灭掉时，伊吾就顺势倒向了唐朝，这么一来，伊吾就把西突厥给得罪了。麹文泰原本就对伊吾的商道十分眼红，因为这条路更好走，往来的商人更多，抢占了更多利益。所谓同行出冤家，高昌一直对伊吾不满。如今见伊吾得罪了西突厥，麹文泰就乘机联合西突厥发兵，把伊吾痛打了一顿，然后阻止西域各国前往长安进贡。

李世民本来不想损伤和气，但麹文泰越发不知收敛，于是亲自写信责备了他几句，希望他就此悔改。李世民听说麹文泰之所以到处惹事，主要是因为身边有一个叫阿史那矩的大臣煽风点火，于是声称想找阿史那矩商量些事情，让麹文泰派阿史那矩到长安来。"商量事情"当然是借口，麹文泰心知肚明，但阿史那矩其实是西突厥派来的人，现在自己正仰仗西突厥，怎么能把人送去长安呢？于是就一直推托，直到后来实在拖不下去，就把自己的长史麹雍派到长安去谢罪。

李世民当然不满意，麹文泰的敷衍搪塞之意太明显了。正巧这时，焉耆又写信来投诉，李世民就派虞部郎中李道裕出使高昌询问情况，并最后一次警告麹文泰："高昌这几年没有向唐朝进献过贡品，没有遵守身为藩臣的礼节，并且私设官职，所有称号都和唐朝一样，这是什么意思？难道身为人臣能这么做吗？为什么还私自筑城掘沟，四处打邻国？"

面对使者的诘问，麹文泰的态度并未软化，反而十分硬气地回答道："鹰飞翔在天上，鸡伏窝于草蒿，猫戏游于厅堂，鼠嚼食于洞穴，都是各自有各自的住所，难道不能让他们自己发展下去吗？"言下之意，自己不需要唐朝多管闲事。

不光如此，麹文泰还派人偷偷前往薛延陀汗国，向真珠可汗挑唆道："你堂堂一个汗国的可汗，与大唐天子平起平坐，怎么能去拜他的使者呢？你看以前突厥汗国是怎么做的，为什么要怕唐朝？"

薛延陀的真珠可汗原本就是由李世民所立，此时薛延陀跟唐朝关系也正走上良轨，真珠可汗听了麹文泰使者的话，吓得一哆嗦，哪敢受他的鼓动与唐朝决裂。为了撇清嫌疑，真珠可汗赶紧派使者前去长安说明情况，并主动请战："高昌这么狂妄无礼，我受了陛下的厚恩，一直想找机会报答，现在机会来了，希望能让我派军队作为先导，进攻高昌。"

正巧当时有高昌使者来到长安，李世民就告诉对方："今年年初，各国都派使者前来长安朝贡，只有麹文泰没派使者来；前次我派使者过去，他又对使者言语无礼。这也罢了，他还四处攻打邻国，到处挑拨离间大唐藩国，这种人不除，还留着做什么？你回去告诉他，明年大唐就要出兵讨伐你们。"紧接着，他又派民部尚书唐俭、右领军大将军执失思力携带赏赐前往薛延陀，与真珠可汗商量明年共同出兵一事。

其实哪怕是到了这时，李世民也依然不愿意真的与高昌刀兵相见，他希望麹文泰能够悔过，于是又下达玺书，向其陈述利害，厘清形势，同时表示，只要麹文泰肯入朝，什么都可以商量。然而，麹文泰已经铁了心要和唐朝对着干，回复说自己身体有恙，不愿前往长安。

高昌的覆灭

既然麴文泰不想和解，那么李世民也不用再犹豫了，立刻准备发兵进攻。然而对于讨伐高昌一事，唐廷众大臣却是难得意见统一地表示了反对，并给出了理由："此去高昌，路途遥远，且途经大片沙漠，严重缺乏水源，这种离开国门的万里远征实在难以成功。在西汉国力最为强盛的汉武帝统治时期，贰师将军李广利前去讨伐大宛，最后也落得个损兵折将、死伤无数的下场，最后仅仅得到几匹汗血马而已。我们这次出征，恐怕连汗血马都得不到。就算能灭了高昌，高昌的国土离我们这么遥远，想守也守不住。就为了这点儿守不住的土地出兵，太不值当了。"

但以李世民的性子，他可不会因为大臣们一致反对就改变想法。他深知，如果不打压一下高昌的嚣张气焰，恐怕以后西域各国都会看不起唐朝，到那时再想收服西域就不可能了。实际上，李世民对西域有一个大胆的想法，而要实现这个想法，就必须先拿下高昌这个通往西域的门户。

贞观十三年（639年），唐朝正式出兵，李世民以吏部尚书侯君集为交河道大总管，率领右屯卫大将军薛万均以及突厥、契苾等部共计步骑兵数万人，浩浩荡荡前往讨伐高昌。

自从得罪了唐朝，麴文泰就知道迟早会有这一战，但他有自己的谋划，以为自己占着地利。他曾经对身边亲信说："我以前去长安朝贡过，沿途所见，经过隋末天下大乱后，唐朝虽然统一了中原，但陇右、河西一带城邑萧条，没有多少人烟，远不能和隋朝时的强盛相比。唐朝想要讨伐我，就需要出兵远征，但兵一多，粮草就不是陇右、河西一带可以支撑的。如果发兵不到三万，他们就算到了高昌也不是我的对手。况且，唐朝距高昌这么遥远，中间沙漠难以前行，等他们到的时候早已经疲惫不堪，而我军则是以逸待劳；高昌的城墙又早已加厚，唐军如果顿兵于城下，不到二十天必然粮尽。到时候击破唐军还不容易吗？"为以防万一，麴文泰还特意去跟西突厥的阿史那欲谷联合，希望到时候他能够出兵帮忙。

麹文泰自以为看破形势，却没想到唐军不但来了，还出动了大批人马。唐军此次远征的主帅侯君集曾在雪域吃冰饮雪行军数千里，最终击败吐谷浑大军；而主将薛万均、契苾何力也曾率领军队在沙漠中刺马饮血袭击突沦川，这些人怎么会被区区沙漠的险阻吓倒，很快就领兵跨过沙漠到达碛口。

这一下，麹文泰慌了，显然对唐军的速度和数量都感到震惊，此时他早把先前的豪言壮语抛到九霄云外，也不敢再提什么以逸待劳了，终日里坐卧不安地思索对策。然而办法还没想出，麹文泰竟然就直接被吓死了。也不知玄奘法师五年后回来，会有什么样的感慨。麹文泰死后，他的儿子麹智盛继承了王位，还得面对父亲留下的烂摊子。

唐军到达柳谷时，终于得到麹文泰已死的消息，人都快要下葬了。当时高昌人忙着举行葬礼，唐军众将见状，纷纷请求趁此良机派兵偷袭，将高昌人一网打尽。但是主帅侯君集拒绝出兵，并解释道："我们不能这么做。大唐之所以讨伐高昌，是因为他们此前无礼，我们是来问罪的。但是连古人都知道，如果趁着人家办丧事时进行讨伐，这是不仁义的。我们如果趁着麹文泰下葬去偷袭，那就不是前来问罪的正义之师了。"

时人多以为侯君集太过迂腐，没有抓住良机快速克敌。实际上，侯君集考虑得非常长远。唐朝一直想在西域树立仁义形象，所以李世民此前才会对麹文泰一忍再忍，直到对方屡教不改，犯下众怒，这才出兵讨伐。侯君集自然知其深意，所以此行也尽量树立这种良好形象，以获得西域各国的人心。况且，高昌实在算不上什么厉害对手，侯君集有自信能正面打倒对方，根本不需要偷袭。

最终，在侯君集的坚持下，唐军没有偷袭高昌城，转而攻击了高昌边境重镇田地城（今新疆维吾尔自治区鄯善县西南鲁克沁镇），进攻的先锋官是名将契苾何力。高昌军队不敌，只得退守田地城。随后，田地城被唐军主力包围。

本着吊民伐罪的原则，侯君集先派了使者入城劝田地城守将投降。然而田地城守将听信了麹文泰之前的论调，也认为凭借坚固的城墙足以守到唐军撤兵，所以拒绝了招降。当然，他很快就会发现自己低估了唐军的战斗力。李世民早料到高昌会筑城挖沟以加强防守，而沙漠行军又难以携带大型器械，所以为了保证攻城顺利，他特意征召了崤山以东善于制造工程器械的人从军。这些人指导士兵就地取材，现成造出了很多攻城器械，让田地城人目瞪口呆。

唐军首先用砍来的木头填平了城墙外的壕沟，然后推出撞车，全力撞击城门，之后又出动了可怕的投石机。由于是现场制造的，投石机的建造者们还充分考虑了投石机和田地城之间的距离，每一次投石都能准确地射到田地城的城墙上。这批投石机威力巨大，只要被石头砸到，人和房子全部完蛋。在这样凶猛的打击下，田地城士兵连城墙都不敢上去，还怎么守城？于是这座高昌要塞很快失陷，七千多名高昌男女被俘。

拿下田地城后，唐军终于开始进攻高昌的国都高昌城。麹智盛被唐军重重围困在城内，吓得头皮发麻，哪还有什么主意可想？他派人向侯君集求情："得罪大唐天子的是我父亲，现在他已遭了报应，被老天爷收了去。我才刚刚即位，一切都和我没关系，希望尚书大人能替我向天子说明，请他原谅我。"

侯君集冷笑，回信道："你如果真的已经悔过，就自己打开城门，到唐军营前来投降。"但麹智盛生怕自己去了会遭到不测，根本不敢出城，这下就只能等着挨打了。

侯君集下令全军出动，运土把高昌城外的壕沟填平，然后再次搬出之前建功的投石机，开始疯狂朝城内投射石头。为了更精准地打击敌人，唐军还使用了高达十丈的巢车。观察者站在巢车上，只要一看到有敌人出来走动，就立刻喊出敌人的方向，并通知下方投石机校准方位，然后进行打击；如果投射目标有偏差，观察者也会通知投石机再次校准。在这种精确打击之下，高昌城百姓连门都不敢出。

麹智盛试图坚持，因为他还有一张底牌，那就是麹文泰生前约定好的西突厥援兵。然而他不知道，当初阿史那欲谷肯与麹文泰定下互助同盟，不过是以为将来要对付的只是西域小国，哪知道麹文泰会惹来唐军。阿史那欲谷当时驻守在可汗浮图城，一听说唐军来了，立即抛下盟友向西逃窜千里，只象征性地派了一名将领留守。这位守将也不是傻子，哪会为了区区高昌拼命，等唐军一到，他立刻主动打开城门投降了。

侯君集便把这位可汗浮图城守将带到高昌城下，向城内说明情况，麹智盛绝望地发现连阿史那欲谷也指望不上了，只能靠自己，但自己又有什么本事守得住城池？麹智盛彷徨无计，只能打开高昌城门向侯君集投降。至此，建国两百多年的高昌国宣告灭亡。

设置安西都护府

麹智盛到达长安后，李世民同样没有为难他。本着一贯的宽大原则，他封麹智盛为左武卫将军、金城郡公。

不过在高昌故土的处置问题上，唐廷的意见尚不统一。李世民心里一直有一个宏大的计划：要将西域完全变成自己的国土。此前汉朝设置西域都护府、戊己校尉管辖西域，不过是暂时让少量兵马驻扎于西域某国的王城，各国还是各行其是，只是名义上受西域都护节制。这样的措施在汉朝强盛时倒没有问题，但汉朝一衰落，西域各国立刻作鸟兽散。如果能将西域彻底变为中土，无疑是超越汉朝的一大功绩，其中征服高昌便是这个计划的第一步。所以灭掉高昌后，李世民当即提出要设置州县，完全按照唐朝的制度管理。

然而决议一出，魏徵立刻反对道："当年陛下刚刚即位时，各藩国里最先来长安朝见的就是麹文泰夫妇。虽然后来麹文泰狂妄自大，陛下出兵讨伐高昌，只需怪罪麹文泰一人就行了，何必牵涉无辜的百姓。假如陛下能够保留高昌的宗庙社稷，立麹文泰的儿子做国王，这样更能显示陛下的仁爱。到那时，陛下的威德远播天下，四海之内的外族人都会心悦诚服，以前汉朝也是这么做的，才让西域人对汉朝追思不已。但如果把高昌设置为州县，那势必还要派军队前往驻守，中原距高昌路远难行，几年轮戍一次，来往路上都得死不少人。再说，高昌这丁点儿土地，连守军都供养不了，我们还得以河西、陇右一带的物资供应高昌。这样不出十年，河西、陇右一带就会被高昌耗空，而我们在高昌却一无所得。这就是世人所说的'分散有用，而供应无用'，我认为这是不可行的。"

魏徵不明白李世民的宏图大计，李世民也不打算跟他多做解释，直接下令将高昌城改为西州，将可汗浮图城（今新疆维吾尔自治区吉木萨尔县北二十五里破城子）改为庭州，之后在交河城设立安西都护府，并派军队前往驻守，同时将高昌王公贵族全部迁至中原，以防他们捣乱。

对于安西都护的人选，李世民考虑良久，终于选定了一个人——时任左骁卫将军郭孝恪。郭孝恪曾参加过瓦岗军，归降唐朝后与李勣长期在东面为唐朝征战（虎牢关一战前，仅有郭孝恪和薛收支持李世民出兵）；全国统一后，郭孝恪又长期在地方担任刺史，屡获好评。这样一个军事、料民经验都无比丰富的文武全才，正是安西都护的最佳人选。贞观十六年（642 年），郭孝恪正式被任命为西州刺史、行安西都护事。郭孝恪也没有让李世民失望，他到达高昌后迅速整顿，使原本惊慌的高昌百姓安定下来，新生的西州、庭州逐渐走向正轨。

就在这时，西域又有国家试图挑战唐朝的权威了——竟然是此前被高昌欺负的焉耆。高昌灭亡以后，焉耆国王龙突骑支声称高昌强占了自己三座城市及其百姓，侯君集上报李世民后就将三城全还给了焉耆，那时候龙突骑支非常感激，指天发誓要永为唐朝藩臣。但后来，西突厥大臣屈利啜的弟弟娶了龙突骑支的女儿，有了这层姻亲关系后，龙突骑支就渐渐倒向了西突厥。他认为，自己如今与西突厥的关系更为亲密，于是对唐朝的朝贡也不再像往常那样及时了。

李世民心知龙突骑支不能再留，于是任命郭孝恪为西州道行军总管，率领安西都护府的步骑兵三千多人，通过银山道前往进攻焉耆。说来也巧，当时龙突骑支的弟弟颉鼻等三人正好路过西州，被唐军抓住了。经过一番劝说，三人中的栗婆准最终答应做唐军的向导。在栗婆准的带领下，唐军迅速绕过一路上的焉耆部队，抄近路赶到了焉耆首都焉耆城下。而龙突骑支自以为焉耆城四面环水、地势险要、易守难攻，唐军肯定打不进来，也就一直疏于防备。郭孝恪率军赶到焉耆城探明情况后，立刻让唐军悄悄泅水渡过护城河，等到拂晓时爬上城墙。直到这时，焉耆守军才发觉唐军来了，哪还来得及抵抗，一战死伤七千多人，龙突骑支还在睡梦中即被唐军俘虏。随后，郭孝恪留下栗婆准摄政，自己带着军队返回交河城。

郭孝恪离开三天后，龙突骑支的亲家屈利啜率兵赶到，然而唐军早带着龙突骑支走了，屈利啜只抓到了栗婆准。屈利啜对亲家也是十分讲义气了，听说龙突骑支被抓走，二话不说就带着五千轻骑前往追击唐军。其实屈利啜的行动早在郭孝恪的意料之中，他率军一路前行到银山设下埋伏，将屈利啜杀得大败而逃，唐军乘胜追击了几十里才返回。

就在郭孝恪与屈利啜交战时，突厥的另一将领处般啜也乘机派人前去占领焉耆，并让手下在焉耆摄政。为了试探唐朝的态度，处般啜特意派人出使唐朝报告这一情况。李世民怒斥使者道："焉耆是我唐朝发兵击败的，你们是什么东西，还想乘机在焉耆摄政？"听到使者回报后，处般啜不敢触唐朝锋芒，只好灰溜溜地撤回手下。但处般啜并未完全死心，之后在他的操纵下，焉耆人拥立栗婆准的堂兄龙薛婆阿那支为王，依然依附于处般啜。

唐军平灭龟兹

贞观二十一年（647年），龟兹（Qiū cí，今新疆维吾尔自治区库车县一带）国王伐叠病死，他的弟弟诃黎布失毕即位，之后不再向朝廷上贡，于是李世民派兵讨伐。对于龟兹，李世民一直有所不满。龟兹一直臣服于西突厥，对唐朝多有不敬，唐军进攻焉耆时，龟兹就曾派兵协助焉耆，此前郭孝恪所立的焉耆摄政王栗婆准就是被龟兹人杀死的。李世民一直隐忍不发，无非是因为当时唐军需要面对薛延陀和高句丽两个强敌，如今这些战事都已告一段落，那就可以回头慢慢料理龟兹了。

这年十二月，李世民以左骁卫大将军阿史那社尔为昆丘道行军大总管，以右骁卫大将军契苾何力为副大总管，率领安西都护郭孝恪、司农卿杨弘礼等五个将军一起进攻龟兹，同时又征发铁勒等十三部人马共十余万名骑兵参战。此次唐军派出的阵容异常强大，连龟兹依附的西突厥都不敢再出面支持。相反，唐军出兵后不久，西突厥丞相屈利啜就上书李世民，表示愿意带着本部人马协助讨伐龟兹。

阿史那社尔出征后，首先遇到的不是龟兹，而是西突厥下辖的处月、处密两部。这两部人马长期与唐朝作对，这一次依然没有看清形势，选择协助龟兹。交战的结果毫无悬念，阿史那社尔一战就大破处月、处密两部。

为了出其不意地打击敌人，阿史那社尔并没有选择正面进攻龟兹重兵防守的东部，而是率军绕道焉耆，从龟兹的北面发起了进攻。此时的焉耆虽然心向龟兹，但实力早就大不如前。在唐军入境后，焉耆王薛婆阿那支就立刻放弃焉耆城，准备逃到龟兹，与龟兹人合兵一处。但他还没有走到龟兹，就被追击的唐军斩杀。

随后，阿史那社尔兵分五路进攻龟兹。此时，龟兹大军还在东面，根本没料到唐军会从北面进攻，沿途各城邑的守将大惊之下，纷纷逃跑。很快，阿史那社尔就到达了距离龟兹王城三百里的积石。随后，他派伊州刺史韩威率领一千多名骑兵作为先锋，向龟兹王城进发，右骁卫将军曹继叔率兵继进。

韩威到达多褐城（今新疆维吾尔自治区库车县东）时，龟兹国王诃黎布失毕终于和丞相那利、大将羯猎颠率领五万人赶到。韩威见龟兹人马众多，没有把握取胜，于是假装逃走。诃黎布失毕也不含糊，以多敌寡，正是打击对方的好时机，送上门的便宜怎么能让它溜掉？于是率五万大军向韩威追去。

追逐了三十多里地后，曹继叔继进的兵马赶了上来。然而曹继叔手下人也不多，他们要与龟兹决出胜负依然艰难。但在这关键时刻，诃黎布失毕犹豫了，他不知道后续还有没有其他唐军会赶来，还是小心谨慎为妙，于是下令撤退，一切等回到王城再说。然而龟兹军一后撤，其阵形就开始乱了。韩威、曹继叔见机果断带人冲了上去。一番大战下来，龟兹大败，诃黎布失毕收拢残兵逃回王城。等到阿史那社尔率领唐军主力到达时，诃黎布失毕更是连王城都不敢守了，直接弃城而逃。

随后，阿史那社尔派沙州刺史苏海政、尚辇奉御薛万备率领精骑向西先行追击，自己也率大军继续前进，同时留下郭孝恪等人守备龟兹王城。在唐军的追击下，诃黎布失毕等人逃了六百多里路，最后实在是跑不动了，便躲进了拔焕城。随后，阿史那社尔率大军攻下拔焕城，生擒了诃黎布失毕和羯猎颠。

就在唐军前方大获全胜之时，后方却出了大事。当时，郭孝恪认为驻守城内容易扰民，便选择在城外扎营，城内则由龟兹降兵守卫。有人曾劝郭孝恪："丞相那利在龟兹很得人心，又颇有计谋，现在虽然逃亡在外，但肯定会想着如何回来；城内的降兵也不一定是真心归附唐朝，如果他们起了乱子，将很难抵挡。希望将军镇守在城内，这样城内降兵不敢乱动，那利有什么阴谋也很难施展。"但郭孝恪并没有听从，这些年来在西域的连续大胜让他多少有些轻视西域各国，并不相信那利有胆子反攻。

事实上，此前诃黎布失毕等人逃出王城时，丞相那利并没有跟着一起西逃，而是在城外偷偷聚集了一万多人的龟兹军队，同时联合西突厥部分部落准备反攻。当时郭孝恪手下只有一千多人，发现情况不对时，他原想带着人进王城内防守。但是太迟了，那利早已派人策反了城内的龟兹降兵。郭孝恪刚刚带人进入西门，城内军队就杀了出来，同时在城墙上用弓箭射杀唐军。郭孝恪眼看不敌，试图退出西门去与韩威等人会合，却被那利从外堵住。两边夹击之下，唐军大败，郭孝恪和儿子郭待诏中箭身亡。

郭孝恪死后，城内留守的仓部郎中崔义超为了保护唐军军需和财物，组织了两百多人与龟兹军队在城内展开激战。那利开始进攻以后，在城外扎营的韩威、曹继叔两人得到消息，连忙带人从西北面向王城发起进攻，很快就突入城内。那利抵挡不住，只得再次逃出城去，龟兹兵阵亡达三千多人。

这一回，韩、曹二人吸取了教训，直接带军队进驻城内。之后不久，那利再次带着一万多人进攻王城，被曹继叔击退。在唐军的追击下，龟兹军阵亡八千人，仅有那利单骑逃脱。然而也没过几天，那利又被人抓住，送到了唐军营中。

至此，龟兹再也无力抵挡。经过左卫郎将权祗甫的招降，先后有七百多个城邑向唐军投降。阿史那社尔在龟兹刻石纪功，然后立龟兹国王的弟弟叶护为王，这才班师。

龟兹败后，西域的西突厥、于阗、疏勒等国纷纷派使者入京请降，西域从此安定。安西都护府随后移驻龟兹，并在龟兹、焉耆、于阗、疏勒设置军镇，即为安西四镇。

雄主落幕：唐军一征高句丽

高句丽的乱局

贞观十七年（643 年），新罗国王金春秋派使者前来长安，向李世民诉说国内的苦难。原来，新罗的死敌百济联合高句丽一起进攻新罗，已经攻下了新罗四十多个城池，眼看就要断绝新罗到长安朝贡的路，新罗无力抵抗，只能向唐朝求援。

这个高句丽也叫高丽，已经让中原头疼很久了。它与后世的王氏高丽不同，是由扶余人朱蒙所建，曾长期与辽东势力作战。北魏末年，北齐、北周争霸，无力顾及东北，高句丽就乘机袭占了辽东。隋朝曾先后四次出兵高句丽，但最终都败退而回，隋炀帝更是因三征高句丽引起国内民变，最终亡国。

唐朝建立后，当时的高句丽国王高建武曾派人出使唐朝，被李渊封为上柱国、辽东郡王、高句丽王。李渊请求将之前被俘的隋军士兵放回，高建武也答应了，先后遣返了数万汉人。作为回报，李渊也将逃入中原的高句丽人送回。李世民灭了东突厥后，高建武还曾派使者到长安道贺，可见双方关系一度良好。然而，随后发生的一件事，让高建武对唐朝的态度发生了改变。

隋军三征高句丽时，有些战死的将士尸体被高句丽人修筑成京观，迟迟无法入土。于是李世民在贞观五年（631年）派人前往高句丽收殓隋军阵亡将士的遗骸，并捣毁京观，将尸骸运回国内安葬。高建武却将此举解读为一个危险的信号：李世民准备为旧隋报仇，唐军将要进攻高句丽。惊惧之下，高建武开始修筑长城，从东北的扶余城一直修到西南的海边，全长一千多里。

不过，没等到唐朝有什么动作，高建武就没命了。当时，高句丽的西部大人泉盖苏文为人残暴，所行多有不法，高建武就和大臣商量怎么除掉他。但很不幸，泉盖苏文察觉了此事，他当然不会坐以待毙，而是先下手为强。他召集手下兵将，自称要来一场大阅兵，在城南设置酒宴，邀请众大臣参加。在这场鸿门宴上，泉盖苏文杀死了高句丽大臣一百多人，然后烧毁仓库，带兵进宫杀死了高建武。

高建武死后，泉盖苏文另立高建武的侄子高藏为王，然后自封为莫离支，职责相当于唐朝兵部尚书和中书令，足见权位之高。而新君完全是个傀儡，国事全部由泉盖苏文掌控。此后，泉盖苏文更加张狂无忌。他本就身材魁伟、气势逼人，又喜欢随身佩带五把刀，以致他身边没有一个人敢抬头看他。他每次上下马匹都要让权贵、武将趴在地上让他踏脚；每次出行都有一大堆随行者前呼后拥，还有前导负责驱赶沿途百姓，以至于他经常经过的道路上一个行人都看不到。泉盖苏文如此横行霸道，在国内惹得天怒人怨。

高建武被杀的消息传到唐廷后，有人上奏请求讨伐高句丽，为死去的高建武报仇，但李世民拒绝了。并不是他不想打高句丽，而是崤山以东的地区在隋末经历了长期战乱以后，到现在还很萧条，民生凋敝，人烟稀少，实在难以承受讨伐高句丽的粮食转运。

围绕是否要讨伐高句丽的问题，李世民还特意询问了长孙无忌："泉盖苏文杀死我们封的高句丽国王而独掌朝政，这实在让人难以忍受。虽然以唐军的战力，想灭掉他轻而易举，但是关东疲敝，我实在不想劳扰百姓。如果暂时容忍，先让契丹去骚扰他们如何？"

长孙无忌赞同道："泉盖苏文自知得罪了我们，肯定会怕遭到讨伐，必然会加强防备。陛下只需要稍微容忍一下，待他以为没有危险，变得更加骄横，到那时再去讨伐他也不算晚。"

就这样，李世民暂且按捺怒意，还派使者前去册封高藏为上柱国、辽东郡王、高句丽王。而事情果然如长孙无忌所料，泉盖苏文以为唐朝奈何不了他，越发横行无忌。收到新罗求援时，李世民想乘机教训一下泉盖苏文，就派司农丞相里玄奖前去告诉泉盖苏文："新罗早就归顺了我大唐，现在年年朝贡。谁攻打新罗就是攻打我大唐。高句丽和百济必须立刻停战，如果再行攻打，明年大唐就要出兵讨伐。"

此时泉盖苏文刚刚又拿下新罗两城，哪肯退兵，谎称道："我们高句丽与新罗一直都有仇：以前隋炀帝攻打高句丽时，新罗趁火打劫，抢了我国五百里土地。如果他们不归还侵占的土地，我们是不会休战的。"

相里玄奖一听就知道对方在胡说八道——新罗原本才多大点儿地方，能占得了高句丽五百里土地？高句丽明摆着是要吞并新罗。当然，他不能指责泉盖苏文，只劝道："既然都是以前的旧事了，何必还要再追究？要认真说起来，辽东以前还是我国的领土呢，我们不也没追究？"

泉盖苏文毫不理会。他之前弑君，唐朝没对他有什么动作，想来是害怕重蹈隋朝的覆辙。这次高句丽攻打新罗，唐朝也只派了个使者来问责，看来仍然是不敢出兵的。既然如此，何须忌惮？

唐军的准备

相里玄奖回到长安汇报情况后，李世民立刻召集众臣商讨出兵事宜。然而谏议大夫褚遂良当即站出来反对："陛下麾旗所指则中原平定，眼睛向四方一看则夷狄全部归服，威望已经非常高了，为什么还要渡海去讨伐一个小小的高句丽？如果打赢了还好，万一输了，就太折损我国威望了。要是像前朝那样再度引起百姓反抗，那就麻烦了。"

李勣反驳他道："我觉得陛下讨伐高句丽是对的。首先，我朝不是前朝能比的，陛下更非隋炀帝。你想想当年薛延陀初进犯时，陛下就想过发兵讨伐，但被魏徵进谏阻止了，结果如何？到今天薛延陀还是我朝边境的心腹大患。如果那时采取陛下的策略，北方边境早就安定了。"

李世民立即顺着他的话说："李勣说得很对，薛延陀这个问题的确是魏徵的过失，我早就后悔了，一直不说，只是不想堵塞群臣进谏的道路。"

李世民这话说得十分有艺术，其他大臣一时语塞，不敢再"犯过失"，只好纷纷表示赞同讨伐高句丽。然而接下来，李世民又挑战了群臣的敏感神经，他公布了此次讨伐高句丽的主帅人选——他自己。

这一下众大臣当场炸锅，继而群起反对。

其实李世民此举也是无奈，毕竟对付高句丽这等强敌万万马虎不得，昔日强大的隋朝都没有攻下，如今必须挑选一个够分量的主帅才行。但这时候唐朝恰恰缺乏这样一个人物。李靖已经年老得再也无法上战场；侯君集因为参与太子李承乾谋反一案而被杀；至于李勣、李道宗、薛万彻、阿史那社尔、契苾何力等人，虽然都是能独当一面的名将，但要做统帅，又稍嫌不足。数来数去，李世民觉得只有自己可以担此大任了。

但大臣们可不这么想。堂堂天子，怎么能轻易上战场呢？何况纵使他作为秦王纵横沙场时所向无敌，那也是差不多二十年前的事情了。

褚遂良再次第一个出声反对："如果把天下比作人的身体，那么长安和洛阳就相当于心脏，州县就相当于四肢，至于四夷各族，则是身外之物。现在高句丽虽然罪大恶极，但还不值得陛下亲率大军前去讨伐，只要派几个猛将带着几万人出征就可以了。仰仗陛下的神威，他们还是能够取胜的。更何况现在太子才刚立，年岁尚幼，而其他宗室藩王的情况，陛下自己也非常清楚。在这种情况下，陛下出征前往国外，如果国内有什么变故，将难以控制。"

褚遂良说得直白，李世民也明白他话中的道理，但讨伐高句丽这种老牌的辽东强国，实在不是那么简单的事，李世民依然坚持亲征。

已经退休在家的前宜州刺史郑元璹是活着的人中为数不多参加过隋炀帝三征高句丽的人，李世民特意问他咨询计策。但郑元璹没有出谋，而是直接反对出兵，他说道："中原到辽东，路太远了，粮食难以运输；高句丽人又非常善于守城，不是能够轻易攻下的，所以昔日强大的隋朝也对高句丽无可奈何。"李世民气道："我朝可不是旧隋可以比的，你还是在家等好消息吧！"

名将李大亮也不赞同此举，他死前还特意上书进行劝谏，然而仍然没有阻止李世民。李世民要向世人证明，自己依然能够率军打下高句丽。

在接下来的时间里，大唐帝国围绕讨伐高句丽展开了准备工作。俗话说：兵马未动，粮草先行。粮食问题是重中之重。这年七月，为了解决粮食运输困难，李世民任命将作大监阎立德等人到洪州、饶州、江州制造四百艘船，用于运送粮食；接着又任命太常寺卿韦挺为馈运使、民部侍郎崔仁师为副使，黄河以北各州由韦挺节制（后因韦挺视察漕运不力，两人均被免职，由将作少监李道裕代替），将粮食运抵辽东；同时又命太仆寺少卿萧锐运送黄河以南各州县的粮食到海上，随时从海路保障唐军的补给。

与此同时，为了了解高句丽的军事部署情况，李世民又派营州都督张俭率领幽州、营州两个都督府的兵马，连同契丹、奚族征召的军队，先行进攻辽东以试探情况。不久之后，李世民发现张俭接令后没有半点儿动静，十分生气，以为张俭畏敌，不敢进兵，于是将其召到洛阳准备教训一番。

张俭早有准备，并不惊慌，面见圣上后抢先解释说，并非自己不想进兵，而是因为辽水最近发大水，过不了河。接着，他又向李世民陈述自己了解的高句丽的山川地势和易行地带，以及哪些地方水草丰美、哪些地方的水草不适合战马等情况，这些都是张俭做营州都督以来收集到的重要情报。李世民闻言甚是欣慰，立刻让张俭回去随时准备出击。

就在讨伐高句丽之前，李世民还发掘了一位未来名将——程名振。此人其实早在洺水之战时就曾跟随李世民讨伐刘黑闼，那时他是永宁县令，曾以六十面大鼓吓住洺州城内的范愿，让刘黑闼不得不回援，最终致使其"南守北攻"的计划被破坏。但程名振的妻、母都被刘黑闼杀死，在刘黑闼被擒后，他亲手斩下刘黑闼的头颅祭奠家人。战争结束后，程名振并未得到显著升迁，李世民向天下征召人才准备讨伐高句丽时，程名振也才做到洺州刺史。有人举荐了程名振，赞其善于用兵。李世民对他有点儿印象，于是召他到洛阳询问兵法谋略，程名振对答如流。李世民大喜过望，当即道："你有出将入相之能，我很快就有用得到你的地方。"于是当天就任命他为右骁卫将军。

贞观十八年（644年）十一月，李世民言出必行，正式出兵讨伐高句丽。这次出征的部队分为水陆两部分：水路以刑部尚书张亮为平壤道行军大总管，率领江、淮、岭、峡等四州的兵马，以及从长安、洛阳招来的三千人，分别乘坐五百艘战船从莱州出发，渡海直逼高句丽的都城平壤；陆路则以太子詹事、左卫率李勣为辽东道行军大总管，江夏王李道宗为辽东道行军副总管，率领步骑兵六万人，以及兰州、河州投降的胡人骑兵，一起进逼辽东。各路大军在幽州会合。

与此同时，李世民又派行军总管姜行本、少府少监丘行淹先行到达幽州，在附近的安萝山制造云梯、冲车等攻城器械。在大军出发后，李世民又命令高句丽周边的契丹、奚族、新罗、百济等国一起出兵进攻高句丽。

当时，唐朝承平已久，中原已经近二十年没有见过刀兵了。征讨高句丽的计划一经发出，立刻就有很多渴望建功立业的勇士前来投军，能工巧匠也纷纷进献出各种攻城器械的设计图纸。对于这些人，李世民统统加以抚慰，并亲自挑选勇士和设计。

担心讨伐高句丽太过劳民，李世民还曾特意下诏书指示："我们这次东征是因为泉盖苏文杀死了自己的国王并欺凌百姓，实在让人忍无可忍。我现在亲率幽州、蓟州的军队去辽东问罪，所有路过的地方，军队和沿途负责官员均不许扰乱百姓。"有鉴于此，沿途负责筹备的官员自然不敢胡乱折腾百姓，各种行军作战的物资、费用都少了一大半。

同时，李世民还昭告天下人，唐军此次出征必将取胜："旧隋之所以战败，是因为隋炀帝对百姓残暴，国内人心不一，而高句丽王则对百姓仁爱有加，国内能团结一致。用这样人心思乱的军队去进攻渴望安定、和平的百姓，怎么能够取胜？而我朝现今的情况与旧隋大不一样，我就有五条必胜之道：一是以强大进攻弱小；二是以顺应时势去讨伐倒行逆施；三是以安定的国家进攻内乱的敌方；四是以逸待劳；五是以百姓悦服、人心统一的国家去进攻百姓积怨、人心思变的国家。如此怎么能不胜利呢？所以，希望天下百姓都不要因此而惊慌。"

血战辽东城

贞观十九年（645 年），李世民留萧瑀守洛阳、房玄龄守长安，自己带着太子李治亲率各路大军从洛阳出发。就在他动身的前一刻，都还来了两位不放心他的老朋友：一位是老将李靖，他请求随军出征，与天子一起平定辽东，但李世民担心他的身体无法承受长期行军，还是谢绝了他的好意；另一位则是护卫尉迟敬德，自从李世民登基后，他就一直闭关炼丹修道，已经很久没露面了，这次出关还是来反对皇帝亲征的。

尉迟敬德劝说的还是那些车轱辘话："陛下现在要亲征辽东，之后又让太子在定州坐镇，长安、洛阳两大心腹之地都没有人镇守，实在是不妥。当年隋炀帝二征高句丽时，就因中原腹地空虚，给了杨玄感可乘之机，今若再生叛乱，仍然难以控制。更何况高句丽只是一个边陲小国，根本不值得陛下亲自讨伐，只需派几个将领就可以灭掉。"

李世民听得耳熟，他熟悉尉迟敬德，知道这个硬汉原本不会说这样的话，显然背后有人支着。李世民便不与尉迟敬德多解释，反而直接任命他为左一马军总管，拉上一起随军出征。

到达定州以后，李世民再度耐心地向随行人员解释此次东征的目的："辽东以前本来就是中原的地盘，只不过在北魏末年被高句丽窃占了去，此前隋朝四征高句丽都失败了，没能将土地收回。而我亲自东征，就是要为昔年死于高句丽的中原子弟报仇雪恨，同时为高句丽百姓一雪国王被杀的耻辱。现在天下都已平定，只有东面的高句丽还不安分，趁着我还没有老，要集合众将先击败他们，总不能把他们留给后世子孙来处理。我从洛阳出发以来，只吃肉，一点儿蔬菜都没吃，就是担心劳烦沿途的百姓。"

在定州时，士兵若行军得了病，李世民都会一一慰问，并要求负责的官员照顾好病患，士兵们非常感动，更对天子非常忠诚。出征前，很多没有编入东征部队的士兵也纷纷请愿，表示要自备武器和装备跟随大军出征，人数多达上千人。他们上书说："我们不求得到皇帝的封赏，只希望能为陛下效忠，战死在辽东。"不过李世民一一谢绝了。

之后，李世民留太子李治坐镇定州，命开府仪同三司高士廉代为太子太傅，与刘洎、马周、张行成、高季辅等人一起辅佐李治，自己则带着长孙无忌、岑文本和杨师道一起出发前往幽州。

与此同时，唐军的先头部队已经开始奔赴辽东前线。李勣首先率军从柳城（今辽宁省朝阳县柳城街道袁台子村）出发，而他所要面对的第一个敌人却是辽水。辽水可谓高句丽辽东防线的第一道门户，宽广辽阔且频发洪水，并不容易渡过。隋炀帝一征高句丽时，猛将麦铁杖就因渡河困难最终战死在辽水边。为了尽可能减少损失，李勣渡河时采用了声东击西的策略，对外宣称要通过怀远镇一带东渡辽水，实际却偷偷沿水北上，在北面寻找机会渡河。高句丽军并未察觉真相，果然将人马集中在怀远镇（今辽宁省北镇市）附近防备唐军。而李勣顺利从通定渡过了辽水，一路推进到了玄菟。待高句丽军反应过来，再调兵已经来不及了，惊骇之下，纷纷退守本城不敢出战。

紧接着，辽东道副大总管江夏王李道宗也率领数千兵马到达新城（今辽宁省铁岭市南），折冲都尉曹三良作为先锋，只带了十多个骑兵就冲到新城的城门前。高句丽人何曾见过这等勇猛之人，各个心里发怵，不敢迎战。

随后，营州都督张俭也出发了，他很快渡过辽水到达辽东，用手下的胡族骑兵做先锋，直抵建安城（今辽宁省盖县东北）。建安的城主倒是敢于出战，不过一战就被唐军打得大败，丢下几千具尸体后狼狈逃回城里。

首战告捷后，李世民亲率各路大军离开幽州向辽东进发。就在这时，军中忽然传来噩耗——宰相岑文本身殒。岑文本是被活活累死的。自从开始准备讨伐高句丽以来，李世民将所有的物资粮草、人员器械、文书往来的工作全部交给了他。而岑文本是个事必躬亲的性子，长期日夜操劳，终于油尽灯枯，撑不住了。大军刚从幽州出发，他就病死在了军中。李世民哀叹不已，只得把太子右庶子许敬宗召来替代。不过岑文本的死并没有打击到李世民，反而越发坚定了他战胜高句丽的决心，似乎只有这样，他才对得起岑文本的巨大付出。

很快，李勣与李道宗二人合兵攻陷了高句丽的重镇盖牟城（今辽宁省抚顺市），俘虏了两万多人，并缴获了泉盖苏文储备在此的十多万石粮食。唯一令人遗憾的是，行军总管姜行本在指挥军队架设攻城器械时不幸中箭身亡。姜行本是当时著名的攻城器械专家，侯君集讨伐高昌时，很多攻城器械都是由他制造的，他的死对唐军战力无疑是个沉重打击。

与此同时，唐军海路也取得了进展。张亮率水军从东莱出发，横渡渤海袭击了卑沙城（今辽宁省大连市内）。卑沙城地势险要，易守难攻，该城三面环水，只有西门才可以进入，是高句丽在沿海地区的重要门户。而这次行动中，此前被李世民火速提拔的程名振立了大功。程名振率先锋连夜急行军，趁着卑沙城未做防备，一举从其西面攻入。天快亮时，程名振命副总管王文度率军登上西门城楼，此时守军才反应过来，但根本来不及组织起有效抵抗，很快就被唐军击败。卑沙城就此落入唐军手中，城内八千多人被俘。

接下来，唐军终于直面高句丽在辽东的第一重镇辽东城（今辽宁省辽阳市）了。当年隋炀帝派出百万大军都没有攻下辽东城，其攻坚难度可想而知。唐军这边，李勣所部已经集中到了辽东城下；高句丽军这边，泉盖苏文又派了步骑兵四万多人驰援辽东。大战一触即发。

此时，李道宗即将在东面迎战高句丽援军，但他手下只有四千骑兵，连高句丽援军人数的十分之一都不到。面对这种情况，众手下均认为双方兵力太过悬殊，只能先立营垒，坚守不出，等待李世民大军到达后再一起出击。然而李道宗不同意，他指出："不要看高句丽军队人多，他们仗着兵马多就轻视我们，根本没有认真做准备，加之长途跋涉，肯定十分疲惫。我军则是以逸待劳，如果正面出击的话，一定可以击垮敌军。况且我们本来就是先锋，应该提前扫清前方道路等待陛下车驾到来，怎么能把敌人留给陛下呢？这个道理连东汉大将耿弇（yǎn）都懂，我是本朝宗王，难道还不如他吗？"

闻言，军中的果毅都尉马文举应声喊道："不遇劲敌何以显壮士，这正是大家证明自己的良机！"说完就当先带人冲向了敌军。众人心都提到了嗓子眼儿，却见马文举所向披靡，所到之处，高句丽军队节节败退。其他人见状，心中大定，纷纷冲出，随马文举一起与高句丽军队展开激战。

这等关键时刻，行军总管张君乂（yì）心中却有了别的算计。在他看来，四千人再如何勇猛，要胜过四万人也是不可能的，他不愿白白送死，干脆转身向后逃去。然而他这样的举动对士气的影响是极大的，原本已经占据上风的唐军士兵发现总管逃走，忽然就崩溃了。高句丽军乘机反攻，将唐军打得不断后撤。

李道宗连忙收拢四散的唐军，并登上一处高地试图寻找反攻机会。很快，他就发现了敌方一个破绽。此时高句丽军见唐军溃败，纪律已经不再严明，而是放松了队形四散追击唐军。李道宗发觉对方阵势已乱，立刻抓住机会，带着几十个骑兵当先冲入高句丽军阵中，左冲右突，杀得对方人仰马翻。稍后，李勣也率军前来助阵，两军合击之下，高句丽援军大败，一千多人被杀，余部溃散。

就在双方于辽东城下酣战之时，李世民正亲率大军昼夜兼程赶赴辽东。在渡过辽水时，为了显示此战必胜的决心，他特意让人拆毁了辽水上的桥梁，以示破釜沉舟之气概。不久之后，大军来到辽东城下，驻军马首山。他首先重赏了有功的李道宗，并提升另一功臣马文举为中郎将，然后处斩了逃跑的张君乂，以示赏罚分明。

到辽东城的第二天，李世民就带着数百名骑兵到辽东城下查看攻城情况。辽东城城高墙厚，外围又挖了很多壕沟用以护城，此时唐军士兵们正忙碌地背土填埋壕沟，以便能运送攻城器械到达城下。李世民见状，二话不说，直接下马，从地上搬起最重的一包土放在马上，然后牵马将土驮到壕沟前填埋。连天子都带头亲自动手了，其他随行的大臣哪敢闲着，不管文臣还是武将，也纷纷挽起袖子开始背土。在这种示范效应下，唐军众将士人人争先，很快就填平了壕沟。随后，李世民以精兵将辽东城重重围困，日夜进攻。

隋朝以来，辽东城一直有着"不破"的神话，但这终将成为过去。当巨大的南风刮起时，李世民知道破城的机会来了。他立刻派勇士爬到冲竿之上，在接触城头时，用火把点燃城的西南楼。在风力的襄助下，火势迅速蔓延到城内，许多房屋都被烧毁。辽东城立即陷入了一片混乱，哭号声震天。唐军乘机发起进攻，高句丽军虽然拼死反击，但没有顶住。辽东城终于被攻克。

此战，唐军斩杀高句丽军一万多人，俘虏一万多人，除此之外，还俘虏了平民四万多人。李世民将辽东城改为辽州，然后挥兵直取白岩城（今辽宁省岫岩满族自治县）。

攻破白岩城

唐军围攻白岩城的战斗同样惊心动魄。

当时，高句丽的乌骨城（今辽宁省本溪市南连山关）派来援兵一万多人。最先发现援兵的是契苾何力，他发扬了一贯以来的悍勇作风，只带着手下八百精锐骑兵便前往迎击。混战中，他与高句丽猛将高突勃交上手，被对方用长矛刺中了腰部，血流如注，眼看性命就要交代在这里了。关键时刻，尚辇奉御薛万备单枪匹马杀进重围，将契苾何力救了出来。

这个薛万备正是薛万均、薛万彻的弟弟。在讨伐吐谷浑的赤水原之战中，契苾何力曾带人奋力救出了薛万均兄弟，这事原本是美谈，但是战后双方争功，契苾何力与薛家兄弟闹得很不愉快。此番薛万备救出了契苾何力，也算是替兄长还了恩情。

薛万备原本想带契苾何力回营医治，但契苾何力十分倔强，不肯在战场上退却，将伤口略一包扎，又继续向高句丽阵中冲杀。跟随他的唐军众骑兵受到主帅的鼓舞，也都奋勇杀敌。

很快，高句丽军大败而逃，契苾何力追出几十里，斩杀一千多人，只因天黑了，这才不得不返回。不过这位硬汉回营后立即就倒下了，他受伤颇重，李世民听说后立刻赶来探望，并亲自为他敷药。

受到天子这般体恤的将领不止他一人。东突厥可汗李思摩早前因为控制不住部下，导致部落溃散，不得不返回唐朝，而后担任右卫大将军，也参与了此次东征。进攻白岩城时，李思摩运气不太好，上阵没多久就中了一箭。李世民发现后，立刻为他拔出中箭，还直接用嘴吸出脓血。天子如此关爱下属，唐军士兵备受感动，作战的意志也更强了。

且说白岩城这边，城主孙代音眼见援兵已被打退，知道坚守不下去了，他想开城投降，又怕城中有人不肯，于是偷偷派人给李世民送了一封信，信上说："我想要投降，等唐军接近城下时，我扔下刀斧做信号，然后打开城门投降。只不过城里人未必都听我的，我怕到时候有人不愿意。"

李世民略一思索，交给信使一面唐军旗帜，说："如果孙代音愿意投降，就将这面旗帜插在城墙上，到时看谁还敢不降。"果然，孙代音将唐军的旗帜插上后，城里人以为唐军已经破城了，无奈之下，只得和孙代音一起投降。

然而对于这样的发展，李勣却不满意。当时，李勣负责攻打白岩城西南面，李世民负责西北面。听到白岩城投降的消息后，李勣立刻带人飞马赶去李世民营中，想让皇帝改变主意。

李勣为什么会反对接受白岩城的投降呢？原来，此前在辽东城失陷时，孙代音就曾派使者前来求降过一次，但事后又反悔不肯投降了。李世民见他如此反复无常，非常生气，盛怒之下就下了一道命令："攻破白岩城后，将城中的男女以及财宝全部分给众将士。"此刻，如果唐军接受白岩城投降，就没有劫城这等好事了，于是李勣急匆匆找到李世民请他收回成命："将士们之所以冒着飞矢流石的袭击，不顾生死地攻城，就是为了得到白岩城中的男女和财宝，现在眼看破城在即，陛下却忽然要接受他们投降，这样也太寒众将士的心了。"

李世民深知这事必须好好处理，连忙安抚李勣道："李勣将军说得很对，但是放纵士兵随意杀人、抢掠别人的妻儿和财物，我实在不忍心。不如这样，对有功的众将士，我调用府库里的财物赏赐他们，就算是我从你们手里赎回一座完整的白岩城。"李勣这才心满意足地退下。

随后，李世民在河边设立营帐，接受孙代音投降。城中投降者总共有一万多人，李世民全部赐给食物，八十岁以上的还额外赐给绢帛。白岩城中还有一些其他城市派来助战的，也一律供给粮草，随便他们去留。随后，李世民改白岩城为岩州，以孙代音为岩州刺史。

白岩城投降后，此前刺伤契苾何力的高突勃也被俘了。李世民将契苾何力叫来，让他杀了高突勃出气。出人意料的是，契苾何力不但没有杀掉对方，反而替他求情道："我跟这人根本就不认识，完全没有一丝一毫的私仇旧怨，此前在战场上，他为了自己的君主冒着生命危险刺伤了我，这是忠心的勇士，怎么能因为这个而杀死他呢？"高突勃因此逃过一死，被释放回家。

与高突勃一起被释放回家的还有七百名加尸城的士兵，此前被泉盖苏文派去驻守盖牟城，城破时全都做了李勣的俘虏。这一路行来，这些人都被李世民的仁爱之举所感动，纷纷表示希望加入唐军，但被李世民拒绝了。他认为，这些士兵的家都在加尸城，如果他们加入唐军，泉盖苏文一定会杀死他们的家人，所以赐予他们一些财物，放他们回家去了。

北山之战

攻下白岩城后，唐军锋芒又直指安市城（今辽宁省海城市八里镇营城子）。安市城是高句丽在鸭绿江前的最后一个要塞，唐军只要将其攻下，就可直取鸭绿江。为此，李世民特意找来李勣商讨，说："我此前就听说过安市城地势险要，易守难攻，城内兵精粮足，城主更是智勇双全。以前泉盖苏文杀死高建武作乱时，这个城主曾带头起来反抗。泉盖苏文派了不少人马前来围攻，都没有攻下，只得放任他继续担任城主。可见我们要攻下安市城，恐怕不易。但安市城下面接着就是建安城，此城兵力稀少，又没多少粮食，如果出其不意地发起进攻，必定能轻易攻陷它。我认为，你可以带领军队绕过安市城，先攻打建安城。一旦攻下建安城，安市城就等于在我的肚子里了，那时想要攻下它还不容易吗？这就是兵法里所说'城有所不攻'的道理。"

然而李勣并不赞同，他说："建安城在南面，安市城在北面，我们的粮草全部放在安市城北面。如果我们跨过安市城去进攻建安城，而安市城忽然出兵断绝我们的粮道，那该怎么办？我的意见还是先攻打安市城，一旦攻下安市城，就能一鼓作气拿下建安城。"

李勣考虑得十分谨慎，但他忽略了唐军此次出征的部队并非只有陆军，海路大军在此前已经拿下了离建安城不远的卑沙城。如果粮道被断绝，完全可以通过海运进行补给，断不至于一筹莫展，更何况张俭所部营州兵团也曾到过建安城下。就这样，唐军与胜利失之交臂。

李世民虽然想坚持己见，但此时他是皇帝，而非主帅，不能强制改变陆路主帅李勣的想法，最终只得说："你才是主帅，当然以你的意见为主，你想去攻就放手去攻，只要不耽误我的军机大事就行。"于是，李勣率领大军展开了对安市城的围攻。

泉盖苏文得知安市城被围攻，大吃一惊，再也顾不得昔日的恩怨，赶紧派大将高延寿、高惠真率领十五万大军救援安市城。高句丽援军来势汹汹，但李世民并不慌张，他还设身处地以高延寿的角度提出了三种策略：上策——

率领军队一直到前线，与安市城连接，修筑堡垒，占据附近高山险地防守而不出战，只让骑兵绕道，抄略唐军的牛马粮草补给线路，唐军久攻不下，既无法前进，又受制于后方泥沼阻拦无法撤军，到时自然陷入困境；中策——带着安市城中的军民一道连夜撤退到鸭绿江对岸；下策——不自量力地直接前来交战。最后，李世民判断，高延寿必定选择下策。

事实果然如他所料，高延寿确实选择了下策。其实，高句丽军中有一个官居对卢的人，年高老成，对中原也比较了解，打从一开始他就不断劝说高延寿："秦王李世民对内平定各路豪杰霸主，对外又让四夷臣服，凭借一己之力成了皇帝，这样的人是天命所归。现在他率领唐朝大军前来攻打，我们万万不可正面抵挡。我觉得不如就此按兵不动，分别派出几路奇兵绕到唐军后面，断绝他们的粮道，旷日持久之下，唐军想求战不行，想退也不行，那时候我们才能取胜。"

这个策略其实与李世民的上策相符，如果高延寿听取了，将会给唐军造成非常大的麻烦。然而高延寿率领近举国之兵，生怕因停留不前而被人笑话，于是不听劝说，前进到了距离安市城四十里的地方。

李世民虽然预料高延寿会采取下策，但保险起见，还是决定来一出诱敌之计，从而阻滞对方的行动。执行这项任务的是左卫大将军阿史那社尔，他率领一千多名突厥骑兵与高句丽军队交战。两军接战后，突厥骑兵佯装败退，高句丽士兵信以为真，纷纷冲出追击唐军，很快就来到了安市城东南八里的地方，高延寿依山摆下阵势。

为了进一步麻痹高延寿，李世民特意派使者告诉高延寿："我是因为你们国家的莫离支泉盖苏文杀死了你们的国王高建武，才来兴师问罪。两国交兵并不是我的本意。之前之所以攻城，是因为我们进入辽东后粮食供应不上。等你们重修臣国的礼节，我就会把之前攻下的几座城池归还。"天真的高延寿相信了这番话，以为李世民对他没有敌意，也就放松了警惕。

而李世民立刻召集全体将领询问破敌计策。众将哪好意思在他面前卖弄，就把长孙无忌推出来作为代表。长孙无忌果然很会说话，只听他道："我听说将要临敌打仗时，只要观察一下士兵们的情绪就可以知道胜负了。我来之前特意去营房看过，士兵们听说高句丽大军来了，纷纷拔刀扎旗、喜形于色、跃跃欲试，这就是书上说的'必胜之兵'。至于如何破敌，在场各位有谁能比陛下更有发言权？陛下还没有成年时就已经随云定兴将军解雁门之围；成年后更是多次指挥唐军作战，击败了无数豪杰。可以说，我大唐出奇制胜的克敌之策，都是出自陛下。今天这一战，还是请陛下亲自指挥，众位将领只需按计策行事就行了。"

李世民倒也不谦虚推辞，高兴地说："你们既然都这么谦让，那就让我为你们谋划一二。"

李世民按照昔日征战天下时的惯例，带着长孙无忌等人登上一座高坡，远远观察敌人的阵形以及周围的地势，详细查看周围可以埋伏士兵的地方和进出道路。一番探查之后，他心中已然有了计较，不过暂时按下不表，想听听其他人的说法。

当时，李道宗见高句丽大军列阵长达四十多里，忽然灵光一闪，向李世民提议道："我看高句丽大军这么多人，应该是倾全国的兵力前来对抗我军，这样一来，其后方国都平壤的守备必然空虚。请陛下给我五千精兵，我愿意率领他们绕道直捣平壤。平壤一破，这几十万军队都得不战而降。"李世民想了想，终究觉得太过冒险，从安市城到平壤，沿途情况谁都说不清楚，取胜机会不大，就否决了这个想法。

之后，他连夜召集众将做出战略部署：由李勣率领一万五千名步骑兵在西岭列阵，正面抵挡高句丽大军；由长孙无忌率领一万一千名精兵，穿过山北面的峡谷，直达高句丽大军的后方，以作为奇兵；他自己率步骑兵四千人，带着鼓号和旗帜等登上北山（即驻跸山，今辽宁省海城市西南唐王山）。各军只要听到擂鼓吹号之声，就一起向前进攻。为了表达此战必胜的信心，李世民甚至特意让人在朝堂大营边上搭起了一座受降用的帐篷。

　　高延寿发现唐军在列阵后，才知上了李世民的当，连忙指挥士兵也出营布阵。李世民见到高句丽大军后方有尘土扬起，知道长孙无忌已经到位，于是立刻下令擂鼓吹号，高举大旗，号令诸军同时发起进攻。高延寿这时才发现自己大营前后都有敌人，他慌乱地试图将手下人分为几路分别抵挡唐军，但为时已晚，高句丽军队还没来得及列阵，纪律已经开始乱了。

　　所谓"屋漏偏逢连夜雨"，高句丽军正慌于组织迎战，天上忽然下起大雨，阵阵电闪雷鸣扰得人心惶惶，导致阵形更加混乱了。就在这时，唐军先锋中忽然出现一道白色的身影，犹如一道闪电，疾速劈入高句丽军中，左冲右突，如入无人之境。唐军士兵紧随其后，气势如虹。高句丽军队无法抵挡，纷纷四散逃窜。在唐军的追击下，高句丽军队全线溃败，两万多人阵亡。

　　李世民站在北山上目睹了这场战斗，心生赞叹。战后，他立刻让人找来一马当先的白衣人。此人正是绛州龙门人薛礼，字仁贵，以字行世。他是南北朝时期名将薛安都的后人，因家贫而应募加入了征东的大军。战前薛仁贵知道天子会到场，便特意脱去盔甲，只穿一身显眼的白衣作战，以此博取天子的注意。李世民觉得良将十分欣喜，立刻提拔薛仁贵为游击将军。

　　高句丽大军溃败后，高延寿、高惠真等人收揽残余部众，依山结成营垒防守。李世民果断让诸军齐出，将高延寿等人重重包围；同时又派长孙无忌等把河边的桥梁全部拆除，以断绝高延寿的退路。

　　高延寿眼看守又守不住，退也无法退，只好和高惠真等将领带着剩下的三万六千八百名士兵到唐营前投降。他们从进入唐军的军门开始，就一直用膝盖跪着前进，不断磕头请罪。

　　李世民以胜者之姿怒斥道："你们东夷的年轻人，在沿海一带的小地方跳梁横行，但要说攻城拔寨、沙场争雄，只怕还比不过中原的一个老人，究竟是哪里来的胆子，居然敢和大唐天子交战？"高延寿等人惊恐不已，趴在地上不敢说话。

　　不过最后李世民并没有为难他们。他将高延寿任命为鸿胪寺卿，高惠真任命为司农寺卿；挑选出高句丽军中官职在耨萨以下的酋长三千五百人，全部任命为官，同时将他们全部迁往内地；其余士兵则全部放了，让他们自行回平壤。只有一起被俘的三千三百名靺鞨骑兵受到了李世民的严厉制裁，唐太宗厌恶这帮靺鞨人为虎作伥，将他们全部活埋了。

此战，唐军总共获得五万匹马、五万头牛、一万领铁甲，其他各种器械数以万计。高句丽后方得到消息后，举国震骇。安市城后面的后黄城、银山城百姓全部弃城逃走，方圆几百里内都看不到一个人影。

苦战安市城

李世民击破高延寿的同时，张亮率领的海路唐军已经来到了建安城下。张亮刚刚把营垒架好，尚未加固，就把大多数士兵派出去收割柴草、狩猎野味。偏偏这时，建安城派出军队前来攻打。唐军营内众人闻讯甚是惊慌，却发现主帅张亮面色如常地坐在座位上，稳如泰山，连站都没站起来。唐军众将士见状，不禁心里暗叫一声"惭愧"，渐渐定下心来，慢慢聚集到一起。

随后，总管张金树敲响战鼓，集合兵马进行反击，很快打得高句丽军大败而逃。唐军众将士欢欣鼓舞，暗叹幸亏主将胆色过人，这才稳定住人心。然而事实上，张亮的"沉着"根本不是因为勇敢无畏，而是被吓得愣住了，脑子里一片空白，这才使他看上去面容平淡、不显声色。虽然张亮靠着假镇静成功退了敌，但他终究不是什么将才，所以最终也没能攻下建安城。

而李世民这边，北山之战获胜后，他指挥军队将营帐移到了安市城南，准备继续攻打安市城。

打败高延寿之后，唐军声威雄壮，安营扎寨时只需要在明处放置斥候就行了，完全不需要挖掘战壕、修筑坚固的营垒，因为高句丽军队被打怕了，就算唐军逼近，他们也根本不敢出战。唐军士兵甚至敢于大晚上一个人外出露宿，犹如在中原时独自踏青。所以，当他们发现军营附近有一个高句丽人在徘徊时，众人都觉得蹊跷：附近人都跑光了，这人是从哪儿冒出来的？

他们把这个人捉拿进营中询问。原来，这人名叫高竹离，是泉盖苏文派来的间谍。李世民见到他后，忍不住对他的形貌表示了惊讶："你怎么瘦成了这个样子？"高竹离苦笑着回答："我不敢走大路，是走小路到达这里的，已经好几天没吃过饭了。"李世民觉得好笑，不但给了他食物，还特意让他回去替自己传话："你是做间谍的，应该尽快回去报告情况，你吃完饭就走吧。回去之后，你替我转告泉盖苏文一声，想要知道我军的情况，直接派人到我军营中来看就是了，何必偷偷摸摸派间谍？"高竹离准备离开时，李世民见他光着脚没鞋穿，还特意送了他一双草鞋。

李世民对待这位间谍十分宽容，是因为这时候他非常自信，他确信一个小小的安市城根本挡不住自己，胜利即将到来。

然而李世民没料到，安市城的难攻程度竟然远远超乎他的想象。唐军久攻不下，即便他经常去前线督战也无济于事。时间一长，连安市城的士兵都能认出这位大唐天子的旗帜伞盖了。每当他出现在阵前，安市城的士兵就会一起敲鼓呐喊、大声嘲笑，惹得李世民恼怒不已。

李勣错过了白岩城，多少有些不甘，此时就趁机请求李世民，待攻下安市城的那一天，要将城里的男女老少全部活埋，再将城中财物分给士兵，以此激励士气。愤怒中的李世民立刻就同意了。然而李勣这个主意实在不怎么样，消息传出去后，越发激起了安市城军民的反抗之心，他们变得比之前更顽强了，唐军无论怎么攻都无法再进一步。

眼看战局陷入困境，刚投降不久的高延寿、高惠真献计道："我们现在既然已经投降了大唐帝国，自然应该为大唐做出自己的贡献，否则怎么算得上是忠诚呢？我们当然想回家去见自己的妻儿，但也要等到陛下大获全胜之后才可以。这安市城里的人一直都很爱惜自己的家庭，所以才会人人卖力死战。我率领的十多万高句丽军队主力已被陛下打得溃败，高句丽人全都闻风丧胆。其中，乌骨城城主老迈无能，如果唐军前去攻打，一天之内必定可以破城，沿途小城知道消息后也必然望风而降，我们再收集他们的物资、粮草，一鼓作气渡过鸭绿江，直袭平壤，平壤肯定坚守不住。"

这个建议得到了多数大臣的赞同："张亮的军队如今就在卑沙城，只要征召海路人马，晚上就可以到来，到那时，我们趁高句丽全国惊恐，集中水陆两路大军一起攻打乌骨城，拿下它后再渡过鸭绿江袭击平壤，平壤肯定坚守不住。"

李世民也觉得这个办法算得上目前最好的选择，刚准备同意，就听长孙无忌出声反对道："你们说的办法是没错，但有些冒险，我们现在是天子亲自率兵出征，与一般的将领领兵作战不一样，不能像一般将领那样冒险，希望能够凭借侥幸获得胜利。现在，建安、新城加起来还有十多万人的军队，如果我们前去攻打乌骨城，建安、新城的士兵必然会袭击我方后路，若那时还没有攻下乌骨城，腹背受敌之下，我军就难办了。还不如直接攻打安市城，然后再南下占领建安城，之后我们再乘机渡过鸭绿江，直取平壤，这才是万全之策。"李世民看到长孙无忌反对，也不再坚持己见，转攻乌骨城的计划就这样搁浅了。就这样，唐军又一次与胜利失之交臂。

安市城的军队一直不出，唐军不免有些大意，幸好有经验丰富的李世民在军中坐镇。这天唐军攻城时，李世民再次来到前线助威，忽然听到城内传来鸡和猪的叫声，便赶紧对一旁的李勣说道："我们围困安市城这么久，城里连炊烟都很少见，今天却忽然有鸡和猪的叫声传来，这肯定是为了犒劳士兵。他们今天夜里肯定会出城来偷袭，你今晚一定要加强戒备。"李勣听后不禁吓出了一身冷汗，他确实已经放松了警惕。

事情确如天子所料，这天夜里，安市城果然派士兵出来劫营。他们顺着绳子从城墙上爬下，很快就来到唐军营前。怎料唐军早有防备，连李世民也闻讯快速赶到城下，指挥军队围攻夜袭队，击杀了几十个人，剩下的人狼狈爬回城里。此次过后，安市城的军队再也不敢出击了。

眼看久攻不下，李世民又想了个新办法：他派李道宗在安市城东南面修筑了一座土山，并将土山渐渐往前扩展，慢慢逼近安市城墙。安市城为了对抗土山，也不断加高城墙，双方士兵围绕着土山和城墙反复展开战斗，每天都要短兵相接六七个回合。很快，唐军用冲车和投石机打坏了城墙上的城垛，但安市城人立刻用木栅挡住缺口，完全不给唐军任何机会。

在这次作战中，李道宗不幸从马上摔了下来，脚也受了伤，李世民亲自为他针灸治疗。李道宗受伤以后，唐军依然日夜不停地修筑土山。就这样过了六十多天，唐军总共耗用五十多万人次，终于将土山建好了。整个土山离城墙只有几丈远，站在山顶就可以俯瞰整座安市城。可惜，姜行本死得太早了，唐军的建筑工程质量不合格，土山刚建完没几天就塌了。唯一幸运的是，土山塌向了城墙一边，将一段城墙生生压毁，这无疑给了唐军一次机会：只要乘机进攻，就能立刻攻入城内。

但很遗憾，唐军没有展开任何动作，因为土山附近根本没人指挥。李道宗受伤以后，原本安排了果毅都尉傅伏爱率军驻扎在土山，以防备安市城派人出来抢夺。但土山倒塌时，傅伏爱偏偏离开了营地，错失了良机。

见唐军这边没有动静，安市城内立刻冲出了几百个士兵前来抢夺土山，唐军缺乏组织，很快被击退，高句丽士兵乘机挖掘壕沟、占据土山进行防守。待李世民得到消息时，已经太迟了。

愤怒之下，李世民下令将傅伏爱斩首，李道宗吓得赶紧光着脚跑到李世民面前请罪。李世民生气地警告他说："按律你应当被斩首，但我想到以前汉武帝杀王恢，反而不如秦穆公两次重用孟明视，而且念在此前攻破辽东城和盖牟城你都有大功，这次饶你不死。"

土山的倒塌无疑成了压垮唐军士气的最后一根稻草，唐军已经无力重新修筑一座土山，李世民只得指挥诸将率领大军强攻安市城。但攻打了三天之后，安市城依然岿然不动。此时辽东一带天气已经转寒，很快就要草木干枯、河水结冰了，实在不宜久留，加上之前带来的粮食已经快吃光了，李世民只得下令班师回朝。

李世民让辽东、盖牟二城百姓先渡过辽水撤往中原，自己则带着大军在安市城下列阵显耀武力。临走前，他还特意送给安市城主一百匹绸缎，称赞他能坚守城池，同时希望他能够继续效忠高句丽王。随后，李世民率领大军东撤。为了防止高句丽军队追击，他又让李勣和李道宗两人率领四万人殿后，自己先渡过辽水。

渡河后，李世民感慨万千，他到底没能攻下高句丽。他回头对一旁跟随的薛仁贵道："我手下的将领们都已经老了，我一直希望能有骁勇善战的后起之秀作为军中的将领，现在骁勇善战的将领中，恐怕没有能超过你的。我对于这次得到辽东并不算高兴，让我高兴的是得到了你。"

后来薛仁贵不负李世民所望，成长为一代名将，并在日后灭亡高句丽的大战中做出了重大贡献。

唐军此次讨伐高句丽，总共攻下了玄菟、横山、盖牟、磨米、白岩、辽东、卑沙、麦谷、银山、后黄十座城，迁徙了辽东、盖牟、白岩三城的百姓共七万人进入大唐。几次大战下来，被斩杀的高句丽士兵有四万多人，而唐军死伤两千多人，马匹损失比较惨重，达十分之七八。

李世民深觉此次贸然出兵，太过劳民伤财，之后再也没有大举讨伐过高句丽，转而采取了游击方式，不断派遣小部队快速袭扰，持续消耗高句丽的国力，张俭、程名振、薛万彻、李勣等名将都曾先后前往出击过。李世民在世时，虽然没能直接灭亡高句丽，但正是在他的不断打击之下，高句丽走向了衰落。

第三章

贞观遗风

西境烽烟：唐与西突厥、铁勒之战

阿史那贺鲁的崛起

永徽二年（651 年），唐高宗李治忽然接到了安西都护府传来的一条消息：阿史那贺鲁带人跑了。李治不禁又恼又恨，为自己之前的决定后悔不已。

这个阿史那贺鲁到底是什么人呢？他与李治之间又发生过什么事？

阿史那贺鲁本来是西突厥贵族，曾经被西突厥乙毗咄陆可汗任命为叶护，在多逻斯河统治着处月、处密、始苏、葛逻禄、弩失毕五个部落的人马。后来，乙毗咄陆可汗被西突厥乙毗射匮可汗击败，身为咄陆可汗一系的阿史那贺鲁也在被打击之列。由于寡不敌众，阿史那贺鲁大败而逃，部众四散而去。

此时如果没有别的转机，他就会被射匮可汗消灭掉。但他运气好，正好赶上了唐朝出兵讨伐龟兹。阿史那贺鲁审时度势，干脆带着残部投降了唐朝，被安置在庭州的莫贺城（今新疆维吾尔自治区阜康市东）。随后，阿史那贺鲁亲自前往长安拜见李世民，表示愿意给唐军做向导前往龟兹。唐军原本对西域不熟悉，有人带路，李世民自然很高兴，立刻答应了他的请求。阿史那贺鲁得到了昆丘道行军总管、左骁卫将军的职位，顺利成为大唐官员。

唐军讨伐龟兹的行动非常顺利，很快生擒了龟兹国王诃黎布失毕。与此同时，西突厥有一部分部落向唐军投降，但也有部分处于观望状态。李世民干脆任命阿史那贺鲁为泥伏沙钵罗叶护，并赐给大鼓和大蠹，让他去招抚还没有归附的西突厥人。之后，唐朝在西域设置瑶池都督府，李世民任命阿史那贺鲁为瑶池都督，受安西都护府管辖。

阿史那贺鲁当上瑶池都督后，召集周围离散的突厥百姓，其势力逐渐强大起来，而他的野心也随之急剧膨胀，他再也不甘心臣服于唐朝的统治了，渴望能恢复突厥先祖昔日的荣光。然而在李世民治下，他又不敢有任何动作，甚至不敢暴露自己的野心。

上天没有让阿史那贺鲁等太久，李世民很快就病逝了，即位的是年轻的李治。阿史那贺鲁只敬畏李世民，哪里会把李治放在眼里。李世民驾崩没多久，阿史那贺鲁就开始行动了。他计划出其不意地攻下西州和庭州，将安西都护府与唐朝本土隔绝开来后，就全力进攻安西都护府。

不过，阿史那贺鲁并不擅长保密工作，甚至他还没有开始行动，消息就被庭州刺史骆弘义知道了。由于事关重大，稍有不慎就可能导致整个西域发生混乱，骆弘义不敢擅自做决定，于是赶紧把消息送到长安。此时李治刚刚即位，不愿意用兵，就派了通事舍人桥宝明前去抚慰阿史那贺鲁。桥宝明硬是凭借一条三寸不烂之舌，一番陈述利害，居然说服了阿史那贺鲁。

当然更可能的是，阿史那贺鲁此人很识时务，既然之前的计划已经泄露，那就果断放弃吧。之后索性抵赖不认，强调自己绝无二心。他还听从桥宝明的建议，把自己的长子阿史那咥运送去长安当质子，以表示自己忠心坦荡。李治应允，将阿史那咥运任命为右骁卫中郎将，在宫中担任宿卫。

此后，阿史那贺鲁很是安分了一段时间，李治见他没有任何异动，便以为他果真没有反心，之前可能误会他了，于是又将质子阿史那咥运放了回去。而这一误判，直接导致未来十多年里唐朝的西境不再安宁。因为这一趟上京，非但没有让阿史那咥运心存感激，反而加深了他对唐朝的怨恨，他回到莫贺城后不久就开始怂恿父亲反唐自立。为了防止再度被唐朝察觉，阿史那贺鲁干脆放弃了莫贺城，与儿子一起率部向西逃回了西突厥故地。

此时的西突厥可谓今不如昔，射匮可汗在唐朝击败龟兹时大受打击，实力大不如前，哪还是阿史那贺鲁的对手？很快，阿史那贺鲁就击败射匮可汗并吞并了他的部众，完全占据了以前咄陆可汗的地盘。随后，阿史那贺鲁在双河及千泉一带建立牙帐，自号为沙钵罗可汗，掌控着咄陆五部和弩失毕五部，兵力多达数十万人，处月、处密和西突厥各国纷纷前来归附。之后，他任命儿子阿史那咥运为莫贺咄叶护，开始不断袭扰安西四镇及所辖西域各国。

唐军两度西征

这年七月，阿史那贺鲁突袭庭州，攻陷了金岭城和浦类县，抢掠杀死了几千人之后才撤走。李治气愤不已，决定不再忍让，要出兵讨伐阿史那贺鲁。永徽三年（652 年），唐朝正式出兵。

李治以左武侯大将军梁建方为弓月道行军大总管，右骁卫大将军契苾何力为副大总管，率领右骁卫将军高德逸、右武侯将军薛孤吴仁，以及秦、成、岐、雍四州府兵，共计三万人讨伐阿史那贺鲁。与此同时，李治为了一举而竟全功，又征调隶属于燕然都护府的回纥骑兵五万人交给梁建方指挥。

梁建方算得上一位老将了。早在唐初洛阳之战时，他就跟随秦王李世民讨伐王世充；随后虎牢关之战，他更是迎来了一生最辉煌的一瞬：与高甑生一起跟随尉迟敬德，在夏军阵前生擒王琬，夺下马匹而还。全国统一后，梁建方多在地方任职，此次是他第一次作为主帅领兵出征，自然格外小心。

对于唐军此次西征，庭州刺史骆弘义建言献策道："我听说安定中原需要靠信义，但对付夷狄则需要用权谋手段，这就是针对不同情况进行变通。据我派人探查得知，阿史那贺鲁现在正将部落人马都集中在牙帐，他以为现在天降大雪，唐军不可能这么快到来，我们可以乘机快速前进将他们一网打尽。如果等到明年春天，恐怕他们会联合西域各国一起反抗朝廷，那样就更难对付了；或者他们带人再往西跑，我军想要追击也很难。我建议，此次出征只诛首恶阿史那贺鲁，不问其他胁从部落。如果将处密、处月等部落一起对付，他们肯定会倒向阿史那贺鲁。我们不如招降他们，然后让处月、处密等部落派遣人马，带上一个月的粮草，前往进攻阿史那贺鲁；唐军则跟在他们后面前进，这就是所谓'用戎狄攻打豺狼'的策略。到那时，有唐军在后监视，处月、处密等部落也不敢不拼命向前，如此一来，阿史那贺鲁也就手到擒来了。"李治认为骆弘义说得很有道理，就让梁建方依计而行。

唐军到达西域后，首先遇到处月部落。遵照骆弘义的计策，梁建方等人不愿意扩大打击面，便先派使者前往处月部落陈说利害，希望对方能够投降。但处月部落首领朱邪孤注果断拒绝了唐军的示好，还杀死使者，然后派人据守牢山（今新疆维吾尔自治区吉木萨尔县北）以抗拒唐军。

既如此，梁建方等人也不再犹豫，立刻向牢山发起进攻。处月部落大败，朱邪孤注吓得连夜就带人逃跑。梁建方拿下牢山后才发现处月首领已经跑了，连忙派高德逸率领轻骑前往追击，一直追了五百多里才追上。朱邪孤注早被吓破了胆，哪还敢抵抗，三两下就被生擒了。

牢山一战，唐军总共斩杀处月部落九千余人，该部落基本被击溃。然而唐军已经杀红了眼，已经顾不得骆弘义的计谋了，立刻转攻处密，一路势如破竹，将时健俟斤、合支贺等人生擒。

唐军虽然两度大胜，但在战略上却已经输了——由于没有快速进兵，而是转攻处密，导致阿史那贺鲁及时得到消息，提前带人向西远逃了。更令人无奈的是，又逢天降大雪，补给十分困难，想前进一步都不容易。梁建方见难以进兵，恐此时深入会遭受损失，于是不待上报朝廷就自行班师回朝了。

梁建方回到长安后，立刻遭到了御史弹劾。御史认为，梁建方明明有能力继续追击，却不敢前进，反而擅自班师，需要被治罪。李治其实也非常不满意，毕竟此次出征完全没有达到预期效果，唐军甚至没有接触到阿史那贺鲁。但梁建方等人好歹击破了处月、处密二部，也算有功，最终功过相抵，并未被治罪。

但李治已经看清了梁建方的能耐，知道他不足以担起平灭阿史那贺鲁的重任，于是再往资历更老的将领中寻找更合适的人选。李治思考良久，终于定下了程知节。

说起程知节，很多读者可能不熟悉，但要说起程咬金，那就无人不知了。

在《隋唐演义》《说唐全传》等小说中，程咬金可谓最出风头的人物之一，有关他的"瓦岗寨的混世魔王""梦中学三板斧"等故事家喻户晓。而"程知节"正是程咬金后来更改的名字。

论资历，程知节比梁建方要老得多。早在隋朝末年，他就开始组织徒众保护乡里；后来投奔李密，因为作战勇猛而被李密任命为内军骠骑。"内军"是个什么概念呢？内军总共只有八千人，分别隶属于四个内军骠骑，用李密自己的话说："此八千人可当百万。"以此观之，内军可算得上是瓦岗军精锐中的精锐，而程知节能作为四统领之一，足见其勇猛。北邙山之战时，为了救受伤落马的裴行俨，程知节独自杀入王世充大军中将人抢出，因两人乘马速度较慢，很快就被追兵赶上，程知节的身体被一槊刺穿，但他发起了狠，回身将槊折断，又将敌人斩杀，这才与裴行俨逃回营中。李密兵败时，程知节因为伤重被王世充俘虏，但因不忿王世充为人，在九曲之战与秦叔宝一起降唐，从此归入天策府麾下，跟随李世民南征北战平定天下。李世民即位后，程知节就很少领兵了，而此次为了讨伐阿史那贺鲁，唐高宗再次把这位老将搬了出来。

经过充分准备后，永徽六年（655 年），李治再次派兵西征阿史那贺鲁。他以左屯卫大将军程知节为葱山道行军大总管，周智度、王文度二人为副大总管，再次率领唐军远征西突厥。

唐军出征后，最早碰到的部落依然是处月部落，它与葛逻禄部落被阿史那贺鲁派来防守榆慕谷（今新疆维吾尔自治区吉木萨尔县北）。许久未上战场的程知节依然不减当年之勇，遇敌后立刻就下令发起攻击，处月部落经过上一次打击后就没有恢复元气，此时抵挡不住，刚交战就四散而逃。处月一败，葛逻禄部落就更抵挡不住了，很快也被击溃。唐军斩杀一千多人，初战告捷。

随后，副大总管周智度率军继续深入，在咽城大破突骑施、处木昆等部人马，斩杀三万多人，直接击溃突骑施等部。随后，唐军进入鹰娑川（今新疆维吾尔自治区开都河上游裕勒都斯河谷）。

鹰娑川是西突厥著名险地，为了迎击唐军，阿史那贺鲁早就在这里埋伏下了两万突厥精骑。担任唐军前锋的行军总管苏海政首当其冲遭到突袭。

苏海政是一位勇将，看到突厥人来袭不惊反喜，立刻带人杀了过去，一时打得难解难分。然而就在这时，鼠尼施部落派来的两万援兵忽然赶到，唐军战局骤然陷入不利。偏偏苏海政所部太过突前，程知节的主力大军距他还有十多里的路程，唐军还有其他的援兵吗？

答案是有。附近恰好有前军总管苏定方率领的五百骑兵。他们负责向前探路，与苏海政就隔了一座小岭。鼠尼施部落骑兵声势浩大，惊动了不远处的苏定方，他见前方烟尘四起，知道有突厥军队赶来，再一探查，发现苏海政正在与之交战，且情况十分危险。

苏定方并非胆小之辈，当年征讨颉利可汗时，他仅带领两百骑兵作为先锋，出其不意夜袭颉利可汗的牙帐，让唐军大获全胜。但此时他手上只有五百名骑兵，而对面的突厥军队数十倍于己，要救援友军，只能靠出奇制胜。

鼠尼施部落加入战局前调查过，确信唐军主力不在此地，于是两万人放心大胆地向苏海政所部扑去。然而他们身后忽然传来异动，就见一支不知从何冒出来的唐军骑兵正袭向后方，鼠尼施部落猝不及防，顿时慌乱。苏海政乘机发起反攻，与苏定方两相夹击，鼠尼施大溃，苏定方和苏海政一直追杀了二十多里才返回。此战，唐军共斩杀西突厥一千五百人，获取战马两千匹，突厥人丢弃的攻城器械和盔甲不计其数。

鹰娑川之战后，唐军正可乘胜追击，苏定方已经做好了发兵速攻的准备，然而副大总管王文度忽然出声反对。当年太宗东征高句丽时，王文度率先登上卑沙城立下大功，但他在这次西征中表现不佳，不仅比不上同级的周智度，甚至被苏海政和苏定方两个下属超越，面子上实在过不去。若是让苏定方再追击下去，定然会取得大胜，抢得头功。这么一想，王文度就有些坐不住了。于是他对程知节说："鹰娑川一战，我军虽然大破突厥，但实际上死伤也颇重，如果这时候贸然追击，恐怕会遭遇到败绩。目前这种高伤亡的死拼打法只适合于决战，平常的战斗怎么能拿出来用呢？依我之见，不如我军结成方阵，把粮草、辎重全部放在最里面，然后外层四面布阵，人马都穿上盔甲。这么一来，就算敌人来了也能自保无虞，而且没有了脱离方阵的轻骑，我们也不至于有什么伤亡。"

程知节一个百战之将，一眼看穿王文度这种策略的不合理之处——这等乌龟般的阵形，拿来防守还凑合，但要用来追击西突厥，那就是个笑话。况且远离国境长途行军，最需要的就是快速进军，以免补给损耗太大，哪有故意慢慢爬的道理？程知节毫不犹豫地拒绝了王文度的提议。

王文度见程知节不同意，冷笑一声，使出撒手锏："别看你是我的上司，其实我此次是受了陛下之命前来监军的。陛下知道你自恃骁勇，容易轻敌冒进，所以特地赐我密旨，让我在关键时刻能管住你。你别以为刚才的话是我说的，那是我代表陛下说的。"

其实王文度身上根本没有什么密旨，不过是信口开河吓唬吓唬程知节。但程知节不敢赌这话的真假，因为当时李治与长孙无忌、褚遂良等人的权力斗争愈演愈烈，而他因为与长孙无忌关系密切，生怕遭受牵连，越发不敢质疑王文度话语的真实性。

之后，程知节索性也不管军务了，一切都交由王文度负责。王文度乘机把所有军队召了回来，一起结阵前进，谁也不许独自出击。就这样，唐军结成方阵慢慢向前爬行，士兵和马匹因整天披着盔甲而困顿不堪，加上行军途中水草缺乏，被饿死的战马越来越多。

看到这种情况，苏定方忍不住了，独自找到程知节说："陛下叫我们西征是来讨贼的，现在整天像乌龟一样慢慢爬行，别说讨贼了，光走路都让我们的人马困顿不已，遇到突厥人肯定要吃败仗，还怎么立战功？王文度虽然自称有密旨，但陛下既然让您做主帅，又怎么会派个王文度来节制全军？我看这事必有蹊跷，实在不行，不如先囚禁了王文度，然后飞马向长安报告此事，看陛下怎么说。"

程知节苦笑，苏定方说的他又何尝不知呢，只是他实在赌不起，只得拒绝了对方的提议。

不久之后，唐军终于到达了恒笃城（今哈萨克斯坦东南），但阿史那贺鲁早就跑没影了，倒是有不少胡人部落看到唐军后都跑来归降。就在这时，王文度竟然下达了一个令人吃惊的命令——将前来投降的胡人引诱入城全部杀死，然后瓜分他们的财物。他的理由是："这些胡人现在来投降只是暂时的，等我们班师后，肯定又要反叛，不如全部杀了，用他们的财物犒劳我军将士。"

苏定方简直不敢相信自己的耳朵，气愤之下也顾不得礼数，出言反驳道："我们出征到底是来讨贼的，还是来做贼的？现在这样和做强盗有什么分别？我们还有什么颜面去讨伐逆贼？"王文度却是铁了心要分钱，也不听其劝阻，带人把这些胡人全杀了，然后与众将一起瓜分了钱财，只有苏定方一人不肯接受。

钱分完了，阿史那贺鲁也找不到了，第二次讨伐阿史那贺鲁就这么草草结束。回到长安之后，事情真相大白，王文度果然是矫诏行事，本来应该斩首，但李治念及他以前的功劳，只是削去其官职。程知节也因此事被罢免了官职，一代名将终究晚节不保。

三征西突厥

第二次讨伐阿史那贺鲁虽然无疾而终，但李治意外地发现了一个合适的将帅之才——苏定方。

此人本名苏烈，字定方，和隋末唐初很多人一样以字行世。虽然这么晚才被李治发现，但他已经身经百战了。早在大业末年，才十多岁的苏定方就已经和父亲苏邕（yōng）一起组织本郡人手四处讨伐乱民，更是曾亲手斩杀了河北叛军头目张金称。后来苏定方投奔窦建德，被其部将高雅贤收为养子，此后一直跟随高雅贤南征北战。后来高雅贤因醉酒上阵，被唐将潘毛斩杀，苏定方便离开军队回家务农，一直到贞观年间才重新入伍，跟随李靖平定东突厥，因功被封左武侯中郎将。此前苏定方从来没有独自率领大军出征过，现在，他的机会终于来了。

因不满于前一次讨伐阿史那贺鲁行动的虎头蛇尾，显庆二年（657年），李治再次派大军西征，主帅便是苏定方。为了确保这一次能成功，李治出动了极为强大的阵容：北路军，以苏定方为伊丽道行军总管，率领燕然都护任雅相、副都护萧嗣业等人前往讨伐阿史那贺鲁，同时又调回纥首领——左骁卫大将军瀚海都督婆闰率领回纥骑兵前往助战；南路军，李治以右武卫大将军阿史那弥射、左屯卫大将军阿史那步真为流沙道安抚大使，率军从南面进攻阿史那贺鲁。阿史那弥射和阿史那步真都是西突厥贵族，于贞观年间归降唐朝，此次派他们出征，也是希望借助两人在西突厥的威望，一举收服西突厥诸部。

苏定方等人出征后不久，在金山（今阿尔泰山）以北碰上了处木昆部落。一年前该部落曾被周智度打败过一次，死伤上万人，这时候还没恢复元气，根本挡不住唐军，一战即被打得大败而逃。处木昆俟斤懒独禄觉得跟随阿史那贺鲁没什么前途了，干脆率领手下一万多帐投降了。苏定方接受后，命懒独禄暂领部落留在原地，自己从处木昆部落中征召了一千多名骑兵跟随唐军一起出征。

另一边，阿史那贺鲁也没有闲着，他聚集了右厢五弩失毕部落兵马共计十多万人，决心与唐军来一次大决战。苏定方前进到曳咥河（今额尔齐斯河）西岸时，与阿史那贺鲁大军正面相遇。

为了麻痹敌人，苏定方只带了唐军和回纥骑兵共一万多人出击，阿史那贺鲁果然上当，他以为唐军人少，直接率领手下骑兵出击，对唐军展开四面包抄。苏定方也及时进行战术部署：命唐军步兵全部在南原列阵，所有人将槊对准外面，自己则亲率骑兵在北原列阵。

阿史那贺鲁见苏定方把步、骑兵分开，一下子就乐了：这苏定方到底会不会打仗啊？把步、骑兵分开，这不是等于把步兵送给突厥骑兵屠杀吗？他也不再犹豫，立即下令骑兵先围剿南原的步兵。

显然，阿史那贺鲁低估了唐军步兵的战斗力。唐军步兵方阵背后是曳咥河，一步也退不得。背水一战的唐军步兵爆发出了惊人的战斗力，突厥骑兵一连冲击了三次，始终没能冲破唐军的步兵方阵，反而折损了不少己方人马。俗话说，"一鼓作气，再而衰，三而竭"，三次冲锋过后，突厥骑兵已经人困马乏，士气也渐渐低了下去。

苏定方对战场形势看得真切，掐准时机率骑兵从北原疾驰而下，直接杀入突厥大军。西突厥军队却对这样的变化缺乏预判，久战不敌，最后在唐军骑兵的冲击下四散而逃。苏定方乘胜追击西突厥败兵三十多里，斩杀、俘虏三万多人，包括都搭达干在内的两百多名突厥大将均被斩杀。

当天收兵以后，苏定方忽然接到一条来自长安的密令，要求他寻找泥孰部落（五弩失毕之一）首领的妻儿并送回，以便乘机招降泥孰等部落。

其实这条密令源于薛仁贵的建议。大军西征后，薛仁贵根据自己所了解的西突厥情况向李治上疏陈述对策："我听说如果师出无名，则讨伐很难获得胜利；只有打出旗号让人知道对方是叛贼，我们是正义之师，才能快速击破敌人。现在我军西征，就应该这样对待阿史那贺鲁。据我所知，西突厥泥孰部首领一直不满阿史那贺鲁，但他被阿史那贺鲁击败，其妻子、儿女又做了阿史那贺鲁的俘虏，这才不得不臣服。这次我军出征，如果能从阿史那贺鲁军中救出泥孰部首领妻儿，然后将他们送回，泥孰部自然会倒向我朝。到那时，突厥百姓也会知道我朝是仁义之师，而阿史那贺鲁是叛贼，他在西突厥就再也混不下去了。"李治同意了这个建议，然后派人告知苏定方。

苏定方得到指示后毫不耽搁，果然从西突厥俘虏中找出了泥孰部首领的妻儿，便连夜将人偷偷送了回去。如薛仁贵所料，泥孰部立刻表示愿意归降，并希望能和唐军一起进攻阿史那贺鲁。

第二天，苏定方再次带人进攻，阿史那贺鲁做梦也没想到自己这天败得比前一天还惨。两军才刚交锋，泥孰部就在阵前投唐。由于有人带头，其他突厥各部也不再抵抗，很快，五弩失毕就全部投降于唐军，阿史那贺鲁只得带着几百个骑兵仓皇而逃。

北路大获全胜的同时，南路的阿史那弥射和阿史那步真也在疾速进军，他们遇到了西突厥左厢五咄陆部落。双方还没开始交战，五咄陆部落就得到了阿史那贺鲁兵败的消息，又见对面来的是在西突厥素有威望的阿史那步真，就直接投降了。阿史那弥射和阿史那步真乘机带着归降的部队继续向北进发。

与此同时，苏定方已派出萧嗣业和婆闰从邪罗斯川追击阿史那贺鲁，而自己则和任雅相率领五弩失毕的降兵在后面接应。

当时已是冬天了，积雪深达两尺多厚，唐军众将都劝苏定方等天气晴了再行追击，苏定方却不同意，他认为："就是因为天降大雪才更要追击，阿史那贺鲁肯定以为现在地上雪深，我军无法前进，从而放松警惕，抓紧时间休整兵马。如果我们趁此机会前往进攻，定然可以大获全胜；如果等到天晴再出兵，阿史那贺鲁早就跑远了，那时候再想要追击他就不可能了。建立大功就在今日，请诸君奋勇向前。"

和前面两任主帅不一样，苏定方有着不达目的不罢休的坚定信念。在他的带领下，唐军踏着厚厚的积雪，昼夜兼程向阿史那贺鲁所在地摸去，沿途所遇到的突厥部众全部抓住一起带走。

经过一番艰苦行军，唐军终于到达了阿史那贺鲁的牙帐之一——双河。虽然阿史那贺鲁并不在这里，但唐军南路军正好也赶到了双河。两军会师以后，唐军士气高涨，他们距离阿史那贺鲁所在的金牙山（今新疆维吾尔自治区霍城县西北）只有两百里，两军遂结阵一起向金牙山行去。

此时阿史那贺鲁果真未做防备，他以为唐军不可能冒着大雪赶来。唐军到达时，他正忙着打猎，被打了个措手不及。此战，苏定方俘虏了阿史那贺鲁直属的数万部众。阿史那贺鲁则被迫率领残部渡过伊丽水逃命，且逃得极为狼狈，连鼓和纛都丢了。

随后，唐军继续追击。阿史那贺鲁损失惨重，决心拼死一搏。他派大将步失达干在双河依靠大栅栏列阵防守，以图击垮唐军的追击部队。然而此时西突厥早已人心涣散，无人愿意为阿史那贺鲁卖命。阿史那弥射一进攻，步失达干即全军溃败，完全没起到任何阻敌作用，阿史那贺鲁只好再次逃亡。

逃跑路上，阿史那贺鲁遇到了追蹑而来的苏定方，与对方在碎叶水交锋，最后全军覆没，只有他和儿子阿史那咥运以及十多个骑兵逃掉了。他已是强弩之末，再也翻不起什么浪花，苏定方心中有数，只派了萧嗣业前去追击。

之后，苏定方安排将此前被阿史那贺鲁掳掠的人一一送还，然后息兵安抚西突厥诸部。就这样，西突厥各部落很快就安定了下来。

而阿史那贺鲁则是一刻也不敢停留，仓皇逃往石国，等他到了石国西北的苏咄城，早已又累又饿，他的马匹也累得走不动了。无奈之下，他只好偷偷派人进城，打算买些马匹和食物以便继续赶路。

他们的行动虽然隐秘，但终究还是让苏咄城城主伊沮达官知道了。伊沮达官立刻吩咐手下在城内摆开酒宴，邀请阿史那贺鲁先入城吃喝一番，并表示吃完饭，还将送给他们一行人快马，绝对不耽误时间。一番推脱过后，阿史那贺鲁拗不过伊沮达官的热情，再加上自己确实饿得厉害，就答应了。历史总是存在惊人的相似，几十年前刘黑闼的结局，又在阿史那贺鲁身上重演了一次——他一进城就被伊沮达官的人拿下，随即被关押起来。

不久之后，萧嗣业和阿史那元爽（阿史那弥射之子）率兵赶到，从石国手中接过了阿史那贺鲁，然后将其送往长安，于昭陵和太庙前献俘。李治还是很厚道，没有杀他，但他经历了这一遭，没两年就郁郁而终了。

平定以后，李治将西突厥故地分为濛池都护府和昆陵都护府两部分，封阿史那弥射为左卫大将军、昆陵都护、兴昔亡可汗，统率五咄陆部落；封阿史那步真为右卫大将军、濛池都护、继往绝可汗，统率五弩失毕部落。随后，李治又派光禄卿卢承庆前往册封先前投降的西突厥各部落首领。

至此，为祸大唐边境多年的西突厥终于被平定。随后的几十年里，西突厥与唐朝间再无战事。

黑虎掏心：唐与百济之战

奇袭泗沘城

　　显庆五年（660年），李治再一次接到了新罗国王金春秋送来的求救信——新罗又被邻居百济给欺凌了。对于百济，李治早有不满。早在永徽二年（651年）时，李治就曾对前来朝贡的百济使者发出过警告："你们不要与新罗、高句丽互相交战，不然我就要派大军前去讨伐你们。"但百济把他的话当作耳旁风。

　　百济敢于这样无所顾忌，与它所处的地理位置有关。它是由扶余人南下占据马韩故地所建，位于朝鲜半岛南端，分别与高句丽、新罗接壤，但与唐朝中间隔了一个高句丽，双方只能通过渡海进行交流。早在武德四年（621年），当时的百济国王扶余璋曾派使者前往长安进献朝鲜特产果下马，就此与唐朝通好。但百济与新罗结怨多年，双方时常刀兵互见。这也是唐朝与百济的矛盾所在：因为新罗归附了唐朝，所以唐高祖、唐太宗都屡次下诏书让扶余璋不要攻打新罗，但扶余璋总是阳奉阴违。

　　到了贞观十五年（641年），扶余璋去世，李世民封他的儿子扶余义慈为柱国、带方郡王、百济王。然而扶余义慈即位后，行事比其父更为张狂，开始联合北面的高句丽一起攻打新罗。新罗毫无还手之力，只好向唐朝求援，这才引发了李世民征讨高句丽一仗。那一仗，唐朝与高句丽鹬蚌相争，谁也没有得利，反而是坐山观虎斗的百济占了大便宜。扶余义慈趁着唐朝与高句丽交战，一连攻下了新罗十多座城池，完全不把唐朝放在眼里，也因为这件事，唐朝与百济断交了好几年，直到李治即位才恢复。

　　刚恢复和唐朝的邦交，扶余义慈就被李治训斥了一顿，他十分不悦，但自恃唐朝无法跨过高句丽打过来，丝毫没有收敛。永徽六年（655年），扶余义慈再次和高句丽联手攻打新罗，一连攻下了新罗三十三座城，打得金春秋不得不向唐朝求援。此次李治依然延续了之前李世民的做法：先打高句丽。

当时李治派营州都督程名振、左卫中郎将苏定方率领营州兵团渡过辽水攻打高句丽，大军直指贵端城（今辽宁省抚顺市浑河北岸高尔山前）。见程名振等人所率人马不多，贵端城的守军以为机会来了，于是派兵出城迎战。结果贵端水一战立见分晓，程名振等人大破高句丽军队，斩杀和俘虏了一千多人。随后，程名振等人乘胜焚毁了贵端城的外城和城外的村落才返回。当时唐朝正在全力西征阿史那贺鲁，无法对高句丽发起大规模进攻，只能派小股部队教训一二。这让扶余义慈产生了错觉，他以为唐朝拿高句丽没有办法，于是更加有恃无恐，直到显庆五年新罗再度求援。

鉴于唐朝与百济并不接壤，李治召集群臣商议，决定换一种战术：唐军不再以陆军为主，而以水军为主，直接渡海攻打百济。此前隋、唐两朝攻打高句丽时虽然都曾派出水路大军作战，但基本都是牵制作用，对战局影响很小，起决定性作用的依然是陆军。这次以海军为主，无疑是一次战术创新。

其实这样做有三个好处：首先是出其不意。扶余义慈自恃与唐朝不接壤，以为唐朝必须跨过高句丽才能进攻自己，如果走海路，百济肯定疏于防备；其次，百济比高句丽更弱小，此前一直优先攻打较强的高句丽，这不够明智，不如先攻下较弱的百济，斩断高句丽的帮手；其三，如果攻下百济，唐军完全可以以百济作为跳板，从南北两路同时向高句丽发起进攻，这比单纯从北面进攻高句丽更有战略意义。

关于此次出征的主帅，李治依然点了苏定方。自从三征阿史那贺鲁之后，苏定方一跃成为唐朝军界的头号明星，接下来几年，哪儿有战事，哪儿就有他的身影，这次自然也不能例外。这年二月，还在太原的李治迫不及待地将苏定方召来，以他为熊津道大总管，率领左骁卫大将军刘伯英等水陆大军十万人讨伐百济；与此同时，李治又以新罗国王金春秋为嵎夷道行军总管，率领新罗军队从东面进攻百济，与唐军呈夹击之势。

苏定方接到命令后，立刻率军从成山渡海出发。扶余义慈果然没有丝毫防备，唐军会进行大规模的渡海行动，这完全在他意料之外。唐军快要到达熊津江口（今朝鲜半岛南部锦江口）时他才反应过来，匆忙派兵前去抵挡。于是，唐军在百济人面前上演了一幕经典的抢滩登陆战。

苏定方等人到达熊津江口时，百济军队已经在熊津江边列阵，但他们显然低估了唐军的战斗力。在苏定方的带领下，唐军先头部队迅速强行登上熊津江东岸，然后背靠附近的小山结阵，与百济大军展开激战。紧接着，唐军水师齐出，所有战舰趁着涨潮驶入熊津江，士兵们从船上不断放箭射杀岸上的百济士兵，刘伯英等人在战舰的掩护下陆续登岸。水陆夹击之下，百济军再也抵挡不住，丢下几千具尸体后败逃。

苏定方深知此次跨海作战后勤补给艰难，仔细考虑后，决定先不管其他城池，直接攻取百济国都。他命陆军在岸上结阵沿江前进，水军则乘坐战舰顺江而上，水陆并进，直指泗沘城（今韩国忠清南道扶余郡）。

扶余义慈听闻唐军胜利登岸后，气得昏着迷出，竟然放弃了坚守泗沘城，率领全部军队出城迎战，希望趁着唐军立足未稳来个迎头痛击。在距离泗沘城二十多里的地方，两军终于相遇。事实证明，百济军比之唐军，确实相差甚远。在唐军水陆两军的共同打击下，百济的主力没有坚持多久就被击溃了，百济军被斩杀上万人，剩下的四散而逃。

此战之后，扶余义慈认为无法再守住泗沘城，于是带着太子扶余隆逃到了百济北境，准备找机会投奔高句丽。苏定方则乘胜追击，占领了泗沘城的外城，然后指挥军队四面围住泗沘城。

此时泗沘城内一片慌乱，国王和太子出城迎战不光败了，还跑了个没影，城内连一个主事的人都没有。扶余义慈的次子扶余泰见城内无主，觉得自己的机会来了，赶紧自立为王，率领城中剩余军队坚守。但他这么做，立即引起了其他人的不满，其中就有太子扶余隆的儿子扶余文思。

扶余文思此前没有随父亲和爷爷一起出城迎战，就留在了泗沘城中。看到二叔趁着城内空虚自立为王，他非常不痛快，道："现在百济国王和太子都还没有死，叔叔就带兵自立，这是什么意思？就算这次能击退唐军，恐怕我父子二人也将性命难保。"扶余文思寻思，与其跟着二叔守城送死，还不如投降唐军更有活路，于是他乘夜带领手下人爬下城墙投降于苏定方。

扶余文思一投降，泗沘城内就更乱了。扶余泰毕竟名不正言不顺，城内很多百姓并不服他，他们见王孙扶余文思已经投降，心思就全乱了，索性纷纷效法，翻出城墙去向唐军投降，扶余泰想了很多办法也制止不住。苏定方发觉城上防守空虚，干脆派人连夜登城，将唐军旗帜插上了泗沘城头。如此一来，扶余泰再也无法挽回颓势，只好打开城门投降。

泗沘城投降之后，百济周边各城也纷纷派使者前来投降。扶余义慈、扶余隆父子原本打算投奔高句丽，却被心灰意冷的手下大将抓住，献给了唐军。很快，百济全境投降，共计三十七郡、二百城、七十六万户。李治就地将百济分为五个都督府，由当地原有官员担任都督、刺史。

百济复国运动

或许是胜利来得太容易，唐军众将士有些飘飘然了，他们不再将百济人放在眼里，开始四处劫掠当地百姓，杀死了很多青壮年。其实，唐军此战虽然获胜，实际上只是攻下了泗沘城，百济各地原有的组织结构并没有被打散，军队也依然掌握在各地官员手中。

唐军的暴虐很快引起了百济人的反抗，最早起兵的是百济猛将黑齿常之。黑齿常之本来是百济的达率（相当于唐朝的刺史），率军镇守一方，百济亡国后他也投降了唐朝。但是眼见唐军四处抢掠百姓，他忍无可忍，于是率先举起了反旗。他率领本部人马逃到任存山据守，然后招纳叛亡抵挡唐军，短时间内就有三万多百济人前往投奔。很快，百济大将沙吒相如等人也起兵响应，一时间，百济原先投降的各城纷纷反叛。苏定方虽然屡次派军队镇压，但都被黑齿常之带人击退。无奈之下，苏定方只好留下郎将刘仁愿镇守泗沘城，自己率大军带着扶余义慈和百济各城城主班师回朝。

苏定方一走，百济的形势就更加失控了。百济前王扶余璋的侄子鬼室福信在这时举起反旗，联合和尚道琛等人占据了百济西部重镇周留城。俗话说"蛇无头不行"，鬼室福信等人要复国，还需要一个够分量的带头人物，但当时百济的宗室大多已经被苏定方带去了长安。一番苦思之后，鬼室福信终于想起了一个人——以前被扶余义慈送去日本做质子的儿子扶余丰，于是立刻派人前去日本求援。

此时日本刚完成"大化改新"，掌权人是中大兄皇子，他接到鬼室福信的求援，觉得这是加强日本在朝鲜半岛影响力的好机会，立刻派人把扶余丰送了回去。很快，鬼室福信和道琛等人在周留城拥立扶余丰，宣告百济正式复国，百济各城纷纷响应，刘仁愿等留守唐军只能坐守泗沘一座孤城。

百济形势剧变，这让李治也有些措手不及，他急需一名良将前往稳定形势。思来想去，李治想起了苏定方曾经的老上司王文度。当年矫诏事件后，王文度曾被"冷冻"了一段时间，后被起用，重回军中任左卫中郎将。李治任命王文度为熊津都督，渡海赴百济安抚余众。原本这是王文度翻身的绝佳时机，但或许是天意，他刚带人渡海，就在海上得急病去世了。就这样，他的任务转落到了老将刘仁轨的身上。而后者不辱使命，并因此在青史留名，可说是唐之大幸。

严格来说，刘仁轨并非老将，因为他此前从没领过兵。他本是唐朝开国功臣任瑰的门客，后来因才学丰富，被任瑰推荐担任息州参军，随后迁任陈仓尉，在任上还干了一件大事。

当时陈仓的折冲都尉鲁宁自恃为唐朝立下过很多战功，在陈仓一地横行霸道，无人敢管。刘仁轨到任后，听说了鲁宁的劣迹，立刻派人前去警告，奉劝他不要再犯。鲁宁哪里会惧怕一个文官，平日里依然我行我素。刘仁轨就依法把鲁宁抓来当场杖责而死。

这件事很快就被人告到了李世民那里，李世民非常生气："我倒是要看看究竟是哪个县尉，竟敢杀我的折冲都尉？"于是派人把刘仁轨抓了过来。但哪怕是面对李世民，刘仁轨依然不卑不亢，详细陈述了鲁宁的劣迹和自己所依据的法律，最后连李世民也被刘仁轨折服，并于不久后任命他为栎阳丞。

之后，刘仁轨一直在地方上辗转，曾经在显庆四年（659年）回到长安担任给事中，后来又因毕正义一案，与当时的中书令李义府结下了梁子，被后者寻机踢出了长安，送去青州担任青州刺史。

而在青州刺史的任上，刘仁轨不幸犯了事。当时李治正在筹划讨伐百济一事，原本安排刘仁轨监管水军，负责从海上督运粮草。但某个海上大风天气里，原本不应派船出海，但由于受到李义府的逼迫，刘仁轨不得不派出粮船。其结果可想而知，很多船都沉没了，粮草迟迟无法送达，他也由此下狱。原本李义府已经串通好了人，想乘机害死他，但有人劝李治，说海上风浪不是人能控制的，他还罪不至死。李治便只将刘仁轨免职，以白身布衣的身份在军中继续效力。

王文度死时，鬼室福信和道琛已经率军把刘仁愿围困在了泗沘城内，情况十分危急。而当时唐军主力已经在准备讨伐高句丽，想临时调派将领前往百济已经来不及了。无奈之下，李治只好任命刘仁轨为检校带方州刺史，让他带领王文度所部渡海，并顺便征调新罗军队，一同前往救援刘仁愿。

王文度的部众知道百济形势后，纷纷惊慌不已，只有刘仁轨面露喜色："这是上天要送富贵给我这个老头子啊！"为了稳定人心，他向州司请领《唐历》及唐朝历代皇帝的庙讳名册，众人都对他这一行为大惑不解，便听得他说："我此行将要扫平东夷，让大唐的正朔颁行于海外，让夷狄全部都尊奉唐朝的正朔。"其言掷地有声、正气浩然，顿时令人为之一振。

刘仁轨驭下极严，率领的军队军容严整，渡海过后就将前来拦截的百济复国军一一击退，逐渐逼近泗沘城。鬼室福信为了抵御唐军，在熊津江两侧设置栅栏，并派重兵在栅栏内侧防守，而刘仁轨出其不意，从后方发起进攻。新罗军队也及时加入，两军联合，大败百济复国军。后者纷纷翻出栅栏逃命，但栅栏外就是熊津江，光淹死的百济人就上万。鬼室福信无法为继，只好带人狼狈撤到任存城。

复国军内讧

百济军撤退后，刘仁轨顺利与刘仁愿会师。然而此时新罗军自称没有粮了，先行撤回国去。新罗军一走，刘仁轨再无力追击叛军，只得另外设法寻求突破。

刘仁轨给鬼室福信写了封信，责问对方为何明明已经投降了，还要再反叛呢？鬼室福信回信辩解道："我本来也不想反叛，只是听说唐朝和新罗有过约定，只要两国攻破百济，无论男女老少，统统都要杀掉，然后瓜分了百济。我想着，反正都是个死，不如战死，这才起兵反抗。"

看得出对方是在找托词，但刘仁轨顺着台阶，又写了封信详细说明真实情况，劝鬼室福信投降。然而这封信却没有顺利送到对方手里。当时，任存城内并不只有鬼室福信一个负责人，还有一个道琛与他平起平坐，前者自称霜岑将军，后者自称领军将军，两人谁也管不到谁头上。但鬼室福信开始和刘仁轨通信后，道琛就起了猜疑，觉得鬼室福信打算背着自己向唐军投降，于是拦截了刘仁轨的信使，还借口说："信使官职太小，我和福信都是一国大将，按礼，不应该见。"鬼室福信得知后，又对这句话产生了误解——他认为道琛是想要夺权了，于是开始防备道琛。如此一来，刘仁轨的信虽然没有送到，但从内部动摇复国军的目的却达到了——它成功挑起了复国军两大巨头之间的猜疑，只待再添一把柴火，两人的矛盾就能升级。

此后，刘仁轨因兵力薄弱，一直留在泗沘城内休养生息。为了快速平定百济复国军，以便从南面策应唐军讨伐高句丽，李治下令新罗出兵增援泗沘城，于是新罗国王金春秋派出了大将金钦。不过，新罗军队不敌鬼室福信所部，刚刚走到古泗就被打得差点儿全军覆没，大将金钦不得不从葛岭道偷偷逃回了新罗。

面对这样的胜利，道琛却高兴不起来，他怀疑鬼室福信故意放走了金钦，于是两人之间剑拔弩张。鬼室福信索性先下手为强，直接动手杀死了道琛，随后兼并了后者的部众，招诱叛亡，使其个人势力更加强大。

此时刘仁轨面临的严峻形势并未好转，反而越发紧迫。他原本指望在北面高句丽作战的契苾何力、苏定方所部派兵增援，但因为唐军进攻高句丽没有成功，苏定方等人再次撤退，刘仁轨、刘仁愿所部遂成为留在朝鲜半岛上的孤军。李治知道百济守不住了，就给刘仁轨下了一道圣旨："现在讨伐高句丽失败，围攻平壤城的唐军都已经撤回，眼下只有泗沘城这么一个城，你们肯定是守不住的，不如弃城前往新罗。如果金法敏想要你们留下帮助防备百济、高句丽军队，你们就留在新罗；如果不需要的话，你们就渡海回来。"

那时新罗国王金春秋已经去世，即位的是他儿子金法敏，短时间内新罗不可能发起任何进攻。接到李治的圣旨后，泗沘城内的唐军将士松了一口气，纷纷表示愿意马上渡海回国。但刘仁轨却对他们摇头说了这样一番话：

"陛下虽然下了圣旨叫我们返回，但他并不了解我们当前的局势。根据《春秋》所记载的大义，大夫远离国家，只要做的是能安定社稷、有利于国家的事情，即便是独断专行也可以，更何况我们现在远在海外，四周遍布豺狼虎豹，稍有不慎就会万劫不复，就更应该小心从事。我们作为臣子，本来就应该为国家尽忠，只要对国家有利，就应该去做。

"各位都想要赶快撤回去，我却认为不该撤兵。陛下是为了灭掉高句丽，才打算先灭掉他的帮手百济，我们留在这里镇守，就是为了制敌心腹，随时可以从百济出发进攻高句丽。现在百济复国军虽然人数众多、防备严整，但只要我们厉兵秣马，在他们以为我们人少不敢动作时，出其不意发起进攻，肯定可以击败他们。一旦我们取得初步胜利，全军自然心安，到那时，我们再分兵据守险要、扩大战果，然后派人向长安送去捷报。届时陛下定会派将领率军前来增援，协助我等灭掉百济复国军。如此一来，我们不但能保住现有的战果，还能一劳永逸地彻底荡平百济。现在围攻平壤的唐军已经撤回了，如果连我们也弃城而去，在高句丽的帮助下，百济必定会复国，以后再想平定高句丽和百济，就不知道要等到何时了。

"此外，你们不要以为我们现在想撤就能撤，眼下我们以一城之地陷入百济复国军的重重围困之中。在城里，我们好歹还能靠城坚守；如果弃城而走，到时候再陷入敌军的围攻，只怕大家都要做俘虏；就算侥幸去了新罗，终究也是寄人篱下，如果遇到什么意外，后悔都来不及。因此，还是坚守泗沘城更有希望。

"你们不要看百济复国军现在势大，其实隐患不少。鬼室福信异常残暴，他刚刚杀死了道琛，这让很多人都暗暗不服。而扶余丰为人多猜忌，他们两人能合在一起才怪，时间一久，必起内讧。我们眼下最应该做的，就是坚守城池、静观其变，寻找机会击败复国军。"

经过刘仁轨一番陈述，唐军其他人也审时度势，同意暂时坚守观望。

机会很快就来了。扶余丰、鬼室福信等人听说李治让刘仁轨等人撤军，都对此深信不疑，毕竟唐军在泗沘城孤立无援，怎么看都是只有撤走一条路可走。二人甚至还特地派人前来询问："你们什么时候渡海回去？我们好派人去送行。"然而这话反而暴露出百济复国军已经不再提防唐军。刘仁轨等人连夜率军出击，一连攻陷了支罗城、尹城、大山、沙井等多个复国军要塞，歼灭了很多复国军，随后便分兵据守各要塞，局面就此打开。

在唐军的闪电打击下，扶余丰等人一时回不过神来反击，眼睁睁看着唐军将锋芒指向真岘城（今韩国全州北）。真岘城是位于泗沘城和新罗之间的战略要地，无论是想从新罗获取支援，还是想撤往新罗，真岘城都是必经之地。鬼室福信等人当然知道真岘城的意义，特意加派了军队防守。但是真岘城地势险要，易守难攻，让守军产生了唐军不敢来攻的错觉，还是放松了警惕。

刘仁轨吃准了对方的心理，联合新罗军一起夜袭真岘城。是夜，联军顺着树枝藤蔓从崖下攀爬而上，借着夜色潜入城中。等到天亮时，真岘城四周都已经被联军占据，守军只好放下武器投降。至此，刘仁轨攻下了真岘城，打通了新罗运粮前往泗沘城的通道。

随后，刘仁愿立刻派人前往长安报捷，并请求李治增派军队。没想到百济这局死棋竟然走活了，李治喜出望外，连忙派右威卫将军孙仁师率领淄、青、莱、海四州的兵马七千人渡海赶赴熊津都督府。

恰在唐军援兵到达时，百济复国军又发生了内讧。随着鬼室福信和扶余丰之间的猜忌越来越深，前者决定再次先发制人。鬼室福信假称有病，躲在卧房，打算乘扶余丰前来探病之机袭杀对方。但扶余丰提前知道了他的计划，将计就计，在探病时带着亲信冲入，反将鬼室福信斩杀在了床上。鬼室福信死后，扶余丰自知难以控制复国军，于是派人前往高句丽和日本求援。

白江口之战

孙仁师到达熊津都督府后，唐军士气大振，刘仁轨、刘仁愿、孙仁师等人就下一步该如何行动召开了军事会议。会上，有人率先提出了自己的看法："加林城位于水陆要道，是百济复国军互相联系的枢纽地带，我们应该先攻下加林城，切断百济复国军各部之间的联系，再各个击破。"刘仁愿、孙仁师等人均对这个建议表示赞同，认为先打下加林城势在必行。

然而刘仁轨却反对说："连我们都知道加林城是重要的水陆中转站，那么百济复国军又何尝不知道呢？百济人在这里的防守一定非常严密，加上加林城本就易守难攻，我们如果强行快攻，定然伤亡惨重，面对百济复国军的反扑也无力坚守；如果慢慢进攻，又会耗时过多，旷日持久之下，胜负就难以预料了。我建议，不如直接攻打周留城。周留城是百济复国军的巢穴，是群凶聚集之地，按照除恶务本的原则，我们先打下其本源，只要一攻下周留城，百济其他各城必定会不战而降。"

最终众人被刘仁轨说服，决定先攻打周留城。随后的会上，刘仁轨又对进攻周留城的军事行动做出了部署：刘仁愿、孙仁师和新罗王金法敏率领军队从陆路进兵；刘仁轨、杜爽和前百济太子扶余隆率领水军和粮船，从熊津江进入白江，然后会同陆军一起进攻周留城。这时的刘仁轨没有意识到，这一仗他将再次创造历史。

与此同时，日本已经接到了扶余丰的求援，中大兄皇子意识到这是扩张到大陆的时机，于是派大军渡海前往百济。扶余丰接到增援后大喜，深信自己这下可以打败唐军了，于是带着日本水军出发，打算从水路攻取泗沘城。

就这样，两军在白江口不期而遇。

刘仁轨等人先到达白江口，发现敌船后，立即摆开坚守阵势。日本水师先头部队略迟一步，与唐军试探性地交了次手，很快退去。

第二天，日本水师主力赶到，总共有战船一千多艘，远胜于刘仁轨所部的一百七十艘。见唐军船少，日本水师非常得意，于是仗着船多的优势再次发起进攻。然而唐军战船看似数量较少，但其体积却比日本战船要大，日本战船根本不是其对手。刘仁轨等人顺风放火，很快点燃了对方的大量战船，致使不少人落水而亡，海水都被染成了红色，最后日本水师只得狼狈逃走。

此战，刘仁轨击毁日本战船四百多艘，并斩杀日本猛将朴市田来津。这是中日两国之间有史以来的第一次交锋，以唐军的完胜告终。白江口之战的结局，意味着中大兄皇子的野心彻底覆灭，日本势力就此退出了朝鲜半岛。这一仗过后，日本对唐朝十分敬畏，并在随后的几百年里不断派遣使者前来学习唐朝的知识文化。可以说，很大程度上是因为唐军在白江口之战中展示了实力，日本人才起了学习之心。

白江口之战后，日本援军撤退，扶余丰眼见坚持无望，于是逃去高句丽寻求庇护。之后，刘仁轨率水师与刘仁愿、孙仁师等人会合，继而进攻周留城。此时百济复国军早已被吓破了胆，两军还没有开打，扶余忠胜、扶余忠志就率军开城投降了。之后的事便水到渠成，百济其余各城望风而降，只有一个叫迟受信的复国军将领还在任存城坚守。

后来，刘仁轨打算让百济降将黑齿常之等人进攻任存城，但这个主张一提出来就遭到了孙仁师的反对，后者不满道："这些人一个个人面兽心！此前黑齿常之等人投降过苏定方，后来再次反叛了，这次若再让他们前去任存城，只怕会和叛军联合一处，实在是不能信任！"

刘仁轨安抚道："我看这两人都是忠勇有谋之人，非常注重信义，此前造反，只不过是因为唐军四处抢掠，导致他们生活不下去了，并不是真的一心想造反。我们在他们人马困顿之时接纳了他们，现在他们正感恩戴德，非常希望能立功赎罪，不用怀疑他们的用心。"

随后，刘仁轨果真发给黑齿常之和沙吒相如两人粮食和武器，让他们二人率军攻打任存城。他这步棋无疑走得很正确。任存城易守难攻，唐军若强行攻打，定然会出现很大伤亡，但黑齿常之不一样，他以前在任存山起兵，对附近地形非常熟悉，比唐军更能做到"知己知彼"，所以很快就攻破了任存城。而守城的迟受信不得不丢下妻儿，独自逃往高句丽。至此，百济复国军完全被平定，刘仁轨终于收复了百济全境。

之后，李治召刘仁愿、孙仁师回朝，留下刘仁轨率军镇守百济。在往后的日子里，刘仁轨充分发挥了自己早年历任地方官时所锻炼出来的料民才干，将百济管理得井井有条。战后的百济满目疮痍，到处是残垣断壁，随处有人畜尸体。刘仁轨令唐军四处掩埋尸体、登记户口，并任命地方长官，让他们治理地方，同时修复毁损的道路，重新架设桥梁、修补堤堰、恢复陂塘，鼓励百姓恢复生产；与此同时，刘仁轨在百济建立唐朝的土、谷二神坛，颁布实施唐朝的历法，实现了他"颁行大唐正朔于海外"的远大目标。

在恢复生产的同时，刘仁轨也不忘在百济储备粮食、训练士兵。他始终知道，唐朝攻取百济，最终目标乃是高句丽。

再战辽东：唐平高句丽之战

再战高句丽

显庆五年（660年），随着百济灭亡，唐高宗李治终于展开了期待已久的宏图大计，那就是实现隋唐两朝皇帝的理想——灭掉高句丽。

自隋炀帝三征高句丽失败以后，中原王朝的皇帝无不以征服高句丽为目标。一代雄主唐太宗李世民第一次讨伐高句丽也没有成功，至其死前一年都还记挂着要灭掉高句丽。

那是贞观二十二年（648年），李世民以右武卫大将军薛万彻为青丘道行军大总管、右卫将军裴行方为副总管，率军从海路讨伐高句丽，在泊灼城一战斩杀了高句丽军三万多人。这次大胜让李世民察觉到灭亡对方的机会来了，他非常兴奋地告诉长孙无忌："我们这么多年连续入侵，早就让高句丽疲惫不堪了，现在他们很多青壮年战死，到处都是荒芜的田地。这种情况下，泉盖苏文为了防备我军，还在拼命召集百姓修筑城墙，使得高句丽饿死的人不计其数，活着的人也穷困不已。等明年我就发兵三十万，让你做大总管，率军灭了高句丽。"

遗憾的是，太宗皇帝溘然病逝，这次作战计划只得作罢。

尽管如此，正如他所言，高句丽早就衰微凋敝，国力已大不如前。永徽五年（654年），高句丽国王高藏派军队伙同靺鞨人攻打契丹，但反遭大败，军队死伤枕藉。高句丽竟然会败给契丹，这在以前根本无法想象。连一贯强横的泉盖苏文也受制于国力衰弱，竟然不敢对契丹进行报复。

永徽六年（655年），李治借着新罗求援的机会，派程名振、苏定方等人讨伐高句丽，最终在贵端水大破高句丽军队。只是因为当时需要对付西突厥的阿史那贺鲁，才没有与高句丽全面开战。

至显庆五年（660年），西突厥终于被平定，高句丽的老盟友百济也已灭亡，李治再也按捺不住，决心讨伐高句丽，从而实现父皇的遗愿。就在苏定方班师回朝后不到一个月，李治就迫不及待地开启了讨伐高句丽的行动：以左骁卫大将军契苾何力为浿江道行军大总管、苏定方为辽东道行军大总管、左骁卫将军刘伯英为平壤道行军大总管，从水陆两路进攻高句丽；与此同时，李治计划从百济、新罗出兵，从南面对高句丽形成合击，三路大军在平壤会师，一举灭掉高句丽。不过这次军事行动因为遇到大风，粮船沉没，就此搁浅。

第二年天气刚刚好转，李治便立刻重启了进攻计划，但这时因百济复国军发展壮大，无法实现从南面进攻高句丽的企图。为此，李治对各路大军进行了重新调整：水路军以苏定方为平壤道行军总管、任雅相为浿江道行军总管、左骁卫将军庞孝泰为沃沮道行军总管，渡海进攻高句丽；陆上则以契苾何力为辽东道行军总管、萧嗣业为扶余道行军总管、右骁卫将军程名振为镂方道行军总管，从辽东方向攻入高句丽。各路大军加上参战的胡人部队，总计有三十五万人。

军容如此盛大，连李治也见之心动，竟然提出要效法父亲，率领大军亲征高句丽。朝中大臣自然不依，毕竟唐太宗李世民还有年轻时马上征战几十年的底子，但李治却从未领兵打过仗，身体又一直不好，谁敢让他去辽东？好歹皇后武则天等人再三力劝，才让他打消了亲征的念头。

其实有没有皇帝亲征，都无碍大唐军队所向披靡。老将苏定方延续了他的不败神话，他再次使用之前攻打百济时的战术，从海路直取平壤。水路军从渤海横渡辽东以后，很快就在浿（pèi）江之上大破高句丽军队，随后高歌猛进，一路连战连捷，直抵平壤城下。面对这种形势，泉盖苏文慌了神，他一面派出自己的长子泉男生率领数万精兵死守鸭绿江，防止唐军从陆上进攻；一面亲自率军坚守平壤城。

与此同时，唐朝的陆上大军从辽东出发，向高句丽发起了进攻。早在1李世民一征高句丽时，高句丽北面就被打得伤了筋骨，现在还没有恢复，自然挡不住唐军强大的攻势。但唐军逼近鸭绿江后，面对死守江边的泉男生精锐部队，一时也一筹莫展，不知该如何渡江。

这时，契苾何力所部终于赶到了。契苾何力熬到今天，总算是登上了唐军首席老将的位置，跟他同时代的薛万均、薛万彻、侯君集等人或身死或伏诛，早已不在人世；李道宗、执失思力则因长孙无忌的构陷，被流放到了岭南；程名振又年老多病。鉴于此，李治特意挑选契苾何力担任此次辽东方向的主攻。

契苾何力也没辜负李治的信任，他到达后不久，因着天气转寒，鸭绿江表面已经结了冰。契苾何力试探了一下冰层的厚度，心下有了计较。当夜，契苾何力率骑兵偷偷踏冰渡过鸭绿江，直指高句丽大军军营，将泉男生打了个措手不及，其鸭绿江防线全面崩溃，泉男生被迫后撤。契苾何力乘胜追击几十里地，斩杀敌方三万人，残兵纷纷向唐军投降，泉男生被迫单骑逃回平壤。

眼看形势一片大好，偏偏此时国内却突然出了大事——忠于唐朝的回纥首领婆闰死了。婆闰死后，继任的是他的侄子比粟毒。这人刚即位就纠集同罗、仆固等铁勒九姓人马一同起兵造反。无奈之下，李治只得命契苾何力、萧嗣业等人先行班师，前往西线镇压铁勒九姓。

陆上部队撤走以后，水路大军的作战就变得艰难起来。转眼到了第二年二月，苏定方围攻平壤已经长达半年之久。苏定方最初从海上发起闪电战时，并没有携带多少攻城器械，还指望着陆上部队携带了前来合攻平壤城呢，但随着陆上部队撤退，他的计划落空。泉盖苏文在平壤经营已久，城高墙厚，城内储备颇丰，因此，即便唐军付出了重大伤亡，也未能再进一步。

再往后，局面越发向着不利的方向发展。浿江道大总管任雅相病逝于军中，所部人马只得撤退；白州刺史沃沮道总管庞孝泰率所部与高句丽军队在蛇水猝然相遇，一战之下竟然全军覆没，庞孝泰和十三个儿子全部战死。

屋漏偏逢连夜雨，老天爷也不给面子了，忽降大雪，使得唐军的补给也跟不上了。在这种情况下，苏定方只得撤军而回。事实上，这是他最后一次参与高句丽战事了。几年后，苏定方带憾病逝。

老将挂帅

自贞观末年起，唐军便不停出兵进攻辽东，虽然对高句丽造成了很大的打击，但也给山东一带的百姓带去了沉重的负担。因此之后几年，唐朝都没有再对高句丽用兵，同时在山东地区罢免徭役、休养生息。

高句丽国王高藏见双方关系缓和，便于乾封元年（666年）借李治泰山封禅的机会，派儿子高男福前往长安朝贡，并跟随前往泰山参加封禅大典。高藏想借着这次朝贡的机会求得与唐朝和平共处，但事与愿违，就在这一年，唐军将再次远征高句丽。

这一年，掌控高句丽大权多年的权臣泉盖苏文病逝，其长子泉男生继承了莫离支的位置。为了加强和地方官员之间的联系，泉男生决定外出前往各城出巡。至于留守国都的人选，他只信得过自己的亲兄弟，于是让两个弟弟泉男建和泉男产留下来处理国政。

然而泉男生刚离开平壤后不久，立刻就有居心叵测之人跑到两个弟弟面前挑拨道："你们的哥哥怀疑你们想趁他离开时造反，现在正找机会除掉你们，你们还是赶快商量好对策吧。"泉男建、泉男产的权力本来就是泉男生交托的，所以一开始他们并不相信哥哥会除掉自己，对这些话完全置之不理。

但这位投机者见一计不成，怕事后被泉男生报复，于是又生一计，跑到泉男生面前造谣道："你的两个弟弟正打算趁你不在国都时夺取朝政大权，为了防止你回去争权，还打算派人来除掉你。"泉男生虽然不信，但他的戒心更重，于是派了个人偷偷入京探查情况。

这下可把事情搞得复杂了——问题刚好就出在这"偷偷"上面。来人如果光明正大地回平壤，一切都还好说，偏偏这个密探鬼鬼祟祟地行动，被两个弟弟给抓住了，反而让弟弟们产生了极大的误会。两人假借国王高藏的名义，召泉男生返回平壤。泉男生久久没有得到密探回报，也早就起了疑心，这时哪里还有胆走这一趟。

泉男建见泉男生并不上当，干脆自立为莫离支，然后派兵攻打泉男生。泉男生手上并没有多少兵马，很快就被大军重重围困。万般无奈之下，泉男生派出儿子泉献诚出使唐朝，请求对方发兵相助。而泉盖苏文的弟弟泉净土更是直接，大约是被这些侄子们气着了，干脆派使者到唐朝请求归降。

李治当然不会错过这个大好机会，他很快决定再次发兵讨伐辽东。这年六月，李治任命右骁卫大将军契苾何力为辽东道行军大总管兼安抚大使，左金吾卫将军庞同善、营州都督高侃为行军总管，率领左武卫将军薛仁贵、左监门将军李谨行等将领，共同讨伐高句丽。同时，他任命泉献诚为右武卫将军，担任向导率领全军前进。

泉男建自从得知泉男生向唐朝求援后，就派出了十五万大军在辽水东岸候着，同时又拉上盟友靺鞨，几万兵马在南苏城守着，随时防备唐朝出兵。尽管他已经非常重视了，但还不够，他终究低估了唐军的主帅契苾何力。

仔细算起来，这已是契苾何力第三次东渡辽水了，经验自然非常丰富。他很快就找到了对方防守的薄弱点，迅速渡河，然后出其不意地突袭高句丽大营，最终对方大败而逃。随后，契苾何力马不停蹄地乘胜攻向南苏城。

南苏城里的靺鞨人怎么也没料到，挡在前方的高句丽军竟会败得如此之快，未等他们反应过来，唐军已经开始攻城了。靺鞨人一看情况不妙，敷衍地抵抗一二就弃城而逃。契苾何力哪里肯轻易放过他们，立刻派人前往追击，靺鞨军死伤无数，残兵不敢多留，一路狼狈逃回本部落。

契苾何力大破高、靺联军之后不久，庞同善又在国内城外大破高句丽军队，顺利与泉男生会合。李治顺势任命泉男生为特进、辽东大都督兼平壤道安抚大使，封爵玄菟郡公，让他带人随军讨伐高句丽。

随着东征大军取得节节胜利，李治意识到，灭亡高句丽的时机已经成熟，于是决定正式派遣大军一鼓作气灭掉高句丽。但此时还有一个棘手的难题，便是主帅人选。贞观年间成名的老将，如今大多凋零，想要找一位够分量的人物担当主帅，实在是困难不已：曾经讨伐辽东的程名振已经病逝；苏定方正在青海替吐谷浑做后援以防备吐蕃，无法分身；而郑仁泰、苏海政等人，则是还不足以压阵。思来想去，李治终于想到了一个人——当朝司空、英国公李勣。

李勣是《说唐》系列小说中"神算子"徐茂公的原型。要论资历，恐怕当前还真没人能比得上他，他是还活着的人中少有的经历过隋末烽烟之人。李勣本姓徐，名世勣，字懋功，曹州离狐人，后被唐高祖李渊赐姓李，又因避讳李世民，便叫李勣。历史上的李勣并不像小说里描写的那样，是个如诸葛亮一般能掐会算的书生，而是一位实实在在的武将。用李勣自己的话来说："我十二三岁时为无赖贼，逢人就杀；十四五岁时为难当贼，只要心里有不痛快就杀人；十六七岁为佳贼，只有上战场时才杀人；到了二十岁以后，才改为用兵四处救人。"由此可见，李勣从小就是个狠角色。

不同于隋末其他大多数因为活不下去了才落草为寇的人，他的家庭非常富有，可谓衣食无忧。当时翟让在家乡附近落草为寇，年仅十七岁的李勣就主动前去投奔，初次见面就向翟让献上了一条计策："兔子都不吃窝边草，我们也不要再抢掠自己的家乡了。附近是商旅往来的要道，又经常有朝廷运送物资的船队经过，我们不如抢劫往来客商和船队，借以发财。"翟让听从了李勣的主意，顺利赚到了第一桶金，随后，瓦岗军迅速发展起来。

这时，李勣遇到了人生中最大的危机。李密诛杀翟让时，李勣匆忙逃出营帐，却被外面埋伏的士兵砍成了重伤，幸好李密知道李勣是个人才，眼看他就要被灭口，便赶紧拦了下来。此后，李勣一直跟随李密征战。不过，他并不被李密信任。北邙山之战后，李密宁愿入关投奔唐朝，也不敢就近去黎阳投奔李勣。然而李密没想到，李勣对他异常忠诚。李密入关后，山东大片土地都归李勣控制，但李勣并没有自己献给唐朝归降，而是整理好地形图籍后交给李密，让他献给李渊，让李密立功。

正是因为李勣的这份赤胆忠心，李渊后来格外信任李勣，甚至在李密叛乱被杀之后，也允许李勣为他下葬。李勣也向唐朝献出了自己的忠诚，就算一度被迫归降窦建德，之后也时刻不忘回归唐朝。唐朝统一以后，李勣参与了贞观年间许多对外战事，立下无数功劳，直到李治即位，才没再领兵出征。

细算起来，李世民讨伐高句丽时，李勣就是唐军主帅，有资历，有战功，这样的人选十分难得。但李治之所以还存犹豫，一方面是因为李勣年事已高，已经多年未上战场；另一方面则是因为李勣虽身经百战，却不常担当主帅，所以掌控全局的经验不足，其戎马一生，大多只是担任辅助策应的位置。童山之战时，他策应李密击败宇文化及；虎牢关之战时，他辅佐李世民击败窦建德；贞观年间，他又作为李靖的策应灭掉东突厥。李勣称得上是一位名将，但是作为主帅，其全局观和战略眼光却稍显不足。在李世民讨伐高句丽的战争中，他担任过主帅，却犯了不少错：先是带手下将士要求李世民放任唐军洗劫投降的白岩城；后又拒绝李世民绕道攻取建安的策略，执意攻打安市城，以致错过了战机；最致命的是，在安市城下请求李世民同意屠城，让安市城军民被迫誓死坚守，导致一征高句丽无功而返。

不过此时实在没有更合适的人选了，最终征讨辽东的主帅之位还是落到了李勣头上。李勣得到消息后很是激动，之前一征高句丽无功而返，他一直耿耿于怀，时时刻刻都希望能够再度打回去。如今有机会为自己正名，再建功勋，如何能不激动呢？

兴奋之余，李勣想要拉自己穷困的女婿杜怀恭一把，希望后者跟随自己前往辽东建功。不料杜怀恭却会错了意，以为岳父拉上他是想找机会拿他做靶子杀鸡儆猴，于是再三找理由拒绝，最后干脆躲到山中不肯出来了。李勣看到女婿这么不争气，只好叹息着独自上路了。

横扫高句丽

当年十二月，李治正式任命李勣为辽东道行军大总管兼安抚大使、司列少常伯（即吏部侍郎，龙朔二年改名）郝处俊为副大总管，率军与契苾何力等人一起讨伐高句丽；与此同时，唐高宗以独孤卿云为鸭渌道行军总管、郭待封为积利道行军总管、刘仁愿为毕列道行军总管、金待问为海谷道行军总管，从海路出发，直指朝鲜半岛。几路大军都受李勣节制。

次年一月，李勣率大军渡过辽水，他很快就锁定了第一个目标，那就是高句丽的西部重镇——新城。为此，他召集唐军众将召开了第一次军事会议。会上，他指出："新城是高句丽在西部的要塞重镇，如果不先攻下新城的话，其他各城更难攻下。"众将纷纷表示同意。

幸运的是，新城比唐军众将想象的更加容易攻取。唐军开始围城后，派出了一部分人马登上新城西南面的高山，然后从山上向城内投射石头、箭支。这么一来，新城人很快就撑不住了，于是主动绑了城主，开门向唐军投降。新城一被攻下，果然如李勣所料，唐军乘胜一连攻下了十六座城池。

鉴于新城的重要性，李勣留下契苾何力驻守新城以防备高句丽援军，但其后不久，契苾何力也率军北进，只有庞同善和高侃所部留守新城。或许是连续几场大胜麻痹了唐军，高侃和庞同善都不相信高句丽军胆敢前来反攻，所以掉以轻心，以致遭到泉男建派兵偷袭时，场面十分慌乱。关键时刻，担任后援的左武卫将军薛仁贵率领数千骑兵拍马赶到，斩杀高句丽军队数百人，逼退了偷袭的人马。

随后，高侃和庞同善率军追击，不料在金山遇到了高句丽大军的伏击，唐军交战失利，匆忙后撤。而高句丽大军则乘胜追击，准备一举歼灭唐军。就在这时，薛仁贵出其不意地率军从侧翼杀出，将高句丽军队断为两截。对方首尾不能相顾，遇此变故，一下子慌乱起来。庞同善和高侃看准时机，立即发起了反击。夹击之下，高句丽军队大败而逃，光战死的就有五万多人。随后薛仁贵、高侃等人乘胜追击，不但收复了此前被高句丽夺回的南苏城，还一连攻下了木底和苍岩两城，并再次与泉男生会师。

与此同时，由郭待封率领的这一路部队也正按照计划行军。然而他们跨过渤海后，军中出现了一个大尴尬——快没有粮了。原本出发之前，李勣安排了部将冯师本负责为其运送粮食、物资，但冯师本的船在路上坏了，无法按期到达。郭待封心中忧虑，只得向李勣写信求援。

细心的郭待封动笔前想了想，这信是去找李勣要粮食和物资的，属于重要情报，万一路上被高句丽人截获了，对方知道他没粮，乘机发起进攻该怎么办？于是他决定给这封信"加密"，写成了一首离合诗，这样一来，就算高句丽人截去了也不容易看懂。

郭待封放心地让人去送信了，然而收信的李勣却看得头皮发麻。郭待封可能忽略了一个很重要的问题：他只考虑到不能让高句丽人发现信里的秘密，却没有考虑过李勣能不能解密。显然，李勣没有看懂，还气得直骂："这郭待封搞什么鬼，眼下打仗军情紧急，他居然有闲心写诗，还送到我的面前来，这是要做什么？等回去以后，我一定要砍了他！"

得亏李勣的记室元万顷就在一旁，他意识到这封信有些蹊跷，便赶紧从李勣手上索要过来仔细查看。元万顷是当时著名的文人，对文人的那些弯弯绕绕自然熟悉，很快发现这其实是一首离合诗，赶忙向主帅解释了其中的含义，李勣恍然大悟，这才赶紧派人送去粮食。

经此一事，李勣对元万顷越发赞赏，见他文采出众，就让他写一篇讨伐高句丽的檄文以振军心。元万顷也不推辞，洋洋洒洒写就一篇《檄高丽文》。然而正所谓聪明反被聪明误，他特意在文中嘲笑泉男建不懂作战，竟然不知派重兵把守天险鸭绿江。泉男建看到《檄高丽文》后也不恼，反而从善如流，立刻派重兵去了鸭绿江畔，导致随后赶来的唐军无法再渡过鸭绿江。随后，泉男建故意送了"谨闻命矣"四个字给元万顷，狠狠嘲讽了一番。最后这事就连远在长安的李治都知道了，气得将元万顷发配去了岭南。

且说唐军金山之战过后，薛仁贵打算乘胜进攻高句丽重镇扶余城（今吉林省农安县），但庞同善、高侃等人受金山之战的影响太大，认为现在手上兵少，扶余城又是高句丽昔日旧都，防守严密，应该等大军会齐之后再行进攻。薛仁贵劝道："高句丽新败，正是人心惶惶之际，此时攻打很容易击溃；如果等我大军会齐再行攻打，高句丽早已稳定，想攻下就难了，这就是兵家所言的'兵贵神速'。你们觉得我们的兵少，无法取得成功，但如果主将能好好谋划、合理利用，那么成功并不在于士兵的多寡。"

然而众将还有犹豫，薛仁贵便独自带领两千人作为先锋，先行进攻扶余城。他们到达扶余城下后，守军见他们人数稀少，干脆也不守城了，直接派大军出城迎战。而这正中薛仁贵的下怀——两千人马攻城，那是不足的，但是要与高句丽军队正面对垒，反而绰绰有余。唐军人数虽少，但作战能力高于对方，竟渐渐把高句丽军队打得开始败退。薛仁贵本人更是勇不可当，深入敌阵，一连斩杀数位敌将。最后高句丽军支撑不住，狼狈逃跑。在薛仁贵的追击下，唐军一共斩杀和俘虏了一万多人，是唐军这支先锋的好几倍。随后，薛仁贵乘胜进攻扶余城，此时扶余城守军早已胆寒，很快就被攻下。扶余城投降后，连续四十多座城都望风而降。

高句丽的覆灭

远在长安的李治始终对高句丽的战局保持了密切关注，大军出发后，他派侍御史贾忠言前去辽东慰问诸军。贾忠言返回洛阳后，向李治答复了四个字："高丽必平。"李治好笑道："现在唐军都还没有渡过鸭绿江，你怎么就知道高句丽必定会被平定了？"

贾忠言便细致分析道："以前隋炀帝三次东征高句丽都没有成功，并不是因为军队不行，而是因为国内人心涣散、怨恨的缘故；先帝攻打高句丽不成，那是因为高句丽人心还算统一，并没有露出破绽；而现在，高句丽国王高藏势力微弱，掌权的泉盖苏文刚刚死去，他的儿子们互相争夺权力，内讧不断，国家早就乱了。谚语'军无媒，中道回'说明了密探、向导的重要性，现在连泉男生都已经归降，前来给我军充当向导，他们的虚实尽在我军掌握之中。以陛下的圣明、本朝国力的强盛、诸位将士的奋勇，只此一战，定可以击破高句丽。现在高句丽国内连年灾荒，人心变乱，这就是上天要它灭亡的征兆，而且我听说《高丽秘记》这本书里提到过，'等不到九百年，就有八十岁的老将来灭亡高句丽。'经过我的推算，高氏成为高句丽之主到现在正好九百年，这次统率唐军的主帅李勣今年刚好八十岁，这不是天意是什么？"

李治听了贾忠言的话非常高兴，便又向他询问这次出征的唐军诸将里谁最贤能。贾忠言谁也不得罪，回答道："薛仁贵称得上是勇冠三军；庞同善虽然称不上勇猛善战，但治军极严；高侃为人节俭、勤奋又严于律己，忠诚、果敢又颇有谋略；契苾何力性格坚毅又十分果断，虽然不适合做先锋，但其指挥能力非常强；但要说日夜为国家操劳，因公废私，谁也比不上李勣。"李治听后更高兴了，觉得这次唐军出征的阵容非常强大，足够灭掉高句丽。

为了尽快结束战争，李治又拾起了从百济出发、向北攻打高句丽的计划。为此，他任命此时已经回到长安的刘仁轨为熊津道安抚大使，兼浿江道总管，从百济率军北伐。在唐军南北两线的打击下，高句丽军队节节败退。在这种情况下，泉男建决心要与唐军决一死战，而交战之处则定在控制高句丽咽喉的旧都扶余城。

泉男建的计划很快就被唐军察觉了，所以他率领五万大军刚刚走到萨贺水时，便迎面撞上了严阵以待的唐军。唐军以逸待劳，他们哪还有什么胜算，一触即溃，被李勣打得大败而逃。在唐军的追击下，高句丽被斩杀五千多人，被俘三万人，丢弃的器械、牛、马等物资不计其数。

萨贺水之战后，李勣又乘胜攻下了大行城，再次来到鸭绿江边，随后，契苾何力等各路唐军也纷纷赶来会师。此时高句丽军虽然在鸭绿江边还布有重兵，但屡战屡败之下早已丧失了信心，唐军刚一渡江，他们就全线崩溃，唐军乘胜占领辱夷城。之后，唐军的兵锋直指平壤。

唐军一路南下，沿途各城纷纷投降，契苾何力的先头部队率先赶到平壤，随后李勣大军到达，唐军再次开始围攻平壤城。此时南路唐军也在不断前进，夺取完南面各城后，亦汇聚到平壤城下。如此一来，平壤成了一座孤城。在这种情况下，高句丽国王高藏实在守不下去了，连忙派泉男产带文武大臣九十八人举着白旗偷偷出城，到李勣军中请降。

战局发展到这一步，泉男建依然不肯投降，他紧闭城门，想要坚守到底。不但如此，他还每天派军队突袭唐军，指望能一举翻盘，但屡次行动都以失败告终。当时，由于他的弟弟泉男产已经投降了唐军，他所信任的人就只剩下了僧人信诚。泉男建已经好几天没有休息了，在信诚的满口保证下，他将守城的任务交给对方，打算先回家休息一会儿。然而他刚一离开，信诚就立马派人去了唐军军营，表示要做唐军的内应。五天后，信诚趁着泉男建不在，打开了平壤城门，李勣立刻派唐军登上城墙呐喊，并焚烧了城墙四个角上的城楼，平壤再也守不住了。泉男建得到消息后，当场拔剑自杀，但他没死成，竟被唐军救了回来，还是成了俘虏。随着泉男建被俘，高句丽全境平定。

高藏等俘虏被带到长安后，李治封高藏为司平太常伯员外同正（即工部尚书，龙朔二年改名）、泉男产为司宰少卿（即光禄少卿，龙朔二年改名）、泉男生为右卫大将军，就连信诚也被封为银青光禄大夫。泉男建倒是没享受到这般厚待，他被流放到了黔中。另外，此前逃到高句丽的扶余丰这次也被唐军俘虏，被流放到了岭南。

此后，唐高宗将高句丽五部（共一百七十六城、六十九万余户）分为九个都督府、四十二个州、一百个县，设置安东都护府加以管辖，治所设在平壤。薛仁贵因功被任命为第一任安东都护，率兵两万人镇守平壤。至此，隋、唐两朝先后七次大规模讨伐的高句丽，终于告破。

横绝西北：三箭定天山

两征铁勒

显庆二年，唐朝扫平西突厥，为突厥人横行西北的时代画上了句号。然而一波刚平一波又起，曾经长期受突厥人奴役的铁勒人此时躁动了起来。

铁勒以前是匈奴的一支，南北朝时期，它也有过"高车""丁零""敕勒"等名字。严格来说，铁勒并非一个民族，它下面还包含很多部落，如薛延陀、契苾、回纥、都播、骨利干、多览葛、仆骨、拔野古、同罗、浑、思结、斛薛、奚结、阿跌、白霫（xí）等，由于都生活在大漠以北，被人们统称为"铁勒"。

正因为铁勒部族众多、各部族之间互不统属，所以他们的力量十分分散。突厥汗国建立起来以后，铁勒诸部被突厥人征服，为突厥所掌控。隋朝建立之后，由于东、西突厥的分裂和衰落，铁勒人又向隋朝臣服。隋炀帝就曾听从裴矩的建议,征调铁勒诸部人马击败了吐谷浑慕容伏允,可见当时的铁勒整体上战斗力已经非常强大,只是由于各部族过于分散,才迟迟无法对抗突厥。及至隋末,中原大乱,而东、西突厥再次强大起来,于是铁勒诸部又再次臣服于突厥。

到了贞观二年(628 年),随着东突厥颉利可汗对各胡族的剥削、压迫日益深重,铁勒各部再也不甘心臣服于东突厥,于是薛延陀、回纥、拔野古等铁勒部落率先举起了反旗,并先后击败了前去镇压的阿史那欲谷、突利可汗等人。加之东突厥受到唐朝的施压,颉利可汗不敢调集大军北上对付铁勒诸部,只好由他们去了。当时,唐朝亟须在漠北寻找一个盟友对抗东突厥,于是李世民就派了游击将军乔师望抄小路前往薛延陀部,封其首领乙失夷男为真珠毗伽可汗,由此建立起了强大一时的薛延陀汗国,铁勒各部纷纷归附。

后来因李思摩重建东突厥汗国,薛延陀与唐朝交恶,以致最终被唐朝灭亡,之后原本臣服于薛延陀的铁勒诸部又纷纷倒向唐朝。唐灭薛延陀之战前期,以回纥为首的铁勒诸部抢先攻了薛延陀的多弥可汗,让薛延陀失去了本就微弱的抵抗力;唐灭薛延陀以后,李世民在原薛延陀故地设置羁縻州,以管辖铁勒诸部,又在其他十三部设置都督府和州(这就是铁勒十三姓的由来),以各部族首领充当都督、刺史,往上再设置燕然都护府加以管辖。

西突厥存在时,铁勒各部还比较听从唐朝的指挥,从贞观年间讨伐高句丽、吐谷浑、西域,再到永徽年间讨伐阿史那贺鲁,铁勒人的身影频频出现。唐朝第三次远征阿史那贺鲁时,就是以任雅相率领的燕然都护府军队为主力,回纥首领婆闰还是其中一路行军总管。阿史那贺鲁败亡以后,西突厥各部被阿史那弥射和阿史那步真一分为二,再也不复昔日的强大。就是在这个时候,长期臣服于突厥的铁勒人的野心不可抑制地膨胀起来,再也不甘心臣服于唐朝了。

显庆四年(659 年),铁勒中的思结部最先反叛,该部大首领都曼联合了西域的疏勒、朱俱波、谒般陀三国一起反叛唐朝,当然,他们不敢直接与唐军交战，只是先攻打臣服于唐朝的于阗作为试探。当时，唐朝在西域的势力强盛，哪会忍受这种挑衅？李治反手就打出了王牌苏定方。

这一下，都曼等人傻眼了。当年唐太宗李世民讨伐西域高昌、焉耆等国之前，好歹是先礼后兵，派人前去警告几次，实在不听话才发兵攻打，这也是都曼等人胆敢进攻于阗的原因。但他们没想到，时代已经变了，仅仅是一个试探性的进攻，就直接引来了唐军的讨伐，来人还是左骁卫大将军苏定方，这等威名赫赫之人，哪是他们惹得起的？所以，苏定方率军到达碎叶川（今乌兹别克斯坦和塔吉克斯坦境内的锡尔河）时，都曼等人连交手都不敢，就火速带人退到了后方的马头川（今吉尔吉斯斯坦纳伦西南），准备召集周围全部人马会合，然后与唐朝打一场持久战。

然而苏定方是什么人，怎么会由着他们拖延战局？苏定方本就极为擅长闪电奔袭的战术，多次出其不意直捣敌人腹心，而这一次，都曼等人的布置正中他的下怀。苏定方到达业叶水后没有犹豫，连营垒都没有建立，立刻挑选了一万精兵、三千骑兵前往突袭马头川。经过一天一夜的急行军，唐军跋涉了三百多里，在天刚亮时成功赶到了马头川。此时都曼才刚进城不久，召集的人马都还没有聚集到城里来，他一觉睡醒，唐军就已经兵临城下了。慌乱之中，都曼勉强先派人出城迎战，但都被唐军打退。

随着时间的推移，唐军后续各部也陆续赶到，将马头川重重围困起来，至于都曼陆续召集的援军，也一一在城外被唐军扑灭。见此情况，都曼知道再没有翻盘的机会了，只好派使者出城到苏定方营中求降。他也不敢讲什么条件，只求能免去一死，最终苏定方同意了他的请求。第二天，都曼开城投降。于是，这场反叛就像一出闹剧一样，三下五除二就收场了。

都曼被苏定方押回长安后，按照唐律，他是应该被处死的，但苏定方向天子恳求道："都曼虽然反叛，但我之前曾答应过放他一条生路，他这才投降的，希望陛下能看在我的面子上，留都曼一命。"大功臣的请求，李治当然无有不应，爽快道："看在你的面子上，我这次就破例违反法律成全你的诺言。"

然后下令免除了都曼的死罪。

然而这件事似乎开了个不太好的头，竟让铁勒各部产生了"反叛也可以活命"的错觉。这之后，铁勒各部不但没有安分下来，反而越发不加收敛。就在都曼被俘后不久，思结、拔野古、仆骨、同罗四部趁着唐军远征百济，一起举起了反旗。直到百济落败，李治才得以腾出手来，开始对付西面反叛的铁勒四部。当时苏定方还在百济，于是平定铁勒各部的任务就落到了另外一位老将——时任左武卫大将军的郑仁泰的身上。

郑仁泰虽然平时不显，但他其实身经百战，是最早跟随李世民的人之一，参加过平定刘武周、王世充、窦建德等人的多次大战。天策府建立后，郑仁泰也是其中的核心成员之一，在玄武门之变中立下了汗马功劳，是李世民钦点的玄武门十大功臣之一。不过由于武德、贞观年间大唐军界将星云集，衬得郑仁泰无甚出彩，甚至没有独自领兵出征的经历。后来由于永徽初年长孙无忌的政治清洗，李道宗、薛万彻、执失思力等将领要么被诛杀，要么被流放，才得以让曾经默默无名的梁建方、苏定方等人冒头。而这一次，终于轮到郑仁泰大显身手了。

事实证明，郑仁泰果然有两把刷子。他出征后没多久就连续三次击败了思结、拔野古、仆骨、同罗四部联军，并乘胜追击了一百多里，斩杀了叛军首领，然后班师回朝。

不过，郑仁泰这次出征并没有给铁勒造成毁灭性的打击，后者的野心也并没有被彻底扑灭，很快，他们就会对唐军的军事行动造成严重破坏。

三箭定天山

龙朔元年（661年），一直对唐朝忠心耿耿的回纥部首领婆闰去世了，他的侄子比粟毒乘机夺取了回纥部首领的位置。比粟毒与婆闰不同，他野心勃勃，并不忠于唐朝，时刻都想着脱离唐朝的统治，建立强大的回纥汗国。他掌控回纥之后，立刻就联合同罗、仆骨等部反叛唐朝。

薛延陀灭亡以后，回纥成为铁勒诸部中最强大的部族。有了回纥的号召，其他各部族纷纷响应，很快，回纥、仆骨、浑、拔野古、同罗、思结、契苾、拔悉密、多览葛这铁勒九姓部族就联合起兵了，他们迅速集结起大军，准备南下进犯唐朝北境。

比粟毒选在这时候行动，是看准了李治派遣唐军主力远征高句丽，国内守备力量较为空虚之机。当时，唐军的水路部队已经在苏定方的带领下开始围攻平壤，陆上部队也在契苾何力的带领下踏冰渡过鸭绿江，一举击破高句丽大军，兵锋直指平壤城。然而，因铁勒九姓反叛，李治不得不中止了讨伐高句丽的计划，将以契苾何力为首的北路军调回，转而讨伐铁勒九姓，只留下苏定方率领水路各军继续围攻平壤。北路军撤回后，南路军孤掌难鸣，最终无功而返。这次铁勒反叛成为唐朝第二次大规模远征高句丽的转折点。

唐军又一次发起了西征，李治继续选择老将郑仁泰作为大军主帅，所谓一回生二回熟，郑仁泰在前一次西征时打胜了铁勒四部，算得上是熟手了。鉴于铁勒人作战生猛，李治这次还特意为郑仁泰安排了一个猛将做副帅，这便是薛仁贵了。

薛仁贵本名薛礼，字仁贵，以字行世，绛州龙门人。他本是南北朝时著名猛将薛安都的后人，但到他这一辈时已经没落了，完全靠种田为生，家贫如洗，可以说薛仁贵后来选择从军，初衷不过是另谋生计。

薛仁贵穷困潦倒时，一度怀疑可能是风水问题，想要改迁祖坟，但改葬同样要花钱，他又没钱，愁得整日唉声叹气。就在这时，他的妻子柳氏给了他一条建议："我当初嫁给你时，就知道你身负平定天下的才能，但是一定要遇到合适的时机才能发挥。之前天下一片太平，找不到机会，但现在机会来了——当今天子要讨伐辽东，正到处寻找能臣猛将，这种机会实在难得，你何不乘机去博取功名呢？等到你富贵归乡，再想改迁祖坟也为时不晚，现在何必为点儿改葬费就愁眉不展呢。"薛仁贵最终听从了妻子的建议，只身前去名将张士贵处投军。

事实证明，战场果然是最适合薛仁贵的舞台。到辽东后不久，薛仁贵就立下了大功。当时郎将刘君邛（qióng）被高句丽军重重围困，眼看就要殉国了，关键时刻，薛仁贵单骑杀入重围将其救出，还顺手斩杀了高句丽一名以勇猛著称的敌将，并将其头颅挂在马鞍上，吓得其余敌军跪地投降。这次事件之后，薛仁贵的名声就渐渐在唐军中传开了，很快，他又迎来了另一场更辉煌的大战。

当时，唐军在安市城下遇到泉盖苏文派出的十五万高句丽大军，双方展开了激战。决战前，为了更加醒目，薛仁贵干脆脱了盔甲身穿白衣出战，在敌阵中左右驰射，如入无人之境，被正在北山上指挥战局的李世民看在眼里。大破敌军之后，李世民立刻将薛仁贵封为游击将军、云泉府果毅。从辽东撤军时，李世民还特意告诉薛仁贵："我手下众将都已经老了，一直想找一位骁勇之将统军，这次讨伐辽东，我最大的收获就是得到了你。"

虽然有了如此高的赞誉，但此后一段时间，薛仁贵只是在长安城中担任禁军将领，一直没有领兵作战的机会。直到显庆二年苏定方讨伐阿史那贺鲁时，薛仁贵向李治建议找到泥孰部首领的妻儿并送回，以劝降泥孰部，这一策略成功从内部瓦解了阿史那贺鲁的势力。经过这次事件，李治发现薛仁贵很有谋略，让他留在长安守卫宫城实在是浪费。

不久后，薛仁贵被派往辽东担任程名振的副手讨伐高句丽，很快在贵端城下大破高句丽军队。从此之后，薛仁贵屡建战功，势如破竹一发不可收。

第二年，薛仁贵再次跟随梁建方、契苾何力两位将领讨伐高句丽。横山（今辽宁省辽阳县东华表山）一战，面对高句丽大将温沙多门的大军，薛仁贵执弓单骑驰入敌阵，所到之处敌人无不应弦而倒，唐军就此大胜。

随后在石城（今辽宁省庄河市西北五十里城儿山古城），唐军遇到了一个善射的高句丽将领，对方一连射杀了唐军十多人，薛仁贵便独自骑马前去挑战，一声大吼就把对方震住，对方手软得连弓都不敢拉，最终被薛仁贵生擒。

就在西征铁勒前不久，薛仁贵跟随定襄都督阿史德枢宾讨伐契丹。黑山

（今内蒙古自治区巴林右旗小罕山）之战中，他与辛文陵两人大破契丹大军，生擒了契丹首领阿卜固，由此被封为左武卫将军。

龙朔元年八月，唐朝正式出兵讨伐铁勒九姓，西征军以左武卫大将军郑仁泰为铁勒道行军大总管，左武卫将军薛仁贵和管辖铁勒九姓的燕然都护刘审礼为副大总管，率兵出征。除此之外，李治还特意找来了婆闰昔年的搭档——刚从辽东归来的前燕然副都护鸿胪寺卿萧嗣业担任仙萼道行军总管，右屯卫将军孙仁师担任副总管，率军作为偏师出发。

在给西征军诸将践行的宴会上，发生了这样一件趣事：起因是李治听说薛仁贵非常善射，便乘着酒劲对薛仁贵说："我听说你非常擅长射箭，据说古代的神箭手最多能射穿七层铠甲，你试试能不能射穿五层呢？"说罢就吩咐左右拿出铠甲让薛仁贵一试。薛仁贵也不谦虚，随手一射，长箭直接穿透了五层铠甲，这让李治惊讶不已，当场就赏赐了薛仁贵一副坚甲。在随后的西征中，薛仁贵的神箭将发挥重要作用。

铁勒九姓得到唐军出征的消息以后，也聚集起了十万余人，全部驻扎在天山一带，准备与唐军决一死战。随后，郑仁泰等人到达天山，与铁勒大军对峙。铁勒人在大漠南北一向以骁勇善战著称，开打之前，他们先挑选了几十个顶尖的勇士到唐军阵前挑战，想先凭借个人武力狠挫一次唐军的士气。

然而他们不知道，要论"勇猛"二字，唐军这边的薛仁贵更是当仁不让的，这位猛汉子二话不说，立刻带人杀了出去。在随后的勇士大对决中，薛仁贵连续与对方三人交手，都是只用一箭就了结了对方性命。仅凭三箭就射杀了三名勇士，这在铁勒人眼中也是不可想象的。

铁勒九姓素来信服勇士，见来人如此厉害，其他勇士也不敢再交手了，跪在地上向薛仁贵投降求饶。然而薛仁贵并不留情面，为防这些铁勒勇士再次反叛，他把这些人全部坑杀了。

铁勒九姓勇士全军覆没的消息传来后，铁勒人傻眼了——他们原是想挫一挫唐军的锐气，哪里料到反被薛仁贵灭了威风！这仗还怎么打？十万铁勒九姓人马闻风丧胆，瞬间土崩瓦解，各奔东西。他们中的一部分人觉得漠北安全，便逃往大漠以北；一部分人则留在天山，指望能投降唐军减免责罚。唐军也就此分为两部，一部在薛仁贵的带领下，横跨大漠，直奔漠北追击铁勒人；另一部则在主帅郑仁泰的带领下，围攻留在天山的铁勒各部。

薛仁贵率领所部很快就追上了逃往漠北的铁勒人，并将其打得大败，还乘胜俘虏了铁勒的叶护兄弟三人而回。这次大胜，薛仁贵的三箭起到了关键性的震慑作用，使得唐军伤亡极小，以至于军中传唱起"将军三箭定天山，壮士长歌入汉关"的歌谣来。

薛仁贵"三箭定天山"之威名在大漠南北广为流传。多年之后，薛仁贵已经年迈，但是当突厥人阿史德元珍反叛时，突厥人一见到薛仁贵，还是被吓得纷纷下马而拜，根本不敢交手。

平定铁勒

事实上，"三箭定天山"的故事面上精彩，背后却不那么光鲜，薛仁贵率领的唐军沿途对铁勒各部大肆抢掠，甚至强抢了很多铁勒女子回去，导致铁勒人对唐军异常怨恨，所谓的"定天山"也并没有让铁勒真正安定下来。

而郑仁泰这一路则更为不堪，实在有负天策府旧将之名。郑仁泰率军到达天山之后，留在天山的思结、多览葛等部派人到郑仁泰营中请降，但郑仁泰一口拒绝了。原因很简单，接纳投降可不算什么功劳。思结等部只能硬着头皮开打，其结果可想而知，郑仁泰则乘机率领唐军众将士抢掠铁勒各部，很是发了一笔横财。

俗话说"人心不足蛇吞象"，郑仁泰抢掠了思结等部后并不满足，还希望再多捞一点儿。有斥候报信说："铁勒各部的辎重和牛、羊等都放在仙萼河（今蒙古国西北色楞格河）附近，没有什么人防守，现在去可以轻易得到这些东西。"郑仁泰一听，立刻就点齐一万四千名轻骑，昼夜兼程朝仙萼河奔去。

唐军在热切的掠夺之心驱使下，很快就越过大漠到达了仙萼河。但出乎意料的是，他们想象中遍地牛羊的景象并没有出现，附近甚至连一个胡人都找不到，可见之前斥候带回的情报有误，让他们白跑了一趟。

更糟糕的是，唐军没粮了。当初轻骑出动时，为了减少负重、提高马速，郑仁泰等人携带的粮食不多，他们原本的计划是用铁勒人的牛羊来补充。然而现在，自己带的粮食吃没了，铁勒人的牛羊却连影子也见不着，他们只能忍饥挨饿硬着头皮往回走。偏偏路上又遇天降大雪，唐军又冻又饿，只好把盔甲和兵器扔掉以减轻负重，然后杀死坐骑为食。这便形成了一个恶性循环，因为没了坐骑，唐军前进得更慢，于是越来越多的人被冻死、饿死。很快，战马已经吃完了，再往后只能靠着吃同伴的尸体活命。等唐军入塞时，只剩下了八百人。

为了去抢掠，结果死了一万多人，这事说起来实在有些丢人。回到长安后，郑仁泰立即遭到司宪大夫杨德裔的弹劾。杨德裔说："郑仁泰率领大军出征，本是为唐朝平定西部边患，他却为了抢劫财物而拒绝人家投降，导致铁勒人四处逃散；又不抚恤士卒，连粮食带了多少都不计算，贸然进入大漠追击，导致唐军将士尸骸遍野。不但如此，郑仁泰等人还将盔甲、兵器全部扔给了敌人，自从我朝立国以来，从来就没有败得这么丢人的，还请皇上将郑仁泰下狱治罪。"

之后，薛仁贵也没有逃脱干系，有关他抢掠铁勒女子、财货的事情也被捅了出来，杨德裔要求将薛仁贵一并下狱治罪。但李治认为郑仁泰和薛仁贵两人都立有大功，不宜受到责罚，就都放过了。

经此一事，铁勒人因被郑仁泰、薛仁贵两人的恶行激怒，反而抵抗得更加激烈了。李治不得不又精挑细选派了另一人前往平定铁勒，这便是右骁卫大将军契苾何力。

契苾何力出身于铁勒的契苾部，因为他受到了唐朝重用，所以契苾部并没有参加铁勒九姓的反叛活动。也许是出于契苾何力不方便对本族人下手的考虑，所以他从辽东前线归来后，李治并没有把他作为西征主帅人选考虑。

然而，郑仁泰等人让人大失所望，李治还是只能打出契苾何力这张牌。

与此同时，李治还为契苾何力物色了一位出色的副手——左卫将军姜恪。姜恪是唐朝开国功臣姜宝谊的儿子，虽然并不出名，但极具战略眼光。在其后对吐谷浑的增援行动中，姜恪是最早意识到吐谷浑的战略地位之人，他请求增援吐谷浑，但李治并没有听从，以致酿成大患。

李治以契苾何力为铁勒道安抚使、姜恪为副使，向西出发以安抚铁勒各部。契苾何力本是铁勒人，所以熟知铁勒人的心理，知道他们为什么担心，又为什么拼死抵抗。出发后不久，契苾何力让姜恪统率大军前进，自己则亲自挑选了五百精骑，连夜赶到铁勒九姓营地。九姓各部一看唐军又来了，吓得立马就要逃跑，契苾何力连忙亮出自己的身份，并表示自己没有恶意。见来人是本族人契苾何力，九姓各部姑且放下心来。

随后，契苾何力向对方宣讲了唐朝现在的政策："之前郑仁泰、薛仁贵等人的行为，并不是陛下的本意。陛下知道你们之前叛乱是被胁迫的，不会惩处你们，只有几个部落的头领会被治罪，我们此行只要抓住他们就可以了。"

铁勒九姓各部其实早就被唐军打怕了，但一直没有投降，无非是郑仁泰等人危言耸听，吓得他们不敢动作。现在知道唐朝原来是允许投降免罪的，大喜之下，立刻就把为首举事的叶护、设、特勒两百多人交给了契苾何力。契苾何力当面历数了这些人的罪状，并将他们斩杀，然后班师回朝。至此，铁勒九姓才算安定了下来。

契苾何力平定铁勒后，依然有一部分反叛者流落在外，不肯听命于唐朝。龙朔三年（663年），郑仁泰再次被派遣西征，灭掉了不肯降服的铁勒残部，大漠南北终于安定了下来。

随后，李治将燕然都护府迁到了回纥部，改名为瀚海都护府，又将原来的瀚海都护府迁到汉代的云中古城，改名为云中都护府。二者以大漠为界，大漠以北的各州府隶属于瀚海都护府管辖，大漠以南的各州府隶属于云中都护府管辖。

名将悲歌：唐军兵败大非川

吐蕃的崛起

龙朔二年（662年），就在契苾何力平定铁勒九姓之后不久，西域传来一个不大不小的消息：龟兹又反叛了。

自从唐太宗李世民攻打龟兹，并俘虏了龟兹国王诃黎布失毕之后，龟兹国内就是一团乱麻，唐朝新立的龟兹国王谁都不服，各城主和首领为了争夺王位，日夜不停地互相攻伐。无奈之下，李治只好又把诃黎布失毕派回去，重新让他做国王，还把国相那利和大将羯猎颠等人一起打包送了回去。

然而诃黎布失毕这个"二进宫"国王做得很失败，王后与国相那利私通，他还不敢管束。李治见他这么无能，只好亲自插手这桩"家务事"，把诃黎布失毕和那利两人都召到长安仲裁，最后囚禁那利，又把诃黎布失毕送回国去。不料龟兹大将羯猎颠却乘机造反，死活不让诃黎布失毕回国，还向邻居阿史那贺鲁投了降。诃黎布失毕进退不得，最后病死他乡。

羯猎颠既已反叛，李治也不含糊，派左屯卫大将军杨胄率兵攻打龟兹，很快就讨平了叛军，生擒了羯猎颠。

随后，李治将龟兹改为龟兹都督府，以诃黎布失毕的儿子素稽为龟兹王、右骁卫大将军、龟兹都督，不久之后又把安西都护府迁移到龟兹。即使这样，龟兹也屡屡反叛。当再一次接到龟兹反叛的消息后，李治已经见惯不怪了，也没有多忧心，毕竟龟兹早已式微，根本构不成威胁。

然而，事情出现了意想不到的变故，并且对未来产生了深远的影响。

当时，唐朝正在高句丽、铁勒、百济等地作战，所以李治就只派了风海道行军总管苏海政率领所部前往讨伐龟兹。鉴于苏海政兵少，李治又下旨让阿史那弥射和阿史那步真两人出兵，与苏海政一起讨伐龟兹。

自古将帅不和乃兵家大忌，阿史那弥射和阿史那步真虽然经常一起出战，但两人早在西突厥时起就有了矛盾，后来同在唐朝谋事，不得不听从安排勉强合作，各自统领西突厥五姓部落。但显然，两人势均力敌可不是什么好事，他们互相视对方为眼中钉，并无时无刻不想吞并对方。李治这道旨意一下，正好给他们创造了插刀的机会。

苏海政率兵路过阿史那步真的领地时，后者偷偷对他说："阿史那弥射约我一起谋反，想要杀了你自立为可汗，我对大唐忠心耿耿，这才向你检举他。希望朝廷能快点儿杀了他，以防止事态扩大。"

苏海政不了解两人之间的龃龉，就相信了阿史那步真说的话，忧心忡忡地回到军营，然后召集众将商讨对策。当时苏海政手下只有几千人，一听说阿史那弥射要反，所有人都慌了神，竟没有一个人想着去确认消息的真伪。最后众人商量的结果是：先下手为强，把对方先杀掉。

于是，苏海政就假传皇帝的旨意，说带了几万段布帛，要赏赐给阿史那弥射和手下各部落首领，让他们前来领赏。阿史那弥射本来就没什么反心，接到旨意后高兴还来不及，自然不会设防，不料他刚一进唐军大营就被埋伏的唐军士兵杀掉了。可怜他一心忠于唐朝，就这么不明不白地死了。

阿史那弥射一死，他所统率的五咄陆一下子就乱了。鼠尼施、拔塞干两部怕被唐军诛杀，立马逃走，但随即就被苏海政和阿史那步真的联军平定；苏海政回军走到疏勒南面时，弓月部拉上了吐蕃人前来堵截，苏海政人少兵疲，不敢与吐蕃军队交战，只好拿出军用物资贿赂吐蕃，终于成功讲和。

这之后，突厥各部都听说了阿史那弥射的事，忠于唐朝却含冤而死，多让人寒心呀，便都不再臣服于唐朝了，只不过暂时慑于阿史那步真的影响力，姑且不敢有什么行动。没过多久，阿史那步真也死了，这样一来，西突厥十姓部落没了一个主心骨，阿史那都支及李遮匐就带着西突厥余部归附了吐蕃。

这对唐朝来说，算不上大事，所以唐朝没有给予足够的重视。李治这会儿的注意力都在东面的高句丽身上，也没有将西突厥余部放在眼里。其实，这只是吐蕃试探的一小步，在这之后，吐蕃的野心迅速地膨胀了起来，唐朝即将在西面面临强大的挑战。

　　吐蕃本是西羌的一支，原本分为很多个部落，到吐蕃先祖鹘堤悉补野时才兼并诸羌，占据河湟一带地区。因为发音的关系，鹘堤悉补野的子孙自称吐蕃，姓勃窣野。其后的几百年里，吐蕃人逐渐越过积石山向青藏高原发展，渐渐强大了起来。到唐朝建立时，吐蕃赞普松赞干布统一了青藏高原各部，定都逻些（今西藏自治区拉萨市），建立起了强大的吐蕃王朝。

　　贞观八年(634年)，吐蕃派遣使者前往长安朝贡，正式与唐朝建交。随后，李世民也派行人冯德遐出使吐蕃进行抚慰。然而冯德遐在言谈中吹嘘起突厥、吐谷浑首领都尚了唐朝的公主，和唐朝关系更好。这么一来，松赞干布就很不服了：他们都能尚唐朝公主，我为何不能？于是立刻又派使者跟随冯德遐入京，向李世民表示自己也想尚公主。

　　不过，唐朝公主也不是谁都能尚的，当时吐蕃与唐朝才刚刚建交，李世民也不知道这个国家的深浅，就拒绝了。然而吐蕃使者回去后怕受到责罚，就对松赞干布说："我到达长安后，本来大唐天子对我极为厚待，也答应将公主下嫁。但没过多久吐谷浑国王也到长安朝贡，大唐天子忽然就改口不同意婚事了，我估计，大概是吐谷浑国王说了什么离间我国和唐朝关系的话。"

　　松赞干布闻言大怒，立即带着人马前往攻打吐谷浑。吐谷浑早就被唐朝打残，哪还扛得住吐蕃再来一下，只能全部撤到青海湖以北，把牛羊和财货全部留给了吐蕃。打完吐谷浑以后，松赞干布还觉得不解气，又先后击败了党项和白兰羌，最后带着二十万人直奔松州（治所在今四川省松潘县）而去。

　　与此同时，松赞干布再派使者带着金甲到长安朝贡，表示自己想尚大唐公主，如果不答应，那就要亲自带兵攻打唐朝。吐蕃竟然以武力逼婚，李世民哪里肯受这等威胁，于是再次拒绝了对方。

　　松赞干布深觉自尊心受到了严重伤害，一怒之下，开始集火攻打松州。时任松州都督乃是当年征讨龟兹有功的韩威，但他有些轻敌了，吐蕃军队刚一到达，他就带着人马出城迎战，不料大败，只得退回城中防守。松赞干布乘胜将松州重重包围起来，周边的羌人惊慌之下也全部反叛，响应吐蕃。

李世民看到松州事态恶化，立刻派出援军前往救援松州。他以吏部尚书侯君集为行军大总管出当弥道，右领军大将军执失思力出白兰道，右武卫大将军牛进达出阔水道，右领军将军刘兰出洮河道，四路大军总计约步骑兵五万人。不过侯君集几位的兵还没有到齐，吐蕃就已经撤退了。原来牛进达先行到达松州后，一个夜袭就斩首吐蕃数千人，很快就击退了吐蕃军。

松州之战让松赞干布意识到了吐蕃和唐朝之间的差距，他马上就服了软，立刻派使者前往长安谢罪。不过他还是不死心，再度表达了想尚唐朝公主的愿望。李世民见他这样锲而不舍，终于同意将公主下嫁。松赞干布十分欢喜，立刻就派宰相禄东赞护送来黄金五千两作为聘礼。

贞观十五年（641 年），李世民正式将宗室女文成公主下嫁松赞干布，并派江夏王李道宗率军护送她进藏。随后，松赞干布在逻些为文成公主建立了一座宏大的宫室作为住所，这就是著名的布达拉宫。此后的日子里，松赞干布都以唐朝的女婿身份自居，对唐朝极为恭顺。后来大唐使者王玄策在灭中天竺的战争中，就曾借用了松赞干布的一千名吐蕃精锐骑兵。

李治即位后，又封松赞干布为驸马都尉、西海郡王。松赞干布担心李治年轻不能服众，还特意写了一封信给长孙无忌："天子才刚刚登上帝位，如果天下有不忠的、想要反叛的人，我愿意带领吐蕃军队跟随唐军一起前往讨伐。"终其一世，吐蕃与唐朝的关系都非常密切。

李治即位后不久，松赞干布病故，因他的儿子早逝，于是其年幼的孙子被立为王，这样一来，吐蕃的军政大权就落到了宰相禄东赞手里。

禄东赞其实非常有才干，虽然没有读过书，但善于治国用兵，吐蕃在他的治理下逐渐成为强国。当初迎娶文成公主时，李世民就对禄东赞十分欣赏，甚至打算将琅琊公主的外孙女段氏嫁给他。不过禄东赞拒绝了，他推说自己本是来迎亲的，现在连自家赞普都没有见到公主，自己怎么好先娶妻呢？李世民就没有再勉强他。

然而，正是这位禄东赞开启了唐朝与吐蕃长达百年的战争。

鏖战吐谷浑

西突厥归降吐蕃以后，吐蕃的实力大为扩充，而苏海政的退让更让禄东赞放大了胆量，于是他很快又将矛头指向了宿敌吐谷浑。吐蕃和吐谷浑都在青藏高原上，彼此矛盾深厚。龙朔三年（663年），双方开始互相攻打。吐谷浑是唐帝国属国，打起来后立刻派使者前往长安求援，吐蕃听说后也不遑多让，同样派人去长安求援。双方是公说公有理，婆说婆有理，李治一看头大如斗，这皮扯不清，两家都和唐朝有姻亲关系，偏帮谁都不好，索性置之不理，谁都不帮。

然而李治没想明白，这吐谷浑在贞观年间被唐太宗灭过一次，国力衰退，内乱不断，实力与吐蕃相差太远；相比之下，吐蕃之前还与西突厥一起攻打过唐军。表面上的两不相帮，实际上却是放任吐蕃吞并吐谷浑。

谁也没想到这场吞并会来得这么快。当时，吐谷浑有个叫素和贵的大臣，他犯了罪，害怕被诛杀，于是逃到吐蕃，还把吐谷浑的军事部署、各地虚实都告诉了禄东赞。吐蕃军在素和贵的带路下连战连胜，最终在黄河附近大破吐谷浑主力。吐谷浑国王慕容诺曷钵百般无奈，只得与妻子弘化公主一起带着数千帐百姓离开吐谷浑，逃到凉州请求内附以避祸，而吐谷浑的大片领土就此被吐蕃占领。

至此李治方才醒悟，连忙派凉州都督郑仁泰为青海道行军大总管，率领右武卫将军独孤卿云、辛文陵等分别驻扎在凉州和鄯州，以防备吐蕃的进攻。随后，李治又将刚从高句丽前线归来的左武卫大将军苏定方派到青海担任安集大使，统一调度西线诸军，作为吐谷浑的后援，以对抗吐蕃。

当时禄东赞也率兵驻扎在青海。他见唐军来势汹汹，领头的又是名将苏定方，不敢贸然开战，只是虚晃一枪，让使者论仲琮前往长安，当面向唐帝陈述吐谷浑的罪状和吐蕃进攻的原因，并请求与唐朝和亲修好。李治哪里不明白禄东赞打的什么算盘，于是拒绝了他和亲的请求，还派出使者前去责备禄东赞的侵略行为。

有苏定方在青海坐镇，吐蕃一时不敢造次，但唐朝此时的主要精力依然放在东面的高句丽和百济复国军身上，无力与吐蕃开战，两边遂在青海僵持了下来。于是，禄东赞开始向其他方向寻求扩张。

麟德二年（665年），疏勒国联合西突厥的弓月部攻打依附于唐朝的于阗，并向吐蕃求得援军。唐朝虽然派了西州都督崔知辩、左武卫将军曹继叔率军前往救援于阗，但没有成功，于阗最终还是倒向了吐蕃。

乾封二年（667年），吐蕃一代权臣禄东赞去世，他的四个儿子接掌了吐蕃军政大权。长子论钦陵在掌权当年就派军队突袭唐朝在西部羌人地区设置的十二个州，然后一举将之占领。然而此时唐朝仍在与高句丽交战，根本无力应付吐蕃，只好把这十二个州的建制全部取消。

总章二年（669年），唐朝结束东部战事，李治终于将目光转向西部。为了防备吐蕃，李治计划将之前归附的吐谷浑残部全部安置到凉州的南山（今甘肃省武威市西南祁连山）一带。考虑到吐谷浑很可能再次遭到吐蕃的进攻，有人提议不如由唐朝先行出兵攻打吐蕃。为此，李治特意召集宰相阎立本、姜恪以及大将契苾何力一起召开军事会议，共同讨论出击吐蕃的可行性。

阎立本持反对立场，他的理由也很明确："去年国内刚发生过饥荒，现在各处粮食还歉收，百姓连饭都吃不饱，怎么能在这时候与吐蕃开战？"

契苾何力也反对出击，他从军事角度分析道："吐蕃远在西边，路途遥远。我担心，我们大军千辛万苦到达时，吐蕃军队却已作鸟兽散，逃入青藏高原腹地，我军难以追击。如此，去了也是白跑一趟。而等我们班师，明年春天吐蕃人又会入侵吐谷浑，我们还是救不了。我觉得，我们不如不救吐谷浑，让吐蕃以为唐朝无力救援，逐渐产生骄狂之心。人一旦有了骄狂之心就容易犯错，到那时，我们就可以抓住对方犯错之机将它一举灭掉。"

只有姜恪意识到吐谷浑对唐朝和吐蕃的重要性，他说道："你们都有道理，但都没有看到我们不得不救吐谷浑的原因。吐谷浑地处唐朝与吐蕃之间，吐蕃要是吞并了吐谷浑就会变得更加强大，从而威胁到我们的河西、陇右地区，到那时想要制服强大的吐蕃就不容易了。吐谷浑现在非常衰弱，而吐蕃连连获胜、士气高涨，在这种情况下，吐谷浑弱兵怎么抵挡得住吐蕃大军？要是我们不出兵，吐谷浑必定被灭。我们还是应该及早出兵，先保住吐谷浑，再慢慢策划接下来的行动。"

遗憾的是，姜恪一人说服不了阎立本和契苾何力两人，李治也犹豫不决，以致如何对抗吐蕃的问题一直没个定论。

然而，吐蕃可不会一直等他们下定最后的决心。咸亨元年（670 年）四月，吐蕃忽然向安西都护府发难。安西都护府原本就兵力薄弱，再加上没有防备，很快就被吐蕃军破防，后者以闪电攻势，一连攻陷了西域十八个州。论钦陵看清了安西军团的虚实，立刻又联合之前归附的于阗正面攻向龟兹，而唐军在龟兹再次败退，拔焕城被吐蕃攻陷。至此，安西四镇已经丢了一半，李治无奈之下，只得下令取消龟兹、于阗、焉耆、疏勒四镇的建制。

兵败大非川

随着西域唐军节节败退，李治意识到唐朝与吐蕃之间再也没有什么回旋余地了，双方注定要有一战。几天后，唐朝正式决定出兵讨伐吐蕃。

关于此次主帅的人选，李治也是费尽了心思。李勣、苏定方、程名振等老将已陆续谢世，而契苾何力等人也已年迈，中生代里虽然有不少优秀将领，但大多缺乏独统大兵的经验，李治挑来挑去，最终锁定了薛仁贵。

自从平定高句丽后，薛仁贵一直在辽东担任安东都护，这位曾经在辽东被唐太宗期许的白袍小将，二十多年后终于成为唐军大兵团的主帅。薛仁贵满怀豪情地离开了辽东，眼中燃烧着建立功勋的斗志，腹中酝酿着击破敌人的计策，但他无论如何也想不到，前方等待他的将会是什么。

确定了西征主帅的人选之后，李治又选了两名副帅——左卫员外大将军阿史那道真，以及右卫将军郭待封。李治对这两人还是相当满意的：一个是名将阿史那社尔的儿子，一个是名将郭孝恪的儿子，都是功臣之后，都在此前立有战功、才能出众，由他们辅佐以"勇猛无畏"著称的薛仁贵，大唐击败吐蕃势在必行。

但李治没想到，这一次大战的失败早在他定下这份名单的时候就注定了。问题的关键就出在他为主帅挑选的副帅郭待封身上。郭待封的父亲郭孝恪声名显赫、殉国功高，郭待封在这份尊荣的荫庇下长大，一直瞧不起泥腿子出身的薛仁贵。再加上他自诩富有文才，早年征讨高句丽时就曾卖弄过离合诗，与薛仁贵这样的粗莽武夫自然合不到一处。当年两人征讨高句丽时等级相差还没多大，如今薛仁贵爬到了郭待封的头上，郭待封自然很是不服，后来出征时对薛仁贵的指令也经常阳奉阴违。

不久后，李治正式以薛仁贵为逻娑道行军大总管、阿史那道真和郭待封为副大总管，打着护送吐谷浑回到原来居住地的旗号，正式出兵讨伐吐蕃。

面对唐朝发兵，论钦陵的部署也有条不紊：吐蕃军队全部后撤，诱使唐军深入，而后再切断唐军被拉长的补给线，最后聚而歼之。

唐军出征初期进军神速，很快到达了大非川（今青海省共和县西南切吉旷原）。由于沿途没有发现吐蕃军队，唐军众将便在大非川召开了一次军事会议，最后一致决定，将下一步的作战目标定在乌海（今青海省玛多县东北冬给措纳湖）。

薛仁贵为防止唐军落入吐蕃圈套，打算出其不意发起一场闪电战，为此，他向众将提议道："乌海距离大非川太远，沿途路难走，又多瘴气，行军非常困难，这就是兵法中所说的'危地'。若带着辎重缓慢前行，恐怕不待遇到敌军，就会先因过于迟缓而落入敌人部署好的陷阱，这样无法取胜。要取胜，只有快速进攻，让敌人来不及有所部署。大非川这里则地势开阔平坦，适合安营扎寨，我看不如在这里建立两道栅栏进行防守，然后把辎重全部留在这里，再留下两万人防守，其他人则以精锐骑兵轻装简从，昼夜兼程赶往乌海，这样敌人必定来不及防备，方能取胜。"众将均表示赞同。

不过，由于郭待封沿途一直唱反调扯后腿，薛仁贵就没让他参战，只让他带着两万人留守大非川，自己和阿史那道真则率领剩余精骑携带数日口粮，昼夜兼程赶往乌海。

事实证明，薛仁贵的判断非常准确，唐军前进到河口（今青海省玛多县）就与吐蕃军队遇上了。因唐军来得太快，吐蕃军还没来得及在河口部署，很快就被薛仁贵击败，送了上万头牛、羊。随后，薛仁贵乘胜占据乌海城（今青海省玛多县东北黑海乡），继而在此等候郭待封的后续人马。然而，薛仁贵等来的却是一场噩耗。

且说薛仁贵等人率军出发后，留下郭待封驻原地看守辎重。然而人人都知道，在前线杀敌掠地才能名垂青史，仅在后方闲闲地看守辎重，这算什么？郭待封认为薛仁贵是故意打压他，气性上来，人家前脚刚走，他后脚就带领两万人拉着辎重向乌海前进。他也没把吐蕃军放在眼里，认为自己就算带着辎重也能轻易破敌，到时候正好让皇上看看，究竟谁更厉害。

于是，他这支明晃晃的"肥羊"大军就完全落入了吐蕃人眼里。论钦陵是吐蕃名将，审时度势，当即聚集起二十多万人向郭待封发起了进攻。郭待封再怎么壮志凌云，当面对忽然出现在眼前的吐蕃大军时还是慌了神。两军交战，郭待封所部大败，被迫丢弃辎重，逃往乌海城与薛仁贵会合。

薛仁贵看到郭待封带着败兵前来，久久说不出话。大军虽然到了乌海城，但粮草和辎重都丢了，接下来还怎么打？几个人商量后，都觉得难以为继，只能率军往回走，先撤回唐境再另作打算。

但论钦陵怎么可能平白错过这样的大好机会，他果断率四十万吐蕃大军昼夜兼程追击，终于在大非川将薛仁贵等人追上。接下来便是一场没有任何悬念的战斗，吐蕃军本就规模庞大，数倍于唐军，再加上唐军丢了辎重正在逃亡，薛仁贵再是勇猛也无力回天。一场激战过后，唐军大败，几乎全军覆没，只有薛仁贵、郭待封、阿史那道真三人带着少数人马逃脱。最后，在论钦陵的追击下，薛仁贵等人不得不和吐蕃讲和才得以逃回。

大非川战败的消息犹如一道晴天霹雳，震得李治半天都缓不过气来。自唐朝建国以来，还从未有过如此之惨败，他精心挑选的精兵强将，竟然会大败而回？李治万分不解，于是派大司宪乐彦玮赶到西征军中详查战败的原因。

薛仁贵干巴巴地解释说："今年正好是庚午年，出征月份应的星辰又是降娄，这种时候本来就不利于西方开战，当年邓艾伐蜀，就是因为这个原因不得好死，所以此败是避免不了的。"

这话显然不能让人信服，最终三人全部被套上枷锁押送至长安。李治念及他们以往都有战功，免去死罪，贬为庶人。

李治这时终于想起了姜恪的先见之明，便任命姜恪为凉州道行军大总管，率军驻扎在凉州防备吐蕃进攻。

大非川之战后，吐谷浑故地全部被吐蕃占据，意味着唐朝河西走廊上各州都将面临吐蕃人的攻击。唐朝帮助吐谷浑返回故地复国的计划也彻底粉碎，李治只好安排吐谷浑人迁移到鄯州浩亹（wěi）水以南。但慕容诺曷钵惧怕吐蕃，根本不敢在鄯州附近居住，李治又只好把吐谷浑人迁移到灵州，并在这里新设置安乐州，任命慕容诺曷钵为刺史。

大非川之战对唐朝的影响是巨大的，它意味着唐军扫荡四夷不败的神话终于被打破，它的各个方向都开始面临巨大的挑战。与此同时，大非川之战也揭开了大唐与吐蕃全面开战的序幕，从此两国在西域和黄河九曲一带展开了长时间的拉锯战。

再败大非川

论钦陵显然是一位很有政治手腕的领导人，虽然吐蕃与唐朝连番交战，但他也不愿意就此与唐朝断了往来。咸亨三年（672 年），吐蕃再次派遣使者论仲琮前往长安朝贡。

此时，唐朝正疲于应对高句丽的战局，无法同时与吐蕃全面开战，所以李治还是接见了论仲琮，顺便还向他问了问吐蕃的风俗习惯。论仲琮回答说："吐蕃土地贫瘠、气候寒冷、民风淳朴，但是法令严整、上下一心，朝廷论事经常是自下而上发起，全根据人们的利益做出决断，所以才能长治久安。"

随后，李治又责问他有关吐蕃吞并吐谷浑、击败薛仁贵和入侵凉州的事，论仲琮很有分寸地答道："我这次来只是为了朝贡，军事上的事我不清楚。"李治深深叹服，厚赏了论仲琮，并派都水使者黄仁素出使吐蕃。

话虽如此，但两国间依然征战不休。仪凤元年（676 年），因前一年唐朝拒绝了吐蕃假意要和吐谷浑修好的请求，吐蕃再次入侵鄯州、河州（治所在今甘肃省临夏县）、廓州（治所在今青海省化隆县）、芳州（治所在今甘肃省迭部县）等州，引得双方又一次开战。

面对吐蕃入寇，李治停止了嵩山封禅的计划，派左监门卫中郎将令狐智通率领兴州（治所在今陕西省略阳县）、凤州（治所在今陕西省凤县东北凤州镇）等地的军队前往抵御。

与此同时，李治以洛州牧周王李显为洮州道行军元帅，率领刘审礼等十二个总管为一路人马；又以并州大都督相王李旦为凉州道行军元帅，率领左卫大将军契苾何力等人为一路人马，两路同时出兵讨伐吐蕃。这个部署看起来周密，然而唐军当时陷于新罗入侵高句丽、百济故土的战事中，根本不可能西调，所以这次军事行动只是表面上虚张声势，实际上李显和李旦最终都没有到任，两路人马也没有出兵。

这年五月，吐蕃再次攻打唐朝扶州（治所在今四川省九寨沟县白水江东岸安乐乡）的临河镇，并生擒了镇将杜孝升，还要求他写信劝松州都督武居寂投降。杜孝升十分硬气，不肯就范。他倒是没有被吐蕃人多为难，后者退走时还是把他放了。之后，杜孝升被李治提升为游击将军。

临河镇之战虽然只是吐蕃一次小规模的入寇行动，但一次又一次的骚扰，终于引爆了李治心里积蓄已久的怒火。这年十二月，李治动了真格，下令大举讨伐吐蕃，主帅也不再是挂名的皇子，而是刚从朝鲜半岛返回、时任尚书右仆射的老将刘仁轨。

刘仁轨被任命为洮河道大总管兼安抚大使，前往洮河做出征的准备工作，并根据实际情况提出了许多建议。但时任中书令李敬玄屡屡反对这些提议，导致他很多想法都无法施行。次数一多，刘仁轨就对李敬玄越发恼恨。

刘仁轨负气上书向李治请辞，还特意加了一句："想要镇守西边，天下间除了李敬玄，没有人可以胜任。"李治没想到刘仁轨会罔顾家国大义说气话，还信以为真，立刻任命李敬玄接替后者的职责。

李敬玄接旨后几欲晕厥，他还是有自知之明的，赶紧面见皇帝反复推辞，表示不愿意前往洮河。这下李治不高兴了："就算西面需要的是我本人，我也会亲自去一趟，你还推辞什么？"

李敬玄无法，只能硬着头皮前往洮河上任。随后，李治还命益州大都督府长史李孝逸征发剑南、山南等各道兵马增援他；同时又派金吾将军曹怀舜等人分别前往关内、河东、河北各州征召勇士前往洮河。

李敬玄生怕担待不起，就想了个馊主意，七月时，他上奏自称在龙支击败了吐蕃，以为就此可以班师。然而李治闻讯后十分高兴，以为李敬玄果真有才能，顺势又让他率兵去青海讨伐吐蕃。

李敬玄傻了眼，原以为谎报一次战功就能糊弄过去，没想到一步错，步步错，如今越陷越深，还需要再向青海进军。但现在也别无他法，李敬玄只好又硬着头皮带着十八万大军进入青海地区，由工部尚书、右卫大将军刘审礼率所部在前担任全军先锋，自己则率大军在后继进作为支援，相互呼应。

刘审礼一路很快深入了濠所，并在这里遭到论钦陵率领的吐蕃大军围攻。刘审礼的人马不多，只好在原地坚守，同时焦急地等待李敬玄前来增援。但如此关键时刻，李敬玄竟然退缩了，他一看到吐蕃大军，就慌乱得把什么都抛到了脑后，也不管刘审礼的死活，带着人马就往回跑。刘审礼寡不敌众，最终全军覆没，自己也被吐蕃俘虏。他是唐朝开国功臣刘德威的儿子，此前屡立战功，不承想遇到李敬玄这等软弱的主帅，落得客死吐蕃的抱憾下场。

而李敬玄仅逃得一时，终究还是被吐蕃大军追上。他只得将军队驻扎在承风岭（今青海省共和县东北东巴北）下，挖掘泥沟进行防守。论钦陵见到眼前的龟壳式防守阵形，一个没忍住笑出了声。他果断命人抢占了承风岭的制高点，从上而下攻击岭下的唐军，唐军顿时大乱。

这时唐军猛将黑齿常之挺身而出，他率领五百士兵作为敢死队，乘夜偷袭了吐蕃军营。吐蕃军不防，惊慌之下乱了套，军营里光自相践踏而死的就有三百多人，论钦陵只好率军后撤。李敬玄捡回一条命，立即率部逃回鄯州。随后，监察御史娄师德收拢溃散的唐军进行抵御，暂时抵挡住了吐蕃的攻势。

随着李敬玄此次西征失败，唐朝与吐蕃的战略形势发生了逆转。此后，唐朝长期处于被动挨打的守势，很长一段时间里都无力向吐蕃发起主动攻击。

不久后，安戎城（今四川省茂汶县西）也丢了。安戎城本来是唐朝修筑在茂州西南，拿来防备吐蕃联合西南少数民族用的。李敬玄兵败以后，吐蕃以当地生羌人作为向导，派大军攻陷了该城，并派兵驻守。唐朝西南的诸多少数民族也就此投降于吐蕃。至此，吐蕃完全占领了昔日羌人的地盘，东面与唐朝凉、松、茂、巂（xī）等州接壤，南面与天竺接壤，西面则占据了安西四镇，一直向北与突厥接壤，成为唐朝最强大的敌人。

在这之后，论钦陵又派弟弟论赞婆与大将素和贵进犯河源地区。这时候，李敬玄已经因战败被贬为衡州刺史，所以迎战他们的是黑齿常之。黑齿常之接到吐蕃入侵的消息后，立刻率领三千精骑乘夜突袭其位于良非川（今青海省共和县恰卜恰河）的大营。论赞婆等人还沉浸于长期以来对唐军的胜利中，没料到唐军竟会主动出击，被打得大败而逃，阵亡两千多人，失去牛、羊数万头，论赞婆只好率领残部撤回。

之后，黑齿常之向朝廷说明河源地区的重要性，建议朝廷增兵驻守河源以防吐蕃入侵。经过一番讨论，李治最终采纳了他的建议，并任命他为河源道经略大使，驻扎河源防备吐蕃。黑齿常之在河源地区设置烽火台七十所，并在当地开田五千顷营建军屯，每年可以收入粮食一百多万石，完全实现了自给自足；他又编练士卒在河源地区守备巡逻，不断出击，屡次击退吐蕃的入侵。此后的数年里，正是因为有了黑齿常之，吐蕃才无力寇略唐朝边境。

两战西域：唐军再平西突厥

再克西突厥

自从西突厥十姓部落归降吐蕃以后，唐朝一直拿西突厥没有办法。咸亨元年安西四镇全部沦陷以后，由于南面吐蕃和东面高句丽、新罗的牵制，唐朝再也无力对付西突厥，李治只好任命阿史那都支为左骁卫大将军兼匐延都督，让他统领西突厥的五咄陆部落。

这个任命暂时稳住了一直蠢蠢欲动的阿史那都支，此后的几年里他都没在西域捣乱，唐朝也得以从容应对新罗和吐蕃。然而到了调露元年（679年），随着李敬玄兵败青海，阿史那都支再也按捺不住，计划联合李遮匐起兵反唐，然后打算借用吐蕃的兵马一举攻下安西都护府，从而彻底拿下西域地区，与吐蕃连成一片，对抗唐朝。

但阿史那都支也算时运不济，他刚开始谋划，吐蕃赞普就去世了，其八岁的儿子器弩悉弄刚刚即位，吐蕃局势还不稳固，论钦陵根本无法出兵增援。更糟糕的是，阿史那都支还没正式举兵，他的意图就被唐朝发觉了。

李治召开军事会议，打算抢先出兵讨伐阿史那都支，然而这个决定遭到了吏部尚书裴行俭的极力反对，他质问众人道："这几年吐蕃连年入侵，李敬玄又刚刚兵败青海，导致刘审礼全军覆没，到现在，青海战事也没有完全平息下来，唐朝如何能再与西突厥开战？"一席话说得众人无言以对。

裴行俭，字守约，出身于河东闻喜裴氏。他的父亲是隋末名将裴仁基，哥哥就是《说唐全传》中裴元庆的原型裴行俨，两人因为与宇文儒童等人密谋刺杀王世充，事情泄露后被王世充诛杀。年幼的裴行俭仰仗父兄昔日功绩，被送进了弘文馆学习。

贞观年间，裴行俭参加明经考试中选，被李世民任命为左屯卫仓曹参军。在这里，他遇到了自己一生的恩师——苏定方。那时候左屯卫大将军苏定方还没有扬名天下，他一眼看出了裴行俭的天分，认为自己的兵法在当今之世，除了裴行俭外无人可以继承，于是将兵法倾囊相授。

裴行俭尽得真传，却似乎也传承了恩师的不幸，早年不得重用，直到显庆二年才好不容易当上长安令，却又因与长孙无忌、褚遂良等人商讨反对李治改立武则天为后一事，被武则天的卧底告发。几天后，裴行俭就被发配到西域，担任西州都督府长史。

或许也算因祸得福，正是在西域，裴行俭开始真正接触战事，成功地将所学兵法转化为实际经验，成为他未来受用无穷的财富。麟德二年，裴行俭因战功被任命为安西都护。随后的岁月里，他又凭借自身才干成功让西域不少国家慕名前来归附。因其在西域做出的巨大贡献，裴行俭被召回长安，担任吏部侍郎一职，之后在任上，他又为唐朝创设了铨选法等法规。

尽管后来从政多年，但裴行俭并没有将一身军事经验丢掉，他之所以能理直气壮地反对唐朝出兵西突厥，是因为他还有更好的主意。当时，波斯王的死讯刚刚传到长安，他的儿子波斯王子泥洹师正好在长安做人质，裴行俭就建议派使者假借护送泥洹师归国即位的名义，在路过阿史那都支领地时，找机会将其除掉，这样，不需唐朝发兵就能快速平定西突厥。

李治立刻就同意了裴行俭的建议。至于使者人选，要论谁对西域最熟悉，没人可以超过裴行俭，而且主意也是他出的，派他前往自然最合适。此行虽然危险，但能报效国家，裴行俭义不容辞。不过他也向李治提出了一个要求：让时任肃州刺史王方翼担任自己的副手。李治欣然应允。随后，李治正式下令，以裴行俭为安抚大食使、王方翼为副使，护送泥洹师回国继承波斯王位。

裴行俭一行即刻上路，然而刚出玉门关就遇到了大麻烦：当时，从玉门关到西域需要经过莫贺延碛（今新疆维吾尔自治区哈密市东南哈顺戈壁），裴行俭等人路过此地时，刮起了飓风，沙尘遮天蔽日，白昼也跟黑夜一样。向导不幸迷了路，原计划中要抵达的水源也找不到了，唐军众将士又累又渴，无法再向前进，纷纷要求往回走。

裴行俭咬牙暂时安抚住众人，然后举行了一场祭祀，并向全军通告道：

"水源离这里不远，一会儿就能到。"众人半信半疑，姑且安定下来。又过了一阵，云散风停，众人向前仅走了几百步，竟果真发现了一处水草丰美之地，所有人都以为裴行俭是贰师将军李广利转世。

李广利是西汉时期的人，他曾被汉武帝任命为贰师将军，奉命讨伐当时西域的大宛国，路上同样遇到了找不到水源的困难，李广利就对天进行祷告，然后拔刀刺入岩石，这岩石里竟然涌出了水来，汉军最终得以顺利到达大宛攻下贰师城，这就是"广利泉涌"的故事。唐军众将认为找到泉水是吉兆，他们最终也能像李广利一样平定西域，对此行的信心也大大增强。

就这样，裴行俭一行克服重重困难，终于到达了西域。因裴行俭曾长期担任西州都督府长史，他在路过西州时，当地的官吏和百姓全都到郊外迎接他。裴行俭顺势就在西州住了下来，并召集当地豪杰家族子弟一千多人当自己的随从。

为了打消阿史那都支的疑虑，裴行俭对外宣称现在天气太热了，不适合再继续向西远行，准备留在西州过完盛夏，等待秋季天气凉爽后再前往波斯。阿史那都支又见裴行俭确实没带多少兵马，就放下了戒心。

在西州居住了一段时间后，裴行俭见风头过了，就召集安西四镇的各部落酋长前来，对他们说："我以前在西州的时候，经常外出打猎，生活非常愉快，回到长安后却再也没有这样的机会了。现在好不容易回来一次，就想要再出去打猎，找回以前的快乐时光，你们有人愿意跟着我一起去吗？"

胡人本来就喜欢打猎，也很愿意跟裴行俭结交，一听他开口相邀，立即就有很多人要求同往。很快，裴行俭就召集到了一万人，然后他以打猎为名，带着乌泱泱一大拨人离开西州，暗中则开始整编队伍准备军事行动。几天后，裴行俭见阿史那都支对此没什么反应，这才带着人马昼夜兼程赶到距离阿史那都支营帐十多里的地方。

到达后，裴行俭并没有立即发起攻击，而是从随行的人中找了个与阿史那都支比较熟悉的人，派他去约阿史那都支一起来打猎。阿史那都支心虚不已，他原本与李遮匐有过约定，等到八月份时就一起斩杀掉唐朝使者，然后起兵反唐。不料他们还没开始行动，裴行俭就已经带着人马来到了帐前。要说不去吧，自己名义上还是唐朝册封的臣子，不去拜见使者，岂非惹人生疑？但要说去吧，又怕唐军设下圈套。

阿史那都支权衡再三，觉得裴行俭要是想拿下他，也应该是出其不意地发起攻击，而不是这般迂回，想来这次应是没有凶险的。最后阿史那都支还是硬着头皮带了五百多名亲信到达裴行俭营中，一去果然即被生擒。这之后，裴行俭又拿了阿史那都支的令箭，把他手下各部首领全部召集起来，一并生擒送往碎叶城关押起来。

处理完阿史那都支，接下来就轮到李遮匐了。裴行俭决定速战速决，他挑选精锐骑兵，只携几天口粮，昼夜兼程前去突袭李遮匐。然而不巧的是，裴行俭刚走到半路，正面遇上了李遮匐派去找阿史那都支的使者。看来突袭是无法实现了，只能另外想办法。

裴行俭把李遮匐的使者直接放了，让他回去告诉李遮匐，说阿史那都支已经缴械投降，被唐军收服了。李遮匐的势力原本就不大，一直以来都是以阿史那都支马首是瞻，如今见阿史那都支已被生擒，他也没有什么办法可以应对眼前的危局，索性就不打仗了，直接缴械投降。

就这样，裴行俭平定了为祸西域多年的阿史那都支势力。之后不久，他带着阿史那都支等人回到长安献俘。为了防止西突厥再次反叛，裴行俭将王方翼留在安西，让他重新修筑碎叶城。至于之前打着幌子要护送的泥涅师，裴行俭就让他自行回国去了。而之后发生的事情则可以证明，裴行俭留王方翼在安西，这是一个非常有先见之明的决定。

血战热海

裴行俭靠着智谋轻易平定了阿史那都支和李遮匐的叛乱，但从根本上来说，西突厥十姓部落的问题并没有得到解决。这些部落缺乏一个忠于唐朝的领袖，所以只要有人敢冒头反叛，立刻就会得到响应。在阿史那都支等人被擒入长安以后，北面的东突厥故地又乱了起来，唐朝又忙着赶去东突厥救火，于是让西突厥一个叫阿史那车薄的车鼻施部落首领捡了漏，乘机将十姓部落收归旗下。

裴行俭离开西域时，曾任命王方翼为安西都护，至于前安西都护杜怀宝，则被调任庭州刺史。王方翼就任后，迅速组织人手重新修筑碎叶城，仅仅用了五十天就修筑了一座三面开门、城墙弯曲、出入路径隐蔽的城池。碎叶城修好后，西域各部落胡人纷纷前来围观，都对这座新修的碎叶城啧啧称奇，也十分惊叹王方翼的修建速度，于是纷纷献上珍宝，向王方翼表示臣服。

然而，或许是因为王方翼有着王皇后亲戚的身份，李治和武则天都不太信任他，不久之后将他调任庭州刺史，反而又将杜怀宝调回来担任安西都护。事实上，杜怀宝这个人没什么能耐，既管不住西域诸多胡人，又因经常贪婪地勒索各胡族，很快使得西域各胡人部落、国家纷纷与唐朝交恶，这样就给阿史那车薄创造了机会。

永淳元年（682 年），西突厥十姓部落在阿史那车薄的率领下再次反叛唐朝，李治只得再次启用裴行俭，任命他为金牙道行军大总管，率领右金吾将军阎怀旦等三位行军总管，兵分三路前往西域讨伐西突厥。然而天有不佑，西征大军还没来得及出发，裴行俭就去世了。

闻讯，李治不得不心急火燎地另寻合适的大将替代，然而西域忽然传来捷报，阿史那车薄竟然已经被平定了！而平定他的将领，正是王方翼。

王方翼，字仲翔，出身于太原王氏，其祖父名叫王裕，祖母则是唐高祖李渊的亲妹妹同安长公主。虽然出身高贵，但王方翼年少时生活并不顺遂，他还年幼时，父亲病逝，母亲李氏与同安长公主婆媳不和，母子二人便被同安长公主赶出了家门，居住在凤泉别墅。年幼的王方翼因生活困难，不得不跟着杂役们一起种田劳动。后来靠着植树烧制松烟墨，王方翼才渐渐富有起来。后来同安长公主去世，他才回到了长安的家中。

回到长安后不久，一天晚上，王方翼外出时，远远发现前方有一个身高超过一丈的人影，他以为遇上强盗拦路抢劫，情急之下连忙举起随身携带的弓箭射向对方，一箭命中。待对方倒下之后，王方翼上前一看，这哪里是人，分明就是一截木头。这件事不久后传到唐太宗的耳朵里，李世民赞其箭法出众，就让他到宫中担任千牛卫。

后来唐高宗李治即位，太子妃王氏（与王方翼一样，出身于太原王氏）被立为皇后，王方翼也就沾光被任命为安定县令。随后几年里，王方翼一直在地方上辗转。

然而朝中时局多变，随着长孙无忌一党的覆灭，武则天开始授意许敬宗等人大肆诛杀长孙无忌的亲朋故友。其中，凉州刺史赵持满也在被株连之列，他的尸体被粗暴地扔在城西街道上，众亲戚因为害怕被牵连，无人敢去收殓。王方翼是赵持满的好友，听说了这件事后，一路风尘赶去街头。其实当时很多人都劝阻过他，毕竟他本身就是王皇后的亲属，这时候冒头，很容易招来祸事。但王方翼没有理会，还对他们说："栾布当年哭彭越，被人认为是义；周文王当年掩埋战死的尸体，被人认为是仁。现在我的好朋友死了，我还不去的话，那就成了不仁不义之辈了，我还有什么面目再为官侍奉陛下。"说完径直上街痛哭拜祭赵持满，然后将其尸身收殓安葬。这件事果然引起了朝廷的注意，很快王方翼就遭到了言官弹劾。幸好李治并未将其治罪，还认为他做得很对，由此为未来大唐保下了一员重要将领。

后来王方翼升任肃州刺史，又展现了他在治理地域方面的才能。当时的肃州（治所在今甘肃省酒泉市）没有城墙和护城河，经常被周边贼寇攻击骚扰。王方翼到任后，立即组织士兵修筑城墙、城楼，并从旁引来多乐水环绕城墙作为护城河。之后王方翼又在肃州筑起烽火台，建立早晚巡逻轮换制度，这才让肃州渐渐安定下来，成为河西地区首屈一指的大城。

仪凤年间，河西遭遇大规模蝗灾，其他各州郡都遭受了很大损失，唯独王方翼管辖的肃州不受这些蝗虫的侵害，以致其他各州郡百姓纷纷搬到肃州境内居住，所有人都认为这是一大奇观。正是因为这件事，裴行俭注意到了王方翼，并在西征阿史那都支时推荐了他。

阿史那车薄起兵后，很快包围了唐军在西域的要塞弓月城（今新疆维吾尔自治区伊宁县吐鲁番圩子村一带）。王方翼接到消息后，不待朝廷下令，立刻就率领庭州驻军前往救援。唐军走到伊丽水（今伊犁河）时，正好与阿史那车薄率领的突厥十姓部队相遇，一场激烈的遭遇战就此展开。最终，阿史那车薄丢下了一千多具尸体，大败而逃。王方翼乘胜追击，直抵热海（今吉尔吉斯斯坦伊塞克湖），在这里遇到了阿史那车薄的援军咽面部落。

咽面部落是铁勒的一支，他们出动进攻王方翼的三姓咽面共计约十万人。尽管叛军在数量上占有绝对优势，但王方翼并不退缩，继续沉着冷静地指挥唐军与叛军展开交锋。激战中，王方翼被流矢射中手臂。为了不影响唐军士气，他强忍疼痛，拔出佩刀砍断了露在外面的箭杆，然后继续指挥，就连他身边的人都没有注意到他受了箭伤。一天下来，唐军与叛军谁也没能击退谁。

王方翼的军队里并不都是大唐人，里面还有部分从西域各部落征调而来的胡人，这些人原本就与唐军不够齐心，如今见叛军势大，于是动起了歪心思，打算趁王方翼不备，偷袭他的营帐，生擒住他献给阿史那车薄。

其实这些胡人打的什么算盘，王方翼很快就发觉了。为了不引起军队的骚乱，王方翼并未大张旗鼓地制裁，而是先假装召集这些胡人召开军事会议，并分别指派了任务，然后让他们一一走出军营领取奖赏。胡人贪财，一听有赏赐，立刻把偷袭计划延后，高高兴兴地接受了派遣，一一出营领赏。然而营帐外哪有什么赏赐，全是王方翼准备的刀斧手，一跨出去就是砍头伺候。

为防惨叫声传入营帐内引起其他胡人警觉，王方翼又自称将要出兵，命人在营帐外擂大鼓助威，加上风向正好有利，一连斩杀了七十多个人，营帐内都未曾听到动静。就这样，为首的几十个胡人被"杀鸡儆猴"之后，其余胡人再也不敢轻举妄动了。

紧接着，方翼派副将乘夜分别偷袭阿史那车薄和三姓咽面的营帐。彼时，阿史那车薄和咽面部落听见唐军的鼓声一连响了大半夜，原本一直都精神紧绷地严加防备，但等了许久，始终不见唐军有其他动静，便以为对方不过是虚张声势，就逐渐懈怠下来，最后下令全部回营休息。所以唐军半夜来袭时，西突厥和咽面部落的人大多还沉浸在睡梦中，根本无力阻击，只能四散逃命，唐军光生擒的部落首领就有三百多个。阿史那车薄被惊醒后，也顾不得其他人，独自带了几个人狼狈逃往更西边，从此下落不明。

热海一战后，王方翼彻底击垮了阿史那车薄，再次平定西域。然而令人遗憾的是，这么一颗冉冉升起的将星，却因为出身问题而不得重用。在平定西域后，他也仅仅被升为夏州都督。

热海之战次年，李治为了商讨掌控西域的方法，将王方翼召到了长安。李治惊讶地发现，王方翼的衣服上竟有一些残凝的血迹，便忍不住开口询问缘由，王方翼便缓缓向他描述了热海之战的艰苦。之后，李治特意查看了他当时手臂中箭的地方，见伤口深重，不禁叹息连连、深为感动。

不过，李治商讨完西域事务后，又重新将王方翼遣回了夏州——他到底是王皇后的亲属，终究没法重用的。

北境烽烟：东突厥复国

突厥复国运动兴起

调露元年（679 年）西突厥阿史那都支等人谋划反唐，但还没有来得及起兵就被裴行俭平定。然而这不过是一个开始，这一年注定不会平静，十月，沉寂已久的东突厥再度发起了声势浩大的反叛运动。

当年李靖平定东突厥以后，唐太宗李世民曾让李思摩出塞恢复东突厥汗国，但李思摩并无领导之才，其部下并不服他，出塞后没几年，纷纷叛逃。最后李思摩只得单骑逃回长安，唐朝复兴东突厥汗国一事也就此夭折。

然而，这件事却被另外一个人做成了，这个人便是阿史那斛勃，他在故地建立起了一个迷你规模的东突厥汗国。

阿史那斛勃原本只是东突厥一个小可汗，东突厥灭亡后，他被众人拥立为大可汗，并在金山以北设立牙帐。偏偏当时正是薛延陀汗国最强大的时候，他不敢与真珠可汗争锋去抢夺这大漠上的可汗之位，又为了避免被薛延陀攻打，便带着手下部众归降于薛延陀。

然而阿史那斛勃此人到底不凡，勇猛又颇有谋略，在胡人中威望甚高，很快就引起了真珠可汗的猜忌。真珠可汗打算找借口除掉他，阿史那斛勃察觉后，连夜带人逃回金山以北，气得真珠可汗咬牙切齿偏又无可奈何。从此之后，阿史那斛勃再也不愿依附谁了，干脆自称乙注车鼻可汗，拥兵三万，在金山一带建立了一个小汗国。

薛延陀灭亡以后，车鼻可汗出于自保，派儿子沙钵罗特勤前往长安朝贡，并且请求允许自己也亲往长安朝拜。李世民应允，并派将军郭广敬去迎接他。然而车鼻可汗忽然反悔了，他生怕自己到了长安以后会被扣押，于是又开始称病拒绝动身。李世民气坏了：出尔反尔，这是把唐朝当猴耍吗？

贞观二十三年（649 年），李世民派右骁卫郎将高侃率铁勒的回纥、仆骨等部落军队前往漠北进攻车鼻可汗。得知唐军要来，车鼻可汗治下的各部落纷纷前往唐军军营投降。很快，高侃就率军到达了阿息山（今蒙古国察图斯博格多峰东麓），距离金山只有一步之遥。

车鼻可汗闻讯后，立刻召集手下各部落人马会合，准备与唐军决一死战。然而当时唐军势盛，各部落首领都不愿意与唐朝为敌，车鼻可汗的征召发出去，没有一个首领应召前来。最后，车鼻可汗只好带着妻儿以及数百个忠心的骑兵逃走，留下的部众则全部归降于高侃。高侃并不打算放过他，带着精锐骑兵追击了几十里，终于将车鼻可汗生擒。

这之后，大漠南北再也没了突厥政权。李治在东突厥故地分置单于都护府和瀚海都护府：单于都护府下辖狼山、云中、桑乾三个都督府和苏农等一十四州；瀚海都护府下辖瀚海、金微、新黎等七个都督府和仙萼、贺兰等八州。此后几十年里，东突厥一直比较安分，直到调露元年才出现异动。

当时的单于、瀚海都护府管辖着很多以前的东突厥部落，随着时间推移，这些部落越发怀念起从前纵横大漠的日子，又见唐朝几次被吐蕃击败，东突厥人忽然找到了反叛唐朝的信心。最早举起反旗的，乃是单于都护府下辖的阿史德温傅和阿史德奉职两部人马。

阿史德温傅和阿史德奉职起兵以后，很快就拥立阿史那泥熟匐为可汗，周围部落纷纷前来归附，不久之后，唐朝在大漠南北设置的二十四个州全部反叛以响应，他们拥兵数十万，再次威胁唐朝的北疆。

阿史德温傅反叛后，李治也迅速做出反应，调派大军北征。至于北征军的统帅，李治选中了萧嗣业。

萧嗣业也算资历深厚，自贞观初年就已开始从军。他本是西梁明帝萧岿的曾孙，因为萧皇后的关系，他从小就跟着隋炀帝，后来更是跟随萧皇后在东突厥居住了数年，因此对东突厥的情况非常熟悉。随后几十年里，萧嗣业统率着突厥、铁勒等胡人军队先后参加了平定薛延陀、阿史那贺鲁、高句丽、铁勒九姓等大战，立功无数。在唐军众多名将纷纷谢世之后，熟悉突厥而又身经百战的萧嗣业无疑是当前最合适的统帅人选。

不久后，李治以鸿胪寺卿兼单于都护府长史萧嗣业为主帅，令他率领右领军卫将军花大智、右千牛卫将军李景嘉等人前往讨伐阿史德温傅。

刚开始，唐军连战连捷，打得东突厥叛军毫无还手之力，萧嗣业即使身经百战，也不禁轻视起对方，从而麻痹大意起来。他显然小看了阿史德温傅，后者乘其放松警惕，设下埋伏突击唐军后勤的运粮队，一下子抢走了唐军数百车粮草，让唐军的补给顿时陷入困顿。

然而萧嗣业并未痛定思痛，也没有及时退兵回去补充粮草后再行进攻。在萧嗣业看来，只要一举获胜，自然能从东突厥叛军手里抢到牛、羊等食材，于是下令北征唐军继续向前进发。

然而天降大雪挡住了他们的去路，萧嗣业不得不下令停军驻扎。根据自己多年来对东突厥的认识，他认定叛军不可能冒雪出战，于是把士兵们全部收缩到军营里休息，也没有派斥候在外巡查。

然而这一次，阿史德温傅并没有按常理出牌。阿史德温傅见无法正面打败唐军，便积极思考智取战术，看到天降大雪，他忽然意识到这是一个机会，于是果断带着人马，借着大雪的掩护偷偷到达唐军的军营附近。天快要亮时，他们对唐军军营发起了突袭。

唐军猝不及防，军营大乱。萧嗣业从睡梦中惊醒，发觉大势不妙后，既未立刻组织反击，也未做出任何部署，反而直接乘马狂奔逃往单于都护府。唐军众将士见他逃了，更无心抵抗，纷纷四散而逃。东突厥叛军乘胜追击，唐军光阵亡者就有一万多。这一战，主帅萧嗣业独自先逃，导致唐军崩溃，反倒是花大智、李景嘉两位副帅斗志尚存，率领步兵且战且退，这才搏回一命，撤至单于都护府。

一心等着捷报的李治忽闻惊天噩耗，龙颜震怒。他将萧嗣业流放到桂州（治所在今广西壮族自治区桂林市），又将花大智、李景嘉削职为民。随后，李治任命左金吾卫将军曹怀舜驻扎在井陉，右武卫将军崔献驻扎在龙门，以防备突厥。

就在这时，忽然又传来东突厥叛军退兵的消息。原来，阿史德温傅击败萧嗣业后，试图乘胜进攻定州，当时的定州刺史是唐高祖李渊的第十四子霍王李元轨，他见东突厥叛军来犯，仓促间不得不使出一招"空城计"——打开城门，然后将城墙上的旗帜统统撤下。阿史德温傅来到城下后果然犯了难：这到底是空城还是陷阱？阿史德温傅疑虑良久，最终还是认定城内有埋伏，于是趁着天黑偷偷带人撤回，定州这才免受荼毒。

阿史德温傅退回去后，又煽动隔壁的契丹、奚族一起入寇营州。营州都督周道务派户曹唐休璟率军前往讨伐，得胜而归。实际上，这位唐休璟未来还成了唐朝边关名将，当然这是后话了。

北征突厥

面对东突厥叛军的不断袭扰，李治终于下定决心要发动一次大规模北征，试图一举平灭叛军。至于此次出征的主帅，刚从西域班师的裴行俭恰为良选。

裴行俭弃军从政多年，直到他以奇谋拿下阿史那都支，李治这才对其军事才能有了深刻的认知，为此还特意任命裴行俭为礼部尚书兼校右卫大将军，表示裴行俭文武全才，可以同时胜任文武两种职位。

之后不久，李治正式任命裴行俭为定襄道行军大总管，率领十八万大军北上讨伐阿史德温傅；除此之外，这次北伐还有另外两路人马，即以丰州都督程务挺为首的西路军，以及以幽州都督李文暕（jiǎn）为首的东路军。三路大军总计约三十万人，均受裴行俭节制。这次北伐可算是李治即位后最大规模的一次军事行动了。之所以如此兴师动众，实在是北面东突厥对唐王朝的威胁过大，东突厥与唐朝接壤，轻易可杀到唐朝边境，而再往南可以直取龙兴之地太原，甚至直捣唐朝首都长安，干系不可谓不重大。

鉴于此前萧嗣业惨败的一大要因便是粮草屡次遭劫，以致后勤不稳，所以这次裴行俭做了充分的准备。大军走到朔川时，裴行俭反复提醒部下将士道："再往前就进入突厥人的势力范围了，他们随时可能偷袭我们。兵书上所说的用兵之道，强调安抚自己的将士需要诚心诚意，对敌人则可以用一切手段。上次萧嗣业之所以兵败，是因为粮草、物资被突厥人劫掠而去，导致士兵们挨饿受冻。这次对方必然会故技重施，我们恰可以用计蒙骗他们。"

做完思想工作后，裴行俭就开始部署起来。他还是照样派三百辆运粮车走在最后面，然而每辆车只是表面上运载粮食，实际上蹲着五名携带大刀和弓弩的唐军战士，三百辆车就是一千五百人。为了诱使东突厥人马前来劫掠，他还故意挑了几百个老弱残兵来负责押送这些车辆，全然一副不禁打的模样。最后，裴行俭在沿途的险要地带埋伏精兵，只等突厥人上当。

比起萧嗣业，裴行俭在东突厥可没有什么名气，阿史德温傅便没把他放在眼里，看到裴行俭安排在末尾的运粮车和老弱病残，只觉得是送上门的肥肉，岂有让它溜走的道理。之前这么多次都能劫掠成功，这一次自然也不会例外。唐军的老弱病残们也非常配合，象征性地抵挡了几下就四散而逃，突厥人也不追击，高高兴兴地带走了这一队运粮车。

由于推着运粮车走不快，突厥人中途寻了一处水草丰美的地方暂且休息。一行人纷纷解鞍下马，松快地就地躺下，全然没了警惕。潜伏在车中的唐军士兵就是这个时候偷偷摸出来的，他们趁着敌人不备，忽然抄家伙冲杀上去，惨叫声顿时连成一片。一阵兵荒马乱过后，突厥人丢下几百具尸体夺路而逃。然而没跑多远，他们又遇上了唐军的伏兵。

这次来的唐军竟如此神出鬼没，突厥人最后一点抵抗之心也给吓没了，除了一部分人坚持到战死外，剩下的人全都乖乖放下武器向唐军投降了。阿史德温傅接到消息后，惊骇莫名，没想到自己竟会被摆了一道。从此以后，不论唐军的运粮车是否有诈，他都不再派人靠近。就这样，裴行俭保证了大军后勤运输的安全性。

唐军继续前进，很快就到达了单于都护府北面，这时候天色已接近傍晚，裴行俭便下令就地扎营。然而等唐军将士好不容易挖好壕沟、搭好营帐、准备休息时，裴行俭却忽然改变了主意，要求众人立刻转移到附近的高冈上。

唐军众将士一听，不乐意了，大家伙儿累了一天，又好不容易扎下营盘，忽然说要移到别处，这不是故意折腾人吗？众将找到裴行俭求情："现在士兵们都已睡下，实在不方便移动，反正也就一晚上，还是别折腾了。"但裴行俭一脸严肃地驳回："今晚必须移营，违抗命令者按军法从事。"众将士无奈，只好不情不愿地连夜迁到附近的高冈上。

唐军移营后不久，连夜下起了暴雨，第二天清晨众将士出营时，发现昨晚准备露营的地方竟然已经积了一丈多深的水，猛然惊觉倘若昨晚他们没迁走，这会儿人已经在龙王庙报到了。众人对裴行俭的未卜先知佩服得五体投地，纷纷询问其中关窍。

裴行俭却笑而不答，只说："你们不用问我是怎么知道的，以后只要听我的命令行事就行了。"事后，唐军众将士将裴行俭视为"天人"，他说的话，无不认真奉行。

唐军再往北走，很快就到达了黑山，在这里，他们终于遇上了东突厥的主力部队。此时东突厥刚复国不久，敌不过人数众多的唐军，双方在黑山交战多次，屡次以突厥军大败告终，最终连这次起义的首领之一阿史德奉职也被唐军俘虏。

随后，裴行俭乘胜继续追击到定襄，不少突厥人认为已经走投无路，就杀死可汗阿史那泥熟匐，然后献上他的人头向唐军请降。阿史德温傅见状，只好带着残兵败将逃到狼山自保。

黑山大捷以后，李治异常振奋，听说阿史那泥熟匐已经被杀，就误认为东突厥残部再也兴不起什么风浪了，于是派户部尚书崔知悌赶到定襄慰劳士兵，同时下令裴行俭班师，仅留下崔知悌继续剿灭东突厥余党。

然而随着裴行俭大军南撤，阿史德温傅再次活跃起来。他打算另外拥立一个新的可汗，就相中了颉利可汗的堂侄阿史那伏念。当时阿史那伏念还在唐朝控制的夏州城中，阿史德温傅特意兴兵南下将其接了出来。渡过黄河后，阿史德温傅在漠南立阿史那伏念为可汗，周围各个部落再次起兵响应，本已陷入低潮的东突厥复国运动再次转入高潮。随后，突厥大军再次南下寇边围攻云州，但不久被击退。

二征突厥

东突厥复国军死灰复燃，多少让李治有些惊诧，还不等他有所行动，第二年刚开春，东突厥人再度南下袭扰原州、庆州等地，李治只好派右卫将军李知十等人屯兵在泾州、庆州一带防备。他意识到，若不彻底平灭东突厥，边患问题就不可能得到解决。

李治再度任命裴行俭为定襄道大总管，以右武卫将军曹怀舜、幽州都督李文暕为副大总管，再次率领唐军北上讨伐东突厥。裴行俭接到任命后，并没有第一时间就率军出塞，而是派两位副大总管率领先头部队探路，自己则驻军在代州的陉口。

其实裴行俭一直在暗中观察，他已经发现了一个突破点：阿史那伏念和阿史德温傅不和。虽然阿史那伏念是阿史德温傅拥立的，但他自视甚高，很希望自己能恢复颉利可汗时代的荣光，不甘心受制于人；而阿史德温傅作为东突厥复国军最早的领袖之一，在东突厥各部落内威望非常高，权势凌驾于阿史那伏念之上，只是因为出身并非阿史那家族，怕不受突厥人拥护，这才勉强立了阿史那伏念。这样一来，两人的利益存在矛盾，自然谈不上默契与互持了。裴行俭便集中攻此薄弱，不断让人在两人面前说对方的坏话，使得两人关系更差了。

曹怀舜和李文暕等人出塞后不久，得到消息说阿史那伏念和阿史德温傅就在黑沙（今内蒙古自治区呼和浩特东北）附近，身边只有不到二十个骑兵，只要派队前往就可以生擒他们。曹怀舜等人急于立功，立刻将老弱士兵和辎重全部留在瓠芦泊，仅带着轻骑昼夜兼程赶往黑沙。

其实仔细想想，这个消息是不太可靠的，毕竟以阿史那伏念和阿史德温傅在东突厥的尊贵身份，身边怎么可能只带二十个人？而且两人积怨颇深，怎么可能一块儿行动？

果然，一行人到达黑沙后，连一个突厥人的影子都没看到，只能打道回府。这个假消息很可能是突厥人故意放出来的，得知唐军人困马乏要退兵，突厥大军立刻循着味儿开始南下追击。

曹怀舜等人往南走，路上竟遇到了薛延陀部落的人马。其实薛延陀人原是打算向西投奔阿史那伏念的，但偏偏先遇上了唐军。如今的薛延陀不过是一个小部落，再不是之前横行漠北的汗国了，哪里敢和唐军抗衡，直接就地投降。曹怀舜等人乐得合不拢嘴，他们将薛延陀人和牛羊、财货全部当成战利品带上，继续踏上返程。

然而这却是一场不幸的开始。由于多了薛延陀俘虏和牛羊、财货，曹怀舜等人行军自然就慢了下来，很快就被东突厥人追上。最先赶上唐军的是阿史德温傅所部，双方在长城北面相遇，一连交战了数场，难以分出胜负，只好各自引军退去。但经此一事，唐军几乎耗尽了体力。

他们刚走到横水（今内蒙古自治区杭锦旗西北）时，又被随后赶来的阿史那伏念所部追上了。唐军已是油尽灯枯，无力再战，曹怀舜只好和副将窦义昭以及李文暕、刘敬同等人分别率领一支军队占据四方结成方阵，然后一面与东突厥军队战斗，一面向南面艰难移动。就这么且战且走了一天之后，唐军又遇到了更大的不幸。

正所谓屋漏偏逢连夜雨，忽然刮起的大风吹得唐军将士连眼睛都睁不开，阿史那伏念乘机率骑兵向唐军发起猛攻。唐军方阵大乱，死伤无数。虽然曹怀舜等人随后再次聚集起四散的士兵，但仍然不敌阿史那伏念。

无奈之下，唐军献出金银财宝贿赂阿史那伏念，求他留下一条生路。阿史那伏念果然是颉利可汗的亲侄子，收到钱财后立刻换上了笑脸，很快与唐军讲和，然后双方杀牛订盟，各自返回。

曹怀舜捡回了一条命，但李治认为他刚出兵就遇此大败，实在是太伤士气，把他流放到了岭南。

而另外一边，获胜的阿史那伏念并未落得好，他带着金银财宝欢天喜地地回到金牙山时，一下傻了眼：眼前只剩下一片被焚烧后的营帐。此前，阿史那伏念为了快速追击曹怀舜等人，他将妻儿和辎重全部都留在了金牙山，然而等他回家后一看，什么都没有了，获胜的喜悦一下子就被扑灭。

阿史那伏念的妻儿到底去哪儿了呢？原来曹怀舜等人出塞后，裴行俭又派偏将何迦密、程务挺分别从通漠道和石地道出发，绕到突厥人后方，准备与曹怀舜一起夹击突厥军。就在阿史那伏念南下后不久，何迦密和程务挺所部恰好游走到金牙山，他们发现营帐后仔细一探，发现竟然只有老弱病残和辎重物资，那还有什么好说的，一场毫无悬念的战斗，然后尽数俘虏。可惜曹怀舜等人败得实在太快了，程务挺等人来不及赶上与之夹击阿史那伏念，那边的战斗就结束了，只好率军撤回。

经过盘问俘虏，裴行俭得知俘虏里竟然有阿史那伏念的妻儿，他立刻以归还妻儿做诱饵，写信劝阿史那伏念投降唐朝。阿史那伏念一时间难以下定决心，再加上突厥军中开始盛行疫病，他只好带着手下穿过沙漠逃回漠北。裴行俭听说后也不追击，只派了刘敬同和程务挺两人带着单于都护府的军队悄悄跟在其身后一起到了漠北。

阿史那伏念再三犹豫，终于决定投降。他偷偷派使者去裴行俭军中，表示愿意生擒阿史德温傅来向唐军献降，只求能够免去一死，裴行俭答应了。但没两天，阿史那伏念又后悔了，唯恐自己投降后也难逃一死。他仗着自己人在漠北，离唐军很远，打算一直拖下去。裴行俭见阿史那伏念迟迟不动手，已经猜到他的小心思，于是立刻让刘敬同和程务挺率军赶往阿史那伏念营中。

唐军从天而降，阿史那伏念惊得目瞪口呆，他连军队都来不及聚集，就被对方堵到了帐门口。阿史那伏念只好真的向唐军投降，然后以商量下一步军事行动为借口，派人寻来了阿史德温傅。这位纵横大漠多年的枭雄就这么被自己人卖了，他一进大营便被埋伏的人马绑住，又被阿史那伏念等人沿小路押送至裴行俭营前请降。

唐军的斥候见前方烟尘滚滚，还以为是突厥人大举来袭，匆忙回去报信。唐军众将闻讯后十分紧张，立刻就要出营整军备战，裴行俭却淡定地安抚道："这必定是阿史那伏念抓了阿史德温傅前来投降，不必太过惊慌。不过受降历来和对付敌人差不多，你们出营整军做防备也是对的。"

随后，唐军严加防备，出营列阵，只派了一个使者前去慰劳对方。不多时，使者就引着阿史那伏念及其手下各部落首领，一起带着阿史德温傅到军营前请罪。之后裴行俭也践行承诺，饶了阿史那伏念一死。至此，裴行俭平定了东突厥余部，然后班师凯旋。

然而裴行俭回到长安后，宰相裴炎却因妒忌裴行俭的功劳，上奏皇帝道："阿史那伏念其实是因受张虔勖、程务挺等人的大军所迫，加上回纥人进攻漠北，走投无路之下才投降的，并非真心归降唐朝，不该免其一死，功劳也是张虔勖等人的，而裴行俭一直在陉口根本没出击，并没有什么功劳。"

没想到李治竟听信了裴炎的话，最终将阿史那伏念和阿史德温傅一起斩杀，而裴行俭的功劳也没被记录在案，只算到了张虔勖、程务挺二人头上。裴行俭非常无奈，长叹道："我之所以难过，并非因为功劳被他人所得。西晋王浑、王濬二人争夺灭吴功劳的丑事，古往今来说起都觉得很丢人，我怎么会做同样的事呢？我只是担心现在不守信用，杀了投降的人，以后再也不会有人投降了。"从此，裴行俭称病在家，杜门谢客，再也不出家门一步。

突厥复兴

一年以后，西突厥阿史那车薄造反，李治无奈下只好再次启用裴行俭西征平叛，但还没来得及出兵，裴行俭便因病溘然长逝。第二年，东突厥人在阿史那骨咄禄的领导下再次反叛。

阿史那骨咄禄本是颉利可汗的远亲，祖父是单于都护府下辖的云中都督府都督舍利元英的部属，世袭为吐屯啜。他曾跟随阿史那伏念等人一起反叛，后来阿史那伏念等人败亡，他便笼络逃散的突厥人一起逃到总材山落草为寇。当时阿史那骨咄禄手下只有五千多人，但他就靠着这五千人不断抢掠铁勒九姓，获得了很多牛马，势力逐渐强盛起来，于是就自立为可汗。

当时，有一个叫阿史德元珍的人，他本是单于都护府的一名官员，负责检查降户部落情况，因犯了事，被单于都护府长史王本立抓了起来。恰逢阿史那骨咄禄率兵入寇，阿史德元珍就向王本立请求戴罪立功，前去劝降叛军。王本立答应了，只是他想不到，被他放出去的这个人将为祸唐朝边境十多年。

阿史德元珍到叛军营帐后不但没有劝降，反而主动投入阿史那骨咄禄帐下。阿史那骨咄禄觉得他很有才能，就让他负责掌管兵马军事行动。在这之后，两人不断招揽流散的突厥余部，势力越来越强大，不久之后，他们占据了黑沙城再次反叛，并派兵入侵并州以及单于都护府北面边境。

　　面对东突厥叛军声势浩大的攻势，唐军节节败退，就连岚州刺史王德茂也兵败身亡。而唐王朝此时却面临许多名将谢世的窘境，一时间竟然找不到一个可以应付北面边患的将领，李治深思熟虑过后，还是出动了老将薛仁贵。

　　自大非川兵败后，薛仁贵的运势就一路下滑，起初被贬为庶人，后因高句丽故地发生叛乱而复被起用，任鸡林道行军总管，但没两年又因犯了事，再度被流放到象州，直到遇上朝廷大赦，这才回到了长安。

　　阿史那骨咄禄反叛后，李治回想起薛仁贵昔日的功劳，将他召入宫中："以前在万岁宫，如果不是你冒着生命危险大声呼喊提醒，我只怕早在洪水中被淹死了；后来你又为我平定铁勒九姓和高句丽，立下了无数战功。此前大非川兵败，有人告诉我是因为你在乌海城下放走敌人而不追击导致的，这就是我一直痛恨和怀疑你的原因。现在，辽西一带因突厥反叛不安宁，瓜州、沙州一带也因为吐蕃而快要道路断绝了，你怎么还能在家里安睡，不为我指挥军队打仗呢？"

　　薛仁贵此时已经七十岁了，但他为国尽忠的雄心仍在，当即就请战出击。李治大喜，立刻任命他为右领军卫将军、检校代州都督，率领大军前往云州迎战阿史德元珍。

　　唐军与东突厥军很快相遇。出于好奇，突厥人询问唐军这次来的大将是谁，唐军中有人回答说是薛仁贵，突厥人却不相信："我们听说薛仁贵此前被流放象州，早就死了，你们不要拿这个欺骗我们。"

　　薛仁贵听说后，打马来到两军阵前，脱去头盔露出面容来。突厥人一看不禁骇然，竟然真的是薛仁贵。曾经的白袍小将虽然已经年迈，但"三箭定天山"的威名依然在塞外广为流传。见到传说中的人物，突厥人慌忙下马跪拜行礼，然后往北撤退。薛仁贵哪肯放他们走，立即带着唐军追击。突厥军早就吓丢了魂，根本抵挡不住，最后一万多人被斩首，此外还有两万人被俘。

　　有了薛仁贵坐镇云州，阿史德元珍再也不敢袭扰边境了。但遗憾的是，薛仁贵到云州后不久，也去世了。

薛仁贵一死，突厥人再无忌惮。弘道元年（683年），突厥人再次侵犯定州，被刺史李元轨击退；随后又进攻妫州，并率大军包围了单于都护府，生擒并杀死了单于都护府司马张行师。李治只得派遣胜州都督王本立、夏州都督李崇义前去救援，这才解了单于都护府之围。

不久之后，阿史那骨咄禄侵扰蔚州，斩杀了蔚州刺史李思俭。丰州都督崔智辩率军讨伐东突厥叛军，却在朝那山北面兵败被俘。

屡战屡败，李治也没有信心平定东突厥叛乱了，他甚至打算废除靠北的丰州，将百姓全部迁移到灵州和夏州，然后把土地留给突厥人，以免受骚扰。时任丰州司马唐休璟反对道："丰州依靠黄河作为屏障，是扼住突厥人咽喉的战略要地。秦汉以来，朝廷都在这里设置郡县加以管辖，这里的土地也适合耕种和放牧。隋末大乱以后，朝廷将丰州百姓迁移到了宁州、庆州，结果如何？没了丰州这个屏障，突厥每次都能深入我们腹地。贞观末年，因为招募百姓充实了丰州，我们北面才获得了难得的安宁。现在如果废去丰州的话，黄河两边的土地将再次被突厥人占有，灵州、夏州也将暴露在突厥人的锋芒之下，到那时，这两个州的百姓还能安居乐业吗？这对国家是没有任何好处的。"最终唐高宗接受了唐休璟的建议，将丰州保留了下来。

这年十一月，李治准备派遣右武卫将军程务挺为单于道安抚大使，率领大军再次北上讨伐阿史那骨咄禄。然而大军还没有出发，皇帝驾崩了，出兵一事搁浅。

此后多年时间里，唐朝都无力平叛，只好放任不管，东突厥余部因此成功在大唐帝国北面建起了政权，这就是历史上的后突厥汗国。

第四章

女帝当国

女主天下：武则天平李敬业、李贞之战

扬州兵变

唐高宗李治死后，太子李显（唐中宗）即位，但是朝政大权旁落，被捏在了他母亲武则天手里。武则天从李治统治后期就开始处理朝政，到李治死时，已有近二十年，早已将权力牢牢掌握在手里，而她的野心远不止做一个垂帘听政的太后，她还希望更进一步，这自然遭到李唐宗室和大臣们的反对。女帝在登基前的岁月里，与这些反对者们展开了数场大战。

嗣圣元年（684年），李显刚刚即位就闯了祸。起因原是一件小事，李显想让自己的岳父韦玄贞做侍中，又把自己乳母的儿子封为五品官，这当然不符合朝廷的规矩，自然遭到宰相裴炎等人的反对。李显一怒之下妄言道："我就算要把天下交给韦玄贞也没有什么不可以，何况只是一个侍中的职位！"

李显的太子之位是李治钦定的，武则天一直当他是绊脚石，是她手中权力的巨大威胁，她一直借口新帝刚即位，迟迟不肯交出大权，正一直找机会扳倒他呢。李显这话一说出口，就是递出了把柄，武则天自然要大做文章，她立刻就派裴炎、程务挺等人以此为由将李显废为庐陵王。

李显直到被废除都不知道自己到底犯了什么错，还一脸茫然地问裴炎："我到底犯了什么罪？"裴炎冷眼看着他，说："你想将祖宗传下来的天下交给韦玄贞，还好意思说自己没罪？"随后，武则天将李显废为庐陵王，改立自己的幼子李旦（唐睿宗）为帝。但李旦即位后一直被幽禁在宫殿里，权力彻底落到了武则天手上。

武则天彻底掌控朝政大权后，立刻就开始了铲除异己的行动，第一个被她除掉的就是素来与她不和的第二子李贤（章怀太子）。李治一死，武则天就派左金吾将军丘神绩前往巴州（治所在今四川省巴中市），逼迫李贤自杀。之后武则天重用自己的侄子武承嗣、武三思，又给自己祖先立起了七庙。这些举动立即引起了李唐宗室和大臣们的惶恐，很快，第一个武力反对者就出现了，以扬州李敬业为首的一群人决心以武力匡扶唐室。

李敬业，本姓徐，因祖父李勣被赐姓"李"而叫作李敬业。李勣历任三朝，是唐初重要的将领之一。李敬业从年少时就开始跟随祖父作战，因为作战勇猛而建立了不少战功。李勣死后，李敬业继承了英国公的爵位，并任眉州刺史。

后来李敬业因为贪污被贬为柳州司马，他在扬州遇到了一群同样在新朝不得志的人，包括李敬业的弟弟盩厔令李敬猷、给事中唐之奇、长安主簿骆宾王、詹事司直杜求仁等。这些人都是因为犯了罪而被贬官，他们到了扬州后都不愿意再往南走了，聚在一起整天唉声叹气。也就是在这时，他们得知武则天废李显、杀死废太子李贤的消息，李敬业等人决定抓住机会起兵，重新拥立庐陵王登基。

他们之中，最有谋略的当属盩厔尉魏思温，他以前在长安担任御史，后因罪被贬，与李敬业等人一拍即合。很快，魏思温为众人谋划了起兵的第一步：先掌握一块根据地，目标就是眼前的扬州城。话虽这么说，但扬州城内毕竟有守军，不是几人赤手空拳就能打下来的。

魏思温想了一个主意，他让李敬业给在长安的朋友——监察御史薛仲璋写了封信，让后者向武则天申请去扬州公干。薛仲璋是武则天死党裴炎的外甥，他的请求不容易受到怀疑，于是立刻获得了准许。

薛仲璋到达扬州后，魏思温又安排了一个叫韦超的人去见他，声称扬州长史陈敬之要谋反。薛仲璋会意，迅速以此为借口将陈敬之下狱。紧接着几天后，李敬业乘坐薛仲璋的驿车到达扬州，自称是朝廷派来担任扬州司马的，因为高州酋长冯子猷谋反，他奉了太后的密旨，到扬州来做讨贼的准备工作。

李敬业借着这个理由在扬州城内大肆招兵，同时又派扬州士曹参军李宗臣打开扬州府库，发给囚徒武器，让他们戴罪立功。为了表示与叛贼冯子猷势不两立，李敬业把陈敬之从牢里拉出来，对外历数他与冯子猷密谋造反的罪状，然后要一刀杀了他祭旗。

当然扬州城里并不是人人都信了这回事，其中录事参军孙处行就察觉事有蹊跷，但他并未怀疑到李敬业头上，还率直地提议应该先上报朝廷，待调查清楚后再杀陈敬之。于是他很快也被李敬业等人直接打成陈敬之党羽，然后一并处斩于闹市。孙处行一死，扬州城内的官员百姓再无人敢质疑。

李敬业控制住扬州后，立刻就起兵造反了。他重新把李显的"嗣圣"年号捡了回来，然后在扬州建立起了三个衙署：匡复府、英公府，还有一个扬州大都督府。李敬业自命匡复府上将兼扬州大都督，同时任唐之奇为左长史、杜求仁为右长史、李宗臣为左司马、薛仲璋为右司马、魏思温为军师、骆宾王为记室，在扬州城举起反旗，只用了十多天就聚集起了十多万兵马。

为了向天下表明自己举兵的正义性，李敬业还让记室骆宾王写了一篇檄文讨伐武则天，这就是著名的《代李敬业讨武曌檄》。这篇文章把武则天骂了个透彻，连她当年服侍过太宗的事都扒了出来。不过，此文的文采确实出众，连武则天本人听到这篇檄文后，都忍不住问身边的人："这篇檄文是谁写的？"左右知情之人回禀是骆宾王，武则天深深感叹道："这个人这么有才华，却飘零失意，未能得到朝廷的重用，这是宰相的过失。"

错过人才是不是宰相的错，这个不好说，但是站错了队，那宰相的错处就大了。作为武则天的死党，裴炎曾经与她联手先后除掉了李显和李贤，但本质上来说，裴炎还是忠于唐朝的。李显被废以后，武则天开始重用武承嗣、武三思，又为自己祖先建起了七庙，裴炎终于意识到苗头不对了，他开始以西汉时吕后干政的故事暗示武则天，可惜收效甚微，倒引起了武则天的反感。后来武承嗣和武三思劝武则天杀掉李唐宗室中年龄最大的韩王李元嘉、鲁王李灵夔，裴炎忍不住再次劝谏，这让武则天意识到，裴炎并未站在自己这边。

既然已经得罪了武则天，裴炎也不打算再虚与委蛇下去，他打算趁对方去龙门出游时发动政变，劫持威逼对方还政于李旦（唐睿宗）。但裴炎运气不好，一连多日下雨，武则天没办法动身，他也就没找到机会下手。踌躇中，忽然传来李敬业起兵的消息。薛仲璋是裴炎的外甥，裴炎为了避嫌，在朝堂上绝口不提讨伐李敬业的事。直到武则天亲自询问他对策，裴炎就顺势劝她还政于李旦，这样李敬业等人起兵的理由就会站不住脚，叛乱自然会平定。

武则天冷眼看着他，像在看路边一颗挡路的石子儿。在她的授意下，监察御史崔察开始弹劾裴炎图谋不轨，裴炎因此下狱，随即被斩杀于都亭。

李敬业的行动

处置了裴炎以后，武则天开始进行讨伐李敬业的军事部署，她挑选的平叛主帅多少有些出人意料，竟然是左卫将军李孝逸。李孝逸的父亲是淮安王李神通，他的哥哥李道彦在贞观年间讨伐吐谷浑时想抢劫党项人，最后反而吃了大亏。跟父亲、兄长一样，李孝逸也是个不折不扣的草包。武则天会选他做主帅，当然不是看中了他的军事才能，而是他的宗室身份。有李孝逸做主帅，一方面可以稳住遍布各地的李唐宗室，另一方面也是在向天下人展示她与李唐皇族是一体的，李敬业宣称为李唐宗室复辟，其实根本站不住脚。

不过，哪怕李孝逸没什么本事，那李敬业到底是临时起兵，武则天不信他真能挡得住大唐正规军。为了包装李孝逸，武则天任命他为左玉钤卫大将军、扬州行军大总管，又让久经沙场的将军李知十和马敬臣担任他的副手。此外，武则天还一口气拿出了三十万大军，堪比当年裴行俭讨伐阿史德奉职时的兵力，她坚信，以此泰山压顶之势，就算李孝逸再庸碌也够用了。

与此同时，李敬业也没敢闲着，他始终觉得以庐陵王李显作为号召不够有力，于是又偷偷找了个与章怀太子李贤长相差不多的人，然后对外宣称："章怀太子李贤其实并没有死，他只不过是假死然后逃到了扬州城里，现在就是他命令我们起兵的。"这块新招牌果然很好使，很快楚州司马李崇福就带着管辖的三个县起兵响应李敬业，一时间，扬州附近尽是叛军。

接着，李敬业就全军下一步动向的问题召开了一场军事会议。在会上，军师魏思温首先发言："将军你是以太后囚禁天子，要替天子恢复帝位作为起兵口号的，那我们现在就应该大张旗鼓率领大军北上，兵锋直指洛阳。到那时，山东、韩、魏地区的豪杰知道你是真的要勤王，必然会纷纷前来归附，如此一来，要平定天下就指日可待。"

薛仲璋反对道："北方是太后根基所在，我们兵力弱小，北伐只怕很难成功。我听说以前秦始皇就认为金陵有王气，东晋和南朝也都定都在此，我们不如先渡江攻占金陵，长江天险足以让我们阻挡唐军。我们再攻下常州、润州等地作为根据地，然后再北上以图夺取中原。这样一来，我们进可攻，退可守，就算失败也能退回来割据一方，这才是真正的良策。"

魏思温立刻反驳道："起兵哪有留退路的道理？现在中原郑、汴、徐、亳等州的豪杰们都不愿屈居于武则天之下，他们听说我们起兵后，都自发蒸麦饭为干粮，举起锄头为武器，无时无刻不盼望我们到来，我们不趁着这个机会北上中原成就大业，反而渡江龟缩一方，只求自己能先安稳，天下人听说后，还不人心涣散？到那时我们靠什么守住金陵？不过是自投绝境罢了。"

然而李敬业起兵，原本就只是因为不得志而对武则天不满，并不是真心想要替皇帝复位，当然不会迎难北上，于是他毫不犹豫地选择了薛仲璋的计策，留下唐之奇守卫扬州，然后自己带着人马渡过长江去进攻润州。

李敬业走后，魏思温气得直跺脚，他忍不住对一旁的杜求仁叹道："兵力合在一处才会强大，分散开来就会因为弱小而被对方逐个击破。李敬业现在不肯渡过淮河去聚集山东地区的士兵和豪杰夺取洛阳，反而渡江去打润州，失败就在眼前了，也不知道我们最终会被谁砍头。"

其实，李敬业的选择固然短视，但魏思温对北方形势的预判也不准确。武则天当时并没有触碰太多人的利益，李唐宗室也没有一个人起兵，李敬业就算听信他的话选择北上，也不过是多拖延一些时日，成功的机会依旧渺茫。

当然，李敬业选择南渡长江，就更没什么前途了。他明明打着"推翻武则天、复兴唐室"的旗号，却既没有攻打武则天所在的洛阳，也没有去均州迎接被废的李显（唐中宗），傻子都能看出来他的私心，于是原本忠于唐朝的官吏百姓也都不再信任他了。

李敬业渡江后，也没按薛仲璋说的攻打金陵，而是首先去了润州（治所在今江苏省镇江市），因为他有信心兵不血刃地得到润州——润州刺史正是他的叔父李思文。然而李敬业失算了，李思文竟闭城坚守，将他拒之于城外。

其实早在李敬业起兵之前，李思文就已经听到了风声。然而李思文完全不看好自己这个侄子，也不认为他能干成什么大事。于是李思文非但不响应，还派使者飞马前往洛阳向武则天报告李敬业即将造反的事，极力撇清干系。现在李敬业居然想要他献城投降，简直是个笑话。

既然叔父不肯投降，那就打吧。在李敬业的猛攻之下，李思文虽然坚守了很久，但终究寡不敌众，城破后被李敬业俘虏。攻了这么久的城，叛军士兵早已疲惫不堪，同时对城内守将充满了怨愤，魏思温就建议把李思文斩首示众，以平复士兵们的怨气。李敬业念着亲情，并未答应。虽然保下了叔父的性命，但李敬业也没忍住讽刺了他一把："叔父既然想投靠武则天，你干脆不要姓李了，改姓'武'吧。"后来这话被武则天得知，她亲自接见李思文时，真就给李思文赐姓了"武"，这是后话了。

既然润州刺史杀不得，那就杀润州司马吧。润州司马是刘延嗣，他在城破被俘后坚持不肯投降，李敬业就打算杀了他祭旗。但刘延嗣是曾经死在吐蕃的大将刘审礼的堂弟，与魏思温是旧识，这回轮到魏思温不同意了。最终，刘延嗣和李思文一样，都只是被关进监牢了事。

那到底该杀谁祭旗呢？这一点倒是不用愁，马上就有人自动送上门来了。当时，曲阿县令尹元贞听说润州遭到李敬业攻打，立即率兵前来救援，但他赶到时润州已经失陷，尹元贞想撤却来不及了，很快全军覆没，自己也做了叛军的俘虏。尹元贞不肯投降，也没人为他求情，于是只能成为牺牲品。

血战江淮

李敬业在润州耽误了太久，朝廷讨伐他的大军已经快到眼前了。他再也顾不得攻打金陵，赶紧率军回到扬州与李孝逸对峙，只留下李宗臣作为润州刺史守卫润州。

面对李孝逸的大军，李敬业做出了防御部署，他亲率大军屯兵驻扎在高邮境内的下阿溪（今安徽省天长市东北白塔河），同时派弟弟李敬猷进逼淮阴，另外再以韦超、尉迟昭二将率军驻扎在都梁山（今江苏省盱眙县南）防备唐军。

不得不说，李敬业这一手严防中路、两翼呈犄角之势的防守战术还真有几分效果。朝廷大军到达临淮后，李孝逸立刻派部将雷仁智朝叛军发起了进攻，但雷仁智初战不利，很快败退下来。李孝逸见状顿时泄了气，立刻把大军全部撤回来，龟缩在临淮再不敢出击。

这时，唐军的监军——殿中侍御史魏元忠见到主帅的窝囊样，气不打一处来，他对李孝逸说："天下安危，在此一举。中原自从隋末以来已经太平很久了，现在一旦有叛乱之人，天下人都会全神贯注地等着听他们灭亡的消息。我们大军南下后在这里停留不前，只会让周围的百姓失望。如此一来朝廷必会派别的将领来替代你，到时你用什么理由来逃避逗留观望的罪责呢？"

李孝逸大惊失色。裴炎的例子近在眼前——如果被扣上与叛军有关的罪名，哪还有活路？于是，唐军终于再次前进，不过目标不再是直扑李敬业，而是都梁山。这次出击非常顺利，副大总管马敬臣出发后不久就在都梁山附近遇到了叛将尉迟昭，一战之下，叛军几乎全军覆没，尉迟昭也被当场斩杀。

与此同时，武则天见李孝逸迟迟不能平叛，又任命能征善战的左鹰扬大将军黑齿常之为江南道大总管，南下增援李孝逸。李孝逸意识到武则天已经对他不满了，顿觉如芒在背，再不敢迟疑，立即召集众将商讨下一步动作。

当时，尉迟昭虽已战死，但韦超还占据着都梁山，唐军众将大多认为："韦超现在占据着都梁山的险要地带，我们贸然进攻的话，只会吃大亏。而且山林地形无法使我方骑兵一展所长，加上叛军必定人人死战，那样我们的伤亡可就大了。不如分出一部分人马围困都梁山，大军先行南下进攻扬州，直取敌人老巢。只要扬州一被攻下，都梁山自然望风而降。"

支度使薛克杨则持反对意见："韦超虽然占据着都梁山的险要地带，看似难以进攻，实际上尉迟昭死后，韦超已势单力薄，手下兵力严重不足，我们进攻的话可以轻而易举拿下。更何况我们如果留下很多兵马围困都梁山，那么前军就会因此力量不足；但若只留下少数人马围困，又防不住韦超，留他在后方终究是个祸患。不如还是先进攻都梁山，把韦超拿下再说，只要攻下都梁山，淮阴、高邮的敌人肯定都会闻风而逃。"

随后，监军魏元忠又提出，应该先攻打在淮阴的李敬猷。

不过唐军众将并不赞同："先打李敬猷，还不如直接去打李敬业呢，只要李敬业败了，李敬猷自然会不战而降。我们如果先攻打李敬猷，李敬业一定会发兵救援，到那时我们腹背受敌，反而会被击败。"

魏元忠摇头反驳道："不对。现在叛军的精兵全都集中在下阿溪，他们都是仓促聚集起来的，利在快速决战，我们如果全军去与李敬业决战，那就正中他的下怀。一旦我军失利，叛军必定士气高涨，再想扳回来就难了。李敬猷本是个赌徒，不知军务，眼下他兵力单薄，军心非常容易动摇，我们只要发起进攻，必定是一鼓而下。再算算淮阴到下阿溪的距离，李敬业根本来不及赶去救援。我军击垮李敬猷后再乘胜攻打李敬业，就算他是韩信、白起转世也挡不住了。如果我们舍弃弱小的李敬猷，而去攻打强大的李敬业，实在不是什么上策。"

魏元忠虽是太学生出身，但极有胆色，曾尽得当时的兵法大家江融真传。过去唐军屡败于吐蕃时，魏元忠就曾上书言事，陈述对付吐蕃的方略，因此很受李治赏识。武则天派他到李孝逸军中监军，就有依靠他的军事才能的意思。李孝逸本来就不敢冒险，当然毫不犹豫就采用了薛克杨和魏元忠的建议。

果然，韦超和李敬猷根本抵挡不住唐军，很快就被击溃。唐军斩断叛军的左右两翼后，终于要直面李敬业了。

唐军来到下阿溪时，李敬业已经在对岸建立起了坚固的防御阵地。当天夜里，李孝逸派先锋苏孝祥率领五千人连夜强渡下阿溪，但叛军斥候在水边来回巡逻，苏孝祥刚上岸就暴露了。唐军还没来得及列阵就被叛军冲垮，苏孝祥也当场战死。主将一死，其余唐军将士纷纷渡过溪水逃往北岸，但在叛军的追击下死伤无数，还有不少人是被挤到下阿溪淹死的，溪水一度因尸体沉积太多而几乎断流。

战斗中，唐军左豹韬卫果毅成三郎也被叛军生擒。叛军将领唐之奇见到他后，突发奇想，打算让他冒充李孝逸，以此提升叛军士兵的士气，就把成三郎拉到手下士兵们面前说：“你们看，这就是李孝逸，我们已经抓到唐军主帅了！”

唐之奇正准备组织语言，再说几句激励人心的话，成三郎却不肯配合他，大喊道：“我是果毅成三郎，不是李孝逸大将军，你们别被他骗了。现在朝廷已经派了三十万大军南下，你们的覆亡就在眼前。我死后，我的妻儿能因我蒙受荣光；你们死后，你们的妻儿全都要籍没为奴！”

这下好了，叛军士兵们得知真相，士气更低迷了。唐之奇气得牙痒痒，只恨自己没有提前把成三郎的嘴堵上，现在只能立刻把他杀了泄愤。

而唐军这边，因着接连几次强渡失败，李孝逸又灰心丧气起来，想要撤军。魏元忠和行军管记刘知柔死活把他拉住，劝慰道：“现在芦荻非常干燥，风向也对我们有利，正是火攻的好机会。叛军久战疲惫，又缺乏后援，我们出击肯定能够打赢。”在魏元忠和刘知柔的坚持下，李孝逸终于勉强同意出兵。

魏元忠等人所料不错，叛军在下阿溪一带布阵已久，士卒早已疲惫，这时候又孤立无援，面对大股唐军，很多人都抱着迁延观望的心态。所以，唐军刚一抢渡，守卫河岸的叛军就崩溃了。唐军乘机点燃河边的芦荻，火苗借着风势很快蹿入叛军营地，叛军瞬间大乱。李孝逸乘机挥军进攻，叛军哪里抵挡得住，很快就疯狂四散而逃，光被唐军斩杀的就有七千多人，落水淹死的更是不计其数。

下阿溪防线崩溃时，李敬业等人夺路而逃，他们骑着快马飞奔回扬州，然后带着妻儿逃往润州投奔李宗臣。不过他们这时去润州，目的就不是占据金陵抗拒唐军了，而是试图从海路逃到朝鲜半岛去避难。李敬业走后，各地叛军也四散逃逸，李孝逸轻轻松松就攻下了叛军的据点扬州城。

随后，李孝逸派出各路将领四处搜捕李敬业等人的踪迹。此时李敬业并未能够逃脱，因为他刚到海陵（今江苏省泰州市海陵区）就遇到海上刮大风，船只根本没法出海。在这种情况下，李敬业手下的将领们就待不住了，纷纷离开自谋生路，各处逃亡。其中部将王那相更是狠辣，他干脆砍了李敬业、李敬猷、骆宾王三人的脑袋向李孝逸投降。之后没多久，唐之奇、魏思温等人也都被唐军抓捕斩杀。至此，震动江淮的李敬业叛乱终于被平定。

可以说，李敬业之乱从南渡长江攻打润州的时候就已经注定难成气候。也正是因为他没能坚持高举"匡复唐室"的旗帜，使得李唐宗室们只看到了他的私心，忽略了武则天将要举起的屠刀。就在李敬业之乱被平定后不久，武则天就迫不及待地向左武卫大将军程务挺下手了。

程务挺是名将程名振的儿子，年少时就跟随父亲一起出征，十分勇猛。他入仕后赶上突厥复国运动兴起，曾多次在边境击败来犯的突厥人。裴行俭讨伐阿史那伏念时，正是程务挺和刘敬同两人率军威逼至对方营帐前，才迫使阿史那伏念擒住阿史德温傅向裴行俭投降。战后，宰相裴炎因为嫉妒裴行俭的战功，故意把所有功劳都偏算在程务挺身上，最后程务挺被封为右武卫将军，赐爵平原郡公。程务挺得了便宜，便一直将裴炎当作恩人。

后来裴炎下狱，程务挺毅然上书为裴炎申冤，就此不被武则天所信任。更糟糕的是，李敬业一党中的唐之奇、杜求仁恰是程务挺的好友，于是很快就有人诬告程务挺与叛党有所勾连。程务挺手握重兵，一旦起兵后果难以估量，武则天不敢冒这个险，一说他谋反，宁可信其有，也不查证，立刻派左鹰扬将军裴绍业前往程务挺军中就地将其处死。

程务挺之死实在是大唐帝国的噩耗，他当时正在北面防备突厥，已经打得突厥人根本不敢来犯。如今程务挺一死，突厥人立即欢喜起来，还特意给他建了一所祠堂，每次出兵前都要前去祭拜，祈祷他能保佑他们打胜仗。

然而事情至此还未结束。武则天又借机发作，把另一个怀恨已久的人拉下水，这个人就是曾经威震西域的名将——夏州都督王方翼。王方翼没什么得罪武则天的地方，但单凭他是王皇后的亲戚，就可以直接上黑名单。一直以来，王方翼在道德、品行方面都难以让人抓到把柄，不过他与程务挺关系很好，这回总算是有把柄落在了武则天手里，于是很快也被牵连下狱。后因找不到证据，王方翼被释放出狱，流放崖州，最终死在了路上。

两大名将一死，大唐帝国的北面和西面同时告急，在吐蕃、突厥等少数民族的进攻下，唐军步入了建国以来最黑暗的时期，各处战线纷纷败退，猛将黑齿常之疲于奔波救火。但这一切，武则天都不放在眼里，她所想要的只有那高高在上的权力，无论谁挡在这面前，都只有死路一条。

李贞之乱

早在李显刚登基时，武则天因怕李唐宗室诸王不服，把李元嘉、李灵夔等人都封赏了个遍，这才稳住了李唐宗室。当然，这也让武则天得到了不少好处，比如在随后废掉李显、平定李敬业的事件中，李唐宗室诸王都抱着置身事外的想法。他们以为只要不惹怒武则天，对方就不会拿他们如何，所以迟迟没有任何反应。

事实证明，哪怕李唐诸王什么都不做，也改变不了他们作为绊脚石的命运——武则天在她的登基路上，必然是要狠狠地将他们踢开。他们的退缩只是让屠刀落下来的时间晚了短短四年而已。

垂拱四年（688 年），武则天要夺位登基的局面越来越明朗，李唐宗室们再迟钝也已经察觉大势不妙，他们开始密谋起兵推翻武则天，相互间不停地传信商量对策。当时，散居各地的主要宗室有唐高祖李渊的第十一子绛州刺史韩王李元嘉、第十四子青州刺史霍王李元轨、第十九子邢州刺史鲁王李灵夔、唐太宗李世民的第八子豫州刺史越王李贞，等等。这些人有一个相同点——在宗室中地位较高，拥有非常强的号召力。所以，他们也最受武则天忌惮。

其中李元嘉是辈分最高之人，自然而然地，举兵之事众人都要听从他的调度。他特意让儿子李譔写了封信给李贞："妻子的病越来越严重了，现在必须快点儿治疗才行，如果拖到了今年冬天，那恐怕就要成绝症了。"表面上看，这封信只是一封家书，希望能给妻子治病，但实际上，这里的"妻子"用以指代武则天，全文的意思就是让李贞做好准备，随时起兵推翻武则天的统治。

没想到，计划赶不上变化，李唐诸王还没来得及商量出一个举兵的时间，洛阳的明堂就已经修建完工了。明堂是古代帝王用来接见诸侯大臣、祭祀天地、显示自己德行的地方，但"永嘉之乱"后就一直没再修建过。武则天掌权以后，一直将明堂视为自己得到天命的象征，所以费尽心机又将明堂建了起来，还打算大肆庆贺，下诏让李唐宗室们全部到洛阳参加落成典礼。

诏书下来后，李唐诸王顿时骚动起来，他们互相传信通知对方："武则天准备借助这次明堂大摆宴席的机会，指使人状告皇族有人谋反，然后以此为借口，要把我们尽数逮捕，全部杀死。"

为了坚定大家起兵的决心，李譔伪造了一封唐睿宗李旦盖上玺印的书信给李贞之子李冲："我被武则天幽禁了，请诸王快点发兵来救我。"

李冲接到信后，又伪造了一封信发给各位宗室："武则天竟想要把李唐的社稷转移给武氏。"

如此耸人听闻，李唐宗室们当然不肯坐以待毙，纷纷表示愿意起兵。

当年八月，李冲召集长史萧德琮等人，让他们征召士兵，同时派人分别传信给李元嘉、李元轨、李灵夔等人，约大家共同举兵，一起向洛阳进军。然而事情却出现了意外，李唐诸王还没来得及行动，他们的谋算就被曝光了，因为他们中间出了一个告密者——李灵夔的儿子李蔼。李蔼觉得父亲他们造反实在没多大胜算，就跑到洛阳把这次计划抖搂了个干净。武则天大喜，她正愁如何扳倒李唐诸王呢，把柄就自动送上门了。

很快，武则天任命丘神绩为清平道行军大总管，率军前去讨伐李氏诸王。李冲在博州（治所在今山东省聊城市）最先得到消息，他只能一面抢先起兵，一面派人通知父亲李贞密谋已经泄露。李冲当时手里面只有新招募的五千人，他打算渡过黄河，先攻打济州（治所在今山东省茌平县），没想到才到达武水（治所在今山东省聊城市西南沙镇）就遇到了阻力。武水城原本没有兵马，但它向魏州求到了援兵——莘县县令马玄素领着一千七百人，原本打算中途伏击李冲，后来因担心兵力不足，还是退到武水城内与县令郭务悌一起守城。

李冲手下是一群新兵，也没带什么攻城器械，面对这小小的武水城也是一筹莫展。后来李冲想了一个办法，派人推了几辆装满干草的小车，堵在武水县城南门口，指望借南风点燃城门，然后自己再率军杀入城内。但他这边刚点上火，南风忽然就变成了北风，他们不但没能借助火势烧坏城门一丝一毫，反倒自己受了不少烟火气。新兵们被这么一熏，士气越发低落。

当时李冲手下有将领心生退意，就对其他人抱怨道："琅琊王（李冲）现在是与国家交战，他这是造反，你们看，连老天爷都不帮他。"李冲闻之大怒，一剑送此人去见了阎王。然而李冲这一冲动，把士兵们都吓坏了，他们纷纷借机溜走，很快李冲身边只剩下几十个随从，这还打什么仗，只好逃回博州。然而他刚刚踏入博州城的城门，就被早已埋伏在此的平民杀死。李冲造反不得人心，博州都没什么人支持他，从他起兵到被杀，这才仅仅过了七天。

与之待遇截然不同的是，丘神绩赶到博州后，城内的官员百姓立刻就穿上了孝服，打开城门喜迎王师。但丘神绩并不领情，他是来平叛立功的，又不是来纳降的，博州开城投降了还有他什么好事？于是他宣称博州城谋反且不肯投降，然后直接率军进城烧杀抢掠，横死的百姓多达一千多户。

李冲起兵后，其父李贞也第一时间在豫州起兵响应，发兵攻下了上蔡（今河南省上蔡县）。武则天便任命左豹韬大将军麴崇裕为中军大总管、夏官尚书岑长倩为后军大总管，率领十万人前去讨伐。随后，武则天又将李贞、李冲父子从宗室籍册上除名，并替他们改姓为"虺"（huī）。

李贞起兵后不久，其长子李冲兵败身死的消息传出，致使其他李唐诸王迟迟不肯起兵响应——他们已经怕了。李元嘉、李元轨等人在听说起兵计划泄密之后，第一时间就退缩了。一群人都指望别人先行起兵，自己暗中观望形势。结果，除了李贞父子外，大家全都在观望。

相比之下，反倒是唐高祖李渊的第七女常乐公主更有胆识，她让使者传信给李唐诸王："替我告诉越王，以前隋文帝篡位时，尉迟迥不过是北周皇帝宇文泰的外甥，他都能为北周社稷拼死反抗，虽然最终没有成功，但也曾威震海内，算得上忠烈之士。你们都是先帝的后人，难道不能为国家拼死一战吗？如今李氏天下就好像早上的露水一样，随时可能消散，但你们这些王爷不能舍生取义，还在为发兵而犹豫不决，这是想等什么？大祸就要临头了，反正终究难逃一死，大丈夫应该为忠义而死，总好过白白等死。"遗憾的是公主驸马赵瑰同样惧怕事败，不敢举兵响应，其他诸王就更不敢轻举妄动了。

李贞见其他人都没有动静，顿时心生胆怯。他打算就此投降，自缚了去洛阳请罪，或许武则天能饶他一命。但就在这时，李贞此前任命的新蔡（今河南省新蔡县）县令傅延庆招募到了两千人入伍。一见人马多了起来，李贞又重新鼓起勇气，打消了之前的想法，决心与朝廷军队决一死战。

为了激励士气，李贞还诓骗士兵道："琅琊王已经攻破了魏州、相州等地，现在正率领二十万大军赶来这里。"随后，李贞又从豫州下辖各县里招募来五千多人，分成了五个营，全部交给汝南县丞裴守德等人率领。同时，李贞为了笼络人心，又大肆封官，一口气封了九品以上的官员五百多人。实际上，这些官员都是受他胁迫起兵的，真正跟他一条心的，恐怕只有一个裴守德。为了稳住裴守德，李贞特意把他任命为大将军，还把女儿嫁给了他。

李贞心知肚明，如今他孤立无援，想击败朝廷大军，可能性微乎其微，但他又万分不甘，于是找来一堆道士、和尚为他诵经念佛，以祈祷他们能获得成功。随后，他又不知道从哪儿搞来一堆"神符"，交给家人和士兵佩戴，声称此物能够抵御一切刀兵伤害。

如此荒唐的防御措施，自然无法直面麴崇裕等人率领的平叛大军。官军到达豫州城东四十里处时，李贞试图趁其立足未稳，派儿子李规和女婿裴守德出城突袭。但他刚征上来的新兵能有多大战斗力？加上李规、裴守德也不是带兵打仗的人才，一战即败，李贞只好关紧城门打算死守。

然而人心禁不起考验，如今大家都知道李贞已无力回天，连他的好女婿裴守德也暗中打算要杀死他向朝廷请罪。等麴崇裕率军到达城下准备攻城时，李贞的家人纷纷劝他自杀："事情已经到了这个地步，你怎能坐等被擒杀遭受羞辱呢？"李贞长叹一声，带着妻儿老小一起自杀了。至此，李贞起兵也才二十天，李唐宗室的所谓反扑就这么虎头蛇尾地结束了。

李元嘉等人虽然没有起兵响应，但武则天也不会放过他们。李贞一死，武则天立刻派监察御史苏珦审问李元嘉等人与李贞密谋造反的情况。苏珦再三审问，实在没有找到明确的罪证，只好回报李元嘉等人无罪。武则天当然不满意，把苏珦踢到了河西去做监军，又让酷吏周兴出马审理。在周兴的罗织下，李元嘉、李灵夔、李撰、常乐公主、赵瑰等人一个都没跑，全部被勒令自杀，死前还统统被武则天改为了"虺"姓。

这次反武运动，最让人失望的无疑是霍王李元轨，其他人缺少带兵打仗的经验，只有他在北方抵御过突厥多年，作战经验丰富，却什么都没做。他这么谨小慎微，也不过是多活了几个月，随后还是被告发与李贞谋反，后被流放黔州，半途死在陈仓，他的儿子李绪也很快被诛杀。至于那个出卖父亲的范阳王李蔼，他最终也没得到什么好下场，武则天利用完他后卸磨杀驴，另找借口除掉了他。只有李渊的女儿千金公主活了下来，她也算能屈能伸，发现大势不妙，跑到宫里厚颜无耻地认武则天做母亲，然后被赐姓武，这才保住了一条命。

此后，很多李唐宗室或者忠于李唐的官员都被诛杀，武则天登基路上的障碍被一一扫清。就在李贞起兵失败两年后，武则天就改元"天授"，改国号为"周"，登基成为中国历史上第一位女皇帝。

回光返照：黄花堆之战与收复安西四镇

北线反击战

自从唐高宗李治死后，掌控大权的武则天将主要精力放在国内进行政斗，再无余力应付北面复兴的突厥。于是突厥汗国在阿史那骨咄禄和阿史德元珍的带领下实现了全面复兴，这就是历史上的后突厥汗国。

后突厥汗国建立以后，开始频繁袭扰大唐边境，特别是在武则天处死程务挺和王方翼后，北部边境再无良将镇守，几乎任由突厥人随意抢掠，一夕之间，仿佛又回到了隋末边境无力抵抗外侮的局面。终于，武则天决心要发起对突厥的反击。

垂拱元年（685 年），阿史德元珍再次率突厥大军入寇朔州、代州。此时武则天刚灭掉李敬业，正是春风得意，自然不能让突厥人来损伤她的威严，于是任命左玉钤卫中郎将淳于处平为阳曲道行军总管，率军北上反击突厥。

淳于处平此人，早年经历无史记载，不过其籍籍无名的情况，恰也说明其军事才能平平。淳于处平北上到达忻州后，与突厥军打了一场遭遇战，大败而逃，手下光阵亡的人就有五千多。

淳于处平不争气，武则天又派天官尚书韦待价去担任燕然道行军大总管，前往北上抵挡突厥。韦待价是贞观年间的重臣韦挺的后人，韦挺原本很受李世民重用，但在讨伐高句丽时因担任馈运使消极怠工被免去了官职，最后在象州刺史任上病死。到李治即位时，韦待价又倒了大霉——他是江夏王李道宗的女婿，在房遗爱谋反案中受长孙无忌牵连，被贬为卢龙府果毅。也许是因祸得福，在辽东戍守的时候，他意外收获了一生中最大的战功。

当时高句丽故地多有叛乱，李治派将军辛文陵去抚慰当地百姓。辛文陵走到吐护真水（今内蒙古自治区西拉木伦河支流老哈河）时，遇到高句丽叛军突袭，当时他所带人马不多，很快被高句丽叛军重重围困。时任安东都护薛仁贵接到消息后，立刻率军前往。韦待价当时便是在薛仁贵军中。在薛仁贵和辛文陵的内外夹击之下，叛军很快被击破。

韦待价便是从这一战中脱颖而出——战斗中，他的左脚受了严重的箭伤，但他一直隐忍没有说出来，直到唐军战胜叛军后，众人才发现了他的伤势。李治得知后，一直认为韦待价是一个将才，多次派他防备吐蕃。

事实上，韦待价十分平庸，在对外战争中毫无建树，远不及他的岳父李道宗和父亲韦挺。武则天心知肚明，但还是把韦待价搬了出来，足见程务挺、王方翼二将死后，朝廷内已经找不出一个更合适的北伐将领了。韦待价到任后，果然没有什么意外惊喜，他确实抵挡不了突厥人的进攻。

无奈之下，武则天只好调来一员西线大将驰援北线，也就是黑齿常之。此时黑齿常之担任河源道经略大使已经整整七年了，这七年里，他屡屡击败驻守在青海的论赞婆所部吐蕃军队，打得论赞婆很长时间都不敢犯边。也正是因为有黑齿常之在西线固守，突厥几次闹事，吐蕃都没敢跟风起哄。

黑齿常之到达北线后不久，就遇到了突厥人再次入寇。突厥人试图抢了就跑，在唐军展开反击之前溜之大吉，但黑齿常之怎能容忍如此挑衅，他不待朝廷下令就独自率少量兵马出城追击。黑齿常之追到两井（今河北省石家庄市鹿泉区北），遇上了在这里休息的三千多名突厥骑兵。大概是这几年屡屡打败唐军，这些突厥骑兵非常猖獗，见到黑齿常之也不心虚，立刻下马穿上盔甲，甚至仗着人多势众，想要用唐军最擅长的步战来击败对方。黑齿常之毫不客气，率手下两百多名骑兵发起了冲锋。突厥人哪里真的精通步战，不过是打算以此羞辱对方，但他们根本没有步战面对骑兵的经历，很快被打得鬼哭狼嚎、丢盔弃甲。

黑齿常之深知这不过是一支小部队，后面应该还有大军，但眼下唐军人困马乏，显然已经跑不远了，于是下令原地扎营休息，同时派一些士兵出营到附近偷偷砍伐一些树木回来。天快黑的时候，突厥大军果然来了。黑齿常之便命人在军营中将砍伐的木头全部立起，然后点燃作为火把，同时又派人偷偷带着火把到大营东南面不远处点燃。远远望去，营里营外灯火通明。

突厥人见状，犹豫了。他们前来追击，正是因为听败兵说唐军来人不多，但现在看黑齿常之军营里火把遍布的样子，显然人数不少，加之东南面远处也有火光，很可能是唐军援兵。突厥人尚在犹豫，这时又刮起了大风，他们害怕唐军会乘着风势偷袭，赶紧连夜离开，黑齿常之这才顺利撤回。

武则天听说这番较量过后，深感这次终于找对了人。她立刻把韦待价召回长安，让黑齿常之代替他作为燕然道行军大总管。

垂拱三年（687 年），突厥人再次侵扰朔州，武则天令黑齿常之出兵反击，并派左鹰扬大将军李多祚担任其副手。黑齿常之出发以后，很快就与阿史那骨咄禄、阿史德元珍率领的突厥大军在黄花堆（今山西省应县西北三十里黄花岭）相遇，唐军在黑齿常之的带领下大败突厥军，一直追杀了四十多里地，直杀得后突厥双巨头丢盔弃甲。在黑齿常之的打击下，阿史那骨咄禄不得不带人逃回漠北躲了起来。

黑齿常之不断立功，自然不乏他人眼红，其中右监门卫中郎将爨（cuàn）宝璧就是其中之一。他以为突厥人不过如此，也动了心思想要去捞一把战功，便上书请求率兵北上横跨大漠，追击逃往漠北的后突厥汗国余部。这毕竟是苦差事，有人主动提出去办，武则天当然欣慰，立刻恩准了。不过，她特意叮嘱爨宝璧，要先与黑齿常之商量制订好计划，然后再分两路一起向漠北进发，互为声援。

然而，爨宝璧此行本来就是为了抢功，眼看突厥人在黄花堆战败后已经是强弩之末（他自己臆想的），以为他一个人就足以灭掉对方，怎么能让黑齿常之来插上一脚。于是，爨宝璧根本没有通知黑齿常之，独自一人就率领一万三千名精兵穿越大漠，想在漠北打突厥人一个出其不意。

爨宝璧出塞后行进了两千多里，终于到达了阿史那骨咄禄牙帐所在地。他还真是猜对了，阿史那骨咄禄和阿史德元珍根本没想过唐军敢追到漠北来，所以没做防备。倘若爨宝璧这时候果断发起突袭，倒是很有可能一举建功。然而如此关键时刻，他却忽然犯了浑，大摇大摆地派人去通知阿史那骨咄禄和阿史德元珍，说自己来了，尔等怕不怕？

后突厥双巨头立刻出营整军作战。爨宝璧哪晓得对方这般厉害，很快全军覆没，最后自己单骑逃回洛阳。爨宝璧此番大败，等于将黑齿常之此前的战果全部葬送，唐军一时再也无力北伐。武则天气得砍了这个莽夫，又将阿史那骨咄禄的名字改为"不卒禄"，聊以泄愤。

收复安西四镇

韦待价起于武职，官拜宰相却不能胜任本职工作，受到朝野上下的一致嘲笑。他急于立功挽回名声，就上书请求武则天让他率军西征收复安西四镇。自从唐高宗李治于咸亨元年罢免安西四镇以后，这里已经落入吐蕃手里快二十年了，武则天心里早有收复的想法，只不过一时间找不到合适的人选，既然韦待价主动请命，她就答应了。

永昌元年（689 年），武则天正式任命韦待价为安息道行军大总管，又命安西都护阎温古为副大总管，率领三十六个行军总管大举西征，以图一举击败吐蕃，收复安西四镇。然而韦待价请求出征的初衷不过是身居高位后想要避祸，根本没有明确的计划，所以这场西征一开始就注定会失败。

韦待价率领大军前进到寅识迦河（今新疆维吾尔自治区伊宁县西南）后，很快就与吐蕃大军相遇。韦待价不擅统御士卒，西征军秩序混乱不堪，这样的军队如何能拧成一股绳，唐军果然大败。又逢天气转寒，后继的阎温古也没有跟上，大军顿时陷入困顿，匮乏辎重、粮草，西征军又饿又冻，死伤无数，韦待价只得领军狼狈撤回。武则天发动的第一次西征就这么草草收尾。战后韦待价被免去官职，流放绣州，阎温古则因逗留不前被直接处死。

此次西征，韦待价不但没能收复安西四镇，反倒使驻守西域的唐军遭受了前所未有的重创，随时可能在吐蕃的打击下覆灭。在这样艰难的时刻，终于有人站出来力挽狂澜，这个人便是唐休璟。

唐休璟，本名唐璿，字休璟，以字行世，京兆始平人。突厥复国运动兴起时，唐休璟就已经崭露头角，当时突厥联合奚族、契丹一起反叛，后来在独护山被唐休璟击败。几年后，因丰州都督崔智辩战死，朝廷原本决定放弃丰州，关键时刻还是靠唐休璟上书说利害，才让李治打消了这个念头。

到韦待价西征时，唐休璟已经官至安西副都护，他在韦待价兵败后，立刻到处收集西征军溃败逃亡的将士，然后严防吐蕃入侵。在唐休璟的抚慰下，原本惶恐的西线唐军渐渐安定下来，吐蕃人最终没有找到可乘之机。武则天顺势任命唐休璟为西州都督，留在西域防备吐蕃。

遗憾的是，武则天此时并没有真正意识到唐休璟的军事才能，直到多年以后，乌勒质引发西突厥内战，导致安西都护府与中原断绝联系，还是唐休璟献奇计安定西域才解除了危机，让武则天由衷发出了"恨用卿晚"的感叹。

当然，此时吐蕃没有发起大规模的反攻，主要还是因为该国自顾不暇。论钦陵兄弟自从父亲死后，已经在吐蕃掌权了快三十年。而幼年继位的吐蕃赞普器弩悉弄如今羽翼渐丰，亟须重获权力，他与论钦陵兄弟之间的矛盾不可避免地越来越大，以致吐蕃国内十分不安稳。

基于这种情况，先前投奔吐蕃的诸多羌人部落又一次倒向唐朝。长寿元年（692 年），吐蕃一个叫曷苏的部落首领偷偷派人到唐朝请求归附，打算带着贵川部和党项各部总共三十万人投唐。武则天欣然接受，并立刻派右玉钤卫将军张玄遇为安抚使，率领两万精兵前往迎接。可惜张玄遇才走到大渡水，曷苏就因自己走漏了风声而被吐蕃人逮了回去，这事也就黄了。

不过张玄遇此行也并不是毫无收获，在他返回的路上，另一个部落首领昝（zǎn）插带着羌族、蛮族共八千人前来归附。张玄遇当即将昝插部落所在地设置为叶州（治所在今四川省康定市），让昝插担任刺史，然后在大度山刻石纪功后返回。

羌人归附只是一件小事情，但唐休璟敏锐地意识到，目前吐蕃内斗愈烈，已经逐渐失去了对归附胡人部落的控制，而这正是收复安西四镇的最好时机。于是唐休璟立刻上书陈述方略，请求再次出兵收复安西四镇。武则天想收复安西四镇也不是一天两天了，看到他的方略后，大为赞赏，并立刻组织起人手再次西征，但她选择的主帅却不是唐休璟，而是右鹰扬卫将军王孝杰。

王孝杰，京兆新丰人，年轻时就已从军。李敬玄讨伐吐蕃时，王孝杰就以行军副总管的身份参加了远征，他当时的上司正好是刘审礼。大非川一战，因李敬玄不肯支援，刘审礼所部全军覆没，王孝杰和刘审礼一起被擒。然而所谓"同人不同命"，说的大概就是他俩这种情况——虽然都是俘虏，但待遇大不相同。刘审礼最终身死客乡，靠儿子刘易从万里背尸才得以魂归故里，而王孝杰却在吐蕃过得十分舒适。之所以会如此，全因王孝杰长相特别——他长得实在像吐蕃前任赞普芒松芒赞，也就是现任赞普器弩悉弄的父亲。

年幼的器弩悉弄看到王孝杰，心神大震，睹貌思人，于是把他当成父亲一般对待。有了器弩悉弄的庇护，王孝杰在吐蕃安然生活下来。随后几年，他利用一切机会了解吐蕃的政治、军事、风俗、文化、地理等方面的知识，以图将来所用。后来器弩悉弄见这位"父亲"非常想家，便把王孝杰放回了唐朝。武则天这次之所以选择王孝杰做主帅，主要原因就是王孝杰在吐蕃生活了很长时间，对当地情况非常熟悉，是个适合的人选。

当年年底，武则天正式任命王孝杰为武威道行军总管、武卫大将军阿史那忠节担任副大总管，再次出兵西域。因着王孝杰对吐蕃军队非常了解，此行异常顺利，唐军很快就在他的率领下大败吐蕃军，收复安西四镇。

消息传回后，武则天大喜，立刻将安西都护府重新迁回龟兹并派兵戍守。而对于收复安西四镇的王孝杰，武则天不但晋升他为左卫大将军，还特意下诏书表扬："以前贞观年间，大唐的西部边境在安西四镇，后来因为防守不力被吐蕃夺了去，现在终于又全部收回来了，这全是王孝杰的功劳。"这一下，王孝杰立即蹿升为唐军的头号将领。

延载元年（694 年），吐蕃大将勃论赞与可汗阿史那俀子各率三万人，一起进犯唐朝边境。王孝杰先后在冷泉（今青海省西宁市西）和大岭（今甘肃省临潭县西）两地大破来犯的吐蕃军队，因功被封为夏官尚书、同凤阁鸾台三品，赐爵清源县男。接二连三的胜利让人们看到了希望，大唐帝国仿佛又回到了高宗时代，然而这一切不过是昙花一现，冷泉之战也不过是唐军步入黑暗前的余晖。

吐蕃一连串的失败让论钦陵非常不满，他决心发动对唐朝的反击。天册万岁元年（695 年），论钦陵派军入侵临洮。武则天又任命王孝杰为肃边道行军大总管，派他前往讨伐，同时，为了确保此战的胜利，她还特意为王孝杰挑选了副手娄师德。

娄师德，字宗仁，郑州原武人，年轻时中了进士，被任命为江都尉。娄师德也是在李敬玄兵败青海后成名的，当时他作为监察御史，奉命在洮河收集唐军败兵，同时出使吐蕃讲和。娄师德在赤岭与吐蕃将领论赞婆相见，陈说利害，将对方折服。

后来唐高宗李治招募勇士讨伐吐蕃，娄师德自己戴着红色抹额前往应募。随后娄师德被任命为河源军司马，担任黑齿常之的副手。永淳元年，吐蕃入侵河源军，娄师德亲自率军在白水涧（今青海省湟源县南部）与吐蕃大战，八战八捷，因此被李治任命为比部员外郎、左骁卫郎将、河源军经略副使。

这次西征讨伐吐蕃时，娄师德已经入朝担任左肃政御史大夫，只是为了确保胜利，武则天暂将他派回军中。

万岁通天元年（696 年）一月，武则天正式任命王孝杰为肃边道行军大总管，娄师德为副大总管，率军西征讨伐吐蕃。三月，王孝杰率军进至素罗汗山（今甘肃省临潭县东），在这里与吐蕃名将论钦陵相遇，无奈唐军不敌，惨败而归。武则天一怒之下将王孝杰废为庶人，娄师德贬为原州司马。

这场素罗汗山之战，竟然是武则天统治时期对外战争的转折点，此后的日子里，唐军进入了一胜难求的阶段。不过，吐蕃虽胜，却因论钦陵与器弩悉弄的矛盾加深，根本无力东进。两年后，论钦陵被器弩悉弄诛杀。

之后，随着黑齿常之被杀，大唐帝国的北部边境面临巨大压力，又没有合适的将领来守卫，唐军在突厥军面前毫无还手之力。

北国狼烟：武则天平定契丹之战

契丹人的反叛

万岁通天元年，刚刚接到素罗汗山之战失利消息的武则天还来不及指示下一步行动，另一个噩耗接踵而来——东北的契丹部落反叛了。

契丹是中国东北古老少数民族的一支，他们称自己的祖先本来是天上的天女，因为觉得寂寞而乘坐青牛所拉的车沿着潢水南下，这时另一位神人也骑着白马从马盂山出发沿着土河向东前进，最终，天女和神人在潢水和土河交汇处的木叶山相遇，从此两人生活在一起，并且生育了八个儿子，这八个儿子后来分别衍生出一个部族，就是以后的契丹八部。这个传说就是著名的"白马青牛"传说，是契丹人自己对部落起源的想象。

至于有史可考的起源，据《新唐书》记载，契丹与鲜卑族一样，本来是东胡的一支，被匈奴击败后逃到鲜卑山而自称鲜卑族。三国时，鲜卑族首领轲比能逐渐统一了鲜卑各部，当时的幽州刺史王雄觉得深受威胁，就派了刺客去刺杀他。轲比能一死，鲜卑各部落再次陷入混战，其中一支逃到了潢水以南、龙城以北的地方，这部分人自称"契丹"，也就是"镔铁"的意思。契丹族日后将会建立一个威震北方的辽国，但隋唐时期，契丹尚且弱小，一直臣服于柔然、突厥等部，经常被突厥、柔然、高句丽等邻国攻打。

唐朝建立后，契丹某个部落的首领孙敖曹最先派使者到长安进贡，正式与唐朝建交。

贞观二年（628年），在突厥的压迫下，契丹大贺部首领大贺摩会率部落归降唐朝。此事引起了颉利可汗的巨大恐慌，他立刻派人到唐朝请求拿梁师都交换契丹，但被李世民以契丹、突厥种族不同为由而予以拒绝。大贺摩会死后，继任的大贺窟哥积极派人支援李世民讨伐高句丽，被封左武卫将军。

贞观二十二年（648年），契丹辱纥部首领曲据率众归附唐朝，李世民当即在辱纥部所在地设置玄州，由曲据担任玄州刺史，隶属于营州都督府，这是历史上中原王朝第一次在契丹领地上建立行政机构。

其后，大贺窟哥率部内附，唐朝就在契丹领地设置松漠都督府加以管辖，并任命大贺窟哥为使持节十州诸军事、松漠都督，赐爵无极县男，赐姓"李"。

然而大贺窟哥死后，即位的大贺阿卜固违背了窟哥依附唐朝的政策，转而跟奚族一起骚扰唐朝边境。显庆五年（660 年），李治派定襄都督阿史德枢宾与薛仁贵等人一起讨伐契丹，最终薛仁贵和辛文陵在黑山大破契丹，生擒大贺阿卜固。

大贺窟哥还有两个孙子，一个叫李枯莫离，被李治任命为左卫将军、弹汗州刺史；另一个叫李尽忠，代替大贺阿卜固被封为武卫大将军兼松漠都督。归诚州刺史孙万荣是李尽忠的内兄，两人关系一直要好。这孙万荣还是最早与唐朝建交的契丹那位部落首领孙敖曹的孙子。

契丹原本一直臣服于唐朝，它会反叛，其实也是让唐朝的地方官给逼的。当时契丹连年灾荒，以致无数百姓被饿死，于是李尽忠、孙万荣向营州都督赵文翙（huì）求助。然而赵文翙为人刚愎，根本没把契丹等少数民族放在眼里。对于契丹发生的饥荒，他不但不协助赈灾，反而对李尽忠等人颐指气使，把他们当奴才对待。这么一来，李尽忠、孙万荣等人自然怀恨在心。孙万荣曾经在长安做过质子，对唐朝的情况非常清楚，他深知唐朝此时面临西面吐蕃和北面后突厥汗国的压力，于是就与李尽忠商量乘机起兵造反。随后，两人出其不意带人攻入营州，杀死了赵文翙，拉开了大唐与契丹长达数年交锋的大幕。

武则天得到契丹造反的消息后自然震怒，大唐边患不绝，现在连小小的契丹也要欺负到头上来，这怎可容忍。于是她任命左鹰扬卫将军曹仁师、右金吾卫大将军张玄遇、左威卫大将军李多祚、司农少卿麻仁节等二十八个将领一起率军讨伐契丹；同时又派春官尚书梁王武三思为榆关道安抚大使、姚璹为安抚副使，率军防备契丹。此外，武则天还气愤地将李尽忠改名为"李尽灭"，孙万荣改为"孙万斩"。

当然，武则天改个再羞辱人的名字也丝毫影响不了契丹叛军，李尽忠很快就自称为"无上可汗"，然后任命孙万荣为将军，四处攻略地盘，一连攻下了许多地方。短短十日，李尽忠、孙万荣等就聚集起了数万兵马，号称十万，围困住了崇州（治所在今辽宁省朝阳市东北）。崇州之战唐军再次大败，龙山军讨击副使许钦寂也被生擒。

更有意思的是，李尽忠、孙万荣打出的旗号并不是要造反，而是要拥立李显复位，他们甚至向幽州地区派发檄文："何不归我庐陵王？"这让武则天分外尴尬。

随后，孙万荣又乘胜包围安东都护府所在的新城，并让许钦寂到城下去劝说城内军民开城投降。许钦寂遥遥看见城中的安东都护裴玄珪，对他大喊道："狂贼被天所罚，灭亡只在朝夕之间，请您在城内一定要率领士兵坚守，以保全忠诚和气节！"孙万荣很是不满，一刀把他杀了。

随后，时任辽东都督高德武（高句丽末代国王高藏的儿子）挺身而出，率军一连击败了孙万荣十多次，斩杀了一千多人，这才将孙万荣击退。

孙万荣退回营州后没多久，武则天派遣的唐朝远征军赶到了幽州前线。李尽忠、孙万荣两人经过此前进攻新城的不利，意识到正面与唐军对抗恐怕捞不到便宜，于是另外琢磨出了一个办法。之前契丹人攻下营州时，曾经俘虏了几百名唐军，一直关押在牢里，现在正可以利用这批人做点文章。

第二天，牢房里的唐军俘虏忽然发现守卫换了人，新守卫对他们特别好，还跟他们说："你们再坚持坚持，朝廷的大军马上就要来了，我们造反是迫不得已的，实在是活不下去了，不然谁愿意跟朝廷对着干啊？现在，我们全都等着朝廷大军一到就立刻开城投降。"唐军俘虏听说快要得救了，都异常兴奋，而让他们更高兴的事情还在后面。

几天后，唐军俘虏被契丹人领出牢房，说要请他们大吃一顿，结果这群俘虏到了用餐处一看，别说好酒好肉了，所谓的"大餐"竟然是用糠煮成的粥。见唐军俘虏们难以下咽，契丹人特意解释道："我们也想请你们吃好的喝好的，但没办法，现在营州缺少食物，能用来吃的也就这点儿东西了。眼下没有粮食用来养活你们。要说杀了你们吧，我们也于心不忍，还是放你们回去吧。"这群俘虏一听，也顾不得东西难吃了，赶紧狼吞虎咽吞下糠粥然后离开营州城，一路逃回幽州，并把自己得到的情报汇报给张玄遇等人，让他们抓住契丹人内部无心反抗又缺乏粮食的机会一举歼敌。

其实，这一招利用俘虏散播假消息的疑兵之计，历史上屡见不鲜，如果是熟读兵书或经验丰富的将领，自然能轻易看破这等拙劣的诱敌诡计。但武则天此前大肆诛杀名将，如今北部边境连一个能打的都没有，这次远征看似阵容庞大，其实顶事的人一个也没有。一听说契丹人缺粮，唐军将领们个个喜上眉梢，自以为胜券在握。

张玄遇等人甚至想得更远，他们已经不再担心这一仗打不赢怎么办，反而担心契丹人万一投降或者逃跑，他们该上哪儿去发财？于是，幽州城外此前还一直顿足不前、相互观望的各路唐军，忽然争先恐后地朝营州冲去。

一路紧赶慢赶，唐军很快到达了黄獐谷（今河北省卢龙县东南），他们在这里遇见不少前来投降的老弱契丹人，以及被丢弃的老牛和瘦马。张玄遇等人越发相信此前得到的情报是真的，契丹人果然已经支撑不住，就要投降了。

除此之外，投降的契丹人还带来了另外一个消息：李尽忠、孙万荣已经准备带着牛羊和财宝离开营州到漠北躲起来。唐军众将得知后，一个个急得不行，眼看肥肉就要到手，怎么能让它飞走了呢？于是他们立即兵分两路：张玄遇、曹仁师、麻仁节等人率领轻骑，不携带辎重，先行向前追击契丹人；燕匪石、宗怀昌等人率领步兵携带辎重在后继进，接应张玄遇等人。

轻骑一路急行军，终于赶到了营州附近的硖石谷（今河北省抚宁县东榆关附近），然而他们无法料到，等待他们的竟是一场早有预谋的伏击。张玄遇等人刚进入硖石谷，就被埋伏已久的契丹人截为数段，阵形顿时大乱。契丹人接连使出平日套马的飞索技巧，将唐军将士一一拉下马来，就连张玄遇、麻仁节两位行军总管也被飞索绊倒在地，立即被生擒。接下来，一场屠杀就此展开，唐军几乎全军覆没，尸体堆满了硖石谷，曹仁师也做了俘虏。

孙万荣留着张玄遇几人，倒是有大用处。之后不久，契丹士兵找来唐军军营大印，孙万荣伪造了一份文书并盖上大印，然后强迫张玄遇等人签了名。这份文书很快被送到了后继进军的燕匪石、宗怀昌手里，只见上面写着："我们已经击破契丹军队，正在营州城里等着你们，如果你们不快点赶到营州的话，将领全部斩首，士兵也得不到任何奖赏。"

宗怀昌和燕匪石一看慌了神，他们现在离营州还有一段不算短的距离，一时半刻根本来不及赶过去，但是上级文书已下，只好昼夜兼程拼命赶路，连吃饭和睡觉都顾不上。就这样，他们一路飞奔，及至困顿不堪时，半路上忽然遭到契丹人伏击，唐军毫无还手之力，以致全军覆没。至此，武则天派出讨伐契丹的大军几近全灭。

东北的乱局

硖石谷大败的消息传回洛阳后，武则天大惊失色，她派出如此庞大的军队，没想到会败得这么快。一时间，北部边境再抽调不出士兵来。无奈之下，武则天只得下令："天下的囚犯或者官僚百姓的家奴中的青壮年，全部由官府出钱赎身，然后全部派往前线作战。"同时她又下令，在崤山以东靠近边境的各州设立武骑团兵，然后让她的远房侄子——同州刺史建安王武攸宜担任右武威卫大将军、清边道行军大总管，率领军队讨伐契丹。

武则天到底不熟悉军务，她一番胡乱安排，让手下的臣子们实在看不过去，其中初唐著名诗人陈子昂就忍不住上书表示反对。

陈子昂，字伯玉，梓州射洪人，家中世代为官，因出身豪富，陈子昂年少时也像世家子弟一样，整天吃喝玩乐，到了十八岁都还没怎么读书。但他过了十八岁后，忽然醒悟，开始发奋苦读，并且短短几年时间就高中进士。

唐高宗李治在洛阳病死时，朝廷准备将其迁回长安安葬，陈子昂上书表示反对，认为关中近年时常干旱，一路西行路途遥远、多有不便，建议朝廷就近营造帝陵安葬。由此，陈子昂得了武则天的青眼，被任命为麟台正字。

随后十多年里，陈子昂多有上书言事，但因屡次反对武则天的旨意，所以一直未能得到升迁。这次武则天任命武攸宜担任清边道行军大总管讨伐契丹，武攸宜就举荐陈子昂担任自己军府的参谋。陈子昂以为自己终于迎来了一展所学的机会，怀着热切的心情走马上任。

陈子昂到任后不久，就得知了那道病急乱投医的圣旨，便赶紧上书提议道："现在下令赦免天下的罪犯和招募官民家中的奴仆充作士兵讨伐契丹，只能是个应急措施，这些人终究不是正规的士兵，难堪大用。更何况最近几年，罪犯已经非常少了，奴仆们又大多懦弱无能，根本无法习惯行军打仗。就算能够招募到，也不见得真能用他们上战场。况且现在天下的忠义之士，还没用到万分之一，契丹只是一个小小祸患，随便发个命令征召天下勇士就可以灭掉。赦免罪犯和赎买家奴充作士兵，实在有损国家颜面和威严。"但武则天此时一心只想迅速灭了契丹，并不理会陈子昂所言。

更糟糕的是，武则天任用的武攸宜实在是个无能之辈。武攸宜率军到达渔阳时，因先头部队遭遇失利，全军震动，他也没有破敌的计策，只好龟缩在渔阳不敢再向前一步。陈子昂建议道："现在陛下征召天下的兵马交给大王，就是希望您能够一举破敌。安危成败在此一举，您怎么能这样漫不经心呢？直到现在，您都还没有在军营中建立法度，大军行军如同儿戏一般。希望您能衡量将领们的能力、士气的高低、兵力的强弱，然后集中自己的优势兵力，进攻敌人的薄弱环节，一雪此前先头部队兵败的耻辱。如果您再继续这样带着大军蹲在渔阳，只怕史书上记载的事情——魏国的屠夫朱亥杀死晋鄙，为信陵君夺取兵权——这类事件会再次发生。如果大王信得过我，就请交给我一万精兵作为先锋，看我为大王击破契丹。"

然而武攸宜认为陈子昂不过是一介书生，光会耍嘴皮子，所以不予采纳。陈子昂不甘心，又劝谏了几次，武攸宜干脆把他调任为军曹。陈子昂意识到武攸宜不会再听他的劝，从此闭口不言。由此，武则天派出的第二支讨伐契丹的大军就这么白白耗费在了渔阳。陈子昂愤懑地登上了渔阳附近的蓟北楼，写下了著名的《登幽州台歌》，借怀念燕昭王、乐毅表达了对武攸宜不作为的不满之情。陈子昂的想法或许确实有些书生意气，但相比之下，武攸宜只是龟缩在渔阳城内，毫无出战的勇气，就更给了契丹人肆虐北方的机会。

后来孙万荣又入侵平州等地，但在守军的拼死抵抗下未能攻克。因屡次攻城无果，孙万荣决心改变战术，他率领大军连夜出发，准备夜袭唐朝边境重镇檀州（治所在今北京市密云县东北）。然而这一次，他碰上了命中的克星——时任清边道副总管张九节。孙万荣夜袭时，张九节正好在檀州城里，后者立刻从军中招募了几百名死士，趁着契丹人立足未稳突然发起了进攻。结果，猝不及防的契丹军大败，孙万荣只好撤退。

双方形势暂未明朗之时，东北的战局忽然出现了令人始料不及的变化。后突厥如今的掌权者阿史那默啜（阿史那骨咄禄的弟弟）原本不断袭扰唐朝边境，武则天一直拿他毫无办法。然而就在李尽忠等人反叛后不久，阿史那默啜忽然上书，请求做武则天的儿子，并且为他的女儿向武则天求赐婚。

阿史那默啜此举的目的是什么呢？他希望武则天能归还以前南迁到河西地区的突厥降众，还希望能够得到单于都护府的领地。他索要的这些突厥人都是东突厥灭亡时归降唐朝的，后突厥汗国复国后，其中一个要务就是恢复人口，他自然希望收回这些突厥人。

作为交换，后突厥要攻打契丹，牵制孙万荣等人。其实这算不上什么代价，后突厥和契丹同为北方少数民族，原本就存在竞争关系，自然不会坐看契丹壮大，此时发兵攻打契丹，不过是顺手之举。

然而武则天明知阿史那默啜是趁火打劫，但她此时没有讨价还价的余地，只能答应对方的条件。

不久后，武则天派豹韬卫大将军阎知微、左卫郎将田归道前往册封阿史那默啜为左卫大将军、迁善可汗。阿史那默啜得了好处就办事，立刻发兵攻打契丹，趁着李尽忠病死、孙万荣不在之机，突袭了松漠都督府，将李尽忠、孙万荣的妻儿全部抓了去。契丹军顿时没了斗志，被打得部众离散。武则天大喜，立刻再派人册封阿史那默啜为颉跌利施大单于、立功报国可汗。

兵败硖石谷

在武则天看来，李尽忠一死，契丹人离灭亡也不远了。显然，她低估了孙万荣的作用。表面上李尽忠是契丹叛军之首，只不过因他占了松漠都督身份的便宜，实际上最顶事的还是孙万荣。李尽忠死后，契丹人自然聚集到了孙万荣身旁。很快，孙万荣重新携契丹部众卷土重来，他派猛将骆务整、何阿小两人突袭并夺取了冀州。随后，孙万荣又率兵攻打瀛洲。声威传出，整个河北地区都慌乱寻求自保。

武则天也感到棘手，此前她派出去的武氏宗亲武三思、武攸宜，都不是打仗的料，只好再次请出已被免职为民的王孝杰，让他担任清边道行军总管，并派羽林卫将军苏宏晖担任他的副手，二人率十七万人北上讨伐契丹。

孙万荣得知是王孝杰率大军前来，当机立断决定再用一次诱敌深入的战术，主动将军队后撤。王孝杰此时还是白身，急于立功，他率领大军一路前进，很快就到达了东硖石谷。在这里，他与等待已久的契丹军相遇了。东硖石谷地形崎岖狭窄，大兵团无法展开，王孝杰只好自己率领少数精兵在前面开路，让苏宏晖率领大军在后面接应。

两军交战后不久，孙万荣佯装败退，王孝杰自以为胜利在望，立刻率部向前追击。很快，王孝杰追着契丹军来到一处只能背靠悬崖通行的地方，孙万荣早已在此埋伏下了人马，此时叛军从各个方向出现，朝唐军发起了攻击。面对叛军主力围攻，王孝杰毫无惧色，毅然率领精兵前行，试图先突进到开阔地带，再将阵势摆开，与孙万荣决一死战。然而王孝杰失算了，因为他的后援竟然没有了。

后援去哪儿了呢？原来负责后进支援的苏宏晖一看王孝杰所部人马中了埋伏，害怕不已，唯恐自己的人马也落入敌方的口袋，立刻带人跑了，独留王孝杰所部深陷死地奋战。在契丹军队的疯狂攻击下，被困的唐军越发艰难。偏生这时唐军又出了意外——主帅王孝杰作战时，不幸一脚踩空，坠崖而死。如此一来，唐军立马崩溃了，在契丹叛军的打击下几乎全军覆没。

王孝杰兵败之后，孙万荣再次率领契丹叛军席卷河北各地，一路攻陷城池、抄略官吏及百姓。此时河北可以与之一战的，只剩下驻扎在渔阳的武攸宜大军。武攸宜原本要进军前去接应王孝杰，但收到对方的噩耗后，不得不中止行动。后来武攸宜好不容易鼓起一点儿勇气，试探性地派人出击，却又被孙万荣打了个大败，只好再次龟缩在渔阳，再不敢出去了。

武则天彻底傻了眼，没想到王孝杰竟也不堪一击，直到接到了陈述事情真相的奏章，得知此番兵败主要是因为苏宏晖临阵脱逃，她非常愤怒，立刻派人前往军中处死苏宏晖。偏巧使者到达时，苏宏晖刚击败了小股契丹零散部队，得以将功赎罪，捡回了一条命。之后，武则天只好追赠王孝杰为夏官尚书、耿国公，聊以安抚军心。

眼见武攸宜不敢出战，武则天只好再次派遣援军北上，这一次她挑选的主帅还是她的侄子——时任右金吾卫大将军武懿宗。武懿宗身材矮小、相貌丑陋，又为人残暴，是当时著名的酷吏之一。武则天派他上阵，就是希望这个凶横的侄子能一如既往地发威，一举灭了孙万荣。但她不知道，武懿宗的残暴不过是窝里横，要是对外，他连武攸宜都不如。

神功元年（697年），武则天正式派武懿宗担任神兵道行军大总管，与右豹韬卫将军何迦密领兵进攻契丹；同时，她又启用娄师德，命他为清边道副大总管，又命右武威卫将军沙吒忠义为前军总管，率领二十万大军进攻契丹。

武懿宗大军很快进兵到了赵州。这时武懿宗接到报告，称契丹猛将骆务整率领数千骑兵即将打到冀州了。他顿时害怕起来，第一反应就是率军南逃。有人劝道："骆务整才几千人，又没有携带辎重，全靠四处抢掠作为给养，我们只要屯兵坚守赵州，对外坚壁清野，敌人迟早会崩溃，那时我们再乘胜追击，一定能够击败他们。"但武懿宗还是害怕，坚持带着军队逃到了相州。他这一走，赵州很快被骆务整攻陷，叛军得到了武懿宗匆忙撤走时留下的大批军用物资和武器，又屠杀了赵州的居民。因着这件丑事，武懿宗后来被人送了一个"骑猪将军"的绰号，成为笑柄。

孙万荣的末日

就在武则天派出的军队纷纷败退时，后突厥汗国又一次"帮"了大忙。事实上，阿史那默啜并未计划助武则天一臂之力，纯粹是孙万荣自己找晦气。

且说孙万荣击败王孝杰后，在柳城西北四百里远的一处地方，凭借险要地势，修筑了一座新城，将老弱妇孺和武器、财货全部安置在里面，然后派他的妹夫乙冤羽留守，自己则率领精兵南下进攻幽州。由于担心阿史那默啜再次从背后攻击，孙万荣特意派使者去与对方商讨结盟事宜，为了更容易说服后突厥，他派出的使者达五人之多。

这个使者团中的三人先行到达了阿史那默啜的牙帐，他们面见可汗道："我们契丹已经打败了王孝杰率领的百万大军，希望大汗您能乘机发兵，与我们一起夺取幽州。"阿史那默啜欣然应允，立刻答应与契丹结盟，并且给这三位使者赐了红袍作为奖赏。原本事情到了这一步，皆大欢喜，可以收尾了，偏偏这时候忽然又有人求见——使者团另外两个晚到的使者终于抵达了。

这就非常尴尬了。阿史那默啜很是不满，以两人故意轻视自己为由，下令将之处死。两个使者吓得魂不附体，为了活命，他们向阿史那默啜吐露了孙万荣的秘密，还说契丹现在的财宝和物资全都放在新城，但新城防守薄弱，很容易攻下。得知这些消息，阿史那默啜的心思就活泛起来，比起遥远的幽州，当然是近在眼前的新城更值得动手。于是他把前三个使者全杀了，转而给后到的两个使者赐了红袍，让他们做向导带自己进攻新城。

于是，在这两个契丹内鬼的带领下，阿史那默啜很快到达了新城。果然如两人所说，新城防守十分薄弱，他只花了三天就攻破了新城，俘虏了城内所有的契丹人及财货。阿史那默啜为了炫耀自己的战绩，还特意把乙冤羽放了，让他南下去告诉孙万荣新城失陷的消息。

当时孙万荣正率军横扫瀛洲各地，正是意气风发，忽然得到新城失陷的消息，几欲晕厥，手下契丹将士们也因得知妻儿全部被俘而慌乱不已，士气顿时低落到了极点。恰逢此时神兵道总管杨玄基率奚族军队从后方杀来，契丹军仓皇应战，顷刻大败。契丹猛将何阿小当场被俘，孙万荣被迫带着数千骑兵向东面逃窜，一路丢弃的武器、甲仗堆积如山。

就在逃往东面的路上，孙万荣再次遇到了老对手张九节。在张九节的截击之下，契丹军队全面崩溃，孙万荣只带了一个家奴逃到潞水以东，躲进一个小树林里休息。他知道自己大势已去，不禁对家奴叹息道："我现在很想归降唐朝，但此前犯下的罪行太多了，唐朝肯定不会收留。我归降突厥也免不了一死，就算渡海去新罗还是会死，真不知道自己还能去哪儿。"家奴一听跟着他已是走投无路，顿生歹意，杀了他并砍下脑袋，然后投降于唐军。至此，契丹余部再也兴不起什么大风浪了，后来投降于后突厥汗国。

孙万荣死后，武则天派武懿宗、娄师德和魏州刺史狄仁杰分头在河北抚慰百姓。没了强敌，这回武懿宗又凶狠起来，所到之处使用的刑罚十分残酷，那些跟随过契丹，又从契丹逃回来的百姓被他打成反贼，全部处死。武懿宗被封为河内王，又有契丹猛将何阿小时常滥杀无辜，以致黄河以北的人都说："唯此两何（河），杀人最多。"

武懿宗甚至还请求武则天允许他杀光黄河以北所有跟随过契丹的百姓，幸好左拾遗王求礼面见武则天进言道："黄河以北的百姓手无寸铁，没有能力打败孙万荣，这才被迫归附，根本没有叛国之心。武懿宗率领几十万大军，却一看到契丹人就望风而逃，导致敌人势力蔓延，现在他又想把罪过推给无辜的百姓，是'不仁不义'。希望能先斩了武懿宗，向黄河以北的百姓道歉。"除他之外，司刑卿杜景俭也上奏求情，认为被契丹胁迫的百姓是无罪的。如此这般再三劝阻，武则天才没有应允武懿宗的暴虐政策。

相比之下，狄仁杰的抚慰工作卓见成效。他不但成功安抚了河北地区的百姓，还成功为朝廷招揽了两位猛将——孙万荣死后，他手下的将领李楷固、骆务整投降于唐朝。两人都是契丹著名的猛将，每每作战都勇猛无匹、所向披靡。李楷固的骑射、舞槊、套绳功夫十分了得，硖石谷一战，正是他用绳套生擒了唐军将领张玄遇和麻仁节，奠定了胜利的基础；骆务整则跟随何阿小一起多次进攻河北，吓跑了武懿宗，攻陷了赵州。

但因李楷固、骆务整两人曾多次击败过唐军，投降的时间也晚，就有人上书请求武则天将这两人灭族。狄仁杰主张道："李楷固、骆务整都勇猛善战，而且对主上孙万荣忠心耿耿，如果我们能招降他们，稍加抚慰，他们必定能为我军所用。"

最终武则天听从了狄仁杰的意见，任命李楷固为左玉钤卫将军，骆务整为右武威卫将军。此后，在这两人的带领下，唐军多次击败契丹。值得一提的是，后来平定安史之乱的李光弼就是李楷固的侄子。

唐朝最终平定了契丹叛军，但也暴露了它此时军事力量的虚弱——打仗竟然不得不依靠两个契丹降将和后突厥汗国。与此相对的，后突厥汗国在契丹叛乱时趁火打劫，补充了自己急需的人口和物资，很快变得强大起来，短短几年时间后，其国力几乎恢复到了与颉利可汗统治时期持平。唐朝再也无力与后突厥汗国争锋，几次交手失败后，只得与后突厥汗国修好，连营州城也未能夺回来。

第五章

盛唐烽烟

黎明前夜：唐军收复营州之战

向营州进发

景云二年（711年），唐睿宗李旦忽然接到幽州大都督孙佺的奏疏，后者请求率军出击奚族和契丹，以收复营州。自从营州于万岁通天元年被李尽忠、孙万荣攻占后，都督治所从柳城暂时迁移到幽州东部的渔阳，至今已经过去十多年了。营州一直是唐朝人民心中的痛，他们无时无刻不盼望着收复营州。

此前唐军一直没有夺回营州，主要是因为武则天掌权后名将匮乏，唐军战斗力大幅削弱，与契丹、奚族的军队相比，竟是毫无优势，更何况契丹、奚族此时还有个大靠山——后突厥汗国。自阿史那默啜趁火打劫了契丹叛军以后，迅速发展成唐朝北面的巨大威胁，李旦甚至不得不以和亲换取和平。在这种情况下，唐朝就更不方便收回营州了。

此时幽州大都督孙佺上了这道奏疏，正合了李旦的心意，后者立即答应，然后命孙佺率军出击契丹、奚族。然而孙佺此时请求出兵，倒不是觉察到了什么良机，只不过是因他刚刚上任，迫切需要证明自己不输前任。

那么，让孙佺这么不服输的前任幽州都督到底是谁呢？正是名将薛仁贵之子——薛讷。不过，比起名动天下的父亲，薛讷在军事上无甚大才，但他为人正直，不惧怕权贵，在民间颇具美名。薛讷最初进入官场时，还是一个小小的蓝田令，但却很快做了一件轰动天下的事。当时有一个姓倪的富商，在肃政台（即御史台）打债务官司，因迟迟拿不到钱，就贿赂了当时恶名远扬的肃政中丞来俊臣，于是来俊臣指示薛讷，让他拿出蓝田义仓的几千石粮食给倪姓富商作为补偿。不想薛讷严词拒绝道："义仓储备的粮食是用来应付水旱灾害的，怎么可以把百姓的粮食给富商呢？"要知道，当时来俊臣权倾朝野，构陷害死过很多人，就连李旦、太平公主都不敢得罪于他，然而这个薛讷竟然敢当面顶撞，无疑让很多正直之士暗暗惊叹，同时也为这个后生的未来担忧不已。幸好，来俊臣还没来得及陷害薛讷，自己先倒台了，薛讷这才有惊无险地避过了祸端。

圣历元年（698年），后突厥汗国再次入侵河北地区，武则天无将可用，便想起了这位将门虎子，便任命薛讷为左威卫将军、安东道经略，跟随当时的河北道行军副元帅狄仁杰一起北上抵抗突厥。

就在出发前，薛讷又做了一件令人侧目的事。他认为对突厥的战事迟迟没有进展，主要是因为天下人心不安，至于人心不安的原因——如今李显重新被立为太子，但外面人都没见过他，还在猜疑惊惧，认为武则天迟早会换掉他，就连突厥人入侵都敢打出"拥立李显复位"的旗号。所以，薛讷希望武则天如果没有更换太子的心思，就及早让太子出去拜见大臣，以安定人心，这样突厥人的谣言也会不攻自破，那样就很容易平定了。

其实对于太子的确立，武则天当时尚且摇摆不定，朝中大臣除了狄仁杰等少数几人外，根本无人敢提及太子之事，薛讷刚被任命为将就敢直戳要害，足见其胆色。最终武则天采纳了薛讷的建议，正式让太子李显走到了前台。

此后，薛讷一直在幽州镇守。景云元年（710年），李旦即位，立刻任命薛讷为幽州镇守经略节度大使、左武卫大将军兼幽州都督，节度使之名就从薛讷这里开始了。此时薛讷已经在幽州镇守了二十多年，此地一直很平静。他虽然没有能力率兵出塞收复失地，但他治军严整，使得契丹、奚族等东北少数民族不敢轻易犯边。然而李旦即位后不久，薛讷就出了岔子。

燕州刺史李琎与薛讷之间一直有些嫌隙，当然李琎比薛讷官职低，奈何不了薛讷，不过他的好友刘幽求就不一样了。唐隆政变后，刘幽求作为大功臣深受李旦重用，李琎便乘机在刘幽求面前诋毁薛讷。当时奚族和霫族一起犯边，洗劫了渔阳、雍奴（治所在今天津市武清县西北土门楼村）二县，然后大摇大摆离去。薛讷得到消息后立刻派军追击，不想吃了败仗。刘幽求便以此为由弹劾薛讷，最终将薛讷调任并州大都督府长史，至于幽州大都督的职务，则给了左羽林将军孙佺。

孙佺上任后，瞧不起薛讷之前采取的全面防守战术，认为自己比薛讷强，一定能夺回营州。幽州将领乌可利并不赞同，劝阻道："幽州距离营州非常遥远而且道路难行，此前几次进攻营州都失败了。现在天气这么炎热，我们出兵无疑是在敌人境内进行长途奔袭，一定会吃败仗的。"

孙佺却不以为然："薛讷在幽州镇守了二十多年，居然不能为国家收复营州，这是他无能，我这次代替他，自然要完成他做不到的事。长期以来，薛讷龟缩在幽州城内，奚族和契丹人肯定以为唐军不会出击，我们现在出击正是出其不意，一定可以大获全胜。"

孙佺话音刚落，一旁的左威卫将军周以悌立即大表赞同。这个周以悌并非官场新人，他在神龙年间就已官至安西四镇经略使了，不过因挑唆起边境战争而被流放白州，后来赶上北方战线用人之际，侥幸得了赦免，但职位已大不如前。此刻周以悌积极响应孙佺，急于求战，理由也是和孙佺一样的：刚被起用，想要早日立功。为了恢复昔日荣耀，周以悌与孙佺一拍即合。

这年五月，孙佺、周以悌和左骁卫将军李楷洛率领两万步兵、八千骑兵出塞向营州进发。孙佺将大军分为三部分：李楷洛率领四千骑兵作为先锋，他自己率领主力作为中军，周以悌率领一部人马作为后军。孙佺厌烦劝阻他的乌可利，就把乌可利派去了李楷洛的前军。

李楷洛是契丹猛将李楷固的弟弟，还是未来的名将李光弼的父亲，不过他本人没有多大本事，领着四千骑兵出发后，没多久就遇到了奚族的八千骑兵，实在打不过，就派人向后面的孙佺求援，希望他能快点儿带人前来支援。然而意想不到的是，孙佺此前表现得如此雄心壮志，上了战场竟然胆小如鼠，也许他压根没细想过一旦遇上强力的敌军该怎么办。此时一看前军遇险，孙佺第一反应就是逃跑，赶紧撤回幽州以图自保。至于李楷洛等人的安危，还是听天由命吧。

孙佺一跑，奚族的骑兵就追，最后两军在冷陉（今内蒙古自治区巴林右旗西北坝后）相遇，毫无战意的唐军哪里是奚族人的对手，被打了个大败，孙佺不得不依山结成方阵。

这时，奚族首领李大酺派来了使者，质问孙佺道："朝廷此前已经答应和突厥和亲，现在你却来进攻我们，这是何意？"孙佺巧言令色辩解道："我只不过是按照朝廷的诏命前来抚慰、赏赐你们的，并不是要开战，都怪李楷洛不肯听我的话，自作主张要与你们交战，我回去后就砍了他！"

李大酺当然不信，故意顺着孙佺的话派人再次询问："你既然是来赏赐我们的，那么赏赐的东西在哪里呢？"孙佺为了自保，立刻命人把携带的绢帛全部搜集起来，总共有一万多段。唯恐这些还不够买他的命，他又把自己和其他将官的紫袍、金带、鱼袋等朝服及配饰全部当作礼物，一股脑打包送给了李大酺。

李大酺收到东西后甚是好笑，派人答复孙佺说："现在我们收到东西了，就请将军赶紧南撤回幽州去吧，不要在这里骚扰我们了。"

孙佺诚惶诚恐地开始后撤，但他惊惧之下慌不择路，竟然当先朝南逃去。中军众将士跟在其后，也慌乱地自顾自向南逃窜。很快，中军的波动牵连到了后军，这下后军也跟着向南拥挤，乌泱泱一大拨人毫无章法地撤退。

李大酺原本已经打算退兵，但眼见唐军队伍如此混乱，不禁起了乘机削弱对方的念头，当即又率军追击。孙佺和周以悌所部全军覆没，两人也都没能逃脱，被李大酺生擒，又被献给了后突厥可汗阿史那默啜。阿史那默啜大怒：眼下唐朝和突厥正在和亲，这个孙佺居然妄自开战，简直可恶！于是二话不说将两人砍了。

更具讽刺意味的是，此前被孙佺视为弃子的李楷洛和乌可利两人，居然在力战之下成功突围，最后安全撤回了幽州。

滦水河之战

开元二年（714 年），薛讷忽然听说了一条小道消息："东北的靺鞨、奚族、霫族等部落都想投降唐朝，只因唐朝不在柳城重建营州，所以无所依靠，再加上老是被阿史那默啜骚扰，才不得不依附于突厥。只要唐朝收复营州故地，并在柳城重建营州，那么这些部落肯定都会前来投降。"

这条小道消息不知从何传出，但显然不是真的，因为冷陉一战正是奚族人击溃了唐军。但出人意料的是，薛讷竟然信了。也许此前被调离幽州一事刺激了他，他非常想证明自己除了防守之外，在进攻上也是一把好手。于是薛讷就拿着这条小道消息向唐玄宗李隆基上书，请求讨伐契丹以收复营州。

这份请求也算恰逢其时，因为当时李隆基正全面掌权不久，正奋发图强，确实希望有将领能够出兵讨伐契丹、奚族，一雪前耻。另一方面，薛讷在他心目中的地位也着实不低。

就在几个月前，李隆基在骊山举行了一次非常盛大的阅兵典礼，总共调集了全国各地二十多万军队参加。然而由于武周以来军备废弛，唐军在骊山军容不整、队形散乱，这让观礼的李隆基既失望又愤怒，他让兵部尚书郭元振跪在军队大旗下，准备斩首示众。幸好宰相求情，郭元振才免去一死，被流放新州。同时被问斩的还有给事中唐绍，旁人还来不及求情就被砍了。

一见两大主官现场被追究责任，参加阅兵的各路队伍大惊失色，以致场面更加混乱。李隆基皱着眉头看去，发现仅剩两支队伍依然严整。一问得知，原来两队分别是左军节度薛讷、朔方道大总管解琬所部。李隆基派人前去军营宣召他俩前来面圣，但两人都以阅兵典礼还没结束时使者不得随意进出为由，拒绝了使者入营。李隆基得到消息后不但没生气，反而非常高兴。

据载，西汉开国功臣周勃的儿子周亚夫驻扎在细柳营时，就曾拒绝过汉文帝的使者入内，而周亚夫最终成为汉文帝的托孤名将，荡平了七国之乱。对于同是将门之后的薛讷，发生了同样的故事，李隆基甚是欣慰，继而把薛讷当作了周亚夫一般的存在。

对于薛讷请求讨伐契丹一事，宰相姚崇等人当即表示了反对，但李隆基年轻气盛，正想一展武功，还是坚持任命薛讷为同紫微黄门三品，率领大军讨伐契丹。不久后，李隆基又正式下令薛讷率领监门将军杜宾客、定州刺史崔宣道等人率领六万军队，从檀州出发讨伐契丹。

出兵时正值夏季，杜宾客劝薛讷道："天气炎热，将士们身穿盔甲、手持兵器、背负粮食物资，长途跋涉后会非常疲惫，我们又是孤军深入，这样做肯定会吃败仗，不如等天气转凉再说。"

但薛讷满心指望能一举夺回营州，降服奚族、靺鞨等部落，并不采纳他的意见，反而冷笑反驳道："你只考虑到天气炎热，却没想过盛夏时草原水草丰美，牛羊繁殖快，野外遍地是牛羊，我们还可以就地取之为食。要我说，现在就是一举歼灭敌人的最佳时机，我们一定不能错过了。"杜宾客叹息一声，硬着头皮跟着薛讷一起上路了。

面对薛讷的大举进攻，契丹人照搬了李尽忠、孙万荣时代的经典战例，刚与唐军交锋他们就主动后撤，引诱唐军深入。契丹人总结了先辈胜利的经验，薛讷却没有吸取张玄遇、王孝杰等人兵败的教训。他一看契丹人后撤就立刻把军队分成两部分：自己亲率主力大军向前追击，崔宣道则率领一部分人马在后面接应。

薛讷率领大军向前追击，很快就到达滦水河谷（今河北省承德市隆化县旧屯满族乡滦河曲水山峡谷地），这里地势狭窄，难以通行，正是设伏的好地方。但薛讷满心以为契丹兵败，并不防备这种险地，二话不说带人冲了进去。

果然，唐军刚一进入，契丹伏兵尽出，从前后两路向唐军发起了进攻，埋伏者从山上往下抛出滚木、礌石。而唐军此时正如杜宾客所说的一样，盛夏季节携带重物长途跋涉后非常疲惫，战斗力下滑，在契丹人四面八方的打击之下很快就崩溃了。此战唐军阵亡的将士竟然高达全军总数的十之七八，薛讷仅带着几十个骑兵勉强突出重围，这才逃过一死。契丹人当场就给他取了个"薛婆"的外号，笑话他无能。

288

至于负责接应的崔宣道，他听说前面的薛讷兵败，也不敢救援，立即打马带人逃了回去。薛讷逃回去后，为了避免责罚，就上奏将战败的责任全推到了崔宣道和李思敬等八人身上，认为是他们撤军逃跑，这才导致自己全军覆没。李隆基闻讯气急，直接下令将崔宣道、李思敬等人就地斩杀于幽州。当然，兵败的薛讷也没有逃过惩罚，他被削职为民。最后这场出征的全数将领中，只有之前劝谏过薛讷的杜宾客没有受到责罚。

朝廷在收复营州一事上一连栽了两次大跟斗，眼看收复无望，不想"山重水复疑无路，柳暗花明又一村"——契丹、奚族竟自己前来投降了！

事情还得从阿史那默啜之死说起。

当时，后突厥汗国北面的拔野古等铁勒九姓部落不服管束，阿史那默啜就率大军前去讨伐。过程其实非常顺利，拔野古部落根本不是突厥的对手，在独乐河（今蒙古国土拉河）被打得大败，阿史那默啜得胜凯旋。

但在回程路上，阿史那默啜却疏于防备了，只带了少数几个骑兵在路边的柳林里休息，完全没想到此刻柳林里还躲着一个人——拔野古勇士颉质略。拔野古被击败时，颉质略没来得及逃跑，只好躲进路旁的柳林里暂避，却意外等到了阿史那默啜。阿史那默啜本已年老体衰，颉质略乘其不备，一刀砍下了他的头颅。突厥骑兵们还没反应过来，颉质略就已经骑上阿史那默啜的宝马狂奔而去。

阿史那默啜死后，拔野古、回纥、同罗、仆固、霫等部就归降了唐朝。随后不久，契丹首领李失活（李尽忠的堂弟）和奚族首领李大酺也率领部落南下归降，李隆基便任命李失活为松漠郡王、左金吾大将军兼松漠都督；任命李大酺为饶乐郡王、右金吾大将军兼饶乐都督。至此，唐朝总算是拿回了营州的地盘。

此后，在贝州刺史宋庆礼的建议下，李隆基重新在柳城营建营州，并设置营州都督、平卢军使。几年后，营州在宋庆礼的治理下渐渐恢复了旧观。

绝地反击：从洪源谷到武街

西线大争锋

开元二年，大唐帝国还没有从滦水谷之战大败的阴影中走出来，其西线又传来了坏消息：吐蕃宰相坌（bèn）达延和乞力徐率领十万大军入侵临洮一带，目前已经打到了兰州附近；同时，吐蕃大军还四处抢掠渭源地区草原上放牧的战马。西线再次告急！

得到吐蕃入侵的消息后，李隆基大呼后悔！因为早在吐蕃入侵的半年之前就已经有人提醒过他，说吐蕃人将要入侵，但他当时并未放在心上。那是在开元二年二月，吐蕃宰相坌达延忽然写了一封信给唐朝宰相姚崇，要求朝廷派遣解琬到河源一带重新划分两国的边界，然后重新订立盟约。这个要求非常奇怪，两国此前已经有差不多四年没开战了，不存在什么边境争端，吐蕃此时忽然要求重新划定疆界并订立盟约，显得有些突兀。（至于坌达延指定要解琬去，只是因为解琬此前曾担任过多年的朔方大总管，与吐蕃人比较熟悉之故。）

李隆基虽然觉得吐蕃此举有些异常，但并未往深处想，决定还是按吐蕃人说的办。唯一的问题是，解琬这时已经因年迈致仕，眼下并不是朝廷的官员。于是李隆基再度征召解琬入朝，任命他为左散骑常侍，携带神龙年间签订的盟书，前往河源地区与吐蕃进行谈判。

划定疆界和订立盟约一事进行得非常顺利，但长期跟吐蕃打交道的解琬却从中发现了非同寻常之处：在划定疆界时，坌达延对两国交界的道路和险要地带特别留心，那么他想干什么，也就不难猜测了。解琬回到长安后立刻向李隆基汇报了这一情况，他认为吐蕃人心怀不轨，可能很快就会反叛，希望天子能够提前在秦州、渭州等地屯兵十万，然后加强边境戒备，以防不测。

然而李隆基并不以为然。他不相信吐蕃会背盟反叛，也没有加强对西线的戒备，为此他还特意让姚崇给坌达延回了一封信。后来在解琬的坚持下，他仅仅在秦州、渭州等地安排了点儿驻军。

其实也不怪李隆基放松警惕，实在是唐朝和吐蕃之间已经很久没有爆发过大规模的战役了。之前素罗汗山之战，吐蕃虽然获胜，但其国内并不太平。随着吐蕃赞普器弩悉弄逐渐长大，他对掌控吐蕃军政大权的论钦陵越发不满，但论钦陵自从素罗汗山之战后在吐蕃的地位更加崇高，他的弟弟论赞婆又率大军驻扎在青海，器弩悉弄根本不敢妄动。

经过两年的谋划，器弩悉弄与大臣论岩终于准备好了对付论钦陵的计策。器弩悉弄趁论钦陵领军外出，以打猎为由召集了论钦陵的亲信两千多人随他前往，又在猎场设伏，将这两千多人杀死，就此夺得了逻些城的控制权。随后，他又发出诏令，召论钦陵、论赞婆两兄弟前来逻些商量要事。

论钦陵得知自己留在后方的亲信全部被杀，心知此行必然凶险，于是动了起兵废除器弩悉弄的心思。他以为凭借自己的作战能力，可以轻易胜过对方，然而事情并未如他所愿，赞普的讨伐大军一来，他手下的士兵纷纷不战而逃。论钦陵傻眼了，就他一个孤家寡人，还能打什么仗？他长叹一声，自杀谢世，一代吐蕃名将就此归天。

论钦陵死后，论赞婆也不敢再待在青海了，打算投奔唐朝。虽然论赞婆此前曾多次入寇，但武则天还是非常大度地答应收留他，还派了左武卫铠曹参军郭元振、河源军大使夫蒙令卿率精锐骑兵前去接应，之后又任命他为特进、归德王。之后，论钦陵之子论弓仁也带着麾下吐谷浑部落两千余帐归降，被任命为左玉钤卫将军、酒泉郡公。

这次事件一定程度上削弱了吐蕃的军事实力，不过第二年时，器弩悉弄趁着娄师德病死，派出了大将曲莽布支率领军队入侵凉州，并包围了昌松城，以此报复唐朝收容论赞婆叔侄。数年来，娄师德与黑齿常之镇守河源地区，打得吐蕃人不能东进一步，颇受吐蕃人忌惮。但黑齿常之、王孝杰、娄师德等人先后去世，吐蕃人又蠢蠢欲动起来，他们以为唐朝再也派不出能阻挡他们东进的良将了。谁能想到，西线老将唐休璟又会很快出现在他们面前。

此前唐休璟出言献策帮助唐军收复了安西四镇，武则天并不以为特别，所以最初调集众多猛将前往北线对付后突厥汗国和契丹叛军时，她并未想起这个人，唐休璟还是在西线活动，官至陇右诸军大使。

后来吐蕃入侵的消息传开，唐休璟立刻率领大军前去增援昌松城（今甘肃省武威市南），曲莽布支得报，立即率领主力东进，打算一举歼灭唐休璟兵团。最终，两军在洪源谷（今甘肃省武威市东南）相遇。

当时，曲莽布支手下吐蕃部队人数众多，而且武器和盔甲都鲜亮夺目，唐军士兵见状，不禁有些畏惧。唐休璟却冷笑道："你们不要看曲莽布支的部队穿得光鲜，实则色厉内荏，如今吐蕃名将论钦陵等人被杀，军中人心惶惶，曲莽布支又是初次带兵，根本不熟悉军务，哪里有威信让全军信服？吐蕃人看似精锐，其实非常脆弱。我这就去击破他们。"说完，唐休璟一马当先向吐蕃大军阵中冲去。

有主帅做表率，唐军士兵顿时鼓起勇气，奋勇杀敌。最终，唐军六战六捷，斩杀吐蕃军两千五百人，还俘虏了吐蕃两名裨将，而曲莽布支狼狈撤回。

洪源谷一战，吐蕃人犹遭当头一棒，他们意识到唐军并不容易对付。随后，吐蕃使者论弥萨前往长安求和，得到武则天设宴款待。宴会上，论弥萨不住地偷偷打量唐休璟，被武则天发现后赧然解释道："洪源谷之战，这位老将军勇猛无敌，在我国非常有名，所以我想要认识他。"

武则天这才意识到，唐休璟才干出众，并非常人之流，其声名连吐蕃人都知道，于是赶紧任命他为右武威、金吾二卫大将军。

然而论弥萨向唐朝求和后，吐蕃并没有消停，不甘心的器弩悉弄再次率军进攻悉州，结果这一次更惨，他在城下被陈大慈连败四次，最后只得撤兵。

从吐蕃的这两次兵败可以看出，论钦陵死后，吐蕃的军事实力已经下滑，他们与唐军对阵时，再也没了绝对优势。

吐蕃南面的一些小部落见状，乘机起兵造反，器弩悉弄不得不南下平叛，不料身中流矢继而去世。器弩悉弄死后，他年仅七岁的儿子尺带珠丹继承了赞普之位，但幼主势微，吐蕃其他宗室、大臣纷纷起兵欲取而代之。由此，吐蕃再次陷入内斗的漩涡，暂时无暇入侵唐朝。

与此同时，唐朝进入武周末年，各党派间的斗争也越演越烈，同样无暇顾及吐蕃，两国就这么实现了短暂的和平。

武街反击战

尺带珠丹刚即位时，吐蕃为了防止唐朝趁火打劫，派出使者到长安为尺带珠丹求亲，并请求订立盟约，但被武则天拒绝。景龙二年（708年），吐蕃再派使者到唐朝求亲，又被唐中宗李显拒绝。吐蕃人还是不死心，次年又派使者来求亲，这次终于得到李显应允。不过，郭元振等人对此并不支持，他们认为吐蕃人之所以前来求亲，并非真心想与唐朝达成和解，只不过是因为这几年吐蕃国内发生了瘟疫，造成人畜大量死亡，吐蕃人怕唐朝乘机进攻，才使出这样的缓兵之计。

李显最终还是将自己的养女金城公主（雍王李守礼的女儿）下嫁给尺带珠丹，并派左卫大将军杨矩持节护送金城公主入藏。之后，两国签订盟约，再不交战。杨矩完成护送任务后，李显念他劳苦功高，任命他做了鄯州都督，而历史证明，这将是一个无比错误的决定。

就在唐朝与吐蕃和亲的第二年，边境发生了一件大事，险些导致唐朝与吐蕃再次开战——安西都护张玄表捅了娄子，带人到吐蕃北部边境抢掠了一番。令人意外的是，吐蕃忍下了这口气，并没有对唐朝展开任何报复性质的军事行动，仅仅提了一个"小"要求，说希望把黄河九曲之地赐给吐蕃，以作为金城公主的汤沐邑。为了达成所愿，他们还特意贿赂了鄯州都督杨矩，让他上书请求唐睿宗李旦答应割让黄河九曲之地。

事实上，九曲之地位于唐朝与吐蕃的交界处，水草丰美，适合放牧，此前一直是唐朝抵御吐蕃入侵的重要门户，战略位置极为重要。如果吐蕃得到九曲之地，就能以九曲之地为跳板，袭扰唐朝河西、陇右边境各州。

然而李旦等人疏于调查，没有意识到九曲之地的重要性，反而觉得用一块西部边境的土地与吐蕃换取和平是一桩划算的买卖，加之唯一靠近九曲之地、了解实情的杨矩又被吐蕃人收买，把天子蒙骗了过去。之后，吐蕃人开始在九曲之地放牧牲畜、恢复实力。待后来吐蕃军从九曲之地出发进攻兰州，说什么都迟了。杨矩自知有罪，自杀谢世。

杨矩一死，西部的防御就更薄弱了，于是唐玄宗李隆基请出了自己心中的"周亚夫"薛讷。他让薛讷以布衣的身份代理左羽林将军，并出任陇右防御使。然而滦水谷惨败发生后，李隆基意识到薛讷并没有如他期待的那般善兵，于是又为薛讷挑选了一位陇右防御副使——右骁卫将军郭知运。

郭知运前不久刚打了场胜仗。那时候后突厥汗国大军入侵北庭都护府，郭知运跟随北庭都护郭虔瓘（guàn）一起大破来敌，从而受到李隆基赏识。这一次吐蕃入侵，郭虔瓘在北庭都护府走不开，李隆基就想到了郭知运。

李隆基怕薛讷、郭知运兵力不足，又为他们招募了大量勇士，派到河西、陇右一带接受薛讷的训练。不料唐军出发以后，最先与吐蕃军队交锋的，竟是时任太仆少卿、陇右群牧使王晙所部。

要说王晙，他和薛讷一样，也是一个非常正直的人。王晙自幼发奋苦读，长大后考中明经科担任殿中侍御史，但为了力保蒙冤的韩思忠，得罪了魏元忠，之后被贬为渭南县令。几年后，王晙升为桂林都督，依然不改本心。

当时，刘幽求因为得罪了太平公主而被流放到封州，广州都督周利贞接到太平公主的命令，准备杀掉刘幽求。王晙知道消息后，趁刘幽求路过桂林时把他强留了下来，不让他去送死。刘幽求不想连累王晙，苦苦哀求，但王晙依然不为所动："你根本没犯什么罪，只要有我在，我就不会看着你去送死。"刘幽求感念其恩情，后来东山再起回京担任宰相后，立刻大力提拔王晙。由此，短短两年时间，王晙先后担任了朔方军副大总管、安北大都护等要职。这一次抵御吐蕃，王晙也被李隆基派到了前线。

王晙之所以最早与吐蕃军遭遇，主要是因为其所部原本就在陇右一带。

他听闻吐蕃宰相坌达延正率领大军驻扎在大来谷（今甘肃省渭源县西北），便立即率所部两千人赶往与临洮军会合，遂令全军准备出击。王晙这道命令一出，全军哗然——临洮军光是防守都算勉强，王晙的人马也才两千，如今吐蕃大军号称十万，这怎么可能打得过？

有人劝他："眼下敌众我寡，我们出击犹如以卵击石，不如跟临洮军一起在原地防守，等待薛讷和郭知运两位正副防御使率大军赶到，之后再共同破敌。"

王晙却说："眼下我军大部还没赶到，吐蕃大军也不知晓我已到来，他们会以为临洮军根本无法出击，从而疏于防备，这正是我们一举克敌的好机会。你们都不要再说了。"众人无奈，只得依从。

王晙之所以敢出击，是因为他早已想好了克敌之法。出发前，王晙特意挑选了七百名精兵，让他们全部换上吐蕃人的衣服。当夜，王晙偷偷带着包括这些伪装兵在内的两千人向吐蕃军营摸去。

距离吐蕃军营还有五里时，王晙把人马分成了三部分：七百名换了吐蕃军服的精兵由他亲自率领，潜入到吐蕃大营附近；另一部分人正面突袭吐蕃；剩余人则带着大量战鼓和号角留在原地。王晙交代：前面的人若遇到敌人，就要大声呼喊，而后面的人听闻动静后，则应立刻敲响战鼓、吹响号角响应。

很快，吐蕃军听见鼓声喧天，以为唐朝大军到来，还将他们前后包夹。他们这次出兵以来还从未遇到过夜袭，所以对此没有任何防备，一有变故便惊慌失措，很快陷入混乱中。王晙见状，立即带着易装的七百人混进吐蕃大营，然后击杀吐蕃士兵。在分不清敌友的情况下，吐蕃众兵为了自保，只得盲目砍杀任何靠近自己的人。王晙见计谋已成，迅速带着手下人偷偷撤回。吐蕃军奋力拼杀了一夜，等天亮之后才发现身边全是自己人，再点算人数，竟然已经死了一万人。坌达延被这事儿惊得目瞪口呆，很长时间都不敢再发起任何进攻。

王晙借此一计，为唐军争取了足够时间。很快，薛讷率领大军到达武街

（今甘肃省临洮县东南武家），杜宾客、安思顺等人也陆续赶来会合。当时吐蕃大来谷的大营正好位于王畯所部和武街之间，于是王畯与薛讷定下了次日夹击大来谷大营的计划。

当晚，坌达延再次遭到王畯夜袭。吐蕃士兵尚未休整好，紧接着次日又迎来了唐朝大军的进攻。

坌达延已经遭了两次夜袭，竟然还未吃够教训，他甚至没发现王畯所部一直就在他们后方不远处，仍然对自身后方疏于防备。吐蕃军在武街附近与唐军交战没多久，其后方便再度被王畯所部袭击。他们原本就已经疲惫不堪，此时更是无力抵挡，很快被杀得大败而逃。

薛讷立刻下令追击，作为先锋的丰安军使王海宾十分勇猛，很快追上了吐蕃败兵，在壕口一带再次破敌，随后又一路追击到了长城堡（今甘肃省临洮县西北）。

如此大好形势，唐军各将领却各打起了不同的算盘。因着王海宾冲杀在前，杀敌太多，唐军诸将忌惮他功劳太大，竟都不约而同地停下了追击的脚步，只作壁上观。

逃亡中的吐蕃军队很快察觉身后只有王海宾一支孤军，于是掉转马头，疯狂反攻。王海宾所率人马本就不多，纵使他再英勇，也抵不住兵力迅速消耗，只得一路且战且退。等撤退到长子时，他再也支撑不下去，被吐蕃军斩杀，其所部全军覆没。

王海宾死后，唐军诸将才施施然动身，向困顿的吐蕃军队发起追击。此时吐蕃军已经无力还手，纷纷仓皇逃窜。唐军一路追击到洮水，再次大败吐蕃。吐蕃军一部分人被迫向唐军投降，另一部分人则试图游过洮河逃命，却不幸被淹死，尸体堵得洮河都无法流动。此战唐军斩杀吐蕃军一万七千多人，俘获牛、羊、马多达二十万头，致使吐蕃一段时间内很难再发起进攻。

李隆基得到捷报后大喜，他本来并不指望此战能取胜，甚至已经打算好要亲自率领军队前往讨伐，并为此陆续召集了十多万军队、四万多匹战马。

武街之战捷报传来后，李隆基对全部将领都进行了奖赏，就连此前白身出征的薛讷也恢复了平阳郡公的爵位，并被任命为左羽林大将军。至于枉死的王海宾，李隆基追赠他为左金吾大将军，又将他年仅九岁的儿子王训接入宫中收养，并赐名为忠嗣，这就是未来的名将王忠嗣，多年后他将继承父亲的衣钵，为大唐帝国征战四方。

武街之战无疑是整场战争的转折点，它是唐朝与吐蕃全面开战以来获得的最大胜利，此战过后，吐蕃无力发起新的攻势，而唐军开始在西线强力反扑，使得吐蕃军不得不转入防守。

武街之战后，名将郭知运担任陇右经略使，在他的治理下，陇右逐渐变为唐军出击吐蕃的前沿基地。开元五年（717 年），郭知运再次率领轻骑夜袭九曲之地，大败吐蕃军。唐军缴获了无数盔甲、兵器、战马和牦牛，将吐蕃人在九曲之地的多年经营洗劫一空，大大削减了对方的军事实力。

尺带珠丹无奈之下派人前往长安求和，但使者到达临洮就无法再继续前进一步。与此同时，金城公主也写信给李隆基，请求双方修好。鉴于北面的后突厥汗国还非常强大，西面的突骑施又野心勃勃，唐军经历多年征战也需要休整，李隆基这才点头答应。此后几年，唐朝与吐蕃间没再发生战事。

重掌西域：唐灭突骑施之战

突骑施的兴起

开元十四年（726 年），沉寂已久的西域忽然传来噩耗：突骑施忠顺可汗苏禄发兵突袭了安西都护府。当时，安西都护杜暹（xiān）正前往长安朝见天子，安西守军防备不及，安西四镇的百姓、牲畜和物资全部遭到突骑施劫掠，只有安西都护府在代理安西都护赵颐贞的坚守下才得以保全。

唐朝在西域的多年经营毁于一旦，李隆基非常恼怒。他自认为对苏禄够宽容的了，苏禄却不知好歹，看来，唐朝在西域必有一战了。

突骑施与唐朝争夺西域也不是一天两天的事了，从武周时期开始，至此时已经有三十多年的恩怨。突骑施本是西突厥十姓部落之一，一直臣服于西突厥阿史那氏。后来裴行俭生擒了阿史那都支和李遮匐，西突厥十姓没了共主，于是武则天就封阿史那斛瑟罗（继往绝可汗阿史那步真的儿子）担任新的继往绝可汗，让他去西域统率父亲昔日的部众。但那时西突厥已经衰弱，面对北面后突厥汗国的进攻无力还手，阿史那斛瑟罗只好带着六七万残部内附唐朝，被安置在碎叶城，他的称号也被改为竭忠事主可汗。

虽然改了名号又换了地方，但阿史那斛瑟罗终究是烂泥扶不上墙，不仅无力对抗西域的反对势力，还得靠唐军帮忙才能勉强守住碎叶城。但阿史那斛瑟罗并不因此变得低调，反而越发残暴，经常责罚、打骂手下各部落的人，惹得这些部落十分不满。

就是在这种衬托之下，突骑施新主乌质勒变得显眼起来。乌质勒善于安抚部落，在突厥各部中很得人心。很快，周围其他不服阿史那斛瑟罗的部落纷纷改投到乌质勒麾下，由此，突骑施也慢慢强大起来。

此后，乌质勒将手下军队分为二十部，每部七千人，分别任命一个都督进行统率，然后将这些军队全部驻扎在碎叶城西北不远处。面对突骑施驻军，阿史那斛瑟罗压力剧增，他的部众早已四分五裂，一旦交战，他们根本无力抵挡。于是他掂量了一下，最后干脆丢下碎叶城，一溜烟跑回了长安，再也不敢往西域一步。乌质勒乘机占领了碎叶城，并笑纳了阿史那斛瑟罗留下的部众。随后，乌质勒将自己的牙帐也迁到了碎叶城，然后改称碎叶川为大牙，弓月城、伊丽水为小牙，将阿史那斛瑟罗以前的领地全部纳入自己的版图。至此，突骑施一跃成为西域不可忽视的强大力量。

面对突骑施的忽然崛起，唐朝多少有点儿措手不及，但此时唐朝正面临后突厥汗国的强大压力，无暇顾及西域。乌质勒倒也识趣，他深知自己的力量还不足以与唐朝或者后突厥汗国对抗，于是派儿子遮弩前往长安朝贡。武则天此时正为北方的战局焦头烂额，不得不默许了突骑施在西域的统治。

神龙二年，李显册封乌质勒为怀德郡王，进一步加强了唐朝与突骑施的关系。也就是在这一年，发生了一件差点儿影响唐朝与突骑施关系的事。

为了对付两国共同的敌人后突厥汗国，安西大都护郭元振主动前往碎叶城，与乌质勒一起商讨对策。郭元振到达突骑施牙帐后，情绪甚是高涨，便直接在牙帐外就与乌质勒热切攀谈起来。

当时天降大雪，随着双方谈话的继续，雪越积越厚，渐渐淹没了膝盖。郭元振常年行军，又正值盛年，对此毫不介意，而乌质勒出于礼节，也继续在雪地里陪同。然而谁也没想到，年老体弱的乌质勒受了冻，回去后就重病不起，一命呜呼了。

乌质勒的儿子娑葛悲痛不已，认定是郭元振害死了他父亲，准备率领手下士兵杀死郭元振。这个消息很快传到了副使解琬的耳朵里，解琬大惊，连忙知会郭元振，让他连夜逃回安西都护府避难。郭元振倒是清醒，深知越是这样的时刻，他越是走不得，否则就会坐实了自己害死乌质勒的罪名，从而导致形势恶化到难以估量的地步。

当天夜里，不管解琬如何劝说，郭元振仍坚持留在营中，表示自己并未怀疑突骑施会造反。第二天一大早，郭元振换上白衣前往牙帐吊唁乌质勒，半路遇上了娑葛派去暗杀他的士兵。这些士兵根本没料到郭元振会明目张胆地前来，心中惊讶，一个个不敢轻举妄动，只好假装是前来迎接郭元振的。

郭元振也不戳破，跟着这些人一起前往牙帐，然后独自进帐吊唁赠礼，伤心痛哭。吊唁完后，郭元振也没有立即动身离开，反而留下来多住了几十天，协助娑葛一起料理丧事。娑葛被郭元振的诚意感动，渐渐也恢复了理智，相信郭元振并没有故意害自己的父亲，于是派使者向唐朝进献了五千匹马、两百头骆驼、十多万头牛羊。之后，李显立刻派使者封娑葛为左骁卫大将军、嗢鹿州都督，并袭爵怀德郡王。一场危机终于化解。

不停息的内斗

娑葛继承突骑施可汗位置后，突骑施内部的矛盾逐渐暴露。当时乌质勒手下有一个名叫阙啜忠节的大将，他与娑葛一直不和，双方经常互相攻打。阙啜忠节的兵力更弱小一些，渐渐就有些支撑不住。郭元振怕突骑施内乱影响西域的局势，就上书请求让阙啜忠节入朝担任宿卫，然后将他的部众迁徙到瓜州、沙州一带，通过将他与娑葛隔绝开来，避免双方再起争斗。阙啜忠节知道好歹，同意入朝，一接到入朝诏书便即刻东行。

然而阙啜忠节路过播仙城时，遇到了安西四镇安抚使周以悌，事情就发生了难以预料的变化。也不知周以悌安的是什么心，竟对阙啜忠节挑唆道："你知道国家为什么要高官厚禄召你入朝吗？那是因为你在西域有部落、有士兵。等你到了长安，没了部下，就只是一个年老的胡人而已，你又如何保全自己呢？"

阙啜忠节此前从未考虑过这些问题，听周以悌这么一说，难免心中打鼓，便向他询问对策。周以悌似是有备而来，道："现在唐朝是宰相宗楚客和纪处讷两人掌权，他俩都非常贪财，不如你拿出些钱财贿赂他们，让他们请求皇帝让你留在西域，同时调集安西都护府的军队和吐蕃大军一起进攻娑葛。到那时，你再请求朝廷册封阿史那献为可汗，由他招抚西突厥十姓部落，并让郭虔瓘派拔汗那兵前来相助。这样一来，你既不会失去对各部落的控制，又可以报复死对头娑葛，比你现在一个人入朝受制于人强得多。"

阙啜忠节闻言大喜，立刻留在了播仙城，然后偷偷派人前往长安接触宗楚客和纪处讷二人，请他们为他周旋。郭元振得到消息后，立刻上书表示反对，他指出，阙啜忠节引吐蕃兵进来，完全是引狼入室，到那时西域恐怕就难以受唐朝控制了；至于阿史那献，根本没有招抚西突厥十姓的本事，哪怕是他父亲阿史那元庆也没这能耐。周以悌的计策只是个理想化的方案，实际上根本没有可行性。

但是宗楚客和纪处讷收了阙啜忠节的好处，自然不遗余力地办事。他们为了架空郭元振，就向李显提议派御史中丞冯嘉宾持节前去安抚阙啜忠节，然后再让侍御史吕守素去处理安西四镇的军政事务，并任命牛师奖担任安西副都护，率领甘州、凉州以西各处的兵马，并征调吐蕃军队一起讨伐娑葛。

表面上看，这些措施意在一举收复西域，恰恰符合李显的想法，于是李显立即同意了他们的意见。

然而这个情报被娑葛派到长安向朝廷进献的使者探得，使者大惊，昼夜兼程赶回去报信。娑葛大怒，自己刚刚才向朝廷进献了那么多贡品，一转眼朝廷竟要派兵来攻打自己，这是什么道理？娑葛决定先发制人，他派出五千骑兵进攻安西都护府、五千骑兵进攻拔焕城、五千骑兵进攻焉耆、五千骑兵进攻疏勒，各路大军一起朝唐军在西域的各个战略要地进军。

冯嘉宾奉命持节前去安抚阙啜忠节，他与阙啜忠节在计舒河（今塔里木河）河口见面。娑葛闻讯立刻率大军突袭河口，致使阙啜忠节和冯嘉宾全军覆没，冯嘉宾阵亡，阙啜忠节被生擒。

紧接着，娑葛又攻下僻城，生擒了吕守素。因痛恨唐朝背信，娑葛将吕守素绑在驿站的柱子上一刀刀剐死。

至于被派去攻打突骑施的牛师奖，他也不争气，率领大军出发后没多久就在火烧城遇到了娑葛所部。一场大战过后，牛师奖兵败身亡，全军覆没。安西都护府难以再凑出一支像样的军队，很快就被娑葛攻陷。

最后，唯有被派往疏勒的郭元振因不愿意和突骑施彻底交恶，选择屯兵在疏勒河旁坚守不战，避免了恶战。

至此，安西四镇和唐朝的联系被切断。

几场大胜之后，娑葛非常得意。但他到底不敢和唐朝彻底交恶，就派人到长安与李显谈判，声称只要砍了宗楚客，他就还回安西都护府。宗楚客怎肯坐以待毙，于是向李显进言，说此前兵败是因为郭元振不肯出兵，请求李显把郭元振调回，让周以悌代替郭元振统率安西各路人马，然后再立阿史那献为西突厥十姓部落可汗，让他在焉耆布置军队讨伐娑葛。

于是娑葛又给郭元振写了封信："之前我和大唐本来没有任何矛盾，我的仇敌就只有阙啜忠节一人。但兵部尚书宗楚客接受了阙啜忠节的贿赂，所以派了御史中丞冯嘉宾和安西都护府副都护牛师奖相继前来，想要攻破我的部落。我当然不能坐以待毙，才会主动出兵进攻。现在听说朝廷又要派阿史那献前来担任十姓可汗，他的到来只会让西域的冲突更多，到那时大家恐怕都没有什么安稳日子过了，还请你看着办吧。"

郭元振接到信后不敢耽搁，立刻派人将信转送到长安。只是如此一来，郭元振算是彻底得罪了宗楚客。宗楚客恼羞成怒，宣称郭元振其实是想要在西域谋反，请求李显将他召回长安治罪。

郭元振接到诏命后，知道是宗楚客在捣鬼，于是又派儿子郭鸿抄小道前往长安向天子陈述情况，表示自己需要留在西域安定局势，同时直言因为得罪了宗楚客，不敢回长安。

李显得知真相后，下诏赦免了娑葛，并正式任命他为西突厥十姓可汗。至于惹事的宗楚客，因着他和李显关系亲密，终究没有受到责罚，只有周以悌被流放到白州，其职务由郭元振接替。

阙啜忠节败亡后，突骑施并没有安定下来，相反，他们的内斗愈演愈烈。娑葛的弟弟遮弩在之前击破唐军的行动中立有大功，娑葛便分给他一部分人马，二人分地而治。然而遮弩却觉得分配不均，心生怨恨。

遮弩开始寻求外援，他带着人马投靠了后突厥汗国。阿史那默啜大喜过望，他早就想征服突骑施了，一直在等待机会。他立刻让遮弩率领所部担任向导，带领后突厥大军进攻突骑施。娑葛大败并被生擒。

遮弩本以为娑葛倒台了，就轮到他成为突骑施可汗了，但阿史那默啜并没有让他如愿，还对他说："你连亲兄长都不能和平共处，又凭什么会效忠于我呢？"于是将两人一起杀了。

苏禄的成败史

阿史那默啜逞一时之快，杀了娑葛兄弟，之后却懊恼地发现，他一时半会儿也找不到合适的人来统率西突厥各部落。然而事情还未来得及有个定论，北面的铁勒九姓又发生叛乱，他只好匆匆撤兵，赶回去对付铁勒人。阿史那默啜前脚刚离开，娑葛的部将苏禄后脚就跳出来摘桃子，他迅速收集西突厥十姓残部，然后自立为可汗。

苏禄很善于安抚部下，在他的运作下，西突厥十姓逐渐重聚，突骑施再次集结起了二十多万人。为了得到唐朝的承认，苏禄在开元五年派遣使者到长安朝贡。唐朝为了集中精力对付吐蕃和后突厥汗国，所以对突骑施采取了安抚政策。李隆基任命苏禄为武卫大将军、突骑施都督，然而苏禄嫌弃官位太低，不肯接受。李隆基无奈，只好又派遣武卫中郎将王惠持节前去封苏禄为左羽林大将军、顺国公，任金方道经略大使，苏禄这才接受。没隔多久，李隆基又封苏禄为忠顺可汗。

此后近十年的时间里，苏禄没有对唐朝发起过任何反叛行动，且每年都按时朝贡，看上去非常恭顺，但他的内心并非甘愿臣服于唐朝。苏禄野心勃勃，一直渴望自立，并且计划伺机入侵唐朝边地。

为了安抚苏禄，李隆基特意册封继往绝可汗阿史那怀道的女儿为交河公主，然后将她嫁给了苏禄。然而这场联姻并没有带来安宁。一天，交河公主派了一个突骑施牙官赶着一千匹马到安西都护府去售卖，这原本只是一次平常的贸易活动，但交河公主却忽然让一个使者前去向安西都护杜暹宣读自己的命令。一个突厥公主向唐朝官员发令，这非常唐突，杜暹怒不可遏道："她不过就是阿史那怀道的女儿，有什么资格向我下达指令？"杜暹骂完了仍觉得不解气，又杖打了使者一顿，还关押了使者和卖马的牙官。不想因着没了牙官的照顾，那一千匹马竟在一场大雪后全部冻死了。

事情发生后，苏禄可汗听说自己的马全没了，顿时痛惜不已，一怒之下发兵攻打安西四镇。不过苏禄很快认清了现实，知道凭自己的实力不足以与唐朝全面开战，再加上不久后又听说杜暹已升至宰相，为防报复，苏禄赶紧把军队从安西四镇撤走，然后派使者到长安朝贡请罪，这才平息了事态。

第二年，唐朝与吐蕃战火重燃，苏禄得到消息后，不禁又动了心思，他联合吐蕃一起出兵进攻安西都护府，准备把唐朝在西域的势力一举拔出。但他们无法打破唐朝将领赵颐贞的铜墙铁壁，后又遭到安西军夜袭从而大败。随着战事发展，吐蕃无力顾及西域，苏禄见状不妙，立刻又派使者向唐朝朝贡请罪。苏禄如此反复无常还能求得自保，不过是占了唐朝与吐蕃战局再启，李隆基不愿再启事端的便宜。

李隆基在长安设宴，正欲款待苏禄的使者，恰逢后突厥汗国的使者到来，于是就邀两国使者一并赴宴。不想宴会上两国使者就座位顺次发生了争吵，后突厥使者说："突骑施是小国，以前只是突厥人的臣子，不该居于上位。"突骑施使者不服气地反击道："这个宴席本来就是为我设的，我肯定不可能居于下位。"鉴于当前的战争形势，李隆基不愿激化矛盾，只好设置了东、西两个席位，然后请后突厥使者居于东席，突骑施使者居于西席，方才息事宁人。

此后几年时间里，突骑施一直在唐朝和吐蕃之间保持中立，苏禄娶了唐朝公主，又陆续娶了吐蕃、后突厥汗国的王女。苏禄非常得意，干脆将三国的女儿都封为可敦（即王后），又把几个儿子都封为叶护。然而苏禄光顾着春风得意，却忽略了此时突骑施内部的暗流涌动。

此前，西突厥十姓部落之所以愿意归附苏禄，是因为他爱护部众，自己生活节俭，对部下慷慨大方，每次外出作战，收获都会全部分给部下。但是渐渐地，苏禄变了。随着突骑施势力越来越大，需要花钱的地方越来越多，苏禄把平时劫掠来的钱财全部留给了自己，再也不分给部下。如此一来，他的下属们愈发对他不满，渐渐都有了二心。更糟糕的是，苏禄年纪大了，还得了中风，一条腿因此瘫痪，再也不能率军出去劫掠了。

当时突骑施内部最强盛的是分别由莫贺达干、都摩支率领的两部人马，他们平日里出力最多、贡献最大，但好处全被苏禄占了，两部的不满情绪自然也是最大的。莫贺达干和都摩支二人一合计，决定干掉苏禄，自立门户。

开元二十六年（738 年），莫贺达干和都摩支经过严密策划后，组织勇士连夜袭击了苏禄的大营，最终将苏禄乱刀砍死。

出兵突骑施

苏禄死后，莫贺达干和都摩支之间很快产生了矛盾。两人兵变，本是为了自己当家作主，但兵变成功后，二人在如何划分利益的问题上出现了争议。

除此之外，他们打算从苏禄的儿子中选一个立为可汗，但到底立哪一个，二人各执己见。都摩支先下手为强，擅自立骨啜为吐火仙可汗，然后自己掌控了大权，并占据了碎叶城作为牙帐。莫贺达干当然不同意，立刻发兵攻打都摩支。由此，突骑施陷入了内战中。

然而突骑施的内患远不止于此。娑葛部的后代为黄姓，苏禄部的后代为黑姓，两姓之间一直相互猜忌，苏禄在的时候，两姓在他的强权之下姑且和平相处。但都摩支和莫贺达干都属于黄姓，苏禄去世后，黑姓不愿意受制于黄姓，一个叫尔微特勒的首领自立为黑姓可汗，并占据了怛罗斯城（今哈萨克斯坦江布尔城）。

如此一来，突骑施内部就形成了"三国鼎立"的局面。这三国里，处于最劣势的是莫贺达干，他既不是可汗，手上也没有可汗，黑姓不服他，黄姓又被都摩支分走了一部分。

吐火仙可汗作为苏禄的血脉，属于黑姓，都摩支以此为由，与尔微特勒结成了联盟，两国一起出兵攻打莫贺达干。莫贺达干招架不住，连忙向唐朝求援。而收到他求援消息的，乃是此刻坐镇西域的唐军主帅——时任碛西节度使盖嘉运。

盖嘉运早年担任北庭都护时，曾击败过突骑施前来入侵的军队，所以对突骑施的情况相当熟悉。他接到莫贺达干的求援后，立刻意识到这是一举收复突骑施的绝佳机会。于是他立刻上书李隆基，请求讨伐。李隆基早有此意，如今机会来临，便立刻下令盖嘉运调集突骑施和拔汗那国以西的西域各国人马，帮助莫贺达干讨伐都摩支。面对唐军的攻势，吐火仙可汗和尔微特勒不得不暂时摒弃恩怨，开始共同对敌，但依然难以抵挡。

第二年，唐军为了能快速击破突骑施，盖嘉运等人经过仔细商议，决定兵分两路：盖嘉运亲自率领莫贺达干以及西域各国联军进攻吐火仙可汗；疏勒镇守使夫蒙灵察和拔汗那王分别率领所部进攻尔微特勒所在的怛罗斯城，以此破除吐火仙可汗与尔微特勒的掎角之势。

盖嘉运一路非常顺利，有莫贺达干做向导，唐军及西域各国联军很快到达碎叶城下，彻底击溃了以吐火仙可汗为首的突骑施主力部队，并很快攻破碎叶城。吐火仙可汗弃城而逃，但没能跑掉，在贺逻岭（今吉尔吉斯斯坦伊塞克湖北与哈萨克斯坦阿拉木图南之昆格山）被唐军生擒，同时被擒的还有他的弟弟叶护顿阿波，而一开始拥立他的都摩支侥幸逃脱。

在碎叶城之战打响的同时，夫蒙灵察和拔汗那王也率军到达了怛罗斯城。尔微特勒未料到唐军已经分兵前来，疏于防备，怛罗斯城很快被夫蒙灵察等人乘夜攻破，尔微特勒与弟弟拨斯被当场斩杀。随后，夫蒙灵察和拔汗那王又乘胜攻下曳建城（今哈萨克斯坦江布尔西北），生擒了交河公主和苏禄的其他两个可敦，以及黑姓可汗尔微特勒的可敦，这才班师而回。为了表彰拔汗那王在此次行动中做出的巨大贡献，夫蒙灵察把沿途俘虏的几万突骑施人全部送给了他。

随着唐军在碎叶城和怛罗斯城获胜的消息传出，西突厥其他各部落纷纷派使者前来归降，唐朝再次收复十姓部落。

开元二十八年（740 年），盖嘉运携吐火仙可汗等人前往长安献俘。李隆基将吐火仙可汗封为修义王，命他担任左金吾员外大将军；他的弟弟顿阿波也被任命为右武卫员外将军。在如何安置西突厥十姓部落的问题上，李隆基采纳了盖嘉运的建议，任命阿史那怀道的儿子阿史那昕为十姓可汗，统领突骑施等部落，封阿其妻李氏为交河公主。

但是对于李隆基的这种安排，莫贺达干非常不满，怒道："平定苏禄是我的功劳，击败吐火仙可汗等叛逆也是我的功劳，陛下却任命阿史那昕做可汗。他有什么资格做可汗？"于是他偷偷煽动十姓部落，准备武力对抗唐朝。

面对骤变的突骑施形势，李隆基只得重新下旨，册封莫贺达干为可汗，让他率领突骑施部众，然后让盖嘉运前去招抚。莫贺达干终于心满意足，率领妻儿及其他部落首领归降唐朝。

但是到了第二年，李隆基仍然让阿史那昕前往西域担任西突厥十姓可汗，并派兵护送他回国。莫贺达干恼怒不已，待阿史那昕走到俱兰城时，发动突袭杀死了他。事后，莫贺达干知道自己已经不为唐朝所容，干脆自立为可汗。时任安西节度使夫蒙灵察闻讯后，立刻率安西军团及西域各国大军发起进攻，最终斩杀了莫贺达干。

莫贺达干死后，再立谁为新的可汗来统领突骑施等部落，又成为让李隆基头疼的一大难题。如此形势下，此前一直逃亡在外的都摩支敏锐地抓住时机，派使者到长安向唐朝请降。眼下突骑施名望最高的人里只剩下都摩支了，李隆基就任命都摩支为三姓叶护，统率突骑施余部。

在此以后，突骑施又陆续新立过数名可汗，但其国力与苏禄统治时期已远无法相比，加上黄姓和黑姓的矛盾越来越尖锐，与唐朝对抗了数十年的突骑施汗国就这样慢慢走向了衰亡，对西域再也构不成任何威胁。

战火再起：唐与吐蕃河西争夺

西境烽烟起

自从开元五年郭知运袭破九曲之后，吐蕃被迫求和，此后数年里，河西、陇右地区很是平和，没有发生过什么争端。但到了开元十四年，唐朝与吐蕃的关系再度紧张起来。

吐蕃认为自己的国力已经再度强大起来，所以在与唐朝交往时，逐渐又表现得非常傲慢，这惹怒了李隆基。时值唐帝国鼎盛之期，李隆基刚完成泰山封禅，唐军经过军事改革后战力大大加强，于是李隆基决定向吐蕃发起一场反击战。

然而宰相张说对贸然开战非常不赞同，他说："吐蕃非常无礼，固然应该讨伐，但我们之前和吐蕃打了那么多年仗，甘凉等地荒凉凋敝。我们虽然也曾多次获胜，但得不偿失，最终不过是谁也奈何不了谁的局面。不如勒令吐蕃悔过，我们以德服人，也好让边境休养生息。"

但李隆基此时急于教训吐蕃，提出要把王君㚟（chán）召回长安征询意见。张说下朝后，对另一位宰相源乾曜叹气道："王君㚟这人有勇无谋，而且好大喜功，经常想在边境建立大功。如果两国和平了，他还怎么建功？他一定会赞同开战。"

上面说到的这位王君㚟现任河西节度使、陇右节度使、凉州都督、右羽林军将军，此前一直跟随郭知运南征北战，深受郭知运赏识，所以在郭死后，王君㚟代替他负责河西、陇右一带的军事事务。张说对王君㚟的评价也是非常准确的，王君㚟入朝后，果然顺着皇帝的心意，赞成对吐蕃进行反击。李隆基大喜，立刻命他做好准备。

这一年冬天，机会来了。吐蕃大将悉诺逻率领大军越过大斗谷，到甘州境内大肆抢掠。王君㚟决定先守不战，待吐蕃军队懈怠了再发起攻击。同时，他又暗派小股部队潜入吐蕃境内，将沿途草木烧了个干净。等到悉诺逻烧杀抢掠回家时，王君㚟就带着人马偷偷跟随在后，以图寻机击破敌人。

悉诺逻撤军时，正值天降大雪，手下人马在半道上被冻死了一批。走到大非川时，他原本打算在这里等待雪停，结果仔细一看，周围一带的草全被烧光了，手下的马匹因此又被饿死了一大半。没办法，悉诺逻只得硬着头皮带领人马往回赶。

过了青海湖后，他为了加快行军速度，就将辎重放在了队伍后面，然后自己带主力先回。悉诺逻哪里想得到，唐军一直就跟在他身后。天气寒冷，青海湖结冰了。夜里，王君㚟和秦州都督张景顺率军踏冰渡过青海湖，赶上了吐蕃军队殿后的辎重部队，将其歼灭。王君㚟顺利抢到了吐蕃军队的辎重和数万头牛羊。消息传到长安后，李隆基大喜，立刻升任他为左羽林大将军，并且给他父亲王寿也加了个少府监的官衔。

吐蕃人当然不会就此作罢，他们很快实施了报复。次年九月，吐蕃大将悉诺逻恭禄和烛龙莽布支再次进犯河西地区。王君㚟打算故技重施，先坚守不出，待吐蕃退兵时再行反击。但这一次王君㚟可就失算了，悉诺逻恭禄所率领的吐蕃大军居然直接攻破了瓜州城（治所在今甘肃省瓜州县）。更糟糕的是，王君㚟之父王寿就在瓜州城里，被吐蕃人俘虏了。为了嘲讽王君㚟，悉诺逻恭禄又把从瓜州城俘虏的僧侣全部放回凉州，并让他们给王君㚟带话："将军你不是一直以'忠义为国'自称吗，敢不敢出来打一场？"王君㚟气极，但他对于正面对决没有多大胜算，又碍于父亲还在对方手里，完全不敢出战。最终王君㚟只能登上凉州城头，面西痛哭。

悉诺逻恭禄攻打瓜州时，烛龙莽布支正率军攻打王君㚟的家乡常乐县（今甘肃省瓜州县西南）。常乐县只是一个小县城，烛龙莽布支以为可以轻易得手。没想到常乐县令贾师顺颇有才干，他早就预料到吐蕃可能会再次攻击河西，所以提前就储备好了粮食，加固了城防，做好了防守准备。在贾师顺的带领下，常乐军民团结一心，竟成功抵挡住了吐蕃大军的攻击。

悉诺逻恭禄看到常乐县久攻不下，认为烛龙莽布支无能，于是亲自率领大军赶到常乐县指挥进攻。结果悉诺逻恭禄同样碰了一鼻子灰，吐蕃军队全力进攻了一个多月，还是没能攻下常乐县。

既然来硬的不行，那就来软的。悉诺逻恭禄军中有个士兵娶了唐朝女子为妻，其妻弟当时正好在常乐县，于是悉诺逻恭禄就把这个士兵找来交代了一番。当天夜里，这个士兵假装自己是偷偷跑出来的，到城下约见贾师顺，并说："现在瓜州城已经被攻破了，河西节度使王君㚟又不敢出兵，吐蕃大军全都到了常乐县。一个小小的县城，怎么抵挡得住吐蕃大军的进攻呢？因我的妻弟在城内，我才特意来告知现在的局势，贾县令您何不早早投降，这样就能保全城内的百姓。"贾师顺冷笑道："按照大唐律令，投敌者要诛九族，更何况我身受高官厚禄，能做的只有以死抗拒贼寇，怎么能忘恩负义投降敌人呢？"士兵哑口无言，回营后只能向悉诺逻恭禄如实转告。

悉诺逻恭禄无法，只得再度率领大军猛攻常乐县，但是八天过后，还是没能攻下来。悉诺逻恭禄无可奈何，就派使者告诉贾师顺："既然你不肯投降，我们只好撤军回去了，你们难道不拿出城里的钱财给我们送行吗？"贾师顺冷哼一声，叫士兵们把身上的破衣服全部脱下来交给使者带回。悉诺逻恭禄收到一堆破衣烂衫，哭笑不得。既然城里没有什么钱财，他只好烧掉营帐和战死士兵的尸体，返回瓜州。

吐蕃军一走，贾师顺立刻带人出城把城外的兵器全部收集入城，然后重新加固了城墙。而悉诺逻恭禄回到瓜州后，把瓜州的防御工事全部拆毁，然后才撤军而去。撤退之前，他又派了部分精锐骑兵连夜赶回常乐县，准备杀个回马枪。然而县里早有防备，骑兵们见城墙更高、更厚了，只得无奈撤退。

同年十一月，尺带珠丹再次与苏禄联兵进攻安西都护府，但被安西都护赵颐贞击退。随后，王君㚟被杀，唐军遭受重大打击。

事实上，王君㚟被杀实在是个意外，但究其深层次的原因，乃是此人心胸狭隘，锱铢必较，反而招致祸端。

多年前，铁勒中的回纥、契苾、思结、浑等四个部落因为不堪忍受阿史那默啜的压迫，投降了唐朝，然后迁徙到甘州、凉州一带居住。王君㚟年轻时也曾在这里混迹，但那时候他人微言轻，受了这四个部落的冷遇。王君㚟成为河西节度使后，铁勒四部归他管辖，他便乘机用严刑峻法整治对方。铁勒四部深为不满，派人前往洛阳申诉。王君㚟唯恐对自己不利，便向李隆基诬告铁勒四部准备谋反，导致四部首领均被流放，铁勒四部因此怀恨在心。

就在吐蕃与突骑施进攻安西时，王君㚟忽然接到消息，说吐蕃人准备派使者去肃州附近，从那儿抄小路前往突厥商讨联兵攻打唐朝事宜。王君㚟信以为真，立刻带着少数精骑前往肃州，准备杀吐蕃使者一个措手不及。然而王君㚟左等右等没见到什么使者，只得无功而返，却在路上出事了。

当时，被流放的铁勒四部首领之一——瀚海大都督承宗有一个侄子叫护输，承宗被流放后，他一直伺机报仇。如今王君㚟只带少数人马出来，简直是天赐良机。待王君㚟等人到达甘州南面的巩笔驿（今甘肃省张掖市西南）准备休息时，埋伏在周围的护输人马杀出，当场擒获判官宋贞，并夺下节度使旌节——之前陷害承宗等人的主意就是宋贞出的。护输指着宋贞一阵破口大骂，然后又将他的心脏挖了出来。

王君㚟带着几十个骑兵一度杀出重围，但护输紧咬不放，疯狂围攻，王君㚟一行从早上打到晚上，最后战至力竭，被护输斩杀。

王君㚟死后，护输带着他的尸体打算投奔吐蕃，但在半道上被寻找王君㚟的凉州军队追上，只得丢下王的尸身独自逃去了吐蕃。

战略大反攻

王君㚟一死，整个河西、陇右都为之震动，一时人心惶惶，哀声四起。在这种情况下，唐朝急需一个得力之人镇守河西，李隆基便选择了萧嵩。

萧嵩出身高贵，他是梁武帝萧衍的后人，后梁明帝萧岿的玄孙，他的曾叔祖父就是唐初宰相萧瑀。萧嵩年轻时，因娶了会稽人贺晦的女儿，与宰相陆元方的儿子陆象先成为连襟。陆象先当时担任洛阳尉，洛阳士人争相与之结交。相比之下，萧嵩尚未谋得一官半职，时人并不以为意，只有个叫夏荣的相士预言说："陆象先虽然十年后能位极人臣，但不如萧嵩一门显贵。"

后来，陆象先做了宰相，不断提拔萧嵩，到开元年间，萧嵩已经官至中书舍人，但因才学浅薄，始终不得其他同事看重，只有宰相姚崇认为他将来必定有大作为。此后的日子里，萧嵩逐渐转向军事领域发展，一直做到了兵部尚书。王君㚟被杀时，萧嵩正担任朔方节度使，李隆基便改命他为河西节度使，另外让信安王李祎填补了朔方节度使的缺。

萧嵩接到任命后，立刻推荐刑部员外郎裴宽担任判官。裴宽不畏惧权贵，也从不徇私枉法，到达河西后与原来王君㚟的判官牛仙客共同执掌军政事务。在两人的联手治理下，河西的人心渐渐安定。

之后，萧嵩着眼重建瓜州城，他把这一任务交给了时任建康军使张守珪。张守珪年轻时曾跟随北庭都护郭虔瓘镇守北庭都护府，后突厥汗国派兵进攻轮台（今新疆维吾尔自治区乌鲁木齐市南面）时，被郭虔瓘派去增援。张守珪一行半路上就遇到了突厥军队，拼死力战，最终击退突厥并斩杀了一千多人，还俘虏了一个颉斤。此战使张守珪在北庭军中获得了名气。李隆基即位时，突厥再次进攻北庭都护府，张守珪冒死杀出重围，到长安搬回援兵，夹攻北庭都护府的突厥军队，这才破解了危局。萧嵩也是看上了张守珪的才能，才任命他担任瓜州刺史、墨离军使。

张守珪到瓜州上任后，立刻率领瓜州军民重新修筑城墙。然而他们刚为浇筑城墙竖起一些木板，也没来得及修建其他什么防御工事，吐蕃便再度出兵来袭。瓜州军民闻讯骇然，纷纷准备逃命。

张守珪却并不慌乱，他沉着冷静地对瓜州军民说："现在敌众我寡，瓜州又刚刚遭受战争破坏尚未恢复，我们正面对抗是赢不了的，但要逃跑的话，也跑不过吐蕃的战马，眼下我们只能靠奇谋取胜了。且看我如何退敌吧！"

张守珪用的什么计策呢？其实就是三十六计中的"空城计"。诸葛亮退司马懿的故事可能是杜撰的，但张守珪瓜州退兵，却是实实在在地演了一出。

张守珪叫人在城上摆了酒，然后召集诸将在城头饮酒作乐。吐蕃军队过来一看，果真犹豫起来：莫非城内设下了埋伏，张守珪故意引诱他们入套？迟疑半天后，吐蕃军队还是不敢冒险进攻，暂且撤退。

张守珪见吐蕃军队后撤，当机立断率军出击。最终吐蕃军队仓皇败退，只得收拢残兵，准备日后组织新的进攻。乘此间隙，张守珪连忙带着瓜州军民加班加点修筑城墙，并收集流民巩固城防。

当时用以灌溉农田的水渠被吐蕃军破坏殆尽，瓜州军民试图重修，却苦于找不到木材。据传，张守珪依照风俗向神灵祈祷，几天后竟果真忽发大水，从上游冲下来数千根巨大的原木。瓜州军民依靠这些木材修复了水渠，保障了瓜州生产生活的正常恢复。瓜州城防加固完毕后，李隆基将瓜州升级为都督府，并任命张守珪为第一任瓜州都督。

至于萧嵩本人，他虽没有直接带兵，却谋划着以另一种手段削弱吐蕃。当时吐蕃将领悉诺逻恭禄颇具威名，是唐朝边境的巨大威胁。萧嵩到任后，派间谍偷偷潜入吐蕃境内散播谣言，说悉诺逻恭禄立有大功，却得不到应有的赏赐，所以他心有不满，准备暗中联络唐朝一起出兵攻打尺带珠丹，只要尺带珠丹一死，李隆基就会立他为吐蕃新赞普。

这番谣言说得有鼻子有眼，尺带珠丹信以为真，立刻将悉诺逻恭禄召回并杀死，由此大大削弱了吐蕃军队的战斗力。开元十六年（728年）七月，尺带珠丹派吐蕃大将悉末朗进攻瓜州。悉末朗的才干与悉诺逻恭禄的相比，显然差距不小，他刚到瓜州城下，就被张守珪打得狼狈逃回。

此战之后，唐军开始反攻，萧嵩联合鄯州都督张忠亮一起出兵进入青海，他们在青海湖西面的渴波谷（今青海省共和县西北）与吐蕃大军相遇。吐蕃军队完全不是唐军的对手，大败而逃。张忠亮率领大军一路追击，并乘胜攻下吐蕃在青海的重镇大莫门城（今青海省共和县东南）。回军的路上，张忠亮又一把火烧毁了吐蕃架在黄河上的骆驼桥，让吐蕃大军难以快速从本土增援九曲之地。

吐蕃人见瓜州这一条路行不通了，于是转而打别处的主意。这一年八月，吐蕃再次出兵袭扰唐朝边境，这一次他们的目标是祁连城（今甘肃省张掖市南）。然而令吐蕃人始料未及的是，萧嵩早已在祁连城提前安排了一位大将驻守，这位大将就是杜宾客。

说起杜宾客，他此前曾跟随薛讷参加了滦水谷之战和武街之战，均有上佳表现，这次他也没有让萧嵩失望。

杜宾客接到任命后，带着四千强弩手赶到祁连城设防。强弩手们在城墙上布阵，射击城下的吐蕃士兵。双方从早上一直打到晚上，最后吐蕃军伤亡惨重，被迫撤退。杜宾客乘机率军出城发起突袭，再次大破吐蕃军，还生擒了一员吐蕃大将。

祁连城一战，吐蕃军伤亡极其惨重，不少吐蕃士兵在唐军的追击下逃入山林，这些人疲困交加、悲不自禁，以致祁连城周围山林哭声不绝。

唐军的反击还没有结束。次年三月，张守珪与已经升任沙州刺史的贾师顺联手，一举击破吐蕃的大同军。

唐军还有更大的动作跟在后面。此后不久，朔方节度使、河西节度使、陇右节度使联合出兵，在信安王李祎的带领下击破吐蕃大军，夺取了吐蕃在九曲之地的重镇石堡城（今青海省湟源县日月乡石城山）。

紧接着，各路唐军围绕石堡城四面出击，占领了吐蕃多个要塞险地，将大唐的边境向外延伸了一千多里。李隆基收到捷报，喜出望外，立刻将石堡城改名为振武军。与此同时，李隆基还特意给将军裴旻下了一道旨："如果有敢掩盖将士战功而不赏赐的人，不管是谁，一并斩首；如果打仗时有逗留不前的人，全部按军法处置；能生擒吐蕃赞普的人，立刻封为大将军。"这道旨意一经传出，唐军士气高涨，人人都想要杀敌建功。

吐蕃人接连遭受重创，几乎支撑不住，尺带珠丹连忙给李隆基写了封信："我们本来就是甥舅关系，此前开战是受了羌人和党项人的挑拨离间。现在我们已经不听他们的了，也希望你们不要再听他们的，两国罢兵休战吧！"

很快，朝廷围绕是否继续对吐蕃用兵问题召开了一次大型朝会。李隆基主张继续开战，他说："吐蕃以前呈上来的书信言语傲慢，不灭了他们，实在难消我心头之恨。"

皇甫惟明则反对道："尺带珠丹以前年纪小，写那些信肯定不是他的本意。边将中有些人喜欢开战邀功，恶意挑拨两国关系，因为两国交恶肯定会大举、用兵，从而给他们创造立功的机会，所以他们才不希望讲和。现在，河西、陇右一带因为连年征战早已财尽力穷，如果陛下能看在金城公主的面子上答应与吐蕃讲和，这也是缓解边祸、休养生息的好机会。"

最终，李隆基还是采纳了皇甫惟明的建议，并派皇甫惟明与张元方两人出使吐蕃。尺带珠丹见到两人后态度谦逊，还拿出了贞观以来的全部诏书以示恭顺。然后，他派遣使者跟随两人前往长安议和。

双方达成和议后，吐蕃请求在甘松岭（今四川省松潘县西南）设置互市场所，后来根据宰相裴光庭的意见又改在赤岭，双方以赤岭为界划定疆域，随后订立盟书，并通知边境各州县两国已经修好。这一次订盟，唐吐之间再次迎来了一段短暂的和平。

西线再开战

订盟后不久，右散骑常侍崔希逸代替萧嵩担任河西节度使，他一到任就立刻给吐蕃驻守青海的大将乞力徐写了一封信："我们两国既然已经修好，现在就是一家人了，何须继续在边境设置军队来回巡逻防备，这样太妨碍百姓耕种放牧了，我们何不把边境的部队都撤了？"

乞力徐婉言拒绝道："常侍大人您为人忠厚，肯定不会故意用谎言欺骗我们。但是朝廷未必会将边境的战事一直交托给您，万一有坏人在其中挑拨离间，趁我们没有防备突然发起偷袭怎么办？"

崔希逸不死心，再三劝说。最终乞力徐还是有感于崔希逸的诚意，答应撤防。两人一起杀白狗结盟，然后各自撤回边防部队。此后很长一段时间，边境都没有战事，两国百姓安居乐业，到处牛羊成群。

遗憾的是，和平终究是暂时的。开元二十五年（737 年），吐蕃忽然发兵进攻唐朝的西域属国小勃律国。李隆基得到消息后，立刻派使者前往吐蕃要求撤军，但尺带珠丹并不理会，执意攻破了小勃律国。李隆基非常生气，很想教训教训吐蕃人。

此时，被崔希逸派去长安奏事的随从孙诲动了歪脑筋。孙诲与崔希逸不一样，他一心想要捞取战功，于是乘机上书道："现在西线的吐蕃对我们完全没有防备，只要出兵一定可以轻易打败他们。"李隆基有点儿心动，但他也很谨慎，派内给事赵惠琮与孙诲一起前往河西，让他们询问一下崔希逸的意见，再顺带查探情况。然而偏偏赵惠琮与孙诲一样好大喜功，两人一拍即合，到达河西后直接对崔希逸宣称圣上降旨，要他出兵偷袭吐蕃。崔希逸虽然不愿违背盟约，但也不敢违抗圣旨，只好违心发兵。

乞力徐此时还不知道情况，自然没做防备。崔希逸的大军从凉州出发，长驱直入吐蕃境内两千多里，一直到达青海湖西面时才遇到吐蕃驻军。守军还没有反应过来就受到了攻击，几乎全军覆没，光被斩杀的就有两千多人，乞力徐被迫狼狈南逃。

李隆基听说后很是高兴，不但不追究惠琮与孙诲矫诏出击的事，还重重奖赏了二人。然而这一次突袭，实际上把唐朝的信义完全败坏了。此战之后，吐蕃再也不来朝贡，两国战事再开。

第二年三月，吐蕃入侵河西，以报复前一年唐军的偷袭。不过此时镇守河西的崔希逸早有所料，他已经在边境做好了准备。吐蕃军队刚一到达两国交界处就遭到了埋伏，最后大败而逃。随后，崔希逸又派鄯州都督、知陇右留后杜希望乘胜攻破吐蕃的新城，并在那里设置威戎军，留下一千多人驻守。

虽然大胜，但崔希逸始终很自责，"不守信"成了他的心结。新城之战过后不久，他就自请调任河南尹，随后又因愧疚郁郁而终。

崔希逸之死无疑是唐军的重大损失，李隆基只得让宰相李林甫遥领河西节度使，然后将岐州刺史萧炅调任河西节度使留后，负责河西战场的具体事务，又将鄯州都督杜希望任命为陇右节度使、太仆卿王昱任命为剑南节度使，命他们兵分三路进攻吐蕃，并将之前立在赤岭的界碑拆毁。

三路大军中最先建功的是杜希望。他率领陇右兵团很快就深入吐蕃境内，夺取了吐蕃人架设在黄河上的大桥，然后在河边修筑盐泉城（今青海省循化撒拉族自治县西北）作为防备。黄河大桥是沟通吐蕃本土和九曲之地的重要通道，吐蕃人当然不甘放弃，他们很快组织起大军猛攻盐泉城，希望能一举夺回黄河大桥。

最初，杜希望以较少兵力直面吐蕃军三万人，但一番交战下来，很快抵挡不住，唐军众将士危险了！关键时刻，一名年轻的将领挺身而出，他在唐军生死存亡之际，集合手下士兵冒险从盐泉城中向吐蕃大军发起了冲锋。这名年轻将领便是左威卫郎将王忠嗣，他本名王训，其父王海宾曾经在武街之战中作为先锋击破吐蕃大军，却因为其余将领都不肯增援而战死。王忠嗣继承了父亲的衣钵，一生从戎且多有建树。

是时，因城内唐军人数不多，所以从未主动出击过，王忠嗣便利用这一点，出乎意料地袭向吐蕃人。对方慌了神，被逼得不断后退。随后，杜希望趁着吐蕃军队立足不稳，率领大军全线出击，跟在王忠嗣之后杀入吐蕃阵中，打得对方大败而逃。此战之后，李隆基在盐泉城设置镇西军，王忠嗣也因功被升为左金吾将军。

盐泉城之战期间，剑南节度使王昱也奉命进攻安戎城（今四川省理县西地鹧鸪山东侧）。安戎城曾经是唐朝在西南地区震慑诸羌的重要堡垒，但在仪凤二年（677年）李敬玄兵败青海后就被吐蕃人占据。此后，唐军虽然多次攻打安戎城，但因为该城地势险要、易守难攻，所以唐军屡次无功而返。

王昱这次攻打安戎城，想出了这样的办法：在安戎城旁边另外再修筑两座新城，以切断安戎城的外援，再将大军驻扎在蒲婆岭下。待粮草等军需物资从后方运至后，王昱立即展开了对安戎城的猛烈进攻。然而直到吐蕃大批援军到达，王昱都还没有攻下安戎城，反而丢了刚修好的两座新城。随后，吐蕃大军与唐军在安戎城下展开激战，唐军大败，死伤数千。

战况发展至此，唐军虽然受挫，但战力犹在。然而令人目瞪口呆的是，身为主帅的王昱竟然因为怯战，自己率先跑了。如此一来，剩下的人无心恋战，纷纷四散而逃，拱手将之前囤积的军需物资全部留给了吐蕃。李隆基闻讯后，非常气愤，立刻将不争气的王昱贬为括州刺史。

第二年，吐蕃为报复盐泉城之败，再次派大军入侵唐朝边境的白水军、安人军等堡垒。很快，河西兵团和朔方兵团奉命前往救援。河西留后萧炅到达时，正赶上吐蕃军被白水军使高崇击退，他下令手下追击，一举大破敌军。

与此同时，西南的战局发生了重大变化。王昱被贬官之后，张宥接任剑南节度使。张宥只是一介文官，此前从未带过兵打过仗，更没有任何军事经验，但他有自知之明，没有贸然行事，而是把军事上的事务交由剑南道团练副使章仇兼琼来办。

章仇兼琼果然不负所望，他通过对安戎城的实际查探，很快就找到了攻破安戎城的办法，并上书向李隆基陈述了自己的方略。李隆基接到他的奏报后，甚为满意，就将张宥调回长安担任光禄卿，改让章仇兼琼担任剑南节度使。很快，章仇兼琼展开了攻取安戎城的行动。

章仇兼琼之所以有信心能攻取安戎城，是因为他找到了一个突破口：镇守安戎城的吐蕃将领翟都局非常贪财，已经被他用金钱收买了。章仇兼琼乘夜对安戎城发起突袭时，翟都局作为内应打开了城门，将唐军引入。

安戎城内，吐蕃军人数本来就不多，之前不过是倚仗着安戎城易守难攻，这才坚守下来。如今城门已丢，吐蕃军便无力回天，很多人甚至是在睡梦中就被斩杀。至此，章仇兼琼顺利收复安戎城。没多久，镇守维州的维州别驾董承晏也投降了。章仇兼琼便留下监察御史许远继续守卫，自己率大军撤回。

不久，吐蕃再次出兵包围安戎城，但在许远的坚守下，吐蕃军迟迟没有取得进展。吐蕃人断绝了安戎城周围全部水源，试图以此迫使城内守军放弃。但让吐蕃人大为震惊的是，城中竟然有石头裂开，从中涌出了大量泉水，一举解决了唐军的水源问题。

见此情景，吐蕃军非常惶恐，以为唐军得到了天神眷顾，他们认定自己此番行动无法成功，只得沮丧地引军撤退。撤退途中，吐蕃军队仍不甘心，又去攻打了维州，还是没能攻下，最后狼狈地撤回国内。

后来，李隆基就将安戎城改名为平戎城。

盖嘉运的错失

唐军收复安戎城，标志着吐蕃在东、北两线都被唐军牢牢压制，吐蕃只得再次转入守势。同年，金城公主去世了，尺带珠丹借着告丧的机会派使者前往长安求和。这回唐军占上风，李隆基哪肯轻易答应议和，坚决要大战到底。然而风水轮流转，战场形势逆转得如此之快，这也是李隆基没想到的。

一开始，唐军在西线节节取胜，李隆基喜悦之余，又生怕萧炅和杜希望两人不足以完成击破吐蕃的大任，于是特地挑选了曾经击破突骑施的盖嘉运前去西线镇守。开元二十八年，盖嘉运率众前往长安献俘，李隆基亲自在花萼相辉楼款待。此后，李隆基便再没让他回安西，而是任命他为河西、陇右两大节度使，总计下辖十余万人。

盖嘉运迎来了他一生中最风光的时刻，之后却未能在河西建立更大的功劳，归根到底，还是他自身性格缺陷作祟。

平灭突骑施之后，盖嘉运开始居功自傲，不再留意边境军务。他被封为河西、陇右两镇节度使之后，也不愿意前往任上，而是长期滞留长安。时任尚书左丞裴耀卿很快察觉了他的懈怠，并上奏天子道："我最近与盖嘉运在朝廷共事，对他的言行举止做过深入的观察。这个人固然作战勇猛，但总是流露出骄傲自大的神色，这样的人恐怕难以成就大事。春秋时期，莫敖屈瑕在蒲骚之战获胜后骄傲自满，后来在攻打小小的罗国时，因为大意导致兵败，最终不得不引咎自杀。现在，盖嘉运脸上每天也呈现出这种骄傲自大的神色，我为此非常忧虑。更何况现在距离秋天加强边防的时间已经不远了，他依然滞留在长安城内，没有一点儿想要出发上任的打算。如果等到有事了才去，那时候他连手底下的将领都认不完，凭什么打赢敌人？一般将军领了命令后都会立刻出发上任，他却一直没有动身。陛下如果不想更换将领的话，就需要赶紧下令让他启程了。"

最后，盖嘉运被李隆基下旨催促着赴了任。但他到任之后，依然放任自我，既没有仔细研究敌情，也没有认真布置防务，只把心思放在如何讨天子欢心上，四处搜罗西域乐曲进献。

开元二十九年（741年）六月，尺带珠丹亲自率领四十万大军进攻承风堡，并越过河源军，直逼安仁军。眼看唐朝边境又要面临劫难，驻守在浑崖峰的猛将臧希液及时改变了命运。臧希液手下只有五千骑兵，但浑崖峰地势险要、易守难攻。他领兵占据有利地形，生生抵挡住了吐蕃大军。不但如此，他还多次乘夜率军突袭吐蕃营帐，斩杀了不少吐蕃士兵。尺带珠丹久战无功，只得下令全军暂退。

实际上，浑崖峰一战中，吐蕃已经展现出了强大的实力，并预示它很有可能会发动大规模攻击。然而这一切并没有引起盖嘉运的警觉，他不但没有予以重视，还误认为吐蕃虚弱，毕竟四十万大军，竟然无法战胜臧希液的区区五千人马，这样的对手还值得高看一眼？

正是他的麻痹大意，给了吐蕃可乘之机。

当年十二月，尺带珠丹再次亲率大军出击，以迅雷之势攻占了唐军要塞石堡城。石堡城是大唐、吐蕃边境的战略要地，作为河西九曲的门户，一向是双方必争之地。可以说，谁占据了石堡城，谁就掌握了战争的主动权。自从信安王李祎收复石堡城后，唐军已经围绕石堡城构筑了层层防线，在之后的交战中，唐军也一直以石堡城为中心，死死将吐蕃军压制在青海湖一线。就是这样一座至关重要的要塞，因为盖嘉运的疏忽大意，轻易落入了敌手。石堡城一丢，唐军在九曲之地辛苦构建的防御体系再度土崩瓦解，吐蕃军队又一次将战线压到了唐朝边境。

李隆基对盖嘉运失望至极，只得将后者罢免，然后任命皇甫惟明为陇右节度使、王倕为河西节度使，寄望两人力挽狂澜。这两人也确实有才干，他们到任后立刻对吐蕃发起了反击。皇甫惟明率陇右兵团击溃了吐蕃大岭军，不久后又在青海湖附近大破吐蕃大将莽布支，斩杀吐蕃军三万人。王倕则率领河西兵团击破了吐蕃驻青海的渔海军、游弈军等部队，同样取得不小的战绩。至此，西线再次稳定下来，唐军再度与吐蕃在河西展开了持久的拉锯战。

东北乱局：唐平可突于之乱

东北的乱局

开元十八年（730 年），大唐帝国正是一片繁荣的景象。此前几年，唐军在西线取得了节节胜利。在唐军的赫赫声威之下，突骑施派使者到长安入贡以示臣服，就连吐蕃也不得不遣使求和。然而帝国的阴霾从未散尽，其东北面又生事端。

这一年，契丹的可突于率部反叛，他杀死契丹王李邵固，然后带着契丹人和奚族人一起投降于后突厥汗国。被架空的奚王李鲁苏无力拦阻，只得带着妻子韦氏以及李邵固的妻子东华公主到唐朝求援，引得满朝惊诧。这事是怎么发生的呢？

且说开元四年（716 年），阿史那默啜死后，契丹首领李失活与奚族首领李大酺一起归降唐朝，让唐朝得以重新修筑营州。然而好景不长，不到两年，李失活病逝，其弟李娑固继承了他松漠都督和静析军经略大使的位置。

当时契丹有一个叫可突于的人，官居静析军经略副使，因为一贯骁勇善战，所以在契丹族内非常得人心。但正是因为这样，李娑固对可突于渐生猜忌，就想找机会除掉对方。然而李娑固优柔寡断，对何时动手迟迟不决，一拖再拖。天下没有不透风的墙，李娑固尚在犹豫，可突于就已经得到了消息。

比起李娑固，可突于显然果断得多，他没有丝毫犹豫，立即就向李娑固发起了袭击。李娑固则毫无防备，当即被可突于打了个大败，被迫逃到营州向当时的营州都督许钦澹求援。

许钦澹见状，立刻派兵捉拿叛臣，但他并没有把可突于放在眼里，只派了安东都护薛泰带着五百精锐护送李娑固回契丹，又让奚族首领李大酺率部与薛泰一起讨伐可突于。

可突于打仗确实很有一手，面对奚族和唐朝联军，竟能一举打得对方全军覆没，李娑固、李大酺当场被杀，薛泰也被生擒。消息传回营州后，许钦澹大惊，连忙将营州都督府暂时迁到了榆关（今河北省秦皇岛市东）。

其实，许钦澹多虑了。可突于也并没有那么神，他自知远远不是唐军的对手，即便获胜也不敢轻举妄动，而是把李娑固的堂弟李郁于立为首领，然后派遣使者到长安请罪。李隆基接到奏报后，不愿意多生事端，就顺水推舟赦免了可突于的罪行，并任命李郁于为松漠都督，任命李大酺的弟弟李鲁苏为饶乐都督。

很快，李郁于亲自到长安朝贡，李隆基又授予他率更令的职位，并将宗室旁支的后人慕容氏封为燕郡公主嫁给他。不久之后，可突于也来到长安朝贡，被李隆基任命为左羽林卫将军。事态就这样暂且平息下来。

李郁于病逝后，其弟李吐于继承了松漠都督的位置，又跟可突于起了矛盾。可突于为人强势，李吐于对他忍无可忍，干脆借着朝贡的机会，带着燕郡公主一起投奔了唐朝，再也不肯回去。李隆基哭笑不得，将李吐于封为辽阳郡王，留他在长安担任宿卫。

可突于对此不痛不痒，他又立刻扶助李尽忠的弟弟李邵固担任松漠都督，并派人向李隆基奏报。

李邵固上台以后，契丹和唐朝的关系渐渐趋于稳定。开元十三年（725年）李隆基泰山封禅，李邵固作为随行人员之一参加了大典。第二年，李隆基将李邵固任命为左羽林卫大将军、广化郡王，并将宗室旁支的女儿陈氏封为东华公主嫁给他。李邵固为表忠心，也把自己的儿子派去长安担任宿卫。双方友好相处，哪知一夕之间，唐朝与契丹的关系又生变化。

开元十五年（727年），李邵固派遣可突于前往长安朝贡。这本来是一桩美事，但可突于到达长安之后，宰相李元纮自恃高贵、傲慢非常，完全没有按照应有的礼节对待可突于，这就深深刺伤了对方的自尊心。可突于失意地回到契丹，心中仍然咽不下这口气。

左丞相张说得知这件事后，已经有了预感："奚族和契丹肯定要反叛了。可突于人面兽心，完全是为了利益才会前来唐朝。他为人狡猾凶狠，又掌控契丹内部权势已久，契丹人全部归附于他。现在李元纮对他无礼，他定会怀恨在心。他不会再来了。"

张说的猜测完全准确，此后三年，契丹果然不再派使者到长安朝贡。而可突于自认为准备万全以后，就迫不及待地率领契丹、奚族造反，倒向了唐朝北面的大敌后突厥汗国。

唐朝也迅速做出反应，派出幽州长史赵含章率军讨伐契丹，中书舍人裴宽、给事中薛侃在关内、河东、河南、河北等地招募勇士前去河北对抗契丹。不久之后，李隆基任命忠王李浚担任河北道行军元帅，御史大夫李朝隐和京兆尹裴伷先担任副元帅，率领八个总管，共同讨伐契丹。

可突于率军抢先进攻平卢军，在捺禄山（今辽宁省朝阳市境内）被平卢先锋使乌承玼重挫，狼狈逃回松漠都督府。赵含章的讨伐部队出塞后，连契丹人的影子都没瞧见，只好空手返回幽州。而河北道大军更是迟迟没有出发，因为李隆基忌惮皇子率领大军在外，所以忠王李浚（即未来的唐肃宗李亨）实际并未到任。就这么拖了一年多，李隆基才重新敲定了北伐大军的主帅——时任朔方节度副大使李祎。

李祎算得上一位宗室名将，他是唐太宗第三子吴王李恪的孙子，从小就很有志向。其父李琨死后，本来应该由他承爵，他却主动让给了年幼的异母弟弟李祗。因为这件事情，唐中宗李显非常欣赏他，特意让他承袭了唐太宗第十三子李嚣的爵位嗣江王。后来李隆基即位，又改封他为信安郡王。李祎原本一直在地方和朝中担任官员，并没有领兵打仗的机会，但河西节度使王君㚟死后，职位空悬，河西、陇右一带人心惶惶，为了稳定局势，李隆基连忙把朔方节度使萧嵩调任河西节度使，最后又让李祎填补了朔方节度使的空白。事实证明，李祎非常有军事才华。当时，河西节度使萧嵩、陇右节度使张忠亮都反对进攻石堡城，认为这里难以攻下。但李祎力排众议，亲自率领大军突袭石堡城，取得了决定性胜利，一举改变了唐朝和吐蕃在西线的战局。有鉴于此，后来李隆基需要指派将领讨伐契丹时，便将这个重任交给了他。

两战可突于

开元二十年（732 年），李隆基正式任命忠王李浚担任河东、河北行军大总管，李祎担任河东、河北行军副大总管，户部侍郎裴耀卿担任副总管，率领大军北上讨伐契丹。不过，忠王李浚只是挂名，李祎才是实际总指挥。

为了更有效地打击契丹，李祎决定兵分两路，一路以他和裴光庭为首，一路则由新任幽州节度使赵含章率领，两路大军分别从南、北两个方向进攻契丹。两路大军将在松漠都督府会师，以期一举击破契丹。

赵含章这一路出塞后，很快就遇到了可突于所率的契丹、奚族军队。两军刚一交锋，可突于就突然退兵。平卢先锋将乌承玼见状，向赵含章进言道："契丹和奚族都是强敌，他们刚与我们交锋就溃逃，末将以为，这不过是他们的诱敌之计，想要引我们进入埋伏，我们当前适宜按兵不动、静观其变。"

赵含章此前没与契丹军队交过手，并不了解对方深浅，只当他们是不敢与唐军正面交锋。赵含章立功心切，就没有听取乌承玼的建议，而是立刻率军追击。乌承玼心知不妙，但又劝不住主将，只好领着本部人马从另一条路朝着可突于败退的方向掩杀过去。

赵含章一路紧追急赶，很快就到达了白山（今辽宁省喀喇沁左翼蒙古族自治县东境）。事情果然不出乌承玼所料，赵含章一进入对方的埋伏圈，其四面八方便涌出了无数契丹、奚族士兵。唐军一心追敌，疏于防范，见状顿时阵形大乱。关键时刻，乌承玼率部从右侧杀出，奋力拼杀，终于驱走了可突于。

相比之下，李祎和裴光庭这一路的进展则要顺利得多。两人一路过关斩将，接连击败奚族、契丹部众，很快就到达了松漠都督府。可突于得到消息后，审时度势一番，选择暂避唐军锋芒，率领残部往更深远处的山谷地带躲避。不过原本跟随他的奚族人可不愿意继续为他卖命了，这些人起初也是受他胁迫才一同造反的，如今见大势已去，奚族首领李诗琐高立即带着五千多帐人向李祎投了降。随后，李隆基下旨封李诗琐高为归义王，兼归义州都督，所辖部众全部被安置在了幽州境内。

遗憾的是，唐军此次北伐，到底没能彻底消灭可突于。李祎班师回朝后不久，可突于再次夺回了松漠都督府，并收拢之前逃散的部众，于第二年卷土重来，入侵唐朝北部边境。

此前赵含章因作战不力，在唐军班师后就被免了幽州节度使一职，改由薛楚玉接任。薛楚玉家世显赫，其父正是高宗年间的名将薛仁贵，其兄则是在武街之战中大破吐蕃的薛讷。薛讷镇守幽州多年，他去世后，他的弟弟薛楚玉自然成为幽州节度使的热门候选人。可惜以薛楚玉的军事才能，实在难以延续父兄的辉煌。

可突于阴魂不散，李隆基下令幽州兵团发起反击。薛楚玉接令后，立刻带着副总管郭英杰、吴克勤、乌知义、罗守忠等人，率领一万多名精锐骑兵奔出榆关。为了以策万全，他还特意征调了奚族骑兵一起参战。可突于面对唐军，再次采取了诱敌深入之计，还特地派人前往后突厥汗国求来增兵。

薛楚玉一行起初非常顺利，很快就到达了都山（今河北省卢龙县北面），不料在这里遭到了契丹人埋伏。唐军一时慌乱失措，薛楚玉也没有什么胆气，一见伏兵，立刻带人拼命往回跑。随行的奚族人见状，也是四散而逃。

唐军来不及振作，忽然又听闻突厥骑兵杀至，与契丹军一起形成两面夹击。最后唐军仅有薛楚玉带着乌知义、罗守忠两人逃出困境，余下人都陷入了突厥与契丹联军的包围之中。绝境当前，郭英杰、吴克勤二人展现出了惊人的勇气，他们率部拼死向数倍于己的敌人发起了反击，直至力竭身亡。郭英杰是名将郭知运的儿子，他在幽州多年，曾参加过前一年大破契丹的军事行动。他战死时，唐军还有六千多人尚在拼死苦战。

可突于为了尽快瓦解唐军的斗志，便命人砍下郭英杰的头颅，然后将之拿到阵前展示。郭英杰在唐军中一向颇有声望，唐军众将见到他的头颅之后，不但没有泄劲，反而被激起了更强烈的斗志。他们不顾个人生死，一次次发起反冲锋，直至全军覆没。可突于虽然取得了最终胜利，却也承受了巨大的损失。

李隆基接到都山之战兵败的消息后，大惊失色，慌忙将西线名将张守珪调到幽州，代替薛楚玉担任幽州节度使。

张守珪自瓜州一战起，在西线屡立战功，已经官至陇右节度使。他到达幽州后，立刻组织人马对契丹发起反击。在这位当世名将的率领下，幽州兵团不断出塞袭扰，屡次击破契丹军。契丹经过上一场大战，还没有从创伤中恢复过来，又受到唐军如此反复消耗，实在承受不起。可突于为了争取喘息的时间，就派使者前往幽州向张守珪请降。

张守珪谨慎细致，怀疑对方可能是诈降，派右卫骑曹参军王悔前往契丹一边进行招抚，一边刺探实情。王悔到达契丹军营后，立即察觉可突于无意投降，还偷偷把营地朝西北方向移动。可突于这手缓兵之计，不过是为他暗中向后突厥汗国借兵而拖延时间。随即，王悔又意识到自己身处险境：可突于准备杀了他，然后与突厥人再次联军偷袭幽州！

王悔没有惊慌，因为他还有一个意外的发现：契丹内部存在着很大的不安因素。当时，契丹有一个名叫李过折的将领，手底下人马不少，但他与可突于之间的矛盾很深，双方时常爆发权力争端。王悔乘夜拜访李过折，劝他杀死可突于、投降唐朝。李过折早有此心，如今得到唐朝使者的支持，再不犹豫，当夜就悄悄集合了几百名勇士杀入可突于帐中，将对方当场斩杀。接着，李过折又杀死了傀儡主李屈烈和可突于的其他亲信，然后带着其余部众南下投降唐朝。

长达四年的可突于叛乱就此落下帷幕，一代枭雄最终死在了自己人手里。李过折投降以后，李隆基任命他为北平王、松漠都督。然而李过折为人残暴，经常鞭打手下，犯了众怒，不久就被部下李涅礼杀死。后来李隆基又任命李涅礼为松漠都督，统率契丹部众，却没能阻止契丹再次反叛。此后的岁月里，契丹人屡叛屡降，张守珪和继任的安禄山等人虽多次击败契丹，但终究未能将之彻底收服。

浴血九曲：唐军四战石堡城

石堡城得而复失

天宝六年（747年）十月，李隆基忽然下令，让时任河西、陇右节度使的王忠嗣率军前往攻打石堡城。石堡城被吐蕃夺取之后，成为吐蕃在黄河九曲一带的重要堡垒，周围建立了坚固的防线，阻挡了唐军深入九曲之地的道路，李隆基早就想夺回来了。

早在开元十七年（729年），瓜州之战胜利后不久，李隆基就曾下令朔方节度使李祎、河西节度使萧嵩、陇右节度使张忠亮集合三镇精兵共同谋划石堡城，但当时很多人都反对，就连萧嵩、张忠亮两人也说："石堡城地势险要、易守难攻，又是敌人的心腹要害，我们率领大军深入，万一不能获胜，到时只能撤退。若撤退路上再被吐蕃军追击，那就大事不好了。而且，石堡城距离遥远，难以保障补给。不如暂时按兵不动，观望形势再徐图后计。"

李祎倒是不同意两人的看法："大家都认为道路太远而且地势险要，所以石堡城难以攻下——石堡城的守军肯定也这么想，他们一定会疏于防备。如果以少数精兵奔袭，很可能会奏效。更何况我们身为臣子，怎么能因为害怕危险就不前进呢？如果到时寡不敌众导致惨败，需要有人承担后果，那我就以死来承担。"话都说到了这个份上，萧嵩和张忠亮只好同意了李祎的计划。

李祎率领精兵突袭石堡城，不出所料，石堡城守军果然毫无防备，唐军只以很小的代价就攻下了石堡城，缴获了吐蕃囤积于此的大量军需物资。李隆基很是喜悦，在石堡城设置振武军，并围绕振武军布置起坚固的防御阵线，又命各路唐军以石堡城为中心四面出击，收复了九曲一千多里土地。

此后数年，唐军依托石堡城屡屡向吐蕃发起反攻，吐蕃招架不住，只好遣使投降。然而这一切到开元二十八年就变了。崔希逸死后，西线一直缺乏一名能够独当一面的大将，恰逢碛西节度使盖嘉运到长安献俘，李隆基就把他调到了西线。正如前文已讲述过的，盖嘉运居功自傲，早已懈怠。开元二十九年，吐蕃出动大军四十余万进攻石堡城，而驻守的唐军没有丝毫防备，很快就被吐蕃轻松攻陷。

石堡城失陷以后，盖嘉运被免职，皇甫惟明代之成为陇右节度使。皇甫惟明倒是个能臣，且很早就展现出了不凡的战略眼光。开元十八年（730年），吐蕃屡战屡败，不得不遣使求和，原本李隆基并不同意，皇甫惟明听说后，就找了太子李亨的门路，面见李隆基并说服了他，最后还作为使者促使两国达成了协议。

皇甫惟明担任陇右节度使后，又多次大破吐蕃大军，成功稳住了西线的战局。天宝二年（743年），皇甫惟明在西线发起大举反攻，他率军从西平出发，一路杀进吐蕃境内，经过一千多里的行军，到达洪济城（今青海省贵德县西）。洪济城是吐蕃在九曲之地的重要堡垒之一，此前吐蕃一直以它为前沿基地，不断袭扰唐朝边境。但洪济城离唐朝边境很远，吐蕃守军是万万没想到唐军竟会行军千里特意来到城下，也就没有任何防备，很快被唐军攻下。

拿下洪济城只是皇甫惟明战略计划中的第一步，他的最终目标依然是石堡城。不久后，皇甫惟明便以洪济城为依托，吹响了唐军第二次进攻石堡城的号角。但石堡城守军已经汲取了洪济城的教训，及时加强了防御，唐军发起的一次又一次攻击，都没能动摇石堡城分毫。正如早年萧嵩等人所担心的那样，石堡城易守难攻，且只有正面进攻一条道，唐军很快陷入苦战。

更糟糕的是，随后又有大批吐蕃援军赶到，与石堡城守军合力展开夹击。唐军大败，皇甫惟明的副将诸葛诩当场战死，皇甫惟明不得不狼狈撤回陇右。而他终究没能等到下一次进攻石堡城的机会，就死在了李林甫的诬陷之下，令人唏嘘不已。

血战石堡城

皇甫惟明死后，谁来接替他承担夺回石堡城这一重任呢？李隆基想到了王忠嗣。

盐泉城一战获胜以后，王忠嗣名动天下，并因功被李隆基封为左金吾卫将军、河东节度副使、大同军使。开元二十九年，王忠嗣被任命为朔方节度使兼灵州都督，开始了他一生中最辉煌的一段军事生涯。

天宝元年（742年），王忠嗣率部北上讨伐奚怒皆，两军在桑干河一带相遇，王忠嗣连续三次击破奚怒皆，俘虏了大批人马牲畜，威名远扬漠北。

此后不久，王忠嗣又抓住后突厥汗国内乱的机会，率领大军驻扎在碛口示威，吓得后突厥汗国的乌苏米施可汗赶紧派使请降，王忠嗣考虑到后突厥汗国依然非常强大，就同意了。

不过，乌苏米施可汗请降只是权宜之计，王忠嗣也心知肚明，他顺势将军队驻扎在木剌、兰山一带，然后派遣间谍四处侦察后突厥汗国的动向。经过长时间观察，王忠嗣已是胸有成竹，便向李隆基上奏陈述平戎十八策，得到天子批准后，他立刻展开了对付后突厥汗国的军事行动。

王忠嗣首先在河东、朔方等地设置交易场所与胡人互市，又在交易市场上以高价收购战马。北方各部落都以为发财的机会来了，争相将马匹卖给唐朝，王忠嗣则全部买下充实军需。不知不觉间，北方胡人的战马越来越少，唐军的战马却越来越多。王忠嗣后来调任河西、陇右节度使时，曾一次性从朔方、河东两镇调集来九千匹战马分给河西、陇右，足见其丰。

接下来，王忠嗣又不断派遣使者游说拔悉密、葛逻禄、回纥等部落背叛后突厥汗国，改投唐朝。不久后，这些部落又联合起来向乌苏米施可汗发起突袭，将乌苏米施可汗斩杀。就这样，王忠嗣不费一兵一卒，就促进了横行大漠的后突厥汗国土崩瓦解。

担任河西、陇右节度使后，王忠嗣又先后在青海、积石一带多次大破吐蕃军队，其声望和地位也越来越高。最盛时，他曾身兼朔方、河东、陇右、河西四镇节度使，掌握天下近半的兵马，也足见李隆基对他的重视。

然而历经长期的征战磋磨过后，曾经热衷于战场厮杀的王忠嗣渐渐转变了对战争的态度，越发趋向于稳守边境，而不是东征西讨。过去王忠嗣有一把重达一百五十斤的大弓，如今已很少使用，他常常把它收进袋子里，以显示自己不愿妄动刀兵。到不得不打仗时，他也会提前做好情报侦察工作，切准敌人的薄弱位置，然后再发起攻击。这样一来，他的军队经常以较小的伤亡代价取得大胜，士兵们都愿意跟随他作战。

正因如此，在接到李隆基要他进攻石堡城的命令后，王忠嗣立刻上书表示反对："石堡城地势险要、易守难攻，现在吐蕃倾全国之力进行防守，唐军劳师远征，想要攻下它是非常困难的，就算能攻下，少说也得损失几万人马。用这样大的损失换取一座堡垒，未免得不偿失。我认为，目前只需厉兵秣马，待找到合适的机会再去进攻石堡城，方为上策。"然而李隆基急欲开边炫耀武力，不由分说，依然要求王忠嗣想办法夺下石堡城。

王忠嗣曾言："在太平盛世担任将领，最重要的事情就是安抚部众，我不愿意损耗国家的实力来换取个人功名。"他言出必行，拒不听从皇命。王忠嗣这一做法固然为国家保存了实力，但也可以想见，他如此强硬地顶撞天子，李隆基自然不会给他好脸色。

眼看事态陷入僵局，一名叫作董延光的普通将领揣摩出了皇帝的心思，主动出来揽了事儿，上书请求让他率军一举夺回石堡城。有人主动请缨，李隆基当然高兴，立刻派董延光前去进攻，又要求王忠嗣派兵配合。

然而王忠嗣爱惜兵卒的程度超出了李隆基的预料，他迟迟不肯派兵，最后虽然勉为其难派出了些许兵将，却又连一点儿赏赐都不给，这让董延光非常不高兴。当时在王忠嗣帐下担任河西兵马使的李光弼听说后，就劝王忠嗣道："您因为爱惜士兵，所以不愿意让董延光成此大功。虽然迫于诏命派了几万人相助，却不悬以重赏，士兵们又怎么肯尽力进攻呢？而且，您有没有想过，这毕竟是陛下的命令，董延光如果无功而返，肯定会把罪责全部推到您身上。现在河西、陇右地区府库充盈，何不拿出几万段绢帛重赏士卒，那样就算董延光失败了，他也没法怪罪到您的头上。"

王忠嗣却固执地说："区区一座堡垒，攻下了不足以制服吐蕃，攻不下对国家也没有什么损失，所以我才不愿意牺牲数万人去攻取石堡城。就算我被陛下责怪，也不过是失去现在的职位，去做宫中宿卫，或者被贬到黔中一带担任县尉。我怎么忍心用几万人的生命去换取官职呢？李将军，我知道你劝我也是为我着想，但我心中早已有了决断，你也不要再多说了。"

话已至此，李光弼只得叹道："我担心这件事连累您，才向您提出忠告，您如同古人一样爱惜国家胜过自己，实在不是我能比得上的。"

后来发生的事情，果然如李光弼的猜测，没有王忠嗣的全力支持，董延光无法攻克石堡城。董延光回到长安后，一把将责任全部推到王忠嗣的头上，认为是王忠嗣不肯出兵，这才导致自己无法攻克石堡城。宰相李林甫也乘机陷害，唆使人诬告王忠嗣意欲拥立太子李亨登基。

在这些奸臣的轮番攻击下，四镇节度使王忠嗣垮了。他原本以为，自己最坏的结果不过是被贬谪，但李隆基却直接将他下狱并问成死罪。之后，李隆基任命哥舒翰担任陇右节度使，任命安思顺担任河西节度使，顶了王忠嗣的位置。

没承想，哥舒翰竟然为王忠嗣站了出来。

哥舒翰是突骑施哥舒部的后人，他父亲哥舒道元曾经在安西都护府担任过赤水军使。因家中富裕，哥舒翰早年生活闲散，喜欢喝酒赌博，一直没有什么大的成就。哥舒翰四十岁时，父亲病死了，他就在长安居住了三年，因为没有官职，一直被长安县尉看不起，他一怒之下折节向西，前往河西投军。谁也没想到，这竟然成了他的人生重大转折。

河西节度使王倕颇有识人之慧，一眼就觉得哥舒翰非常有才华，在攻打新城时，直接让哥舒翰统筹全军。哥舒翰果然出手不凡，一战即大破吐蕃。王忠嗣担任河西节度使期间，也发现了哥舒翰的才华，于是提拔他担任衙将。在这之后，哥舒翰的晋升之势一发不可收拾。

哥舒翰熟读《左传》和《汉书》，从书中学到了很多带兵打仗的知识。他平日为人仗义疏财，在河西军中很得人心。在抵御吐蕃入侵河西的苦拔海一战中，吐蕃人分成三队，从山下不断向唐军发起冲锋，而唐军在哥舒翰的带领下奋力还击。交战中，哥舒翰手中的长枪都被折断成了两截，他也没有退缩，仅凭半支枪继续带领冲杀，最终大破吐蕃军队。此战过后，哥舒翰因功被封为右武卫将军、陇右节度副使，并兼任河源军使。

过去，吐蕃人每年都会在小麦成熟时期到积石一带抢掠，历任唐军将领都想过办法预防，但都成效不大。哥舒翰到河源上任后，果断打了一场硬仗。他预判了吐蕃来劫的日子，让人提前埋伏在吐蕃军的退路上，待来犯的五千名骑兵开始抢麦子时，自己带人从河源城中杀出。等这帮吐蕃人溃退时，早前设下的伏兵再度扑上去补刀。结果，吐蕃五千人马，一人一马都没能逃回去。自此以后，吐蕃人再也不敢来抢麦子了。

到王忠嗣被人扳倒时，哥舒翰已经身居高位。仗义的他不忍见王忠嗣落难，明知帮助对方很有可能把自己也搭进去，但他还是义无反顾地前往长安。哥舒翰临行前，陇右将士们纷纷建议他多带些金银财宝，入京后好贿赂朝臣，请他们替王忠嗣说话。哥舒翰却说："如果还有正义在，王公一定不会冤死；如果没了正义，带再多钱财也没什么用。"于是他只带着一个简单的行囊就上路了。

当然，哥舒翰可不是个光凭一腔热血就鲁莽行动之人，他早就想好了救王忠嗣的方法。他知道背后使坏的人是位高权重的李林甫，就算重金行贿也找不到人帮王忠嗣说话，所以他打算出感情牌，力图感化天子。

哥舒翰一到达长安就赶紧面见李隆基，不断诉说王忠嗣的冤屈，并请求用自己的官职去免除王忠嗣一死。李隆基当然不同意，转身便走，哥舒翰就一路跟着他，不断叩头求情，声泪俱下。到最后，李隆基终于被他感动到了，答应免了王忠嗣的死罪，只将他贬为汉阳太守。

哥舒翰好不容易保住王忠嗣一命，心中大石头终于落下。然而王忠嗣性情刚烈，受不了此等屈辱，没多久便郁郁而终了。

王忠嗣去世后，天宝八载（749 年），李隆基又命哥舒翰率军夺取石堡城。

为了一举而竟全功，李隆基不但让陇右兵团尽出，还从河西兵团、朔方兵团、河东兵团以及突厥首领阿布思手下抽调六万三千人，全部交给哥舒翰指挥。

此时石堡城仅由吐蕃将领铁刃悉诺罗率领数百人守卫，但他们早就在城里储备了很多粮食、滚石和檑木等物资。唐军在多次攻击并付出了巨大的伤亡后，依然没能将城攻破。哥舒翰见多日进攻无果，又心忧吐蕃援军到来，于是严厉地指责了高秀岩、张守瑜两位前线指挥进军不力，准备砍了他俩提振士气。高、张二人赶紧跪地求饶，请求宽限三日，保证一定破城。

回到前线后，高、张二人再不敢偷懒，亲自带着唐军日夜不停地攻打石堡城，在付出了巨大伤亡后，终于在三天内攻下了石堡城，并抓捕了以铁刃悉诺罗为首的四百名吐蕃残兵。

石堡城一战，唐军伤亡数万，战后唐军也无力扩大战果。哥舒翰派人在赤岭以西开辟屯田，再派两千人驻扎在青海湖中的龙驹岛（今青海湖海心山）上。当年冬天，吐蕃人再次前来，他们踏冰渡过青海湖，出其不意地突袭了龙驹岛，岛上守军全军覆没。唐军与吐蕃再次以青海湖为界进行对峙，石堡城并没有发挥出想象中的作用。直到四年后，哥舒翰才带领恢复元气的陇右兵团一举将吐蕃赶出九曲之地。

中亚争雄：唐军兵败怛罗斯

奇袭连云堡

河西、陇右兵团在石堡城一带与吐蕃浴血奋战之时，安西兵团也在遥远的西域准备向吐蕃发起反攻，以策应河西一线的战局。安西节度使夫蒙灵察等人经过仔细商讨，最终把行动地点定在了小勃律国。

小勃律国是葱岭以西的一个国家，开元年间一直派遣使者到长安朝贡。这个弱小的国家屡次受到吐蕃欺压，国王没谨忙很希望得到唐朝的帮助，所以他敬重李隆基犹如对待父亲。李隆基乐得如此，便答应帮助小勃律国。鉴于小勃律国靠近吐蕃，是制约吐蕃的一大战略要地，李隆基还特意在小勃律国设置了绥远军，以防备吐蕃人攻击。

小勃律国归附大唐后，吐蕃犹如芒刺在背，时刻想要拔掉这颗眼中钉。开元十年（722年），吐蕃第一次出兵进攻小勃律国，小勃律国当然抵挡不住，没谨忙连忙给北庭节度使张孝嵩写了一封信："小勃律国是唐朝在西面的大门，如果失陷，往西的各国肯定会投降吐蕃，使得吐蕃更为壮大。眼下吐蕃来犯，希望都护能发兵前来相助。"

张孝嵩作为武官并不出众，但他却是唐帝国里很早就注意到西域战略价值的人之一，早在开元三年（715年），张孝嵩就曾作为监察御史到西域视察工作。恰逢吐蕃和大食入侵西域，一个叫作拔汗那的小国首当其冲遭了难。拔汗那国王兵败后向安西都护府求救，时任安西都护吕休璟考虑路途遥远，一开始并不打算帮忙。但张孝嵩极力主张救援，否则以后唐朝没法再号令西域诸国。不仅如此，张孝嵩还亲自征召附近的胡人部落一万多人向西进攻，最终在连城大破叛军主力。此后，拔汗那国死心塌地地归附唐朝，在安西兵团进攻突骑施时还屡次派兵相助。

同样，张孝嵩收到小勃律国的求援后，也不曾轻忽，立即派出疏勒副使张思礼率步骑兵四千人，昼夜兼程前往救援，在吐蕃军队还没反应过来之前就赶到了小勃律都城孽多城（今克什米尔的吉尔吉特市）。没谨忙立刻开城出兵，与唐军一起夹击吐蕃军。最终吐蕃军大败，死伤多达数万人。唐军不但缴获了很多兵器、铠甲和牲畜，还一举收复了小勃律国被吐蕃占领的九个城。从此以后，吐蕃人很长一段时间都不敢打小勃律国的主意。

开元二十四年（736年），尺带珠丹再次向小勃律国发起进攻。由于当时吐蕃已与唐朝结盟，唐朝不便出兵干预，李隆基就只派了使者前往吐蕃责令尺带珠丹退兵。但吐蕃当初向唐朝求和，原本也只是个幌子，并非诚心修好，自然不可能听劝退兵。但因为这一通耽搁，小勃律国便迅速落入了吐蕃手里，唐军再做什么反应也来不及了。为了更好地控制小勃律国,吐蕃人甚至将吐蕃公主嫁给了小勃律国王苏失利。从此以后,小勃律国彻底倒向了吐蕃,连它往西的二十多个国家也全都归附了吐蕃。

由此,田仁琬、盖嘉运等几任安西都护先后三次派兵前去攻打小勃律国,但都因为路途遥远而没能成功。这一次,夫蒙灵察把进攻的重任交给了自己的得力战将高仙芝。

高仙芝是高句丽后人,其父高舍鸡早年曾在河西军中服役,后被调至安西四镇担任将军,高仙芝那时候二十多岁,也跟随父亲一起来到安西,被任命为游击将军。此后几年,父子俩都一起担任将领。

高仙芝容貌俊美、善于骑射,但早年没有像样的战功,也不受重用,他的父亲还因为他面相儒雅、不似武将而发愁,总担忧他将来没有出路。直到夫蒙灵察代替盖嘉运担任安西节度使,才发掘出了高仙芝这个将才。夫蒙灵察向天子推举他,李隆基便任命他为安西副都护、四镇都知兵马使。

天宝六年(747年),李隆基正式下令让高仙芝担任行营节度使,率领一万名步骑兵远征小勃律国。当时西域的马匹多,很多步兵都私下准备了战马随军出征,所以高仙芝带领的一万人实打实都是骑兵。

一切准备就绪后,高仙芝率军开始长途跋涉。他们从安西都护府出发,经过十五日的行军到达拔焕城(今新疆维吾尔自治区阿克苏市),又西行十余日到达握瑟德(今新疆维吾尔自治区巴楚县东北),再经十余日行军至疏勒,然后花了二十余日抵达葱岭,这才登上了中亚的帕米尔高原。在此之后,唐军继续向西,经二十余日到达播密水(今阿富汗东北部的喷赤河北源),再向前经过二十余日到达特勒满川(今塔吉克斯坦和阿富汗交界的喷赤河)。至此,唐军经过一百多天的长途跋涉,终于接近了吐蕃在西面的势力范围。

在特勒满川,高仙芝召开了一次军事会议,将第一个打击目标定为吐蕃在中亚的重要堡垒连云堡。为了不打草惊蛇,经过周密的策划,高仙芝决定将大军化整为零,兵分三路前进:疏勒守捉使赵崇玼率一路从北谷道进发,拔焕守捉使贾崇瓘率另一路从赤佛道进发，高仙芝和监军边令诚率领第三路沿着护蜜国前进。三路大军同时出发，约定于七月十三日在连云堡（今阿富汗的喷赤河南源）附近会齐，最终如期抵达。

连云堡地势险要，它建于山峰，三面傍山，一面临河，进攻的难度非常大。吐蕃人在连云堡内驻扎了一千兵马，储备了大量粮食、滚石和檑木等战略物资，又在南面依山设置营垒，由九千人防守。山峰之下的婆勒川（今阿富汗喷赤河南源）是天然的路障，要攻打连云堡，必须先渡河。高仙芝等人率大军赶到时，正好遇上了婆勒川涨水，唐军没有船只，只能望川兴叹。

眼看着时间越拖越久，唐军暴露在随时可能被吐蕃人发现的危险之下，高仙芝只能选择破釜沉舟，先宰杀牲畜祭祀河神，然后下令唐军众将士准备好三日口粮，第二天一早就全部渡河。这个命令一出，唐军众将都担忧不已，这大水还没退，怎可能凭空跨过去？所幸第二天早上，奇迹发生了——大水真的退去了。唐军渡河时，竟能够人不湿旗帜、马不湿鞍，一路非常顺利地渡过了婆勒川。

而吐蕃守军这边，他们见婆勒川涨水阻滞了唐军，所以并未保持警惕。高仙芝原本一直担心唐军渡河时会被吐蕃人发觉并遭到攻击，但直到他们渡完河、列好阵，吐蕃军也没一丝动静。他终于放下心头大石，向边令诚庆幸道："如果吐蕃人趁我军渡河时发起进攻，我军肯定要大败，现在我们都渡河列阵了，他们还不知道，真是老天爷也要帮我们收获一场胜仗了。"

随后，高仙芝立刻向连云堡南面的营垒发起突袭。吐蕃军大败，残兵退入连云堡中与守军一起坚守。唐军虽然占据了先发制人的优势，但仍然奈何不了连云堡，吐蕃人不断从山顶向下扔出滚石、檑木，迫使唐军无法靠近。就在这时，高仙芝出动了他的秘密武器——由李嗣业所率领的陌刀队。

李嗣业是长安高陵人，身高七尺有余，臂力惊人，他在开元年间从军，后来跟随安西都护来曜讨伐突骑施的苏禄可汗，在战斗中立下战功，被封为昭武校尉。后来李隆基征召天下勇士前往西域，李嗣业便应募到达安西。当时安西军中刚刚推行陌刀这种兵器，力气大的李嗣业很快就将刀法练得炉火纯青，在安西军中无人能敌。李嗣业每次打仗都担任先锋，在他的带领下，唐军所向披靡。

这次高仙芝远征小勃律国，自然也把李嗣业带上了，他任命李嗣业和中郎将田珍两人分别担任左、右陌刀将，两人各自率领一支陌刀队——这是安西兵团的秘密撒手锏，非到关键时刻不会使用，而眼下正是需要它们的时候。

高仙芝向李嗣业嘱咐道："中午以前，你们必须破敌，不然就按军法从事。"李嗣业接到命令后也不推辞，立刻带着陌刀队绕到连云堡后方的山崖下，他一手拿旗帜，一手拿陌刀，当先沿着险要的山路朝上方爬去。与此同时，唐军也从连云堡正面发起小规模进攻，吸引吐蕃人的注意，以便掩护陌刀队的行踪。待陌刀队这些勇士悄悄从后方发起进攻时，吐蕃人腹背受敌，高仙芝乘机发起大规模进攻，从辰时一直打到巳时，终于在中午以前大破吐蕃军队，拿下了连云堡。

此战，唐军斩杀了吐蕃军五千多人，俘虏了一千多人，还缴获了一千多匹战马以及大量衣物等军需物资。

威震中亚

拿下连云堡后，唐军下一步该如何开展行动？

监军边令诚认为："现在我们已经拿下了连云堡，算是完成了主要任务，可以班师回朝了。眼下我们距离安西都护府已经非常远了，继续孤军深入，可能会遭到惨败，不如见好就收。"

主帅高仙芝却说："我们出其不意夺取了连云堡，说明吐蕃人还没有察觉我们的动向，这正是一举夺回小勃律国的大好机会，我们更应当继续深入，怎么能就此撤退呢？"

二人争执不下，最后高仙芝提议，由边令诚领着三千老弱士兵防守连云堡，自己则率领大军继续深入。边令诚心中一盘算，倘若高仙芝大军胜利了，自己能分到一份功劳；如果败了，又可以把责任都推给高仙芝，反正他无论如何都不吃亏，于是就答应了。

于是，高仙芝继续率军向前，经过三天急行军到达了坦驹岭（今巴基斯坦属克什米尔巴勒提特之北）。坦驹岭地势险峻，大军需要沿着陡坡下行四十多里才能到达岭下一座叫作阿弩越（今巴基斯坦控制区克什米尔北部之古皮斯）的城市。高仙芝担心将士们畏惧险途，不肯下去，就偷偷派了二十名勇士先行去城里，买了当地人的衣服，打扮成阿弩越人前来迎接唐军。

这二十名"演员"声情并茂地说道："我们城主知道唐军来了，派我们先来迎接你们。为了表示我们的诚意，我们把娑夷水的藤桥都砍断了。"娑夷水就是传说中的弱水，其上连一根草都浮不起来。水上只有一座藤桥连接吐蕃，倘若藤桥断了，吐蕃军队就无法前来支援了。

唐军众将士听闻这个消息后，非常振奋，人人都想要赶紧下山去夺取战功。高仙芝就这么忽悠着士兵们越过了四十多里的险路，仅用时三日就到达了阿弩越城下。阿弩越城主也挺配合，他虽然不知道高仙芝之前放过什么烟幕弹，但他看到唐军来了，也没做任何抵抗，立刻就开城投降了。随后，唐军进入阿弩越城进行短暂休整。

入城当天，高仙芝即命令将军席元庆、贺娄余润率兵修筑前行的道路。此时唐军士气正是高昂，他们仅花了一天时间就顺利完成了任务。第二天高仙芝便率领唐军向小勃律国进发，并派席元庆带着一千名骑兵作为先锋。

为了麻痹小勃律国人，高仙芝还特意让席元庆对外宣称："我们既不是来攻打小勃律国的，也不是来砍藤桥的，我们只是借道前去攻打大勃律。"高仙芝又私下交代席元庆："现在小勃律国的五六个首领都是铁了心要投靠吐蕃，不可能真心归降我们。他们极可能带领百姓逃入附近的山谷中躲避，届时你就拿出敕命和财物，宣称是唐朝对借道的赏赐，那些首领贪图钱财，肯定会出来。你乘机抓住他们，然后一起押来见我。"

其实"借道"这个借口，之前吐蕃攻打小勃律国时就已经用过了，当时小勃律国信以为真，还与吐蕃人一起修筑了藤桥，不料藤桥刚一修好，吐蕃人就立即翻脸发动了攻击。如今唐军也自称"借道"，小勃律国的几个首领居然再次天真地相信了，欢天喜地地前来领取赏赐的财宝，于是全都做了席元庆的俘虏。国王苏失利一看大势不妙，赶紧带着吐蕃公主躲进了附近的石窟里，唐军怎么找都没有找到。

不久之后，高仙芝抵达小勃律国，下令把小勃律国的几个首领全部处死，又让席元庆即刻砍断娑夷水上的藤桥。这座藤桥距离唐军六十多里远，席元庆拼命赶路，终于抢在吐蕃人到来前砍断了藤桥。藤桥断时，吐蕃大军刚好来到对岸。这座藤桥的跨度远超一箭射程，当年两国花了整整一年时间才修建而成，如今要修复它，也不是短时间就能办成的事。吐蕃人气得在对岸大呼小叫，但也无济于事了。

隔绝了吐蕃援兵之后，高仙芝才不紧不慢地派人四处招诱苏失利出来投降。苏失利在石窟里坚持了几天，见藤桥已断，援兵难至，只好带着吐蕃公主一起投降了。

八月，高仙芝带着苏失利和吐蕃公主从赤佛道返回连云堡，与边令诚等人相会，然后一起班师回朝。奇袭小勃律国之战后，唐军再次威震中亚，中亚地区的七十二个国家都派使者前来归降。

不过，高仙芝在回程期间却犯下了一个大错：他求功心切，还在路上就迫不及待地让人前往长安向李隆基告捷——他这样做属于越级上报，把自己顶头上司夫蒙灵察得罪了个彻底。

高仙芝率军回到安西都护府时，夫蒙灵察不但没有派人为他接风洗尘，还把他叫过去骂了个狗血淋头："你这个吃狗肠的奴才，你还记不记得你于阗守捉使的职务是怎么来的？"

高仙芝如梦初醒，赶紧答道："是大人您提拔的。"

夫蒙灵察又问："你焉着镇守使、安西副都护、都知兵马使的职位又都是怎么来的？"

高仙芝继续尴尬地回道："大人您提拔的。"

夫蒙灵察喝道："你也知道都是我提拔的，现在打了胜仗，居然不上报给我就擅自先上奏朝廷？你真是该死，然而看你刚立了大功，姑且放你一马。"

高仙芝心里凉了半截，深觉手足无措。

另一边，精明的边令诚可不能由着夫蒙灵察打压高仙芝，否则属于他的功劳又该怎么计算？他赶紧密奏天子："高仙芝刚刚立下大功回来，却被夫蒙灵察如此打压，作为功臣却一直担心自己的性命。如果都这么干，以后还有谁肯为朝廷效力？"

李隆基迅速任命高仙芝为鸿胪寺卿，代理御史中丞，顶替夫蒙灵察担任安西节度使。至于夫蒙灵察，则被调回长安另作任命。这突如其来的变化打了夫蒙灵察一个措手不及，他又开始后怕，唯恐高仙芝会对自己进行打击报复。然而高仙芝行事如常，见到他依然像往常一样行礼。夫蒙灵察非常惭愧，匆匆回了长安。

夫蒙灵察走得轻松，但安西副都护程千里、衙将毕思琛、行官王滔、康怀顺、陈奉忠等人却走不了，他们之前曾在夫蒙灵察面前说过高仙芝的坏话，如今高仙芝一跃成为顶头上司，他们几人心虚之下终日惶惶不安。

高仙芝决定快刀斩乱麻。他先把程千里叫来骂了一顿："你看着像个男人，内心却像个娘们一样，这是为什么？"

接着他又把毕思琛叫来，问道："你还记得此前抢了我在城东的一千亩田吗？"毕思琛哆嗦着回答："那是您赏赐给我的。"高仙芝冷笑道："那时我惧怕你的权势，哪里是真想赏赐你？"

随后，高仙芝又把王滔等三人全部抓起来，扬言要打他们一顿。不久后，高仙芝把他们全都放了，然后说："我的气已经出了，再也不恨你们了。"

就这样，高仙芝高高拿起，轻轻放下，痛快地了结完个人恩怨，再不提往事。安西军随之安定下来。

随着奇袭小勃律国之战取得大胜，高仙芝的声名响彻中亚，而这仅仅是他辉煌军事生涯的开端。天宝八载（749年），吐火罗叶护失里怛伽罗上书，请求唐朝出兵助他讨伐中亚的羯师国，理由是羯师国依附于吐蕃，经常阻断唐军在小勃律国驻军的运粮通道。李隆基再次派高仙芝率领安西兵团出击，很快就大破羯师国并俘虏了国王勃特没，然后另立素迦为羯师王。由此，吐蕃在中亚地区的势力又一次遭到重创。

怛罗斯之战

高仙芝在中亚接连取胜，他的个人势头如日东升。鲜花着锦，烈火烹油。在一片风光赞誉当中，高仙芝也难免膨胀起来，逐渐不把西域诸国放在眼里。天宝九载（750年），高仙芝忽然上奏称，石国没有尽到藩臣的礼节，请求率军讨伐。李隆基很是吃惊，在他看来，石国对唐朝一直还是比较恭顺的。早在开元二十八年，李隆基亲自册封石国国王莫贺咄吐屯为顺义王。莫贺咄吐屯死后，继任的伊捺吐屯屈勒也曾因为受到阿拉伯帝国的威胁，请求李隆基派兵讨伐阿拉伯，不过当时被他拒绝了。如今伊捺吐屯屈勒的儿子那俱车鼻施刚即位不久，被李隆基封为怀化王，也没做过什么出格的事。当然，李隆基信任高仙芝，并没有多想，答应了他出兵的请求。

高仙芝率领大军从安西出发，昼夜兼程，很快到达石国城下。那俱车鼻施一觉醒来，发现唐军忽然兵临城下，吓得立刻派遣使者前去唐军大营请降。高仙芝很痛快地答应了，如此，他便又收获了一次战功。

然而高仙芝并不打算遵守约定，反而趁着那俱车鼻施放下防备时，忽然率军杀入城中，俘虏了那俱车鼻施，还将城里的男女老幼杀了个干净。

高仙芝为什么会这么做呢？无非是石国非常富有，而他动了贪财的心思，这才违约抢劫，大发横财。光他一人抢到的黄金、珠宝，就需要五六匹骆驼运送，至于牛、羊、马匹等牲畜，更是掳掠无数。

高仙芝虽然能征善战，但他的战略眼光显然不够深远。他没考虑到此事对唐朝在中亚的声誉造成了何等恶劣的影响，以致西域各国再不愿意相信唐朝，而他自己也很快受到了反噬。

当时石国有一位王子逃了出去，他前往西域各国，大肆诉说石国的冤屈。西域各国听闻后非常震惊，纷纷担心高仙芝会故技重施，把主意再打到他们头上，于是暗中组织了一个反抗高仙芝的联盟。当然这些小国家势单力薄，即便联合起来也不足以与唐朝抗衡，于是它们又请了一个外援——大食。

大食，也就是古阿拉伯帝国，它是穆罕默德建立的一个政教合一的国家。它吞并了波斯帝国，成为横跨亚、非、欧三洲大陆的庞大帝国。但大食内部矛盾不断，起义频繁发生，所以一直没腾出手来向中亚扩张。西域各国向大食求援时，它正发生翻天覆地的变化：天宝九载，哈希姆家族首领阿布·阿拔斯·萨法赫一举击败倭马亚王朝（即白衣大食），建立了阿拔斯王朝（即黑衣大食）。至此，大食国内争端暂歇，阿拔斯王朝开始有余力经营东方。

收到西域各国的求援消息后，阿拔斯王朝认为这是一个击败唐军、控制西域的大好机会，于是立刻派兵前往，准备与西域各国一起偷袭安西四镇。

大食要进攻安西四镇的消息很快就传到了高仙芝耳朵里，当然高仙芝从不畏战，面对这种情况，他决定发动一次远征，突袭击破大食军队。天宝十载（751年）四月，高仙芝率领安西兵团两万人，以及从西域各部落中征召来的一万人，从安西出发，开始西征。

高仙芝率领大军前行七百多里到达怛罗斯城下时，未料到大食军队也正好赶到，突袭战遂变为遭遇战。此时的形势对唐军非常不利：他们不但人数远少于对方，而且人困马乏，正是虚弱的时候。不过，在高仙芝的指挥下，唐军依然与大食军队展开了激烈交锋，双方连续大战五天，难分胜负。

到第六天，局势忽变。就在两军交锋时，列阵于唐军后方的葛逻禄部落忽然倒戈。葛逻禄是铁勒九姓里的一支，出于对高仙芝不满，以及对局势的悲观，就生出了别样心思。葛逻禄倒戈后，唐军遭受前后夹击，大败而逃。

高仙芝摆脱大食军队的追击后，收拢手下人马，发现只剩下几千人了。如此耻辱让心高气傲的高仙芝非常难受，他甚至试图让这数千人再去打一仗。

李嗣业苦苦劝道："将军你带着大军孤军深入敌境，没有后援，我们又刚大败；而大食却刚刚大胜，士气正盛。此时我们若与他们交锋，将极难获胜。我知道将军并不怕死，但要是我们都死了，谁回去上报朝廷，谁去守卫安西？依我之见，我们不如先退守白石岭。"

高仙芝还在气头上，冷硬道："我刚刚聚集起被打散的军队，正准备明天再次和他们交手，怎么能撤退呢？"

李嗣业急了，直白道："我们大势已去，根本打不赢，如果不撤退，明天我们一个人也别想活着回去！"

高仙芝噎住，半响才答应撤退，然后派李嗣业快速赶到白马岭上驻防，以掩护大军撤退。

然而撤退令一下，大军立即陷入了混乱。唐军这次西征带了不少胡人军队，走在队伍最前面的是拔汗那军，他们携带的大量牲畜把道路堵塞住了，高仙芝坠在后面，也无法通过。李嗣业便拿了一条大棒在前面开路，凡是遇上人或者牲畜挡路，二话不说举棒就打，一连打死了好几个人后，拔汗那人终于利索起来，匆匆让开一条小道，让高仙芝先行逃脱。

高仙芝走后，队伍就更乱了，士兵们争相逃命，反而把路堵得更死。李嗣业害怕大食军队追上来，再次拿出大棒准备强行开路。段秀实赶来拉住他道："害怕敌人而抢先逃跑，那叫'不勇敢'；为了自己逃命而丢弃其他人，则是'不仁义'。你今天侥幸逃回去后，不会感到惭愧吗？"

李嗣业惭愧不已，请段秀实疏散挡道的士兵，组织他们按顺序撤退，同时自己来到军队最后面，亲自带人殿后，这才让大军顺利撤回。

怛罗斯之战是大唐帝国与大食帝国的第一次正面交锋，虽然最终以唐军失败而告终，但唐军毕竟是远征，伤亡惨重却没有动摇根本，短短两年时间，安西兵团就恢复了实力。最后反而是大食帝国损失巨大，以致无法再继续深入西域。

　　天宝十二载（753 年），安西兵团在节度使封常清的带领下，再次远征中亚的大勃律国。大勃律国自知不敌，佯装败退，将唐军引到菩萨劳城（今克什米尔中部一带）附近。菩萨劳城周围山林繁茂，封常清一路取胜，放松了警惕，只想着直接带人杀进城内。段秀实（已升任斥候府果毅）劝道："这一路上敌军过于弱小，好像故意败退，好引诱我们深入，这附近的山林又非常适合布置伏兵。我觉得应该先搜一下山林。"封常清顿时清醒，立刻派人搜索山林，果然发现了伏兵。之后，唐军顺利攻下了大勃律国。

　　大勃律国之战后，唐军声名再次响彻中亚。然而如此大好势头，谁也没想到此战竟是唐军在中亚角逐中的绝唱。短短两年后，一场改变大唐王朝命运的叛乱爆发了，安西兵团被大部调入内地。此后，唐朝再也无力争夺中亚，西域也在此后的岁月里失陷。

第六章

安史之乱

两京沦亡：渔阳鼙鼓动地来

安禄山起兵

天宝十四载（755年），大唐帝国已经步入了全盛时期，经济繁荣，国力强盛；对外不仅消灭了后突厥汗国、突骑施、契丹等反叛势力，还稳稳压制住了吐蕃。唐代大诗人杜甫有云："忆昔开元全盛日，小邑犹藏万家室。稻米流脂粟米白，公私仓廪俱丰实。九州道路无豺虎，远行不劳吉日出。齐纨鲁缟车班班，男耕女桑不相失。"

不过，这也只是大唐最后的盛景了。这一年四月，此前奉命出使河北的给事中裴士淹忽然回到长安，向李隆基控诉安禄山丧失人臣礼节，且将要发动叛乱。因为裴士淹到达范阳时，安禄山一连二十多天都不见他，不但如此，对方还集中所有亲兵，全副武装地站在他面前听他宣读圣旨。这哪里是对待天子使者的样子？裴士淹面色惨白地逃回了长安。

然而李隆基接到奏报后，表示他仍然非常信任安禄山，不相信对方会造反。这位安禄山究竟是何人，竟能受到天子如此厚爱呢？

安禄山是营州柳城的胡人，原本姓康，母亲是突厥的一个巫师，她曾经在轧荦山祈祷生子，所以生下孩子后取名为轧荦山。轧荦山的父亲很早就死了，母亲改嫁给突厥将军安延偃，于是他跟随母亲一直在突厥部落生活。

轧荦山耻于与继父一起生活，于是在开元年间离开突厥，前往唐朝。后来他与安思顺等人结拜为兄弟，改名安禄山。安禄山长期在塞外生活，通晓六国语言，到唐朝后在市集做牙郎，同时还干些偷鸡摸狗的事。

有一次，安禄山试图偷羊，被幽州节度使张守珪擒获。张守珪本打算直接处死他，却听他忽然大喊道："将军您不是想消灭契丹和奚族吗，怎么诛杀壮士？"张守珪暗暗称奇，就把他放了，收入军中出谋划策。

安禄山倒真有些本事，他通过诡诈的手段，屡次大败契丹、奚族等部落，因此深受张守珪重用，官职也一升再升。他善于逢迎，无论张守珪说什么，他都奉为圭臬，就连随口嫌他长得胖，他也会立即节食减肥。张守珪感动坏了，收他为义子，并提拔为平卢兵马使。

后来安禄山又贿赂来往朝臣，请他们在天子面前为自己美言几句，好让天子知晓自己的存在。为了获得升迁机会，安禄山又认杨贵妃做母亲，在李隆基面前故意藏拙，他表现得越憨愚，李隆基反而越认定他是一个忠心之人。

就这样，通过十多年的经营，安禄山兼任范阳、平卢、河东三镇节度使，掌握了唐朝边境近三分之一的兵马，风光无限，然而他的野心却远不止如此。

其实，安禄山早就显露出意图谋反的苗头。天宝十载，他在范阳北面修筑了一座名为"雄武城"的堡垒，然后借口防备契丹，在堡垒里囤积了大批兵器、铠甲、粮食等军需物品。同时，他暗中收集同罗、奚族、契丹等族投降的战士八千多人，组成了一支只听命于自己的私兵，号称"曳落河"（突厥语中是"壮士"的意思）。不仅如此，他还在边境蓄养了几万匹战马，又派手下胡商四处经商，一年收获几百万钱。这一切无不显示出安禄山的不臣之心。宰相杨国忠、太子李亨曾多次上奏，认定安禄山要谋反，但李隆基硬是看不清现实，反倒认为杨国忠和李亨公报私仇，故意造谣生事。

天宝十三载（754 年），安禄山上书请求："我手下的将士在征讨契丹、奚族、铁勒等少数民族时，立下了很多战功，但上报朝廷获得封赏的时间太长，难免让将士们寒心。我希望陛下赐我几千张盖好印章的空白文书，让我能直接封赏。"

其实这是安禄山打算自己封赏士卒、收买人心，明眼人一看便知，偏偏李隆基丝毫没有警惕，欣然应允。安禄山回去后，封了五百多个将军、两千多个中郎将，这些人全是他一手提拔的，都是他的亲信。

就在裴士淹去范阳前不久，安禄山又派副将何千年到长安上书，希望能用三十二个胡人将领代替军中的汉人将领。这次就连宰相韦见素都坐不住了，赶紧去找杨国忠商量："安禄山早就有反心了，现在又要把将领全部换成胡人，这不是明摆着想要谋反吗？明天我上奏反对这件事，如果陛下不答应，希望你能够继续劝谏。"杨国忠满口答应。

然而二天上朝时，韦见素率先向李隆基直言劝谏，惹得天子很不高兴，杨国忠察言观色，生怕自己也惹一身腥，不敢出言反对，眼睁睁看着李隆基答应了安禄山的无理请求。

下朝后，韦见素顾不得抱怨，赶紧再与杨国忠商议对策。两人左思右想，倒是合计出了一个以退为进的办法：请皇上任命安禄山为宰相，让他到长安上任；然后任命贾循为范阳节度使、吕知诲为平卢节度使、杨光翙为河东节度使，瓜分三镇。如此一来，安禄山脱离了军队，也就反不起来了。

这回李隆基倒是犹豫了，派太监辅璆琳去范阳查探情况。哪知辅璆琳也不可靠，他到范阳后很快被安禄山收买，回京向天子报告说安禄山并无反心。李隆基很是高兴，又把韦见素和杨国忠叫来训斥一顿："安禄山是我推心置腹信任的人，定无异心，你们不要再诬告他了。况且现在东北的契丹、奚族还需要安禄山去对付，哪能把他调到长安。"

杨国忠急火攻心，派人把安禄山留在长安的门客李超抓起来，送到御史台去审问，希望能够抓住安禄山的把柄。然而李超十分嘴硬，什么都没有招。杨国忠失望之余，叫人暗地里把李超杀掉，不可走漏风声。

然而安禄山还是很快接到了线报，慌张起来。他原本感念李隆基厚恩，准备等到李隆基死后再造反。如今看来，杨国忠等人可不会坐以待毙，谁也不敢保证在这些人的整日攻讦下，天子还能相信自己多久。安禄山心一横：不等了，迟则生变。他赶紧把高尚、严庄、阿史那承庆三个亲信召集起来，日夜商讨造反计划细节。

这年六月，安禄山之子安庆宗与荣义郡主成婚，李隆基请安禄山到长安观礼，安禄山不敢去，借故推辞了。七月，安禄山声称要献上北地良马三千匹，每匹马配备两名马夫，并由二十二名蕃将率部护送京。

河南尹达奚珣察觉不对劲，三千匹马，居然派了二十二个将领、六千人押送，这么一大批人进京，倘若作乱起来，那可不得了。于是达奚珣赶紧上奏："安禄山派这么多人进京，只怕是不安好心，为了谨慎起见，可以让安禄山等到冬天再献马，那时运马的民夫由政府派遣，不需要安禄山的人押送。"

李隆基接到奏报，终于感觉出一丝异样。恰好这时，辅璆琳受贿一事被曝光。李隆基骤然清醒，依照达奚珣的计策派人前往范阳传旨，并让人传话："我最近特意给你新挖了一口温泉，你十月份来华清宫吧。"

安禄山此时已经决意造反，所以无所谓地答复道："不献马也没关系，十月份时，我会亲自带人前往长安。"李隆基接到回报，见对方无动于衷，竟然又产生了错觉，以为安禄山不过是对献马一事有意见，并未打算造反，自己莫非真的冤枉他了？就这样，他刚刚绷紧的弦又松弛下来。

另一边，安禄山开始行动了。他的手下诸将除了前述三位亲信之外，都不知道他打算谋反，最多奇怪他八月以来一直在犒赏将士、秣马厉兵。待朝廷使臣走后，安禄山立刻伪造了一封诏书，然后召集众将道："圣人刚刚发来密旨，说杨国忠想要谋反，要我率领大军立刻前往长安讨伐杨国忠。这正是你们立功的大好机会。"

此言一出，举座皆惊。不过这些人都是安禄山提拔起来的，虽然心中有疑问，但也不敢多说什么，只是回到本部做好出征前的准备工作。

十一月九日，安禄山集结麾下部队，再加上契丹、奚族、同罗等部落的军队，共计十五万人，号称二十万人，以"诛杀杨国忠"为口号，在范阳正式起兵，兵锋直指洛阳。为了避免有人质疑、动摇军心，安禄山特意下令："有敢在军中妄言、影响军心之人，立刻诛杀三族。"以此杜绝了非议。

随后，安禄山留范阳节度副使贾循守卫范阳、平卢节度副使吕知诲守卫平卢、大将高秀岩守卫大同，自己亲率大军南下。自此，历时长达八年之久的"安史之乱"就此拉开了序幕。

安禄山虽然身兼范阳、平卢、河东三镇节度使，但河东节度使一职他才刚刚到手，加之太原距离自己大本营颇远，所以他并未掌控河东军。相反，他起兵后，原本隶属于他的河东军可能会成为他最大的威胁。

为了解除河东隐患，安禄山趁着自己起兵的消息还没传开，派大将高邈、何千年两人带着二十个奚族骑兵前往长安，声称要进献善于射箭的勇士。二人一路来到了太原城下，毫不知情的太原副留守杨光翙亲自出城迎接，竟被二人绑架劫持而去，留下河东众将士满面震惊。

至于河北，这里本是范阳节度使治下地区，自武周后期以来，已经几十年没有发生过战事了。安禄山南下进军神速，河北百姓听说后非常害怕，一路上的州县纷纷望风而降，地方官也或逃或降，反正没一个人敢抵御。

安禄山大军到达博陵（今河北省蠡县南十五里）后，与从太原赶来的高邈、何千年以及被俘的杨光翙相遇。安禄山乘机污蔑杨光翙勾结杨国忠叛国，然后将他杀了祭旗。这几天下来，安禄山手下众将多少已经反应过来是怎么回事了，但事已至此，他们再也没有退路了，只得一心前往长安讨伐杨国忠。

随后，安禄山命安忠志率领精兵守卫土门，命张献诚担任博陵太守，由这二人负责守卫河北后方。安顿完毕后，安禄山再度亲率大军出发，进攻常山郡（治所在今河北省正定县）。常山郡守颜杲卿抵挡不住，与长史袁履谦假意投降。安禄山也不多计较，把二人的子侄作为人质带在身边，再让二人留守常山。同时，安禄山派出大将李钦凑率领精兵守住井陉口，以防河东军和朔方军进攻。

唐军接连失利

李隆基陆续接到了太原等地的奏报——安禄山劫持了太原副留守杨光翙，意图谋反。但哪怕就算到了这时，李隆基还是不大愿意相信安禄山真的会谋反，反而固执地认为这一切不过是杨国忠等一帮厌恶安禄山的人在背后搞鬼。直到河北各郡沦陷的消息传来，他才不得不接受现实。

杨国忠为自己的先见之明得意扬扬，在朝堂上轻蔑地说："我早就说过安禄山要谋反，现在果然反了吧。不过，现在安禄山虽然势大，但其实真正想谋反的只有他一个人。你们等着吧，半个月内，只要范阳、平卢的将士知道安禄山在造反，肯定会杀了他前来投降。"

李隆基也认为如此。但其他大臣相互递了一下眼色，心说他们可不这么看。安禄山收买人心已不是一天两天的事了，哪是轻易能够制服的。

李隆基简单做了相应的军事部署：派毕思琛和程千里分别前往洛阳、河东去招募几万人马，以防备安禄山大军。

恰逢安西节度使封常清入朝，李隆基就把他叫来询问平叛对策。封常清比杨国忠看得要明白些，他分析道："安禄山之所以进军这么快，是因为天下太平已久，百姓没见过打仗，容易望风而降。然而事有逆顺，眼前的形势很快就会发生变化，我请求亲自前往洛阳，打开府库，招募兵马，然后渡河击贼，以顺讨逆，相信很快就能斩杀安禄山。"李隆基欣然应允，立刻任命封常清代替安禄山为范阳、平卢节度使，前去洛阳招募军队。

然而历史证明，封常清对于形势的估计还是过于乐观了。他在洛阳几天时间就召集到了六万人，但这些人没有经过正规训练，与乌合之众无异，根本没法上阵打仗，渡河平叛自然成为泡影。封常清只好派人拆掉从河北过黄河必经的河阳桥，采取防守对策。

几天后，叛军南下如常，李隆基再也坐不住了，下令杀死安禄山之子安庆宗，随后开始了第二次战略部署。朔方节度使安思顺是安禄山的堂兄弟，怕他起兵响应，李隆基急召安思顺入京担任户部尚书，其弟安元贞入京担任太仆卿，朔方节度使一职则由朔方右厢兵马使、九原太守郭子仪担任。

接下来，李隆基派右羽林大将军王承业前往河东担任太原尹；以程千里担任潞州长史，在潞州坐镇以阻挡叛军西进之路；又在陈留等十三郡设置河南节度使，由卫尉卿张介然担任，作为阻止叛军渡河的第一道防线。随后，李隆基又任命荣王李琬为元帅，以右金吾大将军高仙芝为副帅，率领长安各路大军为主力东征，讨伐叛军。

不止如此，李隆基还拿出了府库中的钱财，在长安募兵十一万人，号称天武军。可惜，天武军也全是一些市井之徒，毫无战斗力可言。

不久后，高仙芝率领五万大军东征，驻扎于陕郡，作为防备叛军的第三道防线。由于荣王李琬只是挂名，所以高仙芝的搭档变成了边令诚。

各路唐军忙于调动布防之时，安禄山大军已经到达黄河边上。尽管封常清已经先行拆毁了河阳桥，但这并没有难倒安禄山——他将破船、草木全部扔进黄河，由于天气寒冷，这些草木、船只一夜之间就全部结了冰，形成了一座冰桥，叛军就这样畅通无阻地渡过了黄河，并攻下了灵昌郡（治所在今河南省滑县），又迅速将兵锋指向陈留（治所在今河南省开封县东南陈留城）。

此时河南节度使张介然才上任没几天，根本来不及组织防守。叛军一进攻，陈留城内的唐军就被吓破了胆，根本不敢上阵。陈留太守郭纳眼见抵挡不住，索性开城投降了。然而就在此时，安禄山忽然得到了儿子安庆宗被杀的消息，暴怒之下，他将被俘的张介然和投降的近一万陈留官兵全部处死，用以祭奠亡子。

李隆基苦心布置的第一道防线，就这么迅速地崩溃了。他赶紧又下令朔方、河西、陇右三镇除了留守城堡的士兵以外，全部由节度使带领，到长安集结，他准备亲自率领大军东征安禄山。然而还没等做好准备，唐军在关外的防线就已经全盘崩塌了。

原来，安禄山拿下陈留后，又马不停蹄地率领大军进攻荥阳（今河南省荥阳市）。荥阳是河南重镇，也是著名的险关要地，著名的虎牢关就在它附近，历史上很多场大战都发生在这里。唐军若是能守住荥阳，基本上就能够遏制住叛军。但荥阳太平太久，这里的士兵从未经历过战斗，叛军的鼓声才刚刚响起，城头上就有一名士兵被吓得掉下来摔死了。安禄山火速攻陷荥阳，又斩杀了太守崔无诐，然后让部将武令珣守卫荥阳，以防备东面的唐军。

荥阳失陷后，洛阳就暴露在叛军面前。安禄山丝毫不耽搁，立即派安忠志、张孝忠二人担任进攻洛阳的先锋。此时洛阳城内虽有名将封常清坐镇，但他手下的士兵同样不堪一击。

封常清是安西军中继高仙芝之后，又一名杰出的将领。他原本是蒲州人，少年时跟随犯罪充军的外祖父一起来到安西。因家境贫苦，他一直到三十多岁都还没能混出头。当时高仙芝任安西都知兵马使，每次出行都要带着三十多名随从，个个衣着光鲜，好生气派。封常清听说后，就写信给高仙芝，表示希望能加入他的随从队伍。然而封常清本人相貌不佳，还有一只跛脚，高仙芝自然看不上，立即打发了他。

封常清到底不肯死心，第二天又去求见。高仙芝不悦道："我手下随从已经够了，昨天也拒绝了你，今天还来干什么？"封常清却说："我是仰慕将军的威名才前来投奔，你为什么非要拒绝我？我知道自己不如将军的随从们，但孔子也说过，'以貌取人，失之子羽。'还希望将军再考虑考虑。"高仙芝心中发笑，再度拒绝了他。封常清也不灰心，此后每天都到大营外等着见高仙芝。高仙芝颇为无奈，最终勉强同意收留他，只当养个闲人。

然而令高仙芝意外的是，这个看似没什么用的人，在他击破达奚部叛军后，写了一封捷报，将唐军出征时经过的所有地方以及高仙芝破敌采取的各项战术写得一清二楚。高仙芝又仔仔细细看了一番，心中越发惊讶，因为封常清在捷报中进行了战略、战术分析，其陈述和高仙芝心中所想竟不谋而合。高仙芝这才信服了，开始大力提拔封常清。

此后的日子里，高仙芝每次出征，就留下封常清守卫安西。在两人的配合下，安西军取得了一个又一个胜利。后来封常清继任安西节度使，并率军大破大勃律国，可谓功成名就，鲜花着锦。

然而好景不长，一切辉煌都在洛阳终结。

洛阳一战，面对安忠志、张孝忠二人率领的叛军先锋，封常清败得极其

354

惨烈。他本打算率军固守洛阳东面的虎牢关，但他召集起来的兵马全是没经过训练的市井之徒，叛军骑兵刚一发起冲锋，这些士兵就全被吓得没了斗志，纷纷丢弃虎牢关夺路而逃。

封常清只好收集余部，重新在葵园（河南省荥阳市高阳镇竹园村一带）与叛军交战，结果败了。接着他率部在上东门与叛军交战，再次败了。叛军乘机攻入洛阳城内，封常清在城内的都亭驿再次组织反击，还是败了。最后，他退守宣化门与叛军交锋，仍然只能败退。接二连三的惨败让封常清苦撑不住，他命人把西苑的围墙拆了，就此逃遁。

封常清这一走，只苦了还在洛阳城里的唐朝官员们。曾经揭发安禄山图谋不轨的河南尹达奚珣选择了投降，而东都留守李憕却不愿变节，他对御史中丞卢奕说："我们都是深受国家大恩的人，虽然敌不过叛军，但也应该以死相报。"然后聚集了几百个士兵准备与叛军交战。然而他不惜以死报国，这些士兵们却不愿意为他卖命，纷纷丢下他逃命而去，只留李憕独坐家中等死。

卢奕的遭遇也差不多。他是开元年间宰相卢怀慎的儿子，是个忠义之士，也同意李憕的主张。但当他把妻儿送出城，然后准备召集左右展开抵抗时，却发现底下人全跑光了。

很快，李憕、卢奕和采访判官蒋清三人都被带到了安禄山面前。临死前，卢奕对安禄山痛骂不绝，还对周围的叛军大喊："凡是做人都应该知道顺逆，我虽然死了但不失臣节，你们活着却只是叛贼。"然后慷慨赴死。

且说封常清逃出洛阳后，一路西行，不久到达陕郡（治所在今河南省三门峡市陕州区）。陕郡太守窦廷芝早就逃去了河东，官吏和百姓也跑得干干净净。就在这样不利的情况下，高仙芝终于率军到达了陕郡。

封常清赶紧向高仙芝进言道："我连日里与叛军血战，知道叛军现在兵锋正盛，不是你我手底下这些士兵能够抵挡的。眼下潼关又没有兵马，万一叛军击败我们，突入了潼关，那就无法挽回了。现在我们防守不住陕郡，不如退守潼关，等到河西、陇右各路人马到达后，再与叛军决战。"

作为多年搭档，高仙芝自然相信封常清的判断。他也不待向天子汇报，就立刻下令全军退向潼关。然而大军尚未来得及动身，叛军就已经杀至眼前。高仙芝手下的兵丁同样是长安城里临时招募而来的市井之徒，一见叛军就慌乱地各自逃命，唐军阵形大乱，在自相践踏之下死伤无数。

高仙芝和封常清好不容易率领残部逃到潼关，赶紧加固潼关防守。叛军到达潼关后，察觉防守坚固，不敢轻举妄动，最后退去。

随后，安禄山派大将崔乾祐屯驻陕郡，周围的临汝、弘农、济阴、濮阳、云中等郡望风而降。这时候，河西、陇右等各路边军都还没有到达长安，关中守备空虚，人心惶惶。安禄山当时只想在洛阳称帝，就没有继续西进，这才给了李隆基重新组织兵力的时机。

不过几天时间，李隆基苦心布置的几道防线便全部瓦解，这位皇帝顿时恼怒不已，连封常清三次派人到长安陈述叛军形势，他都恶气难消，一律拒而不见。最后封常清只好自己前往长安面圣，但他才走到渭南就被李隆基遣返，并被削去官职，只让他以百姓的身份在高仙芝军中效力。

怒火中烧的李隆基很快又起了一个冲动的念头：传位给太子李亨，然后自己亲率大军东征。杨国忠闻讯非常害怕，因为他与太子不和，生怕皇帝离开后自己陷入被动，于是赶紧与韩国夫人、秦国夫人、虢国夫人商议，几人一起求杨贵妃劝李隆基不要东征。李隆基对杨贵妃甚是恩宠，见她来求情，渐渐打消了计划，就没再提传位和东征的事情。但他没能泻出去的怒火，最后就只有撒到高仙芝和封常清头上了。

灵宝之战

自从高仙芝和封常清逃回潼关后，监军边令诚就非常惶恐：高仙芝擅自从陕郡撤向潼关，丢了许多土地，天子肯定会问责，自己则很可能受到牵连。说起来，高仙芝之前也时常不买他的面子，他提出的要求，大多数都被高仙芝拒绝了，这让两人原本就淡薄的交情变得越发脆弱。

边令诚也不犹豫，决定出卖高仙芝保全自己。他借着去长安奏事的机会，在天子面前大肆贬低高仙芝、封常清，甚至还造谣说："封常清经常夸赞叛军，以此动摇唐军军心；高仙芝不战而逃，丢了陕郡数百里土地，还盗卖军粮，让唐军将士怨声载道。"李隆基越听越生气，不分青红皂白地下了令，要边令诚去潼关处死封常清和高仙芝。

封常清临死前仍然不忘平叛之事，诏书下来后，他还向天子写了一封奏疏："我死以后，望陛下不要太轻视安禄山，请陛下看看我之前的形势分析。"然而李隆基到底没有听进去。

杀了封常清以后，边令诚又去传高仙芝。考虑到高仙芝手握重兵，恐怕难以驯服，他还特意带了一百多个陌刀手随行保护。不过高仙芝并未抗拒，只说："我擅自撤退，是该死，但你说我盗卖军粮，那就是诬陷了。"

随后，高仙芝面向唐军众将士说："我招募你们到这里，本来是为了击破叛军后获得重赏，只可惜叛军锋芒正盛，不得不撤退到潼关。如果你们认为我有罪，可以说出来；如果认为我没有罪，请大声喊冤枉。"

唐军众将士纷纷为他喊冤，但边令诚可不敢让事情继续发酵下去，赶紧把高仙芝处死了，然后让高仙芝的部将李承光统领军队。

高仙芝、封常清死后，谁来顶替二人在潼关统率大军平叛呢？李隆基这才意识到捉襟见肘。无奈之下，他只得把河西、陇右节度使哥舒翰请出来，让他担任兵马副元帅，率领已经赶到长安的河西兵团、陇右兵团八万人前往潼关。但哥舒翰当时是什么情况呢？他原本是唐军西线的一员名将，后来因嗜酒贪杯伤了身，加上年龄大了，在一次沐浴后就中了风，连走路都不方便，只能一直在长安家中休养。就这样的身体状况，他哪里还能带兵打仗？哥舒翰不敢托大，屡次上书推辞，但李隆基也没其他良将可指派了，非要他即刻赴任。君命难违，哥舒翰只得硬着头皮启程。

李隆基又派御史中丞田良丘担任行军司马、起居郎萧昕担任判官。随后，火拔归仁等胡人将领也纷纷率军归附。再加上高仙芝原来留在潼关的人马，哥舒翰手里总共就有了二十万人。

可惜，这支大军看起来规模可观，但其实没有什么威力。哥舒翰已经病得连路都走不利索了，还怎么处理军务？田良丘代为处理军务，但他一个文官，哪里懂这些？田良丘不敢自行决断，只好把工作分派出去，由王思礼管理骑兵，由李承光管理步兵。但王、李二人不和，两人整日争来斗去，任何事项都达不成一致意见。就这样军心懈怠、管理混乱的军队，还有什么战斗力可言？

更糟糕的是，哥舒翰此时既不能领兵，也无力管理军队，却依然热衷于朝廷内斗。他此前一直与安禄山、安思顺兄弟不和，李隆基要他领兵出征，多少也是看中了他这一点。但哥舒翰并没有把目光集中在比较棘手的安禄山身上，反而瞄准了安思顺。

安思顺此时正在长安城。由于他过去曾多次提醒天子要提防安禄山，倒是自证了清白，所以安禄山反叛之后，他并未受到株连，只是被调离了朔方军。安思顺为了避嫌，接到调令后即刻动身去了长安。然而哥舒翰却派人伪造了一封安禄山写给安思顺的信，捏造了二人约定一起造反的"罪证"。他将这封信呈给天子，并附上了安思顺的"七大罪状"陈述书，请求诛杀安思顺，以振军心。李隆基听信了哥舒翰的话，没有经过查证就处死了安思顺和安元贞兄弟。

杨国忠得知这件事情后，不免想了许多。他觉得哥舒翰此人出手太狠，恐怕自己哪天也会被他害了。事实上，还真有人劝哥舒翰对付杨国忠："安禄山是以讨伐杨国忠为借口起兵的，您不如留下三万人守卫潼关，再率领其他军队前往长安诛杀杨国忠。如此一来，叛军没有了发兵的理由，自然会失去人心。这正是汉景帝当年平定七国之乱所用的计策。"哥舒翰手下的王思礼甚至主动请命，要率三十名骑兵去长安把杨国忠抓到军中来。不过哥舒翰觉得自己与杨国忠之间没有什么仇怨，所以并未答应，还说："你这么做，就是我哥舒翰造反，而不是他安禄山造反了。"

哥舒翰并未把这件事放在心上，但杨国忠听到些许风声后，就更不敢放松警惕了。他立即向李隆基上奏道："兵法有云，安全的时候也不能忘记危险。现在大军全部在潼关，没有后援，一旦有所不利，长安就危险了。我希望能招募一支部队在潼关大军后面防守。"李隆基不疑有他，点头应允。

杨国忠立刻招募了三千勇士，然后由剑南将领李福德等人率领，日夜在长安训练；又命其心腹杜乾运招募一万兵马驻扎在灞上，表面上是防备安禄山，实际上是防着哥舒翰忽然杀回。

都是聪明人，哥舒翰一见灞上屯兵，立刻猜到了杨国忠的意图。他自然不甘受制于人，于是将计就计，上奏请求将灞上驻军也归属到他麾下，方便大军行动。李隆基丝毫没有察觉这二人间的机锋，满口答应了。随后，哥舒翰找借口杀掉了杜乾运，自己吞并了灞上驻军。如此一来，杨国忠更紧张了。

这段时间，关外的战局已经发生了翻天覆地的变化。李祗（zhī）、张巡等人在东线挡住了叛军南下江淮之路，南线的鲁炅也在南阳粉碎了叛军从武关（今陕西省商洛市丹凤县东武关河北岸）绕袭关中的企图；河北各郡在颜杲卿、颜真卿兄弟的带领下也拉开了反攻的序幕。安禄山在洛阳即位建立燕国后，燕军所控地盘仅限于陈蔡一带，与北方范阳的联系渐渐断绝；颜杲卿袭杀了防守井陉的燕军大将李钦凑后，北线的朔方军团也开始向河北进发。朔方大军在名将郭子仪、李光弼两人的带领下，于河东、河北一线屡次大破史思明、蔡希德所部，兵锋直指范阳。不少燕军士兵家在范阳，见状分外惶恐。

在这种形势下，安禄山不免心慌意乱，还把高尚、严庄两人召来大骂一顿："你们两人一直叫我谋反，说肯定会成功。现在是什么情况？我们大军在潼关几个月都没能前进一步，与北面的联系也中断了，南面和东面的唐军正慢慢向洛阳发起包围。我拥有的只有汴州、郑州等几个州的地盘，这还怎么成功？你们两人从今天起不要再来见我了。"

高尚和严庄惴惴不安地回避了几日，直到安禄山的心腹大将田乾真从潼关外回来，他劝慰安禄山道："自古以来帝王成就大业，都没有一举成功的。

现在四面而来的唐军虽多，但都是新招募的乌合之众，没经过训练，抵挡不住我幽州精锐，您还担心什么呢？高尚、严庄两人都是立国元勋，现在陛下疏远他们，众将听说后，一定都会担忧自己的境遇。一旦上下离心，我们就危险了。"安禄山从善如流，又把高尚、严庄召回，与他们和好如初。

鉴于当前河北道路断绝，安禄山打算放弃洛阳，先回师范阳，再图后举。然而未及展开动作，西线的战局又发生了巨大的变化。

当时，燕军将领崔乾祐所部驻扎在陕郡，与潼关正面对峙。崔乾祐见潼关防守严密，就把精锐先藏了起来，只留不到四千老弱防守陕郡，以此引诱唐军出关决战。李隆基身边的相士占卜说：贼军没有防备，我军东出可以大获全胜。于是这位皇帝便遥遥下令，要哥舒翰即刻出兵收复陕郡、洛阳。

哥舒翰并不咬钩，他上书道："安禄山是久经沙场之人，现在作乱，怎么会没有防备呢？这肯定是叛军故意示弱，希望能引诱我军出关决战。倘若我们此时东进，就会中了敌人的圈套！更何况叛军远道而来，利在速战速决，而我军利在坚守。叛军早就因残暴失了人心，待他们久攻不下潼关，早晚会发生内讧。到时我再出关决战，必定可以一举荡平叛军。"

不仅是他，还有郭子仪、李光弼也从河北上奏道："请陛下恩准我们率领朔方大军进攻范阳，只要攻下范阳，敌人的妻儿老小就在我们手里，再拿这些人去招降叛军，叛军必溃。至于潼关大军，只需坚守，万万不能轻易给叛军决战的机会。"

然而杨国忠跟哥舒翰的暗斗还没有翻篇，他以为哥舒翰此举又存了什么谋害他的私心，决计不能让哥舒翰遂愿了。于是他向天子进言道："现在叛军没有丝毫防备，正是一举破敌的大好机会，哥舒翰逗留不前，只会错过机会，还请陛下让哥舒翰尽快东出决战。"李隆基也一心想要收复洛阳，于是多次派使者催促哥舒翰出战。哥舒翰无奈，只得引军出潼关。

哥舒翰率军一路东进，很快来到灵宝西原（今河南省灵宝市境内）。灵宝西原南面靠山、北面靠河，中间仅有一条长达七十里的狭窄山道可以通过。

这里就是崔乾祐准备与唐军决战的地方，自然早已派人占据了险要、布下了伏阵，只等唐军入瓮。

战斗很快打响了。哥舒翰和田良丘乘船在黄河上观望燕军形势，发现崔乾祐所部人马稀少，于是下令诸军前进与燕军决战。为了保险起见，哥舒翰还把兵马分成了三部分：王思礼等人率领五万精兵在最前面，作为进攻燕军的主力；庞忠等将领率领其他十多万军队在后面，用以接应；他自己则率领三万兵马在黄河北岸登高观望，并擂鼓助威。

肉眼看去，对面的燕军只有不到一万人，且三三两两聚在一起，不成阵形。唐军见状大笑不已，想来很容易对付，于是连饭也没吃，抢着发起了进攻。果然，两军刚一交手，崔乾祐就率部撤退了，唐军立即乘势追击。

唐军蜂拥着追入一条山道，突然惊觉不对。只见山崖上冒出了许多燕军伏兵，他们往山下抛出巨石、滚木，砸死了不少人；又有五千陌刀手已经占据了险道，牢牢挡住了唐军的前进之路。因道路太过狭窄，唐军士兵们挤在一起，枪槊等长兵器都施展不开，只能陷入被动挨打的局面。

哥舒翰见状，赶紧命唐军推着毡车继续向前，准备一举冲开燕军的陌刀队。但屋漏偏逢连夜雨，就连老天爷也站在对立面，往山道中吹起了逆风。崔乾祐乘机放出几车草推到阵前点燃，借着东风的助势，大火蔓延到了唐军的毡车上，又卷起滚滚浓烟。唐军士兵们被熏得眼睛都睁不开，唯恐遭到燕军趁乱袭击，纷纷举起兵器，不分敌我地乱砍、乱射。

这场混乱直到太阳快落山时才消停，待烟雾散尽，唐军终于发现，他们面前一个燕军士兵也没有，受伤的全是自己人。燕军还没发起进攻，他们的箭都已经射完了。

还没回过神来，燕军的同罗部骑兵已经悄悄绕过崤山（今河南省洛宁县北），从唐军后方发起了攻击。与此同时，挡在前方的陌刀队也真正朝唐军杀来。前后夹击之下，唐军大败，一部分人丢盔卸甲、翻山越岭地逃了，另一部分人则被挤下黄河淹死。燕军乘胜进攻，王思礼的前军则全军覆没。

前军溃败的消息很快就传到了后军。哥舒翰兵分三部，是希望前军不利时后军可以接应，但后军不过是一群乌合之众，闻讯立刻四散而逃。哥舒翰率领的三万人马也不堪大用，同样跟着逃了。不消片刻，黄河两岸就空无人马。哥舒翰无力约束溃散的唐军，只得带领一百多个骑兵从首阳山（今山西省永济市西面）西面渡过黄河，然后进入潼关。

回到潼关，哥舒翰更是惊骇：关前原本挖掘了三道两丈宽、一丈深的战壕，此时这三道战壕竟然被自相踩踏的唐军败兵填满了。进潼关后，哥舒翰清点手下人数，竟只剩下八千多人。当晚，哥舒翰住进潼关西面的驿站，苦思扭转局势的方法。他贴出榜单，想聚集之前逃散的士兵，再坚守潼关。然而第二天一大早，火拔归仁带着一百多名骑兵来到驿站报告："叛军已经入关了，请元帅赶紧上马逃命。"

哥舒翰大惊，连忙策马奔出。火拔归仁跟上来劝说道："您以二十万大军东征，现在败成这样，还有什么面目去见天子，您没看到高仙芝、封常清的下场吗？现在还请您跟我们一起去洛阳吧。"哥舒翰不同意，但他行动不便，下不了马，火拔归仁就把他绑在马上，一路押送着向东而行，沿途遇上不肯投降的唐军将领，也一起绑了。不久后，火拔归仁遇到了田乾真所部，就向田乾真投降了。

后来哥舒翰被押送到洛阳，见到了安禄山。安禄山看着昔日的死对头，问道："你以前经常瞧不起我，现在怎么说？"哥舒翰立刻下跪磕头："臣以前是肉眼，认不出陛下真身，现在天下还没有平定，李光弼驻守在常山、李祗驻守在东平、鲁炅驻守在南阳，他们都是我以前的部下，只要我写一封信，就可以招降他们。"

安禄山点头，任命哥舒翰担任司空，让他写信招降。不过这几人无一响应，反而回信痛骂了哥舒翰一顿。安禄山见他没什么用，又把他关了起来。至于之前挟持哥舒翰投降的火拔归仁等人，也没得到好下场，安禄山认为他们背叛故主，是不忠不义之人，将他们全部处死了。

哥舒翰兵败的噩耗让长安城里的李隆基陷入了焦虑。起初听闻灵宝兵败，他还能立即做出应对，命李福德等人率军东进，希望赶在燕军杀至之前守住潼关。他与李福德等人约定，一旦守住了潼关，就放出平安火通知长安。结果他等到天快黑了，平安火也没有燃起来。潼关失陷了。

第二天，李隆基拖着沉重的步伐上朝召集宰相商讨对策，然而满朝大臣只知道哭泣，谁也想不出办法退敌。杨国忠因遥领剑南节度使，私下就劝李隆基到蜀地避难，李隆基应允，当然对外还是宣称自己要率军东征。

当天夜里，李隆基就暗中做好了人事安排：任命崔光远担任京兆尹并兼任西京留守，让太监边令诚掌管宫门钥匙，又命龙虎大将军陈玄礼聚集六军，然后对禁军将士厚加赏赐。第二天天不亮，李隆基就挑选了九百多匹马，带着皇子、公主、妃嫔、皇孙，在杨国忠、韦见素、魏方进、陈玄礼以及一些亲近太监的陪同下，由禁军护送着偷偷离开长安，朝蜀地逃去。

此时百官都还被蒙在鼓里呢，他们按部就班地准时上朝，却见到宫内的太监、宫女逃出，这才意识到皇帝已经跑了，于是也赶紧出逃。崔光远和边令诚两人未作任何抵抗，直接派人到洛阳向安禄山请降。

很快，安禄山派孙孝哲率军进入长安，继而任命张通儒担任西京留守、崔光远继续担任京兆尹；同时，他又让安忠顺率军屯兵长安，以震慑关中。

随着洛阳、长安先后失陷，安禄山的势力范围到达了顶峰。

血战河北：唐军对安禄山的反击

河北抵抗运动兴起

安禄山率领燕军肆虐中原，引起了各地的反抗。譬如其后方的河北沦陷区，颜杲卿、颜真卿就领导了一场波澜壮阔的反击运动。

颜杲卿和颜真卿两人是堂兄弟，都是北朝名臣颜之推的后人。颜杲卿在开元年间入仕，担任范阳户曹参军。安禄山做节度使时听说了他的大名，就上奏请求李隆基将他任命为营田判官、代理常山太守。

颜杲卿虽然是安禄山提拔起来的，但他并不赞同安禄山的谋反举动。不过安禄山最初起兵南下时，颜杲卿因为力量弱小，无法与燕军对抗，就和长史袁履谦一起假装归降了。安禄山赐给颜杲卿一身三品以上官员才能穿的紫袍，赐给袁履谦一身五品以上官员才能穿的绯袍。两人回去路上，颜杲卿就指着衣服意味深长地问袁履谦："我俩为什么要穿这个衣服？"袁履谦闻弦歌而知雅意，回去就与真定县令贾深、内丘县令张通幽想办法对付燕军。颜杲卿则开始称病，表面上躲在家里不出来，暗中却派儿子颜泉明前往太原联络太原尹王承业等人，众人筹谋反攻河北。

与此同时，担任平原（治所在今山东省德州市）太守的颜真卿也开始活动了。其实安禄山起兵前，颜真卿就已经有所预感，早早地开始加固城墙、疏通护城河、招募精壮士兵、储备粮草物资。为了麻痹安禄山，颜真卿还装作无心政事，每天都和朋友泛舟、饮酒，让安禄山降低了防备。

果然，安禄山南下时，就放心地命令颜真卿率领平原、博平两地军队七千人守卫黄河渡口。颜真卿得到命令后，立即派遣平原司兵李平抄小道前往长安奏报安禄山造反的消息。此时李隆基刚刚得知安禄山起兵，见河北各州县纷纷投降，懊恼道："河北二十四郡，竟然没有一个义士！"直到李平到达长安，李隆基面上终于露出喜色："我连颜真卿长什么样都不知道，没想到他竟然能对国家如此忠诚。"

当时，平原郡有静塞兵三千人，颜真卿因提前开始招募士兵，短时间内就凑足了一万人，交由录事参军李择交统领。然后他又在平原城西门犒赏将士，激励士兵们为国尽忠。这时洛阳已被攻陷，留守洛阳的李憕等三人被处死。为了震慑河北军民，安禄山特意让段子光带着李憕等三人的人头在河北各郡来回巡游。段子光到达平原郡后，被颜真卿暗中布置的士兵斩杀。之后，颜真卿厚葬了三位忠臣的头颅，并率领全体将士祭拜。

颜真卿起兵反抗燕军后，河北其余各地纷纷响应。清池尉贾载、盐山尉穆宁两人一心向唐，他们带着人马杀了安禄山任命的景城太守刘道玄，然后带着其头颅去见长史李暐（wěi）。李暐也是忠义之士，立刻起兵响应颜真卿。

紧接着，饶阳、河间、博平等地纷纷效仿，以诛杀安禄山任命的官吏的方式响应颜真卿。他们一致推举颜真卿为盟主，领导河北地区的反抗运动。

反抗运动如火如荼，但颜真卿并不轻松。他深知自身力量依然薄弱，他们目前只是钻了燕军在河北守备空虚的空子，一旦燕军大规模前来，河北依然不堪一击。而眼前唯一的办法，就是联系西面的唐军前来河北一起作战。

颜真卿给镇守常山郡的堂兄颜杲卿写了一封信过去，希望堂兄能够截断燕军的老巢范阳与洛阳之间的联系，以延缓安禄山西进的时间，并请他想方设法打通井陉口，引西面的唐军进入河北。

不过，安禄山南下时，为了防备西面的唐军进攻河北，特意派出了心腹大将李钦凑带着精兵镇守在井陉口，如今要打通井陉口，就必须先解决李钦凑。颜杲卿想了一个办法，他假传安禄山的命令，让李钦凑带着手下众将前来接受犒赏。李钦凑不知有诈，高高兴兴地带人前来。一行人到达时已是晚上，颜杲卿以夜间不敢乱开城门为由，让他们暂住在城外的驿站里，然后让袁履谦、冯虔等人携带酒肉、歌妓、乐师前去给李钦凑等人接风洗尘。李钦凑毫无防备，很快喝得酩酊大醉，被袁履谦乘机杀死。其余将领也一并被拿下，于第二天斩杀示众。之后，颜杲卿派人前往井陉口假传李钦凑的命令，解散了全部叛军。至此，井陉口终于被打通。

当时，高邈被安禄山派往幽州征兵，他在回来的路上被颜杲卿的人绑了。高邈为了活命，供出了老搭档何千年的行踪。于是很快，何千年在从洛阳赶往幽州之时也遇上埋伏，被颜杲卿的部将生擒，成了唐军的俘虏。

何千年更是贪生怕死，他为了活命，就向颜杲卿出谋划策道："太守您扶持唐室，现在开了个好头，但还要小心谨慎才能有好结果。你们郡里虽然招募了不少兵马，但都是些乌合之众，根本抵挡不住对手，只能深沟高垒坚守不出。你们现在需要做的就是等朔方大军前来，然后一起进军，传檄于幽燕地区，一举荡平叛军。当务之急是要守住常山，但光靠坚守是守不住常山的。你们可以放出'李光弼已经率领一万步骑兵东出井陉口'的风声，然后派人用'你手下大多数是临时招募来的乌合之众，没有坚固的盔甲和锋利的兵器，你靠什么抵挡李光弼的精兵'之类的话术劝张献诚。张献诚听后必定会逃走，河北自然就安全了。"

颜杲卿依计而行。奉安禄山之命围攻饶阳的张献诚果然撤退，饶阳之围不战自解。随后，颜杲卿派人进入饶阳，与饶阳太守卢全诚联合，然后命令崔安石等人传讯河北各郡："朝廷大军已经东下井陉，很快就要到了。他们要先平定河北各郡县，先投降的有赏，后投降的全都诛杀。"

随着风声传出，河北各郡纷纷投降。短时间内，十七个郡重新归附朝廷，总计兵力约二十万人。至此，安禄山在河北的地盘就只剩下范阳、卢龙、密云、渔阳、汲、邺这六个郡。

虽然何千年的建议里有一条是让颜杲卿一边坚守一边等待朔方大军，但颜杲卿并不喜欢把主动权都交到别人手里。他得知留守范阳的节度副使贾循其实并不想参与叛乱，如今不过是身不由己，于是派了一个叫马燧的人前往范阳游说贾循。

马燧非常有胆色，他一路穿过燕军的封锁，铤而走险到达范阳，最后见到了贾循："安禄山忘恩负义，起兵造反。他现在虽然占据了洛阳，但终究只是逆贼，早晚会被唐军所灭。你如果杀死范阳军中的安禄山死党，然后带着范阳归降朝廷，就是斩断了叛军的根本。如此你便立下了不世之功，肯定会受到唐廷重赏。"

贾循同意马燧的建议，他其实早就想归降唐朝，只是在等待时机罢了。然而关键时刻来临，他又犹豫起来，不敢依照计划诛杀军中的安禄山心腹。这一拖延，就让一个叫牛润容的将领听到了风声，后者立刻派人飞马南下，将此事报给了安禄山。

此时安禄山正亲率大军前往潼关，他刚刚走到新安（今河南省新安县）就接到了消息，当即大惊失色，立刻下令退回洛阳，并派大将蔡希德率领一万人从河内郡（治所在今河南省沁阳市）出发北上进攻常山。

范阳是燕军势力的根基，安禄山可不会对怀有二心的贾循心慈手软。但贾循手下有不少人马，安禄山也不能明着去讨伐，就派了心腹韩朝阳出马。韩朝阳到达范阳后，传令贾循前来接旨，并宣称是密旨，须清退闲杂人等。贾循不疑有他，就让身边的侍卫全部退出门外。最后只剩他一人时，韩朝阳布置的人立即冲上来将他活活勒死。

贾循一死，安禄山立刻派心腹大将牛廷玠镇守范阳，又派人搜捕马燧。幸好马燧机敏，先一步得到了消息，果断逃进范阳附近的西山藏了起来，这才躲过一劫。

此事过后，安禄山后怕不已，更对险些让他根基不保的颜杲卿恼恨至极，于是让驻守在河北的史思明、李立节率领一万骑兵南下，二人分别进攻常山和博陵。这一下颜杲卿遭到了恶劣的反噬，蔡希德杀到城下时，他才刚刚起兵八天，连城墙都还没有修好。

颜杲卿一面死守，一面派人向距离最近的太原尹王承业求救，希望对方能立刻率领河东人马前来救援。然而，王承业毫无回应，坐看常山遭难。

王承业为何会选择袖手旁观呢？其实这完全是他私心作祟。

颜杲卿起兵后，派儿子颜泉明和贾深、崔万德两人带着李钦凑的头颅以及高邈、何千年两个俘虏前往长安向李隆基告捷。当时，颜杲卿手下有个叫张通幽的人，他的哥哥张通儒却进了安禄山的阵营。张通幽哭着向颜杲卿请求道："我的哥哥现在跟随安禄山一起造反，恐怕会祸及全族，我希望能和颜泉明他们一起去长安，看能不能找到办法救我全族的性命。"颜杲卿很同情他，就答应了，完全没料到会由此引来祸端。

一行人走到太原后，张通幽想请太原尹王承业帮忙向天子求情，就慷他人之慨地要把颜杲卿的功劳让给对方。他还出了个主意，让王承业先留下颜泉明等人，然后另外派人带着李钦凑的头颅和俘虏高邈、何千年上京，最后自己把功劳认了。

王承业心也够黑，前脚赏赐了一些钱财给颜泉明，让他返回常山，后脚就派了一个叫翟乔的勇士埋伏在路边，准备截杀颜泉明一行，以防走漏风声。所幸翟乔是个义士，不但放走了颜泉明，还把真相告诉了对方。

王承业派人到长安邀功，受到了李隆基重赏，他被任命为羽林大将军，就连一同押送高邈、何千年到长安的随行都受了赏。如此一来，王承业越发害怕事情泄露。如今常山郡被燕军攻打，他巴不得颜杲卿送命，哪里肯派人前去救援。

常山郡孤立无援，很快弹尽粮绝。几天后，常山陷落，一万多人被屠杀，颜杲卿和袁履谦被擒，随后被送到洛阳。

安禄山对于颜杲卿的背叛非常生气，大骂道："你之前只是一个小小的范阳户曹参军，是我提拔你为判官，没几年你就坐上了太守的位置，你为什么要忘恩负义背叛我？"

颜杲卿怒目而视，回骂道："你本来只是营州一个放羊的奴才，陛下宠信你，提拔你做了三镇节度使，他又哪里对不起你？我家世代都是唐朝的臣子，怎么可能因为受你提拔就跟着你反叛？我这是为国讨贼，怎么能叫谋反呢！"

安禄山哑口无言，他恼羞成怒，命人将颜杲卿与袁履谦二人在洛阳天津桥处死。

朔方的出击

攻陷常山后，史思明、蔡希德、李立节三人又率军继续进攻河北其他郡县，很快攻下河北各郡，仅有饶阳还在抵抗，但也即将得手。

得知饶阳被围，河间司法李奂和景城长史李暐之子李祀分别带着七千和八千人马前去救援。但正如此前何千年所说，河北各郡仓促召集起来的民兵根本不是燕军的对手，他们很快就被史思明击败。

眼下能够挽救饶阳的，恐怕只有唐朝正规军了。但河东兵团非常不争气，北面归属于河东的大同军跟随安禄山叛乱了，南面残余的部队又在王承业的带领下按兵不动，就剩下北面的劲旅朔方兵团——它又在哪里呢？

安禄山起兵后不久，派党羽大同军使高秀岩领兵进攻振武军。新上任的朔方节度使郭子仪决心给燕军一点儿颜色看看，便率朔方兵团立刻出动。

郭子仪，字子仪，华州人，年轻时因为考中武举而被任命为左卫长史，后升迁为单于副都护、振远军使。安史之乱爆发前，郭子仪的表现并不出众，快六十岁了才爬到九原太守兼朔方节度右厢兵马使的位置，原本一生可能也就这样平淡地过去了。然而安史之乱改变了很多人的命运，郭子仪也是其中之一。时任朔方节度使安思顺被李隆基调去了长安，郭子仪继任朔方节度使，竟就此崭露头角，尽显峥嵘。

郭子仪所率大军势如破竹，一举击败了高秀岩所部燕军，又乘胜攻下静边军，并斩杀叛将周万顷。北面燕军不甘失败，在大同兵马使薛忠义的带领下发起反攻。郭子仪派遣左兵马使李光弼、右兵马使高浚、左武锋使仆固怀恩、右武锋使浑释之等人向燕军发起进攻，一举斩杀燕军七千骑兵，又乘胜包围了燕军在北面的重镇云中（今山西省大同市）。不过，云中燕军顽固坚守，朔方军无法攻破云中向河北进军。随后，郭子仪又派部将公孙琼岩率领两千骑兵攻下马邑，并打通了东进的要道东陉关。

至此，北面局势发生了重大变化，朔方兵团再顿兵于云中也没有多大意义了。于是，李隆基令郭子仪先率军回朔方休整，然后直接出兵东下进攻洛阳。正巧此时王承业冒领颜杲卿功劳的事被人揭发，李隆基盛怒之下免了王承业的官职，让郭子仪另推荐一名良将担任河东节度使，并由此人率领一部分人马先行东出井陉口收复河北各郡，郭子仪就推荐了李光弼。

李光弼是契丹人，他的伯父是武周年间的契丹名将李楷固，而他的父亲李楷洛则在开元初年曾随孙佺一起讨伐契丹、奚族，后官至左羽林将军、朔方节度副使，封蓟国公。将门出虎子，李光弼自幼严肃而沉毅，擅长骑射且喜欢看《汉书》，所以非常有谋略，在投身军旅后被任命为左卫亲府左郎将。

王忠嗣担任河西节度使时，非常看好李光弼，提拔他为河西兵马使兼赤水军使，并认为他以后会代替自己统率河西大军。正因为王忠嗣的厚待，李光弼才在董延光进攻石堡城时力劝王忠嗣协助攻城，可惜这个建议未被采纳。

王忠嗣死后，朔方节度使安思顺也看中了李光弼，上奏请求李隆基任命他为朔方节度副使，还想把女儿嫁给他。不过，李光弼预料到安禄山早晚要谋反，不想与安氏兄弟交往过密，就借口生病，返回了家中。

所谓"失之东隅，收之桑榆"，与安氏兄弟不和的哥舒翰听说这件事后，对李光弼甚是欣赏，又上书请求将他召回长安。如果没有安史之乱，李光弼大概余生都会在长安城里度过了。叛乱发生后，郭子仪将他调到了朔方军中担任兵马使。

李隆基接受了郭子仪的推荐，将李光弼封为河东节度使，让他率军东下井陉口。有鉴于河东兵力不多，郭子仪还特意留了一万朔方兵给李光弼。天宝十五载（756年）二月，李光弼正式率领蕃、汉步骑兵一万多人和太原弓弩手三千人东出井陉口，兵锋直指常山郡。

此时常山郡刚被燕军攻占，城内百姓惨遭屠戮，幸存的人对燕军深恶痛绝。李光弼刚到常山郡，该郡的团练兵三千人就立即杀死了城内驻扎的燕军，挟持燕军将领安思义出城投降。

李光弼见到安思义，也不杀他，只是问道："你知不知道以你的罪行，应该被处死？"安思义不答话，李光弼又继续说道："你久经沙场，看看我带领的士兵可以对付史思明吗？如果你是我的话，下一步又会怎么走？假如你的计策可取，我肯定不杀你。"

安思义闻言眼前一亮，意识到自己还有活路，立刻对李光弼说道："将军您率领大军远道而来，早已人困马乏，如果仓促与叛军交手，只怕难以抵挡叛军的锋芒。我觉得不如先将军队驻扎在城里，修缮城防，有把握能一举制胜后再出城迎战。胡人的骑兵虽然战力强大，但无法持久，他们一旦遇上不顺，必定会士气低落、军心离散，那时就可以对付他们了。史思明正在围攻饶阳，距离这里不到两百里，我昨晚已经写信向他求援了，明早他的先锋就会到达城下，大军也会随后到达，希望将军您能够多加注意。”李光弼面露愉悦，立刻亲自为安思义解开绳索，然后率领大军入城防守。

安思义所料不差，史思明在接到他的求援信后，认为当务之急是先击破西线过来的唐军。因此，尽管已经围攻了饶阳二十九天，史思明还是下令从饶阳撤军，大军昼夜兼程赶往常山。第二天天不亮时，其先锋已经赶到常山城下，不久之后，史思明也率领大军赶到，总共约两万骑兵。

李光弼派出五千步兵在东门外列阵，史思明也未作休整，果断下令两万骑兵直接攻城。他们疯狂地冲向唐军步兵方阵，逐渐将对方压回城内，直到快要接近东门时，遭到埋伏在城上的五百名弓弩手放箭齐射，燕军的攻势这才被遏制住。

眼见骑兵被一排排射倒，史思明赶紧下令大军退出唐军弓弩手的攻击范围，但没想到，他们是越退越被动。因为燕军一退，李光弼就乘机派出了一千名弓弩手出城作战。这一千人被分成四排：第一排刚一射完，第二排就接着射；第二排射完，第三排又接着射……在唐军弓弩手如此密集的射击下，燕军骑兵进攻了好几次，不仅无一成功，还伤亡惨重。

史思明只得再次后退，一直退到了官道北面。李光弼这次又派了五千步兵手持长枪在官道南面列阵，将弓弩手放在滹（hū）沱河对岸，两部人马隔着滹沱河列阵。

史思明见状，立刻命令骑兵不惜一切代价击破唐军步兵。然而步兵有弓弩手掩护，燕军骑兵屡次冲锋都被箭雨逼退，仅有少数骑兵成功冲到唐军跟前，但又被唐军长枪兵刺死。燕军付出了巨大伤亡代价，却没取得丝毫进展。史思明不敢再纠缠下去，便让骑兵暂且退到一旁休息，准备等步兵到了后再一起发动进攻。

此时燕军的五千步兵已经离战场不远了，他们从饶阳出发，昼夜兼程走了一百七十多里，然后在九门县（治所在今河北省藁城市西北九门回族乡）附近的逢壁（今河北省九门乡南）停歇，准备稍作休整就继续赶路。

不过让燕军步兵猝不及防的是，当地村民对他们深恶痛绝，发现他们的行踪后，早早就把消息传递给了唐军。李光弼闻讯即刻派出两千步骑兵，让他们沿着水、陆两路向逢壁摸去。燕军刚吃上饭呢，就见唐军从天而降，根本来不及反应。很快，史思明就接到步兵全军覆没的噩耗，恼恨不已，只能率残部撤入九门县。

当时，常山郡总共有九个县，除了九门、藁城外，其他七个县均已归降于李光弼。李光弼就派部将张奉璋率领五百士兵守卫石邑（治所在今河北省石家庄市鹿泉区南故邑村），其他各县分别由三百人守卫，以接应随时可能东来的援兵。

河北的高潮

就在李光弼与史思明展开激战时，河北的形势再次发生变化，一度陷入低谷的河北起义浪潮再次高涨。

清河郡（治所在今河北省邢台市清河县东高庄一带）面临燕军的攻击，兵力捉襟见肘，于是派了一个叫李萼的年轻人前往相邻的平原郡请求援兵。方才二十多岁的李萼面见颜真卿，向后者请求道："太守您首倡义举，天下人无不敬仰，河北各郡都把您当作长城一样的倚靠。现在我所在的清河郡，是您西面的邻居，以前国家太平时，一直将江淮、河南地区的钱帛和粮食聚集在此以供应北面的边军，所以清河郡又被称为'天下北库'。现在清河郡还有三百多万匹布、八十多万匹帛、三十多万缗钱、三十多万斛粮食；除此之外还有朝廷之前讨伐阿史那默啜时存放的五十多万套兵器和甲胄。清河郡有七万多户，总计十多万人。我估计，清河郡的财富抵得上三个平原郡，军事物资抵得了两个平原郡。然而眼下清河郡却没有多少兵马，希望您可以借些士兵给我们，清河郡也将为您效力。以后您以平原、清河二郡作为腹心，再以河北其他郡作为四肢，河北都将在您的掌控之下。"

颜真卿有些犹豫，因为他手下虽然有一万多名士兵，但平原郡随时可能遭到燕军进攻，在这个节骨眼上实在不宜抽出人马，于是他拒绝道："你说的我都知道，但眼下平原郡的士兵都是新招募的，没有经过训练，自保都嫌不足，恐怕没有办法顾及旁边的郡县。另外，假如我借兵给你，你打算怎么用？"

李萼不肯说出计划，只是答道："清河郡的父老派我来向您求援，并不是因为力量不足需要您的兵马去抵挡叛军，只是因为仰慕您的大义，希望能与您共图大事。既然您犹豫不决，我怎么能把我的计划告诉您呢？"

颜真卿听后并未生气，反而觉得这个李萼不简单，可能真有些能耐。于是颜真卿就和其他将领商议，打算借兵给他。但其他人觉得李萼太年轻了，恐怕不够可靠；再听其言语，不过是些空话；况且，倘若借兵出去，就会分散清河郡原本就不多的兵力，容易导致最后一事无成。

李萼并未放弃，回到驿馆后又给颜真卿写了一封信："清河郡现在愿意投效朝廷，拿出物资和装备资助唐军，您不但不接受，反而怀疑我。到时候清河郡孤立无援、无法存活时，只能向叛军投降，最终成为平原郡西面的强敌，那时您不会后悔吗？"

颜真卿看完信后大惊，意识到平原、清河两郡唇齿相依，平原郡不援助清河郡，就是把后者推到对立面上去。于是颜真卿力排众议，亲自赶到驿馆把六千名士兵借给了李萼。

送别李萼时，他再次询问了李萼的计划。李萼回答道："我听说朝廷派遣程千里率领十万精兵，准备东出崞（guō）口（今河北省邯郸市西）讨伐叛军，但因为叛军据守险要而无法前进。首先，我准备进攻魏郡，击败安禄山任命的太守袁知泰后，把以前的太守司马垂迎接回来，让他守卫魏郡并迎接官军；接着，我将分出一部分人马协助官军打开崞口，把程千里的部队放进来；然后，率军荡平汲郡、邺郡等地。到那时，河北各郡可以集结起民兵十万人据守黄河沿线，以阻挡叛军北归的道路。随后，加上东出讨贼的官军二十万人，我们可以北上一举荡平叛军老巢。您只要上书请求陛下坚守潼关不要出战，不到一个月，叛军必然会崩溃。"

颜真卿听完以后，深为叹服，就让平原郡的六千人，连同清河郡的四千人、博平郡的一千人一起进攻堂邑（治所在今山东省聊城市堂邑镇）。燕军这边，魏郡（治所在今河南省安阳市）太守袁知泰派部将白嗣恭率领两万多人前来迎战。双方苦战一日，三郡兵马击破燕军，斩杀一万多人，俘虏一千多人，缴获一千多匹战马及无数军需物资。袁知泰得知白嗣恭兵败，弃城而逃，魏郡就此光复。

这时候北海（治所在今山东省青州市）太守贺兰进明也起兵了，颜真卿便去信请他北上一起共图大事。随后，贺兰进明带着步骑兵五千人渡过黄河与颜真卿合兵一处，随即攻占信都郡（治所在今河北省冀州市）。

南面的起义斗争如火如荼，常山郡这边的战况还未见分晓——李光弼已经和史思明对峙四十多天了。史思明也不是吃素的，派轻骑绕道后方袭扰李光弼的粮道。很快，李光弼的大军断了粮草，他们的战马甚至只能以草席和草垫为食。无奈之下，李光弼派出了五百辆车去石邑运草。

史思明得报后，即刻派轻骑出发，准备趁运草车队回来时洗劫对方。然而燕军杀到运草队前一看，顿时傻了眼：只见这些运草车辆列阵而行，车夫个个身穿盔甲，每辆车还分别配备了两名弓弩手——五百辆车就是一千名弓弩手。此前燕军就吃过唐军弓弩手的大亏，此刻哪敢轻举妄动，只能眼睁睁看着运草队返回常山城。

解决了粮草一事，李光弼深吸一口气，开始为接下来的行动做打算。他知道仅靠当前的兵马还不足以击溃燕军，要荡平河北，还需要朔方兵团的协助。他写信给郭子仪，请他率领大军东出，一起讨伐河北燕军。郭子仪应邀而来，在常山与李光弼会师。至此，唐军总共有蕃、汉步骑兵十多万人。

紧随其后，唐军在九门城南面向史思明、蔡希德发起了猛攻。此时燕军经历了前面几场败仗，正值士气低落，再加上兵力劣势，哪里抵挡得住唐军。

交战中，朔方大将浑释之的儿子中郎将浑瑊箭术了得，遥遥一箭射杀燕军大将李立节（仅次于史思明、蔡希德的三号人物），让燕军陷入混乱，唐军很快击败了对方。

史思明和蔡希德率领残部分别向南逃窜，一个去了赵郡，一个去了钜鹿。大概是觉得无颜去洛阳见安禄山，史思明又从赵郡跑到了博陵，准备北上逃回大本营范阳。当时博陵已经向朝廷投降，史思明进城后报复性地杀死了全郡官吏，以雪九门之败的耻辱。

但这么一来，景城、河间、信都、清河、平原、博平六郡的百姓越发憎恶燕军，纷纷组织起来与之对抗。规模庞大的，甚至聚集了一两万人。郭子仪、李光弼率领唐军到来后，他们纷纷打开堡垒归降，并帮助唐军攻击燕军。燕军在河北几乎没有立足之地了。

不久，唐军攻占赵郡（治所在今河北省赵县），杀红了眼的将士们进城后狠狠地抢劫了百姓一番。李光弼可不会纵容这样的事情发生，他特意坐在城门口召集士兵出城，将他们抢到的财物又全部归还给了百姓。他的做法赢得了赵郡人民的拥护。郭子仪在赵郡生擒燕军四千人，他将之遣散了放回家，只斩杀了安禄山任命的太守郭献璆。郭、李二人的仁义举动很快就在河北地区传开，各地百姓纷纷归降，不少燕军也闻风而降。

随后，李光弼又率军围攻博陵，但因史思明拼死防守，打了十多天也没有攻下，只好撤到恒阳休整。

最终的奋战

九门之战后不久，安禄山在河北的老巢营州也发生了变故。

安禄山起兵前，将营州交给平卢节度副使吕知诲防守。他起兵后，吕知诲也曾和贾循一样，想要向朝廷投降。但得知贾循被韩朝阳诛杀后，吕知诲便死了这条心。安禄山后来升他做了平卢节度使。

吕知诲新官上任，首先打算解决辽东的唐军。当时辽东除了平卢兵团外，还有安东都护府，此时坐在安东副大都护（安东大都护为平卢节度使兼任）位置上的正是昔日威震西域的名将夫蒙灵察。吕知诲不敢正面与之对上，就假借打算降唐为由，邀请夫蒙灵察前来商议，然后趁其不备杀死了对方。

吕知诲奸计得逞，十分得意，也就忽略了手下人的动作。平卢游弈使刘客奴非常不愿意叛唐，于是偷偷拉上平卢先锋将董秦，与夫蒙灵察留下的安东大将王玄志合谋起兵，出其不意地杀入了营州城。吕知诲还没有从成功诱杀夫蒙灵察的喜悦中冷静下来，就迅速被刘客奴等人斩杀。

随后，刘客奴派人渡海前往平原郡向颜真卿告捷，并希望对方支援自己攻打范阳。颜真卿闻报后也不含糊，立刻派人运送粮食、兵器、盔甲等物资渡海支援营州。为了取信刘客奴等人，他还把自己十多岁的儿子送到营州做人质。随后，颜真卿向朝廷上报了刘客奴的事情，李隆基知道后大喜，立刻封刘客奴为平卢节度使（赐名"刘正臣"）、王玄志为安东副大都护、董秦为平卢兵马使。平卢地区再次回到朝廷手里。

蔡希德带着九门之战的败报回到洛阳，安禄山大惊失色。河北是燕军的根本，安禄山输不起，为此，他们必须尽快击破郭子仪、李光弼率领的唐军，夺回河北。为了增援史思明，安禄山调出步骑兵两万人北上，由蔡希德率领；又征发范阳等郡的兵马一万多人南下，由牛廷玠率领。

且说这段时间，史思明的日子可不太好过。唐军久攻博陵不下，郭子仪、李光弼便率军撤回了常山。史思明听说后，收集了几万燕军跟在唐军后面，想寻机占一点儿便宜。当然这些小动作没有逃过郭子仪的眼睛，但是郭子仪不动声色地继续向常山前进，暗中不断派出精锐骑兵袭扰跟随的燕军。就这样走了三天，到达行唐时，史思明的人马已经疲惫不堪，准备撤退了。此时郭子仪忽然率大军杀了一个回马枪，在沙河（今河北省潴龙河支流大沙河）大破燕军。史思明偷鸡不成反蚀把米，最后狼狈地缩回了博陵，直到蔡希德和牛廷玠的援兵赶来，他才松了一口气。

　　如今史思明总共有五万多人，其中五分之一是同罗骑兵和"曳落河"，战斗力非常强，他一下子又精神起来，再次领兵追击唐军。

　　不久之后，郭子仪退到恒阳（治所在今河北省曲阳县），史思明紧追不舍。不过这一次郭子仪没有正面出战：燕军越是进攻，他越是坚守不出；燕军撤退了，他反而开始追击。不但如此，郭子仪还每晚派士兵出城袭击燕军营地，反复搅扰对方安宁。没过几天，燕军士兵就被折腾得疲惫不堪、士气低落。

　　眼看时机成熟，五月二十九日，郭子仪、李光弼率领唐军在嘉山（今河北省曲阳县东北十里）与史思明展开决战。燕军果然不是唐军的对手，很快惨败，四万多人被杀、一千多人被俘。史思明在激战中被打落下马，爬起来时，马没了，脚上的靴子也不见了，他只好披着头发、光着脚、拄着一截断枪沿小路逃跑，直到晚上才艰难地回到大营。但他始终无法平复心绪，总觉得大营也不安全，唯恐唐军再次发起攻击，于是连夜带着剩余人马逃回了博陵。随后，李光弼率军包围博陵。

　　嘉山之战过后，唐军声威大震，河北十多个郡纷纷杀掉燕军将领而投降唐朝，这使得燕军在洛阳和范阳之间的通道再次被阻断，两边的书信往来只能靠轻骑，还经常被唐军截获，以致燕军将士人心惶惶。安禄山无计可施，甚至已经准备好要撤回范阳。

　　然而就在这时，燕军忽然迎来了转机。

　　李隆基不听哥舒翰、郭子仪、李光弼等人的劝谏，坚持要求哥舒翰出潼关作战，最终唐军全军覆没，潼关失陷。李隆基被迫逃往蜀地避难，李光弼和郭子仪则不得不解除博陵之围，从井陉口退回河东地区，只留下常山太守王俌率领景城、河间两郡的团练兵守卫常山。

　　李光弼、郭子仪撤退后，史思明重新活跃起来，再次带兵攻打二人，但被击退。随后，史思明掉转矛头，迅速攻向平卢节度使刘正臣。当时刘正臣正打算去袭击范阳，忽然遭到史思明进攻，手下不敌，士兵死伤达七千多人，他的妻儿都做了俘虏，营州再次落入史思明手中。此后，河北的起义浪潮再次进入低谷，燕军开始反击。

且说郭子仪、李光弼撤走时，让王俌留守常山。然而王俌并非忠厚之人，他一见长安陷落、朔方军撤退，就动了投靠安禄山的心思。所幸常山众将高义，在得知王俌的打算后，就哄他出来一起打马球，然后趁乱将他打落马背，纵马将他活活踩死。

王俌死后，常山缺一个主心骨，众人商议一番，决定邀请不远处的信都太守乌承恩。乌承恩手底下有三千朔方兵，算得上兵强马壮。然而乌承恩跟王俌一样，存了投降安禄山的打算，于是以没有诏命不敢擅自移动为由，拒绝了常山的邀请。当时，像乌承恩、王俌这样，心中有自己小算盘的河北将领不少，所以河北的形势依然严峻。

就在李光弼等人撤走之后，九门遭到了史思明和蔡希德率领的一万大军的进攻。九门守将眼看坚守不住，只好假装投降。史思明信以为真，亲自带人上城头受降，然后遭到埋伏在城墙上的唐军士兵围攻。混乱之中，史思明从城墙上跳了下来，虽然没有摔死，但被城下的鹿角刺伤，于是再次连夜逃回博陵。不久之后，史思明攻下了九门，屠杀了城里几千人泄愤。随后，他又乘胜相继攻克藁城、常山郡、赵郡。

就在史思明攻打常山郡时，燕军大将尹子奇也在围攻河间，但一连打了四十多天也没有进展。后来史思明攻克了常山郡和赵郡，便赶来与之会合，共同围攻河间。战况紧急，颜真卿连忙派遣部将和琳率领一万两千人前往救援，但这些援兵中了史思明的埋伏，全军覆没，和琳被生擒。河间再也坚守不住，很快就被燕军攻陷，河间司法李奂也被生擒。

随后，史思明又攻下了景城，景城太守李暐被迫投水自杀。景城失陷后，平原郡越发孤立。史思明派部将康没野波率领先锋进攻平原郡，颜真卿势单力薄，只好舍弃平原郡，从小道前往灵武，面见新登基的天子李亨（唐肃宗）。

至此，曾经轰轰烈烈的河北起义运动全面失败，河北各郡相继沦陷。

疾风劲草：雍睢保卫战

雍丘保卫战

张巡，南阳人，自幼博览群书，喜欢研究兵法，并且不拘小节，往往与志向远大者或者年长者相交，而不愿和庸碌无能之辈来往。开元末年，张巡以进士及第的身份进入仕途，以太子通事舍人的身份被任命为清河县令。待任期满后，张巡回到长安。时值杨国忠当权，就有人劝他去依附杨国忠，以谋个好位子，但他拒绝了，并说："以现在这个形势，还是别做京官为好。"不久后，张巡就被外放为真源（治所在今河南省鹿邑县）县令。

安禄山攻陷洛阳后，任命心腹张通儒的弟弟张通晤为睢阳（治所在今河南省商丘市南）太守，让他与陈留长史杨朝宗率领一千余名胡人骑兵向东面掠取土地。洛阳东面各郡、县已经多年未历战火，不敢出战，纷纷投降，谯郡（治所在今安徽省亳州市）太守杨万石也在这种情况下降于燕军，还逼着下属的真源县县令张巡一起叛乱，让他率军向西迎接燕军。

张巡不愿投降，他接到杨万石的命令后，先去玄元皇帝祠中痛哭了一场，然后举起了讨伐燕军的旗帜，很快就有一千多人前来归附。

当时已有东平（治所在今山东省东平县西北）太守吴王李祗、济南太守李随等少数几人起兵反抗燕军，于是另外一些不愿变节的郡县也以李祗的名义募兵抵抗。其中单父（今山东省单县）县尉贾贲自称是李祗部将，率军向南攻打睢阳，一举击败了张通晤，后者逃跑过程中被顿丘（治所在今河南省清丰县西南）县令卢韺（yīng）斩杀。这个消息把东进的燕军吓住了，燕军大将李庭望更是止步不前。东线的唐军终于迎来了喘息之机。

张通晤东进时，雍丘（今河南省杞县）县令令狐潮也投降于燕军，被任命为将领。令狐潮率领军队向东进攻，在襄邑大破唐军，俘虏了一百多人。他将俘虏囚禁在雍丘，自己屁颠屁颠地跑去找李庭望请赏。然而他走后，俘虏们趁着守卫不注意，偷偷解开了绳索，杀死了守卫，然后占据了雍丘城，并将贾贲所部迎入了城。不久后，张巡也率军前来会合，总共有两千人。

令狐潮请了赏回来一看，雍丘丢了，家小被俘，顿时恼羞成怒。他率领大军向雍丘发起了疯狂的进攻。贾贲出城迎战，随即阵亡。张巡见状，亲自率领骑兵出城迎战，他身上多处受伤，但始终在一线冲杀，不肯退下。唐军士兵在张巡的感染下奋起杀敌，激战良久，终于将令狐潮击退。回城以后，雍丘城内公推张巡为主帅，让他统率贾贲留下的部众，张巡应下，自称"吴王先锋使"，号令众人。

与此同时，李随的反燕部队到达睢阳，附近唐军纷纷前来归附，短时间内就有了一万多兵马。李隆基便任命他担任河南节度使，由许远担任睢阳太守兼防御使。

另外，起兵反燕的还有濮阳人尚衡，他以王栖曜为衙前总管，率领大军进攻济阴（今山东省菏泽市曹县西北），一举斩杀了燕军大将邢超然。

大势之下，东线渐渐稳定下来。

天宝十五载三月，不甘失败的令狐潮再次会同燕军大将李怀仙、杨朝宗、谢元同等人率领四万多人围攻雍丘。此时雍丘守军只有两千多人，面对如此庞大的敌人，众人害怕不已。张巡宽慰众人道："叛军人多势众，反而不用担心。他们见我们人少，必然会轻视我们。我们只要出其不意地攻击他们，叛军惊骇之下，定会被我们击退，届时我们再回来守城，肯定可以守住。"

随后，张巡派一千人上城墙防守，又将剩下的一千人分成若干小队，然后领着这些人打开城门向燕军杀去。张巡作战十分勇猛，在燕军阵中横冲直撞，杀得燕军人仰马翻。燕军人数虽多，但没有做好防备，他们果然如张巡所料那般慌乱起来，迟迟组织不起有效抵抗，只好暂时后撤休整。张巡乘机率领唐军退回城内加固城防。

第二天，燕军再举进攻。他们这次是有备而来，在雍丘四周安置了一百多门石炮，然后一起向城头射击，没多久就把城楼以及矮墙都击毁了。张巡沉着气，命人在城墙上立起早已准备好的木栅进行防守。

石炮轰完后，燕军发起了冲锋，沿着城墙向上爬。张巡立刻带领大伙儿将蒿草捆成一束，然后用油脂浇灌、点燃，再从城墙上扔下，将燕军的云梯全部烧毁。燕军进攻受阻，踟蹰间不敢再爬上城墙。趁此空当，张巡再次带人从城里杀出，大败燕军。当夜，张巡还派出勇士夜袭燕军营地。

随后的日子里，张巡每天被甲枕戈，一直待在城上防守，受了伤就简单包扎一下，然后再次上阵杀敌。就这样熬了六十多天，经历了大小三百多次战斗，令狐潮等人见奈何不了雍丘城，只得撤退了。然而张巡还没松懈呢，他趁着燕军没有防备，立刻率兵追击，再次杀得对方大败，光俘虏的胡人骑兵就有两千多名。

这一年五月，南线鲁炅兵败，被燕军围困在了南阳（治所在今河南省南阳市）。此时唐军主力都集中在潼关一线，李隆基只好将李祗调任为太仆卿，然后让李巨担任陈留、谯郡太守兼河南节度使，让他带人救援南阳。李祗被调离后，令狐潮认为机会来了，再度率军进攻雍丘。

其实令狐潮与张巡早年交情不错，他强攻不下雍丘，就打算劝降张巡，在城下向张巡喊话道："现在朝廷大势已去，你还在这里坚守，你有没有想过到底是为谁而守的？"张巡冷笑道："我记得你以前常以忠义自许，那你现在的所作所为，算得上忠义吗？"令狐潮无言以对，悻悻地回到大营。

令狐潮又强攻了四十多天，依然拿张巡一点儿办法也没有。这段时间，李隆基强逼哥舒翰出潼关决战，结果唐军在灵宝全军覆没；潼关被燕军攻陷，李隆基被迫逃往蜀地避难，大唐帝国的首都长安落入了安禄山的手里。张巡还不知道这些事，他被困得太久了。

令狐潮得到消息后，觉得这次总可以说服张巡了，于是亲自到城下陈述局势，希望张巡认清现实、开城投降。张巡倒是没什么反应，但是雍丘城内一些人可坐不住了，有六名守将前来劝主将："现在雍丘城内兵力微弱，再这么打下去，我们肯定熬不过对方。眼下长安已经失陷，陛下是死是活都没人知道，不如先投降了吧。"张巡看他们都这么说，就假装答应了，让他们第二天再来商讨细节。

　　然而次日一早，唐军众将来到大堂时，发现堂上挂起了天子的画像。张巡带着他们一起朝拜，随后历数李隆基昔日功绩，众将士无不闻之流泪。趁此机会，张巡又把那六名将领叫到跟前，向众人揭发了他们想要投降的心思。这可犯了众怒了，大伙儿纷纷痛斥此举，张巡顺势将这六人斩杀。从此以后，雍丘城内再也没人敢提投降一事，众将士的心意越发坚定。

　　意志坚定之后，物质匮乏的问题也需要解决。被围困了这么久，士兵们用以退敌的箭快用尽了，该如何补充呢？张巡倒是有个主意——草人借箭。他偷偷派人用藁草扎了一千个草人，然后给这些草人穿上黑衣服，于深夜将这它们用绳子绑了从城上放下去。城下的燕军发现城墙上影影绰绰，就立刻报告给令狐潮。令狐潮以为张巡派人夜袭，立即下令用弓箭射杀从城墙上下来的唐军，决不可放过一个人。燕军争先恐后地向城墙上的黑影放箭，忙活了整整一晚上，天亮时才发现目标竟都是草人，但此时收手也晚了，它们已经给张巡送了几十万支箭过去。

　　几天后，张巡又从城上放人下去。这俨然是一个"狼来了"的故事，令狐潮看着熟悉的黑影嗤笑道："真以为我是傻子吗？又想骗我给你白送箭！"于是他告诉手下士兵不必理会，回营睡觉。然而这次从城墙上下来的却真的是五百名守军，这些人下城后立即朝燕军大营杀去，不仅造成了不小混乱，还成功劫走一批物资。令狐潮窝了一肚子火，下令全军烧营后撤，一连跑了十多里才停下来。这之后，令狐潮为了洗雪耻辱，对雍丘的攻势越发猛烈。

　　令狐潮也顾不得什么战场礼仪了，只想狠狠地报复张巡。他知道张巡手下有一个叫雷万春的将领作战非常勇猛，于是就到城下喊话，说请雷万春到城头来对话。雷万春不知道他葫芦里卖的什么药，就站上城头试探。不料话还没说上两句，偷偷埋伏在附近的燕军弓弩手便张弓射杀他。雷万春猝不及防，脸上中了六支箭。这个硬汉中了这么多箭，居然没有倒伏，依然直挺挺地站立在城头，让令狐潮差点儿以为他其实是木头人假扮的。

后来探子回报，城头上站立的果真是雷万春。令狐潮惊叹不已，远远对张巡喊道："今天雷万春将军中箭后依然屹立不倒，我这才知道你平日里军令之严整。不过你要顺应天命，不要再抵抗。"张巡则回敬道："你连人伦都不知道，知道什么天命？"令狐潮闻言气得跳脚。

这场围困旷日持久，雍丘城内的木材和水都用尽了。张巡就给令狐潮写了封信，信中说："我现在已经守不下去了，想要带着手下人撤离雍丘，将城让给你。现在请你先带着军队后退六十里，好让我能够逃走。"

令狐潮围攻了这么久，他早已没什么耐心，如今见张巡愿意主动撤走，当然十分乐意，于是立刻照办。然而燕军一后撤，张巡立刻就率军出城运输木材、搬运用水，回城时还顺便把城外燕军留下的营地拆了个干净，把各种用材也一口气卷进了城里。令狐潮发觉后气得七窍生烟，于是再度率军围困住雍丘。

这时张巡又给令狐潮写了封信，跟他解释说："我不撤走主要是因为没有马，如果你想要得到雍丘城，就给我三十匹马，我得到后立刻就走，那样你就可以兵不血刃地拿下雍丘了。"

令狐潮一想，三十匹马也不是什么大事，要不再试着相信一次老朋友？于是他派人送了三十匹马进城。张巡欣然笑纳，然后将之全部分给手下猛将，并对他们说："明天等敌人来了，你们就出城迎战，一人抓一个敌将回来。"

次日早上，令狐潮准备率军进城，却发现张巡竟然还在守城。连续两次被骗，令狐潮忍无可忍，他来到城下痛斥张巡："你不是说拿到马就走吗？怎么现在还在城里？"张巡面露苦笑："我自己是想把雍丘让给你，但手下人都不同意，这让我还能怎么办？"

令狐潮已经意识到张巡是在戏弄他，不欲多说，下令大军准备攻城。然而燕军还来不及列阵，雍丘城中就杀出三十位唐军猛将，他们迅速斩杀了一百多人，生擒了十四名燕将，缴获了不少兵器和牛、马等物资后才撤回城。

令狐潮傻眼了，他屡战屡败，已经完全没勇气再继续进攻下去，只好把军队撤回陈留休整，再图后举。

令狐潮退走后不久，张巡听说白沙涡（今河南省宁陵县西北）附近驻扎着燕军步骑兵七千多人，于是乘夜带兵前去偷袭，打得对方狼狈逃窜。回军路上，他们又截住了正向白沙涡赶来的燕军援兵四百人，顺势全部俘虏了。张巡杀死了其中的胡人，而将那些从荥阳、陈留一带胁迫来参军的人全部释放回家。这个消息传出后，天下人都知道张巡仁义，短短十多天就有一万多户百姓脱离燕军归降张巡。

这年七月，令狐潮经过两个月的休整，姑且修复了他的心灵创伤，便又带上了燕军将领瞿伯玉卷土重来。这一次令狐潮打算智取，他派出四人假扮朝廷使者，佯称皇帝任命张巡去灵武赴任。然而这四个使者的演技实在不佳，很快露出破绽，张巡识破后便将这四人处死，并将人头挂在城墙上示众。令狐潮见计划败露，只好先撤了回去。

不久后，燕将李庭望率领蕃、汉步骑兵两万多人东进，打算偷袭宁陵、襄邑，某日行进到距离雍丘三十里的地方扎营。李庭望没料到即使隔了这么远，张巡都能探到消息，还乘夜带着三千人奔袭而来给他送上一份"惊喜"。燕军梦中遇袭，仓皇大败，李庭望只得带着残兵连夜逃走。

再之后，令狐潮又与王福德率领步骑兵一万多人进攻雍丘，还是被张巡杀退，阵亡了几千人。

两战睢阳

令狐潮屡败屡战，这次他又与李庭望合兵一处，开始攻打张巡。然而张巡凭着区区几千人，竟数度击败燕军几万人，让令狐潮、李庭望不得不另行谋划，将军队驻扎在杞州，然后修筑堡垒，试图断绝张巡的粮道。

这时河南节度使李巨正驻扎在彭城（今江苏省徐州市），他听说张巡的事迹后，立刻任命张巡为先锋使，并准备派兵增援张巡。然而未及行动，形势陡变。燕军大将杨朝宗先后攻陷了鲁县和东平，而济阴见势不妙，立即投降了。如此一来，李巨驻扎的彭城就暴露在杨朝宗面前。李巨担心燕军乘机南下攻取淮南，只好从彭城撤到临淮（今江苏省泗洪县东南）驻防。

李巨撤走后，杨朝宗转移目标，打算先攻下宁陵，以断绝张巡的粮道，然后再与李庭望等人合攻雍丘。张巡意识到雍丘的境地越发孤立，而且随着唐军主力东移，雍丘的战略意义也已经不大了，他便先一步带人撤出了雍丘，退到宁陵防守。离宁陵不远的睢阳、城父（今安徽省亳州市城父镇城父集）等地还在唐军手中，张巡可以与睢阳太守许远、城父县令姚誾（yín）等人守望相助。

张巡撤到宁陵时，手底下只有三千士兵和三百匹战马，不过杨朝宗不知道宁陵守将已经换了人，还以为城内空虚，便贸然地率领全军进攻宁陵西北。燕军出动后，张巡派出南霁云、雷万春等猛将展开截击。燕军一开始受了些冲击，但很快就调整过来，重新摆开阵形与南霁云等人激烈交锋。双方从白天打到晚上，一直没分出胜负。

就在这时，许远率领的睢阳援军赶到，他们从燕军后方发起了进攻。燕军受到前后夹击，再也抵挡不住，终于溃散而逃。唐军乘胜追击，杀敌过万，尸体掉入汴水，将河道都填满了。杨朝宗不敢恋战，连夜率领残部逃走。

宁陵大捷之后，李亨将张巡提升为河南节度副使。张巡为手下人向李巨请赏，毕竟他们跟着他立了很多战功。然而李巨只给了三十通折冲都尉与果毅都尉的委任状，此外分文没给，这让张巡心寒不已。张巡赶紧派人向李巨申述道："现在朝廷社稷危在旦夕，我们孤立在东面与叛贼作战，怎么能吝惜赏赐呢？"偏偏李巨油盐不进，不再搭理张巡了。东线唐军主帅都这样凉薄，其余各路唐军也有样学样，以致张巡、许远等人越来越难以获得支援。

至德二年（757年），安庆绪杀死安禄山后继承帝位。这个位子看似风光，实则处境窘迫：北面的史思明越来越不听从调遣，西面的各路唐军还在集结人马准备反攻。为了稳定局势，安庆绪迫切希望燕军能在东线打开出口，以便南下江淮，从而断绝唐朝的赋税。他任命燕军大将尹子奇为河南节度使，让他率领同罗、突厥、奚族的精锐骑兵东进与杨朝宗等人会合。大军共计十三万人，他们的目标就是进入江淮的大门——睢阳。

许远很快接到了燕军大举进攻睢阳的消息，此时他手下只有三千八百人，战力悬殊，只得向张巡求援。张巡深知此时的睢阳比宁陵更加重要，于是留下部将廉坦守卫宁陵，自己率领三千人进入睢阳与许远合兵一处对抗燕军。名扬天下的睢阳保卫战即将打响。

面对燕军如潮水般的攻势，张巡率领城内唐军日夜苦战，频频与燕军交手，有时一天甚至要大战二十多次。虽然艰难，但在张巡的激励下，唐军的士气不减，屡次挫败燕军。睢阳太守许远是个开明之人，他对张巡说："我为人比较懦弱，又不擅长带兵打仗，您智勇双全，善于用兵，我希望您能代替我做睢阳太守，替我破贼于城下。"从此以后，许远只负责调集军粮、修整装备等后勤工作，张巡则负责全部军事指挥。统一号令后，睢阳城唐军的战斗力凝为一股，变得更强了，燕军对此一时毫无办法。

尹子奇见正面强攻不能取胜，不得不另想他法。燕军中有一个名叫李滔的将领，他原本是许远的手下，被许远派去救援东平，但他觉得投效朝廷没什么前景，就带人向燕军投降了。尹子奇得知李滔与睢阳将领田秀荣关系要好，就派李滔暗中送信入城招降田秀荣，后者也没什么坚定立场，立马倒戈。

不过，尹子奇并不打算让田秀荣立刻带人出城投降，而是让他故意带兵出城送死，以消耗城内的有生力量，田秀荣满口答应了。但世上没有不透风的墙，有人发现了田秀荣的计划，并告诫许远道："田秀荣已经投降了燕军，他明天肯定会请命出战，并把带出去的唐军引入燕军的包围圈，他自己则会头戴绿色的帽子以示区别，好让燕军放他活着回来。"

许远一开始还不相信，却见第二天田秀荣果真戴着绿色帽子前来请战，出城一战之后，所部全军覆没，只有他一人活着回来。且田秀荣战败回来毫不羞愧，反而振振有词地向张巡等人争辩道："我刚才其实是故意战败的。我打算示敌以弱，让敌人轻视我们。现在，请让我带着城内精锐骑兵出战，定然可以一举击破敌军。"

许远失望至极，将田秀荣通敌一事告知张巡。张巡怒斥了田秀荣一通，然后将其处死，再把他的头颅挂上城墙。尹子奇见计划落空，只得再次全力攻城，但终因无果而选择后撤。张巡这时再次抓住机会，果断率军出城追击。尹子奇大败，最终狼狈退走。第一次睢阳保卫战就此结束。

这一仗，唐军在睢阳城与燕军一共大战十六天，生擒燕军将领六十多人，斩杀燕军两万多人。除此之外，张巡等人还从燕军手中缴获了大量马、牛、羊及车辆。张巡把这些战利品全部分给了参战的唐军将士，自己一点儿也没留下，这使得他在睢阳更加受人敬重，唐军的士气也越发高涨。

张巡并不打算止步于此，他的目标是趁燕军新败，攻下陈留郡以绝叛军后路。可惜这个计划还来不及实施就被尹子奇察觉，后者抢先一步，再度率十多万大军进攻睢阳。第二次睢阳保卫战爆发。

张巡决定趁燕军立足未稳先行出击，他向手下唐军将士动员道："我深受皇上恩泽，现在叛军再来，我决心以死报国。各位虽然为国献身，但现在节度使给的赏赐根本不够酬劳你们的功勋，我对此感到非常痛心，希望以死带领你们建功立业。"众将士听后都非常感慨，表示愿意以死为张巡效力。张巡一看士气可用，立刻亲自杀牛设宴犒赏众将士，随后率领全军出击。

燕军这时刚到城下，连营垒都还没立起来。看到唐军杀出，他们非但不惊慌，反而嘲笑对方不自量力，竟敢以区区数千人正面进攻十多万人的燕军，这无异于以卵击石。燕军将士抱着看笑话的心理，也不认真列阵，这反而给了唐军机会。张巡、南霁云、雷万春等猛将身先士卒，往来敌阵如入无人之境。唐军将士受主将感染，也都奋勇杀敌。规模庞大的燕军渐渐笑不出来了，他们手忙脚乱、阵形不整，最后狼狈逃跑。此战，燕军阵亡的将领有三十多人、士兵有三千多人。

虽然如此，但燕军毕竟人多势众，第二天他们重整旗鼓，又重重包围了睢阳。此后，张巡虽屡屡出城挫败敌军，但尹子奇依然围而不退。

　　五月，城外的麦子成熟了，燕军割了麦子充作军粮，这对被围的睢阳更是施加了一道重压。张巡见状，越发觉得有必要给对手一次重创。

　　张巡想了一计：让人在夜里大肆击鼓。尹子奇乍然听到，以为唐军发动夜袭，立刻下令整军备战。结果一晚上过去，唐军毫无动作。等到天亮时，鼓声停了，城里的士兵又去休息了。

　　尹子奇满腹疑窦，让人爬上飞楼俯瞰城内侦察敌情。探子回报说，现在城内一个士兵都见不到，果真是回去休息了。尹子奇长舒一口气，既然如此，那就让紧张备战了一整夜的燕军士兵也赶快回营歇息吧，养精蓄锐才好应对接下来的战斗。

　　其实，隆隆的击鼓声只是为了蒙蔽尹子奇。唐军将士这天晚上已经塞住耳朵休息够了，现在正精神着呢。张巡多等了一会儿，估计燕军士兵已经陆续入睡，就和南霁云、雷万春等十多个猛将各自率领五十个骑兵从城门杀出，分头从不同方向冲入燕军大营，直指尹子奇的营帐。

　　擒贼先擒王，张巡的计划是一次"斩首"行动——通过突袭斩杀燕军主帅尹子奇，达到短期内遏制燕军攻势的目的。此时燕军刚刚入睡，他们被惊醒后匆匆起身抵抗，很多人甚至来不及披上盔甲就被斩杀，所以唐军的行进速度很快，渐渐逼近尹子奇帐前。

　　但张巡等人现在面临一个问题——他们谁也不认识尹子奇，不知道该重点冲着谁下手。对此，张巡也有安排。交战中，唐军故意使用了一种以蒿草制成的箭，这种箭威力小，不致命。燕军士兵发现后，以为唐军的武器装备已经匮乏到没有高杀伤性的箭了，这是一个重要军情，于是他们立刻将蒿草箭呈送到尹子奇面前汇报情况。

　　就这样，尹子奇本人暴露在了唐军将士面前。张巡立即下令神箭手南霁云射杀他。遗憾的是，许是周围过于混乱，这关键的一箭竟然射偏了些，只射中了尹子奇的左眼。尹子奇侥幸未死，仓皇下令撤退。张巡等人随即发起追击，斩杀了五十多个燕军将领和五千多个士兵。

最后的血战

两战两败，还赔了一只左眼，尹子奇受此奇耻大辱，越发不甘心。这一年七月，尹子奇再次带领数万人马围攻睢阳。张巡再度率领唐军抵御燕军，第三次睢阳保卫战爆发。

睢阳经过前两次大战，如今面临一个非常严重的问题：缺粮。以前许远担任睢阳太守时，在城里陆续囤积了六万石粮食。然而李巨担任河南节度使后，不顾许远的反对，强行分出三万石粮食给濮阳、济阴两郡。颇具讽刺意味的是，济阴郡刚刚拿到粮食就变节了，让燕军白白捡了便宜。睢阳几场攻防战接连进行，城内一直没有别的补充，城外的麦子又被燕军抢了，等尹子奇第三次围城时，城里粮食已所剩无几，士兵们每天只能得到一小把米，其余就靠树皮、纸张充饥。如此一来，饿死的唐军士兵越来越多，再加上战斗伤亡，最初的六千八百人如今只剩一千六百人，还因为饥饿没什么战斗力。

在这种情况下，唐军无法再像之前那样出城破敌，只能勉力守城抵挡燕军攻势。而燕军这一次进攻，尹子奇做了精心准备，他命人制作了一座巨大的云梯，高度与睢阳城墙差不多，顶上还可以驻人。尹子奇就在云梯上安置了两百个精兵，然后让其余士兵将云梯推到了睢阳城下，云梯上的士兵可以直接跳上城墙。

张巡早有准备。他让人在城墙上凿了三个洞，等云梯靠近城墙时，唐军就从其中一个洞中伸出一根顶端绑有大铁钩的木棍，钩住云梯让它不能后退；又从另一个洞中伸出一根木棍，顶住云梯让它无法前进；待云梯被牢牢控制住，就从第三个洞里再伸出一根挂着铁笼的木棍，这个铁笼中燃着火堆，以此点燃云梯。云梯被烧断，上面的两百个燕军精兵也被摔死了。

尹子奇一计不成，再生一计。他命人制作了一台钩车，用最上面的铁钩钩住城墙上唐军用于防守的栅阁，再反向拉车，将栅阁破坏。在燕军的新式钩车的攻击下，睢阳城头不少栅阁都被撕扯坍塌。不过兵来将挡，水来土掩，唐军自然也有应对之法。张巡在城中找了一根大木头，一端以一把连锁锁住，另一端则安置了一个大铁环。燕军再来钩栅阁时，唐军就用大铁环将铁钩套住，再用革车强行将钩车拖到城墙上，再截断铁钩，让钩车坠落，砸死城下的燕军士兵。

钩车之法被破解后，尹子奇又用上了木驴。他将精兵隐藏在木驴里，然后将木驴推到城下。躲在木驴里的士兵需要看准时机，偷偷潜进城内破敌。张巡的应对则更简单粗暴：他命人将此前缴获的铁钩、铁环熔成铁汁，然后兜头从城上往下倒，将木驴和连同里面的士兵一并烧成炭。

高手过招，各逞计谋。尹子奇很快又出一计，他命人在睢阳西北角用沙袋和木材堆起一座阶梯形的"磴道"，试图让燕军通过它登上城头。张巡发现后，并不破坏，而是暗中派人乘夜往磴道的缝隙间安置松明、干草等易燃物品。十多天后，磴道终于建成，可直通城头。燕军正要沿着磴道进攻时，唐军忽然从城头扔下火把，顿时将磴道点燃。不止如此，恰巧天公助阵，刮起了大风，火势迅速蔓延，转眼间整个磴道都燃起来了，熊熊大火一直烧了二十多天才熄灭。

在这之后，尹子奇终于无计可施，只好在城外挖掘了三道壕沟，然后在上面安置木栅，死死困住睢阳城。战事陷入胶着，但燕军有源源不断的粮草补给，唐军却绝了来源，城中每况愈下，士兵越来越少，很快仅剩下六百人了。张巡与许远各自带领三百人，分别守卫东北面和西南面，每天以树皮、纸张为食，不再下城。

即使如此，张巡也未曾动摇，还不断对前来攻城的燕军讲述忠义道理，竟借此收降了不少人马。当时有个叫李怀忠的燕军将领前来攻城，张巡就跟他发生了这样一番对话——

"你效力安禄山父子多久了？"

"已经两年了。"

"你的祖父、父亲都做过官吗？"

"是。"

"你家世代都是做官的，享受着天子的恩遇，为什么现在要跟随叛贼，前来与天子的将士交手呢？"

"唉，我以前也是天子的将领，参加过好几次跟叛军的战斗，但一不小心做了俘虏，大概是天意要让我跟随叛军。"

"自古以来，叛逆都会被消灭。一旦叛乱被平定，你的父母妻儿全都要被朝廷诛杀，你怎么忍心做这种事呢？"

李怀忠落泪而去，不多时便带着手下几十个人前来投降。像李怀忠这样被张巡说服的，先后竟有两百多人。

其实睢阳被围困期间，附近还有两路唐军可以增援：一路由许叔冀、尚衡率领，驻扎在彭城；另一路由贺兰进明（他已取代李巨担任河南节度使）率领，驻扎在临淮。然而这两路人马一直袖手旁观，一是因为唐军诸将妒忌张巡功高，二是这两路唐军之间互有牵制。

贺兰进明以前朝拜天子时，曾经劝谏对方不要重用无能的宰相房琯，被房琯记恨在心。后来贺兰进明被任命为河南节度使，房琯就推荐自己的心腹许叔冀担任河南都知兵马使，两人都兼任御史大夫。因此，许叔冀虽然名义上是贺兰进明的下属，但根本不听指挥，拥兵自重，不把贺兰进明放在眼里。贺兰进明有心去救睢阳，但又忌惮许叔冀可能乘机偷袭，所以不敢轻举妄动，再加上妒忌张巡，索性装聋作哑。

张巡没有等到救援，万分焦急之下，他张贴告示征召勇士突围出城求援。很快就有人应募，这个人就是猛将南霁云。

南霁云原以撑船为生，安禄山造反后，他加入了钜野县尉张沼的军队抵抗叛军，与尚衡一起讨伐李庭望。后来尚衡派南霁云到雍丘与张巡商量军情，一番交谈下来，南霁云对张巡仰慕不已，逢人就说："张公对人以诚相待，这才是我愿意效力的人。"然后索性留在张巡军中，怎么劝都不肯走。尚衡也曾派人带着大量金银来请他回去，但南霁云已经铁了心，不为所动。此后，南霁云跟随张巡出生入死，屡次立下大功。这次见张巡渴求勇士突围求援，他毫不犹豫地应募了。

第二天一大早，南霁云打开城门单枪匹马地冲了出来。城内已经许久没有唐军出战了，燕军都没防备，让南霁云成功突围。尹子奇见只跑了一个人，也没放在心上。

南霁云快马加鞭赶到彭城，请求许叔冀出兵，然而许叔冀送给南霁云几千匹布就想打发他离开。南霁云愤怒地扔掉布帛，扬言要与许叔冀决斗。许叔冀惹不起他，但也不予理会。南霁云郁闷地孤身返回睢阳，燕军也没想到这个人竟然去而复返，又一次让他孤身杀入城内。

随后，张巡决定派南霁云突围去临淮向贺兰进明求援。不过这一次城外的燕军已经做好准备了，南霁云不可能像之前那样轻松地离开，于是就多带了三十名勇士。城门一开，燕军果然上前阻挡，但南霁云箭术高超，靠近百步之内必被射死，燕军不敢靠拢，纷纷溃散。南霁云又一次突围成功。

南霁云赶到临淮请求贺兰进明出兵，然而贺兰进明对他说："现在睢阳片刻间就会沦陷，我就算出兵也没什么用，根本来不及救援。"南霁云向他保证道："睢阳城现在应该还没有被攻下，如果大军到达时城已陷落，我愿意以死谢罪。"

贺兰进明顾忌着许叔冀，死活不肯出兵，不过他爱惜人才，希望能把南霁云留下来，就大摆宴席宴请对方。然而南霁云一上饭桌就哭了："睢阳城里的将士已经一个月没有吃的了，我实在不忍心独自享受这些食物，就算要吃，也会难以下咽。既然我无法完成求援的任务，就让我留下一根指头，表示自己无能吧。"说完他便拔刀砍断自己一根手指，在座之人无不惊叹。南霁云擦干眼泪离开临淮，途中对着佛寺的宝塔射了一箭，竟直射入砖里。他对着此箭起誓道："等我灭掉叛贼后，一定要杀掉贺兰进明。"

之后，南霁云在真源得到县令李贲送的三百匹马，又在宁陵召集起张巡此前留下的廉坦所部三千人，然后带着这些人马杀回睢阳。然而这一次，他带的人虽然多，却很难突破燕军的防线了。

南霁云与廉坦带领这股人马边战边行，途中挫败了几股燕军，还毁坏了燕军在城外的一些营垒，好不容易抵达睢阳城下。此时他们伤亡惨重，只剩下一千人了。当晚雾色深浓，张巡听到城外传来打斗声，高兴地对身边人说道："这是南霁云回来了！"连忙命人开城将一行人迎入。然而南霁云没有带回好消息，众人听说贺兰进明也不肯出兵救援后，无不失声痛哭。

城外的尹子奇判断出唐军不会再有援兵了，立即发动了猛烈的攻势。现在城内该怎么办？弃城向东面转移吗？张巡和许远却说："睢阳是江淮地区的屏障，如果放弃了睢阳城，叛军就很可能从这里南下占据江淮地区，到那时叛军将会更加强大，而朝廷则将更加衰弱。更何况，现在城里人人饥饿困顿，就算想要撤退，怕也无力杀出重围。春秋战国时代各国交战时，同盟之间还会互相援助呢，我们周围现在也还有不少唐军，他们迟早会前来救援，我们不如固守待援的好。"

就这样，张巡与许远决定坚守睢阳。然而粮食问题始终没有得到解决，吃完了树皮、纸张，他们就只能杀战马、捉鸟雀和老鼠来果腹。到最后，城里连鸟雀和老鼠也没有了。在这种情况下，张巡忍痛杀掉了自己的爱妾，许远杀掉了自己的奴仆……再往后，局势就失控了。女人和老弱病残的男人，都不再留活口。哪怕到了这样的疯狂时刻，唐军仍然感念张巡的忠义，不肯背叛。

最终，燕军还是登上了睢阳城头。城内唐军将士早已病弱不堪，无力再战。张巡用尽最后的力气向西拜了两拜，说道："我已是竭尽全力守卫睢阳了，但最终还是没能守住，我既然活着的时候不能报答陛下的恩典，那就希望死后化作鬼魂再为陛下效力。"

睢阳城陷落后，张巡和许远等人全部做了俘虏。张巡被押解出来的时候，唐军将士都强撑着站起身来痛哭，张巡坦然安慰众人道："大家都要镇静，不要害怕，这是命中注定的事。"

张巡被带到了尹子奇面前，尹子奇忍不住问他："听说你每次督战时，都喜欢大声呼喊,眼眶会流血,牙齿也会咬碎。我很奇怪,为什么会这样?"

张巡冷笑道:"我这是在激发体内的正气,想要用它消灭乱臣贼子,只不过力不从心。"

尹子奇被他骂得恼火,也没什么好脾气,二话不说让人强行撬开张巡的嘴要看看真相,发现张巡嘴里竟然真的只剩下三四颗完整的牙齿了。

张巡还不罢休,仍旧怒骂道:"我是为君父而死,总比你投靠叛贼强,我看你能够横行多久!"

尹子奇被骂得狗血淋头,新仇旧恨交织在一起,竟然也能保持住理智,他十分佩服张巡的气节,想要放了对方,然而有人劝道:"张巡谨守忠义,不会背主,更何况他深得军心,留下他后患无穷。"尹子奇一想也是,就拿刀强逼张巡投降。如果张巡肯另择木而栖,那事情就好办了。

不止张巡,尹子奇也一并威逼南霁云投降。不过南霁云还没来得及说话,张巡就大喝道:"南八,生为男儿不过一死而已,千万不能向不忠不义的人投降。"南霁云则回答道:"我是什么样的人,你还不了解吗,我怎么会不陪你一起死?"于是两人都严词拒绝了尹子奇的招降。

尹子奇见状,也就没再多费口舌,将张巡、南霁云、姚訚、雷万春、廉坦等人处死,随后又将许远在押送至洛阳途中处死。

事实上,当时已经确有唐军在赶来增援的路上了。李亨听说了贺兰进明的不作为后,任命张镐为河南节度使,命他率领浙东节度使李希言、浙西节度使司空袭礼、淮南节度使高适、青州节度使邓景山共四路人马前去救援。张镐深知远水难救近火,唯恐增援不及,还曾下令睢阳附近的谯郡太守闾丘晓发兵救援。然而闾丘晓素来狂妄,没有理会张镐的命令。等张镐赶到时,睢阳已经失陷三天。张镐怒斩闾丘晓泄愤,但终究无力回天。

对东线的唐军而言,睢阳陷落无疑是一记重创。很快,彭城也被燕军占据。不过多亏了张巡之前的坚守,他为南方各路军队集结争取了时间。随后,西线唐军对两京展开反扑,燕军无法再深入东线。

披荆斩棘：唐军收复两京之战

陈涛斜之战

灵宝之战后，李隆基离开长安向西逃亡，这倒是出乎安禄山的预料，毕竟安禄山已经做好了进军关中会遭遇强大阻力的打算，就连崔乾祐攻占潼关后，他也没有下令再前进。直到后来长安使者到洛阳来投降，安禄山终于得知李隆基早已落跑，这才派人进入长安。很快，安禄山占据了河南、河北、关中的大片领土。进驻长安后，不少燕军将领虽然善于打仗，但没有长远的战略目光，很快被长安的富贵繁华迷了眼，整日不是忙着抢掠，就是耽于饮酒作乐，不再派人向西前进。

这样一来，李隆基倒是抓住了生路，顺利地逃到了蜀地。到达扶风以后，太子李亨在众人的劝谏下分兵北上，准备到朔方收集西北唐军，然后向关中发起反扑。然而李亨到达朔方之后，在朔方留后杜鸿渐、六城水陆运使魏少游等人的拥立下即位为皇帝，这就是唐肃宗。这一历史事件的发生，标识着唐燕交战进入了一个新的阶段。

李亨即位初期，日子非常不好过。朔方军主力跟随郭子仪、李光弼在河北作战，灵武的兵力十分微弱，时刻得提心吊胆地防备着燕军的进攻，李亨只得下诏书让郭子仪率军返回朔方。郭子仪撤军后，河北再次成为燕军的天下。至德元年（756年）八月，郭子仪、李光弼率领五万大军从河北回到灵武。李亨任命郭子仪为兵部尚书、灵武长史，李光弼为户部尚书、北都留守。随着朔方兵团的回归，灵武的兵力大增，反击燕军的计划就此提上日程。不久后，李亨派李光弼带着景城、河间两郡过来的五千兵马镇守太原，以防燕军西进；又派遣朔方军主力南下，反攻长安。

这一年十月，宰相房琯忽然向李亨上疏，表示自愿率领大军南下收复两京。李亨思考良久，决定相信房琯一次，毕竟他期望收复长安很久了。然而事实上，房琯请求讨伐叛贼，并不是看准了有利时机，也不是心怀杀敌报国的理想，无非是见自己在朝中地位不稳，想要挣些战功给自己增加砝码。

房琯于开元年间入仕，安史之乱发生时，他还只是个刑部侍郎。叛乱发生后，李隆基匆忙逃难，消息只通知了少数近臣，其余大多数朝臣都被蒙在鼓里，等大家终于反应过来后，只能慌乱地向安禄山投降。房琯等少数几个人追随着李隆基到了成都，李隆基无人可用，就任命房琯担任宰相。后来李亨在灵武即位，李隆基无奈接受了现实，就派房琯等人带着玉玺北上灵武，正式传位给李亨。房琯在李亨面前分析敌我形势，一番慷慨陈词，让李亨相信他非常有才能，最后任命房琯为宰相。

然而实际上，房琯崇尚清谈，并不务实，他所提拔的人也大多是知名的士人，而对于其他人不削一顾，这样就得罪了很多人，只不过李亨信重他，姑且还算安稳。然而他越发不知收敛，这就引来了祸事。

北海太守贺兰进明到灵武朝拜，此前他在河北多次立下战功，李亨有意笼络他，就让房琯起草诏书，任命贺兰进明为南海太守、岭南节度使并兼御史大夫。然而房琯见贺兰进明是个武人，颇为嫌弃，觉得皇帝给他的官职太高了，于是自作主张地在起草诏书时只给了贺兰进明代理御史大夫的职位。

当时，受封官职的官员上任前要去拜谢皇帝。李亨见到贺兰进明，惊讶道："我任命你担任岭南节度使兼御史大夫，怎么现在就一个御史大夫，而且还是代理的？"贺兰进明立即反应过来，他压下心头怒气，故意说道："房琯和我以前有过节，所以他起草的诏书只封了我代理御史大夫的职位。"

贺兰进明又恶意地添油加醋道："西晋的宰相王衍就喜欢清谈，结果误国误民，导致中原沦于五胡之手。以我的观察，房琯这人也是这样，平日里就喜欢通过不切实际的谈论来博取虚名，所任用的也都是空有虚名之人，陛下任用这种人做宰相，只怕不是社稷之福。而且我还听说，以前房琯在蜀地侍奉太上皇时，出过让陛下和其他诸王分别统率各道人马的主意，并且建议由其余诸王守卫重要的藩镇，而让陛下您去守卫边远荒芜的地方。不但如此，他的党羽还遍布天下，这些人掌握着军队，哪里还有对陛下的忠心？"

贺兰进明所揭举的这些"猛料",其实大多子虚乌有,李亨也并没有深信。但这些话到底在他心里扎下了一根刺,从此以后,李亨就对房琯渐渐疏远了。

房琯意识到天子跟自己有了隔阂,但他不知道问题出在哪里,只好想了个率军讨贼的办法,希望以此稳固君恩。然而主帅抱着这等心态出征,能有什么好结果?偏偏李亨识人不清,这无疑是唐军的悲剧。不久后,李亨正式任命房琯为持节、招讨西京兼防御蒲潼两关兵马节度使,让他率军东征讨伐长安。

此时燕军在长安也颇为不顺。自从李亨逃到灵武之后,关中就一直有传言说太子将要带领北面的朔方军前来收复长安。长安百姓日思夜盼,他们时常故意在街头巷尾大喊:"太子率大军来了!"以致于燕军如惊弓之鸟,每每看到北面有烟尘卷起,就以为是朔方军来了,急欲逃走。

燕军在关中的残暴恶行传开之后,各地纷纷组织起来反抗他们。关中的豪杰们也纷纷出手,以诛杀安禄山所任命的官吏来响应官军。燕军屡屡镇压,但始终无法杜绝。其西征军在扶风被击败,去西面招降各路唐军的高嵩又被斩杀。最后,燕军所能控制的地盘仅有一小片,南面到武关,北面到云阳,西面到武功(今陕西省武功县)。在这种情况下,燕军信心大减。

雪上加霜的是,当时跟随安禄山造反的五千同罗、突厥骑兵驻扎在长安,他们也越发觉得前途渺茫,于是就在首领阿史那从礼的带领下逃回了朔方,走前还顺走了两千匹马。这么一来,长安燕军更是人心浮躁。

从这些形势来看,此时确实是唐军一举收复长安的好时机。

李亨原本想让房琯与郭子仪、李光弼二人协作,共同出兵,但房琯怕被人抢了功劳,坚持要独立出兵,还提出要自己选择将领和幕僚,李亨答应了他。随后,房琯组建了自认为非常强大的领导班子:由御史中丞邓景山担任副帅,户部侍郎李揖担任行军司马,中丞宋若思、起居郎贾至、右司郎中魏少游担任判官,给事中刘秩担任参谋。这些人有一个共同点——全都是房琯的好友,也全都是空谈之辈。

等到出征时，房琯才勉强同意让久经沙场的兵部尚书王思礼担任副帅。不过，房琯没给王思礼多少发言权，他把军务全部交给了李揖、刘秩两人——这两人都是书生，从前只会纸上谈兵，从未亲身带过兵。房琯却把这两人当成不世出的奇才，逢人便说："敌人的曳落河虽然多，但怎么能敌得过我的李揖、刘秩呢？"

房琯之前没有打过仗，临时抱佛脚地学了一些兵法，然后将大军分成了三路：南军由杨希文率领，从宜寿（今陕西省周至县）攻向长安；北军由李光弼的弟弟李光进率领，从奉天（今陕西省乾县）攻向长安；中军由刘贵哲率领，从武功攻向长安。不久后，三路大军在长安附近会师，房琯就率领北军、中军作为先锋向长安逼近，杨希文则率领南军在后继进。大军前进后不久，在咸阳县附近的陈涛斜（今陕西省咸阳市东）与燕将安守忠所部相遇。

房琯还是比较慎重，他打算先立下营垒防守，等有机会再行反攻。然而监军邢延恩却不同意，他认为燕军兵少，应该直接发起进攻，不必防守浪费时间，房琯只得出战。为了彰显自己读过兵书，他特意用上了春秋时期的车战战术：将两千辆牛车放在中间，让步兵、骑兵在周围护卫，然后向前推进。

安守忠嗤笑一声，立刻下令燕军大肆擂鼓呼喊。唐军拉车的牛受到了惊吓，忍不住四散奔逃，把唐军的阵形冲得七零八落。安守忠乘机发起攻击，将唐军击散。紧接着，安守忠又让人把火把投到四散的牛车上，很快引燃了牛车。如此一来，牛群更加慌乱，不受控制地拉着车在阵中东奔西撞。唐军连阵脚都稳不住，更不用说组织什么反击，最后在燕军的追击下死伤无数。

房琯不死心，又带领南军与燕军交战，很快再次大败，就连杨希文、刘贵哲也顺势投降了。最后，房琯只能带着仅剩的数千人马往西逃走。陈涛斜一战，唐军死伤达四万多人。

这一仗下来，朔方军和禁军主力基本都被折损殆尽。李亨得到败报后几欲晕厥，恨声大叹所用非人，只能姑且任命薛景仙为关内节度副使，让他抵挡住燕军西进。

唐军的重新准备

唐军在陈涛斜遭遇惨败后，此前逃回朔方的阿史那从礼发现战机，立刻怂恿河曲九府、六胡州的数万胡人一起进攻灵武。

如此关键时刻，郭子仪挺身而出，他率领天德军与回纥可汗葛逻支的人马一起出动，前往与之交手。刚开始时，局势对唐军非常不利，左武锋使仆固怀恩的儿子仆固玢被打了个全军覆没，只好假装投降，寻机逃回。但仆固怀恩仍然觉得投降太丢脸，下令将儿子斩杀，令其他将士非常惊骇。第二天出战时，众将士无不以一当十，很快就击退叛军。随后，回纥兵也发起了进攻，将阿史那从礼打得大败而逃，唐军则俘虏了好几万胡人和无数牛羊。至此，河曲一带终于安定下来。

此时，李亨开始了下一步行动。因见朔方军损失惨重，他打算请回纥兵帮忙，于是封豳王李守礼的儿子李承寀（cài）为敦煌王，然后让李承寀与仆固怀恩一起前往回纥借兵。随后，李亨又征召河西、安西的精兵，以及拔汗那国的军队前来勤王；同时传书西域各国出兵，许诺给予丰厚的奖赏。

李泌向李亨建议道："灵武地处偏远，交通不便，不如我们先前进到彭原，等西北各路兵马到达后，再一起进军扶风。到那时，江淮地区的赋税应该送到了，正好拿来犒赏士兵。"李泌是李亨做太子时期的好友，深得信任，李亨从善如流，立刻下令移动到彭原。

不久后，河北全境沦陷，永王李璘也起兵叛乱。李亨为此担忧不已，忍不住向李泌倾诉："现在强敌这么多，我们什么时候才能够击败敌人？"

李泌正色道："我看叛军把抢掠来的金银财宝全部运回了范阳老巢，这可不像是有一统天下志向的人会干的。他们分明是一群强盗，这样的叛乱怎么可能持久？现在死心塌地为安禄山卖命的将领大都是胡人，汉人只有少数几个，其他人都是被迫的。按照我的看法，顶多两年就能够平定天下。"

此言一出，李亨很是惊讶。他不过是想讨些口头鼓励，没想到能得到这么正经的预判。不过他知道李泌并不是随口胡说之人，于是追问道："你这么判断是有什么依据吗？"

李泌的回答显然已经经过了一番深思熟虑："现在叛军中的勇将只有史思明、安守忠、田乾真、张忠志、阿史那承庆几个人。假如我们命令李光弼率军从太原东出井陉口，那么史思明和张忠志就不敢离开范阳和常山；我们让郭子仪从冯翊进入河东，那么安守忠和田乾真也不敢离开长安。这就等于，我们只用两支人马就能拖住敌人四员大将。这样一来，安禄山身边就只剩下一个阿史那承庆。下一步，我希望陛下命令郭子仪不要攻打华阴，让长安、洛阳之间保持畅通，然后陛下再亲自坐镇凤翔，与郭子仪、李光弼遥相呼应，轮流出击，让叛军首尾难顾，疲于奔命。明年春天，陛下再让建宁王李倓担任范阳节度使，让他从塞北出击，与李光弼南北夹击，一鼓作气攻下范阳。叛军丢了巢穴，就没了退路，就算困守原地也会人心不安，到那时再以各路大军四面围攻叛军，安禄山必定会束手就擒。"

这番陈述条理分明，清晰地为李亨指明了未来的行动方向，犹如拨云见日。随后的作战中，唐军开始以此为行动方针，有计划地对燕军实施打击。

接到征召后，河西和安西兵团很快出兵了。执掌安西兵团的是行军司马李栖筠，他亲自挑选了七千名精兵前往灵武。相比之下，一贯勇猛善战的河西节度副使李嗣业的举动反而耐人寻味，许是之前高仙芝和封常清两位将领的悲剧让他寒了心，他罕见地犹豫了。他与河西节度使梁宰商量后，打算先不出兵，待形势明朗后再做决定。

不过，李嗣业的老朋友——绥德府折冲都尉段秀实听说李嗣业准备观望，非常生气，直接跑到李嗣业面前斥责道："现在天子告急下诏书要求我们勤王，哪里有像你这样坐着不动观望形势的？你平日里总以大丈夫自诩，今天看来，不过是个娘儿们。"李嗣业被他数落得羞惭不已，赶紧上书跟梁宰说明情况，然后以段秀实为副手，率领五千精兵前往朔方。

出发之前，李嗣业特意与手下诸将割破手臂盟誓道："我们现在奉诏讨贼，沿途路过的州县一定要秋毫不犯，这样才能显示出唐军与贼军的区别。"

李亨见到他后，见其军纪良好，非常欣慰，勉励他道："我最近看到很多前来集结的唐军，数你率领的部队军纪最好。能不能平定叛贼，就看你的了。"李嗣业非常感动，此后一直以此话自勉。

太原保卫战

唐军尚在西线筹备新的攻势，然而北面的大战已经率先打响。

燕军占据河北全境后，越过太行山向太原发起了攻击，准备一举夺取河东地区。为了一战成功，燕军的阵容非常强大：史思明率军从博陵出发，蔡希德率军从太行山出发，高秀岩率军从大同出发，牛廷玠率军从范阳出发，四路大军总计十多万人，兵锋直指太原城。

守卫太原城的是名将李光弼，不过他当前的形势并不太好，手下的精兵大多去了朔方，太原城里只有团练兵，总计不到一万人。史思明也是看准了李光弼兵弱之机，试图一举夺取河东，再乘胜席卷朔方、河西、陇右地区。

河东众将接到燕军大举来犯的消息后，忧心忡忡，他们建议李光弼立刻加固城防，但令人意外的是，李光弼并未答应。他说："太原城一圈城墙长达四十里，现在叛军要来了我们才去修城，已经晚了。只怕还没看到敌人，我们自己就先累得动弹不得，到时候拿什么去防守？"

最后，李光弼只让士兵和百姓在城外挖掘壕沟，并烧制了几十万块砖备用——一旦城墙有损，就迅速用砖块补上。这个方法很实用，燕军屡次发动猛攻，但始终没能攻破太原城。

史思明原本想打李光弼一个措手不及，所以来时就没有携带笨重的攻城器械。直到久攻太原不下，他才派人去崤山以东运送了一批攻城器械过来，并让三千名胡人骑兵随行护送。李光弼早有所料，派人在路上埋伏好，等到三千胡人骑兵带着攻城器械到达广阳（今山西省平定县）后，伏兵尽出，最终燕军全军覆没，其好不容易运来的攻城器械也全部被毁。

没了攻城器械，史思明只好硬着头皮强攻。事实证明，他的人海战术一点儿用也没有，燕军围攻了太原一个多月，还是没能把它打下来。

史思明便想出一条计策，他挑选了一批精兵，让这些人在城外流动作战。只要他攻打城北，这些人就偷偷攻打城南，若他攻打城东，这些人就偷偷攻打城西。可是，这条计策依然没能奏效，概因李光弼军纪严明，哪怕不是在燕军主攻的方向，其戒备依然森严，史思明再怎么声东击西，燕军也始终找不到太原城的薄弱之处。

史思明无计可施，只能让人站在城下大骂李光弼泄愤。但没想到哪怕是这样的"口水战术"，李光弼都能给他破了。

之前李光弼备战时，曾在军中广泛招募人才，但凡有一丁点儿技艺，他都会予以合理任用。其中有三个安边军的铸钱工展示出了挖掘地道的技术，李光弼很是看重，命三人挖了很多地道。

燕军士兵站在城下骂人，刚骂到一半，忽然没声了——埋伏在地道里的唐军忽然从地底下钻出来，神出鬼没一般，倏地一下将骂人者拖入地下，然后再不见踪影。而那骂人的士兵，下一次再出现就已经是挂在城墙上的尸身了。一来二去，燕军都不敢去城下骂人了，连走路都要小心仔细地看着地面，生怕遭到袭击。

史思明觉得这样拖下去不行，便命人以云梯和土山作为攻城器具，试图奋力一搏，一举登上城墙。哪承想，李光弼早已命人把城墙外的地下挖空了，笨重的云梯和土山一运到城墙附近，地面瞬间就塌了下去。

燕军士兵绕开塌陷继续强攻，然而唐军还准备了更多"惊喜"等着他们。李光弼派人在太原城头安置了不少石炮，守军从城上发射出的巨石一下就能砸死二十多人。一番交战过后，史思明见燕军伤亡太大，只好让人全部撤到石炮射程以外。

现在剩下的办法，便是重重围困太原，将李光弼困死于城中。

李光弼可不打算坐以待毙，他派人出城跟史思明交涉，说城内没粮食了，快守不住了，打算投降。史思明闻言大喜，立刻就与使者约定了投降的时间。

燕军众将士信以为真，个个喜上眉梢，很快疏忽了防备。到了约定投降的那一天，李光弼并未出现，唐军只来了一位部将，他仅带着几千人出城来到燕军营前。但普通燕军士兵并未发觉异常，还纷纷围在周围看热闹。就在这时，随着一声巨响，燕军大营忽然坍塌，一千多名燕军士兵惊叫着跌落下去，当场被活埋。

原来，这段时间李光弼可没闲着，他在城内组织了一项规模更为庞大的地下工程——唐军将地道直接挖到了燕军大营的下方，为防地道塌陷，薄弱处都以木头顶住。此时趁着燕军士兵围聚在一起，李光弼便命人撤掉了承重的木头，被挖空的地面便再也支撑不住了。

燕军众将士惊惶不已，唯恐自己站的地方也会坍塌，场面大乱。李光弼乘机派人擂鼓呐喊，自己率军从城内杀出，斩杀燕军多达一万人。

史思明吃了数次败仗，怒火中烧，赌气要跟李光弼一直耗下去。然而未及展开下一次进攻，燕军忽然传来一个惊天噩耗：安禄山死了。

在新即位的安庆绪的急诏下，史思明不得不即刻返回范阳，仅留下蔡希德攻城。不过蔡希德更不争气，在遭到唐军死士的夜袭后狼狈逃走，最终燕军被斩杀七万多人。

唐军三攻长安

在人生最后的日子里，安禄山过得其实挺难熬。他的视力自起兵后就越来越差，攻占长安以后，甚至已经看不清楚东西了。不但如此，他身上还长了毒疮，每天都疼痛难忍，以致他的脾气越来越暴躁，每当身边人有做得不合意的地方，他就用鞭子抽打，甚至直接杀掉。

由于身体每况愈下，安禄山称帝后深居简出，大将们有事禀报，都需要经严庄转达。这样一来，严庄的权力就越发壮大。但与之相随的是，严庄挨鞭打也挨得越来越频繁，他已经有些按捺不住自己对安禄山的忿恨了。

太子安庆绪也对安禄山非常不满。大哥安庆宗被李隆基杀死之后，他才顺位坐上了太子的位置，然而这个位置非常不安稳。安禄山宠信小妾段夫人，爱屋及乌，就动了改立段夫人的儿子安庆恩为太子的心思。安庆绪唯恐被废，每天都过得战战兢兢。

到至德二年，安禄山的脾气越发暴躁，严庄接连挨了好几顿毒打，他忍不住向安庆绪暗示道："你听说过大义灭亲吗？自古以来经常有人做这种事。"

安庆绪与他一拍即合："你要是有什么行动的话，我一定会支持。"两人这便开始密谋除掉安禄山的对策。

一番苦思冥想后，他俩决定再拉一个人入伙——安禄山的近侍李猪儿。李猪儿从小就跟着安禄山，因为做事严谨，安禄山便让他去了势然后贴身伺候。年老的安禄山身形肥胖，臃肿的腹部软肉已经垂到了膝盖下面，每次穿衣服都很不方便——其他人负责把安禄山的肚子托举起来，李猪儿则负责给安禄山拉上裤子、系好腰带。李猪儿近身伺候得多，挨的打也比别人多，严庄便对他说："你被陛下毒打的次数，已经数都数不清了，再不干点儿大事，恐怕你离死不远了。"李猪儿当然想活命，于是立刻答应入伙。

夜里，三人趁着安禄山睡下后开始了行动。严庄和安庆绪手执武器守在安禄山寝宫外把风，李猪儿则先独自入内。此前安禄山因怕遭到刺杀，一直在枕头边放了一把刀，这反而方便了李猪儿行事。李猪儿直接抄起这把刀砍在了安禄山的肚腹上。安禄山从剧痛中醒来，匆忙伸手去摸枕边的刀，但什么也没摸到，于是一边摇动帐幕的杆子，一边喊道："这一定是家贼杀我！"但因为安禄山平日里对待身边人都很暴虐，宫人们纷纷装作没听见，任凭安禄山在痛苦中死去。随后，严庄和安庆绪带人入内，他们在床底下挖了一个几尺深的坑，将安禄山的尸体用毡包裹起来，就这么埋了进去。

第二天开始，严庄对诸将声称安禄山病重，暂时无法处理事情，一切事务交由太子安庆绪负责。为防安禄山手下大将不服，严庄特意告诫宫人们万万不可泄露安禄山已死的消息。直到不久后安庆绪即位，尊安禄山为太上皇，他们方才对外宣布丧事。

然而安庆绪并不是个合适的继位者，他昏庸、懦弱，又不擅长言辞，说起话来语无伦次。严庄担心众人不服，干脆叫他躲在深宫里不见人。安庆绪也乐得清闲，每天在后宫饮酒作乐，把所有事情推给严庄处理。严庄掌权后，立刻加封燕军各路大将以笼络人心，然后对战局进行了重新规划：张通儒、安守忠领兵守卫长安，史思明率部驻守范阳，牛廷玠屯兵安阳，张志忠屯兵井陉口，以防止唐军东进；尹子奇等人东征，以图南下攻取江淮地区。

安禄山死后，李亨计划第二次反击长安，依照李泌之前的规划，郭子仪领兵从洛交县（今陕西省富县）进入河东，然后分兵攻打冯翊。

郭子仪到达河东城下后，城内立即有人接应，直接打开城门相迎。城内燕军大败，阵亡一千多人，燕军大将崔乾祐还是靠爬城墙才逃出去的。

崔乾祐脱身后，立马组织驻扎在城北面的燕军反攻河东城，但被郭子仪击败，狼狈逃走。在唐军的追击下，燕军四千人被杀、五千人被俘。

崔乾祐率残部逃到安邑（今山西省运城市盐湖区），安邑城打开城门迎接。然而燕军刚进去一半，安邑人竟然又把城门关上了，然后将入城的燕军全部围杀。崔乾祐走在大军后面，尚未入城，因此逃过一劫。之后他仓皇率残部翻过白运岭逃走，唐军就此收复河东。

紧接着，李亨立刻率部前往凤翔，准备反攻长安。没过几天，陇右、河西、安西以及西域各国的军队全部到达，江淮地区所征收的赋税也都运到了汉中。长安城内的百姓听说天子之师来了，纷纷从长安逃出去投奔。

待各路唐军休整得差不多了，李泌就请求李亨按照之前的计划，派安西兵团和西域各国人马从归州、檀州出塞，绕道从北面攻打范阳，再让李光弼从河东出兵，向东牵制燕军。

然而李亨拒绝了这个建议，他认为："现在唐军主力已经集结完毕，江淮地区的赋税也到了，唐军正人强马壮，应该直接向东攻取长安。按照之前的计划，唐军要在北面绕行数千里先去打范阳，这实在是浪费时间。"

李泌劝道："现在让大军直接攻打两京，肯定可以收复两京，但叛军还有根据地，依然能够东山再起。现在攻打两京，实在不是长远的计策。"

李亨不信："你这么说，有什么根据吗？"

李泌解释道："我们的士兵大多来自西北各军镇，包括来自西域各国的胡兵，他们长期生活在西北地区，能够忍耐寒冷却害怕暑热。我们现在借着新到之军的锐气进攻疲惫的燕军，肯定可以获胜。但收复两京之后，进入春夏季节，那时关东天气炎热，西北众将士必定会因为炎热而想要西归，无法在关东长期停留。而叛军收拾残兵逃回范阳休整，待我军撤退后，他们又会卷土重来。如此一来，我们与叛军的交战就会无休无止，叛乱不知道什么时候才能平定。如果我们现在先向寒冷的北方进发，一举夺取范阳，叛军就没了退路，我们再向东收复两京，必定能成功平叛。"

李亨沉思良久，还是拒绝了李泌的建议，他说："我现在急于收复两京，好迎接太上皇回来，不能按照你所说的行事了。"

李泌叹了一口气，不再劝说。（事实上，他的预言后来全部应验。）

几天后，李亨正式派遣唐军东进，关内节度使王思礼率先头部队驻扎在武功，关内兵马使郭英乂率军驻扎在武功东原（今陕西省武功县东），猛将王难得驻扎在西原（今陕西省武功县西）。

很快，燕军大将安守忠率领大军出长安进攻武功，最先与之交手的是郭英乂所部。两军刚接触，郭英乂就被箭射中了脸颊，只得撤退。王难得见状，也跟着撤了。剩下的王思礼孤掌难鸣，只好退到扶风。燕军顺势深入，越过武功向西边逼来，其先头部队甚至到了距离凤翔只有五十里的大和关（今陕西省凤翔县东）。李亨惊骇不已，急忙下令凤翔的唐军戒严。

见西线告急，郭子仪连忙派儿子郭旰、朔方兵马使李韶光、大将王祚等人渡过黄河攻打潼关，以牵制燕军。此时关中燕军都集中在西面，潼关只驻扎了少量军队，很快被郭旰等人攻下。

眼见唐军兵锋直指长安，安守忠只得从武功撤退，移军到东面的永丰仓防备唐军。东面的安庆绪则连忙派大军西进增援。燕军东西夹击，杀唐军一万多人，唐军大将郭旰、李韶光、王祚等人战死。

安守忠乘胜率领两万骑兵北上，企图一举收复河东，可惜他终究敌不过郭子仪。燕军八千人阵亡，五千人被俘，安守忠只得率残部逃回长安。这一次损失过于沉重，导致燕军此前拿下的武功失守，全军只好缩回长安。

不久后，李亨任命郭子仪为司空兼天下兵马副元帅，率领大军赶赴凤翔，随即向东进发。燕军再次主动迎击，大将李归仁率领五千精锐骑兵从长安出发，直奔三原县而去，打算在三原县北面打郭子仪一个措手不及。然而郭子仪早有预料，提前埋伏在白渠上的留运桥附近，待燕军经过便忽然杀出。燕军几近全军覆没，李归仁跳进了白渠才捡回一条命。

留运桥之战后，郭子仪乘胜前进到西渭桥（今陕西省咸阳市南渭河上），王思礼也率领大军前来会合。与之相对的，燕军在安守忠、李归仁的带领下驻扎在长安西面的清渠与唐军对峙。两军一直对峙了七天，唐军始终没有发起进攻，安守忠便使出诱敌之计，假装撤退，引唐军追击。郭子仪判断失误，下令全军追击。安守忠停下后，以九千名精锐骑兵排成长蛇阵迎战唐军。长蛇阵首尾两端可进行夹攻，唐军不敌，郭子仪被迫率军退守武功。

鉴于此前的几次败仗，郭子仪深感唐军的战斗力不如燕军，而回纥骑兵勇猛善战，更为强悍，于是请求天子派人向回纥求援。李亨同意了，以"攻占长安后，土地、男子归唐朝，金帛、女人全部归回纥"为条件，请求回纥人出兵。回纥的葛勒可汗欣然应允，很快派出儿子叶护和将军帝德率领四千多精锐骑兵赶到凤翔，李亨立刻对他们厚加赏赐。其间，广平王李俶与叶护一见如故，两人还结为异姓兄弟，成为一桩美谈。

几天后，天下兵马大元帅李俶率领朔方、河西、陇右各军，以及回纥、西域各国的兵马，总计十五万人东进到达扶风。郭子仪准备大宴三天以示欢迎，叶护却推拒了："现在国家还处于危难之中，我们远道而来相助，还没有作战，怎么能先大吃大喝呢？"于是欢迎会一结束，大军便整装出发了。

这一次攻打长安，唐朝君臣志在必得。开战前，李亨向郭子仪嘱托道："能不能平定叛贼，就在此一举了。"郭子仪也郑重表示："如果这次不能获胜，我一定以死相报。"

各路唐军一起向东进发，很快就到达了长安西面，然后驻扎在香积寺（今陕西省西安市香积寺）北面、沣水东岸。这一次，猛将李嗣业率领前军作为先锋，郭子仪率领中军，王思礼率领后军。

燕军这边，张通儒、安守忠等人很快也率领十多万燕军来到唐军北面列阵，大战一触即发。燕军仗着骑兵优势，抢先发动了攻势。安守忠率领部分精兵埋伏在唐军东面，准备找机会绕道突袭唐军后方；李归仁则担当主力，从正面向唐军发起猛攻。

两军交手后，李归仁佯装败退，把唐军引到了燕军阵前，与其余各部一起围攻唐军。面对燕军潮水般的攻势，唐军迅速崩溃，士兵们连军需物资都顾不上收拾就匆匆逃走。李嗣业顶住压力，大声向众人喊道："今天如果不拼死杀敌，我们全都会死无葬身之地！"语毕，他脱去盔甲裸露上身，手持陌刀立于阵前，一连斩杀了燕军几十人。

受主将不屈精神的鼓舞，唐军士兵逐渐镇定下来，开始重新整合阵势。随后，李嗣业率领两千步兵，手持陌刀、长柯斧向前推进。此时燕军正忙着抢夺之前被唐军丢弃的军需物资，来不及组织阵形，即被唐军杀退。

此战中，王难得也表现出了惊人的勇气。为了救手下部将，他被燕军一箭射中眼眉，但他毫无惧色，而是发狠地直接用手拔出了箭矢。因为用力过猛，还将一块肉皮连带着翻卷起来，遮住了视线。他嫌麻烦，索性把这块肉皮也撕扯掉，以致血流满面。就这样，王难得继续带着军队向前进攻。唐军受此感染，士气高涨。

在此形势下，燕军若想逆转局面，关键就看安守忠的伏兵能否发挥作用了。可惜，这些伏兵尚未出动就被唐军发现，李俶立刻启用了秘密武器——四千名回纥骑兵。仆固怀恩带着这些骑兵偷偷绕道后方，向燕军伏兵发起突袭。安守忠被打得几乎全军覆没，最后带着零星残部逃回燕军阵中。

伏兵被灭，燕军士气大减。雪上加霜的是，他们发现敌人当中竟然有回纥骑兵！燕军骑兵多是奚族人，他们在北面曾饱受回纥骑兵的打击，一直畏惧对方。此时战场上看到回纥骑兵，无不胆怯心寒。

李俶乘机将李嗣业调回来，让他带着部分精兵与仆固怀恩率领的回纥骑兵绕道，从燕军后方发起攻击。面对唐军的前后夹击，燕军顽强抵抗，直到黄昏才终于抵挡不住，向东逃窜，但终究没能逃过唐军的追击，被杀灭六万人，其中有许多人是跌入沟堑被压死和踩死的。最后，燕军残部狼狈逃回长安城。

收复两京

仆固怀恩欲乘胜追击，他向李俶请战道："现在叛军大败，一定会放弃长安逃走。如果我带着两百骑兵前去追击，必定可以生擒安守忠、李归仁等人。"

李俶摇头拒绝了他："你作战一天已经非常疲劳了，先下去休息吧。明天我们再出兵追击。"

仆固怀恩急忙道："安守忠、李归仁都是叛军中的骁将，现在正是消灭他们的良机。要是放过他们，无异于放虎归山，那时他们再率领残部回来与我们交锋，我们再后悔都来不及了。兵法上也说'兵贵神速'，怎么能等到明天再追击呢？"然而仆固怀恩先后派人请示了四五次，都磨到天亮了，也没能让李俶松口同意他追击。

唐军侦骑回报，安守忠、李归仁、张通儒、田乾真等大将均已撤离长安。如此，长安回到了唐军手中。

虽然收复了长安，但李俶心里却很沉重，因为按照约定，回纥可以抢掠长安了。左思右想后，李俶还是去找了叶护，向他拜谢道："我知道之前有过让你们抢掠长安的约定，但现在长安刚刚被收复，如果大肆抢掠的话，洛阳人听说后，就会拼命为叛军死守，我们再想要攻下洛阳就难了。我希望你们能在收复洛阳后再履行约定。"

叶护见李俶行此大礼，吓了一跳，立刻跪下来捧着对方的脚回答道："一切都按你说的办，我当亲自率军为殿下收复洛阳。"随后，叶护和仆固怀恩一起率领回纥及西域各国军队驻扎在浐水东岸，并未进入长安城。

李俶这才安心率领唐军进入长安城，受到长安百姓夹道欢迎。休整三天后，李俶便又带着大军向东收复洛阳。其先头部队由郭子仪率领，迅速攻取了华阴郡的潼关，然后乘胜攻下了整个华阴郡和弘农郡。

张通儒等人则后撤到了陕郡，开始原地收集残部准备固守。安庆绪得知消息后，立刻派严庄率领洛阳全部兵力前往陕郡与张通儒等会合。为了全力固守西线，他还把尹子奇所部也调了过去。陕郡的燕军一时达到十五万人，最后被严庄布置在了曲沃（今山西省曲沃县）。

不久后，李俶率领大军赶到曲沃一带。面对强大的燕军，唐军决定由回纥大将鼻施吐拨裴罗等人率领回纥骑兵从旁边的南山（今绛山）出发，一边搜寻燕军伏兵，一边绕道至燕军后方。其余唐军则驻扎在北岭，等回纥骑兵到达目的地后，再合力发动攻击。

然而计划赶不上变化。回纥骑兵尚未完成绕行，燕军便抢先发起了攻击，双方立即在新店展开了激烈的交锋。燕军连续六次被打败，开始回撤。一部分唐军求胜心切，也顾不得按计划行事了，急忙追击败兵，一直杀到了燕军军营附近。事实上，燕军只是佯装败退，好诱敌深入，此时见唐军上当，立刻从两翼包抄而来，杀灭追兵，然后乘胜反击。

唐军不防，立马阵势大乱，幸亏有李嗣业拼死冲杀，局势才勉强稳定下来。这时回纥骑兵终于赶到燕军后方，他们只稍稍从远处放了几支箭，燕军就在"回纥兵来了，快跑"的呼喊声中崩溃了。前后夹击之下，燕军留下一路的尸体，狼狈逃回了洛阳。

安庆绪见状，吓得连洛阳也不敢守了，匆匆处死此前俘虏的哥舒翰、程千里等人，随即与严庄、张通儒等人逃往相州。至此，洛阳回到了唐朝的手中。洛阳百姓倒是没让李俶为难，他们自发凑了一万匹丝绸送给回纥兵，算是履行了相关约定。

唐军光复长安、洛阳后，又攻下了河阳、河内等地，形势越发乐观。严庄见无路可去，索性投降了。不久后，更大的喜讯传来：坐镇范阳的史思明派使者前来请降。

史思明会有此举，一方面是迫于局势不利，另一方面则是受安庆绪猜忌之故。

安庆绪败逃到相州时，手下兵马只有一千多人，直到蔡希德、田承嗣、阿史那承庆、武令珣等人率部前来会合，才勉强凑齐了六万人。与此同时，李归仁带着曳落河、同罗以及六胡州共计数万胡人从洛阳逃回范阳，这倒是让坐镇范阳的史思明捡了个大漏：在他的招抚下，曳落河与六胡州的胡人都选择归附他，只有同罗人不肯归附，被打得大败而逃，最后史思明得了数万精兵。

安庆绪得知此事后，非常气愤，派阿史那承庆和安守忠两人前往范阳调兵，并交待二人寻机收拾掉史思明。史思明收到通知后，对其中的官司心知肚明，他手底下的人也纷纷劝他另作打算。

判官耿仁智说："你以前之所以竭尽全力为安氏效力，不过是迫于他们的威势。现在唐朝中兴，当朝的皇帝又仁义贤明，如果你能够在这时率领部下归降唐朝，实在是转祸为福的出路。"

部将乌承玭也说："现在唐朝复兴在即，安庆绪好比树叶上的露水，早晚要消亡，你何必选择跟他一起灭亡呢？如果现在投降朝廷，不仅可以洗刷反叛的罪名，还能够名正言顺地得到封赏。该如何选择，一目了然。"

史思明深以为然，心中已有了计较。

不久后，阿史那承庆和安守忠带着五千精骑来到范阳，史思明亲率手下人马出城迎接。相距一里多时，史思明忽然派人转告阿史那承庆："你们远道而来，范阳的将士非常高兴，但他们是边远地区的人，没见过世面，胆子小，见你们拿着武器，都不敢上前迎接。请你们先把弓箭、刀和枪全部收起来，好让范阳的将士安心。"阿史那承庆和安守忠交换了一下眼神，决定先打消史思明的戒心再行动，于是同意了。

随后，史思明在大厅宴请来人，表面言笑晏晏，暗中却派人连夜收缴了阿史那承庆所部五千人的兵器，然后发给他们口粮，打发他们回家，如若愿意留下来投入史思明的部队，就额外给予重赏。

第二天，阿史那承庆和安守忠一觉醒来，发现手下全跑了。史思明乘机软禁他俩，然后派人前往长安，表示自己愿意带着所辖十三郡及八万士兵归降朝廷。李亨接报后大喜过望，立刻封史思明为归义王、范阳节度使，再命他率领部下讨伐安庆绪。

史思明投降后，河东也跟风投降。随后，史思明派人招抚河北各州，一时间，沧、瀛、安、深、德、棣等州纷纷归降朝廷，唯一没有投降的只有安庆绪所在的相州。平定叛乱，指日可待。

失之毫厘：唐军围攻相州之战

史思明复叛

乾元元年（758 年）九月，唐军收复洛阳后仅休整了大半年，李亨便迫不及待地下达了北上讨伐安庆绪的诏书。自安禄山起兵起，如今已经过去了三年，唐军终于在回纥军队的帮助下收复了两京。眼下，只有盘踞在相州的安庆绪还未平定，这是李亨心头的一根刺。

为了能够一举成功，唐军安排了极为强大的阵容：朔方节度使郭子仪、淮西节度使鲁炅、兴平节度使李奂、滑濮节度使许叔冀、郑蔡节度使季广琛、河南节度使崔光远、河东节度使李光弼、关内及泽潞节度使王思礼、平卢兵马使董秦、镇西及北庭节度使（安西节度使改为镇西节度使）李嗣业，共计十镇兵马，步骑兵约三十万人。

然而，这支庞大的唐军部队竟然没有主帅——在经历过安禄山叛乱后，李亨已经不敢再将这么庞大的军队交到某一个人的手里了。他借口郭子仪和李光弼都是平叛的大功臣，两人功劳相当，难分高下，所以干脆不设主帅。

不过李亨思来想去，最终还是为这支大军设置了一个相当于主帅的职位——观军容宣慰处置使。然而担此大任的人，既不是郭子仪，也不是李光弼，而是不通军务的太监鱼朝恩。

相州这边，安庆绪尚且占据着七郡六十余城，军械粮草充足，这是他的优势。然而他手底下的几位大将之间矛盾重重，他也无力管住这些人。刚到相州时，安庆绪的势力分崩离析，他害怕落到众叛亲离的境地，就在相州城南与群臣歃血为盟，相约同生死共富贵。然而这些举动终归徒劳一场，众人还是不怎么服他。

从此安庆绪开始破罐子破摔，整天忙着修宫室、建亭台，在后宫饮酒作乐，大权便旁落到了高尚和张通儒等人手里。更糟糕的是，这几个人关系不和，遇事也达不成一致意见，内部倾轧还很严重。原本大将蔡希德很有才略，其部队是难得的精锐，但因他说话直接，把张通儒给得罪了，就被对方诬赖有造反之心，最后被安庆绪处死。蔡希德死后，其手下的精锐跑了，燕军众将也寒了心，不再卖力打仗。

后来阿史那承庆、安守忠都归附了史思明，燕军大将就只剩下一个崔乾祐，于是崔乾祐被任命为天下兵马使。但崔乾祐残暴好杀，对待属下苛刻，士兵们对他非常不满，就更不肯认真作战了。

唐军北上讨伐时，郭子仪率领朔方兵团从卫州汲县附近的杏园渡过黄河，在获嘉县遇上了燕军大将安太清所部。燕军大败，阵亡四千多人、被俘五百多人，安太清率残部逃回卫州，郭子仪顺势包围了卫州城。

很快，鲁炅、季广琛、崔光远、李嗣业率部先后赶到卫州城下与郭子仪会合。卫州兵临城下，安庆绪当然不能坐视不理，他把相州的七万军队分成了三部分：崔乾祐率领上军，田承嗣率领下军，自己率领中军前往卫州救援。

相州燕军出动后，郭子仪立刻做出应对。他暗中安排了三千名神箭手埋伏在军营的围墙后面，叮嘱道："我出战后如果败退，敌人必定会尾随追来，到那时你们就出来射击他们。"

之后，郭子仪依计佯装败退，撤回营垒，诱使安庆绪率军追击，后者果然遭到埋伏已久的唐军神箭手袭射。燕军倒了一大片，安庆绪连忙后撤，郭子仪紧追不舍。这时，其他各路唐军也从四周杀来，大败燕军，俘虏了安庆绪的弟弟安庆和，而安庆绪率残部逃回相州。

很快，唐军攻陷卫州城，郭子仪等人乘胜杀到相州城下，许叔冀、董秦、王思礼和河东兵马使薛兼训也率本部人马相继赶到。安庆绪不甘心，纠集余部后再次出城，与唐军在愁思冈交战。然而江河日下的燕军哪还剩几分战力，阵亡多达三万人。安庆绪逃回相州坚守，再不敢出城迎战。唐军日夜围攻，安庆绪没有办法，派部将薛嵩冒死突围，去范阳向史思明求救，甚至许诺将皇位让给对方。

这一次，史思明又迅速站到了安庆绪一边。此人如此反复，一是因为他的野心够大，二是因为他兵多将广，同样遭到朝廷的猜忌。

李光弼便是不信任史思明的人之一，他曾劝李亨任命乌承恩为范阳节度副使，并赏赐阿史那承庆铁券，让两人一起想办法除掉史思明。之所以选用乌承恩，是因为乌父（平卢军使乌知义）曾对史思明有提携之恩。后来乌承恩做信都太守时，也向史思明投降过。再加上史思明投降朝廷前，还听过乌承恩的族弟乌承玼的劝告。如此深厚的渊源，史思明原本是非常信任乌承恩的，也不会对乌承恩多加防备。

乌承恩接到任务后，很是积极，一到范阳便接二连三地拜访史思明的部将，试图策反他们。为了掩人耳目，他甚至穿上了女人的衣服去范阳军营活动。但乌承恩做得并不缜密，这事很快就被人捅到了史思明跟前。后者起了疑心，决定试探他一下。

不久后，史思明将乌承恩留宿于府中，还很体贴地把乌承恩在范阳任职的小儿子叫来陪伴。夜深人静时，房中只剩父子俩在聊天，乌承恩便偷偷对儿子坦白道："我是陛下派来除掉史思明这个逆贼的，只要杀了史思明，陛下就会让我做节度使。"

然而话刚说完，床底下就钻出了两个人。乌承恩被吓了一跳，还没反应过来，就见两人一阵大呼小叫，将埋伏在房外的士兵招进来，然后合力将这父子俩抓捕。原来，史思明早就在房中布下暗探，只等乌承恩不打自招了。

随后，史思明又从乌承恩的行囊中搜出了铁券和李光弼的一封信，信上写着："如果阿史那承庆能够成事，就给他铁券；如果不能成事，就不要给。"此外还有一份名单，记录了跟随史思明一起造反的将士的名字。

证据确凿，史思明气得指着乌承恩的鼻子骂道："我有什么地方对不起你的，你居然想要害我？"

乌承恩哆嗦着辩解道："是李光弼指使我干的，我自己不想这么做。"

史思明当然不信，他将计就计，召集部下向他们哭诉道："我率领十三万人归降朝廷，不知道哪里对不起陛下，他竟然想要杀掉我。"范阳众将士不明真相，一时群情激奋。史思明见气氛达到顶点，立刻下令处死乌承恩父子及其同谋两百多人（只有乌承玼趁着混乱逃了出去）。

随后，史思明把这件事上奏给朝廷，李亨当然不认账，派人回话说："杀你是乌承恩自作主张，这与朝廷和李光弼都没有关系。你杀了他，实在是为民除害。"

不久后，又发生了一件事，加剧了史思明与朝廷的矛盾。起初唐军收复洛阳时，陈希烈等一度投降伪燕政权的人又回归了朝廷，当时唐代宗李俶并没有追究这些人的罪责。但如今李亨在朝臣的建议下，开始秋后算账，将陈希烈等人全被处死。

消息传到范阳，史思明深感不安。他召集众将商量道："陈希烈等人原本是朝廷的大臣，太上皇逃亡蜀地时，把他们丢在了长安，他们才因此投降了大燕。现在他们归降了朝廷，都免不了一死，而我们这些一直跟随安禄山造反的人，只怕更没有好下场。"

众将听后同样非常苦恼，就一起想了一个主意：由史思明上书请求天子杀死李光弼。史思明便让判官耿仁智与幕僚张不矜起草了一份奏疏，上面有这样一句话："陛下如果不杀掉李光弼，我就亲自去太原杀了他。"史思明确认过后，吩咐手下入函封缄。

然而耿仁智觉得这句话太无礼，又偷偷删掉了。史思明发觉后，忍不住质问耿仁智道："我重用你快三十年了，自问从没有做过对不起你的事，你为什么要这么做？"

耿仁智道："人总会有一死。如果我现在就死，是为忠义而死，我死得其所；但如果跟你一起反叛，死的时候就属于逆臣。我宁愿现在就死。"

史思明非常生气，他立刻杀死耿仁智，重新扯起反旗。不过此时唐军人多势众，史思明不敢轻易出兵，只派李归仁带着一万步骑兵驻扎在滏阳声援安庆绪，自己则带着主力观望。

不久，河南节度使崔光远攻下了魏州。魏州地处范阳和相州之间，如今落到唐军手中，就等于断绝了史思明和安庆绪之间的联系。如此情况下，史思明不再观望，他趁崔光远立足未稳，将大军分成三路，南下魏州。

崔光远立刻派大将李处崟出城迎战，李处崟连续交战多次，发现不敌燕军，于是退回魏州全力防守。史思明追到魏州，故意派人到城下大喊："李处崟，你让我们南下，现在我们来了，你怎么不出来迎接我们？"如此粗浅的几句挑拨离间，崔光远竟然信了，认为李处崟与燕军早有勾结，并立即将其处死。李处崟是唐军中颇有威名的骁将，他一死，城内的唐军士气大减，魏州很快就被史思明攻下，唐军三万人阵亡，崔光远逃往汴州。

随后，史思明在魏州城北筑坛，自称为"大圣燕王"，然后任命周挚为行军司马，正式起兵反唐。

李光弼观察了史思明一段时间的动向后，与鱼朝恩商量道："史思明占据魏州后按兵不动，这是想要麻痹我们。待我们和安庆绪打得两败俱伤，他就好坐收渔利，率领精兵前来突袭。如此，我们应该先发制人，由我率领河东军与郭子仪的朔方军北上魏州，逼史思明出战。此前他曾败在我俩手里，这次肯定不敢轻易出战，只要拖延一段时间，我们就可以攻下相州。届时没了安庆绪，史思明就会失去号召力。他指挥不动叛军，就没什么好怕的了。"

鱼朝恩想了想，他觉得唐军人多势众，直接攻下相州后再与史思明决战，也是来得及的，于是拒绝了李光弼的建议。

然而事实上，这场交战旷日持久，唐军打了快半年都没能夺取相州。城内城外，双方都过得十分艰难。

被唐军包围之后，燕军在相州城外修筑了两道营垒、挖了三条壕沟，还堵住了漳水，以致城中井水汹涌溢出，把城都淹了。城里的人哪怕走投无路想投降，茫茫洼地中都找不到出城的路。此外，城中储粮殆尽，导致物价飞涨，就连一只老鼠都可以卖到四千钱！士兵们找不到草料，只能挖墙里面的麦秸或捡拾马粪来喂战马。

而城外，各路唐军因无主帅统筹，迟迟无法破城。持久作战和补给匮乏让他们精神疲惫、士气低落。其间，猛将李嗣业还在攻城时被流矢射中，不久后病死于军中，对唐军更是一大打击。

决战相州城

乾元二年（759 年）二月，史思明察觉唐军气势受挫，立刻率军从魏州南下，驻扎在距离相州五十里的地方，然后在营中放置三百面战鼓，每天不停敲打。相州城内听到战鼓声后，士气大振，防守变得越发坚韧。而城外的唐军却相反，他们时刻担忧会遭到史思明突袭，越发力不从心。

随后，史思明又从每个军营中选出五百名精锐骑兵，每日抢掠唐军外出的后勤部队。如果唐军出营迎战，他们也不接战，立刻打马返回。如果唐军日间 / 夜间做好了防备，他们就夜间 / 日间再去骚扰。如此反复袭扰，唐军每日都有人马损失。

　　不止如此，史思明还派人换上唐军的服装潜入，要么盗走唐军运粮队的口令，督促运粮后，又随意打杀运粮者；要么偷偷潜入粮仓，放火焚烧。这些"内鬼"以假乱真，唐军巡逻兵难以发觉，简直防不胜防。

　　在这样一番大肆搅扰之后，三月六日，史思明率领五万精兵到相州城下与唐军决战。唐军各部步骑兵加起来约六十万人，在安阳河北岸摆开阵势。显然两军人数悬殊，唐军占优，就难免有些轻敌。

　　史思明身先士卒发起了冲锋，唐军则以李光弼、王思礼、许叔冀、鲁炅四部人马上前接战，双方厮杀一阵后，不分胜负，伤亡相当，直到鲁炅中了一箭。鲁炅心中发慌，连忙带着人往后撤退，就没顾及在其后方列阵的郭子仪的朔方兵团，把后者的阵形冲乱了。

　　就在这样关键的时刻，战场上忽然刮起了一阵大风，其风力之强，甚至能将一些小树连根拔起。一时黄沙满天，人影憧憧，你看不清我，我看不清你。这样一来，仗是打不下去了，双方不约而同开始往回撤，只不过一方朝南跑，一方朝北跑。但唐军因为人数众多，场面就尤其混乱，很多人走散了，一路丢盔卸甲，毫无秩序。

　　朔方兵团是最早溃散的部队，他们渡过黄河后，在郭子仪的指挥下拆毁了河阳桥，防止燕军南下威胁洛阳。待好不容易安定下来，一清算，朔方军一万匹战马，此时只剩下三千匹；十万套盔甲和兵器，现在几乎全丢了。

　　洛阳百姓见唐军败得如此惨烈，十分惊慌，唯恐燕军打过来，纷纷逃入山林躲避。而东京留守崔圆和河南尹苏震等人更是被吓破了胆，竟一路向南跑到了襄州、邓州一带。

　　其他各路唐军也没好多少，各自逃回本镇，途中还大肆抢掠百姓，而当地官员和军中将领都不敢管。这场混乱一直持续了十多天才渐渐消停。十路唐军中，仅有李光弼和王思礼两路治军严整，得以全军而退。

　　与此同时，史思明领着燕军向北逃去，一直跑到沙河才发现并没有唐军追来，于是整顿兵马，返回相州城南驻扎。不过他到达相州后，既不去面见安庆绪，也不往南追击唐军，而是日日留在军营里宴请将士。

安庆绪当然知道史思明在等什么。自己之前向对方许诺，若是来救，就要将皇位让给他。但论心，安庆绪实在不愿意就这么把皇位让出去。前段时间，他趁着两军各自败退，派人出城收集唐军逃亡时丢下的粮草，零零总总共有六七万石。有了粮食还怕什么，安庆绪跟孙孝哲、崔乾祐等人商议，要关闭城门抵御史思明。然而燕军众将一致变脸，对他说："史王率军不远万里前来救援我们，我们才逃过一劫，现在怎么能跟他动手呢？"

安庆绪指挥不了众将，但也不愿意妥协，于是就一直耗着。时间久了，张通儒、高尚等人就忍不住催促他："史王远道而来救援我们，他现在就在城外，我们应该出城去迎接他。"安庆绪不乐意地回复道："你们两人想去就去吧，我先不去。"

张通儒、高尚去见了史思明，三人演了一出抱头痛哭的戏，然后又各自返回。三天后，安庆绪还是没什么动静，史思明忍不住暗地里联络了燕军大将安太清。随即，安太清联合城内众将向安庆绪发难，要求给个说法。

安庆绪见躲不过去，只好让安太清出城向史思明上表称臣，并请史思明安顿好士兵后入城，他好奉上皇帝的玉玺。这一招"请君入瓮"，史思明并未上当，而是回了一封信："称臣就不必了，我也万万不敢接受你称臣，我只希望能和你结为兄弟之国，有事时互相援助。两国地位平等，一起争雄天下。"

安庆绪到底年轻，看到信后信以为真，立刻带了三百骑兵来到史思明的军营，请求与史思明歃血为盟。史思明起初还怀疑其中有什么圈套，就命令大军全副武装，严加戒备。不过很快，他意识到对方是真的上当了，于是将一行人迎入营中。

安庆绪毫无所觉，甚至还充满了感激，他动情地说道："我治国无方，导致两京陷落，自己也被唐军重重包围在相州城内。没想到大王你看在我父亲的面子上，不远万里率军前来救援，使我得以重生。如此大恩，我只怕是终生都无法报答了！"

安庆绪这么说，原本只是客套，不想史思明听完后脸色一变，怒骂道："丢失两京算什么，你作为儿子杀死父亲篡位，才是为天地所不容的大事。我此次前来，其实是为太上皇讨伐你这个逆贼，你就不要说这些没用的假话了。"

语毕，他也不再耽搁，立即下令将安庆绪及其四个弟弟连同高尚、孙孝哲、崔乾祐等人杀死。随后，史思明率军进入相州，将府库内的财物全部取出，分别赏赐给众将士。安庆绪原先占据的郡县兵马，就此归史思明所有。

之后，史思明又派安太清带着五千人马攻下怀州（治所在今河南省沁阳市），然后驻扎于此。考虑到唐军依然强大，史思明并没有贸然南下或者西进，只是派行军司马周挚南下抢夺河阳（今河南省孟州市西），然后留下史朝义驻守相州，自己率军返回范阳。

河阳是洛阳北面的门户。郭子仪撤退时，朔方兵团各部加起来才几万人，众将认为应该放弃洛阳，撤退到蒲州、陕州一带，仅有张用济说："蒲州和陕州连年饥荒，根本无法供应大军，我觉得不如坚守河阳。如果叛军来攻，也好防守。"这条建议与郭子仪的想法不谋而合，后者欣然同意。

随后，郭子仪派游弈使韩游瑰率领五百骑兵先一步进入河阳防备，张用济率领五千步兵随后赶到。周挚率领燕军抵达河阳时，唐军早已在城内驻扎，他只好悻悻撤回范阳。

周挚撤退后，张用济让士兵们在河阳修筑南、北两城用于防守，段秀实随后带着镇西兵团众将士的家眷、物资从野戍渡（今河南省济源市与孟津县之间的黄河渡口）过黄河，然后在河清县南面待命，等荔非元礼到达后就率军驻扎在此，防备燕军南下。

唐军在相州大败，李亨一开始并没有处罚众将，只有鲁炅因为羞愧选择了自杀。不过没多久，郭子仪也受了罚。

事情的起因还是鱼朝恩妒忌郭子仪，他在天子耳边吹风，把相州之败的责任全推到了郭子仪身上。李亨信以为真，立刻召郭子仪返回长安，转而任命李光弼担任朔方节度使。

郭子仪在朔方多年，深得人心，朔方将士得知他被调离，纷纷痛哭不舍，他们拦住前来传旨的太监，希望能让郭子仪留下来。郭子仪感激众将心意，但天子之命不得不从，于是谎称："我出去只是送别前来传旨的使者，不是要走。"士兵们才放他们一行人出城。

李亨本来还想任命李光弼担任天下兵马大元帅，不过李光弼深知树大招风，便请求圣上按照惯例，任命一个亲王担任元帅，他自己只担任副元帅，李亨同意了（最终天下兵马大元帅由赵王李系担任）。

随后，李光弼前往洛阳接管朔方兵团。他深知郭子仪在朔方军中颇得人心，自己取而代之，众人可能会不服。为防意外，他特意乘夜带着五百名河东骑兵驰入朔方军营中，以迅雷之速接管了大军。李光弼治军严苛，到任后进行了大刀阔斧的改革，朔方军的士兵、营垒、旌旗都为之一变。但李光弼毕竟来得晚，朔方士兵越发想念从前。郭子仪治军宽容，与李光弼的风格截然不同。当这种思潮在朔方军中越来越盛，也就成为不可忽视的隐患。

驻守河阳的朔方左厢兵马使张用济就是不满李光弼的人之一，他接到对方的召唤后，不但没有立刻前往洛阳，还与朔方众将私下商议如何对付李光弼。张用济说："我们朔方军是朝廷平叛的功臣，又不是叛军，李光弼却在夜晚接管兵权，摆明了是不信任我们。我觉得我们不如带着精锐骑兵杀入洛阳，把李光弼赶走，然后再把郭公迎回来。"他的话引来不少将领的附和，于是张用济摩拳擦掌，准备立刻集结部下出发。

然而仆固怀恩反对道："此前九节度使兵败相州时，郭公最先领军撤退，朝廷因此才处罚他，罢免了他的兵权。现在如果我们赶走李将军、迎回郭公，就是反叛朝廷了。我们朔方是忠义之师，怎么能这么做呢？"

朔方右武锋使康元宝也很不支持："张用济，你现在率军强行把郭公请回来，朝廷一定会怀疑是郭公指使你这么干的，你这不是明摆着要他家破人亡吗？郭公一家到底哪个地方对不起你，你非要这么做？"

张用济一听，傻眼了，仔细一想也觉得自己太鲁莽，只好作罢。

就在这帮朔方将领凑在一起蠢蠢欲动时，李光弼也得到了消息，唯恐生变，他亲自带着几千名骑兵赶到氾水县，召集朔方诸将前来参见。张用济此时已经打消了之前的想法，便未作深想。为了表示对李光弼的信任，他甚至单枪匹马就去了。然而他一到氾水县就被李光弼拿下，随即按"违背军令，没有及时前往洛阳"罪名被处死。紧接着，李光弼任命辛京杲统率军队。这一系列雷霆手段震得朔方众将再不敢抱怨，这是后话了。

仆固怀恩出发得比较晚，他不像张用济那般单纯，想得比较多。他考虑了一番，然后安排了五百名骑兵也前往李光弼军营，并要求他们比自己晚到一会儿。仆固怀恩到达氾水军营后，被李光弼迎入帐中喝茶。没多久，守门士兵报告："军营外来了五百名铁勒骑兵。"李光弼以为朔方军果然要内讧，脸色都变了。仆固怀恩却面色如常，从容地将率领五百骑兵的将领叫来，假装责备道："我都告诉你们不要来了，为什么还违背我的命令前来？"李光弼听他这么说，终于松了一口气。

仆固怀恩准备了这么一出，不过是自保之举，确实没打算作乱。李光弼也不为难，顺水推舟道："士兵们一心想要跟随自己的主帅，这本没什么错，不需要责怪他们。"说完就命令部下杀牛置酒，宴请这些骑兵。

就这样，朔方军内部的暗流就此消解。

名将对决：燕军最后的辉煌和末日

河阳保卫战

乾元二年九月，史思明留下次子史朝清镇守范阳后，命令手下各郡太守分别率领三千人与自己一起南下进攻河南。他把军队分成了四路：大将令狐彰率领五千人，从黎阳渡河进攻滑州；史朝义率军在白皋（今河南省滑县东北古黄河北岸）渡河；周挚率军在胡良（今河南省浚县东）渡河；他自己率军从濮阳渡河。四路大军约定在汴州城下会合。

史思明南下时，李光弼正在巡视沿河的各路唐军。接到消息后，他立刻赶回汴州，叮嘱坐镇汴州的汴滑节度使许叔冀道："假如你能够坚守汴州十五天，我肯定会亲自率领大军前来救援，希望你能坚持住。"许叔冀满口答应，李光弼便放心地返回洛阳准备集结军队。

事实证明，许叔冀连一天都撑不住，一遇失利就立即投降了。史思明任命许叔冀为中书令，让他继续守卫汴州，自己则率大军杀向洛阳。

许叔冀投降得如此之快，多少让李光弼有些措手不及，此时他人才刚到洛阳，还没集结起唐军各路兵马，根本无法阻挡燕军的锋芒。

其实对于如何抵挡史思明，李光弼心中已然明确，只是他没有直接执行，而是先召集洛阳的大臣、将领们一起商讨对策："叛军携攻取汴州的大胜而来，我军各部都还没有集结，我们此时不宜与敌人速战速决，只能按兵不动做好防守。看形势，洛阳难以防守，你们都有什么建议？"

东京留守韦陟说："叛军来势汹汹，洛阳又没什么险要的地方可以防守，封常清以前率领大军都没有守住，我们现在人又不多，不如按照以前的做法，留下部分兵马驻守陕郡，大军全部退入潼关，据守险要抵抗敌军。"

李光弼摇头道："要是讨论朝廷的礼仪制度，我肯定不如你；但要论及军事指挥，你就不如我了。兵法有云，两敌相当，贵进忌退。现在我们正与敌人相持，没有理由直接放弃五百里土地而退守潼关。那样做，只会使敌人气焰更加嚣张。依我看，我们不如移军到河阳，那样既可以与泽州、潞州一带的唐军相连，又能威胁洛阳。如果战局有利，我们可以进攻；不利，也能退守。这样一来，叛军就不敢向西进攻了。"

韦陟听后未作反驳，倒是判官韦损直言道："洛阳是我大唐的东京，怎么能说放弃就放弃了呢？"

李光弼也不相让："如果要守卫洛阳，就必须在附近的汜水、崿岭、龙门一带驻兵设防。你是兵马判官，那你来说说，我们现在应该如何分配兵力，才能守卫洛阳？"韦损语塞，悻悻闭嘴。

李光弼见众人不再有意见，便立刻依照心中计划安排下去：韦陟率领洛阳的官吏及其家属，向西退入潼关避难；河南尹李若幽率领洛阳城里全体居民，出城去四周郡县躲避叛军；他自己指挥军队，将粮食、油、铁等军需物资搬往河阳，做好长期防守的准备。一切处理完毕之后，李光弼才带着五百骑兵最后离开洛阳。

此时，史思明派出的前哨部队已经到达洛阳的石桥附近，唐军众将心中不安，向李光弼询问道："现在叛军已经来了，我们应该从洛阳城北面绕道前往河阳呢，还是直接从石桥通过？"李光弼神色自若道："从石桥过去。"然后从容不迫地指挥士兵们手持火把、有条不紊地通过石桥。

燕军见到他们后，立刻追了上来，却又见唐军阵容严整，一时吃不准深浅，不敢靠近，就一直不远不近地坠着，最后看他们去了河阳，这才慢慢退去。

李光弼进入河阳后立刻点算兵马，他所带的朔方兵团加上镇西兵团等部，总共只有两万人，城里的粮食也只够大军吃上十天。即便如此，李光弼依然没有放松要求，时刻提醒唐军将士不得大意，提防燕军来袭。在他的严格管理下，燕军始终没有找到河阳城的薄弱之处。

史思明率军进入洛阳城后，才发现此地竟然变成了一座空城！别说从里边儿找出个人，就是连点儿有价值的东西都扒不出来。史思明不打算驻扎在这座空荡荡的城里，以免被李光弼抄后路偷袭，他选择驻扎在白马寺南面，然后派人在河阳城以南修筑了一座月城，以防备李光弼进攻。

太原之战大败的阴影始终盘桓在史思明心里，他深知李光弼守城的本事厉害，不敢贸然攻打，于是打算派人到河阳城下叫骂引战，从而激怒李光弼，引诱唐军出城。他相信以唐军的战斗力，绝对抵挡不住燕军的铁骑。他把这个光荣的任务交给了燕军骁将刘龙仙。

刘龙仙果然生猛，单枪匹马来到河阳城外，整日肆意痛骂李光弼。为了表达轻蔑，他还把右脚高高抬起来搁在马鬣上，一副全无防备的模样。

　　李光弼见此情景也确实生气，最后忍无可忍，向唐军众将问道："你们哪一位敢出城替我取下他的首级？"仆固怀恩表示愿意前往，李光弼拦住说："这种事不是你一个大将应该去做的，还是换其他人去吧。"

　　有人推荐了裨将白孝德，于是李光弼就将此人叫来，问他意愿如何。白孝德欣然答应。李光弼又问他："你需要多少人与你一同前去？"白孝德笑道："他只有一个人，我也一个人去好了。"李光弼赞赏了他的勇气，但为防万一，还是坚持让他带些人手。白孝德想了想，说："如果非要带人的话，我希望能派给我五十个骑兵作为后援。另外，等我与敌将交战时，还请让大军在后面擂鼓助威。"李光弼应允，然后派他出战。

　　白孝德出城后，将五十个骑兵留在城下，然后独自挟着两根长矛，骑马渡过护城河，直奔刘龙仙而去。

　　李光弼目视白孝德渡河渡了一半，就听身旁的仆固怀恩忽然说："白孝德赢了。"李光弼奇道："现在两人都还没交手，你是怎么看出来的？"仆固怀恩解释道："我看白孝德渡河时手握缰绳非常沉稳，足见其胸有成竹，此战必定万无一失。"

　　且说白孝德单枪匹马出战，刘龙仙见状冷笑一声，心道不知道是哪个沉不住气的前来送死。看着远处的人渐渐接近，他便准备上前迎战，却见对方遥遥摆手示意，仿佛在示意他不是来交战的。刘龙仙不明所以，不由得停顿下来，打算看对方葫芦里卖的什么药。

　　等到双方相距十步左右，白孝德开始讲话，但刘龙仙听得不太真切——似乎是在说他既不是来投降的，也不是来交战的？刘龙仙支着耳朵听了半响，越发没听明白，不由得破口大骂起来。

　　白孝德听到刘龙仙的叫骂声后，也呆滞了一瞬，过了一会儿才瞪着眼睛吼道："你这叛贼认识我吗？"

　　刘龙仙正骂得起劲，被打断后才反应过来，不由得盯住对方的脸仔细辨认，这一细看，发现来人既不是李光弼，也不是仆固怀恩、郝廷玉、荔非元礼等知名将领。他回忆半天，发现自己还真不认识这人，只好问："你是谁？"

对方答道："我是白孝德。"

刘龙仙一听，气不打一处来：原来是个无名小卒，竟敢如此愚弄自己！他顿时生气地大喊："你算什么东西，也敢出来迎战？"

白孝德不再回答，大吼一声，跃马挥矛冲了上去。远处的李光弼看准形势，立即下令城头擂鼓助威，之前在城下待命的五十名骑兵也一起杀出。

刘龙仙被这突然的动静吓了一跳，手里拿着弓都来不及拉弓放箭，更来不及换个近战兵器，赶紧绕着河堤跑起来。但他还没跑多远，就被白孝德迅速追上斩杀。

眼见骂阵之法没能成功引战，史思明只好又另外想了一计。

当时燕军有一千多匹好马，史思明就故意让这些马匹每天去黄河南岸的沙洲上洗澡，不停往返，想要诱使唐军出来抢夺。

李光弼也的确看上了这些战马，但他的掠取手段出神入化：他挑出了自己军中的五百多匹母马，等史思明的战马又来到沙洲上时，就把这些母马放出去，而把马驹子关在营中。母马出去后，见不着马驹子，不由得发出了召唤的阵阵嘶鸣声。史思明的千匹战马显然受到巨大触动，纷纷循声渡过黄河跑向这些母马，最后又跟着母马被唐军赶入了河阳城。

史思明设计不成还倒赔了战马，又恼又恨，决定对河阳展开攻击。

河阳分为南城、北城和中潬城三部分，三城分别位于黄河南、北两岸以及河中的沙州上，两两通过浮桥连接。史思明的首要打击对象就是这些浮桥。他在在黄河上安排了几百艘战船，又在战船前放置了火船。他的计划是：先让火船顺流而下烧毁浮桥，切断三城之间的联系，然后再出动战船，分割和包围河阳三城。

然而李光弼早有防备，提前命人预备好了几根长达百尺的长杆，一头用大木头牢牢固定住，另一头则绑上铁叉悬在河面上。燕军的火船顺流漂下来，唐军就用长杆叉住，让它无法前进。火船燃不了多久，烧完就没了，连浮桥的边都没碰到。接着，燕军的战船开下来，唐军再次用长杆抵住，然后用架设在浮桥上的投石机不断轰击。很快，战船也沉没了，史思明狼狈而逃。

过了一段时间，史思明经过慎重考虑，决定先攻打河清县，切断河阳城的粮道补给。李光弼接到消息后，立即率军驻扎到野水渡与燕军对峙。但让人摸不着头脑的是，当天傍晚，李光弼又撤回了河阳，只留部将雍希颢率领一千多人继续在此安营扎寨。

撤走前，李光弼还特意交代雍希颢："叛军的大将高庭晖、李日越、喻文景等人都骁勇善战，今晚史思明肯定会派他们其中一员前来劫营。我现在先回河阳，你在这里等着。如果叛军来了，你不要与他们交战；如果他们投降，你就带他们一起回河阳来见我。"

这番叮嘱有些莫名其妙，众将听了十分不可思议，毕竟燕军的高庭晖等三人声名显赫，而唐军的雍希颢几乎是个无名之辈，手下就只有一千人，高庭晖等人凭什么投降？

就连接到这个任务的雍希颢本人也十分困惑：既然知道燕军今晚要来劫营，为什么还要让自己领着一千人在这儿等死？但畏于李光弼军律严明，他不敢问，只能硬着头皮留下来。

夜里，史思明果然派出李日越前去野水渡劫营，战前他特地向李日越强调道："李光弼善于倚靠城池打防守战，现在好不容易诱使他出城野外作战，正是击败他的大好机会。你现在率领精锐骑兵连夜渡过黄河，一定要替我把他抓来，千万不要把他放走了。到时候要是抓不到人，你就不要回来见我。"

李日越知道事关重大，立即带着五百精骑赶到唐军野水渡营地前。雍希颢已经有所准备，立刻让士兵们在营地内大声呼喊。

李日越有些意外，便向唐军营内喊话："李司空（即李光弼）在吗？"

雍希颢遥遥答道："李司空已经回河阳城了。"

李日越面露失望，又问道："你们现在有多少兵？"

雍希颢老实地说："总共一千人。"

李日越再问："你们的主帅是谁？"

雍希颢答："雍希颢。"

李日越沉默了。好一会儿过后，他才缓过神来，对手下骑兵叹息道："李光弼现在已经回到河阳城，我完不成陛下交代的任务了。原本我想，抓一个唐将回去将功折罪也好，但现在唐军营里就一个雍希颢，这么一个无名之辈，抓他回去又有什么用？横竖都是一死，不如投降唐军算了。"随他而来的五百骑兵也有类似的想法，于是跟着他一起向唐军请降。

雍希颢接到李日越投降的消息，简直又惊又喜，他完全不明白发生了什么，只能连连感叹李光弼料事如神，然后赶紧带着李日越去了河阳城。李光弼郑重接待了李日越，下令重赏，并将他引为心腹。没多久，高庭晖听说李日越受唐军厚待，也跑到河阳城来投降了。

有人就问李光弼："你怎么能准确料到叛军会有两员勇将来投降呢？"

李光弼一语道破："我非常了解史思明，他认为我只擅长守城，而不擅长交战，所以非常痛恨不能与我在野外决战。如今有这样的机会，他定会派人出击，并给前来的将领下死命令。李日越没有抓到我，不敢回去交差，唯一的出路就是向我投降。而高庭晖一向认为自己的智谋和勇气远在李日越之上，如今见李日越被我重用，肯定不服气，想投降朝廷好获得李日越的地位。"

就这样，史思明办法用尽，不但没伤到河阳城半分，反而折损了几位大将。他怒火中烧，决定率领大军直接向河阳发起攻击。他此次打击的首要目标是河阳南城，这里更靠近洛阳，战略价值更大。

当时负责守卫河阳南城的是郑陈节度使李抱玉。在燕军刚发起攻击时，李光弼问李抱玉："将军你能为我坚守南城两天吗？"

李抱玉没有立即回答，而是反问道："两天后又怎么办？"

李光弼告诉他："两天后如果我不来救援，你可弃城而逃。"

李抱玉觉得坚守两天应该不是什么难事，就应承下来了。

然而在燕军如潮水般的攻击下，李抱玉第一天就快支撑不住了。李抱玉是唐初开国功臣安兴贵的曾孙，他要脸，既然答应了李光弼要坚持两天，就怎么也得再想想办法。他派人出城去见史思明："现在我们城内的粮食吃完了，再也无力坚守，打算投降了。希望你让我们先准备准备，明天再出来投降。"

史思明闻言大喜，立刻答应停下对南城的攻打，然后撤走了攻城部队，只等第二天迎接唐军投降。

燕军撤退后，李抱玉抓紧时间组织人力修补城墙和防守器械，以备继续坚守。次日，史思明等了好半天，没见唐军出来投降，便明白上当了，于是再次下令进攻南城。此时南城经过一夜的紧急修补，好歹又能勉强防守住了。

而李抱玉经过前一日的苦熬，已经认识到光靠防守是抵挡不住燕军的。眼见他跟李司空的两日约定就快达成，这位守信的将领索性放手一搏：派出精锐士兵潜出南城，绕到燕军攻城部队后面发起攻击。燕军忙着攻城，其后方疏于防备，竟真的被杀得仓皇而逃。唐军就此获得了南城之战的胜利。

史思明攻打南城不力，只得将目光转向防守较弱的中潬城。中潬城位于河中沙洲，城墙比南、北两城要矮上许多，为此，李光弼在城墙外设置了栅栏，又在栅栏外挖掘了宽两丈、深两丈的壕沟，以此加强防守。

史思明准备好第二天重点突破中潬城，但在当天夜里，燕军军营中突发哗变，此前投降史思明的唐将董秦连夜带着五百人逃出，径直向河阳而去，重新归降唐朝，同时还向李光弼透露了史思明的攻城计划。

李光弼不慌不乱，立刻亲自驻扎在中潬城，并调来荔非元礼的镇西兵团防守。第二天，史思明果然派周挚率军前来，李光弼便派出荔非元礼率领镇西兵团在城外的羊马城迎击，自己则在中潬城的东北角竖起了一面红旗，以此发号施令。

周挚依靠强大的兵力，很快推进到城下。燕军所携车辆拖着攻城器械紧随步兵而至，一路填平壕沟、拆毁栅栏。很快，中潬城三面就被填出了八条可以通行军队的大路，围城的栅栏也被打开了巨大的缺口。

燕军越来越近，却见荔非元礼依然蹲在羊马城内毫无动静，李光弼忍不住派人责问荔非元礼："叛军都已经填平壕沟、拆毁栅栏，准备冲到城下了，你还按兵不动，到底是什么意思？"

荔非元礼反问道："您是想我坚守呢，还是想我出战？"

李光弼道："当然是想你出战。"

荔非元礼便回答说："您既然想我出战，现在敌人耗费力气替我们填平壕沟、拆毁栅栏，为什么要阻止他们呢？"

李光弼一顿，反应了过来，不由得点头赞许道："你的想法很对，我没有想到这个，就按你说的办吧。"

最后，直到燕军从破损的栅栏处冲进来，荔非元礼才率领敢死队杀向燕军。燕军被忽然蹿出的人吓了一跳，连忙后退了几百步。不过荔非元礼见燕军的阵脚未乱，又带着人撤退了，准备等燕军没有防备的时候再发动攻势。

但李光弼不知道荔非元礼的想法，他见对方刚出去打了一下便立即闪退回来，畏畏缩缩不像话，就非常生气，于是派人召回荔非元礼，准备将之斩首示众。但荔非元礼不耐烦道："现在正是战局的紧要关头，我这里走不开，召我去有什么事？"李光弼见他不肯听命，越发生气，但大敌当前，他也不好大张旗鼓地把人揪回来，只能先看看荔非元礼还能搞什么名堂。

此时，荔非元礼带着手下军队撤入了羊马城。燕军不敢逼上来，围在羊马城外既不攻，也不退。其实干了一上午的工程活儿，燕军将士的身体早已疲乏不堪，这一停顿下来，阵形就维持不住了，个个东倒西歪。荔非元礼抓住机会，带领唐军再次从羊马城中杀出，杀得燕军大败而逃。

如此，李光弼也不好再追究他什么了。

接连攻打南城和中潬城失败之后，史思明不死心，又将目标锁定在河阳北城。为了麻痹李光弼，他试图声东击西，表面上攻打河阳南城，暗中则派周挚带着燕军主力向河阳北城摸去。然而李光弼并不上当：史思明前头才在南城吃了李抱玉的亏，怎么可能再去自讨苦吃呢？所以他并不在意南城的防守，直接率军来到了河阳北城。

燕军开始进攻后，李光弼亲自登上北城的城墙观察，心中了然，然后回来告诉唐军众将士："叛军人数虽多，但实际上只是一群乌合之众。他们的阵形混乱不堪，我们根本不用害怕他们。不到中午，我们就能打败他们。"

唐军众将率军出击，不过双方一直僵持不下，打到中午都没有分出胜负。如此耗下去也不是办法，李光弼皱了皱眉，把唐军众将全部召回，问他们："你们觉得哪个方向的敌军最强？"有人回答说："西北方向的敌军。"于是李光弼安排部将郝廷玉守卫西北面。郝廷玉也不推辞，只请求给他五百骑兵，最终他得到了三百。

李光弼又问："你们觉得哪个方向的敌军第二强？"有人回答："东南角。"这次李光弼安排部将论惟贞守卫东南面。论惟贞请求给他三百骑兵，最后只得到了两百。

最后，李光弼对众将道："你们到时都看着我的旗帜行动。如果我缓慢地挥动旗帜，你们就自行选择合适的机会发起攻击；如果我快速地向地面挥动旗帜三次，你们就一起出动向叛军发起攻势。此战，只许前进，不许失败！后退者立斩不赦。"

为了表示抗击燕军的决心，李光弼又掏出一把短刀塞进靴子里，然后说道："此战凶险异常，我身为朝廷的三公，肯定不能死在叛军手里。一旦我们打输了，你们战死在前，我便自尽在后，到时与大家一起上路。"说完便敦促众将出战。

然而再次开战后没多久，就见有个人退回来了——正是此前被安排去西北面阻击敌人的郝廷玉。李光弼见状不由得脸色大变，脱口喃喃道："郝廷玉竟然败退了，这一仗只怕要输了！"

他越想越气恼，便命身边的侍卫去斩了这个不争气的郝廷玉。郝廷玉也是冤枉，他看见李光弼的侍卫来了，连忙解释道："我没想撤退，只是坐骑中了箭，我赶回来换匹战马。"侍卫闻言又赶紧回报给李光弼。李光弼放下心头大石，催促郝廷玉赶紧换马，速速返回作战。

又隔了一阵，仆固怀恩与儿子仆固玚交战不利，暂且退了下来，李光弼二话不说，直接让人过去砍了仆固怀恩。仆固父子一看带刀侍卫来了，后背一个激灵，慌忙掉转马头重新杀入阵中。

就这样，在李光弼的严格督阵与唐军的拼死冲锋下，燕军渐渐呈现颓势。眼见时机已到，李光弼让人将旗帜向地面快速挥动了三次。唐军众将得令，纷纷冒死向燕军阵中冲去，一时呼喊声惊天动地。

燕军再也抵挡不住，很快大败而逃，最终阵亡一千多人，被俘五百多人，逃跑中掉进黄河又淹死一千多人。周挚、安太清逃了，徐璜玉、李秦授等人做了唐军的俘虏。

此时，负责在南城"吸引唐军兵力"的史思明还在瞎晃悠，他还不知道偷袭北城的周挚已经失败了，直到李光弼把燕军俘虏拉到南城示威，他才不得不相信这个噩耗。无奈之下，他只得跟着退兵逃回洛阳。

兵败邙山

河阳之战过后很长一段时间里，史思明的日子都不太好过。

他派遣大将李归仁带着五千铁骑进攻陕州，以图进取关中。但李归仁先是在礓子阪遭遇惨败，被神策兵马使卫伯玉仅率几百个骑兵就杀得仓皇而逃；之后又数次西征，但一走到永宁、莎栅等地附近就被董秦打回来。

北线的战斗也接连失利。上元元年（760年）二月，李光弼率军包围了怀州，史思明率军前往救援，却在沁水被李光弼击败，赔了三千人进去；三月，李光弼在怀州大破安太清所部，史思明再次去救援，又在河阳西面黄河中的沙洲上被李光弼打败；十二月，李光弼派郝廷玉带人挖地道潜入怀州城，燕将安太清、杨希仲被生擒，怀州落入唐军手中。

面对接连的失败，史思明头疼不已。为了能有个好兆头，他于第二年初改年号为应天，以示自己拥有天命。但年号易改，李光弼难敌。史思明仍旧指望着依靠野战优势打败李光弼，无奈对方始终不肯配合。

为此，史思明特意派人前往洛阳以西的地区散布谣言："现在盘踞洛阳一带的那些判军都是从北方燕赵地区来的，他们长久停留在洛阳，非常不开心，十分希望返回范阳。如今叛军上下离心，只要唐军肯去攻打他们，一定可以大获全胜。"

这条小道消息传得很快，坐镇陕州的观军容宣慰处置使鱼朝恩听说后，一点儿也没起疑地相信了，连忙派人飞马赶到长安向李亨报信，希望圣上派遣军队前去收复洛阳。

李亨此时正为洛阳之事苦恼，这条"内幕"消息一来，顿时让他振奋不已。他急忙下诏，命李光弼速速收复洛阳。久在前线的李光弼当然更了解实际情况，他上书反对道："叛军现在兵锋正盛，没有丝毫上下离心的迹象，希望陛下不要轻信谣言。此刻万万不可轻敌冒进。"

李亨见李光弼如此笃定，不免犹豫起来，毕竟涉及前线的事情，李光弼总归更有发言权一些。然而这个时候，仆固怀恩倒投了鱼朝恩一票。

仆固怀恩是朔方军中的猛将，安史之乱爆发以来，他跟随郭子仪、李光弼出生入死，立下了很多战功，其军事才能不容小觑。但他赞成此时出兵，倒不是真的不相信李光弼，事实上，他自己也没有必胜的把握，但他就是想给李光弼添堵。

仆固怀恩对于李光弼，心中始终是有芥蒂的。当初张用济与众将商量如何赶走李光弼，后来被众人劝说着打消了念头，但张用济还是死了。这件事在仆固怀恩心中扎下了一根刺。

李光弼原是朔方将领之一，如今坐上了朔方节度使的位置，这也让仆固怀恩十分不好受，说他是嫉妒也好，是自负也罢，总归是不服这个人。

他以前长期在郭子仪手下效力，已经习惯了郭子仪温和宽容的治军风格。他率领的番、汉劲旅，单从军纪角度来说，确实做得很差。这些人仗着一身战功，经常做些违法乱纪的事。郭子仪虽然知情，但毕竟要倚仗他们，所以对此睁一只眼闭一只眼，顶多不痛不痒地训斥几句。但李光弼不同，他生性严厉，无论谁犯了错都会立即惩罚。仆固怀恩手下就有不少人因为犯罪而被他毫不留情地处置了。一来二去，仆固怀恩对李光弼的不满越积越深。

此刻，鱼朝恩要求出兵收复洛阳，李光弼不同意，仆固怀恩看戏不嫌事大，脑子一热，代表前线表示支持出兵。

李亨接到仆固怀恩的奏报后，坚定了出兵的念头，每天不断派使者前往河阳，要求李光弼出兵。李光弼顶受不住压力，只好留下李抱玉守卫河阳，自己和仆固怀恩率军与鱼朝恩、卫伯玉等人会合，然后进攻洛阳。可以想象，史思明接到唐军进攻的消息后是何等惊喜，只恨不能立刻在洛阳城外摆开阵势然后取得胜利。

唐军到达邙山后，内部又发生了争执：李光弼想让唐军背靠邙山依据险要布阵，仆固怀恩却认为应该在邙山下的平原上列阵。李光弼好言相商道："我们千万不能小看史思明这个人，他善于使用骑兵作战，我们稍有不慎就会被他击败。眼下我们必须背靠邙山，依据险要防守，等叛军攻击失利后再寻机破敌。那时，进可攻，退可守，一切尽在我们的掌握之中。如果我们在平原上列阵作战，那就遂了史思明的心意，一旦交战不利，后悔莫及。"

但仆固怀恩铁了心要唱反调，连连摆手道："我手下全部是骑兵，如果按你说的依山设阵，叛军是受了阻，但我的骑兵也没法用了，在平原列阵才能发挥我军的优势。"说完不再理会李光弼，自行带领所部在平原上列阵。

史思明见状，兴奋极了，为了能彻底击垮唐军，他还在附近埋伏了七百名长戟手，又命阵前的燕军假装畏战，丢下辎重就往后跑。仆固怀恩见猎心喜，顾不得所部还没摆好阵形就下令追击。他的手下战场抢掠惯了，见到燕军丢下的物资就冲上去哄抢，其阵形越发散乱。

史思明等待的就是这一时刻。随着一声令下，燕军伏兵发起突袭，其大军也展开了进攻。唐军猝不及防，当场战死几千人，剩下的也纷纷溃散。这下子，唐军不但没占到敌人的便宜，还倒贴上自己各类军资器械。

仆固怀恩所部最先遭遇溃败，连带其他各路唐军也受到影响，陆续溃散，这时候哪怕是李光弼也拦不住这股颓势了。李光弼只得和仆固怀恩一起渡过黄河退守闻喜县。鱼朝恩、卫伯玉两人则逃得飞快，片刻不停地跑回了陕郡。大势之下，李抱玉也不敢阻挡，丢下河阳向西逃遁。史思明乘胜追击，不仅夺回了怀州，还拿下了河阳。

李亨接到败报后，惊骇欲绝，匆忙派大军前往陕郡驻扎，防备燕军。

史思明在李光弼手下扳回两城，激动万分，连陕郡的重兵都不当回事了（毕竟领兵的不过是太监鱼朝恩），一心只想叩开潼关的大门。他派长子史朝义率部作为先锋，从北面进攻陕郡，自己则率领大军从南面发起进攻，试图一举拿下陕郡，威逼潼关。但史朝义进军到达礓子岭后被卫伯玉打败，其后又发起了几次进攻，仍然败给了卫伯玉，只好退守永宁（今河南省洛宁县北）。

史朝义败退后，史思明孤立无援，也只得退到永宁。但他心有不甘，将此次战败归咎于史朝义胆怯，便严厉责骂儿子道："你这个样子，怎么能够继承我的大业，不如早点死了好。"语毕下令将史朝义及其手下将领拖出去斩了。燕军众将纷纷求情，才免了史朝义一死。

事实上，史思明素来不喜自己这个长子。他残暴好杀，一旦有人违逆他的意愿，后果十分可怕，哪怕是耿仁智这样的多年亲随，最后都被他诛杀九族，所以燕军人人畏惧于他。但史朝义却跟他很不一样，为人谦恭守礼、爱惜士卒，颇受燕军将士喜欢。史思明显然很不满意他，而更偏袒小儿子史朝清，他南下进攻河南时，就是让史朝清来坐镇范阳的。燕军中一直传言史思明要杀史朝义，改立史朝清为太子。此时，史朝义再度惹怒了史思明，多亏众将怜惜才保住了小命，却免不了受刁难。

史思明给史朝义布置了一个任务：一天时间，修筑一座三隅城，用于存放军粮。三隅城虽然不大，但也不是一天就能建成的。但史朝义不好再开口为自己求情，只能硬着头皮上，率领全部人马拼死赶工，才在天黑时堪堪修好毛坯，只剩下给墙抹泥的工作。史思明就是这个时候来验收的，一见墙上还没有抹泥，又开始破口大骂，然后让手下骑兵监督史朝义带人抹泥。工作完成后，史思明气性还没下去，骂骂咧咧道："等我攻下陕州，一定会杀死史朝义这个逆子。"

这话也许只是气话，但一直战战兢兢的史朝义听了，心中只剩下恐惧。

当天夜里，史思明在鹿桥驿（今河南省洛宁县旧县村南）宿下，史朝义住在离他不远的旅店里。史朝义睡不着，他的部将骆悦和蔡文景更是睡不着，两人一起来见太子："我们和您现在都死到临头了，自古以来就有废君王的事，请您叫曹将军来共商大事。"话中的曹将军正是史思明身边当夜值守的宿卫。

史朝义听后吓了一跳，并不回答。骆悦急了，说道："你如果不同意，我们现在就去归降唐朝，到那时你还是逃不过一死。"

史朝义深吸一口气，终于答应了，随后派人去请曹将军。曹将军一看众将的阵势，立即意识到了什么，但这条贼船能上不能下，于是答应一起行动。

在曹将军的带领下，骆悦一行人畅通无阻地闯入了史思明的卧室，但出乎意料的是，史思明并不在卧室。众人心中大惊，倘若让史思明跑掉，他们必死无疑。

就在这时，驿站外忽然传来马嘶声，一骑快马正向外奔去。骆悦的部将周子俊不及细想，张弓就是一箭，正中骑马人的手臂。那人从马上跌落，被众人团团围住。仔细一看，正是史思明。原来史思明正好外出上厕所，回来见情况不妙，打算溜进马厩偷偷骑马溜走，没想到被周子俊一箭射下了马。

看到一众造反之人，史思明还算镇定，问道："你们的主谋是谁？"

骆悦也不遮掩："怀王史朝义。"

史思明叹息道："我今天失言，该有这样的下场。只是现在杀我还太早了，你们无法成就大业。怎么不等我攻下长安后再动手呢？"

骆悦等人却不再搭理，将他关在了柳泉驿（今河南省宜阳县西二十四里柳泉乡），然后回报史朝义。不久后，史朝义杀掉史思明，登基做了皇帝，改元显圣。因为周挚对史思明非常忠心，所以他把周挚也送上了黄泉路。

登基后，史朝义做的第一件事就是派张通儒带人回范阳杀死史朝清和他母亲辛氏等人。史朝清一党拼死抵抗，双方在范阳大战了几个月，最终史朝清一党全部被斩杀。随后，史朝义任命部将李怀仙担任范阳尹、燕京留守。

表面上看，史朝义成功镇压了不服自己的乱党，但事实上，在外的各路燕军将领大多是以前安禄山的部将，与史思明关系亲厚，如今史朝义想要指挥他们，根本没戏。史朝义带领手下燕军东征西讨，屡屡被唐军击败，已经不成气候了。

燕军的末日

宝应元年（762年），唐代宗李豫（即李俶，于乾元元年改名）刚刚即位，他遣使向回纥借兵，然后以皇太子李适为天下兵马大元帅，率领各路唐军及回纥骑兵一起进攻洛阳。这年十月，仆固怀恩与回纥骑兵从陕郡出发，陕西节度使郭英义与鱼朝恩率军经渑池东进，李抱玉经河阳南下，李光弼经陈留西进，四路大军兵锋直指洛阳。

史朝义匆忙召集手下人商讨对策，阿史那承庆说："如果唐军是独自前来，我们倒还可以率全军与他们决一死战；如今唐军是与回纥兵一起来的，我们肯定抵挡不住，应该先退守河阳，暂避敌军锋芒。"史朝义不相信，他认为阿史那承庆被回纥人吓破了胆才这么说，不同意退守。

不久后，唐军到达洛阳北郊，先分出了一部分人马攻下怀州，然后又抵达横水（今河南省洛阳市孟津区西北）一线布阵，与几万燕军对峙。燕军设置了栅栏严加防守，仆固怀恩便一边指挥军队正面冲击燕军的栅栏西侧，一边暗中加派精锐骑兵与回纥军从南山绕道冲击栅栏东北侧。在唐军的夹击下，燕军很快落败。

史朝义得到消息后，赶紧率领全部精锐大约十万人前来救援，双方在昭觉寺一带摆开阵势，战斗很快打响。

唐军首先向燕军发起冲锋，激战良久，燕军受损不轻，但其阵势依然稳固。鱼朝恩见状有些坐不住了，又派出五百名射生军杀入燕军阵中，加重了燕军的伤亡。然而即便如此，唐军也没能打破燕军的阵势。

战局正胶着，镇西节度使马璘忽然大吼一声，杀入敌阵，直接从燕军手里抢下了两块盾牌。这位安西军出身的勇将手持盾牌，复又来回冲杀，终于为唐军打开了一道缺口。紧随其后的唐军看准时机，立即沿着这道缺口杀入燕军阵中。

燕军终于抵挡不住，连连后退。接着，双方又在石榴园、老君庙交手。燕军彻底崩溃，四散逃逸，人、马互相践踏，尸体把尚书谷都填满了。

此战唐军共计斩杀燕军六万多人、俘虏两万多人，史朝义被迫带着几百个骑兵向东逃窜。至此，洛阳与河阳先后回到唐军手中。

仆固怀恩果断决定乘胜追击，派出了儿子朔方右厢兵马使仆固瑒与朔方兵马使高辅成，两人率领步骑兵一万多人在郑州再次击败史朝义。

史朝义逃到汴州，却被伪燕陈留节度使张献诚拒之城外，只好从濮州渡过黄河向北逃窜。唐军追到汴州，张献诚马上打开城门投降了。

史朝义渡过黄河后，在卫州被仆固怀恩追上并被击败。不久后，伪燕睢阳节度使田承嗣等人带着四万多军队前来与史朝义会合，燕军回身再与仆固怀恩交锋，结果又败了。不甘心的史朝义带人在昌乐县（今河南省乐县）东面与仆固怀恩决战，结果还是败了，只得率残部再逃。

史朝义逃到贝州（治所在今河北省邢台市清河县东高庄一带）后，与大将薛忠义等人会合。有了三万人马，他又一次向唐军发起反击。当时，仆固瑒正追击到临清县（今河北省临西县）附近，闻讯立刻设下埋伏，一举将史朝义击退。不久，回纥人也追了上来，他们与唐军一起在下博与史朝义展开大战，最终击破燕军。燕军的尸体堆积在河流中，几乎堵塞住了河道。

史朝义逃往莫州（治所在今河北省任丘县北）。朔方知兵马使薛兼训、朔方兵马使郝廷玉与田神功、辛云京等人会合，一起包围了莫州，青淄节度使侯希逸也率军前来相助，将史朝义围困在城内。

随着史朝义节节败退，伪燕各路节度使们坐不住了，纷纷向唐军投降，很快，相、卫、洺、邢、恒、赵、深、定、易九州回到唐军手中。

如此一来，燕军的外援越来越少。在这种情况下，田承嗣建议史朝义突围前往范阳，调集援军回救莫州，他自己留下来坚守莫州。

史朝义被田承嗣的忠诚和担当感动得几乎落泪，他立刻采纳了这个建议，带着五千精锐骑兵从北面突围而走。临行前，史朝义将母亲、妻儿全部托付给田承嗣，请后者务必坚守到自己回来。田承嗣前脚满口答应，后脚就打开城门向唐军投降了，还将史朝义的母亲和妻儿献上当做见面礼。

史朝义突围后不久，仆固瑒、侯希逸、薛兼训等人率领三万唐军追了上来，双方在归义再次交锋。史朝义仍然不能取胜，损失了大批人马后才逃了出来，磕磕绊绊终于赶到范阳。

然而史朝义做梦都没想到，他的心腹范阳节度使李怀仙早已偷偷向朝廷投降了。李怀仙见史朝义前来，自然不肯接纳，还派出范阳兵马使李抱忠带着三千士兵镇守范阳县（今河北省涿州市）堵住史朝义，不让他进城。

前无去路，后有追兵，史朝义到这一刻仍然没有意识到李怀仙已经叛变，还煞有介事地派人去向李抱忠传话，说主力在莫州被围，自己急着要到范阳去调兵救援，言语之中尽是以君王口吻来责备对方。

李抱忠闻言冷笑道："现在是老天不让大燕延续国祚，唐朝已经复兴了，我们都已归降了唐朝，怎么可以再次反叛呢？那样对不起三军将士。大丈夫耻于玩弄阴谋诡计，我已经对你说了实情，你自己早点想办法保全自己吧。我猜田承嗣肯定也已经背叛你向唐军投降了，不然唐军怎么可能这么快就追到这里？"

史朝义这才清楚地认识到自己已经众叛亲离。然而即便他想投降，唐朝也肯定是容不下他的。史朝义满心凄凉，最后向李抱忠恳求道："我们从早上就开始逃亡，到现在还滴水未进，希望你能够让我们吃一顿饱饭。"

李抱忠还算有些恻隐之心，安排人在城东设下酒食打发了他们。饭后，史朝义手下一部分人向他拜别而去。史朝义无力挽回，只得痛哭流涕，然后带着几百个胡人骑兵再次逃亡。

他们向东逃到了广阳（今北京市房山区东北），广阳也不肯接纳他们，他们又向北逃亡，试图逃到契丹、奚族境内避难。但他走到温泉栅（今河北省滦县榛子镇东北）时，李怀仙的追兵赶至。史朝义走投无路，在树林上吊自杀，李怀仙随即砍下他的头颅向朝廷请赏。

史朝义的死亡标志着"安史之乱"就此被平定。当然，还有一些余波依然影响着唐朝。

燕军旧将薛嵩、张忠志、田承嗣、李怀仙等人投降朝廷后，按照惯例，本来应该将他们征召入朝，然后另选他人顶替。但此次平叛的主将天下兵马副元帅仆固怀恩提出了不同的意见。

事实上，在目睹郭子仪、李光弼先后因功被朝廷疏远和猜忌后，仆固怀恩不由得心生警惕，他害怕自己同样也会因平叛有功而被朝廷猜忌，就萌发了借助河北燕军旧将势力自保的想法，于是他向天子上奏，要求将薛嵩等人原地留任。不过，仆固怀恩到底没能保全自己，唐朝也因此没能彻底收复河北，这是后话了。

第七章

削藩之路

虎头蛇尾：唐讨伐田承嗣、李灵曜之战

两征田承嗣

大历十年（775年）正月，新年伊始，唐代宗李豫收到了昭义军留后薛崿请求入朝的奏疏。此前，薛崿的哥哥昭义军节度使薛嵩去世，薛崿压不住手底下的人，被昭义军兵马使裴志清赶出了相州。随后裴志清归附了田承嗣，而后者打着救援的旗号，堂而皇之地进驻相州城。薛崿逃到洺州后，受到田承嗣大军的威胁，不敢久留，只好向 t 天子请求去长安讨生活。

且说这位田承嗣，他一度是安史叛军中的骁将，立下过很多战功。史朝义败亡时，他带着莫州及史朝义的母亲和妻儿归降了唐朝，被封为魏博节度使。但他一直不怎么服从朝廷安排，魏博境内的官员都是他自行任命，赋税也被他收入个人囊中，他又用这些钱财招募军队，短短几年时间就聚集起了十万人。他从这十万人中选了一万精锐，号称"牙兵"。

田承嗣割据一方，但他的野心不知满足，为了获得宰相的头衔，他甚至在魏博给安禄山父子、史思明父子建了一座祠堂祭拜，还称他们为"四圣"——这显然触到了朝廷的底线。然而，天下大乱刚定，李豫也不愿意轻易动兵，最终给了田承嗣一个"同中书门下平章事"的虚衔，封他为雁门郡王，还将魏博称为"天雄军"。可惜这一切不但没有使田承嗣感恩戴德，反而让他更加狂妄，哪怕李豫将女儿永乐公主嫁给了他的儿子田华，也未能改变形势。

后来薛崿请求入朝，委婉地发出了求救信号，李豫便任命薛嵩的族人昭义军将领薛择担任相州刺史、薛雄担任卫州刺史、薛坚担任洺州刺史，并派内侍孙知古前往魏州，向田承嗣要求尽快退兵。然而田承嗣此时已经拿下了相州，哪里还肯听从皇命，无所顾忌地派大将卢子期攻打洺州，又派杨光朝攻打卫州。很快，洺州和卫州相继失陷，卫州刺史薛雄因不肯投降，全家被田承嗣屠杀。田承嗣抢掠了几个州后，又擅自给几个州安排了刺史。如此行为，自然激怒了李豫，他再也无法忍受田承嗣的胡作非为了。

此时，恰好有两个人主动上疏请求带兵讨伐田承嗣，李豫便欣然应允。这两个人分别是成德节度使李宝臣和淄青节度使李正己。

其中李宝臣原本和田承嗣是姻亲，他的弟弟李宝正娶了田承嗣的女儿，双方关系也算和睦。但有一次李宝正和田承嗣的儿子田维打马球，误将田维撞下了马，后者竟当天就死了。田承嗣怒而囚禁李宝正，又派人向李宝臣讨说法。李宝臣哪里能多说什么，赶紧向田承嗣谢罪，还派人送给田承嗣一根棍棒，让他打李宝正一顿出气。哪知道田承嗣下手如此狠戾，直接把李宝正活活打死了。两人由此结下了梁子。

至于李正己，则是因为狂妄自大的田承嗣目中无人，让他十分不痛快。于是李宝臣和李正己两人一拍即合，借机请求奉诏出兵。

有人主动去打田承嗣，还不用朝廷出兵，李豫当然乐意。他下诏将田承嗣贬为永州刺史，然后调动九路人马一起讨伐田承嗣：河东节度使薛兼训、成德节度使李宝臣、幽州留后朱滔、昭义留后李承昭、淄青节度使李正己、淮西节度使李忠臣、永平节度使李勉、汴宋节度使田神玉，以及河阳三城节度使马燧。

为了从内部分化魏博，李豫还特意声明，此次讨伐只针对田承嗣及其侄子田悦两人，其他田姓族人和魏博将士如果投降朝廷，则一概不究。

接到诏命后，第一个出兵的是幽州留后朱滔。朱滔的哥哥朱泚刚入朝，因此他很有希望转正成为节度使，所以特别卖力。他很快率军与李宝臣、薛兼训从北面对魏博发起进攻，李正己也和李忠臣等人从南面发起进攻。

官军两面来攻，田承嗣手下大将霍荣国不敢抵抗，带着磁州（治所在今河北省磁县）向北路官军投降。南路这边，李正己拿下了德州，狠狠地出了一口恶气；李忠臣带着永平、河阳等各路联军的四万步骑兵攻取了卫州。

田承嗣深知自己倘若正面迎敌，肯定挡不住九路大军，于是想了一招"围魏救赵"，派裴志清去围困李宝臣的冀州。然而裴志清不过是一根墙头草，岂会真心为他卖命？此人一到达冀州城下就立刻向李宝臣投降了。

田承嗣无法，只得亲自率军围攻冀州，但李宝臣已经安排了高阳军使张孝忠率领四千精锐骑兵等着他了。苦战几天后，田承嗣无法突破张孝忠所部，又见李宝臣带着大军前来，害怕再有其他官军出现对他展开围剿，不敢强撑，连夜带人逃回了魏州。

眼看形势对自己越来越不利，田承嗣思前想后，决定向朝廷上疏请求入朝。李豫接到奏疏后非常高兴，以为田承嗣屈服了，于是下令各路官军停止进攻。然而这只不过是田承嗣的缓兵之计，他借机下令大将卢子期率军进攻磁州。李豫意识到被田承嗣摆了一道，复又下令继续进攻。

各路官军中，最积极的自然还是李宝臣和李正己，他俩很快就在枣强会师，准备一起围攻贝州，迫使田承嗣出兵救援。

为了尽快攻下贝州，两人还都在贝州城下犒赏士卒，但不想却因此弄巧成拙。李宝臣是安禄山养子，长期在河北作战，家底丰厚，所以犒赏士卒时出手大方。但李正己的淄青军是从平卢南逃迁徙而来，能发放的犒赏就少了很多。两相对比，淄青将士越发不满。李正己听到风声后，害怕部下哗变，不得不率先撤走了。李正己一走，李宝臣也不敢独自继续进攻，也跟着撤了，转而与朱滔一起进攻沧州，但在田承嗣的堂弟田庭玠的坚守下迟迟没有进展。他这一撤，又影响到了南面的李忠臣，后者本来已经在打卫州了，见状也不得赶紧渡过黄河退回到阳武。

随着这一连串退兵，磁州陷入了险境。面对卢子期的攻击，这里已经快守不住了。幸好官军及时重整攻势，李宝臣与李承昭率军救援磁州，在清水县（今河南省获嘉县北）打得卢子期全军覆没，并生俘卢子期。南路各军也在此时发起进攻，在陈留大破田悦所部。

田承嗣虽然屡战屡败，但并不慌张，因为他发现了官军的致命弱点——各路官军互不统属，相互间的联系也不深，这个组织很容易瓦解。

此前田承嗣囚禁了李正己派到魏州的使者，现在他将这名使者放了出来，又将魏博境内的户口、军队、粮食、钱财登记造册等一并交给使者，让他转告李正己："我现在已经八十六岁了，离死不远，我的儿子们又非常无能，不能继承我的家业。侄子田悦虽然统兵，但也是一个懦弱的，成就不了大事。李公不一样，我一直觉得李公是能够成就大事的人，我现在做的，不过是帮李公经营而已。等我一死，这些自然会交给你，李公何必现在率军来取呢？"

随后，田承嗣又请使者来到庭中，自己先朝着南面拜了几拜，然后才将东西交给他，以示对李正己的恭敬态度。最后，他还在使者面前挂了一副李正己的画像，亲自焚香供奉完毕，这才让使者回去。

人都是喜欢听奉承话的，李正己也不例外。他听了使者的陈述，简直又惊又喜，没想到田承嗣心里竟是这么尊敬自己。他与田承嗣之间原本也没有什么深刻仇怨，既然田承嗣这么看得起他，又何须逼人太紧？于是他选择了按兵不动。李正己作为南路军的领衔人物，南路的混编部队都是跟着他的节奏动作，如今他一停顿，便也都不再向前了。

田承嗣一招化解了南面危机，继而准备集中力量对付北面的李宝臣。不过还未等他出手，李宝臣这边就有了新情况。

且说李宝臣等人将俘虏卢子期押送至上京，这是重要战功，李豫就派了太监马承倩携带诏书前去慰劳，李宝臣甚是感恩戴德。马承倩回朝时，李宝臣还亲自到驿站送了他一百多匹绸缎作为答谢。没承想马承倩胃口不小，嫌弃李宝臣给的赏赐太少，直接将东西全丢在路上，还指着他大骂了一顿。

李宝臣傻眼了，没想到会有这样的发展。成德兵马使王武俊颇为不平，对他说道："你刚为朝廷立下大功，朝廷派来的太监就敢这么对你；待你平定了田承嗣被召入朝中，兔死狗烹，你在长安的生活估计也不会好过。依我之见，我们不如暂停进攻，利用田承嗣作为我们自保的资本。"李宝臣深以为然，也不再积极进攻了。

与此同时，田承嗣又打听到一个消息：李宝臣是范阳人，所以一直想攻下范阳。精明的田承嗣心生一计，让人在石头上刻下一句话："二帝同功势万全，将田为侣入幽燕。"然后将之偷偷埋到成德境内。随后，田承嗣又派了一个术士到李宝臣面前故弄玄虚，说某地有帝王之气，地下有神物。李宝臣便派人挖掘，果然在"高人"的指点下挖出了那块带字的石头，于是非常兴奋。

田承嗣又赶紧再添一把火，派使者游说李宝臣："你现在与朱滔一起围攻沧州，就算攻下了又能怎么样？那是朝廷的地方，并不是你的。但是，如果你能停止攻打田承嗣，并以此为条件，要他将沧州让给你，他会同意的。你有恩于他，以后你要他与你一起攻打范阳，他肯定不敢拒绝。你率领精锐骑兵在前面开路，田承嗣率领步兵在后面增援，攻下幽燕地区还不是轻而易举的事情？"

李宝臣听后越发心动，于是就此停下进攻，又暗地里与田承嗣勾结，密谋攻取范阳。为此，他打算先除掉碍事的朱滔。

朱滔当时正驻扎在瓦桥（今河北省雄县西南），忽然收到李宝臣的使者传信："我听说朱公的仪容如同神仙一样，只可惜从来没有见过，希望朱公能赐一幅画像以供观瞻。"这话让朱滔颇为受用，他精挑细选了一幅画像交给使者带回去，却不知道这幅画将被李宝臣挂在练习射箭的射堂里。

李宝臣召了众将前来观画，一边看，一边还说："这真是个神人啊。"也不知是真心夸赞还是暗含嘲讽。等到众将都熟悉了画像后，李宝臣又亲自挑选了两千名精锐骑兵，连夜急行三百里到达瓦桥，准备杀朱滔一个措手不及。李宝臣特意叮嘱将士们道："此行的目的就是杀死射堂画像上的那个人。"

幽州、成德两军原本共同讨伐田承嗣，朱滔是怎么也料想不到李宝臣这时会突然倒戈，自然不敌。不过那时候的肖像画又能有多逼真，成德军突袭时，朱滔碰巧换了件衣服，就没被成德士兵认出来。最终他安全逃脱，随后下令雄武军使刘怦率军镇守范阳。李宝臣再杀到范阳城下时，城里早已做好了防备，他一看时机不对，只好退回。也就是在这时，他才惊觉田承嗣并没有率军跟着自己一起行动。

田承嗣在哪儿呢？他早就安然脱身，大摇大摆地回魏州啦，李宝臣与朱滔开战，谁也没注意他，此时不走更待何时。李宝臣派人前来质问，田承嗣戏谑道："河内有突发事件，我必须马上返回，没有时间跟你一起攻打范阳。至于之前石头上的话，你不要放在心上，那只是我和你开的玩笑。"

李宝臣意识到自己上了田承嗣的当，气得浑身发抖，但又无可奈何。而且因着他已经和朱滔交恶，还得任命张孝忠为易州刺史，让后者带着七千名精锐骑兵防备朱滔报复。如此一来，朱滔和李宝臣两路人马也停了手，只剩河东军孤掌难鸣。

一场声势浩大的军事行动，就这么虎头蛇尾地结束了。事情的尾声，则是在李正己的极力撮合下，李豫选择原谅田承嗣，正式下诏赦免他的罪行，并允许他和家人入朝拜见。至于此前抵抗过官军的魏博将士，则全部不问罪。

平灭李灵曜

大历十一年（776年）五月，曾经参加过讨伐田承嗣的汴宋留后田神玉去世，李豫任命永平节度使李勉兼任汴宋留后。不过李勉人还未到汴宋，都虞候李灵曜就抓住这个空当，率军杀死了濮州刺史兼汴宋兵马使孟鉴。李灵曜自知力量弱小，不足以与朝廷大军抗衡，就派人前往魏州找田承嗣支援。

田承嗣刚与朝廷达成和解没几个月，此时却毫无顾忌，立刻派兵南下声援李灵曜，并在滑州击败李勉。就此李勉上任一事成为泡影，李豫无奈，只得任命李灵曜为濮州刺史。不过李灵曜并不买账，扬言要继续和魏州一起打朝廷。李豫还是屈服了，最终任命李灵曜为汴宋留后。

李灵曜上任后，越发狂妄，他认为朝廷不敢对自己动兵，于是赶走了汴宋的朝廷官员，让心腹党羽接管了八州刺史和各县县令，打算像田承嗣那样割据一方。但汴宋紧挨洛阳，朝廷怎么可能容忍眼皮子底下有这样的存在。没多久，李豫就下令淮西节度使李忠臣、永平节度使李勉、河阳三城节度使马燧、淮南节度使陈少游、淄青节度使李正己合力进攻李灵曜。

李灵曜这时狂得没边，根本不把五路官军放在眼里，立即率大军迎战。但他的手下人大多还是清醒的，认识到与朝廷交战等于自寻死路，不愿意再跟着他。宋州牙门将刘昌就是其中之一，他想投靠朝廷，但鉴于自己人微言轻，不足以号令汴宋内的有识之士，就想找一个带头人。他心里有一个最佳人选，即李灵曜的谋士——此时担任汴宋兵马使和代理节度副使的李僧惠。

刘昌不敢直接去说，就托一位叫神表的和尚出面，请他以看相为名劝李僧惠："你现在虽然富贵，但从面相上看，只怕近日会有刀兵之祸，稍有不慎，恐怕会万劫不复。"李僧惠是信这些的，他自然知道刀兵之祸指的是什么，但他也劝阻不了李灵曜，只好把刘昌找来，向他询问对策。

刘昌赶紧向他表达了不安："李灵曜现在胆大妄为，想凭借八州之地对抗朝廷，简直是痴人说梦。魏博的田承嗣比他强很多，最终还不是被打得上表谢罪。如今李灵曜是死定了，只可惜我们恐怕也会受牵连。"

李僧惠的心越发沉了下去："确实应该想想该怎么避祸。"

刘昌有一个想了很久的对策："抢先向朝廷上疏，说明情况，让陛下知道我们不想造反，并请求朝廷派兵讨伐李灵曜，救我们于水火之中。"

李僧惠没有更好的办法，他与汴宋牙将高凭、石隐金商量了一番，最后派神表和尚前往长安，请求天子出兵讨伐李灵曜。李豫倒是沉得住气，没有追究李僧惠之前的过错，还任命李僧惠担任宋州刺史、高凭担任曹州刺史、石隐金担任郓州刺史。三人由此坚定了向着朝廷的决心，不久后主动出兵讨伐李灵曜以表忠心。

前一段时间，李忠臣、马燧两军刚到达郑州，还没来得及安营扎寨，李灵曜便立即带人前来攻打。两镇精兵也敢偷袭，也是嚣张十足。不过对方确实没料到他能有这个胆子，便未能防备，被打得撤退到荥泽（今河南省郑州市西北）。淮西兵狂奔撤退，导致许多人脱离了队伍，最后清点人数时，竟然少了十之五六。郑州的官员和百姓也受了惊，纷纷逃入洛阳避难。

李忠臣一看：这还怎么打？不如先撤军回淮西。但马燧反对说："我们奉朝廷的命令前来讨伐叛逆，属于正义之师，哪里需要担心不能战胜敌人？唾手可得的功劳，你竟然想要放弃，实在是让人不解。"

李忠臣只好打消撤退的念头，开始四处收集之前失散的淮西兵，短短几天内就集结完毕。不过，两人还没商量好下一步该如何对付叛军，李灵曜的后院就起火了。

李僧惠等人归降了朝廷后，为表忠心，主动讨伐李灵曜。后者得到消息，吓得赶紧带兵往回撤，不过到底没跑成功，才走到雍丘一带就遇到了前部下。李灵曜不敌，狼狈逃回汴州。

接下来的局面对李灵曜越发不利。

东面的李正己一连攻下了郓州、濮州，李灵曜只剩下汴州一座孤城。很快，李忠臣和马燧赶到汴州城下，一人驻扎在城南，一人驻扎在城北，数次打败了李灵曜的进攻。

不久后，陈少游也率军赶到汴州西面。李灵曜企图趁对方立足未稳，一举击破西面官军。但陈少游顶住了攻势，并得到了后续赶来的马燧和李忠臣的支援。三面夹击之下，李灵曜大败，随后率残部退回城中全力防守。

最后，东面的李正己等人也来了，把李灵曜团团围困在汴州城中。

眼看李灵曜受困，田承嗣没有选择坐视不理。他巴不得天下大乱，自己才好乘机掠地，于是派侄子田悦前来增援，或者说乘机占点儿便宜。

田悦所部一路南下，很快赶至匡城（今河南省商丘市睢县匡城乡匡城村西北部），官军的永平、淄青两路人马就驻扎于此。魏博大军毫不含糊，一战就打得李正己、李勉两人狼狈逃跑，随后驻扎在距汴州城北面几里的地方，准备第二天与李灵曜一起夹击官军。

不过，当天晚上就发生了变故。李忠臣和马燧二人带着人马摸到了魏博军营附近，派淮西将领李重倩带着几百骑兵发起了突袭，最后砍了几十个人并带着首级扬长而去。待魏博军好不容易重新安顿下来，李忠臣、马燧忽然又带人重新杀了进来……魏博将士疲惫不堪，完全抵挡不住，只得在田悦的带领下仓皇逃走，又在李忠臣等人的追击下自相践踏，死伤无数。

田悦兵败而逃后，李灵曜自知根本抵挡不住外围的几路军队，只得连夜打开城门逃走，结果刚跑到韦城（治所在今河南省滑县东南）就被永平军生擒，随后被送到长安斩首。

李灵曜逃走后，李忠臣率领所部开进城里，并打算立刻向朝廷告捷，声称自己是第一功臣。马燧熟知李忠臣的霸道作风，明智地没有跟他争功，也没有进入汴州，而是驻扎在西面的板桥。但李僧惠不服气，他认为自己的功劳更大，就与李忠臣争吵起来。李忠臣一怒之下抬手就把李僧惠砍了，跟着来的刘昌因为跑得快才逃过一劫。

至于出兵协助过李灵曜的田承嗣，最终一点儿事也没有。他假惺惺地向朝廷谢完罪，然后继续我行我素。李豫拿他没办法，只得睁一只眼，闭一只眼。

这两次讨伐藩镇行动，虽然都取得了一定成果，但获利的并不是朝廷，而是出兵的各镇节度使。李正己、李宝臣等人都借着讨伐叛逆的光捞到了不少地盘，本质上与田承嗣并没有什么不同。他们在自己管辖的区域里也是随意任免官员，不听朝廷法令，李豫就算知道，却也无可奈何。

鏖战河北：唐德宗讨伐藩镇之战

河北烽烟起

建中二年（781年）正月，唐德宗李适（kuò）接到了一封来自成德的奏疏，成德节度使李宝臣提出，希望能让儿子李惟岳继承自己的位置。李适回答得十分简洁："不许"。

李豫死后，李适即位快一年了。他经历过安史之乱，深深体会过祖父和父亲两朝对河北乱局的无能为力，也一直对河北的藩镇割据深恶痛绝，并十分希望能够恢复曾祖玄宗时代的荣光。所以从即位开始，他就有以武力削弱河北各藩镇的想法，如今成德自己送上门来，自然不能轻易放过。

话说李宝臣为什么会忽然上疏，请求让儿子继任节度使呢？原来李宝臣已经病重，前不久还在成德进行了一次大清洗，好给儿子铺路。李适敏锐地察觉中间有些事情不对劲，于是派给事中班宏去成德看望李宝臣，当然，更重要的是探听成德的真实情况。

且说建中元年年末时，李宝臣感觉自己快不行了，想把节度使的位置传给儿子李惟岳，但李惟岳年纪小不说，还懦弱无能，堪堪做到行军司马的职位，这样的资历哪里能够服众。李宝臣思来想去，决定先替儿子扫清障碍，便以议事为由，先后召来大将张献诚等人并除之，有时一天就杀了十多个人。

李宝臣的心腹大将易州刺史张孝忠消息灵通，很快听到了风声，心生防备，无论李宝臣怎么召唤他都不肯去。后来李宝臣召了张孝忠的弟弟张孝节，让他去易州传话。张孝忠再度拒绝了，并让张孝节带话给李宝臣："成德各位将领到底犯了什么罪？我这两天接连不断地听到他们被杀的消息，你却一直没有公布过罪名。我这人比较怕死，现在既不敢去见你，也不敢反叛，就跟你不敢去长安是一个道理。"

张孝节听得满头大汗，不由得带着哭腔道："哥哥你要是这么回话，李宝臣肯定不会放过我。现在我没有完成任务，回去后一定会被杀死的。"

张孝忠却笑着安抚道："你放心，如果我和你一起回去，那才会被一起杀掉。只要我还在这儿，他就不敢动你分毫。"事实上张孝忠说得没错，李宝臣拿不下他，所以也没敢动张孝节。后来他病情加重，就更无力制裁张孝忠了，这事便不了了之。

最后，一干成德大将除了张孝忠，只剩兵马使王武俊安然无恙。王武俊能留到最后，一是因为他官职低，不引人忌惮；二是因为他作战勇猛，深得李宝臣的信任，李宝臣甚至将女儿嫁给了他的儿子王士真。王士真也是个妙人，他收买了李宝臣、李惟岳父子身边很多亲信帮他父亲说话，最终把王武俊保了下来。

李宝臣死后，李惟岳便和身边亲信商议，看如何能让朝廷同意自己继承节度使的位置。他们都认为朝廷不会轻易答应，于是决定秘不发丧，先以李宝臣的名义向朝廷上疏。

显然纸包不住火，班宏到了成德后，真相立即大白。李惟岳一度试图贿赂班宏帮自己圆谎，但遭到拒绝。李惟岳只得公布父亲的死讯，然后自立为留后，又以自己和成德众将的名义向朝廷上疏，希望能够得到天子赐给节度使所用的旌节，不过很快就被拒绝了。

这时，魏博节度使田悦又为李惟岳开口求情。几年前，李宝臣、田承嗣、李正己、梁崇义几人有过约定，他们都想将自己的地盘传给子孙，所以说好了到时候大家要互相帮助。田承嗣死后，李宝臣遵守诺言，极力向朝廷请求，终于让田悦得以继承魏博节度使。如今田悦也投桃报李，李正己亦立刻跟进。不过令他们意外的是，李适这次十分强硬，说什么都不肯让李惟岳继承节度使的位置。

朝中有大臣怕节外生枝，就劝谏天子道："现在李惟岳实际上已经占据了成德。如果我们不顺水推舟封他为节度使的话，只怕他会叛乱。"

李适冷笑道："他们父子都是贼寇，哪里有资格担任节度使，不过是借着我唐朝的土地和官职才得以招聚人马。以前朝廷顺了他们的意，替他们做了不少事，结果如何？要叛乱的，始终还是会叛乱。假如李惟岳想要造反，任不任命他担任节度使，都不会改变。既然如此，又何必任命他们官职，助长叛乱呢？"

见天子始终不答应，李正己和田悦便派使者去与李惟岳商量，准备起兵武力对抗朝廷，但这遭到身边不少人反对。

田悦的叔父——魏博节度副使田庭玠就劝田悦："你能够坐拥魏博，不过是靠着你伯父留下的基业，因此应该好好侍奉朝廷，以保全田氏一族的富贵。你为什么要与李惟岳、李正己两人勾结叛乱？等到战事一起，你一个叛乱的人怎么保证田氏一族在战乱中不受伤害？如果你一定要与他们一起造反，就先把我给杀了，我可不想看到田氏被灭族的那一天！"

然而无论怎么劝，田悦都不肯听从，田庭玠气得回到家后就开始称病告假，不再任职。后来田悦登门道歉，田庭玠也闭门不见，最后竟因忧愁而死。

而李惟岳这边，成德判官邵真则换了另一个角度劝他："以前你父亲深受国家恩宠才得以坐上成德节度使的位置，现在他刚死，你还在服丧，就已经准备背叛朝廷了，你这样做对得起你父亲吗？依我之见，不如将李正己派来的使者抓起来，然后送去长安，并请求带兵讨伐李正己。到那时，朝廷看到了你的忠心，自然会任命你担任节度使。"李惟岳也不在乎什么人情，还觉得这个法子不错，就让邵真去起草奏疏。

成德长史毕华知道后，指责他说："你父亲与淄青、魏博两镇交好了二十多年，现在怎么能因为一个节度使的位置就背弃他们？这样做只会让我们孤立无援。更何况就算你把李正己和田悦的使者抓起来送去长安，朝廷也不见得就会信任你。到时候李正己等人又带兵来攻，我们该怎么办？"

李惟岳没什么主见，听毕华这么一说，又觉得毕华有道理。于是他蠢蠢欲动地和胡震、王他奴等人商议起兵细节，并不断犒赏士兵，笼络他们跟随自己造反。

随着成德的风声越来越紧，终于，李惟岳的舅父——前定州刺史谷从政坐不住了。谷从政素有胆识、谋略，连猛将王武俊都要忌惮他三分，却也因此不受李宝臣任用，谷从政知趣地一直称病在家，闭门不出。而李惟岳对他同样不喜，平时连说个话都不愿意。谷从政虽知道这一点，但终究不愿见到成德陷入战火，还是主动来求见李惟岳，并苦口婆心地说了很长一段话：

"现在国家已经很久没有战乱了，我听长安来的人说当今天子英明神武，论果决，不在太宗皇帝之下，这样的人岂是容易对付的？他现在一心想造就堪比贞观、开元的太平盛世，自然不愿意河北藩镇割据一方。你第一个往外跳，陛下肯定会派大军前来讨伐你。

"成德的将士们虽然受了你的奖赏，口口声声要替你卖命，但到时战局不利，他们谁还会理你？只怕会争相倒戈，一些趁火打劫的将领甚至会趁你兵败带人抓住你，然后去向朝廷邀功请赏！

"你父亲去世前杀了那么多将领，他们肯定有不少想报仇的亲戚和朋友，你要怎么防范这些人？更何况当年瓦桥一战，你父亲与幽州的朱滔结了仇，现在只要朝廷的诏命一下达，他肯定第一个率兵前来讨伐，你抵挡得住吗？

"田承嗣先后跟随安禄山、安庆绪、史思明、史朝义造反，以勇猛善战闻名于天下，一生打过无数次仗，他起兵造反时也觉得自己天下无敌，结果如何？在卢子期被擒、吴希光投降后，田承嗣后悔不已，然后向朝廷请罪，时刻担心能不能保住性命。你父亲仁慈，派人前往长安为他求情，加上先帝为人宽厚，才保住他性命。如果不是这样，田氏一族现在还有人活下来吗？

"你生活在富贵之家，年龄又还小，没有经历过战乱，所以不知道反叛的危险，假如你听信身边人的鬼话，步了田承嗣的后尘，只怕全族没有一个人能活下来！

"依我之见，你不如现在就辞去职务，让李惟诚代替你执掌军队，然后亲自前往长安，表示愿意在陛下身边担任宿卫，同时向陛下声明李惟诚只是暂时代理节度使职务，至于谁真正担任节度使，还要听从朝廷的安排。这样一来，陛下必然会认为你忠心可嘉。就算做不了高官，你也能衣食无忧，否则会大祸临头！

"我知道你一直以来都猜忌我，不愿听我的话，但我念在我俩甥舅一场，现在事情又这么危急，有些话不得不说罢了。"

李惟岳知道谷从政说得没错，但他就是讨厌谷从政，偏要逆着来。谷从政无奈，只得回家再次称病不出。就算这样，李惟岳还要派人暗中监视他。谷从政越发寒心，觉得活着没什么意义，于是服毒自杀了。临死前，他叹息道：

"我不怕死，只是想到张氏一族将要灭亡，感到悲哀。"

李惟岳对此不痛不痒，唯独想起对方建议让李惟诚代替自己掌管军队，又对李惟诚猜忌起来。李惟诚是李惟岳同父异母的哥哥，为人谦和敦厚，深得人心。但因着李惟诚的妹妹是李正己的儿媳妇，他不好直接杀了李惟诚，就干脆把人打发到李正己那儿去，眼不见为净。后来李惟诚留在李正己身边做了官。

就这样，李惟岳将身边的亲人一个个逼死或赶走，丝毫没意识到自己给自己挖的坑越来越深。

这时又发生了一件小事，竟成为开战的导火索。当时汴州城规模比较小，李适就下令扩建城池。但不知怎的，就有流言说："皇帝之所以要重新修建汴州城，是因为他想向东面开拓疆土。"汴州的东面是谁？自然是淄青节度使李正己了。

虽是流言，但宁可信其有，不可信其无，李正己立刻派了一万大军前往西面的曹州（治所在今山东省曹县）驻扎，以防朝廷突然袭击。田悦听到动静，立刻重新修葺魏州城墙，然后联络李惟岳、梁崇义两人准备一起反叛。

这些人的动向很快被李适察知，李适也害怕李正己等人突然发起攻势，于是任命宋州刺史刘洽为宋、亳、颍三州节度使，又任命东都留守路嗣恭为怀、郑、汝、陕四州及河阳三城节度使，二人受永平节度使李勉的节制。随后，李适又把郑州划给了李勉，让他派人驻扎，以防备东面的李正己等人。

初败田悦

这一年五月，李正己等人计划打朝廷一个措手不及。田悦第一个出手了，他的目标是朝廷在河北的三个据点：邢州（今河北省邢台市）、磁州和临洺县。当初蒋志清赶走薛嵩时，田承嗣趁火打劫拿下了洺州和相州，而朝廷在随后的讨伐行动中占据了邢州和磁州。田承嗣和田悦一直都对邢州和磁州虎视眈眈，时刻想要占为己有，正如田悦所说："邢州和磁州就像围棋里的两眼活棋，它们又在我的中腹部位，我不能不先行攻取。"

于是，田悦派魏博兵马使孟祐带着五千步骑兵北上增援李惟岳，又派兵马使康愔带着八千人马围攻邢州，并让大将杨朝光带着五千人马在邯郸西北面设置营垒，以防西面的昭义军东出，他自己则率几万大军围攻临洺县（故址在今河北省永年县一带）。

田悦本打算先快速攻下较小的临洺县再去增援各方，但临洺县居民在邢州刺史李共、临洺守将张伾的领导下，不断击退魏博大军，抵抗得十分顽强。田悦攻不下来，只好去向贝州刺史邢曹俊求教。这位老将便回答他说："兵法有云：'十则围之，五则攻之。'现在我军的兵力没有守军的十倍，围城是自取灭亡；更何况你是在与朝廷作对。我军受阻于坚城之下，一旦粮食吃完，士兵们肯定会全跑了。到时城中守军再出击，我们就完了。依我之见，不如安排一万士兵到崿口，阻挡西面而来的官军援兵，然后联合李惟岳等人一起逐步消灭河北不臣服的势力，到那时，河北二十四州就都是你的了。"

邢曹俊提出的是一个好计策，倘若田悦依计施行的话，定会大大阻滞朝廷的平叛行动。但田悦的亲信扈崿与邢曹俊不和，他联合魏博众将一起诋毁邢曹俊，使得田悦生疑，便最终没有采纳这个建议。

田悦等人出手之后，朝廷立刻还以颜色，李适正式下诏讨伐李正己、田悦、李惟岳、梁崇义四人。诏书发出后，有两个人非常积极地表示要为朝廷分忧：其中一个人自然是幽州卢龙节度使朱滔，他与成德的仇怨此处不用多说，他主动请求讨伐李惟岳；另一个人则是淮宁节度使李希烈，他是看准了梁崇义势力弱小，想要从对方那儿捞上一笔。

这个"淮宁节度使"其实就是唐代宗李豫时期的淮西节度使，李希烈是淮西节度使李忠臣的养子。平定了李灵曜之后，李忠臣越发骄横残暴，激起了部将怨愤，李希烈就乘机驱逐了李忠臣，然后自己做了节度使。

李适见二人主动为他分忧，也很高兴，就准了他们的奏，让朱滔率军讨伐李惟岳；让李希烈担任汉南、汉北招讨使，率军讨伐梁崇义。

至于负责对付田悦和李正己的人选，李适派了河东节度使马燧、昭义军节度使李抱真、河阳节度副使李芃，以及神策军先锋都知兵马使李晟，让他们越过太行山向东面进发。

这四人也可谓当时数得上的东线干将了：马燧年轻时曾独自潜入范阳劝说贾循，后来在官军中屡立战功，并与李忠臣一起平定了李灵曜叛乱；李抱真则是名将李抱玉的弟弟，仆固怀恩之乱时，他曾深陷叛军围困之中，但靠智慧成功逃出，并向天子详述了叛军的情况，因此得到重用；李芃则是永平节度使李勉的得力助手，也曾参与过平定李灵曜之乱的战争；李晟则是十八岁就从军，曾跟随王忠嗣讨伐吐蕃，安史之乱时留在西线，此后多次打败吐蕃，大渡河一战更是大破吐蕃十几万大军，因此名动天下。

李适将这几人调往东线，也足见他对这次讨伐行动有多么重视了。

此时，临洺城的情况已经非常吃紧，它被田悦攻打了几个月，城内粮食殆尽，军需物资更是早已耗完，但守卫临洺的官军将士们还没有放弃。守将张伾将自己心爱的女儿精心打扮了一番，然后带她出来拜别守城的官军将士，并对他们说："你们长期以来坚守城池，非常辛苦，但现在城里的府库已经空了，我家里也没什么东西可以赏赐你们。我希望能把女儿卖掉，然后用所得的银钱为你们置办一天的酒菜。"

此言一出，一群热血硬汉无不感动落泪，纷纷表示："我们心甘情愿为您守城，不敢奢求得到赏赐，还请您赶快收回成命！"正是因为这群守城将士非常团结地拼死抵抗，田悦始终没能攻下临洺县。

官军这边，马燧等人得知临洺城的险况后，昼夜兼程向东面进发。马燧担心他们在东出太行山的必经之地崿口遭到埋伏，还特意派使者给田悦送去一封信，他在信中大肆吹捧了对方一番，然后表示希望双方能够罢兵。

田悦读过信后非常高兴，以为马燧不过尔尔，便放松了警惕，不再对东出的官军有所防备了。事实上，马燧白担心了一场，因为田悦根本没听从邢曹俊的建议在崿口布防。马燧和李抱真率领的八万大军便一路畅通无阻地越过了太行山，然后东出壶关，到达了邯郸附近。

哪怕到了这个时候，田悦都没反应过来自己上了马燧的当，还一连派了好几个使者去向马燧示好，结果这些人全都被对方杀掉了。随后，马燧对邯郸附近的魏博军发起了突袭，迅速击败对方，并射死了大将成炫之。田悦这时终于醒悟，赶紧让大将杨朝光率领本部人马及其他残兵，总共一万多人占据了双冈（今河北省邯郸市西北），修筑了东、西两个营垒以抵挡马燧。当天夜里，马燧率领李抱真、李晟等人就驻扎在魏博军这两个营垒之间。

魏博军的西面营垒有杨朝光坐镇，但东面营垒却没有主帅，加之人数又少，还基本都是之前收拢的残兵，他们看到官军来了，被吓得六神无主，连夜跑回田悦军中。

田悦见状也不惊慌，他对手下说："杨朝光在双冈建立起了坚固的营垒，差不多有一万人，就算马燧再能打，也不可能几天就搞定。而且，马燧若强攻，那他的损失必定会很大。再过几天我就能攻下临洺了，待我犒赏完士卒就立即去攻打马燧，必能大获全胜。"就这样，田悦选择率领主力继续攻打临洺，只从李惟岳那儿讨来了五千人去增援杨朝光。

马燧也知道杨朝光难打，但时间紧急，他第二天就得发起进攻。进攻之前，他派大将李自良等人率领精锐骑兵守住双冈，以防敌军增援，并给他们下了死命令："如果田悦过了双冈前来支援杨朝光，我就将你们斩了。"

李自良等人的自然拼死苦战，果真将田悦派来的五千人打了回去。解决了后顾之后，马燧便心无旁骛地向杨朝光发起了攻击。鉴于杨朝光设置的栅栏很坚固，官军点燃了几辆车，士兵们推着这些车撞向栅栏，将栅栏烧毁。马燧随后发起攻势，最终大破魏博军，斩杀魏博军五千人，杨朝光阵亡。

五天后，马燧率部进军到临洺。田悦不得不放弃攻打临洺，转而列阵与官军交锋。他心知久战下去对自己不利，所以抢先对官军发起了进攻。马燧率领精锐部队还击，双方一连大战了一百多个回合，最终魏博军抵挡不住，田悦带人撤退。官军又展开追击，斩杀魏博军一万多人。

徐州大决战

临洺之战落败后，田悦手下人马损失惨重，只得向李惟岳、李正己两人求援。李正己的儿子李纳派了大将卫雄带领一万人前去增援，李惟岳也抽调了三千人。田悦又收集之前逃散的两万人马驻扎在漳水，卫雄则率领淄青军驻扎在田悦东面，成德军驻扎在田悦西面，三支人马首尾呼应。

很快，马燧率军进驻邺城，但他从正面很难攻破叛军阵势，于是请求天子下诏，让南面的李芃赶紧带着人马过来合围叛军。

且说马燧在临洺击破田悦时，官军在南线和北线也先后获得了大胜。

南线这边，一开始因为天气炎热，李希烈进军迟缓，反而被梁崇义抢占了先机，后者已经向江陵进发，打算搏个头彩。但梁崇义军的战斗力实在不怎么样，还没走到江陵，在四望山（今湖北省随县东）附近就被官军打得大败，不得不狼狈撤回，转而防守襄州（治所在今湖北省襄阳市）和邓州（治所在今河南省邓州市）。

李希烈见状，立即率军沿着汉水溯江而上，与剑南西川节度使张延赏、东川节度使王叔邕、山南东道节度使贾耽、荆南节度使李昌巙、淮南节度使陈少游等人会合，一起攻打梁崇义。

梁崇义见官军声势浩大，赶紧把派出去的军队全部调了回来，并派出部将翟晖、杜少诚两人守卫蛮水（今湖北省西北部蛮河），迎战官军。不过他们俩同样不禁打，很快就大败而逃。李希烈乘胜追击到疏口（疏水入汉水口，今湖北省宜城市西北），再次大破叛军。翟晖、杜少诚两人深感前路无望，便干脆投降了。

之后，李希烈率领各路大军一起包围了梁崇义所在的襄州。梁崇义本打算坚守城池，但他的手下人已经丧失了信心，自行打开城门投降了。梁崇义非常绝望，只好与妻子一起投井自杀了。

不过，南线并没有因为梁崇义的死而消停。平叛功臣李希烈转身又成了新的隐患，他想乘机占据襄州、邓州等地，好扩大自己的地盘。李适当然不允许这样的事情发生，于是任命河南尹李承担任山南东道节度使，以制衡李希烈。

李适之所以选择李承，是因为最初李希烈主动要求讨伐梁崇义的时候，李承就很明确地提醒过天子："这次讨伐梁崇义，李希烈肯定可以立功，只是据我对他的了解，他立功后必定会骄横、傲慢，到那时，只怕需要朝廷出兵。"如今李承的预言果然应验，李适便派他出马收拾残局。最终，在李承的坚守下，李希烈没能占据襄州，只大肆抢掠了一番。

相比之下，南线战场的胜利则更加让人惊喜。

朱滔率军赶到莫州后，与率领八千精兵守卫易州（治所在今河北省易县）的张孝忠对峙。朱滔知道李宝臣死前为了给李惟岳铺路，差点儿杀了张孝忠，这中间大有空子可钻，于是派判官蔡雄前去劝说张孝忠："李惟岳一个乳臭未干的小儿，竟然也敢带兵反抗朝廷，实在是自取灭亡。现在，昭义、河东的军队已经打败了田悦，淮宁节度使李希烈也攻下了襄州，斩杀了梁崇义。我仔细算了一下，朝廷在河南的各路大军用不了多久就会向北进发。到时，恒州、魏州的覆灭不过是顷刻间的事。假如你现在就带着易州归降朝廷，那么讨伐李惟岳的功劳就是从你开始的，这正是你转祸为福的良策！更何况此前李宝臣还想杀你，你何必再为他们父子卖命呢？"

张孝忠被说动了，派牙官向朱滔表达了自己打算投降的意愿，又派使者直接去长安向天子请降。随后，朱滔也上奏推荐了张孝忠。李适对此十分欣慰，便任命张孝忠担任成德节度使，又让李惟岳奉父丧前往长安。李惟岳自然不从，这就越发激起了张孝忠想要进攻李惟岳的决心。

此外，为了表达自己对朱滔的感激，张孝忠还特意让儿子张茂和娶了朱滔的女儿，从此河北两大藩镇连成了一线。当然这是后话了。

且说自田悦拉开与朝廷对战的序幕以后，四个藩镇里，属淄青的行动最为迟缓——李正己恰在这时死了。但他的儿子李纳秘不发丧，擅自接管了淄青军，然后派人北上增援田悦，随后才公布父亲死亡的消息，并上疏朝廷，表示希望能继承淄青节度使的职位。

李适接到奏疏后简直气笑了：天下间竟有这般厚颜无耻之人，一面反叛朝廷，一面又让朝廷给自己封官，还有比这更可笑的事情吗？他断然拒绝了这一请求。李纳恼羞成怒，立刻派遣大军向西攻打宋州。

徐州刺史李洧是李正己的堂兄，他没跟堂侄一起反叛，而是派部下崔程去了一趟长安，一是向天子表明自己愿意献上徐州归降朝廷，二是向宰相献上一条计策："眼下徐州归降了朝廷，李纳肯定会派人攻打。徐州没有多少兵马，光靠一州之力无法抵挡李纳，所以希望朝廷能任命我担任徐、海、沂三州观察使，集三州之力一起对抗李纳。我已经和另外两州的刺史王涉、马万通约定好了，只要朝廷下达诏命，他们肯定会归降。"反正海、沂两州都还在李纳手里，就算让李洧担任观察使，对朝廷也没有任何损失，还能让李洧替朝廷分担淄青的压力。这条计策对朝廷而言，可谓百利而无一害。

可惜，崔程不了解朝廷的政治生态，以为找哪位宰相都是一样的，就先将计策告诉了张镒，却不知如此一来就得罪了小心眼的卢杞。卢杞可不管他的计策是不是对朝廷有利，反正一概予以拒绝。

由于朝廷没有采纳李洧的计策，李洧只好待在徐州城里坚守不出。很快，李纳派大将王温与魏博将领信都崇庆一起进攻徐州，李洧抵挡不住，派部下王智兴前往长安求援。

王智兴是个飞毛腿，不到五天就从徐州跑到了长安，然后向天子报告了情况。李适得知徐州险况后，派唐朝臣率领五千朔方军，与刘洽、曲环、李澄等人一起救援徐州。

大军会合时，朔方军的物资、装备还没到位，士兵的服装又破又烂，被刘洽手下的宣武军肆意嘲笑了一番："你们这群叫花子，也能打败敌人吗？"唐朝臣闻言不但没有动怒，还将这句话转述给朔方众将士，并激励他们道："都统已经下令了：谁先攻破敌人的营垒，里面的物资就归谁。"朔方军闻言，顿时振奋。

官军到达时，王温、信都崇庆已经连续攻打徐州二十多天了，因久攻不下，士气也相当低落，显然无力对抗朝廷援军。他俩赶紧向李纳求援，后者调拨了由大将石隐金率领的一万人作为增援。王温得到援军以后，胆气一下子壮了许多，他将军队开到了七里沟（今江苏省徐州市西北）一带，与官军隔河对峙。

因天色渐晚，两军交战后没多久，刘洽等人见情况不利就先行后撤了，而朔方兵马使杨朝晟却在这时发现了战机，赶紧向唐朝臣建议道："现在我方先退，敌人肯定会追来，到时你率领步兵靠山列阵，我则率领骑兵暗中埋伏在山中隐蔽处。信都崇庆他们追来后，一看你兵少，定会拼命来攻打你，我就忽然杀出将他们截为两段，你再率军反击，我们肯定能击破他们。"

唐朝臣点头应允，让杨朝晟带着骑兵先去埋伏。之后发生的事情果然如杨朝晟计划的那般，叛军被截成两段后，连忙撤退，唐朝臣则马上率军发起反击。一番苦战过后，信都崇庆等人突破围困杀了出来，逃到一座桥边后，留下部分精兵在桥头抵挡官军追击，其余人则争相过桥。因为人多桥窄，不少人没法挤上桥，就干脆下河蹚过去。

杨朝晟看到这种情况，立刻指着河里的叛军对手下喊道："这些人都能从水里过河，我们为什么非要抢这座桥？"于是带着精锐骑兵绕开了桥头，也直接蹚过河去。淄青军一心逃命，见杨朝晟已经过了河，立马就崩溃了，连在桥头抵挡的人马也逃了。唐朝臣和赶上来的刘洽等人立刻过桥追击，一举大破信都崇庆、王温等人。

此战，叛军阵亡八千多人，其中许多人都是逃跑途中掉进河里淹死的，他们的辎重也全部被朔方军缴获。朔方军鸟枪换炮，各自穿戴上新衣和盔甲，然后跑到宣武军面前雄赳赳地回敬道："看看，叫花子立下的功劳与你们宣武军比起来，到底是谁多啊？"

随后，官军乘胜追击到徐州城下，魏博军、淄青军被迫连夜撤走。

洹水之战

徐州之战发生的同时，北线战局也发生了重大变化。随着李芃率领的河南兵团北上，田悦害怕遭到官军夹击，于是后撤到洹水（今河南省安阳河），仅留下一部分军队守卫漳水。很快，马燧等人也进军到漳水。

田悦为了抵挡官军，让部将王光进沿着河岸修筑月城以守卫长桥，不让官军通过。马燧很快想到应对之策。他将营中的数百辆车全部用铁链连起来，并在车上装满盛着土的布袋，然后将这些车辆一起推到上游水浅的地方拦截漳水，之后大部队就从下游顺利地渡了河。

官军深入河北作战，所带军粮不多，马燧命各路官军只备齐十天的口粮，绕过王光进，直接推进到了仓口（今河北省成安县西南）。然而田悦知道好歹，死活不肯应战。面对这种情况，唐将李抱真和李芃颇为心急，二人找到马燧一连发问："我们本来就缺少粮食，你却让我们只带十天的粮食赶到洹水，是想干什么？现在田悦不肯出战，我们该怎么办？"

马燧镇定地安抚他们道："现在魏博、淄青、成德三路人马连成一线，不肯出来交战，目的就是要挫伤我军的锐气。我们如果强行进攻，攻打敌人的两翼——成德、淄青，田悦必定会来救援；攻打中间的田悦，成德、淄青也会来救援。我军如何动作，都会腹背受敌。为今之计是攻敌所必救，把田悦先引出来，然后再一举打败他。"

马燧口中所说的，田悦必救的地方，正是田悦的老巢——魏州。为了麻痹田悦，马燧还在洹水上搭建了三座浮桥，让全军渡过洹水扎营，与田悦对峙。次日白天，马燧假意带人出营向田悦挑战，田悦自然不肯出战。当天夜里，马燧偷偷集合起士兵，让他们吃完饭后立刻越过浮桥直奔魏州而去。没隔多久，田悦发现马燧往自己老巢方向去了，吓得赶紧带着魏博、成德、淄青三镇步骑兵总共四万多人前去追赶。因为马燧的浮桥还在，叛军还是从浮桥借道渡过洹水向南而去的。

田悦等人气喘吁吁地追了一程，忽然发现官军在前方严阵以待，这才恍然惊觉自己上当了，对方不过是拿魏州当个幌子，好引自己主动出击。但此时也容不得田悦犹豫了，他只能硬着头皮率军与官军交战。

两军交战后，田悦等人凭借一腔锐气，竟然把官军打得不断后退，但他们毕竟经历了一番长途赶路，之后又马不停蹄地投入战斗，随着时间推移，其攻势渐渐变得迟缓。马燧等的就是这一刻，他立即组织起五千名精锐勇士突然从阵中杀出，最终大败田悦军。田悦连忙沿着来路往回逃，但他赶到浮桥边时，发现浮桥不见了——原来马燧早有安排，他在军营附近埋伏了几百个骑兵，只等田悦军一过河，就立即把浮桥烧毁了。

田悦军前无逃路，后有追兵，只好跳入河中试图游过洹水，结果淹死者不计其数。很快，马燧率领追兵赶至，斩杀两万多人，俘虏三千多人，叛军死伤枕藉，尸体绵延了三十多里。

洹水之战过后，田悦侥幸逃脱了出来，带着手里仅剩的一千多人连夜逃回魏州。留守魏州的大将李长春见此惨状，心中一动，声称天黑不敢开城门，不让田悦入内，实际上打算等待官军到来后就献城投降。

遗憾的是，因为马燧与李抱真不和，官军没能继续追击。天亮过后，李长春只好把田悦放入城内。而田悦入城后的第一件事就是杀死李长春，然后组织人马准备固守魏州。

因此前败得太惨，很多阵亡士兵的家属找上了门来，哭哭啼啼要田悦给个说法。田悦也算能屈能伸，他骑着马、拿着刀，把魏州城内的将士、百姓召集到府衙门口，然后对着众人放声大哭道："我本不是个有才能的人，全靠淄青节度使李正己、成德节度使李宝臣两位老前辈帮忙，才担任了节度使，守护伯父留下来的基业。现在两位老前辈都去世了，他们的后人却无法承袭基业，我承蒙他们的大恩，自然不敢忘记分毫，所以才不自量力想和朝廷对抗。眼下魏博败得这么惨，都是我的错啊！战败时我本该以死谢罪，只可恨我的老母还在，自杀实在是不孝，所以希望你们能用这把刀把我砍了，然后拿着我的头去向朝廷投降，以换取富贵，用不着陪我去死。我唯一的希望是，请你们放我母亲一条生路，我先在这里拜谢了。"语毕，他下马伏地而跪。

这一番声情并茂的演说感动了单纯的魏博将士们，他们扶起田悦，表示愿意跟随田悦，誓死抵抗官军。田悦心中大喜，立刻和众将割发结为兄弟，以示同生共死，接着又把府库中存放的物资和平时收敛的钱财共计一百多万钱全部拿出来犒赏士兵，这才安抚好了人心。随后，田悦又把老将邢曹俊请了回来，让他组织军队防守魏州。

李纳兵败的消息传来后，田悦赶紧派部将符璘带着三百骑兵前去救援。然而符璘出发前，其父符令奇拉住儿子语重心长地说："我活了这么多年，看过安禄山、史思明等人叛乱，他们现在都还存在吗？田氏反抗朝廷又怎么能长久？我已经老了，如果你能够投降朝廷，也算是替你父亲名扬后世了。"符璘答应了父亲，一出城就和副将李瑶带人向马燧投降了。田悦听说后非常气愤，立即杀死了符令奇泄愤。

不久之后，李瑶之父李再春献上了博州，田悦的堂兄田昂献上了洺州，就连之前被田悦留在长桥的王光进也向朝廷投降了。马燧等人趁势推进到魏州城下，不过由于之前逗留的时间过长，魏州城已经布置好了防守。官军围攻多日，始终没能攻下。

与此同时，李惟岳这边也不好过。他原本派兵与魏博将领孟祐一起驻防在束鹿（今河北省辛集市），但张孝忠忽然倒戈，与朱滔一起攻下了束鹿，并乘胜围住了深州（治所在今河北省安平县一带）。李惟岳没有经历过什么大事，接二连三的惨败很快让他乱了阵脚，完全不知该如何是好。

邵真敏锐地察觉到了他的心理变化，于是再次劝他派弟弟李惟简前往长安请降，然后杀掉手下不服从朝廷命令的将领，再亲自去长安请罪。至于成德的事务，可以先交给岳父冀州刺史郑诜来管理，后续的且听候朝廷安排。李惟岳别无他法，不情不愿地派了李惟简前往长安。

不过，李惟岳没有什么守密经验，消息很快被孟祐知道了，后者赶紧回报给田悦。田悦气坏了，派人去责骂李惟岳："我们起兵的目的是替你讨到节度使的位置，又不是为了我们自己。现在倒好，你居然听信邵真的话，要去向朝廷投降，把反叛的罪名推到我们头上。如此一来，你保全了自己，但你不觉得对不起我们吗？我们做了什么对不起你的事，你非要这么陷害我们？如果你现在杀死邵真，那魏博就继续和你交好，不然的话，我们就绝交吧！"

其亲信也乘机劝道："田悦是因为你才身陷重围，你要是弃他而去，这样也太不地道了。再说，我们虽然败了几场，但魏博和淄青兵强马壮，粮食充足，仍然可以与朝廷抗衡。眼下还没分出胜负，你怎么就三心二意了呢？"

李惟岳本来就没什么主见，被他们这么一通说道，于是再次改变主意，杀掉了邵真，然后派一万人与孟祐合力攻打束鹿，其结果也没什么意外，自然是再次被朱滔、张孝忠打败，只得狼狈撤走。

李惟岳败退后，张孝忠心中就有了成算。朱滔本打算乘胜进攻恒州，但张孝忠却反其道而行之，率军往西北方走去，最后驻扎在义丰（今河北省安国市）。张孝忠的手下不明所以：咱们开到西北不参战，是要干什么？张孝忠解释道："不能小看恒州的兵将，他们目前只是上下离心，导致发挥不出战斗力。如果我们追得紧了，反倒会逼得他们联合起来对抗我们，到那时反而难办了。但如果我们现在停下来，他们就会自相图谋。我现在就驻扎在义丰，坐看李惟岳灭亡。再说，朱滔这人喜欢说大话、目光短浅，可以和他共患难，但不能共富贵，不得不防着他。"

朱滔不知道张孝忠的打算，但他看对方去了义丰，大为惊慌。他还记得当年在瓦桥被李宝臣偷袭的事，于是也不敢再前进，停在了束鹿。

张孝忠还真是说对了，成德内部并不太平，李惟岳与成德大将王武俊互相猜忌。起初是李惟岳的亲信与王武俊不和，就在李惟岳面前频频给他上眼药。时间久了，李惟岳就对王武俊没了好感，但看在王武俊有能耐的分上才没有杀他。

王武俊也对此心知肚明。束鹿之战时，他作为成德军先锋，交战时却并不出力，因为他知道倘若打败了朱滔，李惟岳声势大涨，然后就会杀了自己。

所以他领着成德军敷衍地比划比划，然后就迅速败退了。

不久后，守卫赵州的康日知归降了朝廷。因为王武俊与是康日知是旧识，引得李惟岳越发怀疑起王武俊来，甚至打算杀了他。王武俊也有些发慌，他经过深思熟虑后，让人劝说李惟岳："你父亲将王武俊当成亲信，所以让他辅佐你。他勇冠三军，眼下成德正处于危难之中，如果杀了他，到时谁替你退敌？"李惟岳听了进去，暂时打消了杀王武俊的念头，并派王武俊和步兵使卫常宁一起率军收复赵州，又让妹夫王士真率军驻扎在城内保护自己。

王武俊接到命令后，一口气冲出了城，这才放松了紧绷的神经，然后对同行的卫常宁叹息道："我今天好不容易脱离虎口，再也不想回去了。我打算去北面投降张孝忠，你觉得怎么样？"

卫常宁比他更狠，说道："李惟岳向来软弱无能，只信任那几个亲信，如今害得成德上下离心，这样下去迟早会被朱滔吞并。朝廷下过诏书，谁能取下李惟岳的人头，就将李惟岳的官职给谁。您在成德深得人心，与其逃亡在外，不如乘机杀回城内抓住李惟岳，到时求取富贵还不容易吗？如果这个计划不成功，您再去投奔张孝忠也不迟。"

王武俊深以为然。正巧李惟岳派了使者谢遵到赵州城下，王武俊和卫常宁就把谢遵也拉入伙。谢遵回去后，又通知了王武俊的长子王士真。

王武俊和卫常宁在天亮前杀了回来。谢遵、王士真二人假借李惟岳的名义，打开城门放他们入城。天一亮，王武俊便带着几百人杀入李惟岳的家中，加上王士真里应外合，守卫府衙的成德军顿时大乱。王武俊乘机喊道："李惟岳背叛朝廷，现在我打算率军归降朝廷。谁敢违抗，满门抄斩！"李惟岳的部下都不敢反抗。王武俊很快就捉拿并杀掉了李惟岳及其几个亲信，最后归降于朝廷。

随着王武俊归降，河北乱局基本被平定，只有田悦还在硬撑，但其势头已日渐微薄；李纳也渐渐抵挡不住，他任命的定州刺史杨政义已经投降了。眼看李适第一次出兵讨伐藩镇就要大获全胜，意外却发生了。

烽烟再起：唐与四王二帝之战

烽烟再起

建中三年（782 年），李适接到捷报，认为田悦已是秋后的蚂蚱，灭亡是早晚的事情，便提前开始了论功行赏。他任命张孝忠为易、定、沧三州节度使，王武俊为恒、冀都团练观察使，康日知为深、赵都团练观察使。至于最早出兵的朱滔，则送给他德、棣两州，然后让他带兵返回幽州。

封赏完之后，李适以为事情就算圆满结束了，河北终于可以安定下来了，但没想到有人对封赏结果不满，闹了起来。

首先是朱滔，他自认为最先出兵，又策反了张孝忠，可谓劳苦功高。仅有两个州的奖赏，实在是太少了。他还想要深州，但李适不答应。再三请求无果后，朱滔索性直接占领了深州，赖着不走了。

其次是王武俊，他觉得自己杀死了李惟岳，便是立下了头功。但他所得的奖赏居然和康日知一样，仅被任命为观察使，反倒是他一贯瞧不上的张孝忠，如今摇身一变成了节度使，这让他心中非常不痛快。恰好这时李适又下了一道命令，让他分给朱滔三千石粮食，再给马燧五百匹战马。王武俊便以为朝廷并非真心接纳自己，而是打算先灭掉魏博再掉转矛头攻打自己，所以趁现在分化自己的实力，让他把粮食和战马分出去。于是，他没有接受朝廷的任命，而是占据恒州（今河北省正定县）、冀州观望起来。

朱滔、王武俊对朝廷不满，这对田悦来说就是好消息。后者意识到这是一个好机会，便赶紧派人去劝说朱滔："你奉命讨伐李惟岳，短短一个月就攻下了束鹿，这才给了王武俊杀死李惟岳的机会，所以首功应该是你的。陛下以前说过，谁打下的州县就归谁，现在却把深州给了康日知，这是背信弃义。再说朝廷本来就打算扫荡河朔藩镇，将节度使全部换掉。如果魏博完蛋了，接下来就会轮到幽州。你不如出兵与魏博一起对抗朝廷，也许可保万全。"

朱滔立即心动了，再加上田悦承诺让出贝州，便答应了与魏博联手。

同样的，王武俊也被田悦派来的说客说动，愉快地答应与幽州、魏博联合对抗朝廷，并与朱滔约定了出兵南下的时间。一时间河北暗流涌动，只有张孝忠率军在自己的地盘上观望局势。

此时，李适又犯了个错误。宣武军节度使刘洽率军攻打李纳的大本营濮州，很快攻占了濮州外城。李纳走投无路，就站在内城城头哭诉自己并没有谋反之心，希望朝廷给自己一个改过自新的机会。随后，他派判官房说带着弟弟李经和儿子李成务入朝请罪。如果李适接受了，淄青的叛乱也就终止了。偏偏太监宋奉朝指手画脚，说李纳已是强弩之末，迟早会被打败，朝廷不必接受对方投降。李适听信了他的话，拒绝接受李纳投降，还囚禁了房说等人。

李纳得到消息之后，愤怒地再次扯起反旗，与田悦等人一起对抗朝廷。这样一来，有些已经投降于朝廷的淄青将领的处境就不妙了。

李纳最初造反时，任命善于守城的李西华为德州刺史，但都虞候李士真污蔑李西华想要变节，李纳不辨真伪，立即把李西华召了回去，改让李士真接任。而李士真一成为德州刺史，迅速露出了狐狸尾巴，他以议事为由骗来棣州（治所在今山东省阳信县南）刺史李长卿，劫持他一起归降了朝廷。

李纳再次反叛时，原先各路官军早已撤走，只有李士真还留在德州。李士真知道李纳饶不了他，就赶紧向朱滔求援。哪知道朱滔也加入了反叛阵营，派大将李济时带着三千人夺取了德州。

李适此时还没意识到，河北的局势已发生了天翻地覆的变化。他见魏州久攻不下，就下令朱滔、王武俊、张孝忠等人出兵攻打魏州。然而王武俊一见到使者，二话不说就把人抓起来送到朱滔面前。他的意思也很明白：该行动了。

于是朱滔召集众将敞开道："我一直请求朝廷赏赐有功的将士，但朝廷都不同意。现在我打算跟你们一起前往魏州，联合田悦打败马燧，然后占据河北自守。你们觉得怎么样？"

幽州众将一听脸色都变了，赶紧劝道："以前跟随安禄山、史思明南下的幽州将士，没有一个能活着回来，他们亲人的悲痛至今还在幽州城内回荡，我们叛乱只怕也难有好下场。更何况你和哥哥都深受国家大恩，将士们也都得过朝廷的赏赐，现在这样大家也还算满意，不想再叛乱了！"

朱滔闻言气得不行，杀死了劝谏的大将，然后尽力安抚士兵，姑且把军心稳定下来。只不过闹了这样一出，他打算叛乱的消息就传到了康日知的耳朵里。康日知又将消息告诉了马燧，马燧不敢怠慢，立即上奏天子，希望能尽快采取措施。

李适也很头疼，毕竟魏州还没有攻下，王武俊又反了，朝廷哪还有足够的力量再去对付朱滔？于是他封朱滔为通义郡王，希望借此稳住他。但朱滔丝毫不买账，直接派兵前往赵州攻打给朝廷通风报信的康日知，王武俊也派儿子王士真带兵前去助阵。

朱滔想要南下，但张孝忠还拦住中间。张孝忠兵强马壮，他不敢直接攻打，于是派人去游说张孝忠，希望拉他入伙。但张孝忠戏谑地回复道："以前朱司徒劝我归降时，可是说过李惟岳是叛逆，而我归降朝廷就是忠臣这样的话？我这个人比较耿直，朱司徒的话一直都记在心里，现在既然做了朝廷的忠臣了，就不想再反叛。更何况我了解王武俊，他反复无常，不值得信任，还请朱司徒多留心他。"

来人把原话回报给朱滔，朱滔听后好生尴尬，也不好意思再劝张孝忠了。随后，他安排了涿州（治所在今河北省涿州市）刺史刘怦领兵严防张孝忠进攻。刘怦也是反对朱滔叛乱的将领之一，但他素来忠心，朱滔就没有惩处他，但也不愿意带他南下，就让他干点儿守城的活儿。

处理好这些事后，朱滔便携步骑兵两万五千人从深州出发往南，当天晚上驻扎在束鹿时，不料夜里军中发生了动乱。安史之乱时，幽州有很多人战死沙场，所以将士们普遍反感反叛行为，这些士兵们得知现在是要去救援田悦，立刻大声吵嚷起来："皇上下令让司徒率军回幽州，为什么现在要南下救援田悦？"

朱滔万万没想到，哪怕他杀掉了反对的将领，也还有士兵会如此抗拒他的决定。惊慌之下，他躲到驿站里不敢出来。

他手下的蔡雄和宗琐连忙稳住众人道："以前司徒接受诏命讨伐李惟岳时，皇上曾许诺成德的州县被谁攻下就归谁。我们幽州缺乏丝帛，于是司徒就带着你们浴血奋战攻下深州，期望得到那里的丝帛。但如今皇上竟然反悔，把深州给了康日知。另外，朝廷为了奖赏你们的功劳，曾赏赐给你们每人十匹绢，但运到魏州附近就被马燧带人抢了。对司徒而言，他只要待在范阳就可以富贵了，但你们不一样啊。司徒这次南下，只是想替你们索取财物。如果你们不想南下，那就返回幽州，何必无故喧哗呢？"

众人听了蔡雄这番话，一时也不知说什么好。蔡雄乘机把被马燧抢走赏赐的敕使推出来当靶子，众人便把怒火转投到敕使身上，杀了此人泄愤。

但士兵们并未就此罢休，他们冷静下来后依然说："尽管司徒这次率军南下是为了我们好，但我们不想帮助叛贼，还是想按皇上的旨意回幽州。"

蔡雄只好再次哄骗道："既然这样，司徒肯定听你们的。明天我们就回深州，休息几天就回幽州。"听他这样说，士兵们方才放下心来，各自散去。

第二天，朱滔果真带着军队返回了深州。但他并不是真心要撤退，而是暗中杀掉了之前带头闹事的两百多个士兵，然后再次率军南下。这一次，终于没人再敢阻止他了。朱滔顺利到达了宁晋（今河北省宁晋县），很快王武俊也带着步骑兵一万五千人赶来与他会合。

血战魏州城

田悦得到朱滔和王武俊南下救援的消息，非常振奋。他赶紧派大将康愔率领一万多人出击，想要趁士气旺盛的时候击败官军。但他显然乐观过头了，康愔在御河附近被马燧打得大败，只得再次溜回魏州。

官军虽然获胜，但各路人马心思各异，其中马燧和李抱真更是把不和摆在了明面上。说起来二人之间也没有什么深仇大恨，不过是因为怀州刺史杨钵以前得罪过李抱真，李抱真想杀杨钵，而马燧救了杨钵，两人便因此结下了梁子。这次讨伐田悦的行动中，马燧和李抱真不但不配合彼此，还经常争吵，互相推诿指责，以致矛盾越来越深。正因如此，洹水之战后官军进展迟缓，给田悦留下了喘息的时间。

王武俊攻打康日知时，李抱真抽调了两千人回去守卫邢州，惹得马燧当场大骂："现在敌人都还没有消灭，大家本应该齐心合力，李抱真居然只顾着派人回去守卫自己的地盘。这样子，干脆大家都回家好了。"骂完他还不解气，作势要率军撤回河阳。

李晟连忙拉住他："李尚书是因为邢州和康日知的赵州接壤，这才分兵回去防守，你这样大吵大嚷，又要领兵走人，像什么话？"

马燧冷静下来后，想明白李抱真的做法的确没有什么问题，是自己太小人之心了，于是这个风风火火的汉子又单骑前往李抱真营中向对方致歉。李抱真有些意外，但也非常感动。

适逢洺州刺史田昂请求入朝，马燧就上奏请求把洺州交给李抱真管辖，并让卢玄卿担任刺史兼魏博招讨副使。随后李抱真也投桃报李，请求让原先隶属于自己的李晟所部神策军也隶属于马燧，以示两人之间坦诚相待。

随着马燧和李抱真二人不计前嫌修好，官军的战斗力也上了一个新台阶。更为可喜的是，李适又加派了朔方节度使李怀光率领朔方军和神策军步骑兵一万五千人东进增援他们。

且说朱滔和王武俊在宁晋会师后，很快南下到达魏州，魏州军民欢声雷动，田悦开城备酒宴请朱滔等人。之后，朱滔在惬山（今河北省大名县北十五里）修筑营垒，准备驻扎下来。

说来也巧，同一天，李怀光也带着人马到了。马燧等人以盛大的军容迎接李怀光，其声势浩大，惊得朱滔以为官军是要来攻打他了，顾不得建完营垒，赶紧拉扯队伍出来列阵。

李怀光一向有勇无谋，见朱滔也是刚到，还在忙着修建营垒，就想乘机先把对方干掉。马燧连忙阻止他，说姑且让朱滔先休整，待观察出了他的破绽后再行出击。李怀光很不高兴，说道："如果等朱滔把营垒修筑好，将后患无穷，我们再想打他就不容易了。眼下正是大好机会，绝对不能错过。"说完也不顾马燧阻拦，执意从恓山西面向朱滔发起了进攻。

幽州军远道而来，又建了大半天的营地，此时已经没剩多少力气了，自然抵挡不住官军，很快丢下一千多具尸体四散而逃。李怀光喜形于色，立刻下令士兵杀入朱滔营中。朱滔留下了很多财宝，士兵发现后，也不再追击幽州败兵，转而争相抢夺财宝。

就在这时，王武俊率两千骑兵拍马赶到，他是得到消息后赶来救援朱滔的，见官军乱作一团，立刻命人拦腰冲击。官军很快就被截为两段，队伍混乱不堪。朱滔见状，乘机发起反击。官军大败，疯狂回逃，结果很多人被挤下永济渠淹死，或因自相践踏而死伤。李怀光、马燧连忙带着余部回营防守。

当天夜里，朱滔派人在永济渠上游筑起了堤坝，将水导入王莽故河，以此断绝官军的粮道和归路。马燧等人次日醒来后才发觉退路已被大水淹没，水深三尺多深，根本无法通行。

马燧急了，他带的粮食本就不多，照这样下去，全军迟早玩儿完。于是他派人去见朱滔，为自己此前的攻击道歉，并希望朱滔能够放自己返回节镇。他表示，只要能够回去，他就会请求天子将河北的事务全部委托给朱滔。

朱滔闻言大喜，立刻同意了。王武俊提醒他，这不过是马燧的权宜之计，千万不能相信。可朱滔听不进去，执意要放官军离开。马燧生怕朱滔反悔，连忙率军蹚水渡河向西而行，一直走到魏县才重新驻扎下来。至于接下来的安排，当然是该做啥还做啥，该对抗朱滔就继续对抗。

朱滔发觉上当后，很是生气。他回过神来，为自己之前不顾王武俊的劝阻一意孤行而向王武俊认了错。后者虽然嘴上没说什么，但心里到底扎下了一根刺。不久后，朱滔等人率军在魏县东南扎营，与马燧等人隔河对峙。

同一时间，南面的李纳被刘洽打得节节败退，只好向北面的同盟求援。

朱滔等人派出魏博兵马使信都承庆，将围攻濮州的宣武军击退。随后，李纳乘胜进攻宋州，但因刘洽等人的坚守，未能攻克，李纳便让兵马使李克信和李钦遥分别驻守濮阳和南华（今山东省东明县），与刘洽对峙。

随着战局相持下来，田悦又有了新的主张。他感激朱滔的救援之恩，就和王武俊商量要拥立朱滔为王，他们都做臣子。朱滔深知自己不足以服众，赶紧推辞道："恆山之战获胜，你们两位也是出了大力气的，我怎么好意思独自因为这个功劳而做王呢？"

于是幽州判官李子千、恒冀判官郑濡又提出了一个新的办法："既然拥立一人为王不妥，那就大家一起称王。连同淄青的李纳，建立四个国家，但是年号一致，这就跟春秋战国时，诸侯侍奉周朝一个道理。然后我们筑坛结盟，如果有不履行盟约的人，大家就一起讨伐他。我们若不这样做，那就永远都是叛臣，手下的将士们也都会无所适从。对朝廷开战既没有名义，将士们也得不到官职、爵位的赏赐，那他们还有什么指望呢？"

朱滔等人一听觉得在理，于是各自扯了大旗开始称王。朱滔自称冀王，田悦自称魏王，王武俊自称赵王，李纳自称齐王。随后，朱滔等人设坛盟誓，自封王位。朱滔为盟主，自称"孤"，王武俊、田悦、李纳自称"寡人"。至于官职、制度，则全部效仿朝廷，只是换了个名字，比如中央的中书省和门下省，他们称"东西两曹"。

李希烈反叛

一连串的挫败让李适有些手足无措。时局发展至此，也是他始料未及的。他只好再次请出淮宁节度使李希烈，任命他兼任平卢、淄青、兖郓、登莱、齐州节度使，率兵北上讨伐李纳等人。

然而李希烈并不是执行这个任务的合适人选，他不但没有遏制住叛乱，反而使局面变得更加复杂、恶劣了。因为李希烈平定梁崇义后，没有如愿得到襄州，同样对朝廷很不满，所以他率领三万军队北上到许州后就不走了，还派出使者前往淄青，与李纳等人勾结，密谋一起攻打汴州。在做这些事情的同时，他又借着朝廷的任命通知李勉，说自己要借道汴州，前往淄青上任。

李勉是个精明人，始终对李希烈存了三分警惕，不敢掉以轻心。所以他一面按照章程做好迎接李希烈的准备，一面暗地里加强防备以免遭到对方偷袭。李勉防得滴水不漏，李希烈无从下手，只好作罢。不久后，李希烈撕下朝廷命官的面具，明着加入了朱滔等人的阵营，自称天下都元帅、太尉、建兴王，正式起兵反叛。

李希烈起兵后，兵锋直指洛阳。挡在他面前的第一道门户，正是重镇汝州（治所在今河南省汝州市）。此时，镇守汝州的乃是别驾李元平。这个人爱卖弄才学，时常吹嘘自己擅长用兵，被宰相关播误认为是奇才，将他推荐到汝州担任别驾，以防备东面的叛军威胁洛阳。

李元平到任后，立刻招募工匠和工人修缮城防。李希烈便暗派手下的士兵前往应募，先后中选了几百人，李元平对此毫无所察。等李希烈派遣大将进攻时，城内的暗哨就里应外合，绑了李元平出城投降，汝州就此陷落。

李元平被带到李希烈面前时，竟被吓得屎尿齐流。李希烈轻蔑道："就你这样的人还打算阻挡我，关播怕是瞎了眼。"

攻占汝州之后，李希烈任命判官周晃担任汝州刺史，然后派董待名等将领四处侵扰，一举围住了郑州城。他派出的巡逻骑兵甚至一度游弋到了洛阳附近的彭婆镇，吓得洛阳百姓纷纷向西躲避。

叛军势力大盛，李适焦虑不已，他向宰相卢杞询问退敌之策，而卢杞的回答简直匪夷所思："李希烈年少骁勇，又自恃功高，左右之人都不敢规劝，现在只需要派一位儒雅重臣前往宣示陛下的恩泽，再向他陈说利害道理，他肯定会洗心革面，改过自新。"

卢杞口中的"儒雅重臣"，指的正是太子太师颜真卿。他与颜真卿不和，就乘机派颜真卿去送死。堂堂一国之相，在这么重要的当口却一心琢磨如何铲除异己。偏偏这么荒谬的建议，李适竟然同意了。如今国库吃紧，仅应付河北都很困难，哪还有多余的兵力对付李希烈，所以李适抱着姑且一试的心态，狠心派颜真卿前往。颜真卿深知此行九死一生，但君王有命，臣子不得不从。他不顾东都留守郑叔则的劝阻，毅然上路了。李勉也派人在路上拦截，但没赶上。

颜真卿到达后，李希烈要给他立个下马威，就让部将和养子一千多人围着他叫骂，还拔出刀剑群魔乱舞。颜真卿面不改色，镇定地宣读圣旨，最后李希烈都忍不住心生敬意了，打算放他回去。

但李元平不甘心——他投降李希烈后，被颜真卿指责过几句，他一方面自惭形秽，一方面又嫉恨贤德。他劝李希烈把颜真卿留下来，找机会劝他归降。就这样，颜真卿被留在了许州（治所在今河南省许昌市）。

没隔多久，朱滔、李纳、田悦、王武俊四人都派使者来劝李希烈称帝。李希烈就把颜真卿叫过来，指着使者们向他炫耀："你看，冀、魏、赵、齐四王都派使者来劝我称帝，太师你还觉得我仅因为被朝廷猜忌就无地自容吗？"

颜真卿冷笑道："这是什么四王，是四凶才对！你为朝廷立过大功，却不思进取，反而和这几个叛贼勾勾搭搭，是想跟他们一起灭亡吗？"李希烈语塞，只好派人把颜真卿请了出去。

一次宴会上，李希烈又让四镇的使者来劝颜真卿："我们早就听说太师德高望重，现在刚好李都统要称帝，太师就来了，这简直是上天要把宰相赐给都统啊。"颜真卿怒道："这是哪门子宰相？你们听说过痛骂安禄山而死的颜杲卿吗？那便是我的兄长。我现在已经八十岁了，只知道恪守臣节，怎么会受你们这帮人的劝诱？"

李希烈见劝说不动，就让人在庭院中挖了一个深坑，作势要把颜真卿活埋。但颜真卿神色坦然地揭穿他："你既然想要杀我，何必玩什么花样，直接一刀砍了就是。"李希烈面露尴尬，只好把颜真卿软禁起来。两年之后，颜真卿依然不屈，李希烈没了耐心，在蔡州把他勒死了。

颜真卿一去不复返，李适知道这条路行不通了，又赶紧任命左龙武大将军哥舒曜为汝州行营节度使，率领从凤翔、邠宁、泾原、奉天、好畤等地拼凑出来的一万人，开始东征李希烈。哥舒曜乃大唐名将哥舒翰的儿子，曾跟随李光弼一起平定安史之乱，立下过很多战功，这次他也不会让天子失望。

哥舒曜东进到郏城（今河南省中牟县东）后，遇上李希烈派出的大军阻拦。官军大将陈利贞率领五百人冒死突击，击退了叛军。随后，哥舒曜乘胜东进，夺回汝州并生擒周晃，遏制住了李希烈西进的势头。

江西节度使李皋也协同出击，在黄梅（今湖北省黄梅县）斩杀李希烈的部将韩霜露，随即兵锋直指黄州（治所在今湖北省黄冈市）。李希烈便在黄州附近的蔡山（今湖北省黄冈市西南）安排了重兵。

蔡山地势险要，易守难攻，李皋没有正面攻打，而是率领水军沿着长江溯洄西进，声称要去攻打蕲州。淮宁军赶紧离开蔡山，沿着长江畔去追击李皋。但走了三百多里后，李皋所部忽然停下，又驾船顺江疾速东下。淮宁军目瞪口呆，追又追不上，眼睁睁看着李皋攻下蔡山和黄州。此后不久，李皋又乘胜拿下了蕲州。

一连串的失利让淮宁军内部越发不稳。淮宁都虞候周曾、镇遏兵马使王玢，以及押牙姚憺、韦清等人开始私下里向李勉请降。不久后，李希烈派周曾和康秀琳进攻哥舒曜，周曾就计划让王玢、姚憺、韦清等人留下做内应，自己找机会袭击李希烈，然后拥立颜真卿担任节度使归降朝廷。

遗憾的是，李希烈提前得到了消息，立刻派大将李克诚率领三千骡军突袭周曾。骡军是淮宁军精锐，因为淮宁地区缺马，所以精锐骑兵全部骑骡作战，是以"骡军"。面对如此精锐，周曾反应不及，很快就被斩杀。李希烈随即杀死王玢、姚憺，只有韦清及时溜走，投奔了刘洽。

虽然这场动乱没造成多大影响，李希烈很快就平定了，但他还是把之前派去进攻郑州等地的部队全部召了回来，然后一起返回大本营蔡州，并假意上表朝廷请罪，试图拖延时间。

李适这一次倒是没有被李希烈的手段蒙骗，他随即任命李勉为淮西招讨使、哥舒曜为淮西招讨副使、荆南节度使张伯仪为淮西应援招讨使，又任命山南东道节度使贾耽、江西节度使李皋为淮西应援招讨副使，一起发兵攻打李希烈。

当时，哥舒曜正驻扎在襄城，他手下兵马不多，且大多数人是临时拼凑而来的，所以他认为，与其进攻淮西，不如先按兵不动，等淮宁军主动发起进攻后再予以反击，然后重创敌人。然而，李适被他前几次的胜利麻痹了，以为李希烈不过如此，加上国库已经没钱，禁不起持久战的消耗，便坚持要求哥舒曜马上出兵。

君命难违，哥舒曜只得勉强出征，但没想到连老天爷都要阻止他这次行动。他刚率军走到颍桥（今河南省襄城县北），就遇到了雷雨天气，七匹战马遭雷击而死。哥舒曜觉得这太不吉利，又赶紧率军回了襄城。

这一撤退，倒是无意中起到了引蛇出洞的效果，李希烈派出部将李光辉率领一万多人前来进攻，哥舒曜顺利击败了对方。

两个月后，李希烈卷土重来，他亲自率领三万精兵攻打襄城，并在城外修筑甬道，包围了襄城。

李适见襄城危险，连忙下令李勉和神策军将领刘德信率军救援。李勉接到命令后并未马上执行，而是向天子建议道："李希烈现在率领精兵围攻襄城，许州必定守备空虚，与其直接救援襄城，不如袭击许州。许州是淮宁的门户，一旦失陷，李希烈只有撤军一途，襄城之围自然可解。"

因为战事紧急，李勉也不待天子重新下令，就直接派大将唐汉臣率领一万人马，与刘德信的神策军三千人一起进攻许州。然而糊涂的李适见李勉擅自行动，很是不悦，派人前去责备刘德信、唐汉臣两人违抗圣旨出兵，两人只好返回。

一来二去，李希烈也得到了风声，他惊喜之余还不忘派大将李克诚在路上设下埋伏。刘德信、唐汉臣被天子责备后，心中惴惴不安，沿途也没心思多加留意，结果在沪涧遭到偷袭，全军伤亡大半，两人一个逃去了大梁（今河南省开封市西北），一个逃去了汝州，再也无力进攻。

就这样，淮宁军的前锋很快抵达洛阳附近的伊阙。李勉为了保卫洛阳，派部将李坚华率领四千人去洛阳协防。不久后，李希烈出兵阻断了汴州和洛阳之间的联系，把李坚华困了在洛阳。至此，李勉手上的兵马几乎全没了，连防守都很勉强，于是战局再次对李希烈有利起来。

李适见状，只好派援兵出关救援襄城，他这次调遣的是泾原各道的兵马。他恐怕不会想到，这一次调兵，将从此改变他的一生。

泾原兵变：唐与伪秦奉天保卫战

长安城陷落

建中四年（783 年），随着中原各路官军败退，李适不得不抽调泾原各道兵马南下救援襄城。同年十月，泾原节度使姚令言带着五千泾原兵冒雨南下，途经长安，暂且停驻下来。

当时天寒地冻，泾原兵们又冷又饿，他们还随军带着幼子幼弟，希望朝廷的赏赐能丰厚些，好安顿一下家中生计。按照以往的惯例，朝廷确实会在各镇兵马出征时给予赏赐。但今时不同往日，河北、河南连年征战，国库早就空了，朝廷连军费都凑不出来，哪还有多余的赏赐发放给泾原军。这样一来，士兵们埋怨渐生。

姚令言去宫中面圣，让泾原军先行出发至浐水。这时京兆尹王翃奉命带人前来劳军，士兵们还没来得及高兴，就发现对方提供的食物不过是一些粗米饭、菜饼和腐烂的肉，饭都发臭了。

士兵们不由得勃然大怒，他们一脚踢翻了桌子，站起来嚷道："我们马上就要上前线为国效力，却连一口饱饭都吃不上，凭什么去送死呢？听说皇帝的琼林、大盈两个内库里，金银多得都快堆不下了，现在却舍不得赏赐一丁点儿给我们，还不如靠我们自己去抢。"泾原兵积攒已久的怨气顷刻爆发。他们穿上盔甲、拿起武器，准备直接杀入长安城。

事发时姚令言正向宫中辞行，听说变故后大惊失色，赶紧出城返回军中，在长乐坂一带遇上了闹事的泾原兵。这些士兵已经气红了眼，已经不认这个长官了，拿起弓箭就射。姚令言只得一边伏在马鞍上，一边大喊："你们打错主意了，如果我们东征立功回来，还怕没有赏赐吗？何必干这种灭族的勾当？"但士兵们并不理会，反而押着姚令言一起杀回长安。

李适听说泾原兵作乱后，赶紧派人传令，要赐给每个士兵两匹绢帛。但使者过去后甚至来不及说话，就被乱刀砍死了。李适只好再次下令，要拿出二十车金银赏赐给乱兵，却为时已晚，混乱的局面早已失控。

乱兵们一边向宫城进发，一边对周围惊慌失措的百姓喊道："你们不必恐慌，我们既不会夺取你们的商货典当的利钱，也不会向你们征缴间架税和除陌钱。"——利钱、间架税、除陌钱，这些都是朝廷为了筹措军费开始新征的税种，百姓深受其害。听他们这么说，百姓便不再逃走，反而聚集起来围观乱兵列阵进攻丹凤门。

李适没办法，准备召集禁军前去抵御。但他等了大半天，一个兵都没见到——倒不是禁军不忠心，而是实在没有人。

鉴于唐代宗李豫统治时期由宦官掌握禁军带来的种种危害，李适即位后汲取教训，从宦官手中夺过兵权，然后任命心腹白志贞担任神策军使，吧禁军交给他控制。

偏偏白志贞可不是什么好人。神策军屡有阵亡将士，白志贞都选择隐瞒不报，然后把这些人的军饷全部归了自己；他在招募禁军时，收受了市井商贾等富人的贿赂，就将这些人补充为兵员——他们拥有军籍，享受军饷和各种赏赐，但本人却不必充军，还继续在市场上往来走动。

其实对于这种情况，担任司农卿的段秀实早有察觉，他认为禁军兵员严重不足，希望天子能够彻查白志贞。然而李适非常信任白志贞，把段秀实的话当成了耳旁风。但事到如今，再后悔也晚了。最后太监窦文场和霍仙鸣两人召集了一百多个太监，一起护送李适逃离了长安。因为手下没有士兵，还得靠皇家子弟亲自拿着武器护驾，普王李谊在前开路，太子李诵负责殿后。

一行人来到禁苑时，遇上了郭子仪的儿子郭曙，后者正带领几十名家兵在里面打猎，听到动静后赶紧前来护驾。右龙武军使令狐建正在军中教士兵射箭，得到消息后也赶紧带了四百多个士兵前来。有了这些人后，李适方才能够安全出走了。

他们走后，乱兵杀入宫中，争相进入府库抢夺财物。很多百姓也跟着趁火打劫，入宫盗窃。事情演变到后来，有些人没有及时抢到东西，就开始在大街上打劫，导致长安城一片混乱。

姚令言看不下去了，就跟乱兵们商议道："现在我们没有首领，是不可能长久的。朱太尉正在长安闲居，我们不如拥戴他为主。"

这个朱太尉指的是朱滔的哥哥朱泚。他原本是卢龙节度使朱希彩的部下，曾经跟随朱希彩一起杀死了李怀仙。后来朱希彩被乱兵杀死，朱泚便乘机做了卢龙节度使，但他入朝时被弟弟朱滔夺了权，不得不留在长安。朱泚曾经统率过泾原军，确实是乱军首领的不二之选。李适出逃时，翰林学士姜公辅就非常有预见性地指出，朱泚很可能会被乱兵拥为首领，他建议天子先派人杀了朱泚，但李适没有听从。而朱泚一直很有野心，见乱兵前来拥立自己，简直喜出望外，于是当天就住进了含元殿，对外称暂时统辖六军。

不久以后，出使回纥的源休回来了，他原本就对朝廷不满，所以对现状接受得挺快，甚至大胆建议朱泚称帝。还有一些过去不得志的人，例如从淮西逃回长安担任司空的李忠臣、太仆卿张光晟等人，自然毫不犹豫地投靠了朱泚。此外，凤翔、泾原的将领张廷芝、段诚谏二人本来受命出关救援襄城，如今也索性不干了，杀掉陇右兵马使戴兰然后回来投靠了朱泚。

由此乍一看，朱泚简直是众望所归，他的野心也随之膨胀起来。

段秀实之前没了兵权，一直被困在长安城内，朱泚以为他同样怨恨朝廷，就很信任他。事实上，段秀实暗地里联合了左骁卫将军刘海宾、泾原都虞候何明礼、孔目官岐灵岳等将领，谋划如何杀死朱泚，迎接李适回来。

且说李适一行出逃后，一开始不知道要到哪里去。后来李适想起术士桑道茂曾经对他说过，奉天是王者居住的地方，还曾请他大力修缮城防。于是最后，一行人往西去了奉天。

不久后，左金吾大将军浑瑊率军到达奉天。浑瑊在军中素有声望，他的到来让人心大为安定。随后，李适任命他为京畿、渭北节度使，又任命白志贞为都知兵马使、令狐建为中军鼓角使、神策都虞候侯仲庄为左卫将军兼奉天防城使，共同负责奉天的防御。随后，李适又召集各路援军前来会合。

朱泚被拥立的消息传来后，有人向天子建议："朱泚现在被乱兵拥立，肯定会来攻打奉天，应该提前做好防御工作。"但卢杞却说："朱泚非常忠诚，大臣里头就没有比得上他的，怎么能说他要造反呢？我愿意以全家性命担保，朱泚绝对不会反。"李适再一次相信了卢杞的话，加上后来又听说留在长安的群臣都劝朱泚迎接自己，他便全然放下心来，还让勤王的军队全部在奉天三十里外扎营。

而朱泚一听说奉天守备空虚，立刻派出泾原兵马使韩旻带着三千精兵前去偷袭，表面上则声称是去迎接天子。

段秀实等人急得不行，几人商议后，岐灵岳去盗取了姚令言的兵符，然后紧急召回了韩旻，从而中止了偷袭奉天的行动。后来岐灵岳一力承担了罪责，也因此丢了性命。

不久之后，朱泚又集合众人商量称帝之事。段秀实愤然而起，夺过旁人的象笏就去打朱泚。朱泚的党羽一拥而上，将段秀实杀死。随后，朱泚自称大秦皇帝，改元应天，然后亲率大军西征奉天，留下李忠臣守卫长安。

随着朱泚称帝，几路在外征战的官军的战局也发生了重大变化：哥舒曜在没有援兵的情况下被李希烈夺下了襄城；马燧、李怀光、李芃等人听闻奉天遭到攻打，赶紧回师救援，但远水救不了近火，要解救奉天，当前还指望不上他们。此时真正能够赶上的，恐怕只有距离奉天最近的凤翔驻军。偏偏凤翔节度使张镒是个文人，并不懂军事。他手下有一员猛将名叫李楚琳，以前是朱泚的手下。左右都劝张镒先杀了李楚琳以防生变，但张镒犹豫不定，最后只是派李楚琳去守卫陇州。而李楚琳当夜便伙同党羽袭杀了张镒，然后自称节度使，向朱泚投降了。

如此一来，李适西逃的道路被彻底阻断，如今只有死守奉天一途。

奉天保卫战

朱泚率军西进时，官军这边，邠宁留后韩游瑰、庆州刺史论惟明、监军翟文秀正率军驻扎在醴泉附近的便桥。

朱泚到达后，韩游瑰主张撤回奉天防守，翟文秀反对道："我们如果撤回奉天，敌人肯定也会随后追来，这是把敌人引给了陛下。我们不如留下来阻挡朱泚，他肯定不敢越过我们直接去攻打奉天，否则我们将会和奉天守军一起前后夹击他们。"

韩游瑰连忙向他解释道："现在敌强我弱，朱泚完全可以分出一部分人马来对付我们，然后自己率大军攻打奉天。奉天的兵力很少，怎么足以与我们两面夹击敌人？我们现在去奉天，才是保卫陛下。再说，我军现在饥寒交迫，敌人如果拿出财物来招诱士兵，我可阻止不了。"翟文秀这才无话可说。

随即，韩游瑰率军赶回奉天。在其后的守城战中，他将发挥重要的作用。

韩游瑰刚回，朱泚大军便接踵而至。官军出城迎战，很快大败而回，叛军乘机攻到了城门口。关键时刻，韩游瑰和浑瑊两人率领将士堵住城门，与叛军展开了血战。都虞候高固率领勇士手持长刀在城门口拼死砍杀。他们又将几辆草车拖过来点燃，各军乘火势出击，方才将叛军击退。

当天夜里，朱泚在奉天东面三里外扎营，然后命令西明寺的和尚法坚拆毁寺庙，用木材制作云梯冲车，以便第二天攻城时使用。

韩游瑰颇有应对之法。他知道西明寺的木材都非常干燥，叛军一攻城，他就放火引燃云梯冲车。叛军一连几天都没能破城，反而损失了攻城器械。

朱泚一路收降了许多人马，他仗着人多势众，干脆派人昼夜不停地攻打奉天东、西、南三面。浑瑊等人拼死抵挡，虽屡屡击退叛军，但官军的伤亡也十分惨重。左龙武大将军吕希倩第一个战死，不久后猛将高重捷也在和李日月厮杀的过程中被伏杀，幸好官军斩杀了李日月，才重挫了朱泚的气焰。

朱泚久攻不下，官军终于等来了第一批援军——灵武留后杜希全、盐州刺史戴休颜、夏州刺史时常春、渭北节度使李建徽四人共计率领一万人赶至。

杜希全等人快到奉天时，派人向天子询问他们应该从什么地方进军。李适不敢大意，立刻召集众将和宰相一起商议。浑瑊和关播都认为："距离最近的是漠谷（今陕西省乾县北三里）这条路，但那里道路狭窄险要，恐怕会遭遇敌军伏击，不如从乾陵北面经过，沿着柏城前进，然后到奉天东北的鸡子堆（今陕西省乾县东北）扎营。这样不但可以与城里的军队遥相呼应，还能牵制住一部分敌军攻城的人马。"

然而卢杞再次指手画脚道："乾陵是唐高宗的陵墓，大军从这里经过会惊扰陵寝！"

浑瑊苦口婆心地劝道："朱泚来攻打奉天后，一直在砍伐乾陵的松柏，要惊动也早就惊动了。现在城中形势越来越危急，杜希全等人率领的援军举足轻重。他们如果能占据鸡子堆扎营，想要击破朱泚就很容易了。"

卢杞仍然坚持己见："现在是陛下调动军队，怎么能和叛贼相提并论呢？如果让杜希全等人从乾陵经过，那就变成是我们惊扰陵寝了。"

最终李适还是听从了卢杞的主张，让杜希全等人从漠谷进军。结果不出浑瑊所料，叛军在漠谷设伏，将杜希全等人击溃，然后将夺得的装备、物资全部摆在奉天城下，城内的官员见状无不大惊失色。而朱泚更是嚣张，直接把大营搬到乾陵，方便查看城内的情况。

随着时间推移，奉天的局势越来越危急。城中的物资差不多用完了，就连供应给李适的粮食都是二斛粗米，更别提其他人的生活水平了。在这样艰难的情况下，城里不得不趁着夜间休战时用绳索将人放下城去采集芜菁根，好以此果腹。据说，李适曾打算派一个飞毛腿出城刺探敌情，此人见外面天寒地冻的，就请求天子赐给一件短袄和套裤，结果就连这点儿要求，他如今也没有办法满足了。

李适很难过，他将城里的官员、将士召集起来，对他们说道："因为我的无德，导致大家陷入了险境。你们都没有罪过，最好及时投降，以便救出落在叛军手里的家人。"这话一出，众人无不流泪，纷纷表示愿意竭尽所能拼死护驾。官军的作战锐气丝毫不减，竟让岌岌可危的奉天城一直未被叛军攻破。

与此同时，河北的各路官军也在拼命往回赶。最早出发的李怀光昼夜兼程，到达河中后再也无力赶路，便留下休息了三天。朔方军原本还想再多磨蹭一阵子，崔纵急中生智，抢先把物资和钱财运过了黄河，并告知众军过河后有赏赐可拿，这才激励了李怀光的五万军队继续西行，最后驻扎在了蒲城。

神策军使李晟此前因为生病留在了河北，如今奉天告急，他大病初愈就带着四千人昼夜兼程赶回关中，并于沿途收集各路败兵，等到达东渭桥时已经有了一万多人。

此外，镇国军副使骆元光也在潼关击败叛将何望之后赶来，驻扎在了昭应（今陕西省西安市临潼区）；马燧派遣儿子马汇和行军司马王权率军驻扎了中渭桥（今陕西省西安市西北）。

一时之间，各路官军重重围困住了长安，官军的游骑甚至都游弋到了长安城边上的望春楼下。李忠臣几次出击都被击败，只得龟缩在城内。

众人经过商议后，决定由兵力最强的李怀光率军西进救援奉天，其余各路人马继续在长安周围阻挡叛军西进。

朱泚也将长安的危局看在眼里。他一面下令加紧进攻奉天城，一面让法坚和尚制作出了长、宽各几丈的超级云梯，并在外面蒙上牛皮，下面安装上巨大的轮子，这样一来里面可以容纳五百人。奉天城里的人看到这个庞然大物，又惊恐又忧虑，仿佛末日来临。

李适赶紧召集众将询问对策。浑瑊和侯仲庄两人早有成算，他们说："云梯那么大，肯定非常沉重，容易陷入地下。我们只要在云梯行进的路上开凿地道，使它下陷，然后再用火烧就可以了。"

神武军使韩澄自荐道："云梯攻城这种小伎俩不用劳烦陛下操心，请陛下让我来对付云梯。"他不只是嘴上说，回去后还估摸着云梯的运动方向，将城东北角拓宽了三十步，然后在这里储备了大量的膏油、松脂等易燃物。

不久后，朱泚率全军大举出动，向奉天南城发起了进攻。韩游瑰查探一番后看出了门道，认为敌人只是在南面故布疑兵，想以此分散官军的兵马，其主攻方向仍然是东北面，于是率军在该处严防。

事实果然不出他所料，奉天城南面声势大却火力小，反而是东北面出现了叛军的云梯，并遭到了强攻。叛军也做了充分准备，其云梯上悬挂了水袋，并且用浸湿的毡子包裹，以防火烧。云梯两侧则以轒辒（fén wēn）车遮护，内里藏有士兵，这些士兵不断抱柴、背土，试图填平城外的壕沟。

偏偏当日北风极盛，叛军是顺风而行，官军则是逆风作战，城内投射出的乱箭、飞石、火炬受此影响，威力大减。双方战损悬殊，守城的官军死伤极重。很快，奉天城东北角就被叛军攻占。

眼看末日即将来临，李适只能与浑瑊相对哭泣，群臣也只能向上天祈祷求救。最后，李适把剩下的一千多份御史大夫、实封食邑五百户以下的空白委任状交给浑瑊，让他去招募敢死队，从而进行最后一搏，并表示可以根据士兵所立功劳大小填写官职。如果这些委任状不够，还可以直接将官职名称写在那人的身上，战后再补委任状。浑瑊挥泪拜别天子，而后立刻前往组织敢死队。

此时官军士兵们又冷又饿，很多人连护甲和头盔都没有，但就是在这样极限的困境中，他们爆发出了最后的力量，跟随浑瑊发起了死亡的冲锋。浑瑊一马当先冲在最前，就算身上中箭也不停止搏杀。在他的感染下，官军作战越发勇猛，竟然渐渐阻挡住了叛军的攻势。

但叛军的云梯还在隆隆向前，让人心生畏惧。生死存亡的关键时刻，忽见云梯的滚轮重重碾过浑城此前命人挖掘的地道，导致地道塌陷，云梯的一只轮子陷了下去，卡住了！地道里原本点燃了火，火苗竟被顺势引出来了！

更令人振奋的是，风向忽然发生了逆转，北风变成了南风——叛军落到了下风区！官军立即抓住机会，把城头囤储的易燃物尽数点燃抛下，终于点燃了云梯。大火熊熊燃起，不多时便将云梯连同上面的勇士全部烧成灰烬，叛军被迫撤退。

城内重拾希望，太子李诵亲自上城头督战，指挥官军从东、南、北三门杀出，击破败退中的叛军，斩杀数千人。

当天晚上，朱泚再次发动了进攻，其中一支箭甚至落到了距离李适仅有三步远的地方，但这已经是他最后的机会了。当时他还不知道，有一个人混进了攻城的队伍，成为安抚奉天军心的定心石。这个人就是朔方兵马使张韶。

李怀光从蒲城出发后，经泾阳（今陕西省泾阳县）沿着北山向西直奔奉天。为了通知奉天守军坚持住，他让张韶带着装有表章的蜡丸，化装成普通百姓抄小道前往奉天。张韶来到奉天时，叛军正在攻城。张韶便混进百姓当中，被叛军征去运土填埋壕沟。

张韶来到前线，找准机会越过壕沟，向城内的人大声喊道："我是朔方军使者，快让我进城！"城上士兵听见后大喜，立刻放下绳子拉他上去。

因两军正在交战，张韶登上城墙后还中了几十支箭，但他顾不得将箭取下，立即掏出蜡丸将表章呈给天子。李适得知援军抵达，欣喜若狂，连忙让人抬着张韶在城中到处宣告。守军得知朔方军马上就要到了，顿时欢声雷动，其守城意志也变得更加坚定。

此后，朱泚又发动了几次进攻，均无功而返。五天后，叛军在醴泉被李怀光击败。朱泚不敢与朔方军正面交锋，赶紧领兵逃回了长安。至此，奉天城转危为安。城中的官员、将士都后怕不已——如果李怀光再晚来三天，奉天城怕是已经失守了。

河朔的归来

奉天保卫战发生后不久，河北的局势再起变化。早在马燧等人撤军时，李抱真派了门客贾林前去游说王武俊。王武俊已对朱滔生了心结，于是转头又倒向了朝廷。

且说朱泚称帝后，曾封朱滔为皇太弟，并写信对朱滔说："三秦之地，我指日可以平定。河北就交给你了，我俩约好在洛阳会师。"朱滔见信后大为兴奋，还把信展示给王武俊、田悦等人炫耀。王武俊虽然面上不显，但心里自然是极不平衡的。

贾林乘机向王武俊陈说厉害，并一针见血地指出，朱滔的野心是要吞并河朔——这自然会触犯王武俊的利益。于是王武俊与李抱真、马燧等人结为兄弟，准备暗中对付朱滔。

后来奉天危急，李适为了集中力量对付朱泚，也派人去拉拢王武俊、李纳、田悦，答应赦免他们的罪行，并许诺以高官厚禄。

而朱滔还沉浸在"皇太弟"的美好愿景当中，丝毫没有发觉其他三个王已经与他渐行渐远。他打算率军入关支援朱泚，于是派人劝田悦共同出兵："以前你遇到危险时，是我和赵王救了你。现在，我三哥在关中称帝，我想和回纥人一起去增援他，希望你也能率军与我一起渡过黄河，攻取大梁。"

田悦有些为难，他当然不想去，但又找不到借口推辞，只好召集手下人商量办法。手下人都认为朱滔反复无常、野心勃勃又心狠手辣，跟着他一起出兵，还得当心被他吞并，最好只派部将前去。

这时王武俊也派了人过去劝他："我以前反叛，不过是因为宰相给的封赏太少，怕危害到自己。你以前也是因为遇到危险才出兵攻打朝廷军队的。既然现在圣上愿意赦免我们，我们为什么不重新归顺朝廷呢？难道放着历经九世的唐朝天子不去侍奉，反而去侍奉朱滔兄弟吗？再说，我们以前称王时说好了大家一般高，但是朱泚称帝后，朱滔就开始轻视我们了。要是他再攻下汴州和洛阳与朱泚会师，只怕我们都只能做他的俘虏了。你千万小心，不要跟随他南下，只需要坚守不出就行了。等我和昭义军灭了他，我们再重新给天子当节度使，逍遥又自在，不是很好吗？"田悦听了进去，并下定决心归顺朝廷，只是表面上答应朱滔要出兵。

不久后，朱滔率领幽州步骑兵五万人、私兵一万人、回纥兵三千人大举南下。而他再约田悦率军前来时，对方委婉地拒绝了他："我本是想跟你一起率军南下的，但是魏博的物资用光了，我手下的将士们都不愿意动身，所以现在我最多只能派孟祐带五千人跟你去一趟。"这种话当然一听就知道是托词，朱滔气得大骂田悦是叛贼，然后率军在魏博境内抢掠了一番，接着又北上去围攻贝州，不过最终没能攻下。

田悦宁愿与朱滔翻脸也不肯发兵南下，当然不是因为手下将士不配合，而是因为李适已经对田悦、王武俊、李纳、李希烈四人下了圣旨，赦免了他们的罪行，还封他们为节度使。

田悦、王武俊、李纳三人大喜过望，立刻去掉王号，归降了朝廷。唯有李希烈不肯接受，他在泾原兵变后的这段时间里不但攻下了襄城，还陆续拿下了汴州、宋州等地，自以为能成大事，于是也登基称帝，改国号为大楚，改元武成。

不过，李希烈的势头也差不多到顶了。在他称帝之后，所任命的淮南节度使杜少诚率领一万多人南下，在永安戍战败，全军阵亡上万，杜少诚只带了少数人马狼狈逃回汴州；随后他派骁将董侍率七千死士偷袭鄂州，依然落败，从此连南下江淮都不敢想了。

这还不算完。李希烈率领五万大军向东围攻宁陵，然而仅三千人驻守的宁陵在濮州刺史刘昌的坚守下，叛军打了整整四十五天也没能攻破。不久后宁陵城得到增援，数千强弩手在王栖曜的率领下连夜渡过汴水，第二天一大早在城头万箭齐发，杀伤力巨大，甚至还有箭支射进了李希烈的帐篷里，惊得他赶紧带人撤退了。由此，李希烈已被官军牢牢困住。他任命的滑州刺史李澄见势不妙，就暗地里向朝廷投降了。

至于朱泚，自奉天战败后，他就一直困守于长安，改国号为汉，年号为天皇，自称汉元皇帝，希望能图个吉利。

如今"二帝"已被各路官军四面围困，"四王"也只剩下一王尚在挣扎，一切都向着对朝廷有利的方向发展。李适也下了罪己诏，罢免了此前加收的苛捐杂税，以之安抚各地人心。李抱真入朝时都忍不住感叹："我在崤山以东宣读赦文时，士兵们全因感动而落泪。人心至此，天下的叛军不足为虑了。"

但事情真的会这么顺利吗？

烟消云散：唐平朱泚、李怀光之战

李怀光之乱

兴元元年（784 年）三月，刚改了年号试图赶走晦气的李适又听到了一则晴天霹雳般的消息：他派去反攻长安的主帅李怀光竟然也起兵造反了。长安周围的形势再次变得错综复杂起来。

李怀光打从年少时起就加入了朔方军，跟随郭子仪出生入死、屡立战功。就这么一个平叛功臣，竟一朝变为叛贼，归根结底，还是卢杞之祸。

李怀光从河北赶回救援时，对如今天下态势非常痛恨，他经常跟人说："天下之所以变成这个样子，都是卢杞、赵赞、白志贞这几人造成的。等我见了圣人，一定要请他诛杀这几人。"

这话很快传到了卢杞几人耳里，他们害怕李怀光面圣，就在奉天刚刚解围时向李适进言："现在敌军新败，已经被吓破了胆，如果派李怀光乘胜进攻长安，他一定能消灭敌人。要是让他前来朝见，肯定要大摆宴席。这样几天时间一耽搁，长安城的敌军就做好了防御准备，那时再想攻取就困难了。"

李适以为卢杞是为国着想，就立刻依他所言，让李怀光直接率军东进，与李建徽、李晟、杨惠元等人共同攻打长安。李怀光气坏了，自己千里驰援到了奉天，竟然连天子的面都见不到，最后只能带着一肚子怨气上路。没多久他又得知原来是卢杞等人从中作梗，越发忿忿不平，索性停在半路不肯走了，反复上奏揭发卢杞等人，要求天子惩处。其他大臣也纷纷上书附议。李适无奈，只好把卢杞等三人贬到外地担任司马。李怀光还不解气，又弹劾翟文秀，逼得李适把翟文秀杀了之后，他才心满意足地率军东进。

然而过了一把当骄臣的瘾，让天子一一满足了要求之后，气消了的李怀光又不安起来。他觉得自己胁迫天子驱逐大臣，这样的人迟早会被收拾掉，于是心思越发复杂起来。他选择驻扎在咸阳，打起了李晟的主意。

作为围困长安城的一路官军人马，李晟率所部驻扎在东渭桥。起初神策军将领刘德信也驻扎在这里，但因刘德信所部军纪败坏，沿途多有劫掠，李晟颇为厌恶，便趁着刘德信来营中议事的机会斩杀了对方，然后兼并了其部下，此后军力大增，不想却因此引起了李怀光的忌惮。

李怀光怕李晟将来与他争功，于是上奏请求天子让他与李晟合并一处，随后两军在陈涛斜会师。

说来也巧，朱泚的军队刚好赶在这时杀了过来。李晟兴奋地提议道："如果敌军在城内坚守，我们想要攻打肯定难以取胜。现在他们居然出城挑战，简直是老天爷也帮我们。我们应该立刻出击，不要放走他们！"

然而李怀光的心思已经没放在正事上了，他赶紧找了个借口道："我刚刚才赶来，手下士兵还没有吃饭，怎么可以作战？"李晟无奈，只能眼睁睁看着叛军游荡一圈后离开。

此后，李适屡次派人催促李怀光出兵，李怀光都推说士兵疲惫不堪、需要休整，要等敌人露出破绽后再开始进军。周围其余各部唐将也纷纷劝李怀光尽快攻打长安，但他一律置之不理，反而暗中派人进城去与朱泚勾结。

李晟渐渐有所察觉，开始不安起来。他预感李怀光另有动作，于是多次请求天子让他移军回到东渭桥。但李适担心这会再次刺激李怀光，所以没有同意。

然而李适的退让并没有让李怀光感恩，反而让他越发骄纵。他又提出："我们各军的粮食供应很少，只有神策军的供给丰厚，这让我们怎么打仗？"这话细一琢磨，还有点儿挑起其他各军怨愤的意思在。

当时朝廷财政吃紧，自然不可能按照神策军的标准对待各军。但李怀光提出来了，李适不能置之不理，只好派陆贽出马，让他去与李怀光、李晟等人商量解决办法。

李怀光绕着圈子想让李晟主动削减供给，好引发神策军对朝廷的不满。但李晟揣着明白装糊涂："你是全军主帅，增加或减少哪个军的开支，你说了算，不用问我。"李怀光到底不愿意得罪神策军，只好让这事不了了之。

没隔多久，吐蕃尚结赞想出兵帮助唐朝平叛，但被李怀光拒绝，这使得陆贽也发觉了李怀光的异常。陆贽立刻向天子建议把李晟、李建徽、杨惠元三人所部全部与李怀光分开，以防不测。但李适瞻前顾后，只同意让李晟移军回到东渭桥。

事实上，李适以为这次又是有人从中挑拨离间，让陆贽判断失误。移走李晟之后，为了安抚李怀光，他还派神策右兵马使李卞前去封李怀光为太尉，并赐给他免死铁券。李怀光不明所以，心虚地把铁券摔在地上道："皇上这是在怀疑我吗？只有那种想造反的臣子，才会赐给铁券。现在我没有造反，他也赐给铁券，这是在逼我造反吧？"

朔方左兵马使张名振看不下去了，站在军营门前高声道："太尉不肯对敌人出击，对天子使者又多有不敬，这不就是想造反吗？"

李怀光不理睬他，率军返回咸阳，下令修缮城墙准备长期驻守。这一下张名振更是忍不住了："你以前说不会造反，那你现在将大军驻扎在咸阳干什么？你为什么不攻下长安，杀死朱泚，然后回邠州呢？"李怀光自然无可辩驳，他对外宣称张名振疯了，然后杀了此人。

随后，李怀光连夜偷袭杨惠元、李建徽两部，正式起兵造反，并声称："我现在与朱泚联合了，皇帝你就有多远就滚多远吧。"

然而李怀光算错了一件事，那就是他自己的朔方军并不支持他的造反举动。这支强力的部队曾在安史之乱中立下赫赫战功，它跟随郭子仪、李光弼等名将屡次与叛军作战，堪称功勋部队，军中也多是忠义之士，跟河北各藩镇的情况可不一样。

李怀光刚造反，他的养子石演芬就偷偷派门客去奉天报告给天子，只可惜门客走漏了消息。李怀光大吃一惊，抓住石演芬骂道："我待你如同儿子一样，你为什么要背叛我？"石演芬反驳道："陛下待你如同股肱之臣，你都要背叛他，我怎么能不背叛你？我一个胡人都知道忠义，不侍奉二主，你连这都不知道吗？"李怀光气得立刻杀了石演芬。

李怀光知道朔方将领韩游瑰正在奉天守城，就写信约韩游瑰一起造反，而韩游瑰非但没有接受，还马上将此事报告给了天子。

李怀光打算让部将赵升鸾潜入奉天偷袭李适，哪知赵升鸾也不愿听命，进城后就报告给了浑城。浑城得知朔方军要来，赶紧护送李适前往梁州（治所在今陕西省汉中市），只留戴休颜率军守城。

李怀光派孟保、惠静寿、孙福达三人率领精锐骑兵进攻奉天，而这三人也并未遵命行事，半路就伙同诸军粮料使张增把军队带去了其他地方，让李适得以顺利撤离奉天。

李怀光气得免了孟保三人的职，但他终究镇不住朔方军对于反叛的抵制情绪。他一连三次下令前往东渭桥偷袭李晟，竟无人听从。将士们私下议论说："如果他让我们去打朱泚，我们肯定有多大力气使多大力气。但他如今是要造反，我们宁死也不听从命令。"

李怀光傻眼了，事到如今该怎么办？他向宾客和将佐们征求意见，节度巡官李景略便向他建议道："如果你现在攻取长安、杀死朱泚，然后解散军队向陛下请罪，就可以解决问题了。"

李怀光原本勉强答应了，但都虞候阎晏劝他不如先前往河中观望形势，又让他的心思活络起来。李怀光哄骗手下将士道："我们现在先去泾阳，然后再把大家的妻儿从邠州接来，随后去河中。东面的各县非常富庶，到那里后任由你们抢掠。"众人这才答应。

李景略失望地离开了军营，他不后悔自己被免职，只是见朔方忠义之师陷入不义的境地，内心十分悲凉。

李怀光为了安抚军队，让邠州留守张昕带着留守的一万士兵和众将士的家属前往泾阳。此时韩游瑰已经返回邠州，他听说后赶紧带人去劝张昕："李太尉（即李怀光）虽然功高，但如今行差踏错想要造反，这正是中丞大人您立功的好机会，请允许我率领部下跟随您一起击贼。"

张昕却叹息道："我出身寒微，是靠李太尉提拔才能坐到今天这个位置，实在不忍心背叛他。"

韩游瑰见劝不动他，只好另想办法，并暗中与忠于朝廷的高固、杨怀宾等人商量对策。当时崔汉衡从吐蕃借调来的军队就驻扎在邠州南面，且一直对邠州有所企图。高固索性伪造了一封浑瑊的信，让吐蕃军向邠州靠近。吐蕃人一动作，立即引起了邠州的警觉，邠州将领们自然不敢此时离开了。

但张昕等人不愿久留，又开始策划先诛杀城内不肯听命的将领，然后再想办法离开。韩游瑰得知后，赶紧联合高固等人杀了张昕。随后，崔汉衡矫诏让韩游瑰主持邠州，终于把邠州的骚乱平息了下来。

自此以后，李怀光就越来越失势了。起初长安附近只有李晟一支孤军与他抗衡，后来戴休颜、骆元光、尚可孤、韩游瑰等部人马陆续都来了，且全部听从李晟调遣，李晟一跃成为李怀光在关中的一大劲敌。

更让李怀光尴尬的是，朱泚对他的态度也越发轻慢起来。起初两人通信商量一起造反时，因朔方军兵力强盛，朱泚在信中都称他为大哥，并约定以后一起称帝，瓜分关中。然而李怀光开始造反以后，其手下将领纷纷离开他归降朝廷，使得朔方军越来越虚弱。这时朱泚再联系李怀光，用的都是下诏书的方式，这完全是对待臣子的态度，他甚至还打算征调朔方军为自己打仗。

李怀光羞愤交加，如今他既要担心部下作乱，又要防备李晟进攻，只好把泾阳附近的十二个县抢了个干净，然后率军向东面河中（今山西省永济市蒲州镇）逃窜。就在他东进的路上，部下们又离开了一大拨，大将孟涉、段威勇、赵贵先、符峤等人先后选择了归降朝廷。

击破朱滔

李怀光还没来得及与朝廷产生多大冲突就匆匆逃往河中了，所以当下朝廷对付的重心，依然还是朱泚兄弟。

且说朱滔攻打贝州时，李抱真、王武俊收到田悦的求援，两人急忙率军赶去。然而这时田悦跟手下起了内讧，田承嗣的儿子田绪就杀了他，然后自立为魏博节度使。这就使得正赶去贝州的李抱真、王武俊两军十分尴尬，他们前进也不是，后退也不是。

朱滔倒是非常高兴，逢人便说："田悦忘恩负义，辜负了我，老天爷让他遭报应了。"随即派执宪大夫郑景济和大将马寔率领一万两千人南下，驻扎在王莽河，威逼魏州，然后又放任骑兵和回纥人四处抢掠。

与此同时，朱滔还派人去劝降新上位的田绪，表示愿意封他为节度使。田绪此时地位不稳，急于摆脱困境，于是立刻答应了。朱滔大喜过望，打算与他约定双方结盟时间。

就在这时，李抱真、王武俊也派人联系了田绪，表示愿意跟他履行以前与田悦的约定，相互救援。

田绪犹豫了，他不知道应该靠向哪边，便与部下商量。部下们劝道："如今朱滔抢掠魏州百姓，归降他容易失去人心，而且他是个叛贼。不如归降朝廷，天子只要知道了魏博的忠心，肯定会派人过来封赏。"田绪细想之后，也觉得有理，于是派人向李适报告情况，之后果然被封为魏博节度使。此后他就坚守在魏州，专心抵挡马寔的进攻。

时间飞逝，一百多天过去了，朱滔还在攻打贝州，马寔也攻打魏州超过了四十天。李抱真觉得该出手了，便派人联系王武俊："朱滔现在想吞并贝州和魏州。田悦被杀不久，魏州还不稳定，如果十天之内再不去救援，魏州就守不住了。到时候张孝忠一看形势不对，只能向朱滔投降。这样一来，朱滔就可以集合幽州、易定、魏博三镇的兵马，再加上回纥兵一起南下常山——那常山郡就保不住了，昭义军也得西撤。剩下你一个人，能抵挡得住朱滔吗？不如趁眼下魏州和贝州还没有失陷，你与我们南下救援，顺势击败朱滔。如果获胜，你就是平叛的功臣了。"

王武俊觉得很有道理，便率昭义军南下，与李抱真在南宫县东南会合。此时两军之间还互有猜忌，连营帐都隔了十里远。李抱真想起当年他与马燧攻打魏州时，正是因为两军不合而错失了战机，后来马燧独自来道歉，两人交了心，两军才合为一股劲。于是他决定效法当年的马燧，只带了几个随从就去拜访王武俊。

王武俊听说李抱真要来，十分谨慎，命令手下人严密防备。当见到李抱真只带了几个随从来时，他感到既意外又尴尬。（其实李抱真出行前，昭义军将士也忧虑得不行，但没人能拦得住他。）李抱真并不计较，向王武俊陈述了当今国家的祸乱以及天子在外流亡的屈辱，说到动情处还潸然泪下。王武俊等人受其感染，也纷纷流下热泪。最后，两人结为兄弟，李抱真还放心地在王武俊的营中住了下来。

王武俊其实挺感动的，他这个人向来敏感多虑，有事闷在心里，所以别人对他也不怎么坦诚。他还从未遇到过李抱真这样对自己推心置腹之人，一时颇有感触，心中甚至还有些愿为知己者死的热切。此后，王武俊和李抱真两军合兵一处，一起向朱滔逼近，在距离贝州三十里的地方驻扎下来。

朱滔不敢大意，立刻让马寔前来与自己会合。有人向朱滔建议："王武俊非常擅长野战，我军不应该和他正面交锋，不如移动营垒向他逼近，然后再让回纥兵侵扰他的粮道，我军则坐守营中，有机会时就进攻，没机会时就全力防守，等王武俊的军队没了吃的，我们自然可以击败他们。"朱滔虽然觉得这个主意不错，但一时还有些犹豫。

这时马寔率军到达，朱滔一下子信心大增，也不再考虑什么侵扰粮道的间接策略了，直接让马寔出兵迎战。但马寔提出，他们远道而来，现在非常疲惫，希望休整几天再出战。朱泚同意了。

然而就在这时，常侍杨布和大将蔡雄带着回纥将领达干前来拜见。达干吹牛道："我们回纥人以前与别国作战时，往往五百人就能击败敌人几千人，如同狂风扫落叶一般轻松。我们现在接受了大王那么多的钱财，也想为您立一点儿功劳。请大王明天骑马在附近的高坡上观看我们回纥人是怎么打败王武俊的骑兵的，只怕他到时连一匹马都逃不回去。"

杨布和蔡雄也附和道："大王您有雄才大略，现在带着大军南下是要扫荡河南、肃清关中的，怎么能遇到这么一小撮人就迟疑不前，这不免让想来投奔的人大失所望，那还怎么完成霸业？不如让达干出战，一举破敌。"

朱滔大喜，感觉胜利就在眼前，也不顾自己刚刚答应了马寔的请求，下令全军第二天就出战。

次日一早，王武俊让兵马使赵琳率领五百精锐骑兵埋伏在附近的桑林里，又让李抱真率领昭义军列成方阵在后方接应，自己则率领骑兵在最前方迎战。

朱滔出战后，首先让达干率领回纥骑兵发起冲锋，试图一举击垮官军的骑兵。然而达干冲近之后，王武俊忽然下令骑兵向两侧散开，放任刹不住马的回纥人冲到阵后。达干正准备带人掉转马头，王武俊的人已经从后方袭至，赵琳也乘机冲出来将其截为两段。

达干傻眼了：王武俊这奇特的战术是怎么回事？他还没想个明白就已经迅速落败，连忙带着残部狂奔回朱滔军阵。但这样一来，幽州军的阵形就被回纥人冲乱了，他们只好跟着一起跑。朱滔见阻止不住，也只能撤退。慌乱中，幽州军将士们互相践踏，死伤无数。

李抱真和王武俊乘机发起追击，重创敌军。朱滔出战时有三万人，最后死了一万多人、逃了一万多人，回到营地时只剩几千人。仅靠这点儿人马，连营地都没法守。朱滔欲哭无泪，杀了杨布和蔡雄泄愤。幸亏这时起了大雾，李抱真和王武俊一时不敢进逼，朱滔得以逃回幽州，捡回了一条命。不过经此一战，幽州军元气大伤，连自保都不易，更别说实现洛阳会师了。

朱泚的末日

朱滔败退后不久，李晟就召集众将宣布收复长安。他对此前抓住的叛军探子们放狠话道："你们回去告诉城内的叛军，我们马上就要攻城了，让他们死命防守吧，千万不要不忠于朱泚老贼！"说完后就打发他们离开了。

李晟把话说得笃定、自信，展现出了强大的威势，这些俘虏闻之胆战心惊，回去后又大肆宣传，使得被久困在城内的叛军越发胆寒。此后，李晟带着军队到通化门前炫耀武力，叛军完全不敢迎战。

李晟信心十足，他召集众将商讨进攻长安的路线。众将的主张还是比较遵循传统，即先攻下外城，然后再攻占城内的市坊，最后攻打叛军防守最严密的宫城。李晟摇头道："长安城里的市坊狭窄，如果叛军在城里布下兵马与我军巷战，那么城内的居民必然惊慌乱窜，会使我们攻城的难度增加。现在叛军的兵力集中在宫城，我们不如直接从北面攻打宫城。只要击溃对方主力，叛军就会四散逃亡。这样一来，宫城可能遭受的损失会大大减少，城内的百姓也不会受到骚扰。"

随即，李晟与浑瑊、骆元光、尚可孤等人传递消息，约定好一起在长安城北集合然后攻城的时间。很快，官军反攻长安的战斗打响了。

交战开始后，驻扎在蓝田附近的商州节度使尚可孤立下了首功：他率军西进，很快斩杀了朱泚的手下大将仇敬忠，为官军赢得了开门红。

随后，李晟将军队移动到光泰门外的米仓村，为攻城做最后的准备工作。朱泚当然不会坐以待毙，他见李晟移军，便趁着官军还没来得及修筑营垒，火速派出大将张庭芝、李希倩，想打官军一个措手不及。

判军大举来犯，官军众将一时有些慌张。李晟镇定地安抚道："一直以来，我最担心的就是叛军龟缩在城里不肯出来。现在他们出来送死，简直是天助我也，我们一定不能错过机会。"见主帅胸有成竹，众将也随之沉下气来。

随后，李晟让副元帅兵马使吴诜率领全军出战，一举大败叛军。张庭芝、李希倩见李晟不好对付，转而瞄上了驻扎在李晟北面的骆元光。然而骆元光虽然人马不多，但防守坚固，叛军久战不下，场面一时僵持。李晟乘机派部将李演率精兵突袭叛军后方，再次将叛军击败。张庭芝等人不得不下令撤军，李演便乘机跟进，率军尾随败兵杀进了光泰门，直到天黑了才退出城，叛军残部则退入白华门。

一天下来，叛军伤亡惨重，夜里长安城内哭声不断，叛军无不心有戚戚。

第二天，李晟再次下令攻城。众将认为前一天刚经历苦战，士兵们尚且疲惫，建议先休整几日，等西面的浑瑊、戴休颜、韩游瑰等人率军前来会合后再一起攻城。李晟摇头，不允许他们放松："现在叛军屡战屡败，城里的人早已被吓破了胆，正是我们乘胜追击的好时机。如果我们休整几天，叛军也会有充分的时间做准备，那时再想攻下长安城就难了。"于是立刻派人出击。

朱泚不甘示弱，也派军队出城迎战，不过很快迎来大败。

与此同时，骆元光在浐水西面大破叛军，官军乘胜推进到光泰门外。李晟迅速意识到，现在是时候发起总攻了！

为了减少攻城的困难，李晟连夜派人偷偷在宫城北面城墙的隐蔽处挖了一个两百步宽的缺口，准备天刚亮时让部将李演和王佖率领骑兵、史万顷率领步兵隐匿于这处缺口，然后从那里攻城。

不想叛军竟然发现了这处缺口，并立即占领了它，还抢在李演等人到达前在缺口外立起了栅栏。官军进攻时，叛军就躲在缺口里面刺杀、射伤对方。官军受此阻滞，一时竟无法前进一步。李晟盛怒，把几个将领召集起来痛斥道："你们要是连眼前这点儿敌人都打不过，我就斩了你们！"

众将不敢轻慢，回去后史万顷立刻率领步兵向前进攻，突破了栅栏防线，李演等人则连忙率领骑兵跟上，终于破除了这股阻力，杀入了宫城。

此时，以姚令言为首的叛军还在拼死挣扎，官军推进得非常缓慢。李晟当机立断，派出了预备的生力军——决胜军使唐良臣所部。叛军久战疲惫，根本抵挡不住这支生力军，很快就支撑不住了。

就在这时，意外陡生：一支多达数千人的叛军骑兵队伍忽然绕到官军后方，杀向仅带了一百多个骑兵的李晟。李晟毫无畏惧，果断率左右迎了上去。这一百多个骑兵一边驭马奔驰，一边大声呼喊道："李相公（即李晟）来了！"叛军听见后，竟然不敢抵挡，掉头四散而逃。

面对官军大举逼近，朱泚如坐针毡，他将驻扎在九曲（今陕西省西安市东北）的张光晟所部五千人叫回城内一起防守。然而张光晟进城后却劝他道："眼下我们城里的士卒很疲惫，根本不可能抵挡住李晟的大军，更何况浑瑊等人也在前来的路上，很快就会到达，到那时只怕更难抵挡。依我之见，您与其坐困长安，不如先撤回泾州集合兵马，然后再来为长安解围。在此之前，我愿意死守长安，等待援军。"

朱泚别无他法，只好同意了张光晟的建议，然后率领几千残部向西逃走。其实，张光晟早已暗中投降于李晟，只等朱泚一出城，他就打开了城门迎接李晟入城。

李晟入城之后，把大军驻扎在含元殿，先派人搜捕不法分子，安抚城中百姓，然后才派部将田子奇向西追击朱泚。与此同时，浑瑊、戴休颜、韩游瑰等人已经攻下了咸阳城，他们听说朱泚已经西逃，便立刻派人向西追杀。

朱泚逃出长安以后，很快就收到了张光晟投降的消息，他一边痛骂着张光晟，一边拼命向西逃窜，打算去吐蕃避难。他手下的将士见他如此狼狈，也知道大势已去，纷纷脱离队伍。等朱泚到达泾州城下时，他只剩下一百多个骑兵了。不过他还有条后路，那就是去泾州找他任命的泾原节度使田希鉴，从后者那儿得到人员和物资的补充。

然而万万想不到的是，朱泚到了泾州，田希鉴竟然关闭城门不让他进去。朱泚痛斥道："你这个节度使是我任命的，你却忘恩负义不让我进城，你还算是人吗？"田希鉴也不与他多费唇舌，抬手就把他之前赐的旌节扔出了城："旌节还给你。"朱泚气得说不出话，他手下的人见状更是心中悲凉，忍不住大哭起来。一些士兵乘机砍了姚令言，然后向田希鉴投降。

朱泚见势不妙，赶紧带着亲兵和族人向北逃窜。到了驿马关后，宁州刺史夏侯英拦住了他，拒绝放他入关。朱泚无路可逃，最后被部下梁庭芬、韩旻斩杀。不久后，李忠臣、源休等人也被杀，历时大半年的泾原兵变就此平定。

李怀光的末路

朱泚一死，如今在北面叛乱的就只剩下李怀光了。李适念及李怀光昔日功劳，并不想为难他。此时李怀光在河中也日益窘迫，他手下人就乘机劝他归降朝廷。李怀光也没有其他办法，就派儿子前去长安请罪，说希望能够让他独自入朝谢罪，李适答应了，还下了封李怀光为太子太保的诏书，让给事中孔巢父带去河中安抚对方。

原本走到这一步，事情基本上算是得到圆满解决了，唐朝不费一兵一卒，朔方军再次归降，李怀光也能够在长安度过余生，各得其所。然而这桩差事却被孔巢父办砸了。

孔巢父是孔子的后人，其德行、才能出众，却不是一个合格的使者。李怀光初见他时，态度本是比较端正的，脱下官服，以戴罪之身相迎。其实李适并没有要治李怀光之罪的意思，但孔巢父真心把李怀光当成了罪人，不但没有立即扶起对方说些漂亮的场面话，还始终端持着傲慢的态度。这一态度让李怀光手下的胡人将士忍不住私下议论起来："朝廷使者这般姿态，只怕太尉连官职都保不住了。"

随后，孔巢父又提出了一个让人错愕的要求——让朔方军将士另外推举一个人来代替李怀光。李怀光的亲信们忍无可忍，未等孔巢父宣读完诏书，他们就愤怒地冲上去把这位朝廷使者砍了。

事已至此，李怀光也没什么好说的了，只能再次整顿兵马，并让大将徐光庭率领六千精兵驻守长春宫（今陕西省大荔县朝邑镇西北），以防官军进攻。

得到孔巢父的死讯后，李适叹息不已，继而派浑瑊、骆元光等人前去讨伐李怀光，但几路人马均被徐光庭打败。朝廷的财力渐渐不支，不少大臣就劝天子再度赦免李怀光。不过马燧一连说降了李怀光的妹夫等人，给了天子不少支持，所以局面就暂未改变。

不久，李怀光又派遣大将康晏主动出击进攻同州，在沙苑一带大败官军，李适便派韩游瑰率领邠州军六千人前往讨伐。不得不说这是一步好棋，朔方军里很多将士的家乡就在邠州。康晏准备与韩游瑰交锋，朔方军将士们就非常抗拒："对面的邠州军士兵，不是我们的父兄，就是我们的子侄，我们怎么能和他们交手呢？"康晏只得撤军。

之前李怀光安抚手下将士时，诈称收集财物后就会归降朝廷，这才勉强稳定了军心，在河中稳定下来。如今马燧、韩游瑰、浑瑊、骆元光等人直逼长春宫南面，朔方军将士也不愿意继续跟随叛主，纷纷向官军投降。

就在官军即将取得决定性胜利的时候，国库的物资和粮食也到头了，再加上北方蝗灾、旱灾频发，朝廷的日常运营也变得十分艰难。大臣们不愿意再供应一场战争，纷纷劝天子赦免李怀光。

此时，李晟条分缕析地向天子陈述道：

"现在有五个理由不能赦免李怀光。第一，河中距离长安仅三百里，同州又处在两地之间的要冲地带。如果在同州驻扎大军，李怀光会觉得朝廷猜忌他；但驻兵少了，又难以防范住他，万一李怀光发难，同州就完了。

"第二，如果赦免李怀光，那么我们此前已经攻下的晋州、绛州、慈州、隰州都要归还给他。但是这样一来，已经被封为这几地节度使的浑瑊、马燧等人怎么办，陛下拿什么去奖励这些功臣？

"第三，陛下用兵接连打败了朱滔、朱泚等人，却突然赦免了李怀光，就等于是向吐蕃、回纥等外敌展示国家的虚弱，他们肯定会乘机前来进攻。

"第四，如果赦免李怀光，就要抚慰他手下的朔方将士。但现在国库空虚，根本拿不出钱，反而会使朔方军怨恨朝廷。

"第五，如果赦免李怀光，各镇兵马就要停止前进，而他们此前已经立下的功劳就不算了，他们也会心生怨言。

"如今李怀光手下的大将大多已经投降或者被杀，他已不成气候。现在河中一斗粮食已经涨到了五百钱，喂养牲口的草料将要用尽，人也快要饿死了。只要陛下下令各路官军重重围困河中，十天时间就足以让他们发生内讧从而崩溃。何必要赦免李怀光，留下祸患呢？"

最后，李晟甚至恳求自带两万人马，自备物资，力主讨伐李怀光。

不久后，马燧也从前线来到长安请求天子："李怀光反叛的情节非常严重，如果赦免了他，陛下以后如何再号令天下？我只希望陛下再给一个月的粮食，我等一定能平定李怀光。"李适咬牙答应了马燧的请求，然后让宫中和各政府部门节省开支，凑了一个月的粮食交给马燧。

马燧回到前线后，与众将商议道："我们若攻不下长春宫，就不能去攻打河中的李怀光。但现在长春宫防守严密且兵精粮足，短时间内我们不可能攻下它，眼下只能由我亲自去说降他们了。"

随后，马燧不顾众将阻拦，独自骑马来到长春宫前喊话徐庭光。徐庭光素来敬重马燧，一看是他，立刻率手下将士在城头列队下拜。马燧见这阵势，心道有戏，赶紧对城头的人说道："我此次前来是代表陛下，你们应该向西面拜谢陛下，领受朝命。"徐庭光等人依言又向着西面下拜。

马燧叹息道："自从安禄山起兵之后，你们朔方军就征战四方、讨伐叛逆，立下了无数功勋。现在为什么要干这种诛灭家族的勾当？"徐庭光等人闻言有感，一时悲从心来。

马燧又道："你们如果肯听我的话，不但可以免去灾祸，还能够得到富贵。你们若不相信，就拿箭射我好了；如果愿意相信，我自会上奏朝廷，澄清反叛与你们无关。只希望我攻打河中时，你们坚守长春宫，不要出战。"

朔方军原本就是在李怀光的胁迫下不得不与朝廷对抗，徐庭光等人心里一直都非常痛苦，如今不出战正合他们的心意，于是在城头一起大喊："诺。"

之后，马燧和浑瑊、韩游瑰等人顺利绕过长春宫直逼河中，只留下骆元光进行防守。官军前进至河中附近的焦篱堡（今陕西省合阳县东二十五里），守将尉珪带着七百人投降了。

李怀光看见官军接近，赶紧在城头燃起烽火，召集各部前来集合，准备与官军作战。但朔方军不愿意和朝廷开战，都假装没看见李怀光的烽火，各自一声不吭。

此时骆元光正在长春宫附近，知道李怀光败亡在即，便让人前去招降徐庭光。但徐庭光却拒绝了，他倒不是不想归降，而是瞧不上骆元光的胡人身份，只愿意向汉人将领投降。

骆元光非常尴尬，但也没有发脾气，而是赶紧转告给马燧。马燧便立刻带人来到城下，徐庭光随即开城出降。随后，马燧入城安抚城中将士，朔方军众人纷纷激动地大喊："我们终于又成为圣上的子民了！"

浑瑊见此盛况，忍不住感叹道："我一直以为我用兵水平和马燧差不多，现在才知道远远不如他。"

随着徐庭光投降，李怀光更加窘迫了。他手下的朔方将士不但不理会他的指令，还主动把旗号改成"太平"两字，然后向城外的官军请降。李怀光走到穷途末路，只好选择自杀。

就在李怀光败亡之前，朱滔已经先一步忧惧而死，剩下一个李希烈也没得好下场。他被官军收拾得节节败退，逃回蔡州（治所在今河南省汝南县）后龟缩不出，没多久就被部将陈仙奇设计毒死。随后，陈仙奇杀死李希烈的兄弟、妻儿向朝廷投降。

从官军讨伐李惟岳开始，到"二帝四王"被平定，这场历时五年的大混战终于结束了。表面上看，朝廷成功收拾了几个叛贼，但就结果论，朝廷最初想要讨伐的河北各藩镇依然维持了原状，什么好也没捞着。更让人叹息的是，李适再也没有了当初的锐气，选择了向现实屈服。

第八章

元和中兴

初露锋芒：唐平刘辟、杨惠琳、李锜之战

首战告捷

元和元年（806年），刚刚即位的李纯（唐宪宗）遇上了一件极为挑衅他尊严的事。当时，西川节度使韦皋去世，野心勃勃的西川节度副使刘辟认为新帝年轻好欺，就效法河北藩镇割据，不但自封为西川留后，还暗地里指示手下大将向朝廷上书，请求朝廷赐给自己旌节。

这种强逼天子的行为自然让李纯无比愤怒，他毫不犹豫就拒绝了，然后征召刘辟到长安担任给事中，另外任命中书侍郎袁滋为西川节度使。刘辟不服，发兵堵截蜀道，不让袁滋赴任。袁滋受此惊吓，连长安城都不敢出。李纯看袁滋这副没出息的模样，越发生气，就把他打发去了吉州担任刺史。

刘辟自立，李纯无可奈何，他刚刚登基，实在不便发兵动武，只能忍下这口气，让刘辟担任代理西川节度使，并赐给旌节。然而右谏议大夫韦丹一针见血地向天子指出，这种姑息做法会让各地节度使气焰嚣张，以后不会再有节度使肯听命于朝廷了。

果然，刘辟得到节度使旌节后，以为朝廷软弱可欺，于是再次上书朝廷索要地盘，表示他想要包括西川、东川、山南西道在内的整个三川地区。这大大超出了李纯的承受范围，当然不可能应允。刘辟不肯罢休，立即出兵攻打梓州，将东川节度使李康重重围困在城内。

消息传到长安，李纯大吃一惊，没想到刘辟说反就反，连忙召集群臣商议对付办法。然而众臣都认为蜀地地势险要、易守难攻，刘辟又手握重兵，

还是建议以安抚为主。李纯有心讨伐，但思及当年唐德宗李适讨伐李惟岳引发了一系列灾难，前车之鉴犹在眼前，他确实不敢轻易开启战端。

这时，宰相杜黄裳进言道："以前德宗怕战乱而姑息藩镇，每次节度使要死时，都派太监前往军中询问士兵希望立谁为节度使。后来大将们纷纷贿赂或拉拢士兵，以换取节度使的位置。最后，那些节度使根本不听朝廷的命令。陛下刚刚即位，应该吸取贞元年间的教训，制裁有罪的节度使，这才能让天下大治。何况刘辟只是一个狂妄自大又缺少谋略的书生，陛下只要任用得力大将，想讨平他简直易如反掌。"

最后，杜黄裳向天子推荐了神策军使高崇文——一位资历虽浅却早已立下赫赫战功的将领。当年吐蕃出动三万大军进攻宁州时，正是他率领三千人前往救援，在佛堂原大破吐蕃军，并因功被封为渤海郡王。杜黄裳还提出，希望天子不要设置监军，让高崇文便宜行事。

之后，翰林学士李吉甫也极力支持出兵，终于使李纯下定了决心。很快，李纯正式任命高崇文为左神策行营节度使，率领步骑兵五千人作为前军；李元奕为神策京西行营兵马使，率领步骑兵两千人担任后军继进；又令山南西道节度使严砺出兵，三路人马围剿刘辟。

高崇文所率领的五千兵马都是他驻守长武城（今陕西省长武县西北）时一手训练出来的，一直保持着战备状态，军中的军械、物资和粮草早已准备齐全。所以一接到命令，他便即刻启程，率领所部由斜谷进军蜀地。李元奕则率军从骆谷进军，双方约定在梓州城（治所在今四川省三台县）会合。

此时，刘辟已经攻陷了梓州，生擒了东川节度使李康，然后命部将邢泚守城。高崇文率大军到达梓州城下后，邢泚见官军来势汹汹，吓得连夜带人逃走，拱手将梓州城让出。

刘辟没想到官军真的会来，顿时心虚，赶紧将此前俘虏的李康放了（虽然没多久李康就被高崇文以丢失梓州的罪名斩杀了），然后上书向朝廷请罪。李纯也不与刘辟打太极，直接剥夺了他的官职，然后让高崇文担任东川节度副使，实际上行使节度使的权力。

刘辟傻眼了——以前不都是先赦免叛军，然后以官职来安抚的吗？这回怎么不一样，是真要削了自己的权呀！于是他也不假装臣服了，赶紧派人修筑鹿头关（今四川省德阳市鹿头山上），还在关前建了八个营垒，总共驻扎了一万人，用以加强防守，抵御官军。

就在这样紧张的时刻，北面又出事了。说起这祸事，还不得不提起高崇文的上级——夏绥节度使韩全义。

高崇文打从贞元年间起就跟随韩全义从军，但韩全义本人可没什么本事，为人贪婪又驭下无术，他节度使的官职还是靠巴结太监窦文场得来的。成为节度使之后，他就要率领手下士兵前往夏州（治所在今陕西省靖边县北白城子）赴任。但夏州地处沙碛地带，生活条件艰苦，士兵们一听要去这样的地方驻守，十分不情愿，大军还没出发就闹起了内讧，连他的两个亲信都被乱兵杀死了。韩全义吓得赶紧逃到城外避难，关键时刻还是高崇文替他平定了乱兵，才让他得以上任。

后来要平定吴少诚叛乱时，韩全义作为统帅却全无方略，什么都让监军们商量和决断，于是每次召开军事会议，现场都是一群太监在斗嘴，这样的军队还能有什么威力？自然是屡战屡败。唐德宗李适在位时，因为有这些太监替他遮掩，所以他没受到过任何惩罚。但他终究害怕担责，便一直自称有病，不再去长安朝见。

后来李纯即位，召韩全义入朝，并让他的外甥杨惠琳代理夏绥留后事务，韩全义不得不动身前往长安。天网恢恢，疏而不漏。韩全义一直担心的事情发生了：杜黄裳向他翻起了旧账。杜黄裳指出韩全义之前讨伐吴少诚时屡战屡败，还对朝廷非常无礼，勒令他退休。李纯也随即任命右骁卫将军李演为新一任夏绥节度使。

韩全义自然不敢辩驳，但杨惠琳却不乐意了——他还以为夏绥节度使的位子已经是他的囊中之物了呢，没想到朝廷另有委任。一怒之下，杨惠琳率军守卫要道，阻拦李演赴任，并上书声称："我并不是想造反，只是将士们逼我担任节度使。"

李纯当然不信。这时河东节度使严绶上书请求讨伐杨惠琳，李纯欣然应允，让河东军与天德军一起前往。严绶便派出了河东军猛将阿跌光进和阿跌光颜兄弟俩。不过，朝廷大军还没到达，夏州兵马使张承金就先一步杀了杨惠琳，然后向朝廷投降，一场叛乱就这么迅速地平定了。

杨惠琳被斩杀后不久，刘辟也被高崇文击败，退守鹿头关，然后在东面的万胜堆（今四川省德阳市北二十里）修筑营垒抵抗。万胜堆是鹿头关外的制高点，可以俯瞰整个鹿头关，为兵家必争之地。高崇文得到消息后，立刻派遣大将高霞寓向万胜堆进攻。高霞寓十分勇猛，一连八次击破叛军，终于成功夺下了万胜堆。

随后，高崇文乘胜夺取了德阳（今四川省德阳市）、汉州（治所在今四川省广汉市）两地；严砺手下的大将严秦也取得了进展，在绵州的石碑谷（今四川省绵竹市北）大破叛军。

一连串的胜利让李纯信心大增。为了尽快击破刘辟，李纯还让此前被派去讨伐杨惠琳的河东军也去西川助阵。

河东猛将阿跌光颜奉命率军赶去，然而因为沿途有所耽搁，导致河东军最终比预定日期晚了一天才到达。由于高崇文治军严明，阿跌光颜生怕因失约受到对方严厉惩处，不敢去官军大营，便咬牙率军冒险驻扎在鹿头关西面。

这也算歪打正着，因为叛军的粮道正位于鹿头关西面，如今被他一占，叛军连一粒粮食都运不进关。叛军走投无路，就在守将仇良辅的带领下向官军请降了。很快，关外绵江栅的守将也跟着投降了。接下来，叛军崩溃就如雪崩一样，高崇文一路西进到成都，沿途就没有遇到过任何阻拦，各地叛军纷纷请求投降。很快，刘辟的女婿苏强也被俘了。

高崇文占领成都后，发现刘辟已经向西跑了，后者打算逃到吐蕃避难。高崇文赶紧派高霞寓带人追赶。高霞寓一路急奔，在羊灌田（今四川省彭州市西北）附近追上刘辟。刘辟企图投水自杀，但没死成，还是做了官军的俘虏，后被送回长安诛杀。

高崇文进入成都后，将大军驻扎在城内要道上，让士兵们就地休息，不准抢掠百姓。城内百姓未受丝毫惊扰，很多人甚至不知道官军已经进城。随后，高崇文斩杀刘辟的大将邢泚、沈衍，对其余人等则不予问罪。因为他处置得当，西川很快安定下来。

李锜之乱

随着朝廷先后平定杨惠琳、刘辟之乱，各地节度使们再不敢小看刚刚即位的天子了，纷纷请求入京朝见。这其中就有镇海节度使李锜，他是淮南王李神通的后人，其父李若幽曾跟随李光弼平定安史之乱，因功被赐名为李国贞。而李锜作为将门之后，其实并没有什么才能，全仰赖父亲的威名和唐德宗李适的宠信才得以担任节度使。如今见大家都请求入朝，他也跟风上了书。但他不知道，新天子早就注意到了他。

李锜担任镇海节度使后，经常私吞公款，还随意诛杀无辜的地方官员。当地有个名叫崔善贞的老百姓看不下去了，就来到长安向唐德宗告了他一状。李锜甚是不满，就让人在路上截住崔善贞，把他直接活埋了。听说此事的人无不感到不寒而栗。

李锜杀了崔善贞后，因怕受到朝廷惩罚，于是开始大肆招兵，并挑选其中善射的人组成挽强军，又将胡人组成蕃落军。他对这两支人马的赏赐非常丰厚，远远胜过其他军队，所以这些人都死心塌地地为他效力。

就他这样的张狂举动，朝廷岂能不提防。因此，李锜的奏疏一上，李纯就立即批准了，还派出使者前往京口（今江苏省镇江市）慰问犒劳士兵。

李锜也很意外，他不过是做做姿态，没想到天子竟真的让他入朝，只好让判官王澹担任留守，然后准备入朝。但他打心底里不愿意去，就隔三岔五地找个借口拖延时间。到后来，使者和王澹都忍不住了，再三劝他快点儿上路。李锜不胜其烦，索性上书说自己患了重病，要等年底病好后才能出发。

宰相武元衡对此非常生气，他进言道："陛下您刚刚掌握朝政，李锜就请求前来朝见，但现在又忽然不想来了。说来就来，说不来就不来——他这是把长安当作他的后花园了吗？如果任由他这么做，以后陛下还有什么威信号令天下？"李纯也觉得是这个道理，于是再次下旨让李锜出发。李锜见拖延不下去，心一横，决定造反。

这时王澹已是镇海留后，手上握有部分兵权，自然成为李锜造反的一大阻碍，于是李锜打算寻机除掉他。另一方面，王澹接任后对军府的制度有所改革，导致亲李锜的人马对他非常不满，于是这些人也积极配合李锜的指示。

正值官军发放冬装，李锜便让几百个亲信埋伏在营外，然后自己坐在大营里，召朝廷使者和王澹前来领取衣物。王澹刚一进入营帐，埋伏的士兵就大喊："王澹算什么东西，居然擅自掌管军中事务？"然后将他拖出去乱刀砍死。当时大将赵琦想要阻止，却在混乱中一并身亡。朝廷使者也险些被杀，不过被李锜假意救下。

随后，李锜上书声称士兵哗变杀死了王澹和赵琦，自己需要留下来镇抚各军，无法前往长安。李纯当然清楚镇海兵变究竟是怎么回事，所以并不理会这些托词，而是再次下诏让他入京担任尚书左仆射，至于镇海节度使，则由御史大夫李元素接任。

李锜见天子不买账，索性立即发动兵变。早年李锜刚到镇海上任时，曾派心腹姚志安、李深、赵惟忠、丘自昌、高肃五人分别担任苏州、常州、湖州、杭州、睦州的镇将，这五人各拥数千人马，表面上是维持地方安宁，实际上是暗中监视各州刺史。如今要发动兵变，李锜就下令让他们干掉这五州刺史，然后又让庾伯良率领三千人马修整石头城，以防官军渡江而来。

其实李锜的造反之心早就昭然若揭了，镇海境内各州刺史都防着他呢。李锜的五个镇将还没有动手，他们就先出手了。

常州刺史颜防矫诏自称招讨副使，迅速斩杀了李深，然后传檄苏、杭、湖、睦四州一起出兵讨伐李锜；湖州刺史辛秘暗中召集了附近乡里子弟几百人，让他们夜袭赵惟忠军营，杀死了赵惟忠；杭州、睦州的镇将还来不及有所动作，官军就来了。只有苏州刺史李素被叛军得逞，遭到生擒。

李纯任命淮南节度使王锷为招讨处置使，让宣武、义宁、武昌、淮南、宣歙等军在宣州集结，然后南下讨伐李锜，又让江西兵从信州向东进发，浙东兵从杭州向西进发。一时之间，李锜的四面八方都面临着官军的攻击。

李锜还在拼死挣扎，他看中了富饶的宣州（治所在今安徽省宣城市），就派兵马使张子良、李奉仙和田少卿率军三千前往进攻。张子良等人愣住了：宣州可是官军主力的集结地，带着仅三千人马去进攻，那不等同于去送死吗？他们左思右想，最后决定杀了李锜向朝廷投降。

随后，他们拉了李锜的外甥裴行立入伙。裴行立虽然是李锜的亲戚，但他并不想跟着李锜走上死路，于是答应在城内担任内应。

计议定下以后，张子良等三人来到城外的军营召集士兵，然后对他们说道："李仆射（即李锜）造反了，并希望我们跟他一起造反。但现在四面八方都是官军，常州的李深和湖州的赵惟忠已经兵败身亡。李仆射还想要我们长途奔袭宣州，可宣州是官军的大本营，兵力众多，我们过去就是送死。我们为什么要为了他而让家人因谋反而被诛杀？不如杀了他，向朝廷投降。这才是转祸为福的良策。"镇海士兵们听后都表示愿意效力朝廷、讨伐叛逆。

随后，张子良等三人带着人马回头攻城，裴行立则在城内燃起火把回应，然后打开城门放他们进去，众人一起杀向李锜的府邸。

李锜这时已经得知张子良等人倒戈了，他本打算派人前去镇压，但很快又听说裴行立也在其中，便知道镇压无望，连忙逃到一座楼下躲避，慌乱中连鞋都没顾得上穿。李锜的部将李钧还想再挣扎一下，带了三百名善射的挽强兵前去阻挡，结果走到半路就被裴行立的伏兵斩杀。随后，李锜被生擒，然后连夜被送往长安。城内忠于李锜的挽强、蕃落两军原本打算抵抗，但发现李锜已经被擒，只好纷纷自杀。李锜被押送到长安后也很快被斩杀。

浴血淮西：李愬雪夜入蔡州

向淮西进攻

朝廷能很快平定杨惠琳、刘辟、李锜这些人，很大程度上是因为这些人没有多少根基。很快，李纯将面临真正的考验。

元和九年（814年）八月，彰义节度使吴少阳上奏称自己有病在身，希望将军中事务交给自己的儿子吴元济打理。李纯可不相信事情会这么简单，毕竟各镇节度使把兵权看得极重，哪怕是亲生儿子也要防着。前任卢龙节度使刘济就是一个例子，他因为病重丢了对军队的掌控，最后被儿子刘总送上了西天。至于吴少阳，那更不是盏省油的灯，当年他趁着哥哥病重杀掉了侄子，这才得到了今天的位置，现在怎么可能轻易就把兵权让给了儿子？

恰好吴少阳的判官杨元卿正在长安，他向天子道明了真相。原来吴少阳已经死了，吴元济暗中接管了淮西的一切事务，因害怕朝廷乘机削藩，就想借父亲的名义让朝廷任命自己为节度使。而受到他迫害的杨元卿为求自保，主动向朝廷揭发了他，并请求天子派兵讨伐。

自李希烈趁唐德宗李适与河北各藩镇交战的机会割据以来，淮西已经脱离朝廷控制三十多年了。其间，陈仙奇杀死李希烈，一度投降朝廷，但他随即又被李希烈的部将吴少诚所杀。吴少诚掌权后，仍然想要割据称王，还率领大军入侵许州地区。唐德宗派了不少军队前去讨伐，但因主将韩全义无能，大军无功而返，唐德宗只好与吴少诚讲和。

后来吴少诚病重，掌控兵权的吴少阳乘机夺权，自称淮西留守。李纯想借此出兵平灭淮西，当时淮南节度使李吉甫也支持他，还请求将治所移动到寿阳，以便出兵。可惜当时中央的神策军与其他各路人马正在河北大战王承宗，朝廷腾不出手来，最终李纯只得违心地将吴少阳封为彰义节度使。

吴少阳掌权后，在蔡州横行不法，不仅暗中收容四处逃亡的罪犯以扩大军队，私养骡子和马，还时常抢掠寿州茶山以充实军需。这一切都让李纯无比痛恨。如今吴元济又要让旧事重新上演一遍，李纯再也无法容忍，决定要给对方一点儿颜色看看。

这时吴少阳已经去世四十多天了，但吴元济秘不发丧，外界都不知道真实情况。李纯也假装不知，配合吴元济演戏，暗中则围绕淮西进行了一系列调度：他任命洺州刺史李光颜为陈州刺史兼忠武军都知兵马使、泗州刺史令狐通为寿州防御使，又调换山南东道节度使袁滋和荆南节度使严绶的位置，并在各地增调兵马，准备随时进攻淮西。

吴元济察觉后，意识到朝廷已经知道了真实情况。至于是谁告发的，也不难猜测。于是他索性对外公布了父亲的死讯，然后杀死杨元卿的妻子和四个儿子泄愤。吴少阳的死讯忽然被公开，这让李纯有些错愕，古语有云"礼不伐丧"，加上此前讨伐王承宗无果，他一时竟拿不定主意还要不要打。

李吉甫见他犹豫，赶紧劝道："陛下想必是担心重蹈之前讨伐王承宗的覆辙才心生犹豫。不过，淮西与河北的情况不一样。河北周围有其他割据藩镇的支援，但淮西没有，它周围全是忠于朝廷的藩镇。几十万官军一直驻扎在淮西周围，将士们十分困苦，国家的开支也越来越大，长此以往肯定难以支撑。如果不趁吴少阳去世的机会派兵讨伐，吴元济坐稳了位置后，只怕就更难对付他了。"李纯听他这么说，终于坚定了决心。

宰相张弘靖出了个主意："与其趁着吴少阳的丧期前去讨伐落人口实，不如先为吴少阳辍朝、追赠官职，再派使者前去吊唁，但不给吴元济旌节。这样一来吴元济必定会对朝廷不恭，我们便可以此为借口前去讨伐，别人自然不好多说什么。"李纯闻言大喜，立刻派工部员外郎李君何前往蔡州吊唁。

事情的发展果然如张弘靖所料，吴元济得知朝廷不肯赐给自己旌节，非常恼怒，不但不让李君何入境，还派遣军队四面出击，屠杀舞阳县，火烧叶县，抢掠鲁山、襄城等地，一时令关东震骇。

朝廷出兵的时机到了。李纯任命忠武节度副使李光颜为忠武节度使，严绶为申、光、蔡招抚使，太监崔潭峻为监军，统率十六路大军前往讨伐吴元济。

为了确保洛阳的安全，李纯又任命尚书左丞吕元膺为东都留守，让他负责洛阳的防务。

鉴于昔日杨惠琳叛乱时，严绶第一时间请求朝廷派兵讨伐，所以这一次讨伐淮西的重任也落到了严绶头上。然而严绶率领大军出发以后，因为击败了几支淮西的小股部队，就觉得淮西兵不堪一击，从而掉以轻心，以至于吴元济半夜派兵偷袭时，他防备不及，最终大败而逃，一连狂奔五十多里，一直跑到唐州（治所在今河南省泌阳县）才停下来，非常狼狈。

而此前李纯特意安置在寿州的令狐通也不争气，他出兵后不久就被淮西兵打败，之后便逃回寿州城只求自保，放任设在边境的营垒全被淮西军夺去。李纯气得将他贬为昭州司户参军，另外让左金吾大将军李文通代替。

相比之下，反而是先前不被天子看好的柳公绰更为亮眼。柳公绰是唐朝著名文人，他的弟弟是著名书法家柳公权。当时柳公绰虽然担任鄂岳观察使，但李纯考虑到他只是一介书生，从来没有领过兵，就让他从手底下调拨五千人交给安州刺史李听。李听是中唐名将李晟的儿子，在讨伐王承宗的战役中多次立功，自然更合适率军讨伐吴元济。

柳公绰知道天子的调派没有任何问题，但心里到底不是滋味，于是再三向天子请求让他也带兵与李听一起前往，李纯勉强答应了。柳公绰也有自知之明，两军会合后他将手下的军队全部交由李听统率，并告诉手下人一切军事指挥全由李听负责，他只管理军中杂务，李听深受感动。柳公绰又对将士多有抚慰，将士都乐意为他效力，所以每次打仗，其所部都能取得胜利。

另一个表现优异的人是李光颜（也就是昔日河东猛将阿跌光颜）。开战后，他屡次在临颍、南顿等地击败叛军，让奉命前去淮西视察的裴度赞不绝口："此次参战的官军众将里，只有李光颜骁勇善战且深明大义，他一定可以建立功劳。"

因李光颜在官军中表现突出，他也成了叛军首先打击的目标。一日，叛军趁他驻扎在洄曲（今河南省漯河市沙河与澧河汇流处下游一带）时连夜潜行到他军营附近。次日李光颜一觉醒来，发现叛军已在营门口列阵，这让他想带人出营列阵都做不到。但他临危不乱，冒着被敌人攻破营垒的危险拆除了防守的栅栏，放叛军入营，然后派骑兵向叛军发起冲击。他自己身先士卒，带领骑兵在叛军阵中杀进杀出。

叛军很快认出了他，纷纷举弓瞄射。很快他就满身插箭，看上去仿佛一只染血的刺猬，幸好盔甲厚实，他才没有受重伤。他的儿子吓坏了，赶紧拉住他的战马不让他再继续冲锋。李光颜大怒，一脚踢开儿子，再次杀入阵中。最终，官军将士们在这位勇猛主帅的带领下，经过长时间激战，杀敌几千人，终于击退叛军。

尽管如此，因官军其他各路人马无甚建树，李光颜后来也在缺乏支援的情况下被叛军击败并后撤。

这时，李纯终于意识到问题出在招抚使严绶的身上。

他最初任用严绶为招抚使，主要是见严绶在河东节度使任上多有战功。但严绶成为招抚使后只做了一件事：不停犒赏士卒。然而直到襄阳的多年积蓄都被耗尽了，他还没有任何建树。于是他又贿赂监军的太监以图自保，从而争取了一段时间。但严绶带着一万多人在边境晃荡了一年之后，还是什么功劳都没有，这下纸包不住火，终于被天子发现了他的无能。

在裴度的劝说下，李纯决定让韩弘代替严绶统率淮西各军。韩弘是个什么样的人呢？时人夸赞他文武全才，此前他担任宣武节度使，曾多次击败吴少诚等人，他治下的宣武军非常强盛，压制得周围淄青、淮西等藩镇不敢妄动——可以说是非常理想的人选了。

然而就这么一个能人，心里却老有些小算盘。因为河东节度使王锷排位在他之上，于是他就琢磨，要借助此次行动提高自己的地位。这样一来，他就不能让朝廷快速平定淮西，不然怎么彰显他的本事呢。他听说李光颜在各路官军中作战最为勇猛，于是就挑选了一个非常漂亮的歌妓送给李光颜，想用这种方法消磨对方的斗志。然而李光颜不受诱惑，在宴席上当场拒收歌妓，还向使者慷慨陈词道："韩相公同情我独自在淮西为国征战，才送我歌妓，但现在众多将士都离家跟随我作战，我怎么能独自享受呢？请你替我感谢韩相公，我已决心以死为国尽忠，绝不和贼人并存于世间，就是死了也不会有贰心。"他一边说，一边流泪，感动得在场的将士们也落了泪，纷纷表示愿意跟随他消灭叛军。韩弘没能得逞，就此作罢，但依然不肯卖力督促诸军作战。

与此同时，为了加强对叛军的打击，李纯已经把与淮西相邻的山南东道拆分为两个节度使：户部侍郎李逊担任襄、复、郢、均、房节度使，右羽林大将军高霞寓（就是平定刘辟的那位骁将）担任唐、随、邓节度使。高霞寓主要负责前线作战，李逊主要负责后勤支持。

然而高霞寓也没能有所突破，相反，他在铁城（今河南省遂平县西南文城乡）被打得全军覆没，最后只身逃了回来。在此之前，各路官军少有胜绩，多有败绩，但往往夸大胜绩，隐瞒败绩。高霞寓这次惨败过后，淮西各军谎报战绩的事情才终于败露。

当时因宰相武元衡被刺杀，朝廷怀疑王承宗，再次与成德开战。两线作战让国库越来越空，宰相们纷纷借高霞寓大败一事请求天子停止对淮西用兵，只有裴度力主继续讨伐，才让李纯坚持了下来。

走马换将

高霞寓战败后，李纯调任荆南节度使袁滋担任彰义节度使，兼申、光、蔡、唐、随、邓观察使。然而袁滋不过一介庸碌之辈，只会见风使舵，当初他见劝天子罢兵的人都遭了贬黜，于是迅速表示支持用兵，这才得到了重用。

袁滋到唐州上任后，自然是不敢打的，他打算和吴元济来个两不相犯，于是撤除岗哨，不许士兵们进犯淮西，以此向吴元济卖好。可惜吴元济并不买账，他见袁滋没有防备，直接突袭唐州，打败官军后又乘胜包围了新兴栅。袁滋慌了神，连忙派人去请求吴元济退兵。吴元济见袁滋没什么威胁，也不想在他身上浪费时间，就撤军而回。

李纯知道这事以后，自然又失望又气恼，他将袁滋贬为抚州刺史，最后选了太子詹事李愬去代替他。李愬是中唐名将李晟的儿子，也是李听的哥哥，他有谋略，擅骑射，曾先后担任太子右庶子、坊州刺史、晋州刺史、太子詹事等职。高霞寓兵败之后，李愬就主动上书自请讨伐吴元济，再加上有宰相李吉甫的推荐，李纯便任命他为唐、随、邓节度使。

几番波折，这回终于选对了人。当时唐州的军队新败，士兵们都非常害怕作战，李愬到任后便不忙着整军备战，甚至向士兵们宣称："天子知道我这个人素来怯弱，能够忍辱负重，这才让我来统领你们，至于怎么打仗，就不是我擅长的事了。"唐州众将士听李愬这么说，就放下心来，不再忧虑。

当然，也有忧心的人向李愬提意见，说军中事务不够整肃。李愬就悄悄解释道："你所说的我并非不知道，只不过以前袁尚书以贿赂来安抚敌人，所以敌人都很轻视他。现在我来了，敌人不知我底细，多少会加强防备。如今我故意显露怯弱之态，让他们觉得我军不够整肃，他们便会以为我同样不懂军事，其防守必定会涣散。到那时，我们便可以想办法对付他们。"

李愬当时并不出名，叛军本就不怎么把他放在心上，如今见他与袁滋没什么两样，就更不提防他了。

随后的日子里，李愬遣散乐妓，不再设宴奏乐，又亲自探望受伤的士兵，对他们厚加赏赐和慰问。对于来投降的叛军，他也全部听任他们自行决定去留。过了一段时间后，唐州军队渐渐恢复了活力，李愬也从来降的叛军口中套出了淮西的山川险要和虚实，他意识到是时候出兵了。

李愬衡量了一番，担心手上兵力不足，又请求天子调派了河中、鄜坊的两千名骑兵增援，随后对淮西发起突袭。因叛军毫无防备，他率领官军一口气攻下了马鞍山（今河南省遂平县西南）、道口栅（今河南省遂平县西南嵖岈山西）、炉冶城（今河南省西平县西南七十五里）等地，大挫叛军气焰。

随后，部将马少良率领十几个骑兵在前线巡逻时，撞上了吴元济手下骁将丁士良，并将之生擒回营。因丁士良此前曾屡次带人袭扰唐州、邓州等地，众将对他恨之入骨，纷纷叫嚷着要把他的心脏挖出来告慰冤魂，李愬答应了。到临刑的关口，丁士良依旧面无惧色、不吭一声，李愬见状不由得动了爱才之心，连连感叹："这真是一位大丈夫啊！"然后命人将丁士良放了。

这时，丁士良方才开口说话："我并不是淮西人，以前跟着安州军与吴少阳交战，后来兵败被擒，我以为自己死定了，没想到吴少阳释放并重用了我。我当时下定决心，以后一定要为吴少阳父子效命。昨天我力战不敌而被擒，也以为要死了，你却放了我。我想从此为你效命，以报答恩德。"

李愬大喜，立刻命人将衣服和武器全还给了他，并任命他担任捉生将。丁士良感恩李愬对他的信任，就建议道："现在挡在我们面前的是文城栅，里面有淮西大将吴秀琳率领的三千精兵，这就好像淮西的左臂，抵挡着朝廷的进攻。官军一直攻不下吴秀琳，是因为他有骁将陈光洽。我非常熟悉陈光洽，他虽然骁勇，但不够稳重，时常冒险领兵出战。请允许我去生擒陈光洽，到时吴秀琳自然会投降。"

面对丁士良的出战请求，官军众将都不是很放心，怕他会乘机脱逃。但李愬力排众议，让丁士良回去了。很快李愬的信任收到了回报，丁士良果然生擒了陈光洽，随后吴秀琳也果真派使者前来请降了。

李愬立即带人前进到文城（今河南省遂平县西南文城乡）西面五里的地方，然后派遣唐州刺史李进诚率领八千人前往城下招降。李进诚原本以为这会是个轻松的任务，没想到他来到城下后，迎接他的是密雨般的箭矢和石头。李进诚吓得赶紧回去报告情况，说吴秀琳是在诈降。

李愬倒是不太相信，于是又亲自跑了一趟。这回他一来到城下，吴秀琳就立即放下兵器，开城拜倒在他马前，文城就此归降。随后李愬将文城的三千人马收编到军中，又将文城众兵将的家属迁到唐州。当时吴秀琳手下有一个叫李宪的将领，李愬见他有勇有谋，颇为欣赏，就将他赐名为李忠义，然后留在军中大加重用。吴秀琳手下其他人见李愬如此大度，也就全部安心留在李愬军中。此后，唐州、邓州等地原本士气低迷的官军再次振作起来。

与此同时，韩弘这边也有了进展。他们驻扎在溵水，与叛军隔岸相对。最先渡河的是陈许兵马使王沛所部五千人，过河后他们在岸边渡河点修筑营垒防守。不久，河阳、宣武、河东、魏博等军也陆续渡过溵水，一起进逼郾城（治所在今河南省郾城区西南五里古城）。李光颜率军在郾城大败淮西将领张伯良所部三万人，然后乘胜包围了青陵（今河南省郾城区西南五十里）。

青陵被围之后，郾城一下成了孤城，守将邓怀金想不出办法，就去找郾城县令董昌龄商议对策。其实董昌龄本不愿意跟随吴元济造反，只因吴元济用他的母亲杨氏的安危来威胁他，他才不得不屈从。但杨氏是一个心怀大义的女人，她对儿子说："顺从朝廷而死，远胜过屈从叛逆而生。你现在有机会摆脱叛贼，就算我死了，你也是我孝顺的儿子；如果你跟随叛贼作乱，哪怕我活着，也等于你杀了我。"董昌龄谨记教诲，所以他乘机劝邓怀金投降朝廷。

邓怀金思量了一番，然后派人向李光颜请降："郾城将士的父母、妻儿都住在蔡州，您率领军队前来进攻郾城，我便点燃烽火向蔡州求援。援军到达前，您可以设伏袭击他们，那样一来蔡州的援军必定会大败，我再装作无以为继才归降朝廷，这样吴元济就不会杀死郾城众将士的家小泄愤了。"

李光颜依计而行，果然击溃了蔡州的援军，邓怀金也如约出城归降。

吴元济接到郾城失守的消息后惊惧异常，赶紧让心腹董重质率领骡军前往洄曲防守，又将自己在蔡州的亲信将士和守城士兵全部派给了董重质，以便抵挡北面的进攻。而吴元济之所以敢将军队全部布置在北线，很大程度是因为西线官军长期没有作为，他就放松了戒备。

李愬也重用了投降的吴秀琳，并且毫不保留地和他商讨攻打蔡州的计策。吴秀琳感动之余，向李愬提了个建议："想要攻破蔡州，得收服据守在兴桥的淮西军猛将李祐。"李愬自然知道李祐厉害，因为官军在他手上吃过多次亏。不过想要收服他，还得找到合适的机会。

恰逢麦熟季节，李愬听说李祐带着人马在张柴村（今河南省遂平县东南）一带收割麦子，于是叫来厢虞候史用诚，对他说："你带三百名骑兵埋伏在李祐附近的树林里，然后让少数人跑出林子摇动旗帜，以此吸引他的注意力。如果这不行，就点火烧他的麦子。总之，引起他的注意后，再退回林中。李祐曾经多次打败官军，勇猛过人，根本不会把这小股部队当回事，肯定会留下大部队继续割麦子，然后自己带着少数人马前来追击。这时你在林中伏击他，必定可以将他生擒。"

史用诚依计而行，果然擒了李祐回来。官军众将士大为兴奋，纷纷请求杀死他为死去的将士复仇。然而跟之前丁士良的情况一样，李愬同样不舍得杀他，不但把人放了，还留在营中以待客之礼相待，且每晚都单独召见李祐和李忠义，共同商讨平叛对策。

见李愬对降将这么重视，其他官军将领很不服气，他们劝谏李愬不要对李祐太上心，这种人不值得信任，但李愬并不理会。眼见劝说无果，于是就有人想出了一条毒计，在军中的文书上声称据淮西的奸细透露，李祐是吴元济派来的卧底，他准备勾结吴元济消灭唐、邓一带的官军。谣言很快传遍了军营。李愬知道后，怕朝廷因此误杀李祐，急得拉住李祐的手直哭："难道这是上天不愿让我平定吴元济吗？为什么众人的谣言不能平息？"

其实李祐早就听到了风声，他已经做好了偷偷离开的准备，却见李愬如此为他着想，罢了，留下来吧。李愬也不敢耽搁，急忙写了一封奏疏派人快马加鞭送去长安，向天子说明情况，并声明如果要平灭吴元济，必须要有李祐的协助才行。

之后，李愬向官军众将士宣布："既然你们都觉得李祐是奸细，那我现在就派人送他去长安接受刑罚。"说完命人给李祐戴上枷锁。李祐信任李愬，所以毫不反抗地跟随押送的人员一起上路了。结果刚出发，天子就派人送来了赦免他的诏书，于是李祐再次回到唐州军中。

李愬见他安然返回，连忙拉着他的手感慨道："你能够安全返回，这是社稷之福啊！"随后，李愬正式任命李祐为散兵马使，让他带刀在营中巡视警戒，并允许他随意出入自己的营帐。众将怕得罪李祐，再也不敢说他坏话了。

在这之后，李愬对李祐越发器重，经常与之彻夜长谈，还任命他为六院兵马使。六院兵马，即李愬麾下的三千牙兵，也是山南东道最精锐的部队。

除了李祐等人，李愬也很重视其他来降者的价值。起初官军当中有这样一条规定：如果谁敢留宿敌军的间谍，就要诛杀其全家。这条规定导致很多人在与敌军对阵时，只要怀疑来投诚的人是间谍，就都不敢收留。李愬废除了这条军令，然后让手下人厚待前来投降的淮西人，不管对方是不是诈降的间谍。如此一来，很多来降者都被感化，把淮西的真实情况告诉了李愬。

由于李愬陆续收服了吴秀琳、李祐等人，难免会使吴元济等人心生警惕，于是李愬又进行了一系列麻痹敌人的运作。例如他派遣众将进攻叛军据守的朗山，但既不指定主帅，也不给予任何具体指示。如一盘散沙的军队自然打不了胜仗，很快就被击退。当众人垂头丧气地回来请求责罚时，李愬不但不责罚他们，反而大加抚慰。因为这正是他期待的结果——他们又一次成功地欺骗了淮西叛军。朗山一战过后，吴元济等人发现西线的官军还是不堪一击，也就不再防备了。

之后，李愬在官军中招募了三千死士做为"突将"，让他们每天不停地接受训练，并准备好随时出发。李愬本想用突将奇袭蔡州，但一连多日降雨，水泽遍地，所以突袭计划就耽搁了下来。

然而此时朝堂上已经有了争议。时为元和十二年（817年），官军出征已近四年，但一直没有攻克蔡州。投入前线的大军越来越多，而转运所需的粮食、物资越来越困难。有些百姓的牛、马都被征去运送物资了，他们就只能用驴来耕地。这一切都被李纯看在眼里，他的内心十分焦灼。他与宰相们商讨对策，李逢吉等人便劝他停止用兵，他又不甘心。这时他注意到裴度一直没有吭声，就让裴度说说想法。裴度沉吟良久，最后只说："我希望能够亲自前往淮西督战。"

李纯见终于有人支持继续平叛，非常惊喜。但裴度毕竟是个文官，没有带兵打仗的经验，李纯唯恐他只是一时冲动，于是第二天又召他来问："你是真的想去淮西前线督战吗？"裴度答道："我发誓不会和那些叛贼共存于世间。最近我了解过淮西的情况，发现吴元济这几年其实也越来越窘迫，只是因为前线各路官军不齐心合力，才迟迟无法将他击败。如果我现在前往行营，众将肯定害怕我抢了他们的功劳，必定会争相前进，以图建功。"

话已至此，李纯也放心了。他任命裴度为门下侍郎、同平章事，兼彰义节度使，并充任淮西宣慰招讨处置使。裴度向天子告别道："倘若我能消灭敌人，我很快就会回来见陛下；如果不能，我就会死在淮西，再也不回来了。"随即出发上路。途经襄城南面的白草原（今河南省襄城县南）时，叛军派了七百精骑在这里截击他，幸好守卫襄城的曹华得到消息，率军出城击退了叛军，才避免了不幸的发生。

随后，裴度顺利到达郾城，对前线的情况有了进一步的了解。他发现，各路官军其实并不是不想打胜仗，而是遭人掣肘，无法施展开来。各路大军中的监军们挂着督战的名头，频频插手军事行动，使得各路主将无法好好指挥军队。倘若打了胜仗，这些监军们会抢先向朝廷报捷请赏；如果打了败仗，他们又会把责任推给各军将领。这样一来，自然没人愿意卖力打仗了。

裴度了解清楚情况后，马上请求天子将淮西前线督战的监军全部免职，让将领们直接负责军中事务。自此以后，前线官军的状况明显改观。

不久后，裴度率领手下僚佐在沱口（今河南省郾城区东南沱沟）督促众军筑城，威逼叛军。董重质当然不可能对此视而不见，他立刻率领骑兵从五沟（今河南省郾城区东南）向他发起突袭。

淮西叛军确实非常厉害，特别是董重质率领的骡军，一度冲到了裴度的面前。后来是李光颜和田布拼死力战，才抵挡住了他们这次进攻。双方大战了一整天，董重质终于撤退。此时田布已另有布置，他预先在董重质撤退的道路上设下伏兵，这一下，官军一举斩杀淮西军数千人。此后很长一段时间，董重质都不敢再来袭扰，官军得以顺利完成筑城工作，进一步压制了洄曲的叛军主力。

夜袭蔡州城

如今北线有裴度督战，牢牢牵制住了淮西主力，而西线这边，李愬也决定再次出手：他准备率军攻打吴房县（治所今河南省遂平县），试探一下淮西叛军的深浅。但大军出发当天，手下众将却纷纷拦阻，声称当天是不利于出兵的"往亡日"，倘若在这一天出兵，肯定会吃败仗。

李愬却故意反其道而行之："我们的兵马不多，如果正面作战，不可能攻下吴房，只有出其不意才能获胜。既然大家都知道今天是往亡日，那么叛军也知道。他们认定我们今天不会出兵，而我们正好一举击破他们。"

事情果然如他所料，叛军毫无防备，很快被官军攻破了外城，丢下一千多具尸体，最后退回内城防守，不敢再出战。李愬见状决定率军回撤，以引诱叛军出击。淮西将领孙献忠中计，立刻带着五百精锐骑兵出城追击。

然而让李愬没想到的是，叛军中计追来，反而是官军将士率先惊慌失措、几欲逃走。李愬立刻跳下战马，坐在胡床上下令："谁胆敢后退一步，格杀勿论！"官军众将士没有退路，只得转身拼死力战。追兵本就不多，很快就被他们消灭干净了，其主将孙献忠也被斩杀。

官军又振奋起来，有人就劝李愬赶紧乘胜攻打吴房内城，肯定可以一举破城。李愬拒绝了，带人撤回了营地。说到底，小小的吴房城只是他用来练手的，他的目标始终是远处的蔡州。如果这一次攻下了吴房城，就很可能引起吴元济的警觉，使对方加强对西线的戒备，那下一次突袭蔡州就困难了。

其他人不知道李愬的想法，李祐却是清楚的，他感觉时机已经成熟，就对李愬说道："现在蔡州的精锐部队已经被全部派到洄曲及其四周，用以防御各路官军，留在蔡州的只剩一些老弱残兵，守备十分空虚。我们若趁此良机前去突袭，肯定可以一举攻克。待叛军其他人马得到消息时，吴元济早就被我们生擒了，他们还能有什么作为？"

李愬认为非常有理，于是在这年十月派人向裴度报告作战计划。裴度也认为甚好，同意他按计划行动。此后裴度也配合这项计划，督促各路官军不断袭扰淮西叛军，让吴元济不敢把精锐部队调回蔡州。

不久之后的一个下雪天，李愬行动了。李祐和李忠义两人率领三千突将作为先锋，李愬和监军率领三千人作为中军，李进诚率领三千人作为后军。为防止走漏风声，出发时李愬没有告诉众将士要去哪里，部下若问起，他只说向东方前进。就这样，李愬率领大军走了六十多里路，到了张柴村。

此时天色已晚，守卫张柴村的淮西士兵刚刚睡下，他们根本没想过官军会忽然杀至，防备不及，很快被全歼。随后，李愬让众将士在张柴村稍作休息，吃饱干粮并整顿马具后，仅留下五百人在此切断洄曲和其他各道的桥梁，就又要连夜赶路了。

官军众将再也忍不住好奇了，纷纷向李愬请示这次进军的目标。李愬正色回答道："我们是要去蔡州擒拿吴元济。"

此言一出，众将的脸色立时发白——原来这次出兵竟是要去袭击蔡州！对屡屡败在淮西军手下的他们来说，这无疑是去送死。监军甚至被吓得一边哭，一边咒骂道："我们果然中了李祐的奸计。"

当夜风雪大作，官军的旗帜都被冻得开裂了，沿途倒下了许多士兵和马匹。茫茫黑夜中，将士们眼前看不清路，心里也没有底——从张柴村向东到蔡州，他们从来都没有走过这条道，人人都觉得此行没法活了，只是畏惧于李愬的威严，才不敢抗命行事，只能硬着头皮前进。

到了半夜，雪越下越大。大概正是因为雪大，没有一个淮西军的斥候发现过他们。官军踏着积雪前进了七十多里，一直来到蔡州城下，沿途竟然没遇上任何叛军。当然，越靠近蔡州城，越可能被城内守军发觉，所以快到达时，李愬让人赶着从附近池塘里弄来的鸭子和鹅，用这些家禽嘈杂的鸣叫声掩盖官军踏雪行走的脚步声。就这样，官军毫无阻滞地到达了蔡州城下。

蔡州自贞元年间被吴少诚占据以后，已经三十多年没经历过战事了，蔡州守军确实听到了城外的动静，但也只以为是鸭鹅被惊起了，并不作他想。

四更时分，李愬让李祐和李忠义在城墙上开凿坑坎，率先登城，三千突将随之而上。这时候，城墙上负责值守的叛军士兵都已经开小差陷入熟睡，全然不觉危险将至。他们还在睡梦中即被官军杀掉，再也醒不过来了，只有城头负责巡夜打更的人被胁迫着继续吆喝。李佑等人迅速打开城门，将城外的大军放进来。随后，他们又用同样的方式拿下了内城。

官军攻克外城时，有人听到动静，赶紧向吴元济报告："官军已经到了。"但吴元济根本不相信，他还说："外面的动静不过是一些被俘囚徒偷东西时发出来的，我天亮后就将他们全部杀了。"然后不再理会。

官军进入内城时，又有人向他报告："州城已经被官军攻陷了。"吴元济还是不相信："这肯定是洄曲的驻军来请求我发放冬衣。"说完他又走到院子里聆听动静，想证明自己是对的。

然而院子外忽然传来喊声："常侍有令！"紧接着，仿佛有一万人响应了这声呼喊。吴元济惊觉不妙，慌张道："是哪位常侍，居然能率军到达这里？"但眼下也由不得他多想，他立即带人登上内衙的牙城抵御官军进攻。

吴元济拼死抵抗，官军一时拿坚固的牙城毫无办法。李愬料他是在指望驻守洄曲的董重质赶来，于是一面命人继续进攻牙城，一面亲自前往董重质家中抚慰其家人，然后请董重质的儿子带着书信前往洄曲招降。董重质还能怎么办，只能单骑前往李愬军中请降。没了董重质，吴元济彻底丧失了希望。

第二天，李愬再次派李进诚进攻牙城，这一回就连蔡州城的百姓也来帮忙了。很快，牙城的城墙被一举摧毁，吴元济只得投降。随后，李愬一面派人押送吴元济去长安（吴元济很快被天子问斩），一面派人向裴度报捷。

吴元济被俘后，守卫申州、光州以及其他地方的淮西叛军两万多人相继投降，洄曲军营的其余叛军也全部被李光颜招降。不久后，裴度派人先行进入蔡州抚慰众将士，随后自己手持彰义节度使旌节，率领一万多名投降的淮西叛军开进了蔡州城。李愬立刻率军全副武装相迎接，然后将蔡州城留给了裴度，自己率军返回文城。

回到文城后，李愬手下的众将犹在梦里，即便他们生擒了吴元济，却也胜得稀里糊涂。他们向李愬讨教道："朗山战败后，您并不发愁；吴房取胜后，您也不乘胜夺下吴房；我们冒着狂风暴雪孤军深入，您不肯停止进军；您带着孤立无援的军队深入敌境，却取得了成功。我们看不出其中的奥秘。"

李愬笑道："朗山失利，敌人便会轻视我们，就不会再做任何防备；吴房如果被我们攻下，城内的守军必然会逃到蔡州合力据守，增加我们攻下蔡州的困难，而留下吴房，自然是想分散敌人的兵力；在暴风雪天急行军，叛军不能点燃烽火台报信，蔡州就不会提前防备；孤军深入敌境却取得了成功，是因为大家处于危难中会越发拼死作战。视力能够触及远处的人不需要顾虑近处，筹谋大事的人也不需要知悉细节，倘若大家都一味夸耀小小的胜利、顾惜小小的失败，就会把自己给搞乱了，还怎么去建立功劳？"众将听后纷纷叹服。

收复淄青：唐平李师道之战

李师道的阴谋

元和十年（815 年）六月三日这天，天还没亮，宰相武元衡从他居住的靖安坊的东门走出，准备前往宫城参加早朝。一切都和往常一样，没什么特别的，直到他骑着马踏上大街——暗处忽然射来几支箭，惊得随行之人纷纷逃散躲避。武元衡还没来得及反应，面前又蹿出几道黑影，拉住他坐骑的缰绳猛地前行十多步，避开了后面追过来的随侍，把他从马上拉下来一刀断头，然后拿着头颅走了。等众随从赶来时，地上只剩下了一具无头尸体。

没隔多久，御史中丞裴度也在通化坊门口遭到了同样的袭击，但裴度反应快，抢在刺客近身前跳下了马。他摔进大街旁的水沟里，撞伤了头部，所幸他的帽子厚实，所以不至于致命。刺客本想乘机砍死裴度，但裴度的随从王义冒死从背后抱住刺客，然后大声呼救，终于引来了金吾卫。刺客便砍断王义的一只手，匆匆逃走了。

宰相居然会在家门口被人刺杀，这实在是骇人听闻，事发后，举朝震惊。李纯赶忙下令以后宰相出行时，全程由金吾卫骑士护送，所有骑士则弓上弦、刀出鞘，防备刺客再来，经过市坊前也要派人先行严格排查。不过这种待遇只有宰相才有，一般的大臣享受不到。但这种事情谁不害怕呢，天亮之前大臣们都不敢出门，导致天子要登殿早朝了，人还没到齐。

李纯严令京兆府、金吾卫、长安县和万年县严密搜查。没想到刺客非常猖狂，发现朝廷的动作后，不仅毫无收敛，还连夜给金吾卫、京兆府、长安县、万年县送上了小纸条，上书："你们千万不要来捉拿我，否则我就先杀了你们。"吓得受命捉拿贼人的士兵都不敢再搜捕。

这惹怒了兵部侍郎许孟容。他愤慨道："自古以来，从来就没有宰相在大街上被人杀死了还找不到刺客这种荒谬之事。这要传出去，必定是朝廷的耻辱。"随后他又跑到中书省门口哭求道："恳请中书省奏请陛下任命御史中丞裴度为宰相，然后派人全力搜捕刺客，务必查清背后的主使之人。"

不久后，裴度担任宰相，开始下令在长安城内大肆搜捕刺客，并张榜告示道：谁抓到刺客，就赏赐钱一万缗，并赐予五品官衔；谁敢包庇贼人，则全家族诛。此令一出，长安城内的搜捕氛围再次严峻起来，就连公卿家中的夹墙、复壁都在排查范围之内。

其实，李纯心里一直有两个比较确切的怀疑对象——成德节度使王承宗，以及淄青节度使李师道。朝廷出兵讨伐淮西之后，吴元济曾向王承宗、李师道两人求援。他们彼此是唇亡齿寒的关系，王承宗和李师道两人自然拼命上疏，请求赦免吴元济。李师道更是打着帮朝廷平叛的旗号，派了两千人前往寿州，意图在关键时刻帮吴元济一把。

武元衡是天子如今最依赖的心腹大臣，而他是铁杆的主战派，与吴元济势不两立。王承宗、李师道要救吴元济，就不得不想办法除掉武元衡。

就在刺杀发生前不久，王承宗还和武元衡起过一次冲突。当时王承宗派遣部将尹少卿来到长安，表面上称有事奏报，实际上是为了吴元济上下打点。武元衡很快知道了这件事，甚是不悦，尹少卿又在中书省出言不逊，他就把对方赶了出去。王承宗相当护短，于是上书污蔑武元衡。

有这些瓜葛在前，再加上王承宗一直也不怎么安分，所以在两个嫌疑人当中，李纯更怀疑王承宗，于是他不断派人在成德驻京城的进奏院附近查探。

结果还真查出了一点儿眉目：成德进奏院里的恒州士卒张晏等人每天鬼鬼祟祟，行为举止怪异。大家越发觉得这伙人是刺客。不久后，神策军将领王士则告发张晏等人，说他们是王承宗派到长安来行使刺杀的。先前的猜测得到验证，李纯立刻派人抓捕了张晏等八人，然后派京兆尹裴武与监察御史陈中师前去审问。

之后，张晏等人承认自己是杀害武元衡的凶手。朝中大臣以为已经查明真相，无不拍手称快。唯有张弘靖认为他们并不是真凶，只是被屈打成招。他进言请求复审，但李纯没有听从，直接将张晏等八人连同其余同伙五十四人全部处斩。

在李纯看来，王承宗的罪行可谓铁证如山，包括此前为吴元济辩护的奏疏，还有污蔑武元衡的奏疏，他都拿出来请大臣们议罪。随后，他下令剥夺王承宗的一切官职，然后派各路大军前去讨伐。朝廷与成德的第二次交锋就此展开。

然而，后来洛阳发生的一件事，让这桩案子又有了新的进展。

当时李师道在洛阳建有一处留后院，凡是淄青来洛阳的人都居住在这里，人员成分十分复杂，但地方官员不敢过问。后来洛阳一度遭到淮西兵进犯，东都留守吕元膺就把洛阳守军全部驻扎到伊阙以防备叛军。李师道则抓住洛阳守军离开的机会，将一百多名淄青勇士安排到了留后院，打算让他们火烧洛阳的宫殿，然后在城中四处抢劫，以此逼朝廷停战。

行动前，李师道特意设下酒宴为这些勇士壮行，但其中一位勇士于心不忍，就趁夜偷偷溜出去找到吕元膺，告发了李师道的阴谋。此事非同小可，吕元膺不敢疏忽，连夜把伊阙的军队召了回来，让他们包围了留后院。没想到这些淄青勇士勇猛过人，竟然杀出了重重包围，然后杀向了城门口。因他们武力彪悍，东都防御使的军队不敢靠近，只能眼睁睁看着他们从长夏门杀出，向西南面的山林逃去。随后，吕元膺设下重赏搜捕贼人。

洛阳的西南面与邓州、虢州接壤，沿途都是高山和密林，当地居民无法耕种，只能以打猎为生，勇猛彪悍，被人称为"山棚"。当时就有个山棚带着猎到的鹿去洛阳贩卖，不料半路上碰见了淄青勇士，被对方夺走了猎物。这个山棚打不过对方，但又咽不下这口气，就偷偷跟着对方，发现了对方藏身的山谷，然后跑回去报官，随后还召集其他交好的山棚一起突入山谷，生擒了这伙淄青勇士。

经过审讯，吕元膺发现这伙人的头领竟然是嵩山佛光寺的僧人圆净。再一细查，不得了，这位高僧以前竟是史思明的部将，史思明去世后无处容身，才在洛阳找了个寺庙出家。但他并没打算放下屠刀立地成佛，而是暗中进行颠覆活动，还搭上了野心勃勃的李师道。他建议李师道在伊阙、陆浑这两地大量购买土地，然后将山棚们安置在此，供给他们食物和衣服，收服他们为己所用。以訾嘉珍和门察为首的一些山棚归降了圆净，圆净便向李师道请求拨款一千万钱来修缮佛光寺，把它变成供同伙们往来的基地。

依照计划，訾嘉珍等人本打算趁着洛阳守备空虚之时从留后院杀出，在洛阳城内起事，而圆净负责在山上点火响应，集合伊阙、陆浑两地的山棚一起攻打洛阳。不过訾嘉珍等人还没来得及起事，圆净也来不及点火，就都被官军生擒了。

圆净当时已是八十多岁高龄，却依然勇猛过人。官军好不容易按住他，试图用锤子敲断他的小腿，竟始终无法成功。圆净讽刺道："你们这些鼠辈，连一个老人的腿都打不断，怎么敢称为勇士？"说完他自己把小腿放好，让人打断了它。据说，圆净临死前还万分不甘地恨声道．："我只恨自己没有让洛阳城血流成河。"

之后朝廷顺藤摸瓜，揪出大批相关之人，最后被处以死刑的多达数千人，其中甚至包括东都留守和防御使手下的人。

而吕元膺在审讯訾嘉珍、门察时，又挖出了一个惊天秘密：原来武元衡竟是被李师道派人杀死的！当初李师道屡次劝说天子无果，就派人上京刺杀了支持讨伐的武元衡。但他未料到王承宗当时也怀有同样的心思，最后还替自己顶了罪名。事实上，就连王承宗自己也以为武元衡是被张晏等人刺杀的，所以朝廷指责他时，他也不争辩，打就打呗。李师道则瞒天过海，顺利将刺客从长安撤了回来。

吕元膺不敢怠慢，立刻派人将訾嘉珍、门察押送至长安，并附带了一封奏疏向唐宪宗陈述情况。李纯得知真相后非常气愤，他对李师道本就观感极差。李师道是淄青节度使李纳的儿子，元和元年，李师道趁哥哥李师古去世，自立为淄青节度使。李纯当时刚即位，虽然对此不满，但也不便动兵，最终只能以淄青按两税法向朝廷交税为条件，任命李师道为淄青节度使。

但以如今的形势，李纯一时之间也无法治他。因为朝廷已经与王承宗打起来了，没个一年半载收不了手；与吴元济的交战也在持续进行中。两线作战已经让朝廷十分拮据，根本腾不出力量来对付李师道，只好暂时按下。

但天子不发威，李师道却不知收敛，他主动出兵攻打了徐州的萧县、沛县等地。所幸驻守徐州的正是武宁节度使李愿（名将李晟之子，李愬之兄），他用兵灵活，多次打败李师道，最后直追得淄青军撤到平阴。李师道见打不过，终于安分了。

平灭淄青

吴元济被处斩以后，李师道害怕了。他在判官李公度和部将李英昙的劝说下遣使长安，请求让长子去长安做人质，并将沂、密、海三州的土地献给朝廷。李纯应允，派左常侍李逊去郓州（治所在今山东省东平县）抚慰李师道。刘总、王承宗等人也顺势向朝廷服软，河北各藩镇一时全都归降于朝廷。

然而令人错愕的是，李师道随即又反悔了。他一向昏庸、懦弱，遇到事情往往喜欢与妻子魏氏以及一些家奴、婢女商议，从来不让将领和幕僚参加。

魏氏不愿意让儿子去长安做人质，就联合婢女去劝李师道："自从你父亲司徒大人以来，我们淄青一直占有十二州的土地，现在怎么能无缘无故将土地割让给朝廷呢？现在我们境内有几十万将士，要是朝廷发兵讨伐，我们就拼死抵抗。打不赢再献土地，那也不迟啊。"李师道听后也觉得是这个道理，还认为自己是被李英昙和李公度骗了，就杀死了李英昙，囚禁了李公度。

此时李逊已经抵达郓州，李师道便率全军出迎。李逊见他摆出示威的阵势，怕对方不履行承诺，于是再三好言相劝。李师道拿不定主意，就敷衍了几句，回城又与婢女们商量对策，这些人认为可以随便答应，大不了最后找借口推脱。

于是第二天李师道回复李逊道："我之前是因为父子之间的私情以及将士们的反对，才没有尽快派儿子入朝，现在让使者亲自前来，真是不好意思。请你放心回去吧，我绝不会做反复无常的事。"

李逊见李师道满口空话，知道他根本没有诚意，于是回去后就禀报天子：李师道这人反复无常，只有用兵一途。不久后，李师道果然借口军中将士不同意他割让土地和送人质，请天子谅解。

李纯当然不可能谅解，随即任命忠武节度使李光颜为义成节度使，淮西节度使马总为忠武节度使和陈、许、溵、蔡各州观察使，李愿代替李愿担任武宁节度使。然后，他命宣武、魏博、义成、武宁、横海五路人马共同讨伐李师道；宣歙观察使王遂为供军使，专门负责前线各路官军的后勤补给。

此时淄青军中，大多数人都是反对以武力对抗朝廷的，其中贾直言尤其激进，他口头劝说李师道无果，又画了一张李师道被绑在囚车里、妻儿被擒拿的画，最后甚至抬着棺材进行尸谏。李师道恼羞成怒，囚禁了贾直言。

不久，魏博节度使田弘正从杨刘渡过黄河，在距离郓州四十里的地方安营扎寨，让郓州军民大为惊骇。随后，田弘正与李光颜一道大破淄青军，生擒了淄青都知兵马使夏侯澄等四十七人，但李纯将这些人全部释放，并表示自己此次只诛李师道一人，其他人等概不问罪。消息传出后，每天都有人主动到官军营中请降。

很快，沧州节度使郑权在齐州大破淄青叛军，斩杀五百多人；李愬与兵马使李祐在鱼台大破叛军三千人；李光颜在濮阳大破叛军；田弘正在东阿大破淄青叛军五万人。

郓州四面楚歌，城内日渐紧张。李师道过得战战兢兢，每次听说手下打了败仗或者某个小地方丢了，都会被吓得生病，以致于身边人都不敢告诉他战败的消息。当李愬连续十一次击破淄青叛军，并攻克了兖州重镇金乡后，兖州刺史屡次派人告急，但都被李师道身边的人拦住，不予通报。后来直到去世，李师道都不知道金乡丢了。

这段时间，李师道在郓州只做了两件事，其一是抢修郓州城防。官军离郓州越来越近，他内心惶恐，就征召民夫修葺城墙。因为赶时间，民夫不够用，他就让女人们也出来一起修城，导致百姓怨声载道。

其二则是计划除掉淄青都知兵马使刘悟。刘悟是平卢节度使刘正臣的孙子，为人宽厚，在淄青军里威望很高，被士兵们尊称为"刘父"，这让李师道十分嫉恨。朝廷开始讨伐淄青以后，刘悟率领一万多人驻守在阳谷，但没能抵挡住田弘正率领的魏博大军，屡次出战都被击败。于是就有人向李师道进谗道："我听说刘悟在前线从来不认真备战，每天只想着如何收买军心。恐怕他有反叛之心，我们应该早早防备。"

李师道有心除掉刘悟，就借口商议军情把后者叫到郓州来，准备寻机杀掉。但他这个计划遭到手下幕僚的反对："现在朝廷大军正从四面八方攻击淄青，刘悟又没有谋反的迹象，如果仅凭猜测就杀了他，到时诸将都不肯为你效力了。"李师道没办法，就留着刘悟在郓州住了十天，然后放他返回阳谷。

李师道自以为没有让刘悟察觉，其实刘悟早就心知肚明了。早在刘悟率军去阳谷之前，李师道怕刘悟倒戈，就把对方的儿子刘从谏任命为门下别奏，留在郓州做人质。刘从谏也不白留下，他特意与李师道的家奴们交好，于是从这些人的口中得知了李师道的计划，然后赶紧告诉父亲。刘悟回到阳谷后，看似一如往常，但暗地里已经开始准备回击了。

刘悟走后，李师道这边又有人劝他："刘悟这人狼子野心，早晚会造反。不趁现在杀了他，以后肯定会后悔。"毫无主见的李师道又被动摇了，他派两个亲信执其手令前往阳谷向行营兵马副使张暹下令，要张暹杀死刘悟，然后暂时代替后者领兵。

两个使者到达阳谷军营时，刘悟正好不在，他们乘机向张暹秘密传达了李师道的命令。哪知张暹是刘悟的至交好友，他接到命令后心中一惊，但面色如常地稳住使者道："刘悟从郓州回来以后，已经有所防备，现在想对付他已经不容易了。我看不如这样，你们先在营中休息，我赶去报告刘悟，就说李司空派人来慰问将士，并要大赏部下，请他回军营受赏。刘悟听后肯定会回来，到时我们再找机会杀他。"

得到使者同意后，张暹赶紧拿着李师道的手令飞马去见刘悟，把李师道的阴谋和盘托出。刘悟也是大惊，没想到李师道这就要动手，于是也不迟疑，趁消息尚未外泄斩杀了两个使者。

天擦黑时，刘悟骑着马缓缓回到军营，然后沉重地坐进中军营帐。他在四周埋伏下重兵后，才召集众将前来议事。众将到达后，刘悟声色俱厉地说："我和你们不顾死活在前线抵挡官军，自问没有对不起李师道的地方，现在他却听信谗言派人前来杀我。我一个人死了不要紧，只怕到时候牵连你们一起被杀。再说，当今天子正发兵大举进攻淄青，李师道败亡是早晚的事。天子有言在先，此行只诛杀李师道一人，我们又何必陪他灭族呢？我打算连夜带人返回郓州，听从天子的命令，杀死李师道归降朝廷。这样做，我们不但可以避免死亡，还可以获得富贵，你们觉得怎么样？"

众将面面相觑，谁都不敢先开口。淄青兵马使赵垂棘思考良久，他的家人都在郓州，不得不考虑他们的安危，于是率先问道："我们此行能不能成功？"刘悟不高兴地骂道："你不跟我们一起行动，难道是想和李师道做同谋吗？"说完就让人把赵垂棘拖下去砍了。随后，刘悟挨个询问其他将领，只要略有迟疑就拖出去斩首。他还借机把平时令士兵们厌恶的三十多个将领也杀了。其余将领再不敢多说，纷纷表示愿意跟随刘悟一起行动。

为了不引起离他们不远的魏博节度使田弘正误会，刘悟特意让人送了一封信给田弘正，向对方详细说明了自己的计划，并与其约定："如果我此行事成，就会在城里燃起烽火；如果城中有防备，我没能成功，还希望你出兵相助。事成之后，功劳算你的，我只求活命。"对于田弘正来说，这是个只赚不赔的买卖，于是他爽快地答应了。

刘悟得到田弘正的承诺后，连夜向士卒宣布道："此行如果能攻入郓州，你们每人可以得到赏钱一百缗。但是，军需府库你们不能抢夺。李师道及其他逆党家中的财物，你们可以随便抢，有仇的也可以乘机报仇。"众将士听后大喜，全部应诺。

随后，刘悟下令让士兵们饱餐一顿，于半夜敲响三通鼓后出发。上路后，人衔枚，马缚口，若遇到行人就抓起来一同上路，所以沿途的淄青军队都没有听到任何动静。刘悟率军到达郓州城外几里处时，天还没有亮。

刘悟琢磨了一路，觉得夜袭强攻郓州代价太大，还是得智取。他先派了十个人到郓州城下，声称"刘都头奉李司空手令入城"。守城的士兵听后不敢怠慢，一看城下果真是刘悟的士兵，便赶紧打开城门。哪知这十人进来就拔刀，一连砍死了好几个守城门的士兵，其他人都被吓得抱头鼠窜。

刘悟乘机带人杀入城中，郓州城顿时大乱，他们轻轻松松就攻进了内城。李师道缩进牙城坚守，但牙城很小，里面只有他和几百个亲兵。刘悟仗着人多势众，直接纵火焚烧城门，然后由勇士手持大斧将城门劈开，大军一拥而入。牙城里刚开始还有人放箭抵抗，后来见刘悟的人马越来越多，只能放下武器投降。

刘悟找了一圈，没有发现李师道，便下令其他人也四处寻找，最终他们在床底下揪出了李师道及其两个儿子。随后，刘悟下令将李师道父子押到节度使府前的空地上，然后故意让人取笑他们："刘都头奉了天子密诏，打算送您去长安面见天子，不过你们这个模样，有什么脸去见天子呢？"李师道已经吓得说不出话了，不停地叩头，希望能保住性命。倒是他的儿子李弘方更为硬气，大声喊道："事已至此，求饶有什么用，只希望能快点死。"随后，父子三人都被杀死。

紧接着，刘悟杀了与李师道一同叛乱的人，释放了李公度和贾直言，又让左右都虞候带人在城中巡逻，严禁士兵们抢劫。郓州城渐渐安定下来之后，刘悟派人将李师道的首级送给田弘正，并正式请求归降。田弘正白捡了一个功劳，赶紧派人上报朝廷。

至此，自唐代宗李豫时代起就雄踞山东的藩镇淄青被平定，这也重振了大唐雄风，史称"元和中兴"。然而令人遗憾的是，李纯在平定李师道之后，也渐渐耽于享乐起来，所以这个"中兴"不过是昙花一现，令人扼腕。

第九章

昙花一现

功亏一篑：河北三镇复叛

幽州复叛

元和十五年（820 年），唐宪宗李纯死于中和殿，年轻的李恒（唐穆宗）即位。虽然唐宪宗在生命的最后两年里不思进取、劳民伤财，但他依然给李恒留下一副好牌：淄青的李师道、淮西的吴元济被灭；田弘正代替田绪的孙子田怀谏担任魏博节度使，之后归降于朝廷，在讨伐诸藩镇的行动中格外卖力；幽州的刘怦代替朱滔担任节度使后，相当顺服，刘济、刘总父子俩也是尽心尽力地为朝廷出兵；成德的王承宗虽然跟朝廷打过两次，但名义上也归附了朝廷。一时天下间竟找不出一个反叛朝廷的藩镇来。

李恒即位后，就连不怎么服管的王承宗也很快病死了。王承宗死后，成德众将拥立王承宗的弟弟王承元担任节度使，但王承元死活不肯，甚至不愿意担任留后，他坚持上书请天子另外派人来担任节度使，而自己将前往长安。

李恒当然非常高兴，要知道成德之前一直不服从中央，现在可是主动表达了臣服。于是他将魏博节度使田弘正调任为成德节度使，让王承元担任义成军节度使，原义成军节度使刘悟则调任昭义军节度使，昭义军节度使李愬调任魏博节度使。鉴于此次田弘正任务最是艰巨，李恒又把田弘正的儿子田布任命为河阳节度使，暂时稳住了河北的局势。

惊喜还在后头。第二年刚过完年，卢龙节度使刘总也请辞了，他表示自己要出家，请天子派人前去接管卢龙。刘总怎么会突然想出家呢？其实他当年是杀死父兄上位的，后来就老梦见两人的冤魂找他报仇。刘总吓坏了，请了一帮僧人在他房间外日夜念经，希望能驱邪避祸。但他的内心始终无法安宁，且随着年龄增长，他变得越发不安，就有了出家的念头。听说刘总顿悟，李恒都有些不敢相信，他一面赐予刘总法号"大觉"，一面又送去了天平节度使的旌节和侍中的任命书，让对方自己选择。刘总毫不犹豫地选择了前者。

离开之前，刘总还非常厚道地将手下几个素来难以压制的骄兵悍将——以都知兵马使朱克融为首的一批人打包送去了长安，让朝廷给他们安排官职。

随后他建议朝廷按以下方式处置幽州：将其分成三部分，幽、涿、营三州为一部分，由张弘靖担任节度使；平、蓟、妫、檀四州为一部分，由平卢节度使薛平担任节度使；瀛、莫两州为一部分，由京兆尹卢士玫担任观察使。

刘总这么安排是很有考量的。张弘靖担任河东节度使期间，深受部下拥戴，所以推荐他担任幽州节度使；河朔地区的情况张弘靖可能不了解，那就让薛嵩的孙子薛平管理幽州一部分州，协助张弘靖安定幽州；至于卢士玫，他是刘总的亲戚，让他象征性地领两州，是为了安抚刘氏一族。

随后，刘总不待天子正式下令，就留下了节度使的旌节、印信，自己飘然而去。（他走到定州就忽然去世了，死因不明。）

然而刘总为朝廷一番苦心谋划，到头来竟是白费工夫。李恒整天饮酒作乐，只信任宰相崔植、杜元颖，但这两人又没什么本事，体会不到刘总种种安排的深意。为了捧高张弘靖，他们只把瀛州、莫州分给了卢士玫，而把其他州全部交由张弘靖统领；朱克融等人来到长安后，崔植、杜元颖也不安排给他们一官半职，一度让这些人连饭都吃不上，最后想起来了又把几人全部打发回了幽州，让朱克融等人自此非常怨恨朝廷。

张弘靖虽然担任过河东节度使，但终究是文人出身，他身上很多习惯与河朔风气格格不入，这也是刘总最担心的地方，所以才指望薛平也被派来幽州协助一二。幽州地处边境，是苦寒之地，历任节度使都与将士们同甘共苦。但张弘靖不一样，他依然一副名士的做派，每天八抬大轿出入，让幽州人十分反感。而且他始终按照朝廷那套规矩，十天办一次公，政事交给幕僚，以致上下级关系也不融洽。

此外，张弘靖看人的眼光也不怎么好。他重用了韦雍，但韦雍长期克扣士兵的军粮，经常鞭打辱骂士兵，甚至嘲笑没读过书的幽州将士："现在天下太平，你们就算能拉开两石弓又能怎么样？还不如认识一个'丁'字。"（即成语"目不识丁"的典故。）士兵们格外痛恨他。

一次韦雍外出，一个小将不小心冲撞了他的仪仗队伍，他就命人把这个小将拖到大街上实施杖责。河朔将士向来厌恶杖责，拒绝执行此刑。韦雍把这事上报给张弘靖，张弘靖也没意识到幽州士兵们的抵制情绪，只让人逮捕那个小将治罪。这一下，幽州士兵们长期积蓄的不满情绪爆发了。

他们连夜冲进了节度使的府邸，囚禁了张弘靖，杀死其幕僚韦雍、张宗元、崔仲卿等人。第二天士兵们冷静下来以后，自觉闹得太过分了，又去向张弘靖请罪，但张弘靖不肯原谅他们。于是他们决定另外找一个人做统帅，就选中了幽州老将朱洄。朱洄是谁呢？他的父亲正是以前称雄河北的朱滔。不过朱洄此时已经年老，不愿担任留后，就让儿子来。那他的儿子是谁呢？正是让刘总放心不下的刺头朱克融。

李恒接到幽州兵变的消息后，匆忙调刘悟前去担任卢龙节度使。但此时朱克融已经担任留后，刘悟又不傻，哪里肯接这烫手山芋。无奈之下，李恒只得任命朱克融为节度使。

河朔大乱局

幽州兵变后不久，成德也出事了——田弘正死了。

田弘正长期与成德交战，与成德人结下了深仇大恨。他被调任为成德节度使后，唯恐遭到报复，就带着两千魏博兵前往上任，让这些人留在成德保护自己。但这样一来产生了一个新的问题：这两千魏博兵属于魏博编制，成德军的粮饷自然没他们的份。于是田弘正屡次上书请求朝廷给这两千人特殊对待。偏偏户部侍郎、判度支崔倰是个死脑筋，也没一点儿远见，认为魏博、成德都有自己的兵，不能开这个先例，屡屡拒绝了田弘正。没办法，田弘正只得把这些人全部遣回魏博。

当时田弘正的兄弟、儿子、侄子等亲人住在长安、洛阳，这些人生活奢靡，每天要花二十万钱，田弘正不断从成德、魏博运送钱财到两京供他们挥霍，让河北的将士很是看不惯。更糟糕的是，李恒此前答应要赐给成德将士一百万缗钱，但因为崔俊的阻挠，迟迟没有兑现。

成德都知兵马使王廷凑（又作"王庭凑"）把一切看在眼里。他是回纥人，早就有心起事了，只不过之前有两千魏博兵在，不敢冒险。如今机会来临，他立刻煽动成德将士作乱。他带人连夜冲进节度使府邸，杀死了田弘正等人，然后自称留后，并让监军宋惟澄替他向朝廷上奏，请求赐给节度使旌节。

成德兵变的消息传到长安后，朝廷一片哗然。李恒也很气愤，立刻下诏讨伐成德。最早响应的是魏博节度使李愬，他在听到田弘正遇害的消息后就身穿丧服对手下众将士道："魏博人之所以有现在安定的生活，全是因为田公归降了朝廷。现在成德人杀了他，这是轻视我们魏博，以为我们没有人才可用。各位都深受田公大恩，难道不该以死相报吗？"众将士心有所感，纷纷表示要为田弘正报仇。

当时，成德大将牛元翼正担任深州刺史，李愬就派人给他送去宝剑、玉带，并告诉他："我的父亲李晟曾经用这把宝剑平定朱泚之乱，我也用它平定了吴元济之乱。现在，我把它送给你，希望你能用它灭掉王廷凑。"牛元翼非常感动，他把宝剑放在军中时时展示，并表示自己愿意以死追随李愬。

然而就在出征前夕，一代名将李愬病逝。李恒只好让田弘正的儿子田布担任魏博节度使，田布推辞未果，只能赴任。为了获取人心，田布抵达魏州前，离着三十里远的地方就开始散发赤脚、悲痛哭号，然后以这样的落魄之姿一直跑进魏州城，从而博取了魏州军民的同情。抵达魏州后，田布每天住在垩室为父服丧，不但不要俸禄，还将家产变卖了十几万缗钱全部赏给将士，终于得到了魏博将士的支持。

　　魏博尚在走马换将，幽州、成德已经磨刀霍霍。朱克融先后攻下瀛洲、莫州，生擒了卢士玫；王廷凑则派人杀死了冀州刺史王进岌，夺下了冀州。之后，他们又将矛头指向深州，不过在牛元翼的坚守下，深州尚未被攻陷。

　　李恒当然不可能容忍这种事情。他一口气派出魏博、横海、昭义、河东、义武五路兵马前往讨伐朱克融、王廷凑，并让裴度担任幽州、镇州两道招抚使。但成德、幽州两股叛军势力强大，各路官军大多只是观望，并不敢贸然前进，所以进展十分缓慢，打了两个月，也只赢过两次小仗。

　　除此之外，朝廷派出的监军们把控着各路官军的兵权，他们将骁勇的士兵全都挑选出来保护自己，只把老弱病残留在前线。这些人喜欢指手画脚，随意制订方针，加上李恒也不考虑前线的实际情况，老在后方瞎指挥——这样还怎么可能打胜仗呢？

　　相比之下，当时只有横海节度使乌重胤、魏博节度使田布能略有进展了。然而乌重胤也被人使了绊子。当时他率领全军从东南方向出发，前往救援被重重围困的深州，不想惹来了叛军主力。令他错愕的是，其他各路人马居然就这么看着他独自抵挡叛军，毫无过来帮忙的意思。乌重胤久经沙场，以他的经验来看，单凭自己这支人马不可能打赢成德、幽州两路大军，只好也停下来观望。然而立即就有人向朝廷告发他逗留不前，李恒不分青红皂白地将他调任山南西道节度使，改让深州诸道行营节度使杜叔良接任横海节度使。

　　然而杜叔良不过是个靠巴结太监才升官的庸人。他担任横海节度使以后，每次与叛军交战都会失败，到最后成德叛军捡着软柿子捏，经常主动攻打他。后来在博野的一战，杜叔良大败，全军阵亡七千多人，他连自己的节度使旌节都丢了。李恒这时才察觉用错了人，赶紧让名将李光颜顶替。

　　久战不胜，朝廷先撑不住了。唐宪宗李纯晚年时大肆挥霍，李恒即位后也不节制，这些年国库早就捉襟见肘，此时更是一丁点儿也拿不出来了。李恒与崔植、杜元颖商议后决定：赦免朱克融，只讨伐王廷凑！其理由也非常荒唐：朱克融没有杀人，而王廷凑杀了田弘正，他的罪名更重。

　　事实上，就算只对付成德，他们也毫无胜算。朝廷好不容易凑了六百车粮草准备运去沧州，才走到下博就被成德军抢走了。这样一来，前方军队的补给越发困难，稍微孤军深入，都会陷入饥寒交迫的境地。

　　田布率领三万魏博大军讨伐成德，一直驻扎在南宫县（今河北省南宫市），但很长时间都没有动静。因为自魏博归降朝廷以来，以往每次出兵，朝廷都会负责后勤补给并给予赏赐，但这次什么也没给，将士们自然积极性不高。偏偏李恒还多次派人催他们前进，让魏博将士十分排斥。更糟糕的是，才下了第一场大雪，补给就完全跟不上了，田布不得不征收魏博六州的赋税用作军需。这下魏博兵大闹起来："按照以往的惯例，我们讨伐敌人，补给全由朝廷提供。现在田尚书你搜刮六州的财富用作军需，您倒是克己奉公了，但六州百姓为什么要遭这份罪？"

　　长久以来，魏博一直与成德、幽州站在同一战线。成德、幽州相继兵变之后，魏博人的心思也动了。田布有一个部将名叫史宪诚，是田布一手提拔到先锋兵马使的位置上的，手下全是精锐。可惜田布不擅驭下，史宪诚这人野心又大，他煽动扩大魏博兵的不满情绪，导致士兵们对田布也非常不满。当李恒下令让田布分一些魏博兵力给李光颜时，魏博兵纷纷逃散，大多归附了史宪诚。田布这下子也傻眼了，只得带着八千中军返回魏州。

　　回到魏州以后，田布依然想出兵为国效力，于是再次召集部将商讨出兵，然而魏博诸将均不支持："田尚书如果依照以前河朔的惯例割据，我们肯定以死跟随；但要让我们为朝廷讨伐成德，我们绝对不能服从。"田布见约束不了他们，自己的抱负又无法实现，只好在父亲灵前自杀。

　　田布一死，史宪诚当即宣布自己将遵循河朔旧例，再次割据一方。魏博兵欢欣鼓舞，将他推举为留后。李恒接到消息后无可奈何，只好把史宪诚任命为魏博节度使。此后魏博表面上仍归附朝廷，实际上俨然与成德、幽州一体，朝廷再有出兵命令，它一概置之不理。

　　而此时，深州的局面已经危如累卵。牛元翼坚守了很久也没有等到援兵，兵力和粮草日渐耗尽。其实各路官军也想前去救援，只因缺乏粮草，无法成行。士兵们每天只能领到一勺陈米，还要出去砍柴，这仗还怎么打？哪怕是名将李光颜，此时也只能闭营防守了。

最终李恒不得不放弃讨伐成德，并任命王廷凑为成德节度使，其余成德将士全官复原职。随着幽州、成德、魏博再次叛乱，元和中兴的成果大多变成了泡沫，唐朝直到灭亡都没能再真正控制河朔地区。

欲振乏力：唐文宗平定李同捷之战

出兵横海

太和元年（827年），李昂（唐文宗）刚刚即位，长安迎来了两位非常特别的客人——前横海节度使李全略的两个儿子李同志、李同巽。他们可不是自愿来的，而是被哥哥李同捷派人送到长安来做人质的。李同捷希望借此与朝廷和解，以换取任命。

事实上，李同捷已经自立为横海留后已近一年了，起初唐敬宗李湛想讨伐他，却又没这个能耐，只好装聋作哑，既不承认，也不否认。然而唐敬宗可以装作不知道，李同捷却不能长期没有朝廷册封的名号。横海军地处河北，周围都是藩镇，他没有名号，这块地盘就会遭到其他藩镇惦记，更何况他家在横海的根基也不深。

说起前任横海节度使李全略，他本名王日简，原是成德节度使王武俊手下的一个小将。朝廷和王承宗开战时，王日简归降了朝廷，随即被任命为代州刺史。后来田弘正在成德遇害，唐穆宗李恒看王日简以前是镇州将领，对当地风土人情比较了解，就调任他为德州刺史参与平叛。后来时任横海节度使杜叔良被免职，王日简就捡了漏，成为新任横海节度使，并被天子赐名"李全略"。

实际上，李全略也不是什么好人，他眼红横海军下辖的棣州刺史王稷的丰厚家产，就杀了王稷全家。不过后来仿佛遭到报应一般，他很快就病死了。

随后李同捷自封为横海留后，开始贿赂周围的节镇，希望他们能帮自己说话。可惜，钱花了，几个节度使也替他上疏陈情了，但唐敬宗死活不肯赐给他节度使的旌节。唐敬宗死后，新帝即位，李同捷便迫不及待地再次请求朝廷册封，为此还不惜把两个弟弟都送去了长安。在他看来，李昂是刚即位，还是被太监拥立的，肯定不会与自己开战。

然而他没料到，李昂志向高远、一心复兴，并不甘心将横海节度使的旌节赐给他。但李昂也确实考虑了他的诚意，于是下令由天平节度使乌重胤担任横海节度使，李同捷转而担任兖海节度使。因担心河南、河北各藩镇与李同捷一起闹事，李昂又加封魏博节度使史宪诚为同平章事，加封卢龙节度使李载义、平卢节度使康志睦、成德节度使王廷凑三人为检校官。

乌重胤以前做过横海节度使，自然愿意重归故地。但李同捷可就不情愿了，他一直都在横海经营，离开了横海，岂不是任人宰割？于是他借口横海将士不让自己走，上疏婉拒了天子的任命。

这一下，武宁节度使王智兴高兴坏了。他早就想跟横海打一场了，只是没有出兵的借口。如今机会来了，他赶紧上书自请率三万武宁军并自备五个月粮草前去讨伐李同捷。李昂自然不会拒绝，他担心王智兴兵力不足，还让乌重胤、康志睦、史宪诚、李载义、李听、张播一同出兵。

李同捷傻眼了，赶紧让儿子、侄子等人携带珍宝、美人前去贿赂河北各藩镇，希望他们能与自己一起对抗朝廷。哪知他的侄子去见卢龙节度使李载义时，对方立即绑了来人，连同礼物一起送到长安交给天子发落。

这得怪李同捷没调查清楚，李载义的节度使之职来得不正，还指望朝廷扶持呢。李载义虽是皇室后人，但家族早已没落，早年他一直只是幽州军中的一员普通将领。宝历二年（826年）幽州兵变时，节度使朱克融和长子朱延龄被杀，次子朱延嗣被拥立为节度使。但朱延嗣经常虐待士卒，不得幽州军人心。于是李载义带人杀了朱延嗣，然后上奏唐敬宗，随后被任命为卢龙节度使。李载义根基不稳，这时怎么会犯傻跟着李同捷一起对抗朝廷。

相比李载义可以直接撕破脸，魏博节度使史宪诚就显得尴尬多了，他与李全略是亲戚，现在李同捷反抗朝廷，自己偏偏是朝廷讨伐大军中的一员。他考虑了一阵后，有了一个主意：他一面偷偷给李同捷运送粮食物资，一面派人去长安打探情况。

重新被任用的裴度可不知道史宪诚背地里干的勾当，他在天子面前为史宪诚担保，说这个人绝对不会跟着叛乱。宰相韦处厚却不这么坚信，后来他在中书省见到史宪诚的使者，就故意说道："裴度在天子面前以全家百口人的性命为史宪诚担保，认为他对朝廷忠心耿耿。然而史宪诚对朝廷到底忠诚不忠诚，最后还得看他的所作所为。"使者很快就把这话转告给了史宪诚。

史宪诚听后非常心虚。这时他的儿子魏博节度副使史唐也哭着劝他，说为了全家，一定要听从朝廷指令发兵。史宪诚便让史唐和魏博都知兵马使亓志绍率领二万五千人前去德州讨伐李同捷。

不过，此时最尴尬的当属成德节度使王廷凑。以前三镇叛乱时，他是最后一个被朝廷赦免的，所以他一直觉得朝廷瞧不上自己，加上之前他请求朝廷赐给李同捷旌节被拒，就越发不痛快。等到朝廷讨伐李同捷的诏书下来之后，王廷凑更是气不打一处来——朝廷让魏博、卢龙以及武宁出兵，却偏偏把离横海很近的成德排除在外——这摆明是不信任他啊。

气愤之余，王廷凑索性跟李同捷结盟，他一边出兵到成德、魏博交界处，阻拦魏博军讨伐李同捷；一边派人贿赂沙陀族，希望他们做自己的外援。不过，沙陀人对此没有兴趣，就拒绝了他。

李昂本来也想讨伐惹是生非的王廷凑，但卫尉卿殷侑认为朝廷现在不宜两线作战，加上王廷凑也没有明着造反，此时还是应该不理他，专心讨伐李同捷。于是李昂只让各路人马暗中防备王廷凑。

李同捷覆灭

正牌横海节度使乌重胤率军到达横海境内之后，屡次击败李同捷的军队，但到底年事已高，很快病死于军中。李昂只好依照王智兴的建议，任命保义节度使李寰继任横海节度使。但李寰率军从晋州出发以后，路上毫不约束士卒，放任他们四处抢掠。抵达前线后他也不进军，反而不断向朝廷索要军饷。其他几路人马差不多也是这样，将江淮地区消耗一空，前线却没有什么进展。

李昂见各军拖延，自然非常生气，他把李寰和夏绥节度使傅良弼的位置对调了一下。然而傅良弼在上任的途中病死，李昂只好又任命左金吾大将军李祐担任横海节度使。李祐早年跟随李愬平定了吴元济之乱，是个既有经验又有才华的将领。他到任以后，前线情况终于有所改观，官军屡屡击败横海军，还攻下了不少地方。

王廷凑眼看李同捷的局势渐危，他有些坐不住了。但他不敢明着出兵，就偷偷派人前去游说魏博都知兵马使亓志绍，让他杀死史宪诚父子，然后自立为节度使。亓志绍被说动了，就带着两万人马回军进攻魏州。史宪诚没料到这一遭，他手下的大军全都派出去攻打横海军了，一时间魏博境内竟无人抵挡亓志绍，对方畅通无阻地进军到了永济一带。

不得已，史宪诚赶紧向天子求援。李昂当然不会放任不理，赶紧下令义成节度使李听率领沧州行营中的人马前去讨伐亓志绍，并派谏议大夫柏耆征召义成、河阳两镇军队一同前往。与此同时，史宪诚的儿子史唐听说了兵变之事，也匆忙带着魏博军赶回来镇压叛乱。在李听和史唐的夹击之下，亓志绍很快大败，只得率领残部五千多人逃到镇州投奔了王廷凑，剩下的一万五千人则向朝廷投降了。

此后，横海军更加抵挡不住了。王智兴派部将李君谋连夜率军渡过黄河，攻到了无棣附近，于是饶安的五千多名横海军赶紧投降了。不久后，李祐率军赶来，攻下了无棣、平原两县，兵锋直指德州。与此同时，北面的李载义也在长芦附近击破横海军，然后率大军包围了沧州。

李同捷见大势已去，只好派人向李祐请降。李祐便一面让部将万洪率军进入沧州代替自己受降，一面派人把李同捷的降表送去长安。事已至此，本可顺利收尾了，偏偏又生枝节。

天子之前派柏耆协助对付元志绍，命他去沧州行营抚慰各路官军，哪知柏耆拿着鸡毛当令箭，对官军众将呼来喝去，惹人厌恶。后来李同捷投降，柏耆又以怀疑他是诈降为由，带着几百个骑兵跑进沧州城乘机抢功劳。万洪代替李佑去沧州受降，柏耆就硬说万洪是收了李同捷的贿赂准备一起造反，然后将万洪杀了，随后自己带着李同捷及其家属前往长安。

柏耆空有抢功劳的贪心，却没有足够担风险的胆量。他走到将陵时，听说王廷凑准备派人来抢夺李同捷，心中害怕，就杀了李同捷，最后只将首级送去长安。

至此，横海算是平定了。但这一次讨伐行动，朝廷派出了几路人马，攻打了将近三年，耗费了大量财力，最后李同捷开城投降，也没其他任何收获，这战绩可真不怎么样。过程中，对于大张旗鼓接收魏博、横海叛军的王廷凑，李昂也只能装作没看见。更尴尬的是，因为柏耆捣乱，官军各路将领不但没感受到朝廷的抚慰，还倒产生了不满情绪。柏耆杀死万洪抢功之后，李祐被气得一病不起。这一下，官军众将忍无可忍，争相上奏揭发柏耆。李昂虽然第一时间把柏耆贬为循州司户，但终究没能从死亡线上拉回李祐。

不仅如此，魏博也出了事。

李同捷投降之前，心虚的史宪诚已经有所预感，唯恐受到牵连，就赶紧请求归顺朝廷，随后被调任为河中节度使。李昂又任命李听兼任魏博节度使，同时把魏博下辖的相、卫、澶三州割出来，由史唐担任节度使。

史宪诚接到调令后松了一口气，自以为安全了，就将魏博库存的财物全部搬了出来，准备带去河中上任。不料他这个举动惹恼了魏博众将士，愤怒的魏博士兵连夜冲进节度使府杀死了他，然后拥立都知兵马使何进滔担任魏州留后。

此时朝廷新任命的魏博节度使李听已经率军到达魏州附近，他还不知道城内发生的变故，就遭到了何进滔的突袭。李听猝不及防，被打得大败而逃，等跑到馆陶县时，军队少了一大半人，辎重则丢了个一干二净。幸好昭义军节度使刘从谏出兵救援，李听才顺利逃回了义成军治所滑州。

李昂接到消息后也是无可奈何，只好改任命何进滔为魏博节度使，又把此前分割的相、卫、澶三州还给了魏博，才勉强了结这事。

王廷凑倒是挺识时务，他杀死元志绍等人然后向朝廷请降，总算保住了天子最后一丝面子，后者简直是忙不迭地下诏赦免了王廷凑。

李昂唯一一次讨伐河北藩镇的行动就这样难堪地收了场。在以后的日子里，河北各藩镇依旧频频生变，但李昂再也没有讨伐各藩镇的勇气了。

回光返照：唐武宗平定刘稹之战

初战失利

会昌三年（843年），昭义节度使刘从谏在忧惧之中病倒了。但他缠绵病榻多日，始终不敢咽下最后一口气——他知道倘若自己就这么两眼一闭，那整个家族恐怕就再也无法保全了。他也时常黯然神伤：自己到底是怎么与朝廷走到这一步的呢？

自从父亲刘悟投降朝廷以后，昭义军一直恪守臣节，听从朝廷的指令行事，之前义成军节度使李听兵败馆陶时，还是他派人救下了李听。他最初与朝廷的关系也还算融洽，直到后来甘露之变时他多次上书为冤死的宰相王涯等人说话，并表示愿意率兵入京清除阉党，就得罪了以仇士良为首的宦官们。这些宦官开始污蔑刘从谏有谋反之心，他就和朝廷渐渐疏远了。

李炎（唐武宗）即位之后，刘从谏为了缓和与朝廷的关系，还特意寻了一匹良马献给皇上，不过被拒绝了。他当时以为是仇士良从中作梗才会这样，失望与气愤之余，就把马杀了。其实这回倒真不是仇士良给他使绊子，而是天子确实对他不喜。当年他靠贿赂王守澄等人得以割据昭义，而昭义军就紧挨长安。卧榻之侧，岂容他人鼾睡，李炎哪里容得下这么大一个威胁。

刘从谏心知以后的日子怕是不好过，于是在昭义聚敛财富、铸造兵器和盔甲，只可惜他还没准备妥当就病倒了。他拖着病体暗中将继子（同时也是侄子）刘稹任命为牙内都知兵马使，侄子刘匡周任命为中军兵马使，最后在昭义军安插了很多亲信，希望能像河北各藩镇一样实现割据。

安排完这一切后，刘从谏终于瞑目了。刘稹立刻封锁了消息。部将王协给刘稹出了个主意："我们不如按照以前刘悟死后，刘从谏承袭节度使的方式来操办。一边贿赂朝廷使者，让他们在天子面前为我们说话；一边在城中严密防备，随时做好动手的准备。不出一百天，朝廷就会送来节度使的旌节。"刘稹点头赞同，一边派人向朝廷上奏，称希望请宫中名医为父亲治病；一边逼迫监军崔士康上奏请求让刘稹担任昭义留后。

这个主意看似不错，但他们忽略了最重要的一点：当今天子不是软弱的唐文宗李昂，而是强势的李炎，他任用的宰相李德裕也是强硬派人物，他们怎么可能会妥协？所以对于刘稹的请求，李炎答复得非常明确："刘从谏看上去一时半会儿好不了，不如来洛阳养病，等病好后再安排。至于刘稹，也一起入朝任职。朝廷自然会派人接管昭义军。"

刘稹傻眼了。见瞒不过使者，他只好承认刘从谏已死。李炎得到消息后冷笑一声，立刻让刘稹护送刘从谏的灵柩前往洛阳服丧，又让刘稹的父亲刘从素写信劝刘稹老老实实按照皇命办事。但刘稹不舍得放弃昭义军节度使的位置去做一个闲官，于是拒绝服从命令。

既然如此，就只能开战了。当时，唐朝与回鹘的战争还没结束，朝廷抽不出太多人马去讨伐刘稹，于是李德裕就向天子出了一个主意：让河北三镇对付刘稹。李炎便向成德节度使王元逵、魏博节度使何弘敬下了这样一道诏书，称如果他们能扫平昭义，朝廷就承认他们割据，并允许他们将节度使之位传给子孙。王元逵的父亲王廷凑、何弘敬的父亲何进滔都是依靠兵变起家，好不容易才得到朝廷的承认，如今天子承诺允许他们的后人世袭，这个大饼实在是太诱人，他们完全无法拒绝。至于幽州的张仲武，鉴于他需要防备回鹘，李炎就没有让他出兵，只是下诏让他专心防备北方。

与此同时，李炎将忠武军节度使王茂元调任河阳节度使，与河东节度使刘沔、河中节度使陈夷行一起出兵讨伐昭义；又让武宁节度使李彦佐担任晋绛行营诸军节度招讨使，负责节制诸军；至于忠武军节度使一职，则由邠宁节度使王宰担任。

不过让李炎预料不及的是，第一个掉链子的竟然是他原本最看重的李彦佐。按照计划，李彦佐需要在七月份与王元逵、何弘敬、刘沔、王茂元同时向昭义发起进攻，但他从徐州出发之后，一路上不但行动迟缓，还不停地请求朝廷赦免刘稹。李炎很是气恼，于是任命天德防御使石雄前往李彦佐军中担任晋绛行营节度副使，以此架空李彦佐。

相比之下，还是王元逵这一路表现最为积极。朝廷的命令刚一下达，王元逵就带人攻入了尧山（今河北省邢台市隆尧县尧山），大败昭义军。

而王茂元也不怎么争气，他率军到达科斗店（今山西省晋城市南）时，被薛茂卿带领的昭义叛军打败，河阳大将马科等人被俘，叛军一度打到了距离怀州只有十多里的地方。

至于何弘敬，更是懒怠不已。他接到命令后几个月都没有前进过一步，还不断上疏为刘稹说情。王元逵对他非常不满，要求朝廷连他一起收拾了。当然朝廷不能眼睁睁看着何弘敬加入叛军一方，于是李德裕就向天子出主意说，可以向何弘敬下令，佯称忠武军节度使王宰要出兵前去讨伐昭义，希望能从魏博借道。何弘敬听过"假途灭虢"的故事，自然不敢放王宰进魏博，但也不能明着违抗皇命，最后只好硬着头皮出兵攻打昭义。短短一天时间，魏博大军就渡过了漳水，直奔磁州。

但总体来说，南线的战况并不理想。王茂元原本疾病未愈，兵败之后又士气低落，他便退到万善（今河南省沁阳市东北）防守。刘稹看到了机会，立即派部将张巨、刘公直率领五千人向万善进发。

按照计划，张巨和刘公直应该在万善南面的雍店（今河南省沁阳市北二十四里新店）与薛茂卿合兵，之后再一起攻打万善。但在经过万善时，张巨得到了万善兵力空虚的消息，就动了自己独占功劳的念头。他也没有通知刘公直、薛茂卿等人，擅自带领所部去攻打万善。

事实上，万善的守备的确空虚，张巨在即将攻陷它时非常自信，他估摸刘公直等人来不及赶来抢功了，才派人去通知他们。然而关键时刻，义成军赶来救援，重新稳固了万善的防线。

令人目瞪口呆的是，明明已经扭转了颓势，官军主帅王茂元竟然还试图弃城而逃。都虞候孟章拉住他的马劝道："敌人现在来的只有一部分人，另一半还没有来，他们久攻不下，肯定会撤退。义成军刚刚才到，他们连饭都没吃。你要是跑了，他们肯定会跟着溃逃。到时生死难料，不如留下坚守。"王茂元被他说动了，姑且定下心来防守。

事情的发展果然如孟章所料，到了晚上，张巨还没攻下万善，但刘公直等人并未前来支援他，张巨只好率军沿着太行山撤退。就在撤退的路上，因为天黑且下着小雨，张巨所部听不真切，慌乱中竟以为官军追来了，吓得纷纷夺路而逃，人马自相践踏，无数人被挤下山崖摔死。

在这之后，刘公直等人也觉得不可能攻下万善，便撤回了天井关。

此战过后，李炎意识到王茂元没有指挥打仗的能力，就用王宰代替了他。与此同时，石雄也赶到了李彦佐军中替代后者直接担任晋绛行营节度使，并于第二天率军从翼城出发，越过乌岭，攻破昭义军五个营垒，杀敌数以千计。

当时，因王宰、刘沔均停留原地观望不前，石雄的主动出击让天子甚为满意，李炎特意给予了他极为优厚的赏赐。石雄也很会笼络军心，将这些赏赐全部放在军营门口分给众将士，自己仅按照普通士兵的待遇拿走了一匹布。这样一来，众将士更拥戴他了。

昭义的末日

科斗店之战中，昭义大将薛茂卿立了大功，他以为自己能得到升迁赏赐，不料最后什么都没捞着。至于刘稹为什么不愿意给他赏赐，原因也相当荒唐：有人说朝廷不肯封他为留后，是因为薛茂卿之前杀死了太多官军，惹恼了朝廷。这种毫无凭据的说辞，刘稹居然信了。

薛茂卿忍不下这口气，就写信给王宰，与他密谋归降朝廷。不久后，王宰出兵攻打天井关，薛茂卿象征性地出关打了几轮，然后带着人一溜烟撤到泽州，就这样把险地天井关拱手送给了王宰。天井关一丢，驻扎在天井关东西两面的刘稹所部也待不住了，只好跟着撤走，王宰便乘机攻占了大小箕村。

薛茂卿来到泽州后，又打算故技重施，暗中写信让王宰来攻取泽州。但王宰迟疑了，没有出兵。薛茂卿不知道，王宰的儿子王晏实当时就在刘稹手下担任磁州刺史，王宰为了儿子，不敢做得太明显，以免激怒了刘稹。但刘稹还是很快得知了薛茂卿的所作所为，找借口把后者骗回潞州杀了，然后让刘公直去防守泽州。王宰这时才开始进攻泽州，结果大败，随后天井关也没守住，被刘公直夺了回去。当然王宰很快又卷土重来，再度获胜。不过走到这一步后，他再度停了下来。

李德裕眼睛雪亮，立即看出了其中门道。他知道王宰之所以不进军，一是担心儿子遇害，二是与石雄不和。王宰的父亲王智兴在世时，曾与石雄发生过摩擦，就想办法把后者踢出了武宁军，从此两家不睦。如今石雄就在潞州城外一百五十里的地方，潞州距离泽州也就二百里，王宰要是攻破了泽州，吸引走了潞州的昭义大军，最后就轮到石雄捡便宜。

李德裕既然能猜到王宰的想法，自然也有应付的对策。他请天子调刘沔为河阳节度使，并让他率领义成军两千精兵攻打万善。王宰担心功劳被刘沔抢了，只好赶紧带人攻击泽州。

碰巧此时昭义军内部正发生内乱呢。刘稹年少懦弱，就把所有事情都交给王协、李士贵两人处理。而这两人掌权后疯狂聚敛财货，又不愿意分出一

554

丁点儿给昭义将士们，自然遭人怨恨。刘从谏的未亡妻裴氏知道这一情况后，就劝说刘稹把裴问从邢州召回来管理各事务。李士贵自然不甘心被夺权，就对刘稹说："现在太行山以东的军事全部需要依靠裴问，如果召他回来，邢、洺、磁三州只怕会丢。"刘稹不知实情，以为裴问对太行山东面果真这么重要，就没有调他回来。但没隔多久，裴问竟归降了朝廷。

这是怎么回事呢？事情要从王协的敛财之法说起。他向刘稹建议对商人征税，并且每个州都派一名军将前去主持税收工作。当然，名义上是征商税，实际上是把百姓的财产登记造册，然后按照估价征收十分之二的税。主持税收的军将为了多收取一些税钱，自然是故意往高估价，令百姓苦不堪言。

当时被派去邢州收税的军将名叫刘溪，此人素来残暴，刘从谏知道他人品不佳，从来不用他。但刘从谏去世后，刘溪靠贿赂王协等人获得了重用，还被派去邢州收税，因为邢州富商多，能收的钱也多。刘溪过去之后，立即就把所有商人抓了起来，强制收税。

裴问手下有一支五百人的精兵队伍"夜飞将"，士兵大多是富商子弟。他们见父兄被抓，赶紧向裴问求助。裴问就去向刘溪求情，希望刘溪能把富商们释放了。谁知刘溪不但不放人，还出言羞辱裴问。裴问很愤怒，回去与邢州刺史崔嘏商量后，斩杀了刘溪，开城归降于朝廷。

裴问的举动让守卫洺州的王钊也受到了感召。王钊原来是王协推荐上来的，但他深得军心，部下大多只愿意听从他而不屑听从节度使，所以早有人怀疑他有贰心，让刘稹赶紧找人换掉。王钊接到刘稹召他的消息，推说自己在洺州还没立下功劳，不好意思回去，希望多留几个月，待立下功劳再回。刘稹觉得再多等几个月也不碍事，就同意了。

然而变故很快就发生了。之前刘稹曾许诺要赐给洺州士兵每人一匹布，但后来又下令说，要用这匹布抵销今年的冬赐。士兵们自然不干，纷纷嚷嚷起来。王钊乘机对他们说："留后年纪还小，这命令肯定不是他下的。据我所知，他的府库财货充足，多到可以支付昭义军十年的用度。但他不肯拿出一星半点儿赏赐士兵，我们就不能再听从他的命令了。"接着王钊打开府库，赐给每个士兵一匹绢、十二石谷子，然后带着洺州城向何弘敬投降了。

转眼之间，太行山东面三州就只剩下磁州了。磁州守将见状，知道自己肯定守不住，索性也开城向何弘敬投降了。

接到邢、洺、磁三州归降朝廷的消息后，潞州人心惶惶，不少人开始准备另谋生路，大将郭谊与王协也商量着找机会杀掉刘稹，然后向朝廷投降。不过，他们有一个巨大的障碍：刘稹的堂兄刘匡周是中军兵马使，手握重兵，如果想杀掉刘稹，就必须先除掉刘匡周。

于是郭谊就对刘稹进谗道："现在刘匡周坐镇帅府，诸将都不敢说话，因为怕得罪了刘匡周而获罪，导致丢了山东三州。我认为，应该阻止刘匡周再进入帅府，这样诸将就敢说话了，那时候集思广益，肯定能想出好办法对付官军。"

刘稹听信了他的话，立刻示意刘匡周称病，暂时别来了。刘匡周非常生气："因为有我坐镇，诸将才不敢有别的图谋。如果我离开，刘氏一族必定会完蛋。"刘稹不听，他坚持要刘匡周回家，刘匡周只得依从。

郭谊赶走刘匡周后，又让刘稹的亲信董可武去给刘稹下套："山东三州的叛乱，是你的五舅裴问发起的，现在闹得潞州人心惶惶，你打算怎么办呢？"

刘稹答道："现在潞州还有五万士兵，我肯定只闭城坚守。"

董可武摇头道："你这样也免不了灭亡，不如把自己捆起来归降朝廷，你至少还能做个刺史。至于留后，你可以暂时让给郭谊。等他得到旌节后，你就可以带着族人和财产一起前往洛阳，这样就能保全大家了。"

刘稹听了非常感动，以为董可武是真心为自己谋划，于是马上把郭谊叫来一起商量降唐的相关事宜。裴氏听说后，委婉地劝刘稹应先慎重考虑再做决定，但刘稹第二天就任命郭谊为都知兵马使，接掌兵权。王协则乘机拉拢众将投靠郭谊。

李士贵觉察出了不对，带着几千人马想要杀了郭谊和王协，但反被击败，他本人也被斩杀。当天夜里，郭谊就将潞州城内忠于刘稹的将领全部替换了，从而完全控制了潞州。

第二天，郭谊让董可武去邀请刘稹赴宴，刘稹对即将发生的危险毫无所觉，欣然赴约，当即在宴会上被杀。紧接着，郭谊又派人在城里四处搜捕并杀害刘氏宗族，然后带着这些人的头颅向朝廷请降。

不过，郭谊并没有逃过被斩杀的命运。李炎等人看得明白，他和王协才是刘稹叛乱的罪魁祸首，且在关键时刻背叛刘稹，这样的人怎么能留下，于是下令砍了两人。此后，昭义军再次回归朝廷，而这也是大唐帝国最后一次讨伐藩镇取胜。

第十章

丧钟响起

金甲满城：黄巢起义

唐末大起义

乾符元年（874 年）年底，李儇（唐僖宗）听闻濮州人王仙芝聚集了数千人在长垣县（今河南省长垣市）举事，但他并未对这件事投入太多关注，毕竟这些年来大大小小的起义太多了，根本管不过来。

唐朝走到如今这地步，也不是一天两天形成的。会昌年间一度回光返照，但它终究没有迎来新生。至于后来——

唐宣宗李忱虽有"大中之治"，但不过是凭借个人强硬手腕暂时压制住矛盾的结果，晚年他对江淮一带颇为压榨，更是由此埋下了祸根。他去世当年，浙东就爆发了以裘甫为首的农民起义。虽然这次起义最终被平定，但大唐的赋税重地江浙一带承受了严重的经济打击。

接下来即位的唐懿宗李漼则昏聩无能，耗空国库，导致百姓生活越来越困苦。唐懿宗统治末年爆发了桂林兵变，乱兵首领庞勋带着仅八百个士兵，竟能从桂林一直杀到徐州，沿途没有任何官军可以阻挡。尽管庞勋之乱最终被各节度使联手镇压，但唐朝衰弱的本质暴露无遗。

李儇即位后，局面非但没有好转，反而越发恶化。他登基时年纪尚小，所有国家大事不得不依靠大臣来决断。时逢关东地区连年遭受水旱灾害，地方官不敢上报，最终导致饿殍遍野。百姓为谋生路，纷纷集结起来四处攻城略地，官军根本抵挡不住。王仙芝起初不过是关东流寇中的一员，自然难以引起朝廷的特别关注。谁也没想到，这个人竟会掀起大浪。

王仙芝起兵后，自称草军。第二年，他与部将尚君长接连攻陷了濮州、曹州，还击败了天平军节度使薛崇。这时，黄巢带着人马加入了草军。

黄巢，曹州冤句人，家中世代以贩盐为生。到了黄巢时，他不愿意继续从商做盐贩子了，而是希望通过读书来光耀门楣。只可惜他始终不得其法，几次考试都名落孙山。黄巢后来意识到是因为自己没有贿赂朝臣才屡考不中，于是忿忿不平地写下一首《不第后赋菊》抒发胸臆："冲天香阵透长安，满城尽带黄金甲。"

王仙芝攻下曹州后，黄巢见机拉扯起数千人马投奔王仙芝。双方合兵一处后，他们以"金色蛤蟆争努眼，翻却曹州天下反"为口号，短时间内聚集起了上万名生活困苦的百姓。在随后的日子里，王仙芝和黄巢率领草军转战河南十五州，手下人马越来越多。

在这种情况下，皇帝自然坐不住了。李儇下令平卢节度使宋威和节度副使曹全晸（zhěng）讨贼。不久，他又命宋威为诸道行营招讨使、散骑常侍曾元裕为招讨副使，让他们率领三千步兵、五百骑兵前去讨伐王仙芝。

宋威曾参加过平定庞勋的战争，是一员经验丰富的将领，他很快在沂州城大败王仙芝，迫使后者狼狈率残部逃亡。然而宋威却忽然上奏声称自己已经斩杀了王仙芝，然后解散了所部人马。几天后，李儇正大摆宴席庆贺胜利，却忽然听闻王仙芝正带领人马在郑城附近出没，只好再次聚集各镇人马前去讨贼。但正所谓"一鼓作气，再而衰"，来回折腾一圈后，士兵们心生不满，与叛军作战时也不再尽力。

于是王仙芝迅速攻下了汝州，又包围了郑州，导致相隔不远的洛阳紧急自危。后来昭义监军判官雷殷符在中牟县击败了王仙芝，才暂时遏制住草军的锋芒。但王仙芝随即转向南面，又陆续攻陷郢州、复州，杀入江淮地区，所过之处无人能挡。

这时，招讨使宋威做了什么呢？事实上，他什么也没干。在宋威看来，草军多存在一日，他就能多向朝廷索取一天。他还曾得意扬扬地对招讨副使曾元裕说:"以前庞勋刚被灭, 官军主帅康承训就立刻获罪。常说'狡兔死, 走狗烹', 他就算成功平叛也不能免祸, 所以之前我才谎报王仙芝已死。如今我留着贼人, 虽然让天子吃亏, 但我总归还是个功臣。"

不过宋威没料到, 他的所作所为早就被朝中大臣看在眼里, 没隔多久他就被换掉了。朝廷这次任用陈许节度使崔安潜为行营都统, 让鸿胪卿李琢代替宋威、右威卫上将军张自勉代替曾元裕。

与此同时, 王仙芝也开始另做打算了。他觉得一直做流寇也不是办法, 还是归降朝廷才能踏实。而他身边也恰好有一个能与朝廷接洽的人选——此前被俘的汝州刺史王镣。

王镣是宰相王铎之弟, 当时王仙芝率部在蕲州作战, 蕲州刺史裴偓恰是王铎的门生, 王镣便主动替王仙芝写了封信, 请裴偓上奏朝廷替王仙芝求个一官半职。在王铎的牵线下, 李儇应允授予王仙芝左神策军押牙兼监察御史的职务。

王仙芝心满意足了, 但被忽略了的黄巢很不高兴。他责问王仙芝道:"以前我们立下誓言要一起闯天下, 现在你接受了朝廷的官职, 那我们这五千多名兄弟怎么办?"黄巢越想越气不过, 就狠狠揍了王仙芝一顿, 其他人也跟着大闹起来。

王仙芝心虚不已, 赶紧向黄巢认了错, 然后带着人杀入蕲州抢掠一番, 以此安定军心, 并表示自己不会接受朝廷的任何官职, 这事才算了结。但经过此事, 王仙芝和黄巢撕破了脸, 两人干脆分道扬镳:王仙芝带着三千多人入寇陈州、蔡州, 黄巢则带着两千多人北上。

黄巢很快攻下了郓州, 斩杀了节度使薛崇, 一时名声大噪, 数万人赶来归附。王仙芝则在陈、蔡两州抢掠一番之后, 又向西进攻荆南。荆南节度使杨知温是个文人, 根本不会用兵, 被王仙芝打得不敢在城里冒头。王仙芝的部将柳彦璋也乘机攻下了江州, 但他后来被新任的江州刺史刘秉仁率军斩杀, 才使得王仙芝的锋芒暂时被遏制住。

面对越来越恶劣的形势，李俨不得不重新任用宋威和曾元裕两人，并让宦官杨复光担任监军。其实杨复光颇为能干，他得知王仙芝早有归降之心，就派部下吴彦宏前去招安。这回没有黄巢阻挠，王仙芝自然答应得利索，当即就派尚君长跟着吴彦宏前去面见杨复光。

然而心眼儿多的招讨使宋威可不愿意了：如果王仙芝接受了杨复光招安，那这一趟还有他什么事？杨复光是来抢功的吧！于是他派人在路上伏击了吴彦宏一行，生擒住尚君长等人并送往长安。至于是怎么生擒的，宋威当然不会老实交代，只称是作战时擒住的。

杨复光得到消息后非常愤怒，立刻向天子上奏实情。杨复光和宋威各执一词，李俨没了主意，便派人前去查证，但始终没能查出个结果，只好下令在狗脊岭（今陕西省西安市东南五里）斩杀尚君长等人。

王仙芝尚在等待好消息，却忽然听闻尚君长被杀，他深感受到了欺骗，一怒之下尽起手下大军进攻荆南，以图报复朝廷。宋威见状忙去救援，但他低估了王仙芝的战斗力，很快大败而回。随后曾元裕在申州（治所在今河南省信阳市）东面大破王仙芝，斩杀近万人，这才将草军的气焰打下去。此战过后，宋威被免职，曾元裕继任招讨使；西川节度使高骈被调任荆南节度使。

王仙芝的气数也将尽了，屡次被官军击败，不得不四处逃窜，最后在蕲州的黄梅县被官军四面围堵，只得与曾元裕展开决战，又遭遇惨败，所部五万多人被杀，他也被阵斩于军中。

黄王入长安

王仙芝阵亡时，黄巢还在攻打亳州，直到尚君长的弟弟尚让带着余部前来归降，他才知道王仙芝已经死去，不由大骇。随后，在尚让等人的建议下，黄巢自称冲天大将军，改年号为王霸，设置各级官僚。

但黄巢并未由此迎来胜利，他在中原被官军重重包围，曾元裕、张自勉、刘景仁等人织出了一张大网，黄巢屡次作战都以失败告终。眼见没法逃脱，黄巢只好向天平节度使张祎请求投降。李儇闻讯大喜，赶紧下令各军停止进攻，并封黄巢为右卫将军，让他率部前往郓州解除武装。

然而黄巢求降不过是缓兵之计，他趁各路官军暂停进攻，赶紧带着人马向南渡过长江逃出了官军的包围圈。不过，南边也有高骈正等着他。

高骈是名将高崇文的孙子，他曾率军击破南诏军，迫使南诏与唐朝求和。王仙芝横行江淮时，他被调到荆南担任节度使，协助曾元裕对付王仙芝。眼看黄巢一路奔着浙江而去，李儇又赶紧任命高骈为镇海军节度使。高骈到任后，立刻派部将张璘、梁缵出击，打败了黄巢。

黄巢不得不绕道江西，一路开山道进入福建。岭南地区远离唐朝的政治中心，防守薄弱，黄巢进入福建后畅通无阻，陆续攻下了福州（治所在今福建省福州市）、建州（治所在今福建省建瓯市）等地，然后向西夺下了岭南重镇广州，又四处抢掠岭南各州县，准备在岭南稳定下来。

然而岭南多瘴气，黄巢手下的草军全是北方人，根本耐受不了这环境，没多久就死了十分之三。草军众将忍无可忍，纷纷劝黄巢打回北方去。黄巢只好让人在桂州编制了几十个大木筏，然后率军沿着湘江顺流而下，穿过永州（治所在今湖南省永州市）、衡州（治所在今湖南省衡阳市），直逼潭州（治所在今湖南省长沙市）。

此时，南方各路官军的主帅已经换人。早在黄巢攻打广州时，高骈就上奏表示愿意率大军南下对付黄巢，但因他与掌权的田令孜有过节，非但没被采纳建议，还丢了招讨使的职位。最后由宰相王铎担任荆南节度使、南面行营招讨都统，率领各路大军南下讨伐黄巢。

泰宁节度使李系是李晟的曾孙，平日里喜欢谈论兵法，王铎就举荐李系担任招讨副使、湖南观察使，率军在第一线的潭州防备黄巢。然而李系不过纸上谈兵之辈，一到战场就心虚了，见到草军大举来犯，被吓得躲进潭州城不敢出来。如此鼠辈，自然不是黄巢的对手，潭州城很快被攻破，李系也被迫逃到朗州（治所在今湖南省常德市）避难。

这时黄巢率领的草军已达十多万人，但规模还是比不上官军，为了给王铎一个下马威，他命人把潭州阵亡的士兵尸体全部投入湘江，然后率军跟在后面直逼江陵。江水被堆积如山的尸体堵住了，下游的州县见状纷纷向王铎告急。王铎见重将李系都被打败了，很是害怕。虽然当初是他自己请命来讨贼的，但并不想为此送命，于是留下部将刘汉宏据守江陵，自己带人逃往襄阳。刘汉宏也不想当替死鬼，索性带人先把江陵洗劫一空，然后率部北逃做了流寇。

十多天后，黄巢到达江陵，得知王铎逃了，立即率军追赶。山南东道节度使刘巨容和江西招讨使曹全晟正率军驻扎在荆门，见黄巢自己送上门来，自然不会放过，马上就制订了作战计划。

第二天，刘巨容让曹全晟率领轻骑迎战黄巢，自己带人埋伏在旁边的树林中。两军交战后不久，曹全晟假装不敌，退至林中。草军一路北上，见到的官军都是望风而逃，还真没见过几个认真打仗的官军将领，于是毫不犹豫地追了上去，结果被刘巨容的伏兵打败。

随后，刘巨容乘胜攻下江陵，斩杀了大半草军，迫使黄巢等人率残部渡江向东而逃。此时刘巨容却停下了追击的脚步——他与宋威一样，认为平叛成功后自己反倒会倒霉，不如养寇自重。曹全晟倒是追击了，果然他的职位很快就被人替代，这么一来他也没心思继续追了。

黄巢逃过一劫，又很快聚集起二十多万人，准备继续北上。这一次，他打算横穿江淮。但他的计划并不容易实现，高骈已经率领各路大军在长江沿线等着他了。很快，黄巢在张璘手下屡战屡败，不得不退守饶州。高骈见状，以为有张璘一个人就足以灭掉草军，便将其他各镇兵马解散了。不想张璘被黄巢用金钱贿赂，也不再用心打仗了，最后反被黄巢突袭，全军覆没，他自己当场阵亡。张璘一死，高骈被骇住了，不敢再轻举妄动，黄巢则趁着江淮地区空虚，立即渡过长江北上。

李儇得知黄巢渡江北上，大吃一惊，赶紧让兖海节度使齐克让率部驻守汝州，薛能、时溥等人率军守卫溵水，防止草军北上。（他还让曹全晸率军讨伐黄巢，不过曹全晸出征后不久就被黄巢打败。）

宣武军节度使薛能接到命令后，派大将周岌前往溵水防守。周岌动身后没多久，时溥率武宁军经过，薛能便在城中宴请时溥一行。没想到城中百姓把武宁军当成了草军，赶紧把周岌叫回。周岌回来后虽然发现是个误会，但索性一不做二不休，杀了薛能，然后自称留后。时溥这下不敢留了，带人逃回了徐州。而原本已经到达汝州的齐克让也害怕部下叛乱，带人返回了兖州。溵水防线的官军就这么一下全散了，黄巢顺利渡过淮河，攻下洛阳。

洛阳失陷的消息传到长安后，李儇慌了神，匆匆召集群臣商议对策。然而长安城要兵没兵，要粮没粮，什么办法也想不出来，最后田令孜竟提议天子效法唐玄宗李隆基，前往蜀地避难。李儇听了自然不高兴，但他也没有别的主意，只能让田令孜派人先去把守潼关。

田令孜很快推荐了左神策军马军将军张承范、右神策军步军将军王师会、左神策军兵马使赵珂三人——据说这三人平日里与他的关系不太好，他才故意推荐他们去送死的。事实上，长安的神策军大多是富家子弟贿赂宦官后在神策军挂名的，平时只管拿赏赐，人却不去军营，如今哪里还找得到人。最终，张承范等人东拼西凑，只聚集起了二千八百名神策军弓弩手。

张承范倒是忠义，也愿意为朝廷卖命，但区区两千多人，怎么抵挡得住几十万草军？他向天子请求道："黄巢有几十万人，潼关外面却只有齐克让率领的饥寒交迫的一万人。现在又要我带着两千多人驻守潼关，却没说要给我粮饷。希望陛下赶快调集天下精兵前来增援。"李儇无法应对，只好敷衍道："你们先去，援兵很快就来了。"

张承范明知此行凶险，但还是毅然上路了，从长安往东的地界上，官员和百姓早已跑了个干净，神策军一直前进到华州才在府库里找到仅够三天的粮食，然后带着这一丁点儿粮食赶到潼关布防。潼关外面虽然有齐克让的一万多人，但他在关外苦战已久，军队早已断了粮，士兵们根本没有斗志。

不久后，草军的先头部队到达潼关。齐克让率军出战，将其击退。但随后黄巢亲率大军赶到，与齐克让再度激战，双方从中午一直打到黄昏，齐克让先撑不住了，他的军队本就饿着肚子，哪里还能长时间交战，只得溃散而去，他自己也被迫逃入潼关避难。

张承范心知抵挡不住，连忙派人前往长安求援。事实上他也知道希望渺茫，毕竟从他出发到现在已经过了整整六天了，一个援兵都没见到，甚至连一个送信的都没有。

第二天草军就向潼关发起了猛攻，张承范立刻率军拼死反击。原本潼关外有一道深深的壕沟，但草军仗着人多势众，很快就填平了壕沟，直抵关下。张承范组织弓弩手们放箭阻挡，但经过一段时间的交战，守军的箭用完了，只好向草军扔石头。

然而没过多久，变故陡生。原来潼关左侧有一个山谷，可以直通潼关后方，以前为了征收商税，朝廷在山谷中种满了荆棘藤蔓以防行人进入，被称为禁坑。后来齐克让兵败时，溃兵慌不择路逃进了禁坑，竟生生踩出了一条路。黄巢久攻不下，就派人沿着禁坑之路攻击潼关。张承范发现后，马上让王师会带着八百人前去守卫。可惜王师会晚到一步，他赶到到时，草军已经通过禁坑到达潼关后侧，对潼关展开了前后夹击。

潼关守不住了，王师会饮恨自杀，张承范率领残部逃回长安。在回长安的路上，张承范终于见到了从奉天赶来的两千援兵。他们来得太晚了，潼关已经丢了。

潼关一丢，李儇便坐不住了，赶紧和田令孜一起逃往蜀地。几天后，黄巢率领大军进入长安，他没有追击逃走的李儇，而是做了一件大事——称帝。他在含元殿即位为皇帝，改国号为大齐，年号金统，然后分封群臣，派人招降周围的藩镇。很快，河中节度使王重荣就向他投降了；唐将诸葛爽被朱温说降，带人占据河阳归附黄巢；只有西面的凤翔节度使郑畋斩杀了使者，以示和黄巢势不两立。

官军的反击

一直到了中和元年（881年）二月，黄巢才开始派出大将尚让、王播两人率领五万大军前去进攻凤翔，显然时机已经错过。早在李儇逃向兴元时，关中便乱成了一团，郑畋虽然没有拦住李儇，但得到了便宜行事的特权。当时关中各镇有几万神策军没了归属，郑畋便借机把这些人聚集到了麾下。

在黄巢派军进攻凤翔的前夕，李儇正式任命郑畋为京城四面诸军行营都统，并允许他赐给有功将士官职。郑畋以泾原节度使程宗楚为副都统、前朔方节度使唐弘夫为行军司马，共同负责统率军队。

待尚让等人到达后，郑畋便让唐弘夫率领军队埋伏在道路两旁，自己则带着少数人马登上龙尾坡（今陕西省岐山县东二十里）布阵。尚让以为郑畋只是一个没用的书生，加上凤翔兵力薄弱，越发轻敌，于是下令草军大举进攻。这时道路两边的伏兵杀出，草军猝不及防，被打得大败，阵亡两万多人，从凤翔到长安，沿途几十里的路上堆满尸体。尚让只得率残部逃回长安。

龙尾坡之战后，草军的势头大减。在郑畋的号召下，各路官军从四面八方围聚赶来，就连此前已经投降的王重荣也再次倒向朝廷——王重荣投降后，黄巢便一直不停地向河中征调物资，导致被压榨的河中百姓生活艰难，河中将士不堪其苦，一致决定要脱离黄巢的掌控。黄巢见状，立刻派部将朱温和弟弟黄邺率大军前去讨伐王重荣，却惨遭大败，光物资就损失了四十多船。

王重荣的大胜激励了其他人，邠州将领朱玫很快斩杀了黄巢任命的邠宁节度使王玫，继而向东讨伐草军；诸葛爽也再度向朝廷请降。短短数日，唐弘夫进驻渭北，王重荣进驻沙苑，义武军节度使王处存进驻渭桥，夏绥节度使拓跋思恭进驻武功，郑畋统率其余各路大军进驻盩厔（今陕西省周至县终南镇），完成了对黄巢的包围。

与此同时，黄巢在长安城也渐失人心。草军刚进入长安时，尚让还安抚长安百姓道："黄王起兵，本为百姓。我们和李氏不一样，你们只管安居乐业！"草军将士一路抢掠过来，身有余财，刚进城时确实能做到秋毫不犯，见到穷人甚至还会施舍钱财。但短短几天后，草军又故态复萌，在长安城里烧杀抢掠。特别是在龙尾坡之战后，有人在尚书省大门上写了一首诗嘲笑草军，这让尚让羞恼不已，于是他下令处死长安城里所有会写诗的人，这一下就杀了三千多人，以致草军更加不得人心。

此后不久，唐弘夫携龙尾坡之战获胜的余威攻克咸阳，并在渭水再次击破尚让。长安城的百姓经常半夜大喊："王师到了！"令草军将士心慌不已。无奈之下，黄巢率军从长安向东撤退。

黄巢走后，程宗楚率先从延秋门进入长安，唐弘夫随之继进，不久后王处存也率领五千精锐进入长安。不过这几人怕其他人分功，就没有通知郑畋等人自己已进长安。

长安城的居民看到官军入城，顿时欢欣鼓舞，纷纷夹道相迎，还有人用石头追砸逃走的草军，又将箭矢捡起献给官军。然而事实上，唐弘夫率领的官军并不比草军强多少，草军一走，他们便解散队伍，开始在长安城里四处抢掠。长安百姓是刚送走了狼，又迎来了虎。

此时黄巢并没有走远，他来到灞上观察长安的动向。见官军忙着抢劫，他便立刻率军反攻长安。唐弘夫来不及组织有效抵抗，很快大败。手下人因为抢的东西太多，以致行动不便，纷纷被草军斩杀。唐弘夫、程宗楚随即阵亡，只有王处存率领残部逃了出去，退守渭桥不敢再次出击。

黄巢杀回长安后，开始对之前长安百姓帮助官军的行为进行报复，于是纵兵屠杀，长安城血流成河。

初次反攻长安失败后，草军再次势盛起来。官军这边，拓跋思恭等人多次被击败，被迫后撤；多次击破草军的曹全晸战死在军中；郑畋被部将李昌言反叛，不得不退出凤翔……最后竟只有王重荣在河中抵挡住了草军的攻势。

就在这时，草军内部发生了分裂——同州防御使朱温降唐了。朱温一直是黄巢手下大将，曾多次击破官军。朱温被派去同州后，与王重荣多次交战，但屡屡战败。他多次请求援兵无果，皆因与左军使孟楷不和，消息全被对方拦截了。朱温审时度势，认为草军大势已去，于是认王重荣为舅舅，向唐朝投降了。之后，他被任命为同华节度使，由此战局再次向对唐朝有利的方向发展起来。

很快，又一位重量级人物加入了讨伐大军，这个人就是李克用。

李克用是沙陀族首领李国昌的儿子，本姓朱邪。庞勋之乱中，李国昌奉命率领沙陀军平叛，年仅十五岁的李克用随军出征，因为勇猛过人，被人称为"飞虎子"。庞勋之乱结束后，李国昌父子被赐姓为李，李国昌被任命为振武军节度使，李克用被任命为云中牙将。不过黄巢席卷长安时，李克用并不在大唐境内，他当时的处境颇为尴尬——他成了一名叛贼。

乾符三年（876 年），云州防御使段文昌削减诸军粮饷，李克用乘机联合其他人一起赶走段文昌，并向天子请求旄钺。无奈天子不但不答应，还立刻派了大军前去讨伐。几次交战下来，李克用父子大败，被迫逃到塞外的鞑靼部落避难。

后来官军讨伐黄巢不利，就有人劝朝廷赦免李克用，让他戴罪立功。王重荣和杨复光也持相同的看法。最后天子点头，赦免了李克用。

中和三年（883 年），李克用率领蕃汉军三万五千人南下长安，王铎立刻任命他为东北面行营都统。当时，长安城外各路官军云集，但都惧怕触及草军锋芒，不敢上前交战。唯有李克用所部一到，草军会惊慌地说："李鸦儿率军到了，我们应该避其锋芒。"就连金统皇帝黄巢也特意派大将米重威带着财宝和诏书去招降他。李克用倒是把财宝收了，但都分给了手下将士，至于诏书，直接烧掉，不接受。

随后，李克用率军攻击黄巢，黄巢也派大将尚让、林言、王璠、赵璋等人率领十五万大军在梁田坡（今陕西省华县西南）迎战。双方从中午一直打到晚上，最终草军大败而逃，退入华州防守。

各路官军见李克用获胜，也立刻赶来围困华州。当时，华州守将是黄巢的两个弟弟——黄揆和黄邺。黄巢派兵救援华州，不料在零口（今陕西省临潼县东北四十里零口镇）被李克用击败。失去援兵后，华州再也守不住了，黄揆弃城向东逃回长安。不过黄巢对守卫长安也丧失了信心，于是连夜带着人马从南关向东撤退。他沿途扔下大批财货，追击的官军光顾着抢东西了，就没有紧咬上来，让黄巢得以顺利出关。

到达关东后，黄巢非常想要报复此前在长安围攻自己的军队，其中又以忠武军为甚。因为忠武军节度使周岌原本已经投降了草军，却被杨复光说服，反而派忠武八都跟随后者讨伐自己。

所以黄巢出关后，第一件事就是派孟楷攻击蔡州、陈州，以示报复。蔡州毫无防备，很快就被击败投降。但陈州刺史赵犨早有所料，提前做好了迎战准备，孟楷被伏兵打得全军覆没，自己阵亡。

得到孟楷的死讯后，黄巢愤怒不已，他率领大军疯狂进攻陈州，但陈州在赵犨兄弟的带领下激烈抵抗，草军始终无法破城。就这么僵持了差不多三百天，草军的气数也到头了。

其间，朱温、周岌、时溥、李克用等人陆续赶到陈州，先后攻陷了尚让驻守的太康（今河南省太康县）、黄邺驻守的西华（今河南省西华县），黄巢只得再次去解围。

然而黄巢在转移时，却犯下了一个大错：他没有向东直接回家乡，而是为了报复朱温而向北攻打汴州。这一下，尚让率领的先头部队被汴军击败，草军此时再向东就来不及了。他们在王满渡（今河南省中牟县北）被李克用追上，一场大战下来，草军再次大败，尚让投降了时溥，而李谠、霍存、葛从周、张归霸等人投降了朱温。

黄巢被迫渡过汴水向北逃窜，后来在封丘（今河南省封丘县）再次被李克用击败，只得又渡过汴水南下。这一次，草军才渡江一半就被李克用追上了。李克用立刻发起突袭，草军再度大败，战死上万人，损失多名大将，最后黄巢带着残部一千多人逃向老家冤句（故城在今山东省菏泽市西南）。幸好李克用此时粮草耗尽被迫撤退，才给他留下一线生机。

然而躲得过初一，躲不过十五，没有李克用，还有坐镇徐州的时溥。时溥派出大将李师悦与尚让一起追击黄巢。草军粮缺兵弱，自然不是他们的对手，被击败后，黄巢逃入了狼虎谷（今山东省济南市莱芜区西南）。

走到这一步，黄巢已经彻底无路可去了。他对外甥林言苦笑道："我原本是要为国家讨伐奸臣、清除朝堂污秽的，却不想被天子误会，闹到如今这个地步。现在大事不成，全都是我的错。你把我的头拿去献给天子，肯定可以获得富贵。不要便宜了其他人。"

林言不忍心下手，黄巢只好自杀。随后，林言将黄巢和他兄弟子侄的头全部砍下，然后包好了准备去向时溥投降。但他刚走出狼虎谷，就被太原的博野军砍杀，最后他的人头也被一起打包送到了时溥面前。

就这样，持续近十年的黄巢起义结束了。黄巢虽死，但他对唐朝的影响非常大。起义席卷江淮、浙东、两广等地，摧毁了唐朝的经济基础。此后的日子里，朝廷缺乏赋税，连发展军备都相当困难。朝廷越发依赖各镇节度使平叛，这让朱温、李克用等人乘势发展壮大，而这些人未来将对唐朝产生更严重的威胁。

驰骋中原：朱温统一河南之战

汴蔡争锋

光启三年（887 年）四月，宣武节度使朱温站在汴州城头，他一边不住向东眺望，一边心中焦急打鼓：秦宗权攻打汴州已经一个多月了，派去东面的朱珍还没有回来，如果再不回来，只怕汴州就守不住了。

朱温，宋州砀山人，早年因不置产业、每天游手好闲，常被家乡人瞧不起。不过他不在乎，他有自己的想法。黄巢起义席卷曹州、濮州时，朱温和二哥朱存离开家乡，投奔草军，此后便跟随黄巢南征北战。黄巢攻下长安时，朱存已战死他乡，朱温却成长为黄巢手下最得力的将领之一，多次击败官军。后来朱温与黄巢亲信孟楷之间矛盾加深，朱温便选择归降唐朝，被李儇赐名"全忠"，封同华节度使，后又封为宣武节度使。此时，朱温才三十二岁。

看似风光，实际上朱温在汴州的日子并不是很好过，先是被黄巢攻击，后又跟南面的秦宗权开战。秦宗权原本是蔡州防御使，后来被孟楷击败，就顺势投降了草军。按理说黄巢死后，秦宗权应该立刻反正，但他竟然继续扛起草军大旗，率领草军残部在河南一带烧杀抢掠，惊得百姓纷纷逃亡。秦宗权找不到粮食，就学习隋末的迦楼罗王朱粲，将死尸腌了吃，每次打仗就运着一车车死尸上路做军粮。

秦宗权这么嚣张，李儇当然不能坐视不理，他把讨伐秦宗权的任务交给了同为草军出身的朱温。朱温不介意对付秦宗权，但他也不愿意贸然出手，毕竟他的汴军人数比秦宗权的蔡军少很多，正面攻击很难占到便宜。

彼时，秦宗权的部将秦贤正在攻打曹州、宋州，于是朱温写信给秦贤，请求讲和，秦贤答应了，约定汴水以南的地方归蔡州，汴水以北归汴州。有了约定，朱温便放下心来。但没过多久，秦贤便撕破约定带人渡过汴水烧杀抢掠。朱温对此非常愤怒，因而率军一举大破秦贤所部。他与秦宗权的梁子就是这时候结下的。

接下来一段时间内，朱温屡次击破秦宗权的军队。秦宗权也反思，他的人马明明远比朱温多，那为什么会打不过对方？秦宗权最后认为，是因为自己的军队过于分散，才给了朱温可乘之机，于是他决定集合大军集中攻打汴州。朱温的间谍探到消息后，立即写信告诉了朱温。

朱温可不对自己的兵力抱有什么幻想，不过汴州周围长期遭到蔡军抢掠，也没什么人了，只好让部将朱珍去东面各道招募士兵，并约定四月份回来。

没多久，秦宗权果然派部将张晊和秦贤各率领数万人分别驻扎在汴州北郊、版桥，两军营地连绵二十多里，一直抵达汴州城下。在声势浩大的蔡州大军的威胁下，朱温只能一边在城里坚守，一边等待朱珍回来。

朱珍没有让朱温失望，他如约在四月份回来了。他到淄州、棣州一带后，仅用几天时间就招募到了一万多人，但之所以没有提前回来，是因为这些人未经训练又缺少武装，直接回去参战也不现实，于是他先偷袭了青州，抢了一千多匹马和众人的全套盔甲武器，这才携威返回汴州，一直到达夷门之外。

朱温见朱珍带了一支精兵回来，大喜过望，立刻召集部下召开军事会议。他激动地说："现在蔡贼到城下已经养精蓄锐完毕，他们肯定会来攻打我们。但他们并不知道我们多了朱珍带回来的这支生力军，还以为我们兵少而不敢出击，只能在城里坚守。现在我们若出其不意地进攻他们，肯定能够击败对方。"众将表示赞同。

于是，朱温带着大军出城突袭驻扎版桥的秦贤。事实果如所料，蔡军毫无防备，一连被攻陷了四座营垒，战死一万多人。蔡军以为朱温有天神相助，士气顿时低落。

击破秦贤所部后，朱温没有选择立刻进攻驻扎在北郊的张晊，一是因为张晊有了防备，短时间内难以攻下；二是因为他有更迫切需要打击的目标，那就是卢瑭所部。卢瑭此时正带着一万多人驻扎在中牟县的万胜戍（今河南省中牟县北），他在汴水两旁设置军营，又在河上架设桥梁，断绝了汴州的水上交通，对朱温的威胁远大于张晊。

不久，朱温连夜带着精锐出城摸向了万胜戍。当夜雾浓，朱温得以顺利到达卢瑭的军营门口，沿途没被任何人发现。卢瑭军刚刚有所察觉，朱温便已杀入了军营。被偷袭的蔡军死伤枕籍，剩余的人疯狂逃窜，不少人慌不择路，跳进汴水反被淹死，这里面甚至包括主将卢瑭。

卢瑭一死，蔡军更是无力抵挡。很快，朱温乘胜从酸枣门出击，大破张晊所部，一直追杀了二十多里路，沿途尽是蔡军死尸。

秦宗权这下坐不住了，赶紧亲自带着大军从郑州赶到张晊军中，然后指挥大军威逼汴州。他自恃兵力众多，将手下十五万人分成了三十六个营垒，团团将汴州包围起来。

朱温也没想到秦宗权会亲自带主力来了，这样下去汴军哪里抵挡得住。他连忙向东边的兖州、郓州派出使者，请求援兵。此时兖州和郓州的节度使分别是朱瑄、朱瑾（兄弟俩），二人爽快地率领大军赶到汴州与朱温会合。

朱温迎来朱家兄弟后，出人意料地并未立即率军出战，而是关闭城门，在城中大摆宴席。虽然受到盛情款待，但朱家兄弟很是不解：为何不立即出战？朱温笑而不答。至于秦宗权，他就更疑惑了。他早已令手下严加防备，做好随时交战的准备。但见朱温摆宴罢战，他松了一口气，估摸今晚应该能睡个好觉了，便赶紧让手下士兵解除戒备，早点回营休息。

事实上，酒宴进行到一半时，朱温借口出恭偷偷溜了出来，而门外候着他早已准备好的精兵。为了达到更好的惑敌效果，朱温甚至连朱家兄弟都没有通知，就独自带着人马打开北门向蔡州军营掩杀而去。

朱温顺利摸到了秦宗权的中军帐前，蔡军在汴军的突袭下很快阵脚大乱。城外的喊杀声四起时，朱家兄弟也酒醒了，他们发现朱温已经出去夜袭，连忙也集合郓州、兖州的部队出城杀敌。

混乱不堪的蔡军在三方夹击之下，毫无还手之力，纷纷四散逃命。秦宗权带人跑了几十里路，堪堪躲过朱温等人的追击，沿途留下一大堆尸体。此后，秦宗权再也没有余力攻打朱温了，他在郑州抢掠一番，便急忙夹起尾巴逃回蔡州，将北面的大片土地留给了朱温。

东征兖郓

击败秦宗权之后，朱温将目标移向了东面的朱瑄、朱瑾兄弟。原本朱温和这两兄弟的关系还算不错，击退秦宗权时这两人来帮了忙，所以朱温在他们撤军时特意赠送了丰厚的礼物。但人与人之间，大抵没有永远的朋友，只有永远的利益。

朱瑄、朱瑾眼馋汴军士兵勇猛，就暗暗在与汴州交接的地方放置了大批财物，想诱使汴军将士前来归附。朱温知道后也不生气，反而在敬翔的建议下，派了大批士兵前去归附。

朱家兄弟高兴坏了，哪里知道这正是朱温下的钩呢。朱温写信给朱瑄，让他交还士兵。朱瑄自然不肯，反而嘲讽了朱温一番。有了这个由头，朱温立刻派部将朱珍、葛从周率兵前往攻打曹州。

朱瑄没想到朱温真的会出兵，他还没来得及派兵，曹州就被攻破了，刺史丘弘礼被杀。随后，朱温又亲自率兵攻打濮州，朱瑄立刻叫上弟弟朱瑾，集合郓州、兖州的军队一起救援濮州，双方在刘桥（今山东省菏泽市东北）相遇，一场大战就此展开。

原本这应该是一场势均力敌的对决，但朱瑄军中潜伏着许多汴军的卧底，两军刚一开战，这些人就反戈一击，郓兖兵团猝不及防，顿时大乱。朱温乘机发起进攻，郓兖大军几乎全军覆没，朱家兄弟仅以身免。

刘桥之战过后，汴军本可立即乘机攻克濮州，不过内部稍微出了岔子。朱温手下头号大将——宣武军都指挥使朱珍，常年征战在外，思妻心切，于是在进攻濮州的间隙，偷偷派人回汴州去接妻子来相会。这种儿女情长的事，他没好意思告诉朱温，但朱温知道后，想到了其他地方去：朱珍这时候来接老婆，他是什么意思，难道是想偷偷投奔朱瑄兄弟？

他越想越偏激，便立刻派人把朱珍的妻子追回来，然后又杀了接人的使者。至于朱珍，他不打算留用军中了。替代的人选，他已经想好了，就是朱珍手下的排阵斩斫使李唐宾，这个人论勇猛、谋略和战功，都不比朱珍差……

就在这时，敬翔赶紧拉住他道："朱珍现在毕竟没有明确的谋反意图，他又统率大军在外，不是轻易能拿下的。如果到时他产生疑虑，会很危险。"朱温听后醒了神，赶紧打住。

不过朱珍妻子被扣一事，到底难免让人生疑。当天半夜，朱珍召集众将到帐中饮酒，李唐宾就想歪了。他怀疑朱珍这是摆下鸿门宴，想乘机杀掉众将造反。他不敢久留，独自骑马冲出大营，向西直奔汴州而去。

朱珍得到消息后傻眼了——他只是为了庆祝最近获得的胜利，设宴犒赏一下众将，真没想干点儿什么呀！哪知李唐宾反应这么激烈，要是让他就这么回到汴州，那误会可就大了，到时候真是跳进黄河都洗不清了。于是朱珍丢下大军，骑马向西追去。最终两人都跑进了朱温的大营。朱温当即声明此前只是误会，又连夜将两人送了回去，方才化解了矛盾。

之后，汴军在濮州城外再次打败朱罕率领的援军，然后攻克濮州，刺史朱裕狼狈逃回郓州。朱温以为郓州已经元气大伤，构不成太大威胁，就率军返回汴州，只留下朱珍攻打郓州。但他有些轻敌了，朱瑄能在乱世中称雄一方，岂是那么容易对付的？

朱瑄请朱裕写信给朱珍，称郓州元气大伤，城内没多少人马，已经无法抵挡汴军，希望能先投降做内应，免于一死。朱珍轻信了朱裕的话，双方约定夜间入城。

当天夜里，朱珍带着人马偷偷来到了城门前，朱裕果然如约打开了城门。朱珍心喜，立刻指挥军队快速入城。但汴军刚刚进去，城门上方的闸门就重重落下，将他们关在了里面。朱珍走在最后面，就还没来得及进城，他心知中计，顾不得被困的军队，赶紧打马狂奔回汴州。至于被困的汴军，最终全部阵亡。

随后，朱温转入防守，朱瑄则乘机夺回曹州。

文德元年（888年），朱温击败魏博并接受张全义投降，继而南下收拾还在蔡州苟延残喘的秦宗权。此时秦宗权的部将带着山南东道投降了，朱温便上奏天子将山南东道改为忠义军。

此后不久，朱温以蔡州四面行营都统的身份率领大军南下讨伐秦宗权。他将军队分成五路，分别从不同方向深入蔡州境内，然后在上蔡会师。之所以约定在上蔡，是因为秦宗权在上蔡构建了坚固的防守堡垒，若不先拿下上蔡，将很难攻克蔡州。而上蔡刚经历过大败，其兵力还非常薄弱，加之秦宗权的部将孙儒出于私心，不肯派兵增援，于是朱温很快攻克了上蔡，随后率大军包围了蔡州。

　　蔡州是天下闻名的坚城，城墙非常厚，历史上李希烈、吴少诚等人曾占据蔡州与朝廷对抗了几十年。朱温也知道它的厉害，就派小股人马到城下引诱秦宗权出兵进攻，由此消耗了蔡州的一大半有生力量，剩下的人马只能勉强守城。鉴于此前秦宗权在汴州摆下天罡大阵，朱温便在蔡州城下摆出星宿大阵。即便在这种情况下，蔡州依然顽强地坚持了下来。

　　不过，朱温深知蔡州已是强弩之末，便不再强行攻击，转而撤军。朱温走后，秦宗权长出了一口气，以为劫难就此过去。万万没想到，真正的危险往往是背后的刀。蔡州将领申丛见秦宗权屡战屡败、苟延残喘，如今与其跟着他，不如另谋出路。不久后，申丛趁秦宗权不备，打断了他的腿，然后把他绑了献给朱温，朱温则转手呈送到长安。

　　刚刚即位的李敏（唐昭宗，后来改名李晔）对此非常重视，特意在延喜楼受俘，然后下令将秦宗权斩于独柳树下。有意思的是，秦宗权在临刑前忽然挣扎着从囚车中伸出头，对着周围的人大喊："我秦宗权岂是会造反之人？只不过是对朝廷的一片忠心无从投效罢了。"但他这番遗言并没有引起观者的同情，反而让人哄笑不已。

扫荡河南

　　朱温不打算在强弩之末的秦宗权身上耗费太多精力，再加上粮草耗尽，就及时收手，从蔡州退了兵。事实上，当时他已经有了新的计划——攻打时溥，占据徐州。

　　平定黄巢以后，时溥很是风光了一阵子，他取得了黄巢的头颅，便被钦定为平叛第一功臣，并受封检校太尉、中书令、钜鹿郡王。秦宗权割据蔡州以后，时溥又被任命为蔡州四面行营都统，奉命讨伐叛贼。不过时溥不思进取，无所作为，李儇看不下去了，才转而任命朱温为蔡州四面行营都统。

　　朱温与时溥的龃龉由来已久。光启三年时，朱温被任命为淮南节度使、东南面招讨使，他因暂时无法到任，就另外安排了人手先去赴任。不想时溥竟然不肯借道，反而派兵攻打，双方的梁子就此结下。

击破秦宗权后，朱温派大将朱珍率领五千人护送楚州刺史上任，时溥再次出兵阻拦。这一次朱珍反击得漂亮，不仅大破徐州军，还乘机攻占了沛县和滕县。时溥坐不住了，亲自带着三万人前来对付朱珍，双方在吴康镇（今江苏省丰县南）相遇，时溥大败。

不久后，另一位汴军大将庞师古攻下宿州（治所在今安徽省五河县西），并在吕梁（今江苏省铜山县东南废黄河北岸吕梁集）再次大破时溥，逼得时溥撤回徐州。

眼看徐州危矣，朱温兴奋不已，打算直接去前线视察工作。偏偏这个节骨眼上，汴军的两位重将竟然为一件小事闹了起来。

当时朱珍率军驻扎在萧县，听说朱温要来，赶紧下令各军打扫卫生、修葺马厩、整理一下精神面貌。李唐宾手下有个部将名叫严郊，平日里懒散惯了，这次也依然我行我素，负责检查各营工作的军吏便责罚了他一顿。

李唐宾护短，见部下被罚，不肯善罢甘休，立刻就找朱珍要说法。朱珍觉得军吏的做法没有错，分明就是严郊不听命令，两人说着说着大吵起来，最后朱珍竟忍不住动了刀，失手砍死了李唐宾。这下麻烦了。朱珍不知道怎么向朱温解释，只好向汴州报告说李唐宾要谋反，所以被自己杀了。

使者到达汴州时是晚上，朱温已经休息，使者便先告诉了敬翔。敬翔大吃一惊，他可不相信朱珍的话，但他知道朱温的性子，若是半夜迷迷糊糊地听到这个噩耗，一怒之下说不准会干出什么错事，于是他干脆把使者抓起来，等第二天早上才把这个消息告诉朱温。

朱温也很吃惊，他知道李唐宾不会谋反，但朱珍在外手握重兵，实在不容易对付。后来敬翔提议：假装把李唐宾的妻子关进监狱，然后派人前往抚慰朱珍。朱珍听说了汴州的处理方式后，以为自己的谎话骗过了朱温，便放下心来。不久后，朱温如期到达萧县，朱珍前去迎接，却被朱温当场拿下。

真相很快水落石出，朱温宣读完朱珍的罪状后，下令将他斩杀。然而朱珍在汴军多年，屡立战功，深受拥护。得知他将要被杀，以霍存为首的汴军将领纷纷叩头为朱珍求情。朱温气得端起胡床砸人，才逼退众将。随后，他命人将朱珍勒死在军营外。朱珍死后，汴军的士气大跌。接替朱珍的庞师古攻打徐州时又正好遇到大雨，朱温只得下令暂时撤退。

大顺二年（891 年），收拾完魏博节度使罗弘信，又撺掇朝廷和李克用打起来，腾出手的朱温再次找上了时溥。他派大将丁会前去攻打此前被时溥夺走的宿州，而宿州没怎么抵挡就选择了投降。之后，徐州骁将刘知俊带着两千人前来投降，曹州将领郭铢则杀死刺史然后投降。

朱家兄弟这时也来掺和，朱瑾带着一万多人攻打单州，被丁会和张归霸在金乡界（今山东省济宁市境内）打得全军覆没，朱瑾单骑逃走。

朱温见状，又移兵攻打郓州。他派长子朱友裕带着先头部队驻扎在斗门（今河南省濮阳县东南），自己率余部在后面继进。但这一部署差点儿害朱温丢了性命，因为他带着人马来到斗门时，没想到迎接他的竟是朱瑄率领的郓州军。至于先去的朱友裕，已经在前一天就撤退了。朱温猝不及防，被朱瑄打得大败，多亏猛将张归厚在后面拼死力战，才让他逃过一劫。

斗门之战让徐、郓、兖铁三角暂时多存活了一小段时间，直到时溥屡战屡败撑不住了，便主动向朱温求和。朱温给出的答复是："你必须离开徐州。"时溥无奈地同意了，天子也很快下令由宰相刘崇望前往徐州担任节度使，时溥则调到长安担任太子太师。

然而时溥又后悔了，他害怕出城后被朱温斩杀，便拒不奉诏。朱温立刻以时溥违背皇命为由，派大军前去讨伐。汴军刚一出征，时溥管辖的州县就纷纷投降。无奈之下，时溥向朱瑾求援。朱瑾虽然对时溥此前独自与朱温讲和不满，但此刻也不得不救，不过他派出的两万援军在石佛山（今江苏省徐州市南云龙山）下被朱友裕和霍存击败，没能帮得上忙。徐州孤立无援，很快被庞师古攻陷，时溥在燕子楼自焚。

时溥去世之后，朱家兄弟举步维艰，他们连忙向河东的李克用求救。此时李克用也分身乏术，但为了恶心朱温，他还是派出了大将李承嗣、史俨率领一万骑兵南下。靠着这些人，朱家兄弟勉强支撑了一段时间。

不久后，朱瑄遭到了重大打击：汴军大将葛从周率军围攻兖州，他试图围魏救赵，便派大将贺瑰、柳存等人率领一万多人偷袭曹州，却不想在巨野（今山东省巨野县）南面遭到朱温的伏击，逼得贺瑰跳上坟头大呼投降，郓州军团全军覆没。

从此以后，朱瑄再也无力出击，只得在郓州城外挖掘壕沟蓄水进行防守。可惜就算这样，郓州依然被庞师古等人率兵攻下，朱瑄被擒后为朱温所杀。

朱瑄死后，兖州因缺乏粮食，朱瑾就和史俨、李承嗣等人前往徐州境内寻粮，只留下大将康怀英守城。然而他们刚一出城，康怀英就和阎宝等人开城投降了朱温，朱瑾一行人被迫投靠杨行密。

朱瑾远走，标识着长达十年的河南争夺战就此结束，朱温基本统一了河南地区，为以后他称帝打下了坚实的基础。

最后挣扎：唐昭宗讨伐李克用之战

李克用的困局

大顺元年（890年）四月，唐昭宗李晔成功架空了太监杨复恭，重新掌权。他经过反复思考，终于决定要收拾掉盘踞河东的李克用。

李克用之所以从平定黄巢的急先锋变成朝廷急欲清理的叛逆对象，实在是因为他太显眼了。自从回到太原之后，李克用就一直没有消停过。朱温还会有选择地攻打叛贼秦宗权等人，李克用则是不分青红皂白，直接掀起与河北藩镇相互厮杀的浪潮。从幽州李可举、镇州王景崇、云州赫连铎，到昭义军，他年年都在打仗，李可举和王景崇都先后被他熬死了，昭义军的孟方立也被迫自杀，他还没停下征战的脚步。更为重要的是，他把手伸到了关中。

光启元年（885 年），刚经历过黄巢之乱的中央政府百废待兴，且面临一个巨大的难题：没钱。此时赋税重地江淮地区并不安宁，高骈、周宝、刘汉宏三人你来我往地交战，哪里有工夫理会朝廷；中原也在秦宗权的作乱下人仰马翻。如今朝廷能收到赋税的地方，竟然只剩下长安附近的同州、华州等几个地方。

当时田令孜在巴蜀地区招募了不少军队，但送到长安后朝廷供养不起。无奈之下，田令孜就把主意打到了河中王重荣的头上。河中地区本来有归朝廷所有的安邑、解县两座盐池，但黄巢之乱后，王重荣就占据了盐池，每年只象征性地上交给朝廷三千车盐作为租金。田令孜试图把这两座盐池收回来，好解决长安的军费问题。但这么一来，就触犯了王重荣的利益，后者当然不愿意，于是立刻上书申辩。

王重荣毕竟是平定黄巢的大功臣，李儇怕他闹大了，就赶紧派人去安抚。不过，李儇竟挑了田令孜的干儿子田匡祐去当这个使者。田匡祐仗着田令孜做靠山，素来对人颐指气使，这次也没把王重荣放在眼里，态度非常傲慢，河中将士颇为愤怒，最后还是监军多方说情，才让王重荣把他放了回去。

逃过一劫的田匡祐回去后，在田令孜面前说了一大堆王重荣的坏话，这让田令孜和王重荣彻底闹翻了。不久后，田令孜以天子的名义让王重荣到兖州担任泰宁军节度使，泰宁节度使齐克让调任义武节度使，义武节度使王处存调任河中，并指派王处存的亲家李克用出兵送王处存上任。

然而三方都不满意这次大调动，没人愿意离开自己的根据地，而到其他地方去重建势力范围。王重荣自恃自己是收复长安的大功臣，立刻上书表示不愿去兖州，并历数田令孜的罪状，要求天子惩处。

王处存也上书表示："现在，幽州、镇州的军队刚刚撤退，我没办法离开易州、定州。王重荣不但没有罪，反而对国有大功，实在不适合轻易调动。"

齐克让见状也顺势也上书表示自己不能搬。

他们三人的举动大大出乎田令孜的意料。恼怒之下，田令孜干脆让邠宁节度使朱玫和凤翔节度使李昌符一起讨伐王重荣。

王重荣没料到事情会发展到这一步，只好向李克用求救。李克用当时正打算去打汴州，就派使者回复王重荣："等我先灭了朱温，再替你扫平这帮鼠辈。"王重荣急了："等你从汴州回来，我早就完蛋了，不如先一起清君侧，再收拾朱温。"

与此同时，朱玫和李昌符奉命讨伐王重荣，但两人因为没有多大把握，就派人拉朱温入伙。这就惹怒了李克用，他生气地上奏道："朱玫和李昌符想与朱温一起灭了我，我现在不得不自救。目前，我已集结了蕃汉军十五万人，准备渡过黄河南下讨伐朱、李二人。请陛下放心，我肯定不会去打长安，等收拾了朱玫，我就去找朱温算账。"

在李儇看来，这火气十足的文字，哪是什么奏疏，分明是一封战书。他赶紧派使者前往太原劝阻李克用，但李克用不听，一心只想南下收拾朱玫。朱玫等人知道自己成了李克用的打击目标，自然想要搅浑这趟水，巴不得朝廷能下诏让天下藩镇一起收拾李克用。他们派人在长安城里杀人放火，并留字自称是李克用派来的。

田令孜慌了神，他是真以为李克用打算攻打长安，于是下令朱玫、李昌符率领自己本部人马及鄜、延、灵、夏等州的神策军三万多人一起前往讨伐王重荣。王重荣再度向李克用求援。朱玫、李昌符等人能跟王重荣打个平手，但面对李克用就招架不住了。双方在沙苑（今陕西省大荔县南）大战，朱玫、李昌符大败而逃，李克用随即进军到长安附近。

田令孜不敢再留在长安，就带着李儇出奔到凤翔。这一走，李儇几年都没能返回长安，他的身体也在逃亡中垮了，后来回到长安后没多久就一病不起，只好将皇位传给了弟弟李敏。李敏把导致兄长颠沛流离、罹患重病的怨恨都算到了李克用头上。

大顺元年，李克用攻下了邢州，彻底吞并了昭义军，随即向北，在云州大破赫连铎和李匡威所部。就在他准备一举拿下云州时，惊闻后院起火。

事情还得从李克用攻下邢州说起。他回军路过潞州时，因为担任昭义节度使的堂弟李克修没有做好迎接准备，李克用就怒骂了他一顿，不想李克修竟因此忧郁而死，李克用只好改让弟弟李克恭担任昭义节度使。

然而李克修在潞州坐镇已久，他在当地深得人心，如今忽然死了，让潞州人悲愤不已；新来的李克恭又不学无术、横行无忌，令人厌恶。渐渐地，潞州军上下离了心。

不久，李克用又因赏罚不公，让潞州将士越发不满。之前李克用能顺利攻下潞州，得益于潞州将领安居受等人做内应。然而孟迁归降之后，连他手下的将领所获得的官职都比安居受等人高，这让人如何心服？安居受等人时刻想要报复，一直在寻找机会下手。

李克用攻打云州时，因兵力不足，便向各州召集军队。当时潞州有一支叫作"后院将"的精兵，李克用就让李克恭从中挑选骁勇之士五百人送到太原。李克恭挑选好人后，让部将李元审和潞州小校冯霸一起带人前往太原。然而潞州士兵并不情愿为太原人卖命，走到铜鞮（今山西省沁县南）时，这些潞州将士长期积蓄的不满爆发了。他们在冯霸的带领下揭竿而起，然后一起杀回潞州。李元审想要阻止，反被打伤，只得先行逃回潞州。

不久后，李克恭到李元审家中探问伤势，不料安居受乘机带人作乱，杀死了李克恭和李元审，然后自称留后，并派人向朱温投降。不过，安居受没能撑多久，他兵力不足，派人去请冯霸回来，但冯霸并不理会。安居受惧怕不已，只好弃城而去，却在半道上被人杀死。冯霸闻讯立刻率军进入潞州，自称留后。

悲惨的讨伐之路

见到李克用后院起火，赫连铎和李匡威高兴极了。为了一举消灭河东，他俩赶紧上书请求天子派人讨伐李克用，朱温也乘机上奏凑热闹，他表示："李克用这个人早晚会成为国家的祸害，现在他又在河北横行，好不容易遇到了危机，我请求率领大军与河北三镇一起灭了他，只希望陛下派个大臣来担任统帅。"

唐昭宗李晔本就对李克用不满，又受了朱温的怂恿，很是心动。但他有个顾虑，李克用毕竟是平定黄巢的大功臣，现在乘人之危讨伐他，恐怕会被天下人所不齿。李晔便召集三省、御史台四品以上的官员进行商讨，结果一半以上的人都认为不应该出兵，就连宰相杜让能和刘崇望也表示反对。

就在他想放弃时，宰相张浚忽然站出来，强烈要求讨伐李克用。

这个张浚对朝廷倒是非常忠心，但个人私心也不小。他最初发迹是因为依附太监杨复恭，后来唐僖宗李儇逃到蜀地，杨复恭逐渐失势，张浚便归附了田令孜，与杨复恭渐行渐远，这也导致杨复恭十分怨恨他。杨复恭久在宫中，其势力盘根错节，张浚想扳倒他，恐怕得借助藩镇的力量。如今若是与各藩镇一起讨伐李克用，正好可以拉近关系。

不过，更重要的原因，还是他和李克用有过节。张浚一向以谢安、裴度自比，被任用为宰相后更是志得意满。然而李克用随口说了一句："张浚这人喜欢空谈，没什么实际用处，他是会颠覆国家的人。陛下因为他的大名而任用他做宰相，以后会祸乱天下的，肯定是这个人。"便被张浚惦记上了。这话是西晋时羊祜评价王衍的，张浚自然知道，但也许正是因为踩到了痛脚，他便如鲠在喉，从此恨上了李克用。

张浚表态后，宰相孔纬也表示了支持，并称自己已计算过此次用兵的费用，朝廷足以支撑一两年，可以放心大胆出兵。李晔大喜，马上拍板决定出兵。

随后，李晔下令剥夺李克用的官职和爵位，然后任命张浚担任河东行营都招讨制置宣慰使，京兆尹孙揆担任昭义节度使、宣慰副使，镇国节度使韩建担任都虞候兼供军粮料使；同时，以朱温为南面招讨使、镇州的王镕为东面招讨使、李匡威为北面招讨使、赫连铎为北面招讨副使，一起向河东发起进攻。不久后，张浚正式率领长安各军以及邠、宁、鄜、夏等州的兵马五万人离开长安，向北出征，到达阴地关。

此时潞州战火连天，早在安居受死时，朱温就派遣了河阳留后朱崇节率军进入潞州担任留后。李克用不甘示弱，也立刻派大将李存孝前往收复潞州。

李存孝，本名安敬思，被李克用收为义子后改姓李，骁勇善战，每次作战都担任先锋，罕逢败绩。他在民间传说中非常有名，有"王不过霸，将不过李"一说，在《残唐五代史演义》中更是近乎无敌的存在。

此次李克用派出李存孝前往潞州，足见他对潞州势在必得。朱温见朝廷和李克用先后出兵，也赶紧派人马前往支援，而他点选的大将也不是什么简单人物，而是有"山东一条葛，无事莫撩拨"之称的猛将葛从周。葛从周接令后，立刻带领一千名骑兵连夜越过壶关（今山西省壶关县西），出其不意地突破河东军的包围圈，进入了潞州城。

为了策应潞州的战局，朱温又派李谠、李重胤、邓季筠三人率军前去围攻由李罕之据守的泽州，并让张全义和朱友裕率军驻扎在泽州北面，随时增援葛从周。部署完毕后，朱温又上奏道："我已经派人守住了潞州，请快点让孙揆前来赴任。"

张浚接到消息，害怕朱温占了昭义，赶紧分出两千人给孙揆，助他前往潞州上任。不久后，孙揆带着张浚的两千人和自己本部的一万人从晋州出发，准备越过刀黄岭（今山西省长治市西）直奔潞州。

李存孝得到消息，迅速带着三百精锐骑兵埋伏在了长子（今山西省长子县）的西崖附近。孙揆毕竟是个文人，不善带兵，他率领的大军看似浩浩荡荡，实则混乱不堪，走到刀黄岭时，前后阵形都乱了。李存孝把握机会，伏兵尽出，将官军冲得七零八落，余下的人四散而逃。李存孝紧紧追击，官军慌乱之中自相践踏，纷纷被挤落悬崖，最后孙揆、韩归范等人被生擒。

李存孝押着孙揆等人来到潞州城下，向城内的葛从周喊话："朝廷任命孙尚书为潞州节帅，又让韩天使前来赐给旌节，葛仆射还是早点回开封去，让孙尚书入城接管潞州。"葛从周毫不理会，李存孝只好把孙揆等人送去太原交给李克用发落。

李克用倒是想让孙揆担任河东节度副使，但孙揆并不领情，反而骂道："我是天子的大臣，兵败而死是职责以内的事，怎么能帮你这个叛贼做事？"

李克用十分气恼，命人用锯子锯死孙揆，结果折腾半天，没能锯进去。孙揆倒还指点李克用道："你这个死奴才，不知道锯人要先用木板把人夹住吗？"李克用冷笑，让人照办，锯杀了他。

与此同时，李罕之坚守的泽州也正僵持着。汴军虽然攻势凶猛，却也暂时拿它没办法。于是汴军每天对着城里的李罕之喊话："你所倚仗的无非是河东，现在张宰相正率军去围攻太原，葛仆射已经进了潞州，不久后，那帮沙陀人连想找个洞穴躲起来都做不到，你还有什么活路？不如早点开城投降！"

李罕之对此嗤之以鼻，他一面坚守，一面派人向李克用求援。后者很快就派李存孝带着五千骑兵前往泽州解围。李存孝一大早带了五百精锐骑兵绕着汴军的军营放话："我就是你们之前说的要找个洞穴躲起来的沙陀人，现在我想用你们的肉来犒赏将士，你们可以先把长得肥的人派出来送死。"

这番话激怒了汴军骁将邓季筠，他当即带着军队出营迎战。李存孝轻笑一声，当先向汴军杀去。一战之下，李存孝不但生擒了邓季筠，还俘虏了一千多匹战马。

邓季筠一败，汴军士气大跌，李谠、李重胤两人见打不过，只好连夜带人撤退。然而撤退也不容易，汴军在马牢山（今山西省晋城市南二十里）被李存孝与李罕之追上，最后李谠、李重胤丢下一万多具尸体才得以逃脱，而李存孝一直追到怀州才施施然返回。

随后，李存孝乘胜再次攻打潞州。葛从周已经知道泽州兵败的消息，他再留下来也没什么意义了，于是连夜和朱崇节一起弃城而走。朱温听闻惨败，非常愤怒，但他的目标是郓州、兖州，在河东这边只是凑个热闹，于是只斩了李谠和李重胤。

此后，北面的李匡威和赫连铎两人乘势进攻，李匡威率军攻克了蔚州（治所在今河北省蔚县），生擒了蔚州刺史；赫连铎也引来吐蕃、黠戛斯等少数民族攻下了遮虏城（今山西省五寨县西北三十里五王城），斩杀了遮虏军使刘胡子。李克用火烧眉毛，赶紧让最信任的将领李存信带人出击。

然而李存信可不比李存孝，他打起仗来实在外行，很快就被赫连铎击败。李克用再派李嗣源担任李存信的副手，让他一起出击。李嗣源到达前线后局面大改，河东军一举击破李匡威等人。此时李克用也率大军赶到，将李匡威、赫连铎接连打败，斩杀俘虏多达上万人，就连李匡威的儿子李仁宗和赫连铎的女婿都做了俘虏。

一连串的变故让张浚有些措手不及，他才刚刚率军离开阴地关，一转眼的工夫，孙揆就已经死了，就连南面和北面两路招讨大军也没了。他不敢再前进，于是停在汾州（治所在今山西省临汾市）一带徘徊不前。

很快，李克用派部将薛志勤、李承嗣率领三千骑兵驻扎在洪洞（今山西省洪洞县），又让李存孝率领五千人驻扎在赵城（今山西省洪洞县北赵城镇东北三里）。战局就这么僵持着，显然不是好事，张浚必须要拿出成绩来。

冥思苦想过后，张浚有了一个计策：派韩建带着三百名勇士去夜袭河东军营。然而李存孝早已得到风声，在河东军营前伏杀韩建所部，最后仅有韩建一个人逃了回去。河东军乘胜直抵晋州西门。

这下张浚只能硬着头皮出战，但很快被李存孝击败，近三千人战死。而张浚刚一战败，跟着他的禁军便四散而逃，静难、凤翔、保大、定难等各路军队全部渡河而逃。最终返回晋州的，只有部分禁军以及前来支援的汴军，总计一万人。

从此以后，张浚再也无力出击，只好跟韩建躲在城里坚守不出。李存孝与河东众将商量后，认为张浚是朝廷宰相，俘虏他没什么用，城里又都是禁军，不好公然杀了他们背叛朝廷，于是便率军后撤了五十里。张浚和韩建匆忙从峪口逃脱。等两人回到河阳时，手下士兵差不多跑光了。

李晔接到消息后简直不敢相信，十多万大军，说没就没了。李克用这时又上书申辩，虽然没有进兵，但问责意味十足。为了平息李克用的怒火，李晔只得弃车保帅，将孔纬、张浚、崔昭纬、徐彦若等人贬到外地，让杨复恭重新掌握了禁军。

张浚出师时曾对天子扬言："等我破了外贼，回来就为陛下收拾内贼。"杨复恭知道他暗指的"内贼"是谁，张浚之前对他无礼，他怀恨在心，后来屡次为李克用通风报信。他再次掌权后，将干儿子们派去各地担任刺史、监军、节度使，以图长期把控朝政。这自然引起了李晔的不满，他很快就将杨复恭赶去了兴元，同时也让本就虚弱不堪的朝廷变得更加衰弱。

从此以后，朝廷不仅不再对付李克用，还反倒要向他求援，请他打压关中李茂贞、韩建、王行瑜三人的嚣张气焰。

双雄对决：朱温与李克用之战

河朔争雄

中和四年（884年）一个夜晚，在夜色的掩护下，一群神秘的黑影偷偷包围了汴州城的上源驿（今河南省开封市内）。他们此行的目的只有一个：杀掉正在驿站中休息的李克用等人。而这群黑影，正是朱温手下的汴军。

朱温和李克用曾一起讨伐黄巢，当时李克用南下，还是朱温写信向他求援请来的。然而如今二人翻脸，朱温想要杀掉李克用，起因却只是一些小事。

李克用大破黄巢之后，人困马乏、缺粮少械，只好先撤退去补充物资。至于补给地点，最合适的当然是距离最近的汴州。朱温原本十分感谢李克用仗义出手，于是大摆宴席盛情款待李克用一行。然而李克用在宴会上多喝了几杯，就对着朱温颐指气使。朱温气不过，就采纳部将杨彦洪的主意，打算趁李克用一行喝醉，直接将之除掉。当天夜里，杨彦洪亲自指挥汴军用车辆和树木将驿站重重包围，然后率领众人发起了袭击。为防李克用一行脱逃，杨彦洪还特意下令："遇见骑马逃走的人，一律杀无赦。"

此时上源驿内，河东众人丝毫没有防备，李克用更是喝得神志不清，根本醒不过来。突袭发生时，驿站里乱成一片，只有少数人反应过来，在外奋力阻挡袭击。李克用的侍从急了，直接将一桶冷水浇在李克用的头上，终于唤醒了他。李克用连忙组织人手突围。仿佛是天意，忽然下起大雨，李克用一行顺利突围，殿后的三百人则全部战死。

值得一提的是，杨彦洪见李克用一行跑了，急得赶紧追上去。但他忘了自己此前下过什么命令，偏偏是骑马去追的，还被当成是河东人给射死了。

李克用逃过一劫，非常想打回去，但城外的鸦军人困马乏，无力攻城，只能含恨而退。从此，李克用和朱温的梁子就结下了。

李克用回到太原之后，屡次请求朝廷惩处朱温，但都被朝廷拒绝了，加上他忙着与河北三镇交锋，暂时抽不出手对付朱温，就姑且放了一段时间。不过机会还是来了。文德元年，河阳节度使李罕之忽然孤身逃到泽州，派人向李克用求援，希望他能够出兵帮助自己对付朱温和张全义。

李罕之和张全义曾是好兄弟，他们都是河阳节度使诸葛爽的部将。诸葛爽死后，他们又一起赶走了诸葛爽的儿子，然后两人契臂结盟，李罕之担任河阳节度使，张全义则担任河南尹、东都留守。

然而随着时间推移，两人开始渐渐疏远。张全义到洛阳后忙于恢复生产，好让府库重新充实；李罕之则不同，他目光短浅，不注重生产，还倒嘲笑张全义只会种田。很快，李罕之的粮食、物资用光了，就伸手向张全义索要。张全义十分仗义，每次都尽力供给，但李罕之却始终不满意，还动不动就责打张全义派来给他送粮食、物资的人，使得洛阳众将都对他相当不满。

后来李罕之带人攻打晋州抢粮，护国节度使王重盈抵挡不住，就派人联合张全义一起收拾李罕之。张全义早已对李罕之忍无可忍，果断召集军队连夜偷袭河阳。李罕之大败，一夜之间连丢河阳三城，他只好独身逃到泽州向李克用求援。

李罕之也算对李克用有恩。当年李克用从汴州狼狈返回太原，路上得到了李罕之的款待。如今恩人前来求救，他当然要帮忙。于是李克用任命康君立为南面招讨使，率领李存孝、薛阿檀、史俨、安全俊、安休休五人及七千骑兵，帮助李罕之进攻河阳。

这回轮到张全义傻眼了，他没想到河东大军居然能这么快赶来，他甚至来不及撤回老巢洛阳，就被包围在了城内。在河东军的日夜攻击下，张全义越发抵挡不住，加之城里粮食越来越少，河阳眼看就要被攻破，他只好用妻儿做人质，请求朱温出兵相助。

朱温这时正跟魏博新任节度使罗弘信大打出手，接到求援后，他依然咬牙派出了丁会、葛从周、牛存节等将领率数万人前往河阳。

比起朱温的重视态度，河东军则显得过于轻敌。得到消息后，李存孝仅率领少数精锐骑兵前往温县迎战汴军，把大批步兵留给李罕之攻城。李存孝固然勇猛，但也架不住汴军人多，很快就被击败。安休休作战不力，怕因此获罪，南逃去了蔡州。

随后，丁会等人分兵进攻天井关，想要断绝河东军的退路。康君立等人抵挡不住，只好跟李罕之一起撤回了泽州。

这一仗，河东军小负，但李克用并不当一回事，仍旧不断向朝廷上奏请求南讨朱温。为了遏制朱温的势力，他还不断派军南下支援朱瑄、朱瑾、时溥等人。

朱温当然也不罢休，怂恿天子发起了讨伐李克用的战争，并乘此机会打败了魏博。

乾宁三年（896年），李克用接连灭掉赫连铎、李匡威，并替朝廷打跑了李茂贞、王行瑜等人，紧接着，他又再派大军南下救援朱瑄。

此时，河东猛将李存孝、老将康君立已死，李克用派出的主帅是李存信，然而李存信可不是什么良选。河东军路过魏博，罗弘信本无意拦阻，但李存信在魏博境内四处抢掠，就激怒了魏博将士。朱温乘机写信给罗弘信道："李克用有吞并河朔的志向，等他得胜回来，下一个要打的就是你们魏博！"

愤怒的罗弘信再也忍不住了，连夜带着三万人袭击河东军所在的莘县。李存信当时正忙着抢东西，根本没防着这一手，立马被打败，只得率领残部狼狈逃回太原，也顾不上南下救援朱瑄了。河东军此行唯一的收获，大概就是河东将领袁建丰为李克用抢回了未来的儿媳妇刘氏。

李克用闻讯非常生气，马上亲率大军南下找罗弘信算账。罗弘信当然不是李克用的对手，一战即败，全军阵亡一万多人，不得不赶紧向朱温求救。

朱温接到消息后，立刻派大将葛从周率军赶往洹水救援罗弘信。李克用无所畏惧，也立刻率军前往洹水。

河东军打仗时，最依仗的就是他们的精锐骑兵。葛从周深知这一点，于是在阵前挖掘了很多沟坎用于阻挡骑兵。果然，战斗一打响，汴军与河东军打得不分上下，心急的李克用立即派了精锐的铁林军出阵。铁林军是河东最优秀的重骑兵，往往一出战就能扭转战局。然而铁林军指挥使李落落（李克用之子）竟被葛从周挖的沟坎绊倒，他身负重甲，还来不及起身即被生擒。

李克用爱子心切，立刻骑马去救，然而他也被沟坎绊倒在地。幸好他身上穿的不是重甲，能够迅速翻身爬起来，并于电光石火间一箭射死一名想来生擒自己的汴军将领。最终他顺利逃回，但儿子没能救回来。

李克用这时也顾不得与朱温的新仇旧恨了，连忙写信向朱温求和，希望能赎回儿子。朱温大占上风，正是得意的时候，哪里肯理会他，还让罗弘信把李落落杀了。从此以后，河东与魏博之间的深仇便再也解不开了。李克用每每想要南下救援朱家兄弟，就会遭到魏博军阻挡。而李克用和罗弘信打起来后，朱温便乘机先后攻下郓州、兖州，使得汴军的实力一跃超过了河东军。

幽州的背叛

幽州原本是李匡威的天下，但他因为和弟媳偷情，被愤怒的弟弟李匡筹赶出，只得南下投奔王镕。而李匡筹掌握了幽州后，因为其能力远不如哥哥，也是焦头烂额。

当时，一个叫刘仁恭的将领善于挖地道，被人称为"刘窟头"，李全忠攻打易州一战，就是他带人挖掘的进城地道，让幽州军抢占了一时上风。这确实是一个人才，然而刘仁恭经常对人吹嘘，说自己四十九岁后会做节度使，这使得李匡威十分反感他，也不愿意重用他。

后来刘仁恭率军驻防蔚州，到了军队该轮换回家的时间，恰逢李匡筹刚刚驱逐李匡威，上头一团乱麻，就把让他们返回的事情给搁置了。士兵们思乡心切，刘仁恭便乘机煽动他们与自己一起回师攻打幽州。然而，凭蔚州这点儿兵力想拿下幽州，显然是不够的。刘仁恭很快就被李匡筹打得大败，不得不狼狈逃往河东，依附了李克用。

到了河东之后，刘仁恭并不甘心，他通过李克用的谋士不断游说李克用进攻幽州，并表示自己愿意担当向导。李克用急于扩大地盘，便心动了，他命刘仁恭为先锋，率军讨伐幽州。

幽州军可不是河东军的对手，以往它可以与云州、镇州互相援助，但李匡筹掌权时，云州的赫连铎已经被灭，镇州的王镕又与幽州交恶，幽州成了孤家寡人，三两下就落得大败。李匡筹兵败身死，幽州失陷。

李克用得到幽州之后，考虑到刘仁恭的功劳最大，就任命刘仁恭为幽州留后。这显然是一个错误的决定。刘仁恭妒贤嫉能，到任后诬告高思继兄弟想造反，李克用也信了，杀掉了高思继兄弟。从此以后，刘仁恭在幽州境内再无威胁。

乾宁四年（897年），李晔再次被韩建囚禁于华州，于是他派人向天下节度使求援。李克用不愿错过机会，派人向刘仁恭征兵南下一起救援天子，并写信给成德节度使王镕、义武节度使王郜，让他们也率军与自己一起南下荡平关中，迎接天子回长安。

李克用的计划很好，偏偏刘仁恭不肯出兵，他借口要防备契丹入侵，需要人马，待契丹退兵后他才能南下。这明显是个托词，谁知道契丹人什么时候会南下啊？李克用生气地写信责备刘仁恭，但刘仁恭不但不屈服，还囚禁了使者，正式宣布自己脱离李克用。

李克用这时哪还顾得上救援天子，点齐兵马就向幽州杀去。大军很快就攻下了安塞军（今河北省蔚县东），刘仁恭便派妹夫骁将单可及率领骑兵迎战。而李克用此时太过轻敌，幽州军到达时，他竟与河东众将们正在喝酒。听到敌军到达的消息，他带着醉意问道："刘仁恭在哪里？"部将们回答："外面只看到单可及等人，没看到刘仁恭。"李克用高兴起来："要是有刘仁恭，我还有几分忌惮，一个小小的单可及算什么？不过是前来送死的罢了。"

这位醉汉立刻出营迎战。当天夜里正好起了大雾，连面对面都看不清人。幽州军与河东军接触后，开始佯装败退。李克用领着河东众将一群醉鬼乱哄哄地向前追击。走到木瓜涧（今河北省涞源县东南四十里）时，早已埋伏在此的幽州军忽然发起进攻，一举打败了河东军。单可及也乘机带人反攻，杀得河东军不断后退。

这时忽然电闪雷鸣，狂风大作，暴雨骤至。河东军撑不住了，大败而逃。第二天李克用总算酒醒了，一点算，手下士兵一夜之间少了大半，只得先撤回太原，一时再也不敢打幽州的主意。

木瓜涧之战后，河东军逐渐衰落，幽州的刘仁恭却强大起来。他先是击败义昌节度使卢彦威，占据了沧、景、德三州，后又与朱温联手，攻下了李克用的邢、洺、磁三州。

李克用不甘心就这样失败，他派遣大将李嗣昭和周德威两人率领步骑兵两万人东出青山口（今河北省内丘县西南二十五里），企图收复太行山以东的三州，但河东军在邢州城下被葛从周打得大败，狼狈撤退。

更糟糕的是，李嗣昭等人退到青山口时，又被葛从周追上了。撤退中的河东军迅速崩溃，士兵们纷纷四散逃命。

所幸这时李嗣源率所部人马赶到，他对李嗣昭道："现在步兵已经逃了，如果我们也跟着逃，大家肯定都要完蛋。不如就地发起反击，方有一线生机。"李嗣昭非常赞同，并承诺自己会跟着李嗣源出击。

李嗣源灵机一动，骑马跑到旁边一个高坡上，然后拿着马鞭左指右划，仿佛在指挥军队出击。追来的汴军一看，以为附近有河东军的伏兵，赶紧停下来四处张望。就在汴军进退失据的一刹那，李嗣源忽然带着军队突入汴军阵中，李嗣昭也随后率领手下骑兵跟进，这才将葛从周击退。

向太原进发

河东军的衰落不是一日之功，而频频出现的内讧让形势愈加严峻。

李罕之对自己所在的泽州不满意，想要换个地方，于是在李克用讨平王行瑜后，向李克用表达了想担任邠宁节度使的想法。但李克用以已向朝廷举荐了其他人为由，拒绝了李罕之。李罕之很是失望，认为自己没有受到重用，就屡次请谋士盖寓去劝李克用，但李克用还是不答应，哪怕某个藩镇节度使之位出现空缺，他也从来不考虑李罕之。他认为："李罕之就像一只鹰，只要他吃饱了，就会反叛。"但他没想到，让李罕之的胃口过于饥饿，也会出事。

光化元年（898 年），昭义军节度使薛志勤去世，李罕之得到消息后，连夜率军从泽州赶到潞州，抵达之后才向李克用报告："薛志勤死了，潞州无主恐会生变，所以我赶到潞州镇抚百姓。其他的一切等待你的安排。"

这一手先斩后奏让李克用非常愤怒，他立刻派李嗣昭前去讨伐。李罕之也有些慌，他没料到会引来这么严重的后果，只好抓了几个潞州守将和沁州刺史，派儿子李颢把他们押送到朱温那里求援。

朱温十分惊喜，他早就在打泽、潞二州的主意了，只不过一直没有机会。得到李罕之的求援后，他立即向朝廷举荐李罕之为昭义军节度使。

恰在这时，刘仁恭也开始闹事。他吞并沧州后越发膨胀，试图称雄河朔，于是派十万大军南下，攻克贝州，然后直抵魏州城下，时任魏博节度使罗绍威（罗弘信之子）连忙向朱温求援。朱温只能先放下李罕之，转而派李思安、张存敬率领大军北上救援魏州，自己率领中军驻扎在滑州，同时让葛从周带着八百精锐骑兵进入魏州城，协助魏博军防守。

　　刘仁恭对朱温出兵的消息并不意外，他派儿子刘守文和妹夫单可及率领五万精兵，直奔李思安等人驻扎的内黄（今河南省内黄县）。刘仁恭一向看不起李思安，认为他只会逞匹夫之勇，于是特意交代儿子："你的勇猛胜过李思安十倍，现在南下先擒了李思安，然后再擒住罗绍威。"

　　但这回李思安偏不如他所想，幽州军南下后，李思安先安排朱温的外甥袁象先率军埋伏在清水右侧，然后自己才率军到繁阳（今河南省内黄县西北）与刘守文交战。李思安假装不敌，率军后撤。刘守文不知是计，立刻带人追赶，最后在清水附近被反攻，幽州军阵脚大乱，袁象先乘机突袭。刘守文遭遇左右夹击，大败而逃，手下被杀和被俘的达三万多人，猛将单可及也战死。

　　与此同时，刘仁恭在魏州的馆陶门被葛从周击败，狼狈逃回幽州。

　　在这之后，朱温马上腾出手来专心对付李克用：他派葛从周从土门（今河北省石家庄市西北）翻越太行山，一举攻下了承天军（今山西省平定县东北苇泽关）；又派大将氏叔琮从白马岭（今山西省阳泉市盂县白马岭）进军到榆次（今山西省晋中市榆次区）。不过，在随后的交战中，氏叔琮被周德威击败，退出石会关，葛从周也只得后退。

　　虽然汴军直接进攻河东的计划以失败告终，但因受到氏叔琮等人的牵制，李克用再也无暇顾及南面的潞州，以致奉命围攻潞州的李君庆等人被汴军击败，撤回太原。随后，丁会被任命为昭义军节度使镇守潞州，由此，河东东面的门户已向朱温敞开。

　　眼见朱温的威胁越来越大，原本不和的刘仁恭和李克用两人也不得不联合起来。即便如此，幽州、河东联军依然负多胜少，仅勉强收回了潞州、泽州，而镇州的王镕、定州的王处直选择了归降朱温。

　　天复元年（901 年），汴军在大将张存敬的率领下大举进攻河中，河中节度使王珂向河东求援。哪怕王珂是李克用的女婿，李克用也不敢出兵救援，只能眼睁睁看着河中被朱温吞并。

　　河中沦陷，意味着李克用完全陷入了汴军的包围圈。这年三月，朱温派氏叔琮率领五万大军进攻太原，同时命魏博将领张文恭率部从新口（今河北省武安市西）、葛从周率部从土门、洺州刺史张归厚从白马岭、义武节度使王处直从飞狐（今河北省蔚县东南恒山峡谷口之北口）、晋州刺史侯言从阴地关（今山西省灵石县西南南关镇）包围太原城。

汴军攻势铺天盖地而来，河东军完全抵挡不住。氏叔琮一举攻克天井关，沁州刺史蔡训、河东将领盖璋等人先后投降。此后，氏叔琮势如破竹，连续攻下泽州、潞州，然后到达太原城下。张归厚也在收降了辽州刺史张鄂后，派遣部将白奉国从井陉口攻下承天军，与氏叔琮遥相呼应。

自李克用占据河东之后，太原城还从未遭到过攻打，如今面对氏叔琮的攻势，城内军民大为惊慌。为了安定人心，李克用亲自登上太原城头组织防守，打退了汴军一次又一次进攻，忙得甚至连饭都顾不上吃。

不久后，太原开始下大雨，雨水连绵不断，汴军屡次冒雨攻破城墙，河东人也不断冒雨补上。这时候，河东众将表现出了惊人的勇气，李嗣昭、周德威等人偷偷在城墙的隐蔽处开凿暗门，每天乘夜出击袭扰汴军军营，汴军将士不堪其扰。另外，李存进也在洞涡驿击败了汴军。

随着攻城时间越拖越久，汴军渐渐有些力不从心了。这次汴军出征人马甚众，但赶上下雨天，补给就有些跟不上了。长期在雨中攻城，很多士兵都生了疟疾，以致军队的战斗力越来越差。

朱温意识到氏叔琮无法拿下太原城，只好下令撤军。河东将领周德威、李嗣昭见缝插针，马上率领五千精锐骑兵进行追击，最终击败了汴军的殿后部队。

汴军第一次攻打太原的军事行动就这样结束了，汴军虽然没有获胜，但再度拿下了潞州和泽州，对太原形成压顶之势。就在朱温准备一鼓作气荡平河东时，西面忽然发生了一件大事，让他不得不暂时停止了北进的步伐，转身对付西面的敌人。

凤翔之战：大唐帝国最后的挽歌

天子被劫

天复元年十一月，李晔被迫离开长安前往凤翔。令他尴尬的是，这是他第三次被逼到如此境地了。

回想当年，李晔讨伐李克用失败，他手里好不容易攒起来的禁军赔了进去，威望尽失，又在关中受尽了李茂贞、王行瑜、韩建的欺凌。后来还是李克用仗义出手，打败了李茂贞、王行瑜和韩建，他才被迎回了长安。

李克用除掉王行瑜后，李晔又担心李克用乘机将势力浸入关中，于是下令赦免李茂贞、韩建两人，让李克用退兵返回河东。李克用出于多年征战的直觉，认为就这么放过李茂贞二人恐怕不妥，于是反复上疏请求天子下令讨伐李茂贞，但李晔就是不同意。李克用对宣诏的使者叹息道："陛下好像怀疑我有什么想法，我还有什么好说的呢？但李茂贞这种人留着终究是祸害，如果不除掉的话，以后将是朝廷的心腹大患。"

李克用没有说错，河东军一撤，李茂贞、韩建再度藐视朝廷，轻慢天子。加之李晔招募了新的禁军交给宗室诸王统领，被李茂贞当成朝廷打算讨伐自己，索性先下手为强，直接杀到长安，打败禁军，迫使李晔仓皇出逃。

李茂贞进入长安抢掠一番，然后一把火把刚修好的宫殿、市场烧得干干净净。李晔本打算北上投奔李克用，却在华州被韩建拦住，遭到软禁。

两年后，李晔终于返回长安。此时，他新招募的禁军已经被解散，宗室诸王也大多被韩建杀害，剩下的禁军再度被宦官把持。李晔不得不再次着手对付宦官。然而，他尚在与宰相崔胤密谋计划，宦官们就抢先发起了行动。左军中尉刘季述、右军中尉王仲先突然率领禁军攻下宫城，废掉李晔，拥立太子李裕为帝，并逼迫文武百官同意。王仲先倒是想把崔胤除掉，但崔胤是朱温的人，他迟迟不敢动手。

崔胤也不肯坐以待毙，他偷偷写信给朱温，请后者率军前往长安勤王。

此时，朱温正准备同意另立新君，接到崔胤的书信后，经李振一劝，幡然醒悟，立刻派亲信蒋玄晖前往长安与崔胤谋划对付王仲先等人。

有了朱温的支持，崔胤加快动作，联系上对王仲先不满的禁军将领孙德昭等人，发动袭击斩杀了王仲先等人，重新拥立李晔复位。

随后，崔胤试图由自己和宰相陆扆掌控禁军，无奈禁军将领不同意归属文官，李晔只好把枢密使韩全诲和凤翔监军张彦弘两个宦官任命为左、右中尉。崔胤对两人很是警惕，为了防止宦官再次叛乱，他趁着李茂贞入朝的机会，请李茂贞留下养子李继筠所部三千人在长安，以防生变。

只可惜崔胤千算万算，算漏了张彦弘在凤翔做过监军，与李茂贞关系密切。李继筠很快就倒向了宦官。

此时李晔和崔胤还没有放弃除掉宦官，只是这次他们商讨得非常隐秘，让宦官们无从偷听。但韩全诲等人也有办法，他们搜罗美人进献给天子，然后通过美人探知了李晔的计划。韩全诲等人苦求天子无果，只好开始自救。

当时崔胤兼任三司使，韩全诲等人便唆使禁军哗变，声称崔胤克扣冬衣。李晔无奈，只得将崔胤免职。崔胤的警惕性很高，他意识到密谋已被泄露，赶紧写信请朱温入京勤王。此时朱温刚刚攻下潞州和泽州，正驻军在河阳，接信后连忙返回汴州，然后亲率大军向西入关。

不久后，朱温率军到达河中，然后上疏请求天子前往东都洛阳。韩全诲等人一下慌了神，眼下他们只有向西到凤翔投奔李茂贞一个办法了。李晔自然不肯去，于是韩全诲等人便伙同李继筠在长安城四处抢掠，然后强行带着天子一起西去。

再战太原城

朱温听说天子被李茂贞的人带走了，不肯善罢甘休，于是率领大军一路向西杀到凤翔城下。朱温来势汹汹，韩建不敢触其锋芒，果断倒向了朱温。

凤翔城里，李茂贞感到头疼极了，他只想挟持天子，没打算招惹朱温。

要是硬打，他肯定不是对手，于是他跑到城墙上对着汴军大喊："天子前来凤翔是来避祸的，并不是我挟持他，你们肯定误会了。"

朱温不信，立刻让人回道："韩全诲劫持天子到凤翔，我军是特地前来问罪的。如果你不知情，就将天子放出来。"

李茂贞当然不可能放还李晔，只是请天子下诏命令朱温撤兵。朱温接到诏书后，二话不说离开了凤翔。当然，他只是表面上安分，实际上掉头就去攻打李茂贞西边的地盘邠州了。坐镇邠州的靖难节度使李继徽是李茂贞的义子，但在汴军的威胁下也不敢托大，他改回本名杨崇本，然后向朱温投降了。

李茂贞如坐针毡，他既不敢出兵，又不愿坐视朱温扫荡自己的其他地盘，只好再让李晔给各方节度使下诏书，让他们出兵勤王。其他节度使也不糊涂，都不肯掺和李茂贞和朱温的争夺战，顶多喊几句口号助个声威。西川节度使王建更是趁火打劫，一边声称出兵勤王，一边将李茂贞南面的地盘扫荡得干干净净，然后就没什么动作了。

而真正出兵勤王的，只有那么一位——曾经被李晔钦定为反贼的李克用。河东军现在虽已衰弱，但李克用接到诏书后，还是义无反顾地出兵了。

朱温见李克用前来，倒是非常乐意教训他一二，连忙移军驻扎到河中。李克用并不在意，派遣李嗣昭、周德威南下，连续攻占慈州、隰州，直逼晋州、绛州。朱温又派侄子朱友宁率军北上，与晋州刺史氏叔琮一起抵挡河东大军。

此时李嗣昭刚在汴军将领康怀英手中吃了亏，他刚攻下绛州又失守，只得退守蒲县。氏叔琮等人到达后，十万汴军列阵长达十里。相比之下，河东军才几万人，还是深入敌境作战，不免心惊胆战。周德威率军发起试探性进攻，立刻大败而回，他心知河东军绝非汴军对手，赶紧与李嗣昭商量退兵。

按照周德威的计划，李嗣昭要先率领步兵往太原方向撤退，然后周德威率领骑兵殿后。但氏叔琮追得太快了，士气低落的河东军根本抵挡不住。在汴军的追击下，河东军阵亡一万多人，先是周德威的骑兵溃散，随后李嗣昭的步兵也开始溃散。李克用的儿子李廷鸾被俘，河东军的辎重丢得一干二净。

朱温也没想到竟然汴军这么快就取得了大胜，于是毫不犹豫地下令氏叔琮和朱友宁乘胜直取太原城。

李克用大惊失色，急忙让李存信带着自己的亲兵前去阻挡。李存信一如既往不能打，他刚走到清源就遇到了汴军先头部队，还没有开战就被吓得逃回了太原城。随着李存信逃跑，太原前方竟无一支能够阻挡汴军前进的军队，氏叔琮连取慈、隰、汾三州，然后到达太原城下。

氏叔琮吸取了上一次没能破城的教训，将军队驻扎在晋祠，然后全力进攻太原西门。李克用再次登上太原城墙，日夜不停地组织军队进行抵挡。此时，李嗣昭、周德威等人收拢此前逃散的败兵回到太原城中，这才勉强抵挡住了汴军的攻势。

日子一天天过去，氏叔琮每天都在城外悠闲地指挥军队攻城，李克用的焦虑和压力也一天天增大。他意识到自己恐怕守不住太原城了，只好与河东众将商议，打算放弃太原，逃到云州。

李嗣昭、李嗣源、周德威等人齐声表示反对："只要我们还在一天，就肯定能守住太原，请您不要做这种动摇人心的谋划。"

只有李存信赞成逃走，他甚至觉得连云州也不安全："现在，我军兵少地小，怎么守得住一座孤城？如果汴军在城外修筑堡垒、壕沟，将我们死死围困在城内，我们就只能在城里坐以待毙。既然这样，不如现在就逃到塞外，然后再徐徐图之。"李克用一贯宠信李存信，听他这么说，也犹豫起来。

就在这时，李克用的妻子刘夫人奉劝夫君道："李存信不过是塞外一个牧羊儿，哪里懂得深谋远虑。以前王行瑜轻易弃城而去，结果半路就死在了他人手里。我记得你以前还经常嘲笑他，今天为何又要效法他？你以前在鞑靼时差点被人杀掉，现在再去，还能活着回来吗？再说，现在弃城而去，只怕一出城就会被汴军四面围攻，怎么安然到达塞外？"贤妻的话打动了李克用，他下定决心要坚守太原城。

不久后，此前溃散的河东军将士又自发回到了太原城，让城里稍稍安定一些。紧接着，李克用的弟弟李克宁也回到了太原。当时李克宁刚被任命为忻州刺史，他于赴任途中听到汴军围攻太原城的消息，之后不顾众人反对，立刻带人返回太原，并向河东众将士表示："太原城就是我将要死的地方，离开了这里还能去哪儿呢？"众将士受此激励，信心也逐渐恢复。

风水轮流转，现在又轮到汴军不好受了。李嗣昭、李嗣源等人每天夜里率领敢死队潜入汴军营地，专门刺杀汴军将领。汴军慌乱起来，攻城的力道越发薄弱，因为他们不得不把更多力量都用在防备河东军夜袭上面。再后来，瘟疫开始在汴军中传播，氏叔琮无奈，再次率部从太原撤回晋州。

鉴于第一次退兵时被河东军追击，折损了不少人马，氏叔琮这回走到石会关时，故意留下了几匹战马，并在战马身上绑上旗帜，然后让战马在城头来回走动，之后才撤军而去。

果然，李嗣昭、周德威果然再度率军追击撤退之敌，他们追到石会关前，被氏叔琮留下的旗马阵迷惑，以为汴军还在驻守石会关，迟迟不敢发动进攻。几天后，李嗣昭等人鼓起勇气向石会关发起进攻，方才发觉上当。但此时汴军早已走远，再追已经来不及了，河东军只好夺回慈、隰、汾三州后撤回太原。

经此一战，河东军元气大伤，李克用再也无力攻打南面的李茂贞。

凤翔之战

解除了李克用的威胁之后，朱温并没有继续攻打凤翔，而是留在了河中。这可急坏了崔胤，他连夜从华州赶到河中，劝朱温出兵攻打凤翔。他的理由也非常有说服力，那就是李茂贞可能挟持天子去蜀地避难。

朱温当然不想坐视天子被李茂贞带走，于是下令各路汴军向西进发，自己也带着五万精兵从河中出发，向凤翔赶去。朱温的命令下达后不久，汴军先头部队就在康怀英的带领下在莫谷大破凤翔将领符道昭所部，为汴军西进打开了通路。李茂贞这时也得到了朱温出兵的消息，他听说李克用已败，吓得赶紧把凤翔城外的居民全部迁进了城里。

不久后，朱温亲率大军到达虢县，李茂贞怀着侥幸之心，再次率领大军出击，企图一举击破朱温。然而在汴军面前，凤翔军不堪一击。李茂贞留下一万多具尸体后狼狈逃回凤翔，从此再也不敢出兵。

很快，朱温派部将孔勍从大散关出发，陆续攻克凤州、成州、陇州等地。随后，朱温率军到达凤翔城下，在城外修建了五座营垒。

当然，朱温知道自己出兵违背了天子的诏命，为免遭人诟病，他还特意演了一出戏。到达凤翔当天，他身穿朝服，对着凤翔城放声哭泣，然后派人向城上高喊："我此来只是为了迎接陛下回宫，并不是要和李茂贞一决胜负。"

这话李茂贞是不会信的，他也不可能交出李晔。不过说完这通话，朱温就可以放开手脚了。之后，康怀英、孔勍击败李茂贞堂弟保大节度使李茂勋，让凤翔彻底沦为一座孤城。

不过李茂贞在凤翔经营已久，朱温屡屡攻打，却无法动摇它半分。随着时日增加，汴军越发疲惫，连日大雨又让很多士兵都生了病。朱温无法可想，便萌生了退意，打算先回河中休整一段时间再做打算。

这时，亲从指挥使高季昌、左开道指挥使刘知俊劝道："天下英雄豪杰看我们攻打凤翔已经快一年时间了。现在李茂贞被困孤城，已经疲惫不堪，我们怎么能放过他呢？我们一旦率军东撤，李茂贞必定会重新聚拢西面的州县，集中力量来防备我们，我们再想打败他就更难了。"朱温当然知道这个道理，但李茂贞一直缩在城里，这样下去也不是办法。

高季昌——又名高季兴，未来南平政权的开国之君——原本是朱温养子朱友让的家奴，但朱温觉得他很不简单，特意让朱友让收他为养子。高季昌眼光独到，他看出了朱温的顾虑，于是献上一计。朱温听后不禁拍案叫绝，让他依计而行。

高季昌得到应允后，开始在汴军中招募勇士，让他们去凤翔城做内应。骑士马景主动应募，他只提了一个要求："我这次前去肯定会死，希望大王能善待我的妻子和孩子。"朱温听后非常难过，想阻止马景，但马景坚持要前往。

正好汴州送来补充的人马，按照惯例，必须派人迎接。马景便混在迎接的骑兵队伍里出了营地。马景走后，朱温便让各军吃饱饭、喂好马匹，然后放倒旗帜，偷偷在营中埋伏起来。整个营地看起来仿佛空了一样。

骑兵离开营地后向东进发，马景忽然脱离队伍，独自骑马向西狂奔，其余骑兵假装发现逃兵，大呼小叫地追了一阵子，然后目送马景逃入了凤翔城。

马景入城后，立刻去投奔李茂贞："朱温已经率领大军撤退了，营帐里目前只有大约一万负伤或患病的人，这些人今晚也要撤走。要攻击他们，现在正是时候。"

李茂贞大喜，听了探子的回报后又确信了几分，于是当天夜里就率全军出城夜袭汴军大营，不料在城外与朱温率领的主力军迎面相遇。朱温立刻命令中军敲响战鼓，所有汴军闻声向凤翔军杀去。

李茂贞暗道不好，赶紧带着人马往回跑，却发现退路也被人堵住了——朱温早已派了几百个骑兵等在凤翔城门口。在汴军的前后夹击之下，凤翔军阵脚大乱，自相践踏，死伤无数。李茂贞勉强带着少数人杀出一条血路，才突破城门进入凤翔城。

经此一战，李茂贞元气大伤，连守城都变得困难起来。随着被围困的时日增加，凤翔城内开始断粮。李茂贞一度派骑兵出城去附近搜集粮食，但这些人往往有去无回。朱温为了围城，特意在凤翔城外挖了一道蚰蜒壕，将凤翔城围起来，里面的人出不去，外面的人也进不来。局面危急，连李茂贞的义子李彦询、李彦韬等人都偷偷出城投降了。

即便在这种情况下，李茂贞还是不甘心把天子让给朱温。他每天晚上出城夜袭，但屡战屡败，导致更多人都选择了投降。朱温颇有心计，对这些投降的人全部给予重赏，并任命他们官职，然后再让他们去城下招降其他人。由此，越来越多的凤翔士兵萌生了降意，每天夜里都有人用绳子爬下城墙，然后去汴军军营投降；或者趁出城砍柴的机会，离开了就再也不回去。李茂贞派去夜袭的队伍也开始敷衍了事，仅在城外晃荡一圈便回城交差。

李茂贞之所以还能够坚持，是因为他确信有援兵会来。果然不久后，李茂勋重整旗鼓，率领一万多人前来救援。这支人马驻扎在凤翔城北，与城内以烽火遥相呼应。

朱温也知道这支援兵，但他没有直接攻打李茂勋，而是派部将孔勍、李晖两人去偷袭李茂勋的鄜州、坊州。此时坊州的防御空虚，很快就被汴军攻下。紧接着，孔勍和李晖又率领汴军冒着大雪进抵鄜州。鄜州是李茂勋的根本，城里尚有八千人防守，但因为天降大雪，守军疏于防备，也很快被汴军突入。留守的李继璲慌忙组织军队与汴军展开巷战，双方一直打到中午，鄜州守军全军覆没，李继璲被俘。

李茂勋得到消息后，如遭雷劈，再也不敢打了，马上向朱温投降。至此，李茂贞除了凤翔之外的地盘尽失，其山南的各州被王建占据，关中的各州被朱温占据。

紧接着，朱温加大了对李茂贞的心理攻势，他让汴军每天夜里敲响战鼓，鼓声如雷，城内仿佛地震一般，吵得凤翔将士无法安睡。

当时凤翔城内天寒地冻，又因缺少粮食，无数人被冻死、饿死，剩下的人只能以尸体充饥。就连李茂贞和李晔也过得非常艰难，李晔甚至卖掉了自己和小皇子的衣服，才多换到一口吃的。至于诸王和公主、嫔妃，只能一天吃粥，一天吃汤饼。

李茂贞再也坚持不住，最终杀掉韩全诲、张彦弘、李继筠等人，低头向朱温求和。

最后的唐朝

朱温倒是想乘机把李茂贞一起收拾掉，无奈现实不允许。就在他围困凤翔之时，他的后院起火了。

平卢节度使王师范一向喜欢读圣贤书，并且以忠义自诩，在接到天子的勤王诏书后，他就打算行忠义之事，再加上前宰相张浚也写信怂恿他，他便满怀雄心壮志地定下了袭击朱温的计划。当然，王师范多少也有点儿自知之明，知道自己肯定不能正面击败朱温，于是就想了一个办法。

当时，关东各州军队大多已被朱温带去了西线，以致关东空虚，王师范便打算让手下将领们扮成使者，分别带人前往各州，然后在同一日发起攻击，一举拿下关东各州。

但计划赶不上变化。准备袭击华州的青州牙将张居厚提前暴露；去往汴州的苗公立又被汴州节度判官裴迪套出真相。王师范派出的各路人马，最后竟只有刘鄩成功进入兖州，但他被率军赶回的葛从周重重围困，还是没能有什么作为。

尽管如此，朱温意识到自己不宜长久在外，于是他尽快与李茂贞议了和，然后将李晔接回长安。

回到长安后，朱温听从崔胤的建议，立刻杀了所有宦官。安史之乱以来一直困扰唐朝的宦官乱政之局，竟然以这种快刀斩乱麻的方式终结了。随后，朱温留下步骑兵一万人镇守长安，以朱友伦为左军宿卫都指挥使、部将张廷范为宫苑使、王殷为皇城使、蒋玄晖为街使，然后返回汴州。

从此以后，长安彻底陷入朱温掌控。缺乏支援的王师范终究没能抵挡住朱温的进攻。杨行密一度派出王茂章所部进行支援，但很快被人多势众的汴军击败。

随着朱温对长安的掌控加深，被蒙蔽的崔胤终于反应过来，意识到大事不妙，他匆忙招募人马对付朱温，然而一切已经太迟了。崔胤很快被杀死，李晔也被迫迁都洛阳。随后的日子里，朱温先是发动"白马驿之祸"，诛杀所有不听话的朝臣，是直接派人杀死唐昭宗，拥立皇子李柷为帝，这就是唐哀帝。

朱温的野心此后更加膨胀，他屡屡进犯淮南，但都被击败，只得转而谋求向北发展。天祐三年（906年），朱温借着罗绍威求援诛杀魏博牙兵的机会，一举将魏博彻底控制，随后挥兵北上进攻沧州。

朱温将军队驻扎在长芦（今河北省沧州市西）一带，把刘仁恭的长子刘守文围困在了城里。刘仁恭当然不会坐视不理，赶紧派人前往救援，结果屡战屡败，他甚至丧心病狂地下令："男子十五岁以上，七十岁以下都必须自备军粮出征，如果大军出发后还发现有人没去，立刻诛杀。"担心士兵们逃亡，他便在士兵们脸上刻下"定霸都"三个字，文人们的手腕或者手臂也被文上了"一心事主"四个字。就这样，刘仁恭凑齐了十万大军，然后到了瓦桥。但他害怕打不过朱温，迟迟不敢救援，只能看着沧州越来越危险。

关键时刻，有人救了刘仁恭父子，这人就是朱温的老部下丁会。丁会虽然年少时迫于无奈，参加过黄巢起义军，但本质上依然心向唐朝。唐昭宗被杀的消息传到潞州后，丁会就曾率领众将士为昭宗服丧哭泣了很久。在沧州被攻打时，刘仁恭曾向李克用求援，李克用便派李嗣昭前往攻打潞州，丁会顺势就带人投降了李克用。

得到丁会投降河东的消息后，朱温久久不能平静，丁会跟随他的时间太长了，他怎么也没想到丁会竟然会背叛。但他有更严重的问题需要解决：潞州落入李克用手中，意味着河东通往汴州的通道被打开，汴州随时可能遭受河东大军的攻击。在这种情况下，朱温顾不上对付刘仁恭父子，仓皇从长芦撤兵而回。

回到汴州后不久，朱温便加快了篡位的步伐。第二年，唐哀帝正式下诏传位朱温，朱温随即改国号为梁，改年号为开平，朱温就是梁太祖。随着朱温即位，历经二十一个皇帝、历时长达二百八十九年的大唐王朝正式灭亡，中国步入了五代十国时期。

参考文献

[1]（西汉）司马迁 . 史记 [M]. 北京：中华书局，1982

[2]（东汉）班固 . 汉书 [M]. 北京：中华书局，1962

[3]（唐）李延寿 . 南史 [M]. 北京：中华书局，1975

[4]（唐）李延寿 . 北史 [M]. 北京：中华书局，2013

[5]（唐）魏徵，等 . 隋书 [M]. 北京：中华书局，1973

[6]（五代）刘昫，等 . 旧唐书 [M]. 北京：国家图书馆出版社，1973

[7]（北宋）欧阳修，宋祁 . 新唐书 [M]. 北京：中华书局，1975

[8]（北宋）薛居正，等 . 旧五代史 [M]. 北京：中华书局，1976

[9]（北宋）欧阳修 . 新五代史 [M]. 上海：商务印书馆，2014

[10]（唐）杜佑 . 通典 [M]. 北京：中华书局，1984

[11]（唐）温大雅 . 大唐创业起居注 [M]. 上海：上海古籍出版社，1983

[12]（北宋）司马光 . 资治通鉴 [M]. 北京：中华书局，2005

[13]（清）董诰，等 . 全唐文 [M]. 上海：上海古籍出版社，2018

[14]（元）辛文房 . 唐才子传 [M]. 北京：中国社会科学出版社，2013

[15]（南宋）袁枢 . 通鉴纪事本末 [M]. 北京：中华书局，2015

[16]（北宋）王溥，等 . 唐会要 [M]. 上海：上海古籍出版社，2006

[17]（唐）李林甫，等 . 唐六典 [M]. 北京：中华书局，1992

[18]（北宋）王溥，等 . 五代会要 [M]. 上海：上海古籍出版社，1978

[19]（北宋）王钦若，等 . 册府元龟 [M]. 北京：中华书局，1960

[20]（北宋）李昉，等 . 太平御览 [M]. 北京：中华书局，1966

[21]（唐）李吉甫撰，贺次君点校 . 元和郡县图志 [M]. 北京：中华书局，1983

[22]（明）王夫之 . 读通鉴论 [M]. 北京：中华书局，1975

[23]（清）赵翼著，王树民校证 . 廿二史札记校证 [M]. 北京：中华书局，1984

[24] 周绍良 . 唐代墓志汇编 [M]. 上海：上海古籍出版社，1992

[25]（清）王铭盛 . 十七史商榷 [M]. 上海：上海书店出版社，2005

[26]（清）钱大昕 . 廿二史考异 [M]. 上海：上海古籍出版社，2004

[27]（唐）李肇，等 . 唐国史补 [M]. 上海：上海古籍出版社，1979

[28]（五代）王仁裕，等 . 开元天宝遗事 [M]. 上海：上海古籍出版社，1985

[29] 吕思勉 . 隋唐五代史 [M]. 上海：上海古籍出版社，2010

大事记

617 年

五月　李渊于太原起兵。

十一月　李渊率军夺取长安。

十二月　唐与西秦扶风之战。

618 年

五月　李渊于长安称帝，定国号为唐，年号武德。

六月　唐军败于浅水原。

十二月　唐灭西秦。

619 年

四月　刘武周起兵攻唐。

五月　安兴贵生擒李轨，西凉灭亡。

六月　裴寂兵败度索原。

620 年

四月　李世民击破宋金刚部，宋金刚、刘武周被迫北逃突厥。

七月　李世民率领唐军东出伐郑。

621 年

五月　唐夏虎牢关之战，王世充于洛阳投降。

八月　刘黑闼起兵反唐。

九月　李孝恭、李靖平灭萧铣。

十一月　王雄诞击破李子通。

622 年　李世民于洺水击破刘黑闼。

623 年

正月　唐平刘黑闼之乱。

八月　辅公祏在丹阳称帝，建国号为宋，正式起兵反唐。

624 年　李孝恭率军平定辅公祏之乱。

629 年　李靖率领唐军灭东突厥，颉利可汗被俘。

634 年　段志玄率军远征吐谷浑，未能深入以竟全功。

635 年　李靖、侯君集等灭吐谷浑，俘吐谷浑可汗慕容伏允。

639 年　侯君集灭高昌，俘高昌王麹智盛，于其故地设置西州。

641 年　李勣于诺真水击破薛延陀大军。

645 年　李世民东征高句丽，于安市城下无功而回。

646 年　唐灭薛延陀汗国，于其故地设置六府七州。

648 年　唐灭龟兹，安西四镇正式设置。

652 年　梁建方、契苾何力西征阿史那贺鲁，击破处月、处密两部后未能继续深入追击。

655 年　程知节、王文度率军二征阿史那贺鲁，到达恒笃城后未能继续前进。

657 年　苏定方、任雅相率军三征阿史那贺鲁，擒阿史那贺鲁父子而还。

659 年　苏定方击破铁勒思结部，生擒其首领都曼。

660 年　苏定方渡海攻破泗沘城，百济灭亡，唐于百济故地设置熊津都督府。

661 年　苏定方、契苾何力东征高句丽，因粮草不济未能攻破平壤。

662 年　郑仁泰、薛仁贵西征铁勒诸部，薛仁贵三箭定天山击破铁勒。

663 年　刘仁轨于白江口击破日本、百济联军。

668 年　唐灭高句丽，将其故地五部、一百七十六城、六十九万余户分为九个都督府、四十二个州、一百个县，设置安东都护府加以管辖。

670 年　薛仁贵、郭待封在大非川被吐蕃名将论钦陵击败，唐军几乎全军覆没。

677 年　李敬玄兵败大非川，刘审礼、王孝杰等人被俘。

679 年

四月　裴行俭智擒阿史那都支，西突厥再次被平定。

十月　东突厥阿史德温傅、阿史德奉职反叛，萧嗣业等人大败而回。

680 年　裴行俭于黑山击破东突厥反叛势力。

681 年　裴行俭再征东突厥，生擒阿史那伏念、阿史德温傅等人。

682 年　王方翼于热海击破阿史那车薄。

684 年　徐敬业、骆宾王等人于扬州起兵反抗武则天，不久即被武则天所灭。

687 年　黑齿常之率军于黄花堆击破东突厥。

688 年　越王李贞等人起兵反武，旋即被灭。

689 年　韦待价远征西域，兵败寅识迦河。

692 年　王孝杰收复安西四镇。

695 年　王孝杰、娄师德于素罗汗山被吐蕃名将论钦陵击败。

696 年　契丹首领李尽忠、孙万荣等人起兵反叛，张玄遇等人于硖石谷全军覆没。

697 年　王孝杰、苏宏晖等人兵败东硖石谷，王孝杰阵亡。武周在东突厥的帮助下灭掉孙万荣。

700 年　唐休璟于洪源谷击破吐蕃大军。

711 年　幽州大都督孙佺远征营州，于冷陉全军覆没。

714 年

七月　并州大都督薛讷远征营州，于滦水河谷大败而回。

十月　薛讷等人于武街击破坌达延、乞力徐所率吐蕃大军。

726 年　王君㚟、张景顺偷袭悉诺逻恭禄所部，唐吐战事再开。

727 年　悉诺逻恭禄率军击破瓜州，王君㚟于巩笔驿被杀。

728 年

七月　张守珪于瓜州击破吐蕃大将悉末朗所部，张忠亮攻下吐蕃重镇大莫门城。

八月　杜宾客于祁连城击破吐蕃大军。

729 年　信安王李祎率军夺取石堡城，唐吐以赤岭为界议和。

732 年　李祎、裴耀卿率军击破契丹可突于。

733 年　薛楚玉于都山惨败可突于。

737 年　崔希逸被迫突袭吐蕃，唐吐战事再开。

739 年　盖嘉运等人率领唐军灭突骑施。

741 年　吐蕃赞普尺带珠丹率军夺取石堡城。

743 年　陇右节度使皇甫惟明反攻石堡城，无功而回。

747 年　高仙芝千里远征小勃律，大获全胜而回。

749 年　哥舒翰再度夺回石堡城。

751 年　高仙芝于怛罗斯为阿拉伯帝国所败。

755 年　安禄山在范阳以诛杀杨国忠为口号，正式起兵反唐。

756 年

一月　安禄山于洛阳称帝，建国号为燕，改元圣武。

二月　张巡在雍丘大破令狐潮所部叛军。

四月　郭子仪、李光弼于九门击破史思明、蔡希德所部燕军。

六月　哥舒翰于灵宝惨败，潼关、长安先后陷落，唐玄宗被迫西逃入蜀。

七月　唐肃宗李亨于灵武即位，改元至德。

十月　房琯率军反攻长安，在陈涛斜为安守忠所败。

757 年

一月　李光弼在太原击败史思明、蔡希德，张巡、许远在睢阳击败尹子奇。

二月　郭子仪平河东，燕军大将崔乾祐大败而逃，王思礼等人再度反攻长安，在武功惨败而回，郭子仪反攻潼关失利。

三月　张巡于睢阳再败尹子奇所部。

九月　唐朝与回纥联军在香积寺之战击破燕军，成功收复长安。

十月　睢阳失陷，张巡、许远等人先后身死；唐军收复洛阳。

十二月　史思明在范阳降唐。

758 年

九月　史思明杀死乌承恩等人再次反唐。

十月　郭子仪、李光弼等十节度使围安庆绪于相州，安庆绪被迫向史思明求援。

759 年

三月　唐军从相州城下溃败而回，史思明杀死安庆绪后再度南下攻唐。

九月　李光弼在河阳城大败史思明。

761 年

二月　李光弼、仆固怀恩在邙山为史思明所败，燕军兵锋向西直指陕郡。

三月　史思明被儿子史朝义所杀，史朝义即皇帝位，改元显圣。

762 年

四月　唐肃宗病逝，唐代宗李豫即位。

十月　唐朝与回纥联军在昭觉寺击破燕军，史朝义被迫逃亡，唐军收复洛阳。

763 年　史朝义自杀，安史之乱结束。

775 年　唐代宗派九节度使讨伐田承嗣，无功而返。

776 年　李灵曜叛乱，马燧、李忠臣等人平灭李灵曜。

781 年　唐德宗出兵讨伐成德、魏博、淄青等镇，田布等人惨败，李惟岳被杀。

782 年　朱滔、王武俊等人伙同田悦、李纳反唐，马燧、李怀光等人大败，李希烈也于汝州起兵反唐。

783 年

十月　泾原兵变，唐德宗被迫逃往奉天，朱泚、李希烈等人先后称帝，朱泚随即率军围攻奉天。

十一月　李怀光于澧泉击破朱泚，奉天解围。

十二月　王武俊、李纳、田悦等人暗中降唐。

784 年

一月　朱滔攻打魏博。

二月　李怀光反叛，率军退往河中府。

三月　田悦被杀，田绪继任魏博节度使，李抱真、王武俊救援魏博。

四月　朱滔兵败桑林。

五月　李晟收复长安，朱泚被迫出逃。

六月　朱泚部将梁庭芬、韩旻等人斩杀朱泚归降。

785 年　八月，马燧收复河中府，李怀光自杀。

786 年　四月，李希烈部将陈仙奇指使医生陈山甫毒杀李希烈，随后陈仙奇率部归降唐朝，被任命为淮西节度使。

806 年

一月 西川节度副使刘辟叛乱，唐宪宗派高崇文、严砺前往平叛。

三月 夏绥节度留后杨惠琳叛乱，不久为夏州兵马使张承金所杀。

九月 高崇文等击破刘辟。

807 年 镇海节度使李锜叛乱，不久为部将裴行方等人生擒送往长安斩首。

814 年 吴少阳病死，其子吴元济自立为节度使，唐宪宗出兵讨伐吴元济。

817 年

十月 李愬雪夜入蔡州，平定吴元济之乱。

十二月 淄青节度使李师道叛乱。

818 年 唐宪宗平定李师道之乱，三分淄青镇。

820 年 成德节度使王承宗病死，其弟王承元归降朝廷，唐穆宗以王承元为义成军节度使，另以魏博节度使田弘正为成德节度使。

821 年

三月 卢龙节度使刘总病死，唐穆宗以张弘靖为卢龙节度使。

七月 幽州兵变，张弘靖被囚，卢龙诸军拥立朱克融为节度使；同月成德都知兵马使王庭凑杀田弘正，自立为成德节度使。

十月 唐穆宗以裴度为镇州四面行营都招讨使，统帅诸军讨王庭凑。

822 年 魏博兵变，田布被迫自杀，魏博牙兵拥立史宪诚为节度使，唐军讨伐不利，唐穆宗被迫承认朱克融、王庭凑、史宪诚的节度使之位。

827 年 李同捷自立为横海军节度使，唐文宗派兵前往讨伐。

829 年　横海军节度使李祐等人平定李同捷之乱。

843 年　昭义军节度使刘从谏病死，其侄刘稹自立为节度使，不久为唐武宗讨平。

874 年　濮州人王仙芝聚集起了数千人在长垣县起兵，拉开了唐末农民起义的序幕。

875 年　冤句人黄巢起兵，加入了王仙芝的队伍。

878 年　王仙芝在黄梅兵败，为曾元裕斩杀，黄巢被迫率军向南转移。

880 年　黄巢攻陷长安，唐僖宗被迫逃往蜀地，黄巢随即在含元殿称帝，改国号为大齐，改元金统。

881 年　黄巢派尚让等人向西追击唐僖宗，在龙尾陂为郑畋所败。

882 年　同州防御使朱温降唐，黄巢在关中逐渐陷入唐军的包围之中。

883 年

一月　李克用率军南下讨伐黄巢。

二月　李克用在梁田坡大破尚让等人所部十万大军。

四月　黄巢兵败东渭桥，被迫撤出长安。

六月　黄巢与蔡州节度使秦宗权攻打陈州。

884 年

二月　李克用率军南下陈州支援朱温等人。

五月　黄巢兵败王满渡，被迫率残部逃走。

六月　黄巢于狼虎谷自杀。

887 年

二月　秦宗权率军围攻汴州，为朱温所败。

八月　朱温东征兖、郓，开始了统一河南之旅。

888 年

二月　魏博兵变，节度使乐彦祯被杀，罗弘信被拥立为节度使。

三月　唐僖宗病死，其弟寿王李敏即位，是为唐昭宗。

四月　罗弘信为汴军名将朱珍等人所败，被迫与朱温求和。

十月　朱温出兵攻打占据徐州的时溥。

890 年　唐昭宗出兵讨伐李克用，河东行营都招讨制置宣慰使张浚等人为李克用所败，讨伐无疾而终。

892 年　成德节度使王镕、卢龙节度使李匡威合兵攻打李克用，为李克用所败。

893 年　李存孝联合王镕、李匡威等人对抗李克用，兵败被杀。

894 年　李克用在刘仁恭等人的劝说下出兵幽州，幽州节度使李匡筹兵败被杀。

895 年

二月　李克用举荐刘仁恭为幽州节度留后。

六月　李克用出兵关中，击破王行瑜、韩建、李茂贞三人，王行瑜为部将所杀。

896 年　李克用、朱温在洹水交战，河东军作战不利，李克用子李落落被擒杀。

897 年

一月　镇国军节度使韩建囚唐昭宗于华州；郓州节度使朱瑄为汴将庞师古、葛从周所擒；兖州守将康怀英投降朱温，节度使朱瑾被迫逃往淮南。

八月　李克用出兵讨伐刘仁恭，于木瓜涧战败。

898 年　朱温与刘仁恭合击李克用，夺取洺、邢、磁三州。

899 年　刘仁恭出兵攻打魏博，被汴将张存敬、葛从周等人击败。

900 年　朱温出兵沧州，刘仁恭大败，被迫向李克用求援。

901 年

三月　汴军一攻太原，氏叔琮等人因粮草不济被迫退兵。

十月　朱温率军入关，左神策军中尉韩全诲等人劫持唐昭宗和百官前往凤翔。

十一月　朱温一攻凤翔。

902 年

一月　李克用派李嗣昭等人攻打河中。

三月　汴将氏叔琮、朱友宁等人二攻太原，再度无功而返。

五月　朱温再度率军入关攻打凤翔。

十二月　李茂贞支持不住，被迫打开凤翔城投降。

903 年　淄青节度使王师范起兵对抗朱温，不久兵败投降。

904 年

一月　朱温烧毁长安，胁迫唐昭宗迁都洛阳。

八月　朱温派蒋玄晖等人弑唐昭宗，拥立皇太子李柷即位，是为唐哀帝。

906 年　朱温诛灭魏博牙兵后再度攻打幽州，因丁会投降李克用而被迫撤兵。

907 年　朱温逼迫唐哀帝禅位，改国号为大梁，改元开平，唐朝灭亡。

比小说好看
比剧本精彩

你一定爱读的中国战争史

（系列丛书）

有史可证，有迹可循

从春秋到元朝，两千多年的战争故事，让你一读就上瘾

通俗易懂，有趣有料

插科打诨也好，正色直言也罢，说的是古往今来战场风云，塑的是家国内外忠奸百态。场场大戏，英雄、奸雄与"狗熊"，人人都是角儿；篇篇传奇，妙招、奇招和险招，处处有谋略。

中国历史新演绎

用人物刻画战争，用战争串联历史。每一场战争都有典籍支撑。14位新锐作者联袂执笔，精选经典战役铺陈，涉及战略、战术、战法、武器、兵力、布阵、战场展开……

情节紧张，行文爽快

跌宕起伏的王朝命运，两军交戈的剑拔弩张，千钧一发的安危瞬间，惊心动魄的逃亡旅程，风林火山的用兵之法，三十六计的多方施展，卧薪尝胆的多年隐忍，柳暗花明的意外展开……古人的故事，今人读来依然扣人心弦。

俾斯麦"铁血政策"下的王朝战争
德意志统一过程中的大炮和鲜血

揭秘德国发动两次世界大战的底气和策略。
从此百年，德国走上战争之路，
挑战世界霸主地位，改变欧洲格局。